Sozioästhetische Anerkennung

Perspektiven
musikpädagogischer Forschung

herausgegeben von
Prof. Dr. Jens Knigge
Prof. Dr. Ulrike Kranefeld
Prof. Dr. Anne Niessen
Prof. Dr. Christine Stöger

Band 7

Johann Honnens

Sozioästhetische Anerkennung

Eine qualitativ-empirische Untersuchung
der *arabesk*-Rezeption von Jugendlichen
als Basis für die Entwicklung einer situativen
Perspektive auf Musikunterricht

Waxmann 2017
Münster • New York

Gefördert durch:

 Deutsche
Forschungsgemeinschaft

 Universität der Künste Berlin

und die Gisela und Peter W. Schatt Stiftung

Bibliografische Informationen der Deutschen Nationalbibliothek
Die Deutsche Nationalbibliothek verzeichnet diese Publikation in
der Deutschen Nationalbibliografie; detaillierte bibliografische
Daten sind im Internet über http://dnb.dnb.de abrufbar.

Perspektiven musikpädagogischer Forschung, Band 7

ISSN 2198-1973
Print-ISBN 978-3-8309-3523-0
E-Book-ISBN 978-3-8309-8523-5

© Waxmann Verlag GmbH, Münster 2017
Steinfurter Straße 555, 48159 Münster

www.waxmann.com
info@waxmann.com

Umschlaggestaltung: Inna Ponomareva, Jena
Titelbild: Haluk Çobanoğlu
Autorenfoto: fotostudio-neukoelln.de
Lektorat: Ulf Heidel
Satz: Sven Solterbeck, Münster

Gedruckt auf alterungsbeständigem Papier,
säurefrei gemäß ISO 9706

hayat arkadaşım için

Danksagung

Zuallererst möchte ich allen interviewten Jugendlichen danken: für ihre Offenheit, mit mir über ihre Musikvorlieben zu sprechen, für die Erweiterung meines musikalischen Horizonts und für ihren großartigen Humor während der Interviews.

Mein ganz besonderer Dank gilt meiner Doktormutter Prof. Dr. Ursula Brandstätter für ihre wissenschaftliche Unterstützung und für ihre vielen kreativen Impulse, die mich immer wieder zu neuen Denkrichtungen anregten.

Des Weiteren möchte ich mich bei Prof. Dr. Dörte Schmidt bedanken, insbesondere für die exzellente musikwissenschaftliche Betreuung meiner Arbeit sowie bei Prof. Dr. Anne Niessen, vor allen Dingen für ihre methodologischen Anregungen und für ihre unsagbar hilfreiche Motivation.

Danken möchte ich außerdem folgenden Institutionen für die ideelle und finanzielle Unterstützung, ohne die meine Forschung auf diese Weise nicht möglich gewesen wäre: Der Deutschen Forschungsgemeinschaft, der Universität der Künste Berlin, dem Graduiertenkolleg ‚Das Wissen der Künste‘ an der Universität der Künste Berlin, insbesondere ihren Sprecherinnen Prof. Dr. Tanja Michalsky und Prof. Dr. Barbara Gronau und der Gisela und Peter W. Schatt Stiftung.

Mein sehr herzlicher Dank gilt ferner den vielen Menschen und Forschungsgruppen, die meine Arbeit inhaltlich, methodisch, lektorisch, organisatorisch und persönlich begleitet haben, ganz besonders meiner soziologischen Auswertungsgruppe qualitativer Interviews in Berlin, dem musikpädagogischen Promotionskolloquium von Prof. Dr. Brandstätter, dem qualitativen Forschungskolloquium von Prof. Dr. Anne Niessen, dem fantastischen Lektor Ulf Heidel, dem Fotografen Haluk Çobanoğlu, Dr. Martin Greve, Prof. Dr. Orhan Tekelioğlu, Yaprak Melike Uyar, Serkan Şener, den Schulleitungen und Lehrenden meiner beiden Forschungsschulen sowie der Berliner Senatsverwaltung für Bildung, Jugend und Wissenschaft.

Und ganz besonders innig möchte ich meinem Lebenspartner, meiner Familie und meinen Freunden in Berlin sowie in Istanbul danken. Ihr habt mich getragen. Ich liebe euch.

Inhalt

Einleitung

„Zum Beispiel ich und meine Freunde aus der Klasse sind eher so Rap-Stil, aber auch so richtig so arabesk, wir sind davon sozusagen die Fans. Er und seine Freunde halt so Dubstep, so Computerspiele, dies, das und so […]. In der Klasse gibt es zum Beispiel drei, vier Styles und zu diesen drei, vier Styles kommen so zehn, zwanzig Leute halt immer rauf."

„Zum Beispiel, wenn man Rap hört, definitiv werden die meisten immer krass, also die werden, die denken, die sind brutal […]. Das sind so halt, wie wir es sagen würden, das sind Lauchs."

„Also viele denken ja, wenn man jetzt kurdische Musik hört und die Sprache kann, dann ist man sofort Kurdin."

„Ja, also die Lehrerin, die wir hatten, hat ja auch immer ihre eigenen Interessen verfolgt, also sie mochte halt solche Musik mit Opern und so. Dann hat sie immer das gemacht, sie hat uns gar nicht gefragt."

„Was er gemacht hat, na klar, ist schon krass, seine Sinfonien und so, aber gar nichts für mich. Aber wenn wir zum Beispiel im Unterricht so Ibrahim Tatlıses hätten, da […] würde man sagen: ‚Oh, wir haben wieder Musik', aber bei Mozart: ‚uähh, wieder Mozart, kein Bock mehr'."

„Gerade bei uns hier wäre es so, dass sich viele Türken zu sehr aufspielen würden und zu sehr so: ‚Ja, mein Land, das ist so unsere Musik', und würden auf wichtig machen und so was, und das würde mich dann, denke ich mal, im Musikunterricht doch relativ stören."

„Die [Vorurteile gegenüber Rappern] würden noch verstärkter auftreten. Zum Beispiel wir nehmen diese ganzen Ausdrücke, die die sagen, diese Beleidigungen, die nehmen wir fast gar nicht wahr, aber im Hintergrund. Und die werden halt fast nur diese ganzen Ausdrücke wahrnehmen, diese ganzen Beleidigungen. Die werden sich nicht sehr auf diese Technik konzentrieren oder auf den Flow."

Liest man diese Aussagen von Schüler_innen aus unterschiedlichen zehnten Klassen zweier Gymnasien in Berlin, wird eine besondere Eigenheit des Musikunterrichts deutlich: Anders als in den anderen Schulfächern geht es um ein Sujet, mit dem sich nicht nur die Lehrenden, sondern auch die Lernenden teilweise existenziell identifizieren. Dies trifft insbesondere dann zu, wenn man im Musikunterricht mit Jugendlichen zu tun hat. Des Weiteren wird deutlich, dass die musikbezogenen Identitäten der Schüler_innen intersubjektiv strukturiert sind. Das heißt, sie hängen eng mit den sozialen Positionen zusammen, die sie sich in der Situation des Musikunterrichts gegenseitig anhand von Geschmacksurteilen zuweisen.

Was die intersubjektiven Identitätsprozesse anbelangt, stehen Schüler_innen in der Situation des schulischen Unterrichts vor einer hochkomplexen Aufgabe: Sie müssen sich zwischen den Rollenanforderungen positionieren, die einerseits von Lehrenden und andererseits von der Peergroup an sie gerichtet werden. Sie müssen

Strategien entwickeln, um diese beiden teilweise widersprüchlichen Erwartungsebenen auszubalancieren. Diese Herausforderung verstärkt sich im Musikunterricht noch einmal durch sein enorm identitätsrelevantes Sujet Musik – insbesondere dann, wenn Musiklehrende explizit auf die Musikvorlieben ihrer Schüler_innen eingehen. Tatsächlich äußert eine Mehrheit von Jugendlichen oftmals diesen Wunsch. Im Hinblick auf die soziale Unterrichtswirklichkeit gibt es unter Schüler_innen – wie die Zitate zeigen – allerdings auch Bedenken. Die Strategie, Musikpräferenzen von Jugendlichen aus diesem Grund zu vermeiden und womöglich prekäre Positionierungen zu umgehen, scheidet allerdings aus. Denn auch bei ungewohnten Musiken und Musikpraktiken spielen prekäre Zuschreibungen wie ‚cool‘, ‚peinlich‘, ‚sexy‘, ‚Außenseiter_in‘, ‚Streber_in‘ oder ‚schwul‘ eine Rolle, die wiederum mit den musikbezogenen Identitäten und Geschmacksurteilen der Schüler_innen zusammenhängen.

Kurzum: Lehrende begeben sich im Musikunterricht in eine vielschichtige und unübersichtliche soziale Situation. Zur Frage, mit wem sie es auf der Ebene intersubjektiver Identitäten eigentlich zu tun haben, existiert innerhalb der musikpädagogischen Forschung erstaunlich wenig Wissen. So steht man als Musiklehrende_r beispielsweise vor folgenden Fragen: Als wer oder was möchten Jugendliche in der Unterrichtssituation von anderen Jugendlichen und von mir hinsichtlich ihres Musikgeschmacks gesehen oder auch gerade nicht gesehen werden? Über welche musikbezogenen Rollen werden in der Schulklasse Machthierarchien und Ausgrenzungen ausgehandelt? Welcher Musikgeschmack birgt womöglich das Risiko, als Außenseiter_in abgestempelt zu werden? Welche musikstilistischen Feinheiten spielen dabei eine Rolle? Durch welche sprachlichen oder körperlichen Gesten wird ein angesehener oder weniger angesehener Musikgeschmack signalisiert? An welchen Stellen liegen musikbezogenen Rollenzuschreibungen gar Stigmatisierungen aufgrund von Geschlecht, Ethnizität, Schicht oder sexueller Orientierung zugrunde? Warum wünschen sich einige Jugendliche von Musiklehrenden, dass ihre Musikvorlieben im Musikunterricht zum Thema gemacht werden, und warum wünschen sich andere, dass dies gerade nicht geschieht? Mit welchen musikbezogenen Geschmacksurteilen und Identitätskonstruktionen hängen womöglich auch Blockadehaltungen gegenüber Musiken zusammen, die ihnen erst einmal fremd sind?

Die vorliegende Arbeit wird zu diesen Fragen entlang einer qualitativ-empirischen Analyse ‚Verstehensbrillen‘ entwickeln. Die zentrale Forschungsfrage lautet: *Wie erkennen sich Jugendliche untereinander über musikbezogene Geschmacksurteile und im Beisein eines_einer Erwachsenen an?*

Anknüpfend an die aktuellen anerkennungstheoretischen Entwicklungen in den Erziehungswissenschaften verwende ich den Begriff der Anerkennung, der im Zentrum meiner Analyse steht, weniger in einem alltagssprachlichen Sinn. Unter Anerkennung wird in dieser Arbeit also nicht die relativ eindeutige Norm verstanden, eine andere Person in bestimmten Fähigkeiten oder Eigenschaften wertzuschätzen. Anerkennung wird hier vielmehr als ein hochgradig spannungsreiches intersubjektives Identitätsgeschehen aufgefasst, bei dem sich Menschen wechselseitig sozial positionieren und auf Rollenzuweisungen von anderen reagieren. Im Hinblick auf den Musikunterricht gehe ich dabei von der These aus, dass sich in ihm ganz spezifische

Anerkennungsdynamiken ereignen. Denn aufgrund seines Sujets finden verstärkt auch solche intersubjektiven Identitätsprozesse statt, die mit Körperlichkeit, mit Inszenierungen bzw. Infragestellungen von Authentizität und ganz besonders mit Geschmacksurteilen in Beziehung stehen. Anerkennungsdynamiken im Musikunterricht hängen zudem oftmals mit Musikstilen zusammen, über deren Bedeutungen für Jugendliche in ihren Beziehungen untereinander innerhalb der Musikpädagogik – gerade auch aus empirischer Perspektive – sehr wenig bekannt ist. Für die Verknüpfung von musikbezogenen Geschmacksurteilen mit zwischenmenschlichen Akten der sozialen Positionierung wurde die Kernkategorie dieser Arbeit entwickelt: *Sozioästhetische Anerkennung*. Mit ihr ist die These verknüpft, dass den Musikunterricht aus anerkennungstheoretischer Perspektive ein eigenes situatives Wissen kennzeichnet.

Dieses Wissen möchte ich anhand eines Phänomens erkunden, zu dem bislang keine eingehenderen Untersuchungen existieren: der *arabesk*-Rezeption von Jugendlichen in Deutschland. Im Verlauf meiner ersten Interviews bemerkte ich, dass unter türkischsprachigen Jugendlichen solche Interpret_innen und Songs eine wichtige Rolle spielen, die im musikwissenschaftlichen und öffentlichen Diskurs gemeinhin mit dem Stilkonstrukt *arabesk* bezeichnet werden. Mit *arabesk* werden insbesondere Namen wie Orhan Gencebay, Ibrahim Tatlıses, Müslüm Gürses und Ferdi Tayfur in Verbindung gebracht – alles Sänger, die die Jugendlichen bei meinen Vorbefragungen auffällig häufig nannten. Bei *arabesk* handelt es sich um einen ‚Stil‘, der in der Türkei lange Zeit äußerst hitzig diskutiert wurde und teilweise auch noch wird. Vor dem Hintergrund dieser politisch aufgeladenen Debatte interessierte mich zunächst die Frage, welche Bedeutungen eigentlich Jugendliche in Deutschland dieser Musik zuweisen. Interessanterweise spielt die für den Kontext Türkei typische Differenzebene ‚westtürkische Elite versus anatolische Provinz‘, die in musikwissenschaftlichen Studien zu *arabesk* immer wieder aufgerufen wird, für die befragten Jugendlichen nur eine marginale Rolle. In einem späteren Forschungsstadium fokussierte ich die Frage dahingehend, als wer oder was sich Jugendliche eigentlich vermittelt über *arabesk*-Musik anerkennen und auf welche Weise sie dies tun.

Um diese Fragen beantworten zu können, analysierte ich drei von mir durchgeführte Gruppendiskussionen mit Jugendlichen, die bevorzugt *arabesk*-Musik hören. Die vorliegende Studie basiert damit auf einem Datentypus, der in der Musikpädagogik bislang noch relativ wenig Beachtung findet. Im Hinblick auf die Forschungsfrage dieser Studie ermöglichen Gruppendiskussionen zweierlei: Zum Ersten erfährt man durch sie viel darüber, wie Jugendliche untereinander über ihre Musikvorlieben sprechen, beispielsweise welche Codes und welche für selbstverständlich erachteten Sprachtechniken sie verwenden. Zum Zweiten existiert zwischen Gruppendiskussionen und der Situation des Musikunterrichts eine gewisse Ähnlichkeit: In beiden Settings antizipieren Jugendliche beim Sprechen über Musik miteinander immer auch die Erwartungen eines_einer anwesenden Erwachsenen.

Bei meiner qualitativ-empirischen Untersuchung orientierte ich mich am Forschungsdesign der Grounded Theory Methodology (GTM) nach Anselm L. Strauss (u. a. Strauss 2004, Strauss & Corbin 1996). Durch meinen Fokus auf Gruppendiskussionen erweiterte ich diese Methodologie jedoch um Aspekte des Gruppendiskussionsverfahrens und der Rekonstruktiven Sozialforschung nach Ralf Bohnsack (u. a. Bohnsack 2010a, Bohnsack & Przyborski 2010). In der Auseinandersetzung mit diesem Ansatz wurden mir einige Grenzen und Schwächen der Methodologie Strauss' bewusst, weswegen die vorliegende Arbeit letztlich auf einer kritisch erweiterten GTM-Version basiert.

Eines der zentralen methodologischen Anliegen Strauss', das meinen Forschungsprozess entscheidend prägte, ist der Aspekt der Exploration. Sowohl das Untersuchungsphänomen (die *arabesk*-Rezeption von Jugendlichen) als auch meine theoretische Perspektive (*Sozioästhetische Anerkennung*) entwickelte ich nicht *vor* meinen ersten Datenerhebungen, sondern in mehreren Etappen *während* meines Forschungsprozesses. Sie stellen somit bereits Zwischenergebnisse meiner Forschungsarbeit dar, bei der sich Datenanalysen und Auseinandersetzungen mit wissenschaftlicher Literatur auf immer weiteren Reflexionsstufen wechselseitig beeinflussten. Der Aufbau der vorliegenden Arbeit orientiert sich allerdings nicht an diesem iterativ-zyklischen Forschungsprozess. Sie basiert mit Jan Kruse vielmehr auf dem für qualitativ-empirische Forschungsarbeiten gängigen „Blockverfahren" (Kruse 2015: 628). Danach steht zu Beginn der Arbeit ein Theorieteil, in der Mitte ein Empirieteil und am Ende erneut ein Theorieteil, bei dem die zentralen empirischen Ergebnisse noch einmal gebündelt und mit theoretischen Diskursen verknüpft werden. Da mit dieser Präsentationsform der Forschungsprozess im Nachhinein geglättet wird, erläutere ich ihn gesondert in meinem Methodologieteil.[1]

Die Kapitelstruktur dieser Arbeit ist bereits im Titel der Studie angedeutet: In Kapitel 1 wird die aktuelle Anerkennungsdebatte innerhalb der Musik- und der Allgemeinpädagogik vorgestellt. Dabei liegt ein wesentlicher Schwerpunkt auf der anerkennungstheoretischen Wende, die in den Erziehungswissenschaften seit einem knappen Jahrzehnt vollzogen wurde und die sich seit einigen Jahren auch in der Musikpädagogik abzeichnet. Anerkennung wird als Folge dieser Wende zunehmend weniger als eine eindeutig positive Norm für pädagogisches Handeln und mehr als ein Analyseinstrument für Positionierungsdynamiken in pädagogischen Feldern aufgefasst, das diverse Ambivalenzen beinhaltet. Am Ende des ersten Kapitels wird die Schlüsselkategorie dieser Arbeit ‚*Sozioästhetische Anerkennung*' entfaltet, mit der ich den bestehenden erziehungswissenschaftlichen Anerkennungsdiskurs aus musikpädagogischer Perspektive erweitere.

Nach dem Kapitel 2, in dem die methodologischen und methodischen Grundlagen dieser Arbeit vorgestellt werden, steht in Kapitel 3 das untersuchte Phänomen dieser Arbeit im Zentrum: die *arabesk*-Rezeption von Jugendlichen in Deutschland.

---

1 Als alternative Präsentationsform zum „Blockverfahren" nennt Kruse das „Schichtverfahren". Mit diesem werde das Ziel verfolgt, den chronologischen Forschungs*prozess* anhand einer Abfolge verschiedener „‚Empirie-Theorie'-Kapitel[ ]" transparent zu machen (Kruse 2015: 629). Der Nachteil des ‚Schichtverfahrens' liegt Kruse zufolge im Vergleich zum ‚Blockverfahren' allerdings darin, dass bezüglich der zentralen Forschungs*ergebnisse* der rote Faden vernachlässigt werde.

Dazu wird zunächst eine Einführung zu *arabesk*-Musik aus musikwissenschaftlicher Sicht gegeben (3.1). Im Anschluss wird in einem ersten qualitativ-empirischen Schritt untersucht, welche zentralen Bedeutungen die interviewten Jugendlichen *arabesk*-Musik gruppenübergreifend zuweisen (3.2). Gefragt wird also zunächst nach den kollektiven Narrativen bzw. Erzähllogiken der *arabesk*-Rezeption unter Jugendlichen. Sie bilden eine wichtige Grundlage für den zweiten empirischen Analyseschritt: die Untersuchung der sozioästhetischen Anerkennungsdynamiken in den einzelnen Gruppendiskussionen (3.3). Steht in Abschnitt 3.2 also die Frage im Zentrum, *was* die Jugendlichen *fallübergreifend* in Bezug auf *arabesk*-Musik erzählen, fokussiert der Abschnitt 3.3, *wie* sich *fallintern* wechselseitige soziale Positionierungen über *arabesk* vollziehen. Das Ziel dieses zweiten Analyseschritts besteht darin, Aspekte der Anerkennung auf einer möglichst abstrakten Ebene zu identifizieren, so dass sie im Hinblick auf die Situation des Musikunterrichts generell und auch auf andere Musikstile analytische Relevanz beanspruchen können.

Die Datenanalysen bilden die Grundlage, um im Schlusskapitel 4 an verschiedene musikpädagogische Diskussionen kritische Rückfragen zu stellen und neue Perspektiven zu entwickeln. Im Zentrum steht dabei der Versuch, eine situative Sichtweise auf Musikunterricht zu errichten. Mit dieser Arbeit plädiere ich dafür, sich im Hinblick auf musikbezogene Identitätsprozesse nicht nur darauf zu konzentrieren, was Schüler_innen an Voraussetzungen mitbringen und *wohin* sie sich durch ein bestimmtes musikpädagogisches Handeln entwickeln sollen. In Ergänzung zu dieser gängigen ‚Vorher-nachher-Brille' möchte diese Studie einen Beitrag dazu leisten, Lehrende für intersubjektive Identitätsprozesse *während* der Situation des Musikunterrichts zu sensibilisieren. Dafür birgt die Reflexionsperspektive der Anerkennung ein vielversprechendes Potenzial.

1. Anerkennungstheoretische Grundlagen

In der deutschsprachigen Musikpädagogik ist seit einigen Jahren zu beobachten, dass zunehmend auf die Kategorie der Anerkennung Bezug genommen wird (vgl. u. a. Kaiser 2008, Ott 2008, Vogt 2009, 2013, Niessen 2013, Hornberger 2015).[2] Anknüpfend an die erziehungswissenschaftliche Anerkennungsdebatte besteht dabei die Tendenz, dass der Begriff zunehmend weniger normativ als vielmehr analytisch verwendet wird. Gefragt wird also weniger: Wie können Lehrende Schüler_innen mit bestimmten Differenzen wie Ethnizität, Geschlecht oder Bildungshintergrund besonders wertschätzen oder in ihrer Identität bestärken? Vielmehr wird untersucht: Wie adressieren bzw. positionieren sich Akteur_innen wechselseitig in musikpädagogischen Interaktionen und Praktiken?

In Abschnitt 1.1 werden die verschiedenen Verwendungsweisen und -zusammenhänge von Anerkennung im musikpädagogischen Diskurs diskutiert. Den zentralen Referenzpunkt bildet dabei bislang die Anerkennungstheorie Axel Honneths, deren Darstellung im Zentrum von Unterkapitel 1.2 stehen wird. Daran schließen sich Kritikpunkte aus der migrationspädagogischen Perspektive Paul Mecherils an.

Aus den bestehenden musikpädagogischen Ansätzen sticht insbesondere derjenige von Anne Niessen heraus. Sie verwendet Anerkennung gerade nicht in Anknüpfung an die Überlegungen Honneths als eine ethische Kategorie, auf deren Basis dann musikpädagogische Ziele bestimmt werden. Stattdessen verwendet Niessen den Anerkennungsbegriff in seiner Vielschichtigkeit als ein theoretisch sensibilisierendes Konzept, um musikpädagogische Praktiken qualitativ-empirisch zu untersuchen. Damit knüpft sie an eine anerkennungstheoretische Wende an, die sich seit einigen Jahren innerhalb der Erziehungswissenschaften insbesondere unter dem Einfluss von Nicole Balzer und Norbert Ricken vollzogen hat. Ihr zentrales Anliegen ist, Anerkennung weniger als ein normatives Prinzip und stattdessen mehr als eine analytische Kategorie für die Pädagogik und damit auch für die empirische Forschung fruchtbar zu machen. In Abschnitt 1.3 wird dieser Paradigmenwechsel in den Erziehungswissenschaften zunächst nachgezeichnet. Daran anschließend werden in Unterkapitel 1.4 zentrale Ambivalenzen des Anerkennungsgeschehens, die Balzer und Ricken anhand einer Re-Lektüre verschiedener Anerkennungstheorien herausgearbeitet haben, skizziert und musikpädagogisch konkretisiert. Diese inneren Spannungsmomente der Anerkennung bilden für die vorliegende Analyse der *arabesk*-Rezeption von Jugendlichen einen zentralen hermeneutischen Rahmen. In Unterkapitel 1.5 wird schließlich aufgezeigt, welchen Beitrag die vorliegende Arbeit im Kontext des bestehenden musikpädagogischen und erziehungswissenschaftlichen Anerkennungsdiskurses leisten kann. Dabei werden zunächst zwei Desiderata erläutert, die meines Erachtens im Hinblick auf die spezifische Situation des Musikunterrichts bestehen. In diesem Kontext wird auch die in dieser Forschung

---

2 Nach meinen Recherchen und Gesprächen mit britischen Kolleg_innen spielt Anerkennung bzw. ‚recognition‘ in der englischsprachigen Musikpädagogik als theoretischer Bezugspunkt bislang keine Rolle.

herausgearbeitete Schlüsselkategorie entfaltet: *Sozioästhetische Anerkennung*. Sie bildet den zentralen theoretischen Rahmen für die in Kapitel 3 erfolgenden Analysen der *arabesk*-Rezeption von Jugendlichen in Deutschland.

1.1 Der Anerkennungsbegriff in der Musikpädagogik

In dem 2015 erschienenen Aufsatz der Kulturpädagogin Barbara Hornberger „Einschließen, ausschließen. Eine Skizze zur Vermittlung populärer Musik vor dem Hintergrund von Honneths Konzept von Anerkennung" bestimmt die Autorin als zentrales Ziel für den Musikunterricht, anhand von Popularmusik „Anerkennungserfahrungen zu stiften" (Hornberger 2015: 260). Ihren argumentativen Ausgangspunkt bildet dafür die folgende Diagnose: Schulischer Unterricht stelle ein Feld dar, an dem gesellschaftliche Anerkennungsverhältnisse und mit ihnen verknüpfte Inklusions- sowie Exklusionsmechanismen reproduziert werden. Schule verkörpere den Zusammenhang von gesellschaftlichen Anerkennungs- und Machtpraktiken durch einen „hegemonialen kulturellen Habitus" (ebd.: 262). Dieser konkretisiere sich im Fach Musik beispielsweise dadurch, dass ein bürgerlicher Kunstmusikkanon und damit zusammenhängende Qualifikationen wie das Notenlernen fokussiert werden. Die Vergabe und Verweigerung von Anerkennung werde im Musikunterricht durch diesen Habitus strukturiert. Dadurch würden Kinder bevorzugt, die bereits in bildungsbürgerliche Musikpraktiken hineinsozialisiert worden seien. Kinder aus bildungsfernen Milieus hingegen, die, so die implizite Annahme Hornbergers, ausschließlich Popularmusik hören, würden dagegen aufgrund ihres Musikgeschmacks missachtet und benachteiligt. Hornberger bestimmt die Schule in Anknüpfung an Werner Nothdurft somit als „Anerkennungsarena", in der „Machtverhältnisse und Probleme der Gesamtgesellschaft gespiegelt, geteilt und häufig auch reproduziert" werden (ebd.: 261).[3] Im Musikunterricht erhalte nicht nur die Bevorzugung einer bestimmten Musikrichtung, sondern auch die Wahl bestimmter musikbezogener

---

3   Die These, dass die konventionelle Praxis des Musikunterrichts einen bildungsbürgerlichen sowie eurozentrischen Habitus und damit bestehende gesellschaftliche Machtverhältnisse reproduziere, hat in der englischsprachigen *Sociology of Music Education* bereits eine längere Tradition (vgl. dazu ausführlich Philpott 2010). Beispielsweise kritisieren Ruth Wright und Brian Davies anknüpfend an die Thesen Basil Bernsteins einen Musikunterricht, der sich an den elaborierten Sprachcodes der Mittel- und Oberschicht orientiert und darüber Verstehensbarrieren für Unterschichtsangehörige schafft, weil diese über restriktivere bzw. kontextabhängigere Sprachcodes verfügen (Wright & Davies 2010: 46–48). Die hegemonialkritische Perspektive der *Sociology of Music Education* zeigt sich unter anderem auch in der Debatte um *aesthetic experience*. Christian Rolle zufolge wird ‚ästhetische Erfahrung' im *philosophy-of-education*-Diskurs im Unterschied zur deutschsprachigen Diskussion oftmals auf ‚Kunstwerkorientierung' reduziert und dabei verdächtigt, das (weiße) Bildungsbürgertum reproduzieren zu wollen (Rolle 2013: 37). Den Zusammenhang zwischen gesellschaftlichen Machtverhältnissen, Bildungsgerechtigkeit und musikpädagogischem Handeln unter dem Paradigma

Handlungsformen im Hinblick auf die gesamtgesellschaftlichen Anerkennungs- und Machtverhältnisse einen symbolischen Wert: Musiken und Musikpraktiken, die im Unterricht auftauchten, würden als bildungsrelevant gewertschätzt. Hornberger plädiert somit nicht nur für das bloße Aufgreifen von Popularmusik im Musikunterricht, sondern auch für eine „ihr adäquate Form der Vermittlung" (ebd.: 264). Darunter versteht sie einen Umgang mit Popularmusik, der nicht, wie meist üblich, auf die Prinzipien der klassischen Formenanalyse und des Klassenmusizierens beschränkt bleibt, sondern „den der populären Musik impliziten Diskursen um Medialität, Performanz, Inszenierung etc." sachgemäß Rechnung trägt (ebd.).

Aus anerkennungstheoretischer Perspektive kritisiert sie ein musikdidaktisches Vorgehen, bei dem ausschließlich die Lehrenden darüber entscheiden, welcher Popmusik ein bildungsrelevanter Status zukommt. Meist münde dies in eine historische Popmusikvermittlung, die dann als aktuell oder schülerorientiert ausgegeben werde. Letztendlich handle es sich dabei aber um eine subtile Form „kultureller Enteignung", da „[d]ie Schule [...] den Schülerinnen und Schülern ihre eigene Kultur [erklärt]" (ebd.: 266). Und auch die Strategie des ‚Schüler-Abholens' ist Hornberger zufolge hierarchisch strukturiert. Nach diesem Modell – in der Musikpädagogik auch deutlich wertend ‚Rattenfängerdidaktik' genannt – würden die Musikpräferenzen der Jugendlichen nur als Mittel zum Zweck aufgegriffen, um zum Verstehen einer qualitätsvolleren Musik zu gelangen. Indirekt werde dabei signalisiert, dass die Musik der Jugendlichen weniger wert sei als europäische Kunstmusik. Hornberger plädiert demgegenüber anknüpfend an Emil Staiger für ein Modell, das sie als „begreifen, was mich ergreift" (ebd.: 269 f.) bezeichnet. Auszugehen sei von einem enormen, meist aber impliziten musikästhetischen Wissen unter Jugendlichen in Bezug auf Popularmusik. Dieses Wissen gelte es im Musikunterricht artikulationsfähig zu machen, d.h. theoretisch zu vertiefen, zu strukturieren und zu kontextualisieren. Für die Lehrenden bedeute dies, weniger eine Haltung des Erklärens als des richtigen Fragens einzunehmen.

Im Gegensatz zu schülerorientierten Ansätzen, die auf die gleichberechtigte Mitbestimmung der Schüler_innen an möglichst vielen Dimensionen des Musikunterrichts (Lernzielen, Methoden, Inhalten, Bewertungskriterien usw.) abzielen (vgl. u. a. Günther et al. 1983, Ansohn 2006), übernehmen in Hornbergers Ansatz die Lehrenden weiterhin die zentrale Verantwortung für die Lernziele. Diese bestehen darin, dass Schüler_innen ihr implizites Wissen explizieren und in der Auseinandersetzung mit bestehenden wissenschaftlichen Perspektiven auf Popularmusik (z.B. Fankulturen oder Starforschung) vertiefen können. Die Beziehung zwischen Lernenden und Lehrenden sei dabei insofern symmetrisch, als dass Musikunterricht ein Ort gemeinsamen Forschens darstelle. In ihm lernen Lehrende etwas in Bezug auf den Gegenstand und Schüler_innen in Bezug auf seine theoretische Einordnung (vgl. Hornberger 2015: 269).

---

der Anerkennung zu thematisieren, stellt allerdings ein Novum des deutschsprachigen Diskurses dar.

Zu Hornbergers Ansatz stellen sich aus anerkennungstheoretischer Perspektive sowie im Hinblick auf die Eigenlogiken des Feldes Musikunterricht mehrere Fragen. Hornberger betrachtet Musikunterricht im Prinzip als ein Spiegelbild einer gesamtgesellschaftlichen „Anerkennungsarena" (ebd.: 261) zwischen Vertreter_innen verschiedener sozialer Gruppen. Damit nimmt sie eine primär makrosoziologische Perspektive auf den Unterricht ein. Mittels musikpädagogischem Anerkennungshandeln soll Hornberger zufolge versucht werden, Exklusionen entlang bestimmter sozialer Differenzen zu verringern.[4] Dabei werden feldspezifische und schulstrukturelle Anerkennungs- und Machtdynamiken jedoch vernachlässigt. Zu nennen wären beispielsweise: die Situation der Schüler_innen, permanent Anerkennungsanforderungen der Lehrenden und der Peergroup im Unterricht austarieren zu müssen, die grundlegende, durch die Unterrichtsverantwortung und den Bewertungsrahmen vorstrukturierte Asymmetrie zwischen Lehrenden und Lernenden oder auch die spezifischen, auf benotbaren Leistungen basierenden Anerkennungsnormen von Schule. Bei Hornberger gerät Musikunterricht als eine mikrosoziologische ‚Anerkennungsarena' aus dem Blickfeld. Das Ausblenden der Eigenlogiken des Feldes Musikunterricht hat zur Folge, dass er leicht mit gesellschaftspolitischen Zielen überfrachtet und Lehrende mit ihnen überfordert werden. Des Weiteren stellt sich die Frage, ob Anerkennung immer positiv-bestätigend sein muss, um pädagogisch wertvoll zu sein. Kann und muss Anerkennung im Unterricht ausschließlich bedeuten, bestehende Musikinteressen wertzuschätzen bzw. zu vertiefen? Kann sich Anerkennung nicht auch in Form von Befremdung, Irritation oder Identitätserweiterung durch ganz neue Musiken vollziehen? Und – dies scheint mir im Hinblick auf die implizite Gleichsetzung Hornbergers von Unterschichtsangehörigen mit Popularmusik eine besonders dringliche Frage zu sein – was ist mit dem herstellenden Charakter von Anerkennung? Verschleiert ein zu eindeutig positives Begriffsverständnis nicht, dass Schüler_innen durch Anerkennungspraktiken auch zu Unterschichtsangehörigen gemacht werden?

Mit der Vorstellung von Musikunterricht als ‚Anerkennungsarena' und dem Bildungsziel, solche Kinder wertzuschätzen, die keinen bildungsbürgerlichen Habitus an den Tag legen, knüpft Hornberger an die Anerkennungstheorie Axel Honneths an (vgl. dazu Kap. 1.2). Diese bildet auch für Jürgen Vogt eine zentrale theoretische Basis, um das Thema der Bildungsgerechtigkeit angesichts heterogener Voraussetzungen der Lernenden musikpädagogisch zu diskutieren (insbesondere Vogt 2013 und 2009).[5] Im Vergleich zu Hornberger erfolgt bei ihm die Bezugnahme auf

---

4 Die Zielsetzung, mittels Anerkennung marginalisierte soziale Gruppen in den Musikunterricht ‚einzuschließen', liegt auch einigen Ansätzen der so genannten Interkulturellen Musikpädagogik zugrunde. Allerdings wurde innerhalb dieser Disziplin Anerkennung bislang ausschließlich alltagssprachlich verwendet. Auf einen theoretischen Anerkennungsdiskurs wurde dabei nicht Bezug genommen. Zur anerkennungstheoretischen Reflexion der ‚Interkulturellen Musikpädagogik' vgl. ausführlich Kap. 4.2.

5 Mit dem Fokus auf ‚Anerkennungsgerechtigkeit' setzt sich Vogt von den Konzepten ‚Chancengerechtigkeit' und ‚Verteilungsgerechtigkeit' ab. Für den Musikunterricht hält

Honneth allerdings deutlich kritischer. Nichtsdestotrotz versucht auch Vogt das Anerkennungsparadigma als ethisch-normatives Prinzip für die Überwindung von Bildungsungerechtigkeit fruchtbar zu machen.

Nach Vogt sei der Musikunterricht im Verhältnis zu anderen Schulfächern viel weniger einer ökonomischen Logik unterworfen, nach der Anerkennung primär aufgrund von guten Leistungen vergeben werde. Die Bedeutung des Musikunterrichts für den Erwerb institutionalisierten Kapitals sei somit äußerst gering. Er trage zum Ersten wenig dazu bei, einen erfolgreichen Bildungsabschluss zu erhalten, zum Zweiten stelle der Erwerb eines an ‚europäischer Kunstmusik' orientierten Habitus kein Kriterium mehr für sozialen Aufstieg und Chancengleichheit dar, wie dies noch Michael Alt in seiner Musikpädagogik postuliert hatte (vgl. Vogt 2012: 16 f., Vogt 2013: 1–4). In dieser Randständigkeit des Faches Musik liege Vogt zufolge nun aber auch seine besondere Chance. Im Anschluss an Honneth könne er „Leistungsanforderungen begrenzen und stattdessen personale und kulturelle Anerkennungsfragen in den Vordergrund rücken: Vermittelt durch musikalische Praxen aller Art könnten gerade im Musikunterricht Selbstvertrauen, Selbstachtung und soziale Wertschätzung in einer gegebenen Gruppierung erworben, erfahren und geübt werden" (Vogt 2012: 17).

Im Gegensatz zu Hornberger fokussiert Vogt allerdings viel stärker die Spannungsmomente des Anerkennungsgeschehens. Unterdrückung könne nicht nur dadurch erfolgen, dass bestimmte Identitätsaspekte von Schüler_innen im Musikunterricht ignoriert werden. Sie resultiere auch oder womöglich gerade daraus, dass Schüler_innen durch die Anerkennung spezifischer Eigenschaften überhaupt erst in bestimmten sozialen Positionen fixiert werden, beispielsweise in einem ‚interkulturellen Musikunterricht' als ‚Türk_in' oder in einem mädchenorientierten Musikunterricht als ‚Mädchen'. Laut Vogt „ist man gut beraten, sich auch die Ambivalenz der Anerkennung [...] zu vergegenwärtigen" (Vogt 2009: 48 f.). Sie bestehe in Anknüpfung an Norbert Ricken und Nicole Balzer darin, dass im Anerkennungsgeschehen Subjekte überhaupt erst zu etwas Bestimmtem gemacht und gängige Differenzordnungen bestätigt werden (zum Ansatz von Ricken und Balzer vgl. ausführlich Kap. 1.3). Durch Anerkennung werden Subjekte demnach dazu genötigt, „sich damit abzugeben, was ihnen aufgezwungen wird, ihre Hoffnungen auf das Maß ihrer Chancen zurechtzustutzen, sich so zu definieren, wie die herrschende Ordnung sie definiert" (Bourdieu, zit. n. ebd.: 49). Die zentrale Spannung des Anerkennungsgeschehens besteht nach Vogt somit darin, „*zugleich* subjektkonstituierende Machtausübung und ermächtigende Subjektkonstitution" zu sein (ebd.). Für das Subjekt ergebe sich daraus die Spannung, einerseits sich bestehenden Anerkennungsnormen

---

er die Zielperspektive, Bildungsgüter gleich zu verteilen oder eine gerechte Teilhabe an ihnen zu gewährleisten, für wenig relevant. In ihm sei im Verhältnis zu anderen Schulfächern viel unklarer, was denn ein anzustrebendes Bildungsgut sei, das zu gesellschaftlicher Teilhabe qualifiziere. Demgegenüber gehe es im Musikunterricht „vielmehr in erster Linie um Ungerechtigkeit durch Verweigerung von sozialer und kultureller *Anerkennung*" (Vogt 2012: 13).

widersetzen zu wollen, andererseits aber bei der Entwicklung widerständiger Identitätsformen wiederum auf die Anerkennung anderer angewiesen zu sein.

Einen möglichen Fluchtpunkt, Anerkennung trotz dieser Ambivalenz als normative Perspektive für den Musikunterricht zu bewahren, liegt für Vogt in einer „vorprädikative[n] ‚Anerkennung ohne Anerkennung'" (ebd.: 50). Darunter versteht er eine Anerkennung des Anderen in seiner Fremdheit, in seiner „grundsätzliche[n] Unverfügbarkeit" (ebd.) und – Bezug nehmend auf Thomas Ott – in der Einzigartigkeit seiner ästhetischen Erfahrungen (vgl. Ott 2008: 13).[6] Mit diesem Anerkennungsverständnis wird laut Vogt eine Fixierung von Individuen auf vermeintlich bereits bestehende Identitäten verunmöglicht. Vielmehr entsteht ein „produktiver Raum" (Vogt 2009: 50), wodurch sich Anerkennung mehr auf etwas Zukünftiges bzw. auf ein noch mögliches Werden von Subjekten bezieht (vgl. Vogt 2013: 14).

Wie bereits bei Hornberger bleibt auch bei Vogt eine mikrosoziologische Perspektive, genauer noch: bleiben die Anerkennungslogiken des Feldes Musikunterricht weitestgehend unberücksichtigt. So stellt sich beispielsweise die Frage, wie Lehrende die Einzigartigkeit von gleichzeitig ungefähr 30 Lernenden in einer äußerst begrenzten Stundenzahl berücksichtigen sollen. Müssen Musiklehrende nicht vielmehr immer wieder aufs Neue entscheiden, welchen Schüler_innen in ihrer individuellen Besonderheit sie sich wann bzw. in welcher Reihenfolge im besonderen Maße zuwenden? Und erfordert diese Entscheidung nicht wiederum ein Abwägen und Vergleichen, wodurch die Lernenden vor diesem Vergleichshorizont immer automatisch zu etwas Bestimmtem gemacht werden? Dass Vogts Figur einer ‚vorprädikativen Anerkennung' keinen Ausweg darstellt, um die Anerkennungskategorie als eindeutiges ethisches Ideal für den Musikunterricht aufrechtzuerhalten, ist allein schon der Tatsache geschuldet, dass Schule einem formellen Anerkennungsrahmen unterliegt. Indem beispielsweise Lehrende ihre Schüler_innen nach Zensuren vergleichen und einteilen müssen, ist eine Wahrnehmung der Lernenden als einzigartig und unverfügbar immer schon gebrochen.

Insoweit Hornberger und Vogt versuchen, Anerkennung als ein *ethisches Ziel* für musikpädagogisches Handeln zu konzipieren, dominiert bei ihnen eine normative Verwendungsweise des Begriffs. Anne Niessen hat hingegen ein anderes Verständnis von Anerkennung vorgeschlagen. Sie verwendet den Anerkennungsbegriff in seiner Vielschichtigkeit als ein Verstehensgerüst bzw. – im Vokabular der Grounded Theory Methodology gesprochen – als ein sensibilisierendes Konzept (vgl. Strauss & Corbin 1996: 25–30), um musikpädagogische Handlungen oder Einstellungen qualitativ-empirisch zu untersuchen.

In ihrem Aufsatz „Die Heterogenität von Erstklässlern aus Sicht der Lehrenden in dem Programm ‚Jedem Kind ein Instrument'" beschäftigt sich Niessen mit den Einstellungen von Grund- und Musikschullehrenden zu Schüler_innen, die am

---

6   Ott hatte jüngst noch einmal eine konsequente Heterogenitätsperspektive für die Musikpädagogik gefordert. Anstatt Lernende projektiv zu homogenisieren oder zu kulturalisieren, solle für den Musikunterricht ein „wechselseitiges Zuerkennen von Eigensinn" als ethische Grundhaltung gelten (vgl. Ott 2012: 4).

JeKi-Programm in Nordrhein-Westfalen teilgenommen haben (Niessen 2013). Die Zielsetzungen dieses Programms basieren Niessen zufolge auf dem Prinzip der Verteilungsgerechtigkeit, d. h. auf der Zielsetzung, insbesondere diejenigen Kinder zu fördern, denen ansonsten das Erlernen eines Instruments und damit kulturelle Teilhabe verwehrt bleibe. Mit der Frage im Hintergrund, inwieweit die Praxis des JeKi-Programms dieses Ziel befördert oder behindert, interessiert sich Niessen insbesondere dafür, wie „JeKi-Lehrende die Heterogenität ihrer Schüler im JeKi-1-Unterricht wahr[nehmen]" (ebd.: 171). Ein wesentliches Ergebnis ihrer qualitativ-empirischen Untersuchung lautet, dass die „Bilder der Elternhäuser in den Köpfen der Lehrenden" einen besonders wirkmächtigen Faktor für eine erfolgreiche Fortsetzung des Instrumentalunterrichts nach dem ersten JeKi-Jahr darstellen (ebd.: 185). Obwohl statistisch gesehen der Sozialindex wenig Einfluss darauf habe, ob und wie Kinder am JeKi-Programm teilnehmen, sei die Zuschreibung ‚bildungsfernes Elternhaus' für die Lehrenden ein zentrales Kriterium dafür, wie die Verhaltensweisen und die Chancen auf das Erlernen eines Instruments im Unterricht interpretiert und beurteilt würden. Musikpädagogische Praktiken, die auf dieser Wahrnehmung basierten, seien deswegen für die Lernenden problematisch, weil sie sich zu selbsterfüllenden Prophezeiungen entwickeln könnten.

Niessen nutzt die Kategorie „Ambivalenz der Anerkennung" als ein hermeneutisches Gerüst, um die Praktiken dieses *doing difference* empirisch zu analysieren (vgl. ebd.: 186–188). Sie arbeitet aus ihren Interviewdaten subtile Zuschreibungsmechanismen heraus, die unter dem Gewand der Anerkennung versteckt sein können, unter anderem diesen: Obwohl das JeKi-Programm vordergründig nicht dem schulischen Benotungssystem unterliegt, ragt der Leistungsdiskurs im Anerkennungshandeln der Lehrenden in den JeKi-Unterricht hinein. Gute instrumentale Leistungen von Schüler_innen werden dabei unter anderem als eine Kompensation von ansonsten schlechten Schulleistungen wahrgenommen. Damit verfolgen die Lehrenden zwar das Ziel, Schüler_innen nach dem Motto ‚hier können sie mal zeigen, was sie drauf haben' anzuerkennen. Dies sei innerhalb des Systems Schule auch durchaus nachvollziehbar, allerdings fixieren die Lehrenden damit womöglich auch eine für die Lernenden prekäre Zuschreibung nach dem Motto: ‚ansonsten kann er_sie aber auch nicht wirklich viel'. Den Zusammenhang von Anerkennung, Verkennung und Leistungsnorm in der Praxis des JeKi-Programms resümiert Niessen wie folgt: „Indem Leistung als ‚Mittel' zur Erlangung von Anerkennung fungiert, gewinnt sie dann doch wieder Ansehen und Bedeutung in einem Kontext, in dem die Lehrenden gerade die Freiheit von ihr besonders wertschätzen" (ebd.: 190).

Gemeinsam ist sowohl Niessen als auch Vogt und Hornberger, dass sie das Anerkennungshandeln von Musiklehrenden im Zusammenhang mit der Herstellung von Bildungs(un)gerechtigkeit und sozialer Differenz diskutieren. Mit ihrem Anliegen, für Anerkennungs- und Machtdynamiken im Musikunterricht zu sensibilisieren, geht es damit zuvorderst um musikexmanente Themen. Das Medium Musik selbst spielt eine untergeordnete Rolle. Niessens Umgang mit dem Anerkennungsbegriff unterscheidet sich von dem bei Vogt und Hornberger jedoch in einem wesentlichen Punkt: Sie nutzt Anerkennung nicht als eine normative und damit positiv konnotierte

Kategorie, um auf dieser Grundlage eine musikpädagogische Gesellschaftsethik zu formulieren, bei der die konkreten Feldstrukturen des Musikunterrichts leicht aus dem Blick geraten. Vielmehr nutzt sie die Spannungsmomente des Anerkennungsgeschehens für die Analyse, um musikpädagogische Praktiken, Einstellungen und konkrete Feldstrukturen des Musikunterrichts untersuchen zu können. Mit dieser Umformung des Anerkennungsbegriffs von einer ethisch-normativen zu einer konsequent analytischen Kategorie knüpft Niessen explizit an die bereits erwähnte anerkennungstheoretische ‚Wende' an, die Norbert Ricken und Nicole Balzer in den Erziehungswissenschaften angestoßen haben.

Bevor auf Balzers und Rickens anerkennungstheoretische Reformulierungen eingegangen werden kann, soll zunächst die Anerkennungstheorie Axel Honneths skizziert werden. Honneths sozialphilosophische Schriften bilden bislang nicht nur für den musikpädagogischen Anerkennungsdiskurs die zentrale theoretische Referenz, auch innerhalb der Erziehungswissenschaften wurden sie laut Bärbel Frischmann lange Zeit als das „elaborierteste Anerkennungskonzept voraus[gesetzt]" (Frischmann 2009: 146, vgl. auch Röhr 2009: 93). Sie bilden für Balzer und Ricken eine zentrale Abgrenzungsfolie und für ihr anerkennungstheoretisches Konzept eine wichtige Verstehensgrundlage.

1.2   Anerkennung als eindeutige ethische Norm

Axel Honneth definiert den ethischen Fortschritt von Gesellschaften als eine Erweiterung von Anerkennungsverhältnissen: „[E]s sind die moralisch motivierten Kämpfe sozialer Gruppen, ihr kollektiver Versuch, erweiterten Formen der reziproken Anerkennung institutionell und kulturell zur Durchsetzung zu verhelfen, wodurch die normativ gerichtete Veränderung von Gesellschaften praktisch vonstatten geht" (Honneth 1992: 149). Eine zentrale Abgrenzungsfolie bildet dabei die kritische Gesellschaftstheorie von Jürgen Habermas, genauer gesagt sein Paradigma der herrschaftsfreien Kommunikation. Nach Honneth stelle die Habermas'sche Diagnose, dass insbesondere soziale und kognitive Sprachbarrieren eine gleichberechtigte Teilhabe an gesellschaftlichen Entscheidungsprozessen verhinderten, eine in die Subjekte hineinprojizierte Ungerechtigkeitserfahrung dar. Die Ursache mangelnder Partizipationsfähigkeit sei darin zu finden, dass die Anerkennungsbedürftigkeit von Subjekten und ihrer Identitäten missachtet werde (Honneth 1994: 86). Gesellschaften können laut Honneth auf zwei verschiedene Weisen über Anerkennung soziale Inklusion befördern: „Entweder werden neue Persönlichkeitsmerkmale der wechselseitigen Anerkennung erschlossen, so dass das Maß an sozial bestätigter Individualität steigt, oder ein mehr an Personen wird in die bereits existierenden Anerkennungsverhältnisse einbezogen, so dass der Kreis der sich wechselseitig anerkennenden Subjekte anwächst" (Honneth 2003a: 220).

Honneth versteht seine Gesellschaftsethik als eine Rekonstruktion von Hegels anerkennungstheoretischen Fragmenten. Hegels zentrale Neuerung bilde die folgende Idee: Er denke das Gemeinwesen nicht wie beispielsweise Thomas Hobbes als ein den Individuen, die eigentlich egozentrisch veranlagt seien und gegeneinander um Selbsterhaltung kämpfen, nachträglich aufoktroyiertes sittliches Regulativ. Vielmehr habe Hegel erkannt, dass Identitäten von Grund auf intersubjektiv strukturiert seien und dass Subjekte überhaupt erst durch reziproke Anerkennung zu einem Selbstwert und zu Autonomie gelangten. Eine reifere Stufe des sittlichen Bewusstseins sei demzufolge, sich zwar wechselseitig als autonome Individuen anzuerkennen, sich aber zugleich als ein voneinander abhängiges Gemeinwesen zu begreifen (vgl. Honneth 1992: 43). Für Honneth liegt nun eine zentrale Aufgabe darin, Hegels an idealistische Prämissen gebundene und teilweise spekulative Ausführungen in die heutige nachmetaphysische Zeit zu übersetzen (vgl. ebd.: 113).

Eine aktuelle wissenschaftliche Explikation der Hegel'schen Anerkennungstheorie sieht Honneth in der Sozialpsychologie George Herbert Meads. Mit ihr findet Honneth einen modernen Beleg dafür, dass Anerkennung als ethische Norm für das Gemeinwesen aus der intersubjektiven Verfasstheit von Identitäten resultiert.[7] Zentral ist für Honneth dabei das Spannungsverhältnis zwischen „Me" und „I" in Meads Identitätstheorie. Das „Me" stehe bei Mead für den Identitätsaspekt, bei dem man die Handlungsnormen anderer antizipiere und verinnerliche. Dabei handle es sich bereits auf der Ebene des „Me" um ein wechselseitiges Anerkennungsgeschehen: Auf der einen Seite erkenne das Subjekt die anderen mit der Akzeptanz ihrer normativen Erwartungen an, auf der anderen könne es bei einer auf sie abgestimmten Verhaltenskontrolle mit ihrer Anerkennung rechnen (ebd.: 126). Das „I" hingegen stehe dafür, dass das Subjekt stets versuche, Identitätsanforderungen anderer kreativ zu modifizieren und dadurch ein eigenständiges Selbst zu behaupten. Nach Honneth bestehe nun der zentrale innere Konflikt darin, dass das „I" immer neue impulsive Individuierungsansprüche stelle und dass zugleich das verinnerlichte „Me" auf eine mögliche Anerkennung dieser Ansprüche durch die soziale Gemeinschaft vorausgreife. Aus diesem inneren Spannungsverhältnis resultiere ein zivilisatorischer Fortschritt, der permanent auf die Erweiterung von bestehenden Anerkennungsnormen und -verhältnissen abziele (ebd.: 135).

Auf seine Mead-Interpretation aufbauend verknüpft Honneth nun Identitätstheorie und Gesellschaftsethik über die Idee der ‚Selbstverwirklichung'. Sie bildet für ihn die zentrale Norm, an der sich alle Anerkennungsbemühungen zu orientieren haben. Unter ‚Selbstverwirklichung' versteht Honneth den „Prozeß der ungezwungenen Artikulation und Realisierung von individuellen Lebenszielen" (ebd.: 279). Die Umsetzung selbstbestimmter Lebensziele setze allerdings eine „geglückte[.] Selbstbeziehung" (ebd.: 220) voraus, worunter Honneth die Entwicklung psychischer Integrität versteht. Diese wiederum basiere auf der Erfahrung intersubjektiver Anerkennung. Dieser subjektivitätstheoretische Befund dient Honneth dann auch

---

7   In späteren Schriften hat sich Honneth von der Sozialpsychologie Meads zunehmend distanziert. Stattdessen hat er auf psychoanalytische Theorien (u. a. auf Daniel W. Winnicott) zurückgegriffen, um die identitätstheoretischen Ursachen herauszuarbeiten, die zu einem Aufbegehren gegen bestehende Anerkennungsverhältnisse führen (vgl. Honneth 2003b: 312–315).

als Begründung dafür, ‚Anerkennung' zur Grundlage einer Gesellschaftsethik zu erheben: Die Aufgabe der Gesellschaft liege darin, solche Anerkennungsverhältnisse zu ermöglichen, die eine positive Selbstbeziehung beziehungsweise eine psychische Unversehrtheit garantieren und dadurch ‚Selbstverwirklichung' gewährleisten (ebd.: 278 f.).

Die gesellschaftlichen Anerkennungsverhältnisse untergliedert Honneth in seinem anerkennungstheoretischen Hauptwerk *Kampf um Anerkennung. Zur moralischen Grammatik sozialer Konflikte* in drei gesellschaftliche Anerkennungssphären: Primärbeziehungen, Rechtsverhältnisse und Wertgemeinschaften (vgl. ebd.: 148–211). Diesen ordnet er jeweils bestimmte Anerkennungstypen (Liebe, Achtung, Wertschätzung) sowie spezifische Missachtungsformen (Misshandlung und Vergewaltigung, Entrechtung und Ausschließung, Entwürdigung und Beleidigung) zu. Aus den drei Anerkennungstypen resultieren Honneth zufolge wiederum bestimmte Formen der Selbstverhältnisse: Selbstvertrauen, Selbstachtung und Selbstschätzung.[8] Erst gemeinsam machen sie Honneth zufolge eine positive Selbstbeziehung aus. Dementsprechend bestimmen die drei Anerkennungsformen Liebe, Achtung und Wertschätzung auch erst „zusammengenommen […], was gegenwärtig unter der Idee der sozialen Gerechtigkeit verstanden werden sollte" (Honneth 2003b: 207).

Honneths gerade für die Pädagogik ungemein wichtige Leistung ist, mithilfe des Anerkennungsbegriffs den Zusammenhang zwischen sozialen sowie institutionalisierten Wertschätzungs- oder Missachtungsstrukturen und ihren Wirkungen für individuelle Selbstbeziehungen differenziert dargelegt zu haben. Anerkennung versteht Honneth dabei in allen drei Sphären als einen Akt der positiven Bestätigung von bereits existierenden Identitätsaspekten. Treffend bestimmt Nicole Balzer die Eigenheit des Honneth'schen Anerkennungsverständnisses als „affirmativ-evaluativ" (Balzer 2014: 158) und versteht darunter Folgendes: „Mit Anerkennung ist nach Honneth eine *spezifische* dreistellige Relation und Grundstruktur bezeichnet […], deren Kernelement die Affirmation von positiven Eigenschaften menschlicher Subjekte darstellt. […] In der Anerkennung wird nach Honneth ein Subjekt (x) durch ein anderes Subjekt (y) in ‚seinen' Eigenschaften (z) als wertvoll bzw. als ein Subjekt von Wert positiv bestätigt" (ebd.: 164). Dabei sei es Balzer zufolge für Honneth auch notwendig, dass Anerkennungshandlungen „einen unzweideutigen Charakter [haben], weil sie es den Adressaten erlauben, sich mit den Eigenschaften zu identifizieren und daher zu größerer Autonomie zu gelangen" (Honneth, zit. n. ebd.: 168). Indem Honneth Anerkennung aber als ein ausschließlich positiv konnotiertes ethisches Prinzip, als notwendige Bedingung für ‚intakte' Selbstbeziehungen und ‚Selbstverwirklichung' voraussetze, bleibe sein Verständnis des Anerkennungsge-

---

8   Ein tabellarischer Überblick über die drei Anerkennungssphären („Anerkennungsformen"), Anerkennungstypen („Anerkennungsverhältnisse"), „Mißachtungsformen" und Selbstverhältnisse („praktische Selbstbeziehungen") findet sich in Honneth 1992: 211. Auf die drei Anerkennungssphären wurde in musikpädagogischen Aufsätzen bereits verschiedentlich Bezug genommen, weswegen sie in dieser Arbeit nicht noch einmal detailliert erläutert werden (vgl. Vogt 2013: 12 f., Hornberger 2015: 4).

schehens zugleich auch auf einen bestätigenden und wertschätzenden Handlungsakt beschränkt (ebd.: 166 f.).[9]

Innerhalb der Pädagogik wird Anerkennung als ethische Norm und im Sinne eines wertbestätigenden bzw. -bekräftigenden Handelns insbesondere in solchen Unterdisziplinen rezipiert, die sich mit bestimmten sozialen Differenzlinien beschäftigen. An vorderster Stelle sind dies die Integrative, die Feministische und die Interkulturelle Pädagogik.[10] Ein Beispiel für eine kritische Bezugnahme auf Honneths Anerkennungsansatz liegt dabei mit der „migrationspädagogischen" Perspektive Paul Mecherils vor (vgl. Mecheril et al. 2010, Mecheril 2005), die seit einigen Jahren auch innerhalb der Interkulturellen Musikpädagogik auf breite Resonanz stößt.

Die Vertreter_innen der Migrationspädagogik grenzen sich von der Interkulturellen Pädagogik insofern ab, als dass Letztere eine eindeutige Orientierung am Paradigma ‚Anerkennung von Differenz' kennzeichne (vgl. Mecheril et al. 2010: 61). Mit dem Schlagwort Anerkennung gehe der ‚interkulturelle' Ansatz anknüpfend an Honneth davon aus, dass eine Entfaltung der Persönlichkeit nur dann gelingen könne, wenn Schüler_innen an ihrem Lernort Bedingungen vorfänden, die ihren spezifischen Handlungsdispositionen entsprächen. Anerkennung hänge dabei eng mit dem grundlegenden Paradox pädagogischen Gerechtigkeitshandelns zusammen. Einerseits basiere demokratische Bildung auf dem Gerechtigkeitsprinzip, dass alle Schüler_innen gleich zu behandeln sind. Eine strikte Gleichbehandlung sei aber wiederum ungerecht, da nicht alle die gleichen Voraussetzungen mitbrächten. Es reiche demnach nicht aus, „teilhaben zu dürfen, die Frage ist, woran und unter welchen Voraussetzungen. Erst wenn Individuen die spezifischen, nur im Rahmen ihrer je besonderen Lebensumstände, ihrer Geschichte und Biografie verstehbaren Dispositionen und Vermögen nicht ausblenden müssen, ist in einem anerkennungstheoretischen Sinne ein angemessener Handlungs- und Bildungsrahmen geschaffen" (ebd.: 184). Bildungsangebote und pädagogische Praktiken müssen demnach im Hinblick auf ‚natio-ethno-kulturelle'[11] Mehrfachzugehörigkeiten differenzsensibel und wertschätzend ausgerichtet sein.

---

9   Dieses wertbestätigende Anerkennungsverständnis trifft Balzer zufolge auch noch auf Honneths spätere Schriften zu, in denen dieser seine Theorie noch einmal grundlegend erweitert und Anerkennung in einen „Originalmodus" (vgl. Honneth 2003b) und in einen „Existenzialmodus" bzw. „Elementarmodus" (vgl. Honneth 2005) ausdifferenziert hat (dazu ausführlich Balzer 2014: 118–158).

10 Exemplarisch dafür steht Annedore Prengels bereits in dritter Auflage erschienene „Pädagogik der Vielfalt". Darin möchte sie die „strukturellen Gemeinsamkeiten" (Prengel 1993: 180) von Interkultureller, Feministischer und Integrativer Pädagogik bestimmen. Ausgehend von einem nicht hierarchischen oder defizitären, sondern einem „demokratischen Differenzbegriff" (ebd.) plädiert sie für die gleichwertige Anerkennung von verschiedenen sozialen, kulturellen, sprachlichen oder körperlichen Dispositionen. Erst die Umsetzung dieser pädagogischen Ethik ermögliche eine „gleichberechtigte[ ] Teilhabe an den Ressourcen von Bildungsinstitutionen" (ebd.: 184).

11 Der Begriff der natio-ethno-kulturellen Zugehörigkeit geht auf Mecheril zurück. Er solle anzeigen, dass man sich beim Gebrauch von Bezeichnungen wie ‚deutsch', ‚russisch'

Eine unreflektierte pädagogische Orientierung am Paradigma ‚Anerkennung von Differenz' führt Mecheril zufolge jedoch in zweierlei Hinsicht zu Problemen: Erstens werden faktische Bildungsbenachteiligungen, beispielsweise das Erlernen der Sprache der Mehrheitsgesellschaft, vernachlässigt. Zweitens werden migrationsspezifische Machtordnungen fixiert (vgl. Mecheril 2005: 323–325). Anstatt ‚Anerkennung von Differenz' als eine vermeintlich eindeutige Leitnorm für pädagogisches Handeln in der Migrationsgesellschaft zu postulieren, plädiert Mecheril für einen „bedächtigen" (Mecheril 2005: 325) Umgang mit dem Anerkennungsparadigma, indem man es um eine dekonstruktive Perspektive ergänzt.

Nach Mecheril stehen anerkennende und dekonstruktive migrationspädagogische Strategien in einer unaufhebbaren Spannung zueinander.[12] Gerade diese „,Unversöhnlichkeit' zwischen Anerkennung und Dekonstruktion" stelle die Basis für eine produktive „migrationspädagogische Orientierung" dar (Mecheril et al. 2010: 191, 179). Frage man im Sinne des Anerkennungsgedankens danach, wie man Bildungsungerechtigkeiten zwischen Kindern ‚mit' und ‚ohne Migrationshintergrund' verringern könne, gehe es in der dekonstruktiven Perspektive darum herauszufinden, „welche Effekte aus dem Engagement für die Anerkennung von Migrant/innen resultieren und welche Ordnungen und Normen im Zuge dieses differenzachtenden Einsatzes (ungewollt) gestützt bzw. produziert werden" (ebd.: 188). In Anknüpfung an die Differenztheorie Jacques Derridas gehe es bei dekonstruktiven Strategien um das Explizitmachen binärer Differenzordnungen, die in Anerkennungspädagogiken stabilisiert oder konstruiert werden. Zu nennen wären beispielsweise Unterschei-

---

oder ‚arabisch' auf ein diffuses Konglomerat aus Kultur, Nation und Ethnizität und nicht auf eine Dimension allein beziehe (Mecheril et al. 2010: 14). Diese Uneindeutigkeit der Begriffe sei der Grund dafür, dass Unterstellungen und stereotype Zuschreibungen unerkannt blieben. Der Terminus natio-ethno-kulturelle Zugehörigkeit solle demgegenüber sichtbar machen, dass die sozialen Differenzsetzungen, die für die Migrationsgesellschaft besonders bedeutsam seien und nach denen ein ‚Wir' von einem ‚Nicht-Wir' unterschieden werde, auf Fantasie beruhten. Mecheril nimmt hierbei Bezug auf Benedict Andersons Definition der Nation als einer „vorgestellte[n] politische[n] Gemeinschaft" (vgl. Anderson 1998: 15) sowie auf Heckmanns Verständnis von Ethnizität, wonach „eine relativ große Gruppe von Menschen durch den Glauben an eine gemeinsame Herkunft, durch Gemeinsamkeiten von Kultur, Geschichte und aktuellen Erfahrungen verbunden sind und ein bestimmtes Identitäts- und Solidarbewußtsein besitzen" (Heckmann 1992: 56).

12   Innerhalb der ‚Interkulturellen Pädagogik' wird dieses spannungsvolle Nebeneinander von Anerkennungs- und Dekonstruktionsansätzen bereits seit Längerem diskutiert. Ein prominentes Beispiel dafür stellt die Kontroverse zwischen Frank-Olaf Radtke und Georg Auernheimer dar (vgl. hierzu Hamburger 2012: 106–108). Radtke kritisiert am Ansatz der ‚Interkulturellen Erziehung', dass sie ethnische und nationale Differenzen überhaupt erst produziere und damit institutionellen Diskriminierungsstrukturen den ideologischen Boden bereite. Auernheimer erwidert, dass Radtkes dekonstruktiver Ansatz in eine handlungshemmende ‚politcal correctness' münde und folgenlos bleibe, wenn man Diskriminierungsstrukturen anhand ethnischer und nationaler Differenzen angehen möchte.

dungslogiken wie ‚mit Migrationshintergund‘ versus ‚ohne Migrationshintergrund‘ oder ‚Eigenes‘ versus ‚Fremdes‘. Auch werde gefragt, welche Effekte des *Othering*[13] und der Macht oder welche sonstigen Interessen aus einem Engagement für Anerkennung seitens der Pädagogik resultierten. Dekonstruktives Befragen habe somit die Funktion, binäre Differenzordnungen zu stören, zu verschieben und zu Dezentrierungen, Verunreinigungen oder Hybridisierungen von Identitäten beizutragen (ebd.: 189).

Da es nach Mecheril nicht zu einer Aufhebung der Spannung zwischen Anerkennung und Dekonstruktion kommen kann und es keine Strategien gibt, den beiden Perspektiven zugleich Geltung zu verschaffen, sollen in pädagogischen Kontexten „paradoxe Handlungsorientierungen" verfolgt werden (ebd.: 190). Daraus resultiere ein „reflexive[r] professionelle[r] Habitus" (ebd.: 191), in dem immer wieder aufs Neue die beiden Pole Anerkennung und Dekonstruktion ausgelotet werden müssten.[14] Ein theoretisches Konstrukt der Migrationspädagogik, um die beiden Pole aus-

---

13 Auf die machtvolle Praxis des Anderns (*Othering*) wies erstmals der postkoloniale Literaturwissenschaftler Edward Said in seinem Buch *Orientalism* hin. Dieses Konzept beschreibt den Mechanismus, dass Menschen mit nicht-westlichen ethnischen oder nationalen Identitätsanteilen zu barbarischen oder idyllischen ‚Fremden‘ gemacht werden, um eine ‚eigene‘ westliche Identität überhaupt zu konstituieren, am Anderen distinktiv aufzuwerten und Machtasymmetrien zu legitimieren (vgl. Said 1978: 12). Saids Nachfolger_innen im postkolonialen Diskurs kritisieren an seiner Theorie den einseitigen Fokus auf die Definitions- und Handlungsmacht der Kolonialherren. Beispielsweise betrachtet Homi K. Bhabha mit seinem Modell des *Third Space* auch die Handlungsmacht der Kolonialisierten. Im Beziehungszwischenraum des Dritten Raums imitieren sie kulturelle Symbole und Bedeutungen der Kolonialmacht nur partiell, spiegeln sie beispielsweise parodisierend zurück und transformieren sie dadurch in getarnter Form (vgl. das Konzept der *Mimikry* in: Bhabha 1994: 85–92).

14 Als Versuche, die beiden Pole Anerkennung und Dekonstruktion ansatzweise auszutarieren, sind u. a. Gayatri Chakravorty Spivaks Idee eines ‚strategischen Essenzialismus‘ (vgl. Spivak 1990: 11 f.) oder Carolin Emckes Konzepte der „kompensatorischen" und der „transformierenden" Anerkennung zu nennen (Emcke 2000: 323). Beim ‚strategischen Essenzialismus‘ identifiziere sich eine Gruppe vorübergehend mit einem bestimmten Merkmal, um politische Gleichstellungsmaßnahmen zu erwirken (vgl. Spivak 1990: 11 f.). Emckes Ansatz zielt darauf ab, dass Menschen, denen Gruppenidentitäten von außen aufgezwungen wurden, zunächst entschädigt („kompensatorische Anerkennung") und anschließend von den Fremdzuschreibungen befreit werden („transformierende Anerkennung", vgl. Emcke 2000: 321–324). Anstatt sich und andere also strategisch-essenziell mit einem bestimmten Merkmal zu identifizieren, legt Emcke den Fokus stärker auf eine Anerkennung von Kollektiven, die aufgrund eines bestimmten Merkmals als Gruppe konstruiert und marginalisiert worden sind. „Die Gefahr [einer essenzialisierenden Fixierung] kann umgangen werden, indem die Angehörigen nicht als das, *was sie sind*, anerkannt, im Sinne von ‚bestätigt‘, werden, sondern indem das anerkannt wird, *was ihnen angetan wurde*" (ebd.: 322). Eine kompensatorische oder transformierende Anerkennung müsse dabei „zeitlich begrenzt" (ebd.: 325) sein, damit die Betroffenen durch sie nicht dauerhaft pathologisiert werden.

zutarieren, bildet unter anderem ihre Gegenüberstellung von „Migrationsanderen"
und „Nicht-Migrationsanderen". Im Gegensatz zur essenzialisierenden Differenz
‚mit Migrationshintergrund' und ‚ohne Migrationshintergrund' setze diese Gegenüberstellung den Akzent auf den diskursiven Herstellungsprozess von Andersheit
und binärer Zugehörigkeitsordnung. Unterschieden werden demnach Menschen, die
aufgrund einer familiären Migrationsgeschichte zu einer bestimmten Gruppe von
Anderen gemacht werden, von Menschen, die von diesem pauschalisierenden *Othering* nicht betroffen sind (ebd.: 15–18).[15] Mit den Konstruktionen ‚Migrationsandere'
und ‚Nicht-Migrationsandere' entwirft Mecheril somit eine Unterscheidungslogik,
die einerseits ermöglichen soll, über Benachteiligungsphänomene in der Migrationsgesellschaft überhaupt noch sprechen und diese anerkennen zu können, die aber
andererseits die gängigen machtvollen Differenzordnungen nicht reproduziert.

Der einzige mir bekannte Beitrag, der die von Mecheril aufgezeigte Gratwan-
derung zwischen Anerkennung und Dekonstruktion von Differenz innerhalb der
Musikpädagogik explizit zum Thema macht, ist der sehr interessante Aufsatz von
Sophie Arenhövel mit dem Titel „Zur Komplexität von Differenz – Notwendige
Haltungen und Reflexionen für eine diversitätsbewusste Musikvermittlung in der
Migrationsgesellschaft" (Arenhövel 2012). Sie analysiert darin zwei Praxisbeispiele
aus der ‚Interkulturellen Musikpädagogik', zum einen die jährlich stattfindende *Ka-
leidoskopnacht* an der Hochschule für Musik und Theater Rostock und zum anderen
das Schulprojekt *Die Musik der Welt auf 77 km²*, das Dorothee Barth und Friederike
Seithel an einem Gymnasium in Hamburg Altona konzipiert und durchgeführt haben (vgl. Barth & Seithel 2007). Arenhövels Analyse richtet sich auf die Fragen,
inwiefern in diesen Projekten überhaupt ein Balanceakt zwischen Anerkennung und
Dekonstruktion erkennbar sind und wie natio-ethno-kulturelle Differenzordnungen
einerseits irritiert, andererseits anerkennend reproduziert werden (vgl. Arenhövel
2012: 272–281).

Die Bewusstmachung des Anerkennungs-Dekonstruktions-Dilemmas stellt zweifelsohne eine äußerst hilfreiche pädagogische Meta-Orientierung dar. Zugleich wird
mit ihr aber anknüpfend an Honneth an einem verkürzten Anerkennungsverständnis
festgehalten. Auch wenn Mecheril immer wieder auf die „Grunddilemmata der Anerkennung" hinweist (Mecheril 2003: 50), stellt er ihnen das Paradigma der Dekonstruktion dichotomisch gegenüber. Den Schritt, nicht nur die vermeintlich eindeutig
positiven Wirkungen von ethnisch-normativen Anerkennungshandlungen, sondern
auch den Anerkennungsbegriff selbst zu dekonstruieren, vollziehen konsequent erst
Nicole Balzer und Norbert Ricken. Ihnen gelingt es, Anerkennung selbst als eine

---

15 „‚Migrationsandere' ist eine Bezeichnung, die, wie jede andere Bezeichnung von
Personengruppen auch, pauschalisierend und festschreibend wirkt. Allerdings ist das
Kunstwort ‚Migrationsandere' eine Bezeichnung, die das Problem der Pauschalisierung
und der Festschreibung anzeigt. Denn ‚Migrationsandere' ist ein Wort, das zum Aus-
druck bringt, dass es ‚Migrant/innen' und ‚Ausländer/innen' und komplementär ‚Nicht-
Migrant/innen' und ‚Nicht-Ausländer/innen' nicht an sich, sondern nur als relationale
Phänomene gibt" (Mecheril et al. 2010: 17).

dekonstruktive und vielschichtige Reflexionskategorie für pädagogisches Handeln fruchtbar zu machen und damit die von Mecheril aufgestellte Polarität zwischen Anerkennung und Dekonstruktion zu überwinden.

1.3   Anerkennung als spannungsreicher Analysebegriff

Nicole Balzer und Norbert Ricken zufolge hat sich der Anerkennungsdiskurs in den Erziehungswissenschaften in erster Linie an den Theorien Axel Honneths und Charles Taylors orientiert.[16] Dementsprechend werde Anerkennung dort überwiegend evaluativ-affirmativ, d.h. positiv-bestätigend aufgefasst. Anerkennung bedeute im Fachdiskurs also positive Wertbestätigung oder Identitätsbekräftigung. Zudem werde mit Anerkennung gemeinhin ein ethisch-moralischer Appell verknüpft. Der erziehungswissenschaftliche Umgang mit der Anerkennungskategorie orientiere sich damit stark am alltagssprachlichen Verständnis, wonach Anerkennung überwiegend als ermutigende, würdigende oder achtende Bejahung von Individuen oder Gruppen und damit als moralisch eindeutig gut angesehen werde (Balzer & Ricken 2010: 41 f.).[17] Sie werde damit als eine *spezifische* intentionale Handlung bzw. als ein ‚Mittel‘ vorgestellt, das pädagogisch entweder genutzt oder vorenthalten werden könne (vgl. Ricken 2006a: 222).

---

16 Der Philosoph und Politikwissenschaftler Charles Taylor kritisiert in seinem Buch *Multikulturalismus und die Politik der Anerkennung* die „Differenz-Blindheit" der bisherigen Anerkennungstheorien (Taylor 1993: 30). Dementsprechend fokussiert er den folgenden Mechanismus: Ein abwertendes und vorurteilsgeprägtes Bild von einer sozialen Gruppe in der Öffentlichkeit kann dazu führen, dass diese defizitäre Perspektive intrapsychisch verinnerlicht wird (vgl. ebd.: 13 f.). In Abgrenzung von einer „Politik der allgemeinen Würde", die sich auf die gleichberechtigte Anerkennung von Rechten und Freiheiten beschränkt und soziale Diskriminierungen nicht ausreichend erfasst, konzipiert Taylor eine „Politik der Differenz" (ebd.: 28). In ihr gilt es, kulturelle und soziale Gruppen einerseits zwar in ihrer grundlegenden Gleichwertigkeit, zugleich aber – und hier liegt Taylors besonderer Akzent – in ihrer Unverwechselbarkeit bzw. in ihrer ‚Authentizität‘ anzuerkennen. Taylors Argumentation basiert dabei auf der These, dass Personen und Gruppen eine ‚originale‘ Identität haben, die allerdings erst durch intersubjektive Anerkennung entdeckt und im Dialog mit anderen zur Entfaltung gebracht werden kann (vgl. ebd.: 16–27).

17 Die dominante alltagssprachliche Bedeutung von Anerkennung definieren Balzer und Ricken wie folgt: „[…] Anerkennung [wird] alltagsweltlich in besonderer Weise mit Personen und Menschen verbunden und im Sinne von Ermutigung, Lob, Wertschätzung und Würdigung, Achtung und Ehre vorrangig als eine – ein positives Werturteil ausdrückende – Bestätigung einer Person oder Personengruppe bzw. ihrer Leistungen, Taten, Eigenschaften und Fähigkeiten verstanden und daher gemeinhin als etwas aufgefasst, das mit individueller Entwicklung eng verbunden ist und insofern eine unverzichtbare Bedingung menschlicher Subjekte und ihrer Subjektwerdung darstellt" (Balzer & Ricken 2010: 41).

Für Balzer und Ricken ist dieses Begriffsverständnis aus pädagogischer Perspektive in mehrfacher Hinsicht problematisch: *Erstens* werde zwar gesehen, dass Selbstentwicklung auf die positive Wertschätzung anderer angewiesen sei, letztendlich werde das Selbst aber doch individualtheoretisch und gerade nicht konsequent inter-subjektiv gedacht. Anerkennung werde meist lediglich als Bedingung vorgestellt, um ein ‚gesundes‘, kohärentes und sich verwirklichendes Selbst zu entfalten. Die Grundannahme, dass Subjekte grundlegend inter-subjektiv strukturiert seien, werde dadurch hintertrieben. Einerseits gehe dem Anerkennungsgeschehen immer schon ein irgendwie bestehendes und in sich geschlossen gedachtes Selbst voraus. Andererseits verkümmere Sozialität zu einem moralischen Zusatz eines zugrunde liegenden Autonomieideals (vgl. Ricken 2009: 83). Mit der Anknüpfung an das Anerkennungsverständnis Honneths und Taylors werde somit die Chance vertan, Individuierungs-, Souveränitäts- und Selbstoptimierungsidealen eine pädagogisch-kritische Perspektive entgegenzusetzen.

Zweitens gerate auch pädagogisches Handeln in eine Zwickmühle, insofern Anerkennung an das vermeintliche „Bedürfnis des Selbst, in der Bestätigung anderer Selbstgewissheit und Kohärenz zu finden", gekoppelt und damit moralisch eindeutig positiv aufgeladen werde (Ricken 2006a: 222): Entweder agieren Pädagog_innen im Sinne dieser Anerkennungsethik zwar moralisch adäquat, dafür aber eher ‚passiv‘, indem sie das Selbst der Lernenden ausschließlich wertschätzend bestätigen. Oder aber sie nehmen eine ‚aktive‘ Erziehungsrolle ein, indem sie die Lernenden beispielsweise begrenzen, befremden und über den bestehenden Selbsthorizont hinausführen, handeln dann aber moralisch inadäquat (vgl. ebd.: 222 f.). Mit einem positiv-bestätigenden, an ein Autonomieideal gekoppelten und moralischen eindeutig positiv aufgeladenen Anerkennungsverständnis „ergibt sich [...] nahezu zwangsläufig, dass die ‚moralische Qualität‘ von (pädagogischen) Verhältnissen und Institutionen am Vorhandensein und Nichtvorhandensein von Anerkennung bemessen wird [...] und darin subtil immer wieder neu einem karikierenden Verständnis von Pädagogik als ‚Kuschelpädagogik‘ Vorschub geleistet wird" (Balzer & Ricken 2010: 54 f.).[18] Entsagende, disziplinierende oder sanktionierende pädagogische Handlungen erhalten vor der Folie dieses Anerkennungsverständnisses notwendigerweise eine negative Bewertung.

Drittens bestehe mit einem vermeintlich eindeutig positiven und spannungsfreien Anerkennungsbegriff die Gefahr, die grundlegende Vielschichtig- und Widersprüchlichkeit pädagogischer Praxis zu negieren. Insbesondere im Hinblick auf

---

18 Zudem werde in dieser eindeutig moralisch positiven Konnotation möglicherweise einem rein entleert-ritualisierten oder strategischen Einsatz von Anerkennung (nach dem Motto: zunächst etwas Positives anmerken, bevor man kritisiert) Vorschub geleistet. Das Problem einer strategischen Anerkennung sei zum einen, dass ernsthaft und nichternsthaft gemeinte Wertschätzung kaum noch voneinander zu unterscheiden seien, und zum anderen, dass die Vorstellung vermittelt werde, Kritik sei etwas, das Personen in ihrer Identität abwerte und deswegen kompensiert werden müsse (vgl. Balzer & Ricken 2010: 42).

den formellen Lernkontext der Regelschule werde damit antipädagogischen oder reformpädagogischen Vereinseitigungen das Wort geredet. Pädagogisches Handeln sei aber gerade dadurch gekennzeichnet, „ein Entwicklung *zugleich* ermöglichendes und regulierendes, ein *zugleich* bestätigendes und negierendes, ein *zugleich* belohnendes und sanktionierendes, ein Handeln nicht nur *für* und *mit* anderen, sondern auch *gegen* andere" zu sein (ebd.: 55). Balzer und Ricken leugnen natürlich nicht, dass eine fehlende wertschätzende Haltung in pädagogischen Kontexten Schaden bewirkt, vielmehr stellen sie die These auf, dass ein zu harmonischer, zu positiver und zu eindeutiger Anerkennungsbegriff die vielschichtige Eigenlogik pädagogischen Handelns konterkariere (ebd.: 56).

Ausgehend von Theorien, in denen die Ambivalenzen des Anerkennungsgeschehens deutlich gemacht werden (vgl. dazu Kap. 1.4), zeigen Balzer und Ricken auf, dass Versagung, Verkennung und Fragen der Macht nicht im Gegensatz zu Anerkennung stehen, sondern konstitutive Momente der Anerkennung darstellen. Insbesondere die Ausführungen Judith Butlers bilden für sie einen zentralen Anknüpfungspunkt, um zu einem erweiterten Anerkennungsbegriff in den Erziehungswissenschaften zu gelangen. Wie Honneth und Taylor fasse auch Butler Anerkennung als existenziell bedeutsame Bedingung für die Entwicklung des Selbst auf. Der zentrale Unterschied bei Butler sei allerdings, dass Anerkennung für sie weniger „ein Bedürfnis *des* Selbst", sondern ein „Bedürfnis *nach* einem Selbst" darstelle (Balzer 2014: 519 f.). „Nach Butler stellt die Anerkennungsproblematik somit nicht (vorrangig) eine Problematik der *positiven* Selbstbeziehung dar, sondern eine Problematik des ‚Erlangen[s] des Daseins'" (ebd.: 520, vgl. Butler 1997: 39). Butler verstehe dieses Verlangen nach ‚Dasein' als ein grundlegendes Bedürfnis danach, eine gesellschaftliche bzw. soziale Subjektposition einzunehmen. In diesem Wunsch nach sozialer Identität sei das Subjekt allerdings „genötigt, nach Anerkennung seiner eigenen Existenz in Kategorien, Begriffen und Namen zu trachten, die es selbst nicht hervorgebracht hat" (Butler 2001: 25). Um qua Anerkennung einen Subjektstatus zu erhalten, müsse sich das Subjekt zugleich einem normativen Anerkennungsrahmen unterwerfen. Dies sei nach Butler der „Preis der Existenz" bzw. „die nüchterne Grundlage der Subjektwerdung" (ebd.). Butler, so führt Balzer aus, betrachte Anerkennung somit insbesondere im Hinblick auf die sich in ihr performativ vollziehende Reaktualisierung von gesellschaftlichen Normen. Eine zentrale These Butlers im Hinblick auf Anerkennung laute, dass sie einen Akt darstelle, der Subjektwerdung zwar überhaupt erst ermögliche, in dem sich jedoch zugleich die Macht der Anerkennungsnormen performativ verwirkliche. Subjekten werde durch die anerkennende Anrede, durch welche sie in einem gesellschaftlichen Diskurs positioniert würden, zugleich auch eine bestimmte Form gegeben (vgl. Balzer 2014: 448 f.). Charakteristisch für Butlers Ausführungen sei, dass sie Anerkennung gerade nicht als eine spezifische ethische Handlung, sondern als ein Moment auffasse, das allen Akten der Anrede und Ansprache an ein Gegenüber innewohne. „Nach Butler ist dabei das anerkennende Moment an Sprachhandlungen jenes Moment, mit dem Subjekte (bzw. ‚Individuen') als anerkennbar markiert und mit dem sie als *spezifische* Subjekte bezeichnet, positioniert und in ein Verhältnis zu Normen der Anerkennbarkeit ‚gesetzt' werden" (ebd.: 531).

In Anknüpfung insbesondere an die Theorien Butlers definieren Balzer und Ricken Anerkennung als ein Adressierungs- und Re-Adressierungsgeschehen, das zunächst einmal wertneutral, uneindeutig und von verschiedenen Ambivalenzen geprägt ist.

> „[M]it Anerkennung ist die zentrale Frage berührt, als wer jemand von wem und vor wem wie angesprochen und adressiert wird und zu wem er/sie dadurch vor welchem (normativen) Horizont sprachlich bzw. materiell etablierter Geltungen gemacht wird; bezieht man dann auch mögliche Antworten mit ein, dann lassen sich diese analog dazu als Gegenadressierungen verstehen, in denen ihrerseits andere wieder als jemand angesprochen und – qua Verschiebung bzw. Akzeptanz etablierter Normen – zu jemandem gemacht werden" (Balzer & Ricken 2010: 73).[19]

Diese Adressierungen und Re-Adressierungen können sowohl einen negativ-bestätigenden, einen positiv-bestätigenden oder auch einen „‚bloß'-bestätigenden", sprich wertneutralen Charakter haben (vgl. Balzer 2014: 583). Damit kennzeichnen Balzer und Ricken Anerkennung nicht als einen spezifischen (moralischen und evaluativen) Handlungsakt, sondern „als ein spezifisches Strukturmoment einer jeden menschlichen Kommunikation und Praktik" (Balzer & Ricken 2010: 73). Anerkennung sei demnach kein ‚Mittel', also etwas, das pädagogischen Handlungen quasi hinzugefügt werde und für oder gegen das man sich entscheiden könne. Wenn man sie konsequent als eine grundlegende Bedingung menschlicher Existenz auffasse, müsse sie vielmehr als ein Aspekt verstanden werden, der pädagogische Kommunikation und Handlungen durchgängig durchziehe (vgl. Ricken 2009: 88). In diesem Sinne gehe es auch nicht mehr so sehr um die Frage, inwieweit Schule zu einem ‚Ort der Anerkennung' bzw. der Wertschätzung gemacht werden könne. Vielmehr stelle sich mit Anerkennung die Frage, wie, als wer und vor wem sich Akteur_innen in pädagogischen Interaktionen adressieren und re-adressieren und innerhalb welchen normativen Rahmens sie dies tun (vgl. Balzer & Ricken 2010: 73).

Balzer und Ricken verfolgen somit das Ziel, die Vielschichtigkeit und Paradoxalität des Anerkennungsbegriffs für den erziehungswissenschaftlichen Diskurs fruchtbar zu machen. Sie reagieren damit auf vereinzelte Kritiken im pädagogischen Diskurs, dass der Anerkennungsbegriff inzwischen überdehnt bzw. entleert worden sei und aus diesem Grund wieder auf seinen affirmativ-evaluativen, moralischen oder auch juristischen Gehalt rezentriert werden sollte (vgl. u. a. Röhr 2009: 94). Balzers und Rickens Anliegen ist demgegenüber, „Präzision und Mehrperspektivität nicht gegeneinander auszuspielen" (Balzer & Ricken 2010: 37) und stattdessen den vielschichtigen und ambivalenten Charakter der Anerkennung analytisch

---

19 Eine etwas eingängigere Definition, die allerdings den Aspekt der Gegenadressierungen unberücksichtigt lässt, findet sich bei Balzer: „eine Praxis […], in der sich Subjekte in spezifischen Weisen und/oder als spezifische vor dem Hintergrund von Normen oder im Rekurs auf Normen adressieren" (Balzer 2014: 584).

einzuholen (vgl. ebd.: 63). Versuche man Anerkennung zu vereindeutigen, werde „[u]nterschlagen […], dass Anerkennung mit Fragen der Inklusion ebenso wie mit Fragen der Exklusion, mit Fragen der Subjektwerdung ebenso wie mit Fragen der gesellschaftlichen Reproduktion, mit Fragen der Ethik und der Gerechtigkeit ebenso wie mit Fragen der Macht eng verknüpft ist" (Balzer 2014: 26 f.). Zusammengefasst vollziehen sie damit eine Wende von einer überwiegend ethisch-moralischen zu einer analytischen Verwendungsweise des Anerkennungsbegriffs in den Erziehungswissenschaften (vgl. Balzer & Ricken 2010: 38).

Die verschiedenen widersprüchlichen Aspekte der Anerkennung konzipieren Balzer und Ricken in Anknüpfung an Charles Bingham als „*recognitive lenses*" bzw. als „unterschiedliche Aufmerksamkeitsperspektiven" auf pädagogische Praxis (ebd.: 77). Balzer betont dabei, dass Anerkennung durchaus *auch* ethisch aufgefasst werden könne, jedoch *nicht nur* auf diese Bedeutungsdimension verkürzt werden sollte (vgl. Balzer 2014: 22). Entscheidend sei, den Anerkennungsbegriff zu verschieben bzw. zu entgrenzen. Das aus dem bestehenden Anerkennungsdiskurs Ausgeschlossene bzw. das „Andere der Anerkennung" solle sichtbar gemacht und Vereindeutigungen und Idealisierungen des Anerkennungsbegriffs überwunden werden (ebd.: 3).[20] Verstehe man Anerkennung als ein grundlegend vielschichtiges und spannungsvolles subjektkonstituierendes Geschehen, beinhalte sie das Potenzial, zu einem bedeutsamen Reflexionsinstrument pädagogischer Praxis sowie pädagogischer Grundbegriffe zu werden. Anstatt die Komplexität und Widersprüchlichkeit pädagogischen Handelns mit einem spannungsfreien Anerkennungsverständnis zu verschleiern, könne sie mit einem dezentrierten Anerkennungsbegriff überhaupt erst sichtbar gemacht werden (vgl. Balzer 2014: 591–595, Ricken 2006a: 225 f.).[21] Beispielsweise würden mit der

---

20 In diesem Kontext zeigen Balzer und Ricken auch auf, dass sich die gegenwärtig dominante Bedeutung von Anerkennung erst im Laufe des 18. Jahrhunderts entwickelt hat. Insbesondere sei es Jean-Jacques Rousseau gewesen, der mit seiner Unterscheidung von ,amour propre' und ,amour de soi' einen zentralen Bedeutungswandel der Anerkennung eingeleitet habe. Sei Anerkennung im 17. Jahrhundert zum Beispiel bei François de La Rochefoucauld im Sinne eines egozentrischen Triebs nach Lob als menschliche Schwäche interpretiert worden, habe Rousseau Anerkennung als ein menschliches Grundbedürfnis umgedeutet. Im 16. Jahrhundert sei Anerkennung in Anknüpfung an die lateinischen Termini ,agnitio', ,apperception' und ,approbatio' eher wertneutral als ,An-Erkenntnis von etwas oder jemandem' verwendet worden, beispielsweise im Sinne von ,etwas gutheißen', ,jemanden in seinem Amt oder seiner sozialen Funktion bestätigen', ,ein Gerichtsurteil akzeptieren' oder ,als jemand gelten' (vgl. Balzer & Ricken 2010: 43, Balzer 2014: 36 f.).

21 Balzer und Ricken betonen dabei, dass sie Anerkennung als *eine* Dimension pädagogischen Handelns begreifen. Pädagogische Praxis gehe natürlich nicht in Anerkennung auf, könne sowieso nie vollständig erfasst werden und bedürfe immer vieler Betrachtungsweisen. Auch mit einer erweiterten ,Anerkennungsbrille' bleiben notgedrungen andere Aspekte pädagogischer Interaktionen unberücksichtigt (vgl. Balzer 2014: 610 f.). Aber „[m]öglicherweise ist […] ,die' pädagogische Praxis in einer *besonderen* Weise nicht ohne jene Momente des ,Anerkennens' zu begreifen – und zu bestimmen!" (Balzer 2014: 610).

anerkennungstheoretisch begründeten Idee, dass das Selbst grundlegend inter-subjektiv verfasst sei, solche Theorien fragwürdig, in denen ‚Bildung‘ und ‚Lernen‘ auf Selbsttätigkeit und Selbstbildungsprozesse reduziert würden. Auch gerieten Konzepte wie Erziehung oder Vermittlung, die oft vorschnell mit ‚Fremdbestimmung‘ gleichgesetzt würden, in ein anderes Licht. ‚Pädagogische Professionalität‘ könne, anerkennungstheoretisch ergänzt, bedeuten, Ambivalenzen pädagogischer Adressierungen „als Ineinander von Bestätigung und Stiftung wie Versagung und daher als Zusammenhang von Ermöglichung, Unterwerfung und Überschreitung“ erkennen und aushalten zu können (Ricken 2009: 87, vgl. Balzer 2014: 594 f.).

Die anerkennungstheoretische Perspektivverschiebung Balzers und Rickens ließe sich im Hinblick auf musikpädagogisches Nachdenken folgendermaßen konkretisieren: So wäre beispielsweise, folgt man Barbara Hornberger, beim Thema ‚Musikvorlieben von Jugendlichen im Musikunterricht‘ die zentrale Frage: Wie sollten Lehrende die Musikvorlieben der Lernenden im Musikunterricht aufgreifen, damit diese ernsthafte Wertschätzung erfahren? Mit Balzer und Ricken konzentriert man den Blick nun vielmehr darauf, was sich in der konkreten Situation des Musikunterrichts eigentlich an Zuschreibungen, intersubjektiven Identitäts- und Machtdynamiken unter den Beteiligten ereignet, wenn Lehrende auf die Musikpräferenzen von Jugendlichen eingehen.

1.4 Ambivalenzen der Anerkennung und musikpädagogische Konkretisierungen

Im Folgenden werden vier zentrale Spannungsmomente der Anerkennung aufgezeigt und musikpädagogisch konkretisiert. Die Grundlage dafür bilden zuvorderst die Arbeiten von Balzer und Ricken. In ihren Texten nehmen sie eine anerkennungstheoretisch justierte Re-Lektüre verschiedener Theorien vor. Unter anderem befragen sie die Werke von Judith Butler, Emmanuel Lévinas, Jessica Benjamin und Pierre Bourdieu dahingehend, welches Verständnis von Anerkennung sich bei ihnen jeweils finden lässt. Anhand dieses anerkennungstheoretischen *scans* arbeiten sie zentrale „Paradoxien und Ambivalenzen“ (Ricken 2009: 78) der Anerkennung pointiert heraus. Sie bilden für die Analyse meiner Gruppendiskussionen mit Jugendlichen zu *arabesk*-Musik in Kapitel 3 einen zentralen hermeneutischen Rahmen. In diesem Unterkapitel möchte ich nun die von Balzer und Ricken identifizierten Antinomien der Anerkennung jeweils auf ihre konkrete Relevanz für den Musikunterricht befragen, also ihre Re-Lektüre gewissermaßen einer eigenen, namentlich musikpädagogischen Re-Lektüre unterziehen. Dabei wird herausgearbeitet, was in der Re-Lektüre prominenter Anerkennungstheorien durch Balzer und Ricken im Hinblick auf den Musikunterricht zu kurz kommt. Es wird aufgezeigt, dass gerade mit Bezug auf Bourdieu die Verknüpfung von Anerkennungsdynamiken mit Geschmacksurteilen bzw. mit „feinen Unterschieden“ (Bourdieu 1991) einer eingehenderen Betrachtung aus musikpädagogischer Perspektive bedarf.

1.4.1 Zwischen Stiftung und Bestätigung

Balzer und Ricken zufolge kommt bereits in der Alltagssprache eine zentrale Antinomie des Anerkennungsgeschehens zum Ausdruck. Anerkennung bedeute in Bezug auf Personen meist, sie in bestimmten Eigenschaften oder Fähigkeiten wertzuschätzen. Sie erscheine damit als eine nachträgliche Bestätigung von Identitätsaspekten, die bereits irgendwie bestehen müssen. Bei der Anerkennung von Dingen oder Ereignissen trete hingegen häufiger auch ein stiftender Zug zutage (vgl. Balzer & Ricken 2010: 39 f.). So werde beispielsweise mit der Anerkennung eines Fußballtors, einer Studienleistung oder eines Verbrechens das ‚An-Erkannte' überhaupt erst als solches wirksam gemacht oder eingesetzt. Das, was anerkannt werde, oszilliere somit bereits im Alltagszusammenhang zwischen einem *schon* und einem *noch nicht* Bestehenden.

Mit diesem Doppelcharakter der Anerkennung zwischen „Stiftung und Bestätigung" beschäftigen sich insbesondere Patchen Markell und Alexander García Düttmann (Balzer 2014: 268). Sie kritisieren an den Theorien Taylors und Honneths, dass diese Anerkennung auf ihren identitäts- und differenzbestätigenden Aspekt reduzieren. Markell zufolge sei für Anerkennung vielmehr kennzeichnend, dass sie zwischen einem „konstativ-kognitiven" und einem „performativ-konstruktiven Akt" schwanke (Balzer & Ricken 2010: 66). Dabei wohne Anerkennung ein selbstmaskierender Charakter inne. Sie sei eigentlich ein identitäts*konstruierendes* Geschehen, tarne sich jedoch als identitäts*bestätigend* (vgl. Markell 2000: 503).

In Abgrenzung zu Honneth entwirft Düttmann einen entidealisierten Anerkennungsbegriff. Anerkennung sei nach Düttmann grundlegend zwischen konstativem und konstitutivem Moment gespalten und mit sich „[u]n-eins" (Düttmann 1997: 30). Weder könnten die beiden Pole Bestätigung und Stiftung in Einklang gebracht noch aufeinander folgend gedacht werden. Gleich einem Vexierbild gehe immer ein Aspekt der Anerkennung verloren, egal ob man sie eher als ein konstatives oder als ein konstruktives Geschehen betrachte. Der Umschlagpunkt von einem Pol zum anderen bleibe jeweils unbestimmbar. Aus diesem Grund stelle Anerkennung ein nicht identisches Geschehen dar (vgl. Balzer 2014: 275 f.). Für Düttmann resultiere aus dieser inneren Gespaltenheit, dass Anerkennung weder *miss*lingen noch *ge*lingen könne (vgl. Ricken 2009: 84). Sie sei ein Geschehen, das sich auf etwas Bestehendes beziehen müsse, um als *An*erkennung gelten zu können. Zugleich stelle sie dieses ‚Etwas' überhaupt erst her und verfehle damit ihren eigenen Anspruch, ein ‚Etwas' in seinem So-Sein zu bestätigen oder zu bekräftigen. In dieser grundlegenden Spannung sei Anerkennung nach Düttmann gerade kein Geschehen, das Identität zu einem konsistenten Ich-Sein zentriere oder zur Ruhe bringe. Ganz im Gegenteil: Die innere Gespaltenheit der Anerkennung bewirke eine Dezentrierung von Identität zwischen Bestätigung und auf einen bestimmten Kontext bezogener Erzeugung (vgl. Balzer 2014: 277 f.). Anerkennung sei durch ihre schizophrene Grundlogik gar nicht als ein ‚Etwas' bestimmbar und könne dementsprechend auch nicht als eine *spezifische* ethische Handlung – auch nicht als vorübergehende Strategie – begriffen werden.

Sich diese Spannung zwischen Stiftung und Bestätigung zu vergegenwärtigen, ermöglicht in mehrfacher Hinsicht einen differenzierteren Blick auf musikpädagogische Praktiken: Zum Ersten ist die Erkenntnis wichtig, dass sich im Anerkennungshandeln bestätigende und erzeugende Aspekte immer zugleich aktualisieren. Beispielsweise macht der musikpädagogische Ansatz Barbara Hornbergers (vgl. Kap. 1.1) die unterrepräsentierte Position von Jugendlichen ‚ohne bildungsbürgerlichen Hintergrund' am Lernort Schule einerseits sichtbar, andererseits werden ihre musikbezogenen Identitäten überhaupt erst als ‚nicht bildungsbürgerlich' erzeugt. Zum Zweiten gerät in den Blick, dass die Wertschätzung auf einer makrosozialen Ebene immer auch mit diversen Identitätserzeugungen auf einer mikrosozialen Ebene einhergeht. Bei Hornberger erscheint die Anerkennung von Jugendlichen ‚ohne bildungsbürgerlichen Hintergrund' quasi in einem luftleeren Raum. Das soziale System der Schulklasse klammert sie ebenso aus wie ihren institutionalisierten Rahmen. Gerade dies führt zu einem undifferenziert idealisierten und widerspruchsfreien Anerkennungsverständnis. Mit der These Markells, dass sich in einer wertbestätigenden Anerkennung immer auch bestimmte Erzeugungsmomente verstecken, lässt sich also fragen: Welche ungewollten feldspezifischen Nebenprodukte erzeuge ich, wenn ich musikbezogene Identitäten von Schüler_innen ‚anerkenne'? Kann dies beispielsweise dazu führen, dass ‚Gangstarap' hörende Jugendliche durch die Unterrichtsrahmung vor ihrer Peergroup als ‚politisch inkorrekt' oder ‚unreflektiert' positioniert werden? Erzeuge ich im Hinblick auf die Erwartungen von Peergroup und Lehrkraft womöglich einen Rollenkonflikt? Adressiere ich sie anhand von Zensuren als leistungsstarke oder leistungsschwache und im Hinblick auf ihre Musikinteressen damit als kompetente und weniger kompetente Schüler_innen? Gelten sie von nun an in der Klasse als Vertreter_innen einer bestimmten ‚Jugendkultur' oder werden sie mit pluralen Musikidentitäten sichtbar?

Der Aspekt der getarnten Erzeugung von Anerkennung öffnet somit den Blick für die vielen verschiedenen sozialen Ebenen von Musikunterricht, auf denen Herstellungsprozesse von Identitäten ablaufen.

1.4.2 Zwischen Anerkennung und Verkennung des Anderen

Im erziehungswissenschaftlichen und musikpädagogischen Diskurs existiert eine inzwischen recht prominente Figur, um sich vom Paradigma ‚Anerkennung von Differenz' abzugrenzen, aber trotzdem an einer eindeutigen Anerkennungsnorm festzuhalten: die Anerkennung des unverfügbar Anderen. Kinder und Jugendliche sollen also gerade nicht in einer bestimmten sozialen Identität (z.B. als ‚Mädchen' oder als ‚Kind mit Migrationshintergrund'), sondern als einzigartiges Individuum positioniert werden. Der Referenzpunkt dieser Anerkennung variiert dabei wahlweise zwischen dem „irreduzible[n] Anderssein sowohl des Selbst als auch des Mitmenschen" (Rösner 1997: 46), dem individuellen „Eigensinn" (Ott 2012) oder der „grundsätzlichen Unverfügbarkeit des Fremden" (Vogt 2009: 51). Dass ein alteritätstheoretisch fundierter Fluchtpunkt aber ebenfalls in eine anerkennungstheoretische Paradoxie münde, lasse sich, so Balzer, mit der Philosophie Emmanuel Lévinas' verdeutlichen (Balzer 2014: 290 f.).

In scharfer Abgrenzung zur Ontologie Martin Heideggers (vgl. Lévinas 2006: 181, Lévinas 1987: 20) sei der Mensch Lévinas zufolge nicht dadurch strukturiert, dass er sich um sein eigenes Dasein sorge, sondern dass er durch einen anderen Menschen sich selbst entrissen werde (vgl. Lévinas 1992: 303). Dieses Seinsmerkmal basiere auf einer Anklage des Anderen, die sich in seiner Leiblichkeit manifestiere (vgl. ausführlich Balzer 2014: 314–323). Es sei das „Antlitz" des Anklägers (Lévinas 1996: 74 f.), in dem sich die Verwundbarkeit und Nacktheit des gesamten menschlichen Körpers in besonders verdichteter Weise entblöße. Vom Antlitz gehe ein sinnlich unmittelbarer Appell aus, den Anderen nicht zu töten und sich für ihn verantwortlich zu fühlen. Aufgrund dieses Appells könne zum Anderen auch keine Subjekt-Objekt-Distanz eingenommen werden: „Das Subjekt wird affiziert, ohne daß die Quelle der Affektion zum Gegenstand der Vorstellung würde" (Lévinas 1992: 223). Lévinas konzipiere das Subjekt somit als unmittelbar leiblich auf den Anderen verwiesen und kehre die Vorstellung eines Ichs in die eines „Sich[s]" um (ebd.: 123). Die ‚Anerkennung des Anderen' stelle somit keinen aktiven bzw. intentionalen, sondern einen passiven bzw. sich-selbst-entzogenen Akt dar.

Mit Lévinas' Figur des „Dritten" komme Balzer zufolge nun eine zentrale Ambivalenz der Anerkennung ins Spiel. Mit der Präsenz eines Dritten, der nicht nur für einen zusätzlichen Anderen, sondern auch für alle weiteren Anderen stehe, ergebe sich für das Subjekt überhaupt erst eine Gerechtigkeitsfrage bzw. ein ethischer Konflikt (vgl. Balzer 2014: 339–359). Es müsse nämlich entscheiden, wer der erste oder nächste Andere sei, auf dessen Ruf es antworte. Indem es also festlegen und begründen müsse, warum es sich dem Ruf dieses Anderen zuwende und sich gleichzeitig von anderen Anderen abwende, komme es zu einer Situation des Vergleichens und Abwägens, die in einer reinen Zweierkonstellation nicht bestehe. Hinzu komme, dass das Subjekt auch einschätzen müsse, in welcher Beziehung der Andere und der Dritte zueinander stehen, um bei der Wahl der Reihenfolge eine gerechte Entscheidung zu fällen. Mit der Anwesenheit des ‚Dritten', den Lévinas im Angesicht des Anderen immer als präsent konzipiere, entstehe die spannungsvolle Situation, in der sich das Subjekt aktiv für einen Anderen entscheiden müsse. Lévinas beschreibt dieses Dilemma wie folgt:

> „Mein Problem ist, wie man das, was ich unendliche ethische Verpflichtung des Antlitzes nenne, welches mir begegnet und hinter seiner Erscheinung verborgen ist, mit dem vereinbaren kann, wie der Andere mir als Einzelner und als Objekt erscheint. Wie in diesen Vergleich von Unvergleichbarem eintreten, ohne die Antlitze zu verfremden? Denn die Menschen werden nicht als Antlitze verglichen, sondern bereits als Staatsbürger, als Einzelne, als die Vielfalt einer Gattung und nicht als ‚Einzigkeiten'" (Lévinas 1995: 262).

Weil gerechtes Handeln die „*Sichtbarkeit* der Gesichter" und „Intentionalität" erfordere (Lévinas 1992: 343), werde der Andere zugleich identifizierbar gemacht und in seiner unverfügbaren Andersheit verkannt. Das Subjekt stehe somit vor einer

unlösbaren Aporie zwischen den Anforderungen des Anderen und des ‚Dritten' (vgl.
Balzer 2014: 357–359). Der ‚Dritte' stelle in Lévinas' Denken somit eine Kippfi-
gur dar: Einerseits verweise seine Anwesenheit im Anderen immer schon auf die
Sphäre der Gerechtigkeit und des Identifizierens, andererseits bleibe der Andere
mit seinem Anspruch auf absolute Verantwortung und Unverfügbarkeit im ‚Dritten'
bestehen. Ausgehend von Lévinas' Alteritätstheorie seien somit weder ‚richtiges'
Gerechtigkeitshandeln noch ‚richtige' Verantwortung gegenüber der Einzigartigkeit
des Anderen möglich. Nach Balzer sei ethisches Handeln mit Lévinas „zwischen
der Verantwortung für den Anderen und dem Bestreben nach Gerechtigkeit für den
Dritten […] als ein aporetisches zu denken" (ebd.: 356).

Im Hinblick auf musikpädagogische Ethiken, die eine ‚Anerkennung des unverfügbaren Anderen' idealisieren (vgl. Vogt 2009, Ott 2012), werden mit dieser
Ambivalenz ‚Unreinheiten' sichtbar. Im Anschluss an Lévinas ist beispielsweise zu
bedenken, dass man sich in einer Klasse mit circa 30 Schüler_innen immer entscheiden muss, wessen Einzigartigkeit man sich unter den schulischen Rahmenbedingun-
gen zuwendet und in welcher Reihenfolge und mit welcher Intensität man dies tut.
Diese Entscheidung wird anhand von Vergleichskriterien getroffen, mit denen man
den eigentlich unvergleichlichen Anderen als jemand Bestimmten identifiziert: zum
Beispiel als jemanden, die ein besonderes musikalisches Potenzial hat, aber nicht genug gefördert wurde, als jemanden, der einen Außenseiterstatus in der Klasse, aber
besondere musikalische Fähigkeiten hat, als jemanden, die mit einer Eins in Musik
ihre Versetzungsgefährdung ausgleichen kann, oder als jemanden, der sprachliche
Schwierigkeiten hat, Texte zu verfassen.

1.4.3 Zwischen Bestätigung und Versagung

Balzer und Ricken zufolge beschäftigt sich auch die Psychoanalytikerin Jessica
Benjamin mit der Frage, wodurch die ‚Anerkennung eines unverfügbaren Anderen'
gestört wird. Im Kontrast zu Lévinas' Augenmerk richte sich das ihre allerdings
auf innerpsychische Tendenzen, insbesondere auf solche Mechanismen, mit denen
das Selbst unbewusst versuche, den Anderen als Teil seiner Selbst zu vereinnahmen
oder zum Ideal zu erheben (vgl. Balzer 2014: 395). In der Auseinandersetzung Benjamins mit Anerkennung komme dabei eine weitere Ambivalenz der Anerkennung
zum Vorschein, diejenige zwischen „Bestätigung und Versagung" (Balzer & Ricken
2010: 70).

Einen wesentlichen Unterschied zu den anerkennungstheoretischen Ausführungen Honneths und Taylors stelle Benjamins Vorstellung vom Selbst dar. Orientieren
sich jene mit Konzepten wie Autonomie bzw. Authentizität an einem zumindest po-
tenziellen Bei-sich-selbst-Sein, entwerfe Benjamin ein Selbst, das sich zu einem gewissen Grad immer fremd bleibe. Die Struktur des Selbst sei durch eine Beziehung
zu einem unbekannten inneren Anderen gekennzeichnet und daher grundlegend
dezentriert zu denken (vgl. Balzer 2014: 395 f.). Intersubjektive Anerkennung denke
Benjamin damit nicht als ein Mittel, um zu einem *positiven* Selbstwertgefühl zu

gelangen. Dabei werde nämlich immer schon ein irgendwie bestehendes Selbstzentrum vorausgesetzt. Anerkennung sei vielmehr eine Bedingung dafür, um überhaupt ein Selbstgefühl und ein Bewusstsein der dezentrierten Verfasstheit seiner selbst zu erhalten (vgl. ebd.: 394).

Nach Benjamin sei das Selbst – und dies stelle sein „wohl schicksalhafteste[s] Paradoxon" dar (Benjamin 1998: 214 f.) – durch zwei grundlegend konträre innerpsychische Impulse strukturiert: zum einen durch den Wunsch nach Unabhängigkeit, die in der Macht über den Anderen erfahrbar werde, zum anderen durch den Wunsch nach Anerkennung durch einen Anderen, der selbst autark und von ihm unabhängig sei. Immer wieder komme es in der Entwicklung des Kindes zum „Kernkonflikt zwischen Selbstbehauptung und Anerkennung auf einer jeweils neuen Stufe" (ebd.: 34). Diese innerpsychische Spannung versuche das Kind in erster Linie dadurch aufzulösen, sein Gegenüber (insbesondere die Mutter) vollständig kontrollieren und sich darüber seines Daseins versichern zu können (vgl. Balzer 2014: 397 f.). Gelinge es den Eltern nicht, den Allmachtsansprüchen des Kindes Grenzen zu setzen, erlebe das Kind seine Bezugspersonen lediglich als Verlängerung seiner eigenen Fantasien und Wünsche. Dies münde notgedrungen in ein Gefühl des Verlassenseins und des Bindungsverlusts. Gelinge es den Eltern im entgegengesetzten Fall nicht, die Selbstbehauptungsversuche des Kindes in einem gewissen Maß auszuhalten, schlage sein Wunsch nach Macht und Autonomie in den Drang um, sich seinen Bezugspersonen zu unterwerfen. Das Allmachtsbestreben werde dann ausschließlich auf den Anderen projiziert (ebd.: 390 f.). In beiden Fällen finde ein vollständiger Zusammenbruch der innerpsychischen Grundspannung statt. Demgegenüber gelte es, sowohl den Wunsch des Kindes nach Selbstbehauptung als auch nach Anerkennung durch einen unabhängigen Anderen intersubjektiv zurückzuspiegeln und dadurch die innerpsychische Spannung aufrechtzuerhalten.

Somit bedeute Anerkennung im Anschluss an Benjamin gerade nicht, auf ein „Bedürfnis *des* Selbst" ausschließlich mit einer positiven Bestätigung zu antworten. Vielmehr gehe es darum, auf ein „Bedürfnis *nach* einem Selbst" zu reagieren und dabei auch mit einer „versagenden Anerkennung" antworten zu können (ebd.: 402). Erst das Zusammenwirken von bestätigender und versagender Anerkennung ermögliche dem Kind den existenziellen Wunsch, sowohl den inneren als auch den äußeren Anderen als solchen anzuerkennen, anstatt ihn assimilieren oder idealisierend abspalten zu müssen.

In musikpädagogischer Hinsicht ist die Ambivalenz zwischen Bestätigung und Versagung insofern interessant, als sie es erlaubt, Anerkennung nicht ausschließlich als ein Kreisen der Schüler_innen um ihre bestehende Identität zu denken. Deutlich wird zum einen, dass eine wirkungsvolle wertschätzende Anerkennung auch daran geknüpft ist, ob die Lehrkraft selbst in einer autonomen Musikidentität sichtbar wird. Zum anderen kann mit Benjamin gefragt werden: Bedeutet ‚Anerkennung' von Kindern und Jugendlichen neben einer Bestätigung ihrer musikbezogenen Identitäten nicht genauso, sie in ihrem Wunsch anzuerkennen, sich an Andere, Anderes und Fremdes hingeben zu können? Sind Begrenzungen, Disziplinierungen und Befremdungen somit nicht auch als Anerkennung des Selbst im Musikunterricht denkbar?

Oder umgekehrt gefragt: Bildet eine überwiegende Ausrichtung auf die Musikvorlieben von Jugendlichen nicht gar eine Missachtung ihres Selbst?

Indem Benjamin das Anerkennungsgeschehen immer auch mit Beherrschungs- und Unterwerfungsfantasien in Verbindung bringt, kommt ein weiterer zwiespältiger Aspekt der Anerkennung in den Blick: ihre Verstrickung in Macht.

1.4.4   Die Verstricktheit von Anerkennung in Macht

Balzer und Ricken fassen Anerkennung als ein Geschehen auf, das eng mit Macht verschränkt ist. Dabei erwähnen sie in ihren Schriften drei verschiedene Ebenen dieser Verstricktheit von Anerkennung in Macht: *Erstens* lasse sich der Zusammenhang von Anerkennung und Macht mit Jessica Benjamin und Georg Wilhelm Friedrich Hegel intersubjektiv, genauer gesagt im Hinblick auf asymmetrische Beziehungsdynamiken zwischen zwei Subjekten betrachten. Unter dem Gesichtspunkt der Machtverhältnisse werde auf dieser Ebene gefragt, wie sich zwischen Personen Kontroll- und Manipulationsmechanismen ereignen. *Zweitens* könne mit Judith Butler danach gefragt werden, wie und warum sich Subjekte mittels wechselseitiger Anerkennung der Macht gesellschaftlicher Normen und Kategoriensysteme unterwerfen oder diese auch überschreiten. Diese Perspektive sei in Anschluss an Michel Foucault durch ein dezentriertes und produktives Machtverständnis geprägt. *Drittens* komme mit Pierre Bourdieu in den Blick, wie Subjekte in alltäglichen kulturellen Distinktionspraktiken die bestehenden Machtordnungen anerkennen, die gesellschaftlichen Normen zugrunde liegen. Macht werde in dieser Sichtweise anders als bei Butler und Foucault eher konventionell mit Herrschaft und Kapitalbesitz gleichgesetzt.

Machtausübung in zwischenmenschlichen Beziehungen

Zunächst zur *ersten* Ebene: Auch wenn Benjamins Anerkennungskonzeption durchaus idealisierte Züge trage (vgl. Balzer 2014: 397 f.), betone sie auch immer wieder, dass Machtasymmetrien im intersubjektiven Anerkennungsgeschehen unvermeidbar seien. Dabei nehme sie Bezug auf Georg Wilhelm Friedrich Hegels ‚Dialektik von Herr und Knecht‘. Wie Benjamin diagnostiziere auch Hegel, dass das Subjekt vor dem zentrale Konflikt stehe, einerseits nach absoluter Selbstständigkeit bzw. ‚Fürsichsein‘ zu streben, andererseits aber auf die Anerkennung durch einen unabhängigen Anderen angewiesen zu sein (vgl. Ricken 2009: 80 f.). Angesichts des menschlichen Strebens nach Autonomie münde die unerträgliche Erkenntnis, von der Anerkennung des Anderen abhängig zu sein, unweigerlich in einen „Kampf auf Leben und Tod“ (Hegel 1970: 149). In ihm versuchten die Akteur_innen ihr jeweiliges Gegenüber als Knecht zu unterwerfen, um „die Gewissheit ihrer selbst, für sich zu sein, zur Wahrheit an dem Anderen und an ihnen selbst [zu] erheben“ (ebd.). Benjamin knüpfe aus psychoanalytischer Perspektive an diese Herr-Knecht-Dialektik an. Sie zeige auf, dass Subjekte immer wieder versuchen, ihre innerpsychische Grundspannung zwischen dem Wunsch nach Kontrolle über den Anderen und Anerkennung durch einen unabhängigen Anderen durch ein asymmetrisches Machtverhältnis aufzulösen. Die Strategie des ‚Herrn' kennzeichne, dass sie die Unabhängigkeit des Anderen zerstöre und dass sich der ‚Herr' dadurch seiner Selbstständigkeit bewusst werden könne. Der ‚Knecht' versuche hingegen, seinen Wunsch nach Anerkennung durch einen unabhängigen Anderen dadurch zu erfüllen, dass er sein Gegenüber als überlegen anerkenne und ihn restlos bewundere. In diesen beiden Strategien, die einander ergänzen, entscheiden sich ‚Herr' und ‚Knecht' jeweils nur für einen Pol des innerpsychischen Grundkonflikts. Der andere Pol werde hingegen abgespalten: Der ‚Herr' versuche seine Angewiesenheit auf eine freiwillige Anerkennung dadurch zu verdrängen, dass er diese Abhängigkeit restlos auf den Anderen übertrage. Der ‚Knecht' projiziere hingegen seinen Wunsch nach Selbstbehauptung auf einen idealisierten Anderen, so dass dieser seinen Wunsch nach Unabhängigkeit stellvertretend erfülle (vgl. Balzer 2014: 381 f.). Für den ‚Knecht' ergebe sich allerdings das Problem, dass er seinen Wunsch nach Selbstbehauptung nur dadurch realisieren könne, dass er sich emotional an diesen kette. Für den Herrn hingegen resultiere daraus eine Schwierigkeit, dass die Anerkennung durch den Anderen entwertet werde, weil es sich weder um eine freiwillige Anerkennung handle noch um eine Wertschätzung von jemandem, den er selbst als unabhängig und damit als ebenbürtig anerkenne.

Nach Barbara Kaletta kann diese ‚Herr-Knecht-Dialektik' in zwischenmenschlichen Beziehungen als Macht- und Kontrollmittel wirksam werden. Beide Pole können unbewusst oder bewusst für wechselseitige Manipulationen genutzt werden: sowohl ein übersteigerter Wunsch danach, als unabhängig und selbstständig von anderen begehrt zu werden (‚Herr-Mechanismus'), als auch der Wunsch nach Anerkennung durch einen überlegenen, allseits bewunderten Anderen, in dessen Licht man sich sonnen darf (‚Knecht-Mechanismus'). In beiden Fällen werde die Abhängigkeit des Anderen genutzt, um die zu gewährende Anerkennung an bestimmte Voraussetzungen zu knüpfen und sein Verhalten den eigenen Interessen entsprechend zu steuern (Kaletta 2008, S. 34–36).

Der machtvolle Anerkennungsrahmen zwischenmenschlicher Positionierungen

Auf einen *zweiten*, ganz anderen Aspekt der Macht im Anerkennungsgeschehen verweisen die Ausführungen Judith Butlers. Wurden Phänomene der Macht zuvor ausschließlich im Hinblick auf eine zwischenmenschliche Beziehung zwischen zwei Subjekten betrachtet, fokussiere Butler Anerkennung laut Balzer als ein dreifaches Ereignis. Nach Butler ereigne sich Anerkennung zwischen zwei Subjekten immer mit Bezug auf einen gesellschaftlichen Rahmen, auf vereinbarte Normen der Anerkennbarkeit sowie auf ein bestehendes Kategoriensystem (Balzer 2014: 522 f.). Butlers zentrale These laute, dass es sich bei Anerkennung um einen Akt der „diskursive[n] Identitätserzeugung" handle (Butler 2001: 83). Bei dieser gesellschaftlich regulierten Subjektwerdung sei somit immer auch ein „Prozess der *Normalisierung*" bzw. eine „Herstellung von Personen in Übereinstimmung mit abstrakten Normen" am Werk

(Butler 2009: 96). Das Anerkennungsgeschehen sei, so eine zentrale Formulierung Butlers, ein „Ort der Macht" (ebd.: 11). Nicht nur sei das Subjekt daran gebunden, sich innerhalb eines bestehenden Kategoriensystems positionieren zu müssen, auch sei es den Verwerfungen der Gesellschaft unterworfen, d. h. impliziten Bestimmungen dessen, was es nicht sein dürfe.

Butler entideologisiere diesen ‚Ort der Macht' allerdings in zweifacher Weise: Zum Ersten sei für die Subjektverfasstheit der „ekstatische Charakter unserer Existenz" kennzeichnend (ebd.: 59). Dies habe ein grundlegendes Dilemma zur Folge. So begehre das Subjekt, eine von anderen anerkannte und sichtbare soziale Identität zu erlangen, müsse sich dafür aber zugleich den gesellschaftlichen Normen der Anerkennung unterwerfen, sich anderen ausliefern und sich ihnen gegenüber verletzbar machen (vgl. Balzer & Ricken 2010: 69). Gesellschaftliche bzw. kulturelle Normen seien demnach als etwas anzusehen, das wir „brauchen, um leben zu können", durch das wir aber auch „in Weisen gezwungen werden, die uns manchmal Gewalt antun" (Butler 2009: 327).[22] Unter die Macht von gesellschaftlichen Anerkennungsnormen unterworfen zu werden – dieser Prozess ließe sich mit Louis Althusser als Anrufung bezeichnen (vgl. Althusser 1977: 142 f.) –, stelle immer *zugleich* eine Bedingung für Subjektkonstitution und eine Begrenzung bzw. Bedrohung durch die Macht ‚regierender' Normen dar.

Eine zweite wichtige entideologisierende Pointe in Butlers Theorie sei Balzer zufolge, dass Anerkennung nicht einfach etwas darstelle, was mit Subjekten gemacht werde. Subjekte werden nicht einfach im Sinne Althussers einem machtvollen Anerkennungsrahmen unterworfen (vgl. Balzer 2014: 444–447), mit bestimmten Kategorien adressiert und in eine bestimmte Rolle ‚gepresst'. Die Anrufung ermögliche nicht nur, in der Gesellschaft als für andere sichtbares Subjekt zu existieren, sondern auch vor der Folie bestimmter Normen eine *eigene* Sprache zu finden. Die Unterwerfung unter einen bestimmten Rahmen der Anerkennbarkeit sei nämlich untrennbar mit dem Akt des Sich-Umwendens als Reaktion auf eine Anrufung verknüpft. Anerkennung bedeute nicht einfach nur, angerufen und positioniert zu werden, sie bedeute laut Butler Subjektivation. Das heißt: Subjekte können und müssen sich zu

---

22 Balzer rekurriert zur Veranschaulichung dieser Ambivalenz der Anerkennung – zwischen Ermöglichung von sozialem Dasein und Unterwerfung unter einen gesellschaftlichen Anerkennungsrahmen – auf eine Rede Hannah Arendts, die sie im Jahr 1975 im Zuge der Verleihung des Sonning-Preises gehalten hat (Arendt 2005). Arendt beschreibt darin, wie sie durch diese Ehrung vor dem Hintergrund bestehender Identitätsrollen zu einer ‚öffentlichen Person' verwandelt werde. Für sie sei es auch notwendig, sich bestimmte öffentlich zur Verfügung stehende Identitätsmasken anzueignen, um aus dieser sozialen Position heraus in der Welt sprechen und gehört werden zu können. Zugleich äußert Arendt auch Bedenken: Mit dieser Anerkennung sei möglicherweise eine Rückverwandlung in eine private Person, die die Öffentlichkeit meiden möchte, nicht mehr möglich. Arendt weist Balzer zufolge darauf hin, dass „in ihr [der Anerkennung, JH] nicht nur definiert wird, wer wir sind und sein können, sondern gegebenenfalls auch der Rahmen dessen abgesteckt wird, wer wir *nicht* (mehr) sein und werden können" (Balzer 2014: 406).

den jeweiligen Adressierungen verhalten – und sei es in der vermeintlich vollständigen Übernahme von aufgerufenen Normen (vgl. Balzer & Ricken 2010: 68). Das unweigerliche Sich-Umwenden ereigne sich sowohl bewusst als auch unbewusst. Butler zufolge werden innerpsychisch nicht nur die normativen Anerkennungsrichtlinien, sondern immer auch die Verwerfungen und Abspaltungen einer Gesellschaft übernommen und unberechenbar nach innen gewendet.[23] Anrufungen würden somit nicht einfach imitierend übernommen, sondern in einer variierten Form körperlich reinszeniert. Im Unterbewusstsein sei das Moment der Überschreitung bereits angelegt (vgl. Balzer 2014: 462–468). Zudem besäßen die angerufenen Subjekte die Möglichkeit, sich den Normen der Anerkennbarkeit auch bewusst zu widersetzen, indem sie sie enthüllen, umdeuten oder fehlerhaft zurückspiegeln. Solche modifizierenden Akte des Umwendens zielen auf die Erweiterung des bestehenden Normenrahmens (vgl. ebd.: 493).

In beiden Begründungslinien Butlers vollzieht sich das überschreitende Umwenden der Subjekte jedoch nicht „[j]enseits der Macht" (Ricken 2009: 86), sondern bleibt notwendigerweise begrenzt: zum einen durch den bestehenden Normen- und Kategorienrahmen, an den sie immer gebunden bleiben, zum anderen durch das Begehren danach, dass diese verschobenen Normen wiederum auf soziale Anerkennung stoßen. Im Anschluss an Michel Foucault handelt es sich, so Balzer, bei der Macht des Anerkennungsrahmens somit um ein nicht deterministisches „Führen der Führungen" (Foucault 1987: 255). Machtausübung bedeute demnach gerade nicht, das Verhalten anderer gewaltvoll steuern zu wollen. Vielmehr handle es sich um ein „produktives" Machtverständnis (Balzer 2014: 526), bei dem in subtiler Weise versucht werde, auf die Selbst-Beziehungen und Selbst-Verkörperungen anderer vorstrukturierend einzuwirken und ein „Feld von Möglichkeiten" zu eröffnen (Foucault 1987: 255). Dazu gehöre auch, einen Bruch mit dem bestehenden Normenrahmen zu vollziehen, sich dabei aber einer gewissen Wiederholung der Kategorien dieses Rahmens nicht entziehen und nicht jenseits einer Regierung der Anerkennungsnormen agieren zu können.

Die ‚Macht der Anerkennung' sei somit im Anschluss an Butler als ein paradoxer „Zusammenhang von Ermöglichung, Unterwerfung und Überschreitung" (Ricken 2009: 87) zu begreifen. Dabei betone Butler insbesondere in ihren jüngeren Schriften, dass der anerkennende Andere nicht einfach in der Rolle aufgehe, bestehende Normen der Anerkennbarkeit aufzurufen. Auch er könne eine gewisse kritische Dis-

---

23 Diesen Mechanismus veranschauliche Butler am Beispiel ‚melancholischer' Geschlechtsidentifizierungen. Demnach bewirke ein tabuisiertes homosexuelles Begehren und eine nicht gestattete Liebe, dass sich Subjekte auf eine überzogene Weise mit dem unerreichbaren Begehrensobjekt identifizierten. „Der heterosexuelle Mann *wird* (ahmt nach, zitiert, eignet an, nimmt den Status an) der Mann, den er ‚nie' geliebt und ‚nie' betrauert hat, und die heterosexuelle Frau wird die Frau, die sie ‚nie' geliebt und ‚nie' betrauert hat. Was in diesem Sinn also am offensichtlichsten als Geschlecht performiert wird, ist Zeichen und Symptom einer tiefreichenden Verleugnung" (Butler 2001: 139).

tanz gegenüber bestehenden Diskursen und Normen einnehmen und habe verschiedene Möglichkeiten diese zur Aufführung zu bringen.[24]

Anerkennung und Verkennung von Herrschaftsverhältnissen

Auf eine dritte Form der Verstricktheit von Anerkennung in Macht verweisen laut Balzer die Schriften Pierre Bourdieus. In ihnen untersuche Bourdieu weniger Mechanismen einer „Macht der Anerkennung" als die einer „Anerkennung der Macht" (Balzer 2014: 408). Bourdieu interessiere nicht das von Benjamin und Butler betrachtete intersubjektive Anerkennungsereignis. Er fokussiere vielmehr die Frage, wie Akteur_innen durch wechselseitige symbolische Distinktionskämpfe bestehende Herrschaftsverhältnisse im sozialen Raum oder in spezifischen sozialen Feldern anerkennen.[25] Dabei verwende Bourdieu im Verhältnis zu Butler auch einen konventionelleren Machtbegriff, den er „immer wieder mit Herrschaft, Gewalt, Kapital und sogar Ungleichheit bisweilen synonym verknüpft" und „ausdrücklich als ökonomisches Problem" versteht (Ricken 2006b: 106, Anm. 82).

Unter ‚Anerkennung von Macht' fasse Bourdieu im Wesentlichen zwei eng aufeinander bezogene Aspekte: *Zum einen* versuchen Akteur_innen, ihrer Machtposition innerhalb eines bestimmten sozialen Gefüges symbolisch Anerkennung durch andere zu verschaffen. Dies erreichen sie, indem sie ihren objektiven Kapitalbesitz[26]

---

24 Laut Balzer entfaltet Butler in ihrem Spätwerk eine ethische Interpretation der Anerkennung. Anerkennung stehe dabei nicht für eine spezifische moralische Handlung, sondern für ein zu entwickelndes Bewusstsein für „die Unerträglichkeit des Ausgesetztseins als Zeichen, als Erinnerungsposten einer geteilten Verletzlichkeit, einer gemeinsamen Körperlichkeit, eines geteilten Risikos" (Butler 2007: 135). Es gehe um ein Bewusstsein dafür, mittels Anerkennung die Identität eines Anderen überhaupt erst zu ermöglichen und dabei immer zugleich auch zu begrenzen bzw. zu verletzen. Anstatt von Anderen zu fordern, sich vollständig mit dem zu identifizieren, als welches man sie angesprochen habe, müsse mit Butler eine Ethik der Anerkennung bedeuten, „im (intersubjektiven) Sprechen und Handeln *Anderen* die Möglichkeit [zu eröffnen], sich innerhalb oder aber an den Grenzen der Ordnungen der Anerkennbarkeit zu ‚entwerfen' bzw. zu verkörpern" (Balzer 2014: 518).

25 Mit dem Konzept des „sozialen Raums" versucht Bourdieu, den Zusammenhang zwischen objektiven sozialen Positionen bzw. Kapitallagen und subjektiven Lebensstilen bzw. Geschmacksausprägungen in einer Gesellschaft zu erfassen (vgl. dazu anschaulich die ‚Landkarte' der französischen Nachkriegsgesellschaft in Bourdieu 1991: 212f.). Unter „sozialen Feldern" versteht Bourdieu demgegenüber keine gesamtgesellschaftliche Ordnung, sondern laut Boike Rehbein und Gernot Saalmann ein konkretes und jeweils charakteristisches „Netz von sozialen Positionen, Machtverhältnissen und Handlungsregeln" wie Schule, einen bestimmten universitären Fachbereich oder das Krankenhaus (Rehbein & Saalmann 2009a: 135). Zu Bourdieus Konzepten „Sozialer Raum" und „Feld" vgl. ausführlich Rehbein & Saalmann 2009b und Suderland 2009.

26 Bourdieu verwendet im Verhältnis zur klassischen Ökonomie einen erweiterten Kapitalbegriff und umfasst mit ihm auch diverse immaterielle Güter wie Bildungsabschlüsse,

in symbolisches Kapital verwandeln. Dafür entwickeln sie solche Lebensweisen und Geschmacksformen, mit denen sie sich von anderen in möglichst subtiler Weise distinktiv unterscheiden und die für die jeweils untergeordneten sozialen Positionen begehrens- oder erstrebenswert erscheinen. Gelingt es herrschenden Akteur_innen, dass andere ihrem Lebensstil Anerkennung verleihen, können sie dadurch indirekt auch ihre Machtposition legitimieren. Die symbolische „Ordnung der Macht" stellt somit auch eine symbolische „Ordnung der Anerkennung" dar (Balzer 2014: 552). *Zum anderen* geht es in diesen symbolischen Kämpfen immer auch darum, dass die Wahrnehmungsmuster, die den Geschmacksdistinktionen zugrunde liegen, notwendigerweise verkannt werden. Die Anerkennung legitimer Macht ist also nicht nur darauf angewiesen, einen für andere anerkennenswerten Lebensstil zu entwickeln, sondern auch darauf, „dass die Anderen ihre Klassifikationssysteme *teilen*" (ebd.: 563), ohne sich dessen bewusst zu sein. Die Anerkennung dessen, was innerhalb eines bestimmten sozialen Gefüges als ‚guter Geschmack' gilt, muss also einen unbewussten Charakter haben. Es geht auf dieser Ebene der Anerkennung darum, den illegitimen Aspekt der Macht, d. h. die willkürliche Setzung dessen, warum etwas überhaupt als erstrebenswerter oder legitimer Geschmack gilt, unsichtbar werden zu lassen.

Die Ambivalenz der Anerkennung bei Bourdieu liegt somit darin, dass *Anerkennung von Macht* immer zugleich auch *Verkennung von Macht* bedeutet. Diese „Verkennungsanerkennung" (ebd.: 564) von Macht erklärt Bourdieu jedoch nicht mit einem simplen Gefügigmachen der Beherrschten, sondern anhand seines Habitus-Konzepts mit einem gewissen Einverständnis *aller* Akteur_innen. Der Habitus steht, so Bourdieu, für „unbewußte[ ] Denk-, Handlungs- und Wahrnehmungsschemata" (Bourdieu 1970: 40), mit denen die bestehende Machtordnung inkorporiert und zugleich auch erzeugt wird.[27] Gerade die unbewusste Struktur des Habitus erkläre, dass

---

soziale Netzwerke oder inkorporierte Fähigkeiten. Er unterscheidet dabei zwischen vier verschiedenen Kapitalarten: ökonomisch, sozial, kulturell und symbolisch. Das symbolische Kapital nimmt dabei eine Sonderrolle ein. Es geht mit den anderen dreien einher, meint aber letztendlich die Umwandlung von ökonomischem, sozialem und/oder kulturellem in ein von anderen Menschen anerkanntes Kapital, zum Beispiel in Form von Betitelungen, Status oder öffentlichen Würdigungen. Zu Bourdieus Kapitalverständnis vgl. ausführlich Rehbein & Saalmann 2009a: 134–139.

27 Bourdieu definiert den Habitus zum Ersten als sämtliche Praxisformen „strukturierende Struktur" und zum Zweiten als „strukturierte Struktur" (Bourdieu 1991: 279). Unter „strukturierender Struktur" versteht Bourdieu den Habitus als „einheitsstiftende[s] Erzeugungsprinzip" (ebd.: 283), das den Wahrnehmungs-, Denk- und Handlungsschemata einer bestimmten sozialen Klasse zugrunde liegt. Dabei erzeuge der Habitus in homologer Weise neben ästhetischen Urteilen oder Freizeitverhalten auch Körperhaltungen, Gestiken, Mimiken, Essverhalten oder den Umgang mit Emotionen und stelle somit ein ganz wesentlich im Körper verankertes Prinzip dar. Er sei das Produkt einer überwiegend unbewusst verlaufenden Sozialisation und habe die zentrale Funktion, sich innerhalb der eigenen sozialen Klasse zurechtzufinden und sich im Sinne eines gemeinsamen Stils von anderen Klassen abzusetzen. Mit „strukturierter Struktur" meint Bourdieu

Menschen „die Welt als etwas Selbstverständliches nehmen […] und sie natürlich finden, weil sie kognitive Strukturen auf sie anwenden, die aus eben diesen Strukturen der Welt hervorgegangen sind" (Bourdieu 1996: 204 f.). Diese für selbstverständlich gehaltene Welt-Erfahrung, die Bourdieu als „Doxa" bezeichnet (Bourdieu 1976: 325), ereignet sich weder aus Zwang noch aus freiem Willen (vgl. Balzer 2014: 566 f.). Beispielsweise wird ein charismatischer, charmanter oder souveräner Habitus automatisch als begehrenswert empfunden. Dabei handelt es sich nach Bourdieu um inkorporierte Eigenschaften, die auf Bewertungsprinzipien zurückgehen, die die Herrschenden hervorgebracht haben und die mit der Zeit naturalisiert wurden.

Fragen an den Musikunterricht

Im Hinblick auf die Verstrickung von Anerkennungs- und Machtdynamiken ermöglichen die anerkennungstheoretischen Re-Lektüren Balzers und Rickens einen multiperspektivischen Blick auf den Musikunterricht.

Sensibilisierende Fragen zur Ebene der intersubjektiven Kontrollmechanismen wären beispielsweise: Wie versuchen Musiklehrende Schüler_innen, die innerhalb der Klassengemeinschaft ein hohes Ansehen genießen, auf ihre Seite zu ziehen? Wie ermöglichen sie ihnen dabei, ihren Anerkennungsstatus in der Peergroup aufrechtzuerhalten? Wie erfolgen diese Strategien anhand von Musik und welche Eigeninteressen verfolgt die Lehrkraft? Wie manipulieren Schüler_innen das Bedürfnis von Musiklehrenden, von der Klassengemeinschaft eine gewisse Anerkennung zu erhalten? Auf welche musikbezogenen Fähigkeiten spielen sie dabei an? Welche Wünsche an den Musikunterricht setzen sie in diesem Zusammenhang womöglich durch?

Im Hinblick auf die Macht des Anerkennungsrahmens wären unter anderem folgende Fragen interessant: Auf der Basis welcher Anerkennungsordnungen ereignen sich musikbezogene Rollenzuweisungen? Geht es um Differenzlogiken wie Geschlecht, Sexualität oder ‚Migrationshintergrund‘? Geht es um bestimmte Rollen als ‚Schüler_in‘ oder innerhalb der Klassengemeinschaft? Oder basieren die wechselseitigen Adressierungen vielmehr auf Ordnungen spezifischer Musikszenen? Wie kritisch wird auf diese Ordnungen Bezug genommen? Inwiefern werden beispielsweise die Gegenüberstellung von mädchen- und jungentypischen Verhaltensweisen oder heteronormative Ordnungen in Bezug auf Musik gefestigt, hinterfragt oder unterwandert?

Und anknüpfend an die Ambivalenz zwischen Anerkennung und Verkennung von Machtordnungen wäre unter anderem zu fragen: Wie gelingt es Musiklehrenden, ihre Machtposition im Unterricht in ein symbolisches Kapital umzuwandeln?

---

dagegen, dass der Habitus das gesamtgesellschaftliche Klassifikationssystem repräsentiere. Im Habitus werde somit die gesamtgesellschaftliche Klassenordnung durch das Individuum mimetisch inkorporiert. Mit der überwiegend unbewussten Anerkennung der eigenen Habitusform erfolge zugleich auch die Bestätigung der gesamtgesellschaftlichen Machtordnung (ebd.: 279).

Welche Autoritätsstrategien wählen sie dafür?[28] Welche unbewussten Distinktionen verkörpern sie in Abgrenzung zu anderen Lehrer_innentypen? Wie gelingt oder misslingt ihnen, von den Schüler_innen als Autoritätspersonen aufgrund ihrer musikbezogenen Identität anerkannt zu werden? Im Hinblick auf die Schüler_innen wäre zu fragen: Wie werden Machtpositionen innerhalb der Klasse musikgeschmacklich und damit symbolisch legitimiert? Welcher Musikgeschmack gilt im Hinblick auf die Gefahr, innerhalb der Klassengemeinschaft zum_zur Außenseiter_in zu werden, als riskant? Wie inszeniert man sich am besten zu ‚fremder Musik‘ oder bei ‚fremden Musikpraktiken‘ im Unterricht, um die eigene Machtposition innerhalb der Peergroup zu sichern? Was kennzeichnet überhaupt eine machtvolle Position im Klassenzusammenhang? Wie hängt diese mit Musikgeschmack zusammen? Welche implizite Anerkennungsordnung existiert unter den Schüler_innen, nach der ihre Geschmacksurteile strukturiert sind?

Die aufgeworfenen Fragen zeigen, dass der bestehende erziehungswissenschaftliche Anerkennungsdiskurs einen sehr wertvollen Fundus darstellt, um Anerkennungsdynamiken im Musikunterricht differenzierter analysieren zu können, als dies in der musikpädagogischen Debatte bisher geschehen ist. Zugleich deuten die Fragen auch darauf hin, dass der von Balzer und Ricken konzipierte Anerkennungsbegriff im Hinblick auf die Eigenlogiken des Musikunterrichts einer Erweiterung bedarf.

1.5 Sozioästhetische Anerkennung

Wie in Kapitel 1.1 dargelegt wurde, bildet der Anerkennungsbegriff in der musikpädagogischen Diskussion seit einigen Jahren einen zentralen theoretischen Bezugspunkt. Anerkennung wird dabei anknüpfend an die erziehungswissenschaftliche Debatte immer weniger als eine *ethische Norm* für musikpädagogisches Handeln verwendet und gewinnt vielmehr als ein *Verstehensinstrument* an Bedeutung, um musikpädagogische Praktiken zu analysieren. Zunehmend werden die von Balzer und Ricken herausgearbeiteten Ambivalenzen der Anerkennung erkannt und für die wissenschaftliche Betrachtung von Musikunterricht nutzbar gemacht. Gefragt wird also nicht mehr vorrangig: Wie können Musiklehrende dazu beitragen, dass Minderheitenpositionen im Unterricht eine positive Wertschätzung erfahren, sondern: Wie spannungsreich ereignen sich intersubjektive Adressierungen und Re-Adressierungen in musikpädagogischen Interaktionen? Durch diese grundlegende Verschiebung bzw. durch das Bewusstwerden ihrer Zwiespältigkeit wird Anerkennung gerade auch für die qualitativ-empirische musikpädagogische Forschung zu einem sehr attraktiven sensibilisierenden Konzept.

In zweierlei Hinsicht möchte ich mit der vorliegenden Untersuchung die bestehende erziehungswissenschaftliche und musikpädagogische ‚Anerkennungsbrille‘

---

28 Zur These, dass Lehrende Strategien entwickeln müssen, um von Schüler_innen in ihrer pädagogischen Autorität anerkannt zu werden und dadurch ihre Machtposition im sozialen Feld Unterricht legitimieren zu können, vgl. Balzer 2014: 591.

jedoch erweitern. Damit verbindet sich die Hoffnung, die spezifische Komplexität des *musik*unterrichtlichen Kommunikationsgeschehens noch besser verstehen zu können:

Erstens wurden bislang in erster Linie Anerkennungshandlungen von Lehrenden und ggf. noch die Reaktionen von Schüler_innen auf diese Handlungen fokussiert. Das Unterrichtsgeschehen wurde damit auf eine Interaktionsebene verkürzt. Wie Kinder und Jugendliche im Kontext Unterricht *einander* anerkennen, wurde bislang kaum in den Blick genommen. Diese Kommunikationsebene scheint aber insbesondere für den Musikunterricht von herausragender Bedeutung zu sein. Denn der Musikunterricht unterscheidet sich – so lautet eine zentrale und schon in der Einleitung benannte These dieser Arbeit – durch eine besondere Eigenheit von den meisten anderen Schulfächern: In ihm geht es um ein Sujet, nämlich Musik, mit dem sich nicht nur Lehrende, sondern auch die Schüler_innen teilweise existenziell identifizieren. Dies trifft insbesondere für den Musikunterricht mit Jugendlichen zu. Wie Jugendliche einander anhand von Musik anerkennen, hat einen wesentlichen Einfluss darauf, wie sie auf Lernimpulse von Lehrenden reagieren. Dies betrifft insbesondere solche Unterrichtsansätze, bei denen explizit die Musikvorlieben von Jugendlichen thematisiert werden. Musikbezogene Anerkennungsdynamiken unter Jugendlichen spielen aber auch bei solchen Lerneinheiten eine wichtige Rolle, bei denen ganz andere, ihnen fremde Musiken und Musikpraktiken im Vordergrund stehen.

Mit der vorliegenden Arbeit möchte ich aus diesem Grund einen bislang vernachlässigten Anerkennungsfokus auf musikpädagogische Handlungsfelder ins Zentrum rücken: die Anerkennungsdynamiken von Jugendlichen untereinander. Dabei soll die Anwesenheit von erwachsenen Musikpädagog_innen eine besondere Berücksichtigung finden. Denn beim Unterrichtsgeschehen handelt es sich, wie Norbert Ricken treffend herausgearbeitet hat, um eine Situation, bei der immer ‚vor Dritten‘ gesprochen wird.[29] Die Interaktionsstruktur des Unterrichts sei in zentraler Weise dadurch gekennzeichnet, dass man „nie nur anderen etwas, sondern […] anderen etwas vor anderen [zeigt]" (Ricken 2009: 89). Im Unterricht erkennen die Beteiligten einander dementsprechend immer vor den Blicken Anderer an: Lehrende adressieren Schüler_innen vor anderen Schüler_innen und provozieren dabei unter Umständen bestimmte Zuschreibungen der Jugendlichen untereinander. Schüler_innen adressieren Lehrende immer unter der Beobachtung anderer Schüler_innen und antizipieren dabei eine bestimmte Anerkennung innerhalb der Peergroup (z. B. als

---

29   Natürlich wird auch mit der Figur des ‚Dritten‘ die Komplexität der Unterrichtskommunikation zu Analysezwecken reduziert. Beispielsweise adressieren Schüler_innen die Lehrperson nicht nur vor *einer* dritten Person, sondern vor mehreren anwesenden Anderen. Das Konstrukt des ‚Dritten‘ soll in erster Linie anzeigen, dass die Kommunikation im Unterricht nicht dyadisch strukturiert ist, d. h. nicht einzig zwischen zwei Subjekten verläuft. Der ‚Dritte‘ betont, dass man permanent den Blicken Anderer ausgesetzt ist, wenn man mit einem_einer Anderen im Unterricht kommuniziert. Anknüpfend an Lévinas wird der ‚Dritte‘ in dieser Arbeit nicht als Blick *eines* Anderen, sondern als Blick *mehrerer* Anderer aufgefasst (vgl. Kap. 1.4.2).

‚Streber' oder als ‚cool'). Schüler_innen adressieren sich untereinander in der Anwesenheit von Musiklehrenden und in Bezug auf die von ihnen vertretenen Normen (z. B. Leistungsorientierung). In dieser Arbeit werden also nicht nur die Anerkennungsdynamiken von Jugendlichen untereinander, sondern auch ihre Verschränkung mit dem Anerkennungsgeschehen zwischen ihnen und einem_einer Erwachsenen in den Blick genommen. Diese Anerkennungsdynamiken werden auf der Basis von Gruppendiskussionen herausgearbeitet, einer Erhebungsmethode, die innerhalb der qualitativ-empirischen Musikpädagogik bislang noch relativ wenig verwendet wurde. Mit ihr kann eine – wenn auch begrenzte – Analogie zur Situation des Sprechens ‚vor Dritten' im Musikunterricht gewährleistet werden (vgl. ausführlich Kap. 2.2.1).

Zweitens wird innerhalb der Musikpädagogik Anerkennung bislang überwiegend im Kontext des Themas Bildungsgerechtigkeit diskutiert. Dabei werden ausschließlich die ‚großen' sozialen Differenzlinien (wie Schicht, Ethnizität, Alter, Geschlecht usw.) betrachtet. Mit dem einseitigen Fokus auf Makrodifferenzen gerät zum einen die feldspezifische Komplexität des Musikunterrichts aus dem Blick: Anerkennungsdynamiken finden unter Schüler_innen im Feld Musikunterricht nicht nur auf makrosozialen, sondern auch auf mikrosozialen Ebenen statt. Peer- und feldspezifische Positionierungen spielen eine zentrale Rolle, unter anderem vor dem Hintergrund der Klassengemeinschaft (als ‚besonders beliebt', ‚Konkurrent_in', ‚Mitläufer_in', ‚Außenseiter_in' usw.), bestimmter Beziehungsgrade (als ‚Freund_in', ‚Kumpel', ‚Sitznachbar_in' usw.) oder Schüler_innenrollen (als ‚Streber_in', ‚Klassenclown', ‚unangepasste_r Einzelgänger_in', ‚mutige_r Rebell_in' usw.). Gegenüber anderen Schulfächern kennzeichnet die Situation des Musikunterrichts zum anderen noch ein weiterer Aspekt: Gerade unter Jugendlichen spielen Positionierungen anhand von Geschmacksurteilen eine wichtige Rolle. Dass gerade Musik für Jugendliche ein so wichtiges Mittel darstellt, um Identitäten intersubjektiv zu konstruieren, steigert noch einmal die Komplexität des Anerkennungsgeschehens im Musikunterricht.

Angesichts dieser spezifischen Eigenheit des Musikunterrichts erstaunt es, dass der Musikbezug im musikpädagogischen Anerkennungsdiskurs eine nachrangige Bedeutung hat. Anerkennung erscheint bislang überwiegend als etwas, das zu musikbezogenen Interaktionen hinzukommt, als etwas Musikpraktiken letztendlich Äußerliches, etwas Politisches. Musikbezogene Interaktionen werden in erster Linie als Anschauungsbeispiel für makrosoziale Anerkennungsdynamiken betrachtet, nicht aber als Handlungen mit ganz eigenen Anerkennungslogiken. Kurz gesagt: Musik ist im bisherigen Anerkennungsdiskurs mehr oder weniger austauschbar. Mit dieser Arbeit vertrete ich demgegenüber die These, dass sich Anerkennung beim Austausch über Musikgeschmack, Musikpräferenzen und Praktiken der Musikrezeption in ganz spezifischer Weise ereignet. Unter anderem spielen Verweise auf den Körper, auf Emotionen oder auf Authentizitätskonstrukte eine wichtige Rolle. Anerkennung hat damit nicht nur eine allgemeinpädagogische, sondern auch eine unmittelbare *musik*pädagogische Relevanz.

Auch im erziehungswissenschaftlichen Diskurs finden sich – trotz der Bezugnahme Balzers auf Bourdieu – bislang wenig Ausführungen zu Anerkennungshandlungen, die mit Geschmacksurteilen zusammenhängen. Neben den diversen Anerkennungsmomenten, die Balzer und Ricken äußerst differenziert herausarbeiten, bleibt die Frage unberücksichtigt, welche Rolle und Funktion eigentlich bestimmte Anerkennungsmittler einnehmen: Wie beziehen sich Personen im Anerkennungsgeschehen auf bestimmte Objekte und wie bewerten sie diese in ästhetischer Hinsicht? Und wie hängen intersubjektive Anerkennungsakte, Geschmacksurteile und bewertete Dinge bzw. Phänomene eigentlich genau zusammen? In Bezug auf den Musikunterricht konkretisiert sich diese Frage wie folgt: Wie verweisen die Akteur_innen bei Anerkennungsakten auf bestimmte Musikvorlieben, d.h. auf präferierte Songs, Interpret_innen, Stilkonstrukte oder musikbezogene Praktiken? Dabei stellt sich zunächst einmal die Frage, welche Musikvorlieben Jugendliche in den Musikunterricht eigentlich mitbringen. Auch dazu existiert in der musikpädagogischen Forschung bislang äußerst wenig empirisch fundiertes Wissen. In dieser Arbeit wird ein Phänomen untersucht, zu dem bislang keine näheren Untersuchungen existieren: Die *arabesk*-Rezeption von Jugendlichen in Deutschland. Während meiner ersten Feldbefragungen an einem Gymnasium in Berlin entdeckte ich, dass *arabesk*-Musik insbesondere unter türkischsprachigen Jugendlichen eine relativ verbreitete Musikpräferenz darzustellen scheint.

Zusammengefasst lautet meine Forschungsfrage somit: *Wie erkennen sich Jugendliche untereinander anhand ihres Musikgeschmacks und im Beisein eines_einer Erwachsenen eigentlich an?* Das zentrale Ziel meiner Untersuchung ist dabei das folgende: Anhand von Gruppendiskussionen mit Jugendlichen zu ihrer *arabesk*-Rezeption möchte ich theoretische Instrumente herausarbeiten, mit denen musikbezogene Anerkennungsdynamiken in der Situation des Musikunterrichts besser verstehbar werden.

Die Analyseperspektive, die ich hierfür im Laufe des empirischen Forschungsprozesses entwickelt habe (vgl. ausführlich Kap. 2.1.1), benenne ich mit der Schlüsselkategorie dieser Arbeit: *Sozioästhetische Anerkennung*. ‚Sozioästhetisch‘ steht dabei für die spezifische und unmittelbare Beziehung zwischen Geschmacksurteilen und sozialen Positionen. Diesen Zusammenhang hat besonders prägnant Pierre Bourdieu in seinem Buch *Die feinen Unterschiede* mit seinem Geschmacks-Konzept herausgearbeitet (Bourdieu 1991). Bourdieu kritisiert darin die insbesondere an Immanuel Kant anknüpfende ästhetische Theorietradition. Diese habe einen vermeintlich interesselosen, ‚reinen‘ und ästhetisch-distanzierten Blick auf die Welt etabliert und anthropologisch zu verallgemeinern versucht (ebd.: 20–23, 756–760). Diese ästhetische Perspektive stellt Bourdieu zufolge aber vielmehr den habitualisierten Ausdruck eines Bürgertums dar, das sich mit der Idee einer ‚interesselosen Ästhetik‘ von unteren Klassen und ‚niederen‘ Geschmäckern abgrenzen will. Bourdieus Grundthese lautet, dass ästhetische Urteile über kulturelle Objekte nicht generalisierbar sind, weil sie unlösbar mit bestimmten sozialen Positionen und der ökonomischen Lage der beteiligten Akteur_innen verschränkt sind. Ästhetische Urteile seien alles andere als zweckfrei und erfüllten die Funktion, in einem bestimmten sozialen Gefüge ‚feine‘ Distinktionen herzustellen (ebd.: 104–115). Ein von anderen anerkannter ‚guter‘ Geschmack bilde die zentrale Bedingung dafür, Machtpositionen im sozialen Raum bzw. im jeweiligen sozialen Feld legitimieren zu können (zum symbolischen Kapital vgl. Kap. 1.4.4).

Im Verhältnis zu Bourdieu nehme ich mit der Frage nach *Sozioästhetischen* Anerkennungsdynamiken zwei wesentliche Akzentverschiebungen vor: Zum einen liegt der Fokus weniger auf einer soziologischen als auf einer intersubjektiven Fragestellung. Mir geht es also weniger um die Frage, ob und wie sich Jugendliche anhand von ästhetischen Urteilen und Praktiken als Gruppe oder als soziales Milieu formieren und sich von anderen Gruppen abgrenzen. Mich interessiert vielmehr die Frage, auf welche besonderen Weisen sich Individuen im Sprechen über Musik wechselseitig soziale Identitäten und Rollen zuweisen.

Zum anderen erscheint mir Bourdieus makrosozialer Fokus auf den Habitus bzw. auf den Zusammenhang von Geschmack und gesellschaftlicher Klassenposition zu eingeschränkt (zum Habitus vgl. Kap. 1.4.4). Der Begriff der *Sozioästhetik*, der Patricia Feise-Mahnkopp zufolge innerhalb der Popularkulturforschung vereinzelt verwendet wird, sich aber noch nicht systematisch als analytische Kategorie etabliert hat (Feise-Mahnkopp 2013: 192), schien mir für meine Analysen in dieser Hinsicht besonders geeignet. Mit ihm wird nicht vorab festgelegt, ob Anerkennungsdynamiken eher in einem gesamtgesellschaftlichen, in einem feldspezifischen oder in einem popkulturspezifischen Rahmen verlaufen. Für Feise-Mahnkopp steht der Begriff der „Sozio-Ästhetik" anknüpfend an Leslie E. Fiedler für die Möglichkeit, dass popkulturelle Phänomene „mehrdeutig kodiert[ ]" sind, „sowohl einfache als auch komplexe Lesarten anbiete[n]" und „zwischen ernsthaften und weniger ernsthaften Rezeptionsangeboten changier[en]" (ebd.: 198).

Hinsichtlich der Frage, auf welchen sozialen Anerkennungsrahmen sich die befragten Jugendlichen beziehen, wird Bourdieus Geschmackskonzept mit dem Begriff des Sozioästhetischen in dreifacher Weise ausdifferenziert: Zum Ersten werden in der vorliegenden Arbeit neben der Klassenzugehörigkeit weitere makrosoziale Differenzebenen wie Alter oder natio-ethno-kulturelle Zugehörigkeit gleichberechtigt mitberücksichtigt. Zum Zweiten werden sowohl der gesamtgesellschaftliche soziale Raum als auch das schulische soziale Feld als mögliche Anerkennungshorizonte in Betracht gezogen. Zum Dritten wird mit Sarah Thornton noch eine weitere mikrosoziale Ebene mitbedacht und zwar die Frage nach dem „subkulturellen Kapital" (vgl. Thornton 1996). Zu fragen ist also, wie die interviewten Jugendlichen in ihren Anerkennungsdynamiken anhand von *arabesk*-Musik auf einer popkulturellen Ebene Unterscheidungen und Hierarchien zu anderen Jugendlichen herstellen.

Im Hinblick auf diesen für die vorliegende Arbeit zentralen dritten Aspekt sei abschließend betont, dass hier nicht den posttraditionalen und individualtheoretischen Vereinseitigungen der Jugendszene-Forschung gefolgt wird. Autor_innen wie Michaela Pfadenhauer, Ronald Hitzler, Anne Honer und Arne Niederbacher vertreten in Abgrenzung zur makrosozial orientierten Jugendkulturforschung der Cultural Studies aus den 1970er und 1980er Jahren (vgl. u. a. Willis 1981, Clarke 1979) die These, dass man heutzutage gerade nicht mehr aufgrund der Zugehörigkeit zu bestimmten Sozialmilieus oder Schicksalsgemeinschaften in bestimmte Jugendszenen ‚hineingeboren' werde. Vielmehr entscheide man sich gemäß eines allgemeinen Individuierungs- und Selbstoptimierungspostulats freiwillig und in erster Linie aufgrund eines bestimmten „Erlebnis-Themas" für eine bestimmte Jugendszene (Pfadenhauer 2010: 281).[30] Für Jugendszenen seien den Individualisierungsbedürfnissen entsprechend mikrosoziale Strukturen kennzeichnend. Dafür stehen zentrale Termini der Jugendszeneforschung wie „posttraditionale Vergemeinschaftungen" (Hitzler et al. 2010), „Selbstsozialisation" (Müller et al. 2002: 14), „globale Mikrokulturen" (Hitzler & Niederbacher 2010: 16) und „*Neo-Tribes*" (vgl. Hitzler et al. 2008: 11–13).

Die systematische Darstellung verschiedener Jugendszenen, die beispielsweise Hitzler und Niederbacher entwickeln, widerspricht allerdings diesem mikrosoziologischen Postulat der Jugendszeneforschung. Nahezu jede Szene, die Hitzler und Niederbacher analysieren, scheint einem bestimmten soziostrukturellen Profil zu entsprechen. So weisen beispielsweise die Hardcore- und die LAN-Gaming-Szene ein deutliches Übergewicht an männlichen Mitgliedern (Hitzler & Niederbacher 2010: 78, 103), die Hip-Hop-Szene ein auffälliges Interesse von Jugendlichen ‚mit Migrationshintergrund' (ebd.: 85), die Skater-Szene ein besonders niedriges Alter (ebd.: 143), die Skinhead-Szene einen hohen Anteil an Mitgliedern aus dem Arbeitermilieu (ebd.: 141) und die Kletter-Szene ein hohes Niveau bei den Bildungsabschlüssen (ebd.: 147) auf.

Dementsprechend soll mit der Perspektive der Sozioästhetischen Anerkennung an kritische Stimmen innerhalb der Jugendsoziologie angeknüpft werden, Vereinseitigungen zu vermeiden und sowohl mikrosoziale also auch makrosoziale Strukturen

---

30 Die Jugendszeneforschung knüpft dabei an soziologische Modernisierungstheorien wie Ulrich Becks „Risikogesellschaft" (1986), Gerhard Schulzes „Erlebnisgesellschaft" (1992) oder Zygmunt Baumanns „Flüchtige Moderne" (2003) an (vgl. Hitzler et al. 2008: 18 f., Hitzler & Niederbacher 2010: 11 f.). Das Jugendszenekonzept basiert dabei insbesondere auf einer Individualisierungs- und Entstrukturierungsthese. Den Modernisierungstheoretiker_innen zufolge sei ab Mitte bzw. Ende des 20. Jahrhunderts eine ‚andere Moderne' angebrochen. Sie habe aus Phänomenen wie zunehmender Medialisierung und Globalisierung, kollektivem Wohlstandszuwachs, liberalisierten Erziehungsstilen und der Flexibilisierung sowie der klassenübergreifenden Prekarisierung der Arbeitsverhältnisse resultiert. Eines der zentralen Kennzeichen dieser ‚anderen Moderne' sei, dass sich Menschen, desillusioniert vom Glauben an einen idealen gesellschaftlichen Endzustand, bei der Optimierung des Status quo auf eine „Innenorientierung" (Schulze 1992: 48–54) bzw. auf die individuelle „Selbstverwirklichung" (Baumann 2003: 40) konzentrierten. Nach Ulrich Beck besteht regelrecht ein gemeinschaftsbildender und struktureller Zwang zur Inszenierung der individuellen Einzigartigkeit (Beck 1986: 16, 19). Aus diesem Grund wachsen Jugendliche heutzutage mit allgegenwärtigen Angeboten zur Individualitätsbastelei auf. Sie seien dabei mit der Forderung konfrontiert, diesen Anspruch erfolgreich bewältigen zu müssen und ggf. auch daran scheitern zu können. Mit der Individualisierungsdiagnose geht noch eine weitere für die Jugendszeneforschung zentrale These einher: Zugehörigkeitsfaktoren wie Klasse, Sozialmilieu, Geschlecht oder Alter, die für die Sozialisation in der Industriegesellschaft noch zentral waren, verlieren für individuelle Identitäten zunehmend an Relevanz. Dementsprechend werden Beck zufolge auch kulturelle Orientierungen und Sozialstruktur immer mehr voneinander entkoppelt (vgl. Beck 1986: 118–160).

in den Blick zu nehmen (vgl. Otte 2007: 175, Krüger 2010: 36). Bei der Frage danach, auf welchen Anerkennungshorizont sich Jugendliche bei der *arabesk*-Rezeption beziehen, werden in dieser Arbeit somit gesamtgesellschaftliche, feldspezifische sowie popkulturelle Differenzlinien berücksichtigt. Es wird nicht vorab bestimmt, sondern ausgehend vom Datenmaterial gefragt, ob eher mikrosoziale oder makrosoziale Ebenen eine Rolle spielen und wie diese miteinander zusammenhängen.

2. Forschungsmethodologie und Forschungsmethodik

Der Fokus der vorliegenden Studie auf Sozioästhetische Anerkennungsdynamiken in der *arabesk*-Rezeption von Jugendlichen stellt bereits ein Zwischenergebnis meiner Forschungsarbeit dar. Sowohl das untersuchte Phänomen (*arabesk*-Rezeption) als auch die Schlüsselkategorie dieser Arbeit (Sozioästhetische Anerkennung) standen nicht *vor* meinen ersten Datenerhebungen fest, sondern entwickelten sich zu unterschiedlichen Zeitpunkten *während* meines Forschungsprozesses – aufgrund der ersten Datenanalysen und einer erweiterten Auseinandersetzung mit der wissenschaftlichen Literatur. Dieses Vorgehen basiert auf meinen methodologischen Prämissen, insbesondere auf dem explorativen und abduktiven Prinzip im Sinne der Grounded Theory Methodology (GTM) nach Anselm L. Strauss.

Im folgenden Abschnitt 2.1 stehen meine methodologischen Grundlagen und meine kritischen Erweiterungen der GTM im Zentrum. Im Unterkapitel 2.2 werden dann die methodischen Herangehensweisen dieser Untersuchung, d. h. die konkreten Techniken der Datenerhebung, der Transkription und der Datenanalyse dargelegt und das Sample dieser Studie vorgestellt.

2.1 Methodologische Grundlagen

Zum Themenfeld Musikunterricht und Jugendmusikpräferenzen in der „Migrationsgesellschaft"[31] existieren kaum fundierte empirische Untersuchungen. Bereits seit mehreren Jahren wird seitens der so genannten Interkulturellen Musikpädagogik bemängelt, dass empirische Grundlagen fehlten. Jens Knigge bringt diese Forschungslücke auf den Punkt: „Ist es der Anspruch eines interkulturell orientierten Unterrichts, bei den Musikkulturen der Schüler anzusetzen, so sollten diese zunächst einmal bekannt sein, bevor entsprechende Unterrichtskonzepte entworfen werden können" (Knigge 2012: 43).[32] In seinem Aufsatz *Interkulturelle Musikpädagogik:*

---

31 Mit dem Terminus „Migrationsgesellschaft" wendet sich der u. a. von Paul Mecheril, María do Mar Castro Varela und Inci Dirim verfolgte migrationspädagogische Ansatz gegen Begriffe wie „Einwanderungs-" oder „Zuwanderungsgesellschaft". Zum einen bringt er zum Ausdruck, dass in Deutschland nicht nur Einwanderungen, sondern auch Auswanderungen und Pendelbewegungen stattfinden. Zum anderen lenkt er den Fokus darauf, dass nicht zuvorderst ‚Migrant_innen' bzw. die Anderen, sondern Deutschland Schwierigkeiten mit der Identitätsfindung im Hinblick auf seine Migrationsgeschichte hat (vgl. Mecheril et al. 2010: 7–11).

32 Zu diesem Forschungsdesiderat vgl. auch Barth 2008: 208 oder Ott 2006: 359–363. Die Diagnose von Thomas Ott aus dem Jahr 2006 scheint dabei auch noch knapp zehn Jahre später zuzutreffen: „Interkulturelles Lernen ist eines der großen Themen der gegenwärtigen Musikpädagogik. Der Fülle an publizierten Unterrichtsmaterialien und theoretisch-konzeptionellen Arbeiten steht allerdings eine überschaubare Zahl empirischer Studien gegenüber. Wir haben weder verlässliche Daten über den Musikunterricht in den 40 000 Schulen des Landes noch wissen wir Nennenswertes über die musikalischen

Hintergründe – Konzepte – Empirische Befunde gibt Knigge einen Überblick über deutsch- und englischsprachige empirische Arbeiten zum Themenfeld Musikunterricht und Migration (vgl. ebd.: 43–52). Er resümiert, dass die existierenden Studien bislang stichprobenartig und an wissenschaftliche Standards empirischer Forschung kaum anschlussfähig sind. Auch fehle ihnen eine Anbindung an fachinterne sowie fachexterne Theorieansätze. Knigge fasst zusammen: „Erst auf Basis methodisch einwandfreier und vergleichbarer Studien wird es dann möglich sein, sich widersprechende oder einander bestätigende Forschungsergebnisse richtig einordnen zu können" (ebd.: 51).

Die erste umfangreiche qualitativ-empirische Studie zum Themenfeld Musikunterricht und Migration liegt für den deutschsprachigen Raum mit Anna Magdalena Schmidts Studie *Die imaginäre Grenze. Eine Untersuchung zur Bedeutung von Musik für Jugendliche türkischer Herkunft in Deutschland und ihre Verortung im Diskurs der interkulturell orientierten Musikpädagogik* vor (Schmidt 2015). Darin kommt Schmidt zu dem sehr interessanten Ergebnis, dass „zwischen dem Wunsch der deutsch-türkischen Jugendlichen nach Anerkennung und Wertschätzung ihrer musikalischen Interessen auf der einen und ihrer gleichzeitigen Zurückhaltung, diese Interessen nach außen zu tragen, auf der anderen Seite" ein deutlicher Widerspruch besteht (ebd.: 195). Diese „imaginäre Grenze" zeige sich vor allem „im Freundeskreis und im Musikunterricht" (ebd.: 196). Schmidt führt für die Zurückhaltung, ihr Interesse an ‚türkischer Musik' für Angehörige der Mehrheitsgesellschaft allzu intensiv sichtbar zu machen, insbesondere folgende Gründe an: Erstens werde befürchtet, dass dieser Teil ihrer musikbezogenen Identität auf Ablehnung stoßen könnte. Zweitens seien die meisten ‚deutschen' Mitschüler_innen daran wenig interessiert. Drittens stelle eine Zurückhaltung auch einen gewissen Schutz vor Fremdzuschreibungen als ‚Ausländer_innen' dar (ebd.).

Im Verhältnis zu Schmidts Arbeit setzt die vorliegende Studie einen etwas anderen Forschungsschwerpunkt, und zwar insbesondere in dreierlei Hinsicht: Zum Ersten frage ich mit dem Fokus auf *arabesk*-Musik genauer danach, welche Formen von populärer Musik aus der Türkei unter Jugendlichen in Deutschland eigentlich eine besondere Rolle spielen und mit welchen Bedeutungen sie versehen werden. Schmidts Ausführungen, die sich etwas pauschal an den Kategorien ‚türkische Musik', ‚türkische Volksmusik' und ‚türkische Popmusik' orientieren, geben wenig Auskunft über stilspezifische Differenzierungen. Zudem fokussieren sie in erster Linie die Rezeption von ‚türkischer Volksmusik', so dass das Interesse von Jugendlichen an Popularmusik aus der Türkei eher in den Hintergrund rückt. Zum Zweiten gehe ich in meiner Studie – anders als Schmidt – nicht automatisch von der Prämisse

---

Gewohnheiten und Bedürfnisse der Menschen ‚mit Migrationshintergrund'. Dabei gilt diese Etikettierung inzwischen für fast jede(n) Fünfte(n) in unserem Land" (Ott 2006: 359). Und weiter: „[W]elche Lernvoraussetzungen – musikalischen Erfahrungen, Fähigkeiten, Interessen, Wünsche an den Musikunterricht – Schüler mitbringen, darüber ist so gut wie nichts bekannt, auch nicht, ob und wie Schulen und (Musik-)LehrerInnen darauf reagieren" (ebd.: 362).

aus, dass es sich bei den von mir Befragten um ‚deutsch-türkische' Jugendliche handelt, die *arabesk*-Musik hören. Vielmehr frage ich danach, ob der sprachliche und/ oder ethnische Hintergrund der Jugendlichen im Zusammenhang mit *arabesk* überhaupt eine wichtige Bedeutung hat. Zum Dritten konzentriere ich mich mit meiner Frage nach Anerkennungsdynamiken auf intersubjektive Identitätsprozesse anstatt auf individuelle Selbsterzählungen bzw. Selbstkonstruktionen in Bezug auf Musik. Dementsprechend basieren meine Erkenntnisse nicht auf Einzelinterviews, sondern auf Gruppendiskussionen. Erfährt man bei Schmidt viel über die individuellen und lebensgeschichtlichen Bedeutungszuschreibungen zur Lieblingsmusik, ermöglicht meine Arbeit Erkenntnisse darüber, wie Jugendliche untereinander, mit welchen Codes und Sprachhabitus, über ihre Musikpräferenzen sprechen.

Die Grounded Theory Methodology nach Anselm L. Strauss eignet sich aufgrund ihrer Forschungsoffenheit besonders gut dafür, wenig bekannte soziale Phänomene zu erkunden, und ist dementsprechend für Forschungsfelder geeignet, die bislang empirisch wenig untersucht wurden (vgl. Mayring 2002: 106 f.). Im Folgenden sollen zwei zentrale methodologische Prinzipien der GTM vorgestellt werden, mit denen in dieser Untersuchung gearbeitet wurde: die Exploration und die Abduktion. Dabei wird aufgezeigt, wie ich diese im Forschungsprozess konkret realisiert habe. Die Arbeit mit dem explorativen und abduktiven Prinzip brachte es mit sich, dass zunehmend einige Schwächen und Grenzen der GTM sichtbar wurden. Aus diesem Grund wurde die Methodologie um Aspekte der Rekonstruktiven Sozialforschung nach Ralf Bohnsack erweitert (vgl. Kap. 2.1.3).

2.1.1   Exploration

Ein wesentliches Ziel qualitativ-empirischer Forschung ist es, Orientierungsmuster zu rekonstruieren, die für Individuen, Kollektive oder soziale Felder in ihren sozialen Interaktionen relevant sind (u. a. Flick 2010: 22 f., Mayring 2002: 20). Im Verhältnis zu quantitativen Untersuchungen ist dabei eines ihrer zentralen Kennzeichen, dass sie hypothesengenerierend operiert. Mit Uwe Flick, Ernst von Kardorff und Ines Steincke handelt es sich bei qualitativer Forschung somit um eine „entdeckende Wissenschaft" (Flick et al. 2012: 24). Mitunter kann ein qualitativ-empirischer Forschungszugang sogar dazu beitragen, einen ganzen sozialen Phänomenbereich zu erschließen, der bislang noch nicht näher untersucht worden ist. Zentral ist aber zunächst einmal, dass Hypothesen nicht wie in der quantitativen Forschung vorab festgelegt und im Hinblick auf Repräsentativität verifiziert oder falsifiziert werden. Vielmehr geht es darum, anhand eines ausschnittartigen Einblicks in soziale Welten innovative Hypothesen überhaupt erst einmal zu entwickeln. Es handelt sich dabei um solche Erklärungsmodelle, die zum einen möglichst akteursnah sind und die Komplexität ihrer sozialen Handlungsfelder mitberücksichtigen, zum anderen aber auch abstrakt genug sind, um auch für Akteur_innen außerhalb des untersuchten Samples relevant zu sein. Die Frage der repräsentativen Überprüfung spielt in der qualitativen Forschung aufgrund der begrenzten Fallanzahl eine eher untergeordnete Rolle.

Der Explorationsaspekt qualitativer Forschungsarbeit wird in der GTM besonders hervorgehoben. Für ihre beiden Hauptvertreter Barney G. Glaser und Anselm L. Strauss war es zentral, sich von hegemonialen hypothetiko-deduktiven Ansätzen in der amerikanischen Sozialforschung der 60er Jahre abzugrenzen (Glaser & Strauss 1967: 1 f.). Etwas später formuliert Anselm L. Strauss zusammen mit Juliet Corbin das explorative Prinzip wie folgt: „Am Anfang steht nicht eine Theorie, die anschließend bewiesen werden soll. Am Anfang steht vielmehr ein Untersuchungsbereich – was in diesem Bereich relevant ist, wird sich erst im Forschungsprozeß herausstellen" (vgl. Strauss & Corbin 1996: 8). Das Ziel der Arbeit mit der GTM ist somit Theoriebildung. Um dies zu erreichen, schlägt Strauss die Methode des „Theoretischen Samplings" vor (Strauss 2004: 446): Danach wird der gesamte Datenkorpus nicht auf der Basis vorher aufgestellter Hypothesen in einem Zug, sondern in sukzessiven Etappen erhoben. Die erste Datenerhebung erfolgt auf Grundlage theoretischer und praktischer Vorkenntnisse. Die erste Forschungsfrage soll dabei so gewählt werden, dass sie einerseits einen gewissen Orientierungsrahmen bietet, aber andererseits so offen ist, dass Raum für Irritationen und das Entdecken bislang wenig untersuchter Phänomene bleibt. Der eigentliche Forschungsgegenstand und eine fokussierte Fragestellung werden erst anhand der Analysen der ersten Daten entwickelt (vgl. Strauss & Corbin 1996: 21–24). Alle weiteren Datenerhebungen erfolgen dann auf Grundlage der sich immer weiterentwickelnden Fragestellung und der langsam entstehenden Theorie zunehmend gezielter (vgl. Glaser & Strauss 1967: 47).[33] Mit dem Theoretischen Sampling kann Strauss zufolge somit auch der Anspruch methodisch umgesetzt werden, das zu untersuchen, was im Rahmen einer bestimmten Fragestellung für die Beforschten selbst relevant ist (vgl. Strauss 2004: 446 f.).

---

33 In einem späteren Stadium der Forschungsarbeit hat das Theoretische Sampling Strauss und Corbin zufolge nicht mehr die Funktion, das Untersuchungsphänomen zu generieren. Vielmehr soll die entwickelte Theorie überprüft und durch Variationen verdichtet werden. Abgeschlossen sei das Theoretische Sampling mit der „theoretischen Sättigung" (Strauss & Corbin 1996: 165). Damit ist idealerweise der Punkt im Forschungsprozess gemeint, an dem von einer weiteren Datenerhebung keine wesentliche Modifikation des theoretischen Modells mehr erwartet werden könne (vgl. Strübing 2004: 31 f.). Die Integration weiterer Fälle in die sich entwickelnde Theorie ist allerdings unbegrenzt. Strauss gibt in seinen Ausführungen auch wenig Hinweise, nach welchen Kriterien das Theoretische Sampling abgeschlossen werden sollte (vgl. Böhm 2010: 484). Angesichts dieser methodischen Lücke in Glasers und Strauss' Schriften plädieren Inga Truschkat, Manuela Kaiser und Vera Reinartz dafür, sich gerade bei Qualifikationsarbeiten mit der GTM primär auf die zunehmende Präzisierung der Fragestellung, das Aufbrechen der Daten und die Freilegung von plausiblen theoretischen Schlüsselkategorien anstatt auf die Verdichtung und das Überprüfen der Theorie zu konzentrieren. In diesem Zusammenhang raten sie auch dazu, den Umfang des Samples von Anfang an zu beschränken (Truschkat et al. 2005: Abschnitte 42–47).

Das Theoretische Sampling erfolgte im Rahmen der vorliegenden Untersuchung in drei Forschungsetappen: Zunächst wählte ich eine sehr offene Forschungsfrage, die folgendermaßen lautete: „Welches implizite und habitualisierte Wissen haben Jugendliche von Musik aus der Türkei?" Dafür sprach ich – zunächst in Form von Einzelinterviews – sowohl mit Jugendlichen, die selbst oder deren Verwandte aus der Türkei nach Deutschland eingewandert waren, als auch mit Jugendlichen, auf die dieses Merkmal nicht zutraf. Unter den Befragten waren dabei sowohl Jugendliche, die sich für Musik der Türkei interessierten, als auch Jugendliche, die dies nicht taten. Ziel dieser ersten Forschungsetappe war es, auf einen Phänomenbereich zu stoßen, der angesichts meiner bisherigen Vorerfahrungen und meines theoretischen Vorwissens überraschend oder gar unbekannt war.

Im Zuge meiner ersten Datenauswertungen zeigte sich, dass für einen größeren Teil der von mir befragten türkischsprachigen Jugendlichen solche Musikstücke und Interpret_innen eine wichtige Rolle spielten, die im öffentlichen und musikwissenschaftlichen Diskurs mit dem Stilkonstrukt *arabesk* bezeichnet werden. Ein weiteres interessantes Phänomen war, dass einige Jugendliche in Bezug auf *arabesk*-Musik entweder immer wieder in einem Wir-Narrativ sprachen oder erwähnten, dass *arabesk* in ihrer Peergroup den Status von Mainstream-Musik habe. Ich stellte somit die Hypothese auf, dass es sich bei der *arabesk*-Rezeption um ein kollektives Phänomen in Berlin und – aufgrund vereinzelter überregionaler Verweise der Befragten – vermutlich auch in Deutschland handelt. Um mehr darüber zu erfahren, wie Jugendliche untereinander über *arabesk*-Musik sprechen, entschied ich mich dafür, fortan Gruppendiskussionen zu führen. Daraufhin erweiterte ich meine Methodologie um Aspekte des Gruppendiskussionsverfahrens bzw. der Rekonstruktiven Sozialforschung nach Ralf Bohnsack (u. a. Bohnsack et al. 2013, Bohnsack 2010a, 2010b, Bohnsack et al. 2010, vgl. ausführlich Kap. 2.1.3).

Nach einem zweiten Datenerhebungsdurchgang und weiterer Datenanalysen ging es in einer dritten Forschungsetappe dann um die Frage, an welchen musikpädagogischen Diskurs ich meine empirischen Untersuchungen anbinde. Selbstverständlich basierten bereits meine vorangegangenen Datenanalysen auf theoretisch sensibilisierenden Konzepten aus meiner wissenschaftlichen Lektüre (vgl. Strauss 2004: 440, Strauss & Corbin 1996: 25–30), beispielsweise auf meiner Auseinandersetzung mit Ansätzen der ‚Interkulturellen Musikpädagogik' bzw. der ‚Interkulturellen Pädagogik', mit der *arabesk*-Debatte sowie mit postkolonialen Theorien bzw. Ansätzen der Cultural Studies. Zum theoretischen Sampling meiner Arbeit gehörte es aber, nicht vorab festzulegen, welche theoretische Perspektive ich bei den Datenanalysen einnehmen würde. Vielmehr ging es darum, in Form einer permanent dialogischen Pendelbewegung zwischen Datenanalysen und verschiedenen theoretischen Diskursen herauszufinden, welche theoretischen Ansätze den passenden Fokus für das analytische ‚Aufschließen' der Daten bilden und zu welcher aktuellen musikpädagogischen Debatte die Ergebnisse der Studie letztendlich einen innovativen Beitrag leisten können.

Dass sich meine Studie schließlich in der Anerkennungsdebatte in den Erziehungswissenschaften bzw. in der Musikpädagogik verorten ließ, ist besonders auf zwei Aspekte meiner Analysen zurückzuführen: Zum einen fiel mir auf, dass sich Anerkennung seit einigen Jahren zu einer zentralen Reflexionskategorie der Musikpädagogik entwickelt hatte. Zum zweiten beobachtete ich, dass in den Gruppendiskussionen anhand von Musikgeschmack sehr intensive intersubjektive Positionierungsdynamiken stattfanden. Im Zuge der Verknüpfung aus Datenanalysen und pädagogischem Anerkennungsdiskurs erweiterte ich die bestehende wissenschaftliche Diskussion und entwickelte die Schlüsselkategorie *Sozioästhetische Anerkennung.* Diese stand somit nicht schon zu Anfang fest – wie es der lineare Aufbau der vorliegenden Arbeit suggerieren mag –, sondern stellte bereits ein zentrales Zwischenergebnis meiner Forschung dar.

Die dritte Forschungsetappe basierte dann nicht auf einer erneuten Datenerhebung im Sinne des Theoretischen Samplings, sondern auf einer Re-Lektüre meiner Daten im Hinblick auf die in ihnen stattfindenden sozioästhetischen Anerkennungsdynamiken. Damit ist bereits ein zweites wesentliches methodologisches Prinzip angesprochen, auf dem die vorliegende Arbeit basiert: das schrittweise Verknüpfen bestehender Theorien und Datenanalysen im Sinne der Abduktion.

2.1.2   Abduktion

„Was tun Sie", wurde Herr K. gefragt, „wenn Sie einen Menschen lieben?"
„Ich mache einen Entwurf von ihm", sagte Herr K., „und sorge dafür, dass er ihm ähnlich wird."
„Wer? Der Entwurf?"
„Nein", sagt Herr K., „der Mensch."
(Brecht 1980: 386)

Eine der wenigen Studien zu Musikinteressen von Jugendlichen, die selbst, deren Eltern oder Großeltern aus der Türkei nach Deutschland eingewandert sind, hat die Islamwissenschaftlerin Maria Wurm mit *Musik in der Migration. Beobachtungen zur kulturellen Artikulation türkischer Jugendlicher in Deutschland* vorgelegt (Wurm 2006). Ihr Ausgangspunkt bildet eine Kritik am Leitkulturparadigma, das um die Jahrtausendwende in der Diskussion stand. Dabei bezieht sich Wurm insbesondere auf eine Forderung Rita Süssmuths aus dem Jahr 2000, wonach das Entstehen ‚ethnisch' ausgerichteter Sportvereine und Diskotheken möglichst verhindert werden solle, um eine gelingende Integration in Deutschland zu gewährleisten. Vor diesem Hintergrund lauten Wurms zentrale Forschungsfragen, „warum türkische Jugendliche ‚noch immer' türkische Musik hören und [...] was ihre Nutzung türkischer Musik über ihre Sicht Deutschlands und ihre Lebenssituation aussagt" (ebd.: 10).

Wurm kommt zu dem Ergebnis, dass für die befragten Jugendlichen türkische Musik eine Art Projektionsfläche darstellt, um ein fehlendes Gefühl des Zugehörigkeit in Deutschland zu kompensieren (ebd.: 230 f.). Ein weiteres interessantes Teilergebnis ihrer Arbeit ist die Hypothese, dass sich die befragten Jugendlichen bewusst für einen türkischen Popmusik-Mainstream entscheiden und nicht für eine spezielle Jugendkultur, um „ihre ohnehin empfundene starke Exponiertheit nicht

weiter [zu] steigern" (ebd.: 232). Leider macht Wurm weder ihren erkenntnistheoretischen Standpunkt, ihre Methodologie noch ihr Vorgehen bei der Dateninterpre-
tation transparent. Betrachtet man das Verhältnis von Vorannahmen und Ergebnis,
hat ihre Arbeit teilweise den Charakter einer Gegenbeweisführung, die das Leitkulturparadigma zu widerlegen versucht.[34] Der von Wurm a priori gesetzte diskursive
Rahmen der Integrationsdebatte wird somit kaum verlassen oder in Frage gestellt
und man erfährt kaum etwas darüber, welche Bedeutungen ‚türkische Musik' für
die Jugendlichen auch jenseits der Migrationsdebatte in Deutschland hat. Geht man
von der eingangs zitierten Herr-Keunert-Parabel Brechts aus, stellt sich bei Wurm
die Frage, ob die befragten Jugendlichen einem bestimmten Entwurf von ihnen
angepasst werden oder ob sich ein bestehender Entwurf von ihnen im Laufe der
Forschung auch verändert hat.[35]

Mit dem vorliegenden Forschungsprojekt wird demgegenüber der Anspruch
verfolgt, bestehende Theorien in der Auseinandersetzung mit dem Forschungsgegenstand zu erweitern oder zu differenzieren. So stellt bereits die Hypothese, dass
im Hinblick auf ‚türkische Musik' *arabesk* eine herausragende Bedeutung für Jugendliche in Berlin spielt, das Ergebnis einer Verknüpfung aus Relevanzsetzungen
der Befragten und einem bestehenden Stilkonzept dar und ermöglicht, eine neue
Perspektive auf türkischsprachige Jugendliche in Deutschland zu entwickeln.

Der Begriff ‚Grounded Theory' wird im Deutschen oftmals mit ‚gegenstandsver-
ankerter', ‚gegenstandsbezogener' oder ‚gegenstandsbegründeter Theorie' übersetzt
(vgl. kritisch dazu Strübing 2004: 13 f.). Dahinter verbirgt sich der Anspruch Glasers
und Strauss', dass Theorien den Forschungsgegenständen nicht als Erklärungsmodelle ‚übergestülpt', sondern aus den Datenanalysen heraus entwickelt werden
sollen (vgl. Glaser & Strauss 1967: 2–6). Aus erkenntnistheoretischer Perspektive
stellt sich dabei allerdings folgendes Problem: Wie ist die Entwicklung einer ge-
genstandsbegründeten Theorie überhaupt möglich angesichts der Vorannahmen und
des theoretischen Vorwissens, mit denen die Forschenden immer schon an die Daten
herantreten?

Die Frage nach dem Verhältnis von theoretischem Vorwissen und gegenstandsbegründeter Theoriegenerierung bildete einen zentralen Streitpunkt zwischen Strauss
und Glaser. Ihre gemeinsame Erstschrift *The discovery of grounded theory: Strate-*

---

34 Vgl. das folgende Zitat am Ende ihrer Arbeit: „Zum anderen beweisen die Jugendlichen
sehr eindrucksvoll, dass man sehr wohl zu sozialem Erfolg und einer harmonischen
Einfügung in das deutsche Leben, die deutsche Gesellschaft gelangen kann, ohne sich
zu assimilieren in dem Sinne, herkunftskulturelle Elemente weitestgehend abzulegen"
(Wurm 2006: 233).

35 Ein weiteres Beispiel für ein eher hypothesenüberprüfendes Vorgehen liegt mit Marion
Aicher-Jakobs migrationssoziologischer Studie *Identitätskonstruktionen türkischer Jugendlicher. Ein Leben mit oder zwischen zwei Kulturen* von 2010 vor. Auch hier besteht
die Tendenz, eine bereits bestehende Hypothese und politische Motivation, nämlich
dass deutsch-türkische Jugendliche gemäß der Differenzhypothese nicht zwischen, sondern „mit beiden Kulturen" leben, deduktiv zu beweisen (vgl. die Forschungsfragen in
Aicher-Jakob 2010: 15 f.)

gies for qualitative research von 1967 war noch davon geprägt, sich von der sie umgebenden Dominanz theorieüberprüfender Verfahren abzugrenzen. Dabei stellten sie das erkenntnistheoretisch unhaltbare Postulat auf, Theorien könnten und müssten aus den Daten „emergieren" (ebd.: 37).[36] Die Einsicht, dass ein theoretisches Vorwissen notwendig ist, um aus den Daten überhaupt Hypothesen ableiten zu können – Glaser und Strauss bezeichnen dies als „Theoretische Sensibilität" (ebd.: 46) – stand diesem induktivistischen Dogma noch unverbunden gegenüber (vgl. Kelle 2011: 238). Erst in späteren Schriften gelang es Glaser und Strauss mit ihren getrennt voneinander weiterentwickelten Versionen der GTM, diese beiden Prämissen methodologisch zu integrieren.[37] Obwohl sich ihre beiden Versionen bei genauem Hinsehen methodologisch wenig unterscheiden, zeugen die Kritiken Glasers an Strauss – zu denen dieser sich öffentlich nie geäußert hat – von deutlichen erkenntnistheoretischen Differenzen.[38] Im Gegensatz zu Strauss hielt Glaser weiterhin an einer Emergenz-Rhetorik fest.[39] Und es ist dieses „induktive Selbstmissverständnis" Glasers (Kelle 2011: 246), das Forschende, die heutzutage mit der GTM arbeiten, dazu zwingt, sich methodologisch und erkenntnistheoretisch besonders deutlich zu positionieren.

Das vorliegende Forschungsprojekt orientiert sich an der GTM-Version nach Strauss. Im Gegensatz zu Glaser hat er sich spätestens mit seinem Buch *Qualitative analysis for social scientists* (Strauss 1990) von der induktivistischen Rhetorik der frühen Jahre distanziert. Jo Reichertz zufolge entspricht sein Ansatz, wenn auch nicht

---

36 Spätestens seit Immanuel Kants Kritik am frühen englischen Empirismus bei Francis Bacon, David Hume oder John Locke wird ein „naiver Induktionismus" demgegenüber kaum noch ernsthaft vertreten (vgl. Kelle 2003: 6).

37 Glaser erreichte die Integration der methodologischen Konzepte Emergenz und Theoretische Sensibilität durch seine 18 Codefamilien, die bei der Analyse unterschiedliche, teilweise auch sich überschneidende Perspektiven auf das Material ermöglichen (vgl. Glaser 1978: 74–82). Strauss leistete die Zusammenführung über ein interaktionistisches Modell: das so genannte Kodierparadigma (vgl. Strauss 1990: 64–68). Die entwickelten Codes werden danach in ein kausales Beziehungsnetz aus Phänomenen, ursächlichen, kontextuellen und intervenierenden Bedingungen, Handlungsstrategien sowie Routinen und Konsequenzen integriert (vgl. Strauss & Corbin 1996: 78–85).

38 Jo Reichertz geht sogar so weit, von einer Teilung der GTM in zwei Richtungen zu sprechen: Strauss, der in seinem späteren Werk eine abduktive Forschungslogik verfolgt, und Glaser, der an einem induktiven Paradigma festhält (vgl. Reichertz 2011: 280).

39 Im Vorwort seines Buches *Emergence vs. forcing. Basics of Grounded Theory Analysis* von 1992 wirft Glaser Strauss vor, die GTM zu einem hohen Prozentsatz verfälscht zu haben (vgl. Glaser 1992: 2). Der Titel ‚Emergence vs. Forcing' steht bereits symptomatisch für Glasers methodologische Position. Er hält an der These fest, dass über einen immanenten Vergleich von Phänomenen in den Daten eine Theorie quasi von selbst entstehe, ohne dabei die erkenntnistheoretischen Bedingungen eines Vergleichs zu reflektieren. An Strauss bemängelt er, dass sein Kodierparadigma eine gegenstandsbegründete Theorieentwicklung bereits prädeterminiere. Eigentümlicherweise übersieht er dabei, dass er beispielsweise in seiner Kodierfamilie „The six C's" genau die gleichen heuristischen Konzepte verwendet, die er an Strauss Kodierparadigma kritisiert (vgl. Strübing 2011: 268–270).

explizit, so doch implizit dem abduktiven Forschungsparadigma im Sinne Charles Sanders Peirce' (vgl. Reichertz 2011: 280). Dieser grenze sich sowohl von deduktiven als auch von induktiven Verfahren ab. Bei Ersteren werden Einzelphänomene unter eine bekannte Regel subsumiert, so dass man die untersuchten Phänomene lediglich als Wiederkehr des bereits Bekannten sehe. Insofern es sich um eine erwiesene Regel handle, sei diese Form der Schlussfolgerung zwar gültig, letztendlich aber tautologisch, da sie keine neue Idee in die Welt setze (vgl. ebd.: 284). Bei induktiven Verfahren werden Einzelphänomene zu einer Regel ausgedehnt, allerdings müsse diese sehr eng auf die jeweiligen empirischen Phänomene beschränkt bleiben, um plausibel zu sein. Für die Wissenschaft könne diese Regel, so Reichertz, daher nur wenig theoretische Relevanz beanspruchen und sei aufgrund des begrenzten Samples lediglich wahrscheinlich (vgl. ebd.: 284 f.).

Bei der Abduktion werden hingegen Theorien aus der Wissenschaftsliteratur und empirische Phänomene innovativ miteinander verschränkt. Ausgehend vom theoretischen Vorwissen werde eine Phänomenkombination im empirischen Material als überraschend erkannt. Dafür müssten die Forschenden mit ihrem je eigenen Vorwissen bei der Datenanalyse allerdings eine Haltung einnehmen, die es ihnen erlaubt, in den Daten nicht nur Bekanntes wiedererkennen zu wollen, sondern Verstörendes, vermeintlich nicht Zusammenpassendes oder gar Widersprüchliches gezielt aufzusuchen und in einem neuen Konzept zu integrieren (vgl. ebd.: 288). Beim abduktiven Schlussfolgern werde eine bestehende Theorie dann so verändert, dass die in den Daten aufgefundene Merkmalskombination nicht mehr irritierend sei. Dadurch werde sowohl eine neue Theorie als auch eine Erklärung für die Phänomenkombination entwickelt. Udo Kelle zufolge handelt es sich bei einer abduktiven Schlussfolgerung somit um „ein[en] innovative[n] Prozess, bei dem verschiedene Elemente des Vorwissens modifiziert und neu kombiniert werden" (Kelle 2011: 249, vgl. auch Kelle 2003: 17). Tom Kehrbaum bezeichnet diesen Erkenntnisvorgang treffend als „Abduktive Geistesblitze" (Kehrbaum 2009: 103).

Das abduktive Paradigma gewährleistet somit, dass die entwickelte Theorie auch über das jeweilige Sample hinaus Relevanz beanspruchen kann. Durch die Verknüpfung des in den Daten beobachteten Phänomens und der bestehenden theoretischen Modelle werden Hypothesen auf einem so abstrakten Level aufgestellt, dass sie sich generalisieren lassen. Inwieweit die entwickelte gegenstandsbezogene Theorie tatsächlich auch für andere Fälle gültig ist, müsste dann mit Kelle in einem anschließenden Validierungsverfahren empirisch überprüft werden (Kelle 2011: 255 f.).[40]

Dem abduktiven Paradigma entsprechend versteht Strauss unter Hypothesengenerierung somit nicht die Exemplifizierung bestehender Theorien, sondern den kre-

---

40 Allerdings ist Kelle zufolge ein weitestgehender wissenschaftlicher Common Sense, dass „theoretische Aussagen nur kumulativ empirisch erhärtet, aber nicht endgültig bewiesen werden können" (Kelle 2003: 20).

ativen Prozess, bestehende Theorien zu modifizieren.[41] In diesem Zusammenhang erweitert er auch sein Verständnis von Theoretischer Sensibilität. Einerseits ermögliche das Vorwissen zu erkennen, was in den Daten in Bezug auf bekannte theoretische Diskurse überhaupt wichtig sei. Andererseits bedürfe es einer permanent kritischen Einstellung gegenüber bestehenden Modellen zur Erklärung sozialer Phänomene (Strauss & Corbin 1996: 30, vgl. auch Strübing 2011: 267). In Anknüpfung an Philipp Mayring gestaltet sich der Umgang mit dem theoretischen Vorwissen somit in Form einer „hermeneutischen Spirale" (Mayring 2002: 30). Den Ausgangspunkt, um überhaupt mit einer Forschungsfrage ins Feld gehen und die ersten Daten analysieren zu können, bilde das theoretische und erfahrungsbedingte Vorverständnis. Werde dieses Vorverständnis expliziert und bleibe man ihm gegenüber kritisch eingestellt, sei es möglich, im Gegenstand irritierende oder überraschende Phänomene zu entdecken. Beim Versuch, diese ‚sperrigen' Phänomene zu benennen, entwickle man ein erweitertes Vorverständnis. Mit dieser veränderten Perspektive widme man sich anschließend erneut dem Gegenstand. Dieser Prozess wiederhole sich, so Mayring, auf immer weiteren Reflexionsstufen. Es handelt sich somit Jörg Strübing zufolge um einen dialektischen Forschungsprozess, aus dem sowohl der Gegenstand als auch das Vorwissen der Forschenden verändert hervorgehen (vgl. Strübing 2004: 15).

Vor diesem Hintergrund ist das Ziel meiner Forschungsarbeit, bestehende Theorien zu Anerkennung, zu *arabesk*-Musik, zu Musikpräferenzen von Jugendlichen sowie zu Musikunterricht und Migration zu erweitern bzw. zu modifizieren. Der Forschungsprozess verlief dafür in einem zirkulären Prozess zwischen einer Auseinandersetzung mit bestehender Literatur, einer Suche nach irritierenden und überraschenden Phänomenen in den Daten, einer modifizierenden Theorieentwicklung und einer Überprüfung dieser theoretischen Bausteine anhand der Daten. In diesem zirkulären Prozess erweiterte ich meine Literaturrecherche sukzessive, um theoretische Perspektiven einzubeziehen, die bislang in der Musikpädagogik kaum berücksichtigt wurden. Theoretische Kategorien, die in der Analyse entwickelt und in den folgenden Kapiteln der Arbeit herausgestellt werden, beispielsweise „Essenzialisierungen der ‚imaginären Türkei'" (3.2.4), „Techniken der Authentifizierung" (3.3.5) oder „Situatives Innehalten", bilden wie die Kernkategorie dieser Arbeit (*Sozioästhetische Anerkennung*) Ergebnisse dieser abduktiven Verschränkung aus Theorie und Empirie.

2.1.3   Grenzen und Erweiterungen der GTM

Eine konsequent explorative und abduktive Forschungsarbeit geht notwendigerweise damit einher, dass auch der methodologische Ausgangspunkt in Hinblick auf die sich entwickelnde Forschungsfrage immer wieder kritisch hinterfragt und erwei-

---

41 „Kreativität stellt [...] eine unverzichtbare Komponente der Grounded Theory dar. Die Verfahren zwingen den Forscher dazu, seine Vorannahmen zu durchbrechen und eine neue Ordnung aus der alten entstehen zu lassen" (Strauss & Corbin 1996: 12).

tert werden muss. In meiner Untersuchung bündelte sich dieser reflexive Prozess an zwei Knotenpunkten im Forschungsverlauf: Um mehr darüber zu erfahren, wie die Jugendlichen der *arabesk*-Musik in der Interaktion untereinander Bedeutungen zuweisen, hielt ich es erstens für notwendig, Gruppen- statt Einzelinterviews zu führen. Während dieser Forschungsphase wurde evident, dass Strauss sowohl in methodischer als auch in methodologischer Hinsicht äußerst wenig auf die charakteristischen Merkmale bestimmter Erhebungsmethoden eingeht. Aus diesem Grund erweiterte ich meine Methodologie um das Gruppendiskussionsverfahren und die Rekonstruktive Sozialforschung nach Ralf Bohnsack.

Im Zuge meiner Entscheidung für den anerkennungstheoretischen Fokus wurde zweitens deutlich, dass Anerkennungsdynamiken in pädagogischen Zusammenhängen empirisch bislang sehr wenig untersucht worden sind. Es existieren zwar vereinzelte Empfehlungen, jedoch noch keine Methodologie, um den Zusammenhang von Anerkennung und pädagogischen Handlungsfeldern zu untersuchen.[42] Mit der vorliegenden Studie wird zwar nicht der Anspruch verfolgt, eine systematisierte Methodologie zu entwickeln, um Anerkennungsdynamiken innerhalb der Unterrichtssituation empirisch analysieren zu können. Angesichts dessen, dass die GTM nach Strauss in der qualitativ-empirischen musikpädagogischen Forschung eine sehr verbreitete Methodologie darstellt, möchte ich jedoch im Folgenden Grenzen und Erweiterungen aufzeigen, die sich aus meinen Forschungserfahrungen mit der GTM ergaben. Es handelt sich dabei, um im Vokabular der Methodologie zu bleiben, um

---

42 Nicole Balzer zufolge ist der Zusammenhang von pädagogischer Praxis und Anerkennung empirisch kaum erforscht. Die wenigen existierenden Untersuchungen orientieren sich anknüpfend an Axel Honneth an einem ethisch-normativen Anerkennungsverständnis. Laut Balzer fragen sie danach, inwieweit Bildungsprozesse durch Missachtungserfahrungen gehemmt oder durch Wertschätzungshandeln seitens der Lehrenden gefördert werden. Demgegenüber schlägt Balzer insbesondere im Anschluss an Judith Butler eine alternative empirische Forschungsperspektive vor: Es solle danach gefragt werden, wie sich Akteur_innen in der pädagogischen Praxis wechselseitig im Hinblick auf bestimmte Normen der Anerkennbarkeit adressieren und positionieren (vgl. Balzer 2014: 595–599). Anknüpfend an Andreas Reckwitz (vgl. Reckwitz 2003) und Georg Breidenstein (vgl. Breidenstein 2009) hält sie es für notwendig, eine praxeologische Perspektive auf pädagogische Praktiken einzunehmen. Dabei werden weniger subjektive Intentionen oder Sinndeutungen pädagogischer Akteur_innen in den Blick genommen als vielmehr die pädagogischen Interaktionen selbst samt ihrem impliziten Handlungswissen und ihren inhärenten Eigenlogiken (Balzer 2014: 599–602). Für eine praxeologisch orientierte Unterrichtsforschung mit dem Fokus auf Anerkennungspraktiken schlägt Balzer mehrere methodische Zugänge vor. Beispielsweise nennt sie formalsprachliche Analysen von Sprechakten, videographische Analysen von non-verbalen Handlungen oder diskursanalytische Verfahren. Für die Interpretation sei dabei zentral, das „Bezeichnungs- und Positionierungsgeschehen" in den pädagogischen Interaktionen herauszuarbeiten und dabei die Normen zu identifizieren, auf die in Sprechakten rekurriert werde (ebd.: 602–605, Zitat 605).

abduktive Modifikationen der Methodologie, mit der ich meinen Forschungsprozess begonnen hatte.[43]

Konsistenz zwischen Epistemologie, Methodologie und Methodik

Vergleicht man die Methodologie Bohnsacks mit derjenigen Strauss', fällt zunächst einmal die starke Konsistenz zwischen Epistemologie (1), Methodologie (2) und Methodik (3) in der Rekonstruktiven Sozialforschung ins Auge. Zwischen drei zentralen Fragen qualitativer Forschung besteht ein enger Zusammenhang. *Erstens*: Welche Wissensformen liegen sozialen Phänomenen zugrunde und wie kann dieses Wissen definiert werden? *Zweitens*: Wie kann qualitativ-empirische Forschung überhaupt Aussagen zu diesem Wissen machen, und zwar Aussagen, die über das jeweilige Sample hinausweisen und bis zu einem gewissen Grad generalisierbar sind? *Drittens*: Welche Erhebungs-, Aufbereitungs- und Auswertungsmethoden können in Bezug auf dieses Wissen zu validen Hypothesen führen?

In der Rekonstruktiven Sozialforschung werden diese drei Fragestellungen über ihre drei zentralen Elemente miteinander verschränkt: über den konjunktiven Wissensbegriff (1), die dokumentarische Methode (2) und das Gruppendiskussionsverfahren (3). Mit dem konjunktiven Wissensbegriff wird im Anschluss an die praxeologische Wissenssoziologie Karl Mannheims davon ausgegangen, dass die Praktiken eines bestimmten sozialen Milieus unbewussten Prinzipien folgen. Diese vollziehen sich, so eine wesentliche Prämisse der Rekonstruktiven Sozialforschung, in Sprach-*handlungen*.[44] Das konjunktive Wissen, um das es der Rekonstruktiven Sozialfor-

---

43 Ralf Bohnsack spricht an dieser Stelle von der „Rekonstruktion der Rekonstruktion" (Bohnsack 2010a: 24 f.). Der Begriff der Rekonstruktion hat für ihn zum einen eine methodologische, zum anderen eine meta-methodologische Bedeutung. Rekonstruktion auf der methodologischen Ebene bedeute, das konjunktive Wissen herauszuarbeiten, das dem Sprachhandeln eines bestimmten Milieus zugrunde liege. Meta-methodologisch gewendet bedeute Rekonstruktion, so Bohnsack, die eigene Forschungspraxis und ihre expliziten sowie impliziten Orientierungsmuster zu überarbeiten. Insofern die Forschung selbst zum Forschungsgegenstand gemacht werde, handle es sich um eine ‚Rekonstruktion der Rekonstruktion'. Damit sei der Auftrag verbunden, auch methodologische Axiome im Sinne der Abduktion primär als sensibilisierende Konzepte zu verstehen und weniger als Hypothesen, die in der Forschungspraxis deduziert werden müssten. Bohnsack versteht seine Methodologie der „Rekonstruktiven Sozialforschung" dementsprechend als „Standards nicht-standardisierter Forschung" (Bohnsack 2005: 63).

44 Mannheim geht laut Bohnsack davon aus, dass Wirklichkeitskonstruktionen auf einem milieuspezifischen Erfahrungsraum und Erkennmodus basieren (vgl. Bohnsack 2003: 42 f., Franz & Griese 2010: 273 f.). Er unterscheide dabei zwischen einem „kommunikativen" und einem „konjunktiven" Wissen. „Kommunikativ" meine eine öffentliche oder gesellschaftliche Bedeutungsebene, die alle mehr oder weniger verstehen und die aus diesem Grund auch relativ einfach abfragbar sei. Am Beispiel „Dorf" wäre dies ein verwaltungsmäßiges, verkehrstechnisches oder auf Abgrenzungen (beispielsweise

schung geht, kann somit auch als „handlungsleitende[s] oder auch inkorporierte[s] Wissen" eines Milieus bezeichnet werden (Bohnsack et al. 2013: 14). Dieses ist von den Akteur_innen nur sehr begrenzt benennbar und hat eine atheoretische Qualität. Es handelt sich dementsprechend auch nicht um ein Mehr an Wissen der Forschenden, sondern darum, dass die Akteur_innen „selbst nicht wissen, was sie da eigentlich wissen" (ebd.: 12). Der Rekonstruktiven Sozialforschung kommt somit die Aufgabe zu, „ein den Erforschten bekanntes, von ihnen aber selbst nicht expliziertes handlungsleitendes (Regel-)Wissen (abduktiv) zur Explikation zu bringen" (ebd.).

Das Analyseverfahren der Dokumentarischen Methode ist darauf angelegt, einen gemeinsamen Erfahrungsraum oder Orientierungsrahmen herauszuarbeiten, und erfolgt in vier aufeinander folgenden Schritten: formulierende Interpretation, dokumentarische bzw. reflektierende Interpretation, Diskursbeschreibung und Entwicklung einer Typologie (vgl. Bohnsack 2010a: 134–144). Bei der Arbeit mit der Dokumentarischen Methode ist es zentral, so Bohnsack, den Analysefokus von der Was- zur Wie-Ebene zu verschieben (Bohnsack 2003: 42). Bei der formulierenden Interpretation geht es zunächst noch darum, die für die Interviewten relevanten Themen, Motive und Deutungen zusammenzufassen. Bei der dokumentarischen Interpretation und auch bei der Diskursbeschreibung wird hingegen die Frage untersucht, ob die Befragten im Hinblick auf sprachhabituelle Strukturen einen gemeinsamen Orientierungsrahmen bzw. Erfahrungsraum teilen. Dazu werden inhaltlich-narrative sowie formal-interaktionale Strukturen herausgearbeitet und dahingehend befragt, ob sich in ihnen milieuspezifische Sinnmuster dokumentieren. Erst von dieser sprachlichen Interpretationsebene aus könne dann darauf geschlossen werden, ob ein generalisierbares milieuspezifisches Wissen vorliegt oder nicht.

Das Gruppendiskussionsverfahren orientiert sich an den Schritten der Dokumentarischen Methode und eignet sich besonders gut dazu, ein milieuspezifisches Wissen herauszuarbeiten. Denn gerade in der Sozialität der Beteiligten, in einem möglicherweise „unmittelbaren Verstehen" (Bohnsack et al. 2010: 12) oder bei kollektiven Kommunikationsregeln (Bohnsack & Przyborski 2010: 235 f.) zeigt sich, ob sie einen gemeinsamen Erfahrungsraum teilen oder nicht.

Mit der vorliegenden Arbeit werden allerdings intersubjektive Anerkennungsprozesse untersucht. Der primär soziologisch ausgerichtete konjunktive Wissensbegriff war als epistemologisches Fundament somit nicht geeignet. Aufgrund dessen wurden lediglich einzelne methodologische und methodische Aspekte der Dokumenta-

---

zu „Stadt" oder zu „Gemeinde") bezogenes Wissen. „Konjunktiv" stehe dagegen für eine milieuspezifische Bedeutungsebene, also eine Perspektive derjenigen, die mit dem Dorfleben eine alltägliche und existenzielle Erfahrung verbinden (Bohnsack 2010a: 61 f.). Für Mannheim sei nun weniger die Frage bedeutsam, *was* die Realität aus der Akteursperspektive eines bestimmten sozialen Milieus darstelle und ob das, was die Interviewten sagen, wahr sei. Zu fragen sei vielmehr, *wie* sie diese Realität in der Praxis des Handelns und Sprechens herstellen und welches generative Prinzip bzw. – anknüpfend an Erwin Panowskys Ikonologische Methode – welcher „*modus operandi*" sich in dieser Handlungspraxis dokumentiere (vgl. Bohnsack 2007: 244).

rischen Methode mitberücksichtigt, nicht aber ihre gesamte Anlage übernommen. In der Auseinandersetzung mit der Rekonstruktiven Sozialforschung wurde jedoch die deutlich schwächer ausgeprägte Konsistenz der GTM deutlich. In GTM-Forschungsarbeiten bleibt nicht selten unklar, mit welchem Wissensverständnis bzw. mit welchem epistemologischen Blick auf die Wirklichkeit gearbeitet wird, obwohl sich beispielsweise Strauss sehr deutlich auf die pragmatistisch-interaktionistische Theorietradition der Chicagoer Schule bezieht (vgl. Strauss 2004: 432 f., Strübing & Schnettler 2004: 9–14, Strauss 1990: 5 f.). In diesem Zusammenhang ist auch noch einmal daran zu erinnern, dass das methodologische und erkenntnistheoretische Fundament der GTM nach Strauss, das abduktive Prinzip, von ihm selbst nicht explizit gemacht, sondern erst im Nachhinein rekonstruiert wurde (vgl. Kelle 2011, 2003, Reichertz 2011, vgl. Kap. 2.1.2). Und zuletzt erhält man bei Strauss und Glaser relativ wenig Auskunft darüber, welche Datentypen besonders valide sind, um ein pragmatistisch-interaktionistisch verstandenes Wissen herauszuarbeiten, oder inwiefern unterschiedliche Datentypen auch jeweils spezifischer Analysetechniken bedürfen.

Die Argumentation, bei der GTM handle es sich in erster Linie um ein allgemeines Forschungsparadigma und nicht um eine Forschungsmethodologie im engeren Sinne (vgl. Kelle 2003: 2 oder Corbin 2011: 75), überzeugt insofern nicht, als dass Strauss selbst von unabdingbaren „Leitlinien" spricht (vgl. Strauss 2004: 436 f.). So müssten Strauss zufolge in jedem Fall die Schritte des Kodierens, Memo-Schreibens oder der theoretischen Verdichtung eingehalten werden, um überhaupt von einer Forschungsarbeit im Sinne der GTM sprechen zu können. Zugleich ist die GTM gerade aufgrund ihrer eher schwachen Konsistenz durch ein besonderes Potenzial zur Erkenntnisoffenheit gekennzeichnet. Im Hinblick auf Untersuchungsgegenstände wie Anerkennungsdynamiken in pädagogischen Kontexten, zu denen methodologische Grundlagen erst noch erarbeitet werden müssen, bildet die GTM einen günstigen Ausgangspunkt. Das methodologische Netz der Rekonstruktiven Sozialforschung scheint demgegenüber fast schon zu eng an den konjunktiven Wissensbegriff gebunden zu sein, um die Dokumentarische Methode auch auf andere Wissensgebiete übertragen zu können. Dennoch halte ich es mit der Rekonstruktiven Sozialforschung für wichtig, in meiner Arbeit mit der GTM Auskunft darüber zu geben, wie Wissensverständnis, Methodologie und methodische Werkzeuge in der vorliegenden Studie eigentlich zusammenhängen.

Im Verlauf meiner Forschungsarbeit entwickelte ich die Hypothese, dass den Musikunterricht im Vergleich zu anderen Schulfächern eine besondere soziale Situation kennzeichnet. Im Verhältnis zu anderen Schulfächern vollziehen sich Anerkennungsdynamiken im Musikunterricht aufgrund seines Sujets in besonders verdichteter Weise anhand von Geschmacksurteilen. Diese spezifische Anerkennungskonstellation ist auch relativ unabhängig davon gegeben, ob Musiklehrende nun die Musikpräferenzen von Jugendlichen thematisieren oder nicht. Mit dem Erziehungswissenschaftler Georg Breidenstein ist die Sozialität der Unterrichtssituation nicht auf die von den Lehrenden intentional gesteuerten Interaktionen reduzierbar (vgl. Breidenstein 2006: 10). Die Unterrichtssituation ist als eine fragmentierte soziale Situation vorzustellen, bei der neben dem ‚offiziellen', auf Lernprozesse fokussierten Unterrichtsgeschehen noch viele andere Interaktionen ablaufen und aus den ‚Rändern' des Unterrichts (etwa Pausen, Elterngesprächen, außerschulischen Peerkontexten) in diesen hineinragen (vgl. ebd.: 261). Dementsprechend sind Anerkennungsdynamiken unter den Beteiligten anhand von musikbezogenen Geschmacksurteilen auch dann anwesend, wenn ihre Musikpräferenzen während des vordergründigen Unterrichtsgeschehens gar nicht explizit zum Thema gemacht werden. In der vorliegenden Studie geht es somit darum, einen Beitrag zum situativen Wissen von Musikunterricht zu leisten. Gemeint ist damit ein Wissen, das sich zunächst einmal nicht mit pädagogischen Zielesetzungen oder schulischen Bildungsprozessen beschäftigt. Im Vordergrund steht die besondere Sozialität von schulischem Unterricht (zur situativen Epistemologie in der Pädagogik vgl. ausführlich Kap. 4.1). Der sozialen Situation des Musikunterrichts könnte man sich mit verschiedenen theoretischen, beispielsweise mit system- oder feldtheoretischen Ansätzen nähern. In der vorliegenden Arbeit wird das situative Wissen des Musikunterrichts aus der bereits erläuterten anerkennungstheoretischen Perspektive bzw. mit dem Konzept der Sozioästhetischen Anerkennung untersucht (vgl. Kap. 1.5).

Methodologisch liegt der Arbeit die Annahme zugrunde, dass das in Gruppendiskussionen zu Musikvorlieben artikulierte Wissen gewisse Analogien zu dieser Art von Wissen aufweisen. Wie im Musikunterricht finden auch in Gruppendiskussionen sozioästhetische Anerkennungsdynamiken unter Jugendlichen vor einem_einer erwachsenen Dritten statt. Hier wie dort ereignen sich intersubjektive Positionierungen anhand von Geschmacksurteilen vor den Blicken anderer. Eine weitere methodologische Prämisse stellt das Prinzip der Abduktion dar: In der Verknüpfung von Gruppendiskussionsanalysen, bestehenden Anerkennungstheorien und weiteren theoretischen Perspektiven wie der der Popularmusikforschung ist es möglich, Anerkennungsstrukturen auf einem theoretischen und generalisierbaren Niveau herauszuarbeiten, so dass sich auch die Situation des Musikunterrichts durch diese ‚Verstehensbrillen' betrachten lassen.

Anknüpfend an die Methodik der Rekonstruktiven Sozialforschung ist es dafür jedoch notwendig, neben den inhaltlichen Narrativen der Jugendlichen insbesondere das intersubjektive Sprach*handeln* der Akteur_innen zu untersuchen.

Analysefokus auf das Sprachhandeln

Qualitativ-empirische Forschung steht vor dem folgenden methodologischen Problem: Wie bewahrt man einerseits eine analytische Distanz zu Interviewaussagen oder Feldbeobachtungen, arbeitet aber andererseits möglichst nah am Datenmaterial und unterstellt den Befragten nicht einfach Deutungsmuster von außen? Ralf Bohnsack, Iris Nentwig-Gesemann und Arnd-Michael Nohl benennen dieses Spannungsfeld als „Aporie von Subjektivismus und Objektivismus" (Bohnsack et al. 2013: 11). Auf der einen Seite sei es wichtig, sich von objektivistischen Zugängen abzugrenzen, die nach Handlungsstrukturen „„hinter dem Rücken der Akteure'" suchen und somit einen „privilegierten Zugang zur Realität" behaupten (Bohnsack 2003: 40). Auf der anderen Seite solle qualitative Forschung jedoch auch nicht subjektivistischen Zugängen folgen und lediglich die Motive, Meinungen und Theorien der Erforschten deskriptiv wiedergeben. Hier wie dort komme es zu einer zu wenig differenzierten Perspektivüberblendung von Forschenden und Erforschten: Bei objektivistischen Zugängen werden die Vorannahmen der Forschenden nicht ausreichend reflektiert und den Erforschten Handlungsmotive von außen unterstellt. Subjektivistische Zugänge setzen dagegen die Selbsttheorien der Akteur_innen in Bezug auf ihr Handeln absolut und negieren eine analytische Perspektive auf ihre Praktiken. Bei diesen wie jenen erfahre man somit „nicht etwas über die Handlungspraxis, sondern über die Theorien *über* eine Handlungspraxis" (Bohnsack et al. 2013: 243).

Trotz der Kontroverse zwischen Glaser und Strauss wird diese Aporie in Hinblick auf Analysemethoden erstaunlich wenig reflektiert. Methodenvorschläge wie die „Flip-Flop-Technik" oder „weithergeholte Vergleiche" zielen in erster Linie auf frei-assoziative Umgangsweisen mit dem Material (Strauss & Corbin 1996: 64–66, 69 f.). Die Vergleichshorizonte, die einen neuen Blick auf das Material ermöglichen und zu erweiterten Erkenntnissen führen sollen, sind zwar kreativ, stammen aber ausschließlich aus der Vorstellungs- und Erfahrungswelt der Forschenden. Die mit diesen Analysemethoden gewonnenen Erkenntnisse sind letztendlich verhältnismäßig wenig in den Daten verankert. Um analytische Erkenntnisse möglichst nah am Datenmaterial zu entwickeln, empfiehlt Bohnsack daher, einem gedankenexperimentellen Vergleich die fallübergreifende „komparative Analyse" vorzuziehen (Bohnsack 2010a: 137). Diese gewährleistet, dass „die Vergleichshorizonte des Interpreten empirisch fundiert und somit intersubjektiv nachvollziehbar und überprüfbar sind" (ebd.). Bei der komparativen Methode wird als *tertium comparationis* für mehrere Fälle ein gemeinsames Thema bestimmt. Über den Fallvergleich können somit methodisch besser nachvollziehbar Unterschiede, Gemeinsamkeiten und Kontraste oder Varianzen in den Gemeinsamkeiten aufgezeigt werden. In der vorliegenden Arbeit wurden aus diesem Grund in Bezug auf *arabesk*-rezipierende Jugendliche mehrere kontrastierende Fälle untersucht. Insbesondere im Vergleich mit Gruppen, die in erster Linie den so genannten Gangstarap bevorzugen, konnten spezifische Eigenheiten der *arabesk*-Rezeption von Jugendlichen herausgearbeitet werden.

Noch wichtiger als der kontrastierende Fallvergleich, um eine gegenstandsbegründete Theorie zu entwickeln, ist ein weiterer analytischer Ansatz der Dokumentarischen Methode: Der Analysefokus sollte sich mehr auf das Sprach*handeln* und weniger auf den Sprach*inhalt* richten. Dafür können zum einen inhaltlich-narrative und zum anderen formal-interaktionale Strukturen auf tieferliegende Sinnmuster hin befragt werden. Bei jenen geht es nach Bohnsack insbesondere darum, solche positiven und negativen Horizonte zu identifizieren, mit denen die Akteur_innen ihren Erzählrahmen abstecken (ebd.: 135 f.). Bei diesen werde nach Prinzipien der Diskursorganisation im Interview gefragt. Bohnsack und Aglaja Przyborski unterscheiden hierfür drei verschiedene Diskursmodi: *Erstens* könne die Diskussion eher *parallelisierend* verlaufen. Dabei ergänzen sich die Befragten kooperativ und kommentierend und teilen einen gemeinsamen Konsens. *Zweitens* könne sich ein Diskurs *antithetisch* vollziehen. Dabei werde darum konkurriert, eine gemeinsame Weltsicht am besten auszudrücken. *Drittens* könne ein Diskurs aber auch *divergierend* strukturiert sein. In diesem Fall existiere kein Konsens unter den Teilnehmer_innen im Hinblick auf eine gemeinsame Weltsicht. Vielmehr lägen „Rahmeninkongruenzen" vor oder es werden Positionen von anderen vereinnahmt bzw. falsch gerahmt (vgl. Bohnsack & Przyborski 2010: 236–246, Zitat 246).

Die vorliegende Arbeit orientiert sich der Methodologie der Rekonstruktiven Sozialforschung gemäß an einem Wechsel von der Was- zur Wie-Ebene. Zunächst werden gruppenübergreifende Narrationen zur *arabesk*-Rezeption von Jugendlichen herausgearbeitet (Kap. 3.2). In diesem Teil bleibt der Analysefokus noch sehr stark darauf gerichtet, welche Kategorien, Motive, Deutungen und Selbsttheorien die Befragten selbst anbringen. In einem zweiten Schritt wird anhand der einzelnen Gruppendiskussionen untersucht, wie die Anerkennungsdynamiken in ihnen jeweils verlaufen (Kap. 3.3). In diesem Kapitel richtet sich der Analysefokus darauf, mit welchen Gegenhorizonten, Sprachhabitus, Authentifzierungs- und Naturalisierungstechniken und in welchen Diskursmodi die einzelnen Diskussionen verlaufen. Um zu Erkenntnissen über sozioästhetische Anerkennungsdynamiken in den Gruppendiskussionen zu gelangen, die auf die Musikunterrichtssituation übertragbar sind, ist dabei die Frage zentral, wie die Jugendlichen untereinander in Anwesenheit eines_einer erwachsenen Dritten über ihre Lieblingsmusik sprechen. Ihr Sprachhandeln ist somit dahingehend zu analysieren, wie die Interaktionen der Jugendlichen untereinander mit den Dynamiken zwischen Interviewer_in und Interviewten verschränkt sind.

Verschränkung zweier Interaktionsebenen

In seinem Buch *Selbstreflexive Grounded Theory* verknüpft Franz Breuer die GTM nach Strauss mit den methodologischen Erkenntnissen der Ethnographie der letzten Jahrzehnte. Anknüpfend an die *writing-culture*-Debatte bzw. an den Diskurs zur Krise der ethnographischen Repräsentation (vgl. u. a. Clifford 1993, Fuchs & Berg 1993, Clifford & Marcus 1986) ist das zentrale Anliegen Breuers, den „Forscher bzw. die Forscherin [...] selbst als Subjekt und Person im Kontext der sozialwissenschaftlichen Erkenntnisarbeit vor[kommen zu lassen]" (Breuer 2010: 115). Anstatt den Schein einer objektiv-neutralen Forschungssituation aufrechtzuerhalten, bei der ausschließlich über die Beforschten geschrieben und die Forschenden zum Verschwinden gebracht werden, betont Breuer völlig zu Recht den grundsätzlich interaktionalen Charakter qualitativer Forschung (ebd.: 140).

Die Selbstreflexivität, die Breuer für die Arbeit mit der GTM einfordert, scheint sich bei ihm allerdings zuvorderst auf den Forschungs*prozess* und weniger auf die Forschungs*daten* zu beziehen. Bei seinen methodischen Selbstreflexionsschritten konzentriert sich Breuer beispielsweise auf Fragen wie: Welche persönlichen oder karriererelevanten Motive leiten die Themenwahl, welche Emotionen werden beim allerersten Feldkontakt ausgelöst oder welche womöglich subjektiven Auswahlkriterien existieren, um bestimmte Phänomene in den Daten zu erwähnen und andere nicht (ebd.: 136–139)? Erstaunlicherweise hat in Breuers Ausführungen die Interaktionalität zwischen Forschenden und Erforschten im Datenmaterial selbst, das ja für Außenstehende einsehbar und methodisch kontrollierbar ist, nur eine randständige Bedeutung. Zur Frage, wie man Interaktionsdynamiken zwischen Forschenden und Beforschten im Interviewmaterial herausarbeiten kann, gibt Breuer zwar vereinzelt wertvolle Reflexionsanregungen (vgl. ebd.: 131–134), eine intersubjektivitätstheoretische oder gar methodologisch-systematische Vertiefung findet jedoch nicht statt.

Auch in anderen musikpädagogischen oder sonstigen Studien, die mit der GTM arbeiten, wird die Interaktionsebene zwischen Forschenden und Beforschten im Datenmaterial leider oftmals vernachlässigt. Zu wünschen wäre, dass folgende in der Ethnologie intensiv diskutierte Fragen stärker in die empirischen Analysen eingingen und methodologisch ausgearbeitet würden: Wie verändert meine Anwesenheit als Forschende_r den Untersuchungsgegenstand? Wie beeinflussen meine Interviewfragestellungen die Selbstaussagen der Interviewten? Welche Rollen- und Machtdynamiken, welche Übertragungs- und Gegenübertragungsmechanismen finden zwischen Forschenden und Erforschten statt? Welche Erwartungen und Interessen verknüpfen sie jeweils mit dem Forschungsinterview? Welche Rolle spielen die verborgenen Akteur_innen des Interviewsettings, beispielsweise eine imaginierte Leserschaft oder das Aufnahmegerät? Und wie lassen sich diese vermeintlichen ‚Makel‘ der Forschungssituation „zu einem epistemologischen ‚Vorteil‘ […] wenden" (Breuer 2009: 140)?

In der Rekonstruktiven Sozialforschung finden sich im Verhältnis zur GTM etwas intensivere Überlegungen zur Interaktionsebene zwischen Forschenden und Erforschten im Datenmaterial. So ist Bohnsack zufolge die Gruppendiskussion „als methodisch kontrollierte Verschränkung zweier Diskurse" aufzufassen (Bohnsack 2010a: 207). „Die Interventionen der Forschenden erhalten, sofern sie die Selbstläufigkeit des Diskurses der Erforschten nicht unterbinden, durch deren Reaktionen ihre feld- und fallspezifische Signifikanz" (ebd.). „Methodisch kontrolliert" bedeutet dabei zweierlei: Bei der Datenerhebung gilt es zu beachten, dass Gruppendiskussionen in Form von immanenten, erzählgenerierenden und bewusst vagen Frageimpulsen, kurz: durch eine offene Interviewführung geleitet werden müssen. Das Hauptinteresse der Rekonstruktiven Sozialforschung liegt auf dem möglichst selbstläufigen Diskurs der Befragten untereinander. Bei der Datenanalyse ist dann allerdings wichtig, Sequenzen voneinander zu unterscheiden, „die (primär) durch die Reaktion auf die Interventionen der Forschenden strukturiert sind, und jenen, in denen (primär) die Erforschten wechselseitig aufeinander reagieren (‚Selbstläufigkeit‘)" (ebd.: 208). Milieuspezifische Erfahrungsräume können Bohnsack zufolge besonders valide in selbstläufigen Diskurspassagen der Diskussionsteilnehmer_innen bestimmt werden. Aber auch in solchen Sequenzen, in denen die Forschenden-Beforschten-Interaktion im Vordergrund stehe, ließen sich diesbezüglich aus den Reaktionen der Befragten auf die Interviewenden wichtige Erkenntnisse herausarbeiten. Entscheidend sei allerdings eine transparente Differenzierung dieser beiden Diskursebenen (ebd.).

Für die in der vorliegenden Studie untersuchte Frage nach Anerkennungsdynamiken ist es besonders naheliegend, auch die Interaktionsebene zwischen Interviewten und Interviewer verstärkt in den Blick zu nehmen. Bei der Frage nach der Verschränkung beider Interaktionsebenen liegt der Analysefokus auf einem triadischen Anerkennungsgeschehen. Zu fragen ist demnach: Wie adressieren und positionieren sich die Jugendlichen in meinem Beisein? Wie positionieren sie mich und sich selbst mir gegenüber in der Anwesenheit anderer Jugendlicher? Und welche Wirkungen haben meine Adressierungen an bestimmte Jugendliche bei anderen an der Gruppendiskussion Beteiligten?

Zusammenfassung

Da für die Analyse von Anerkennungsdynamiken in pädagogischen Kontexten bislang keine ausgearbeitete Methodologie existiert, habe ich mich dafür entschieden, die vorliegende Untersuchung nicht nur auf den Gegenstand bezogen, sondern auch in methodologischer Hinsicht an den explorativen und abduktiven Prinzipien der GTM nach Strauss auszurichten. Erweiterungen dieses Ansatzes wurden an den Stellen vorgenommen, an denen sich im Hinblick auf den sich entwickelnden Untersuchungsgegenstand Grenzen ergaben. Diese Erweiterungen erfolgten insbesondere im selektiven Rückgriff auf die Rekonstruktive Sozialforschung. Die Methodologie der vorliegenden Arbeit ist somit im Sinne Strauss' als abduktiv modifizierte GTM zu bezeichnen. Im Folgenden wird aufgezeigt, welche konkreten Datenerhebungs-, Datenaufbereitungs- und Datenanalyseverfahren dabei angewandt wurden. Das folgende Forschungsmethodenkapitel endet mit der Vorstellung meines Samples und den Auswahlkriterien, die zum vorliegenden Datenmaterial führten.

2.2 Forschungsmethoden der Studie

2.2.1 Gruppendiskussionen als Erhebungsmethode

Gruppendiskussionen bieten für die musikpädagogische Forschung meines Erachtens insbesondere in zweierlei Hinsicht ein besonderes Potenzial: Zum einen erfährt man etwas darüber, *wie* Schüler_innen untereinander über Musik und über Musikunterricht sprechen. Zum anderen ermöglichen Gruppendiskussionen Erkenntnisse darüber, wie sie dies in Anwesenheit eines_einer Erwachsenen tun. Gerade vor diesem Hintergrund erstaunt es, dass diese Erhebungsmethode innerhalb der Musikpädagogik bislang so wenig verwendet wurde. In anerkennungstheoretischer Hinsicht gibt es neben unzähligen Aspekten, die eine Gruppendiskussion von einer Unterrichtssituation natürlich unterscheiden (z.B. Unfreiwilligkeit/Freiwilligkeit, Klassenöffentlichkeit/Kleingruppen, Gespräch mit einer Lehrperson/Gespräch mit einem_einer Interviewer_in) interessante Analogien. Wie in der Unterrichtssituation handelt es sich – wie bereits ausgeführt – um ein Sprechen ‚vor Dritten'. Sowohl die

Analogien als auch die Differenzen zur Unterrichtssituation wurden bei den von mir durchgeführten Gruppendiskussionen dadurch verstärkt, dass sie zur Unterrichtszeit und in einem Raum in der Schule der interviewten Jugendlichen stattfanden.

In der Rekonstruktiven Sozialforschung lautet das zentrale methodische Kriterium für die Leitung von Gruppendiskussionen, „Selbstläufigkeit zu initiieren und zu bewahren" (Bohnsack 2010a: 208). Dahinter steht das Erkenntnisinteresse am ,konjunktiven Wissen' bzw. an milieuspezifischen Erfahrungsräumen (vgl. u. a. Bohnsack 2010b: 380). Aber auch im Hinblick auf die Rekonstruktion sozioästhetischer Anerkennungsdynamiken unter Jugendlichen in der Situation des Musikunterrichts erscheint diese Richtlinie äußerst sinnvoll. Bohnsack schlägt dafür verschiedene Methoden vor (vgl. Bohnsack 2010a: 208–211). Beispielsweise sollten Fragestellungen nicht an einzelne, sondern an die gesamte Gruppe gerichtet und bewusst vage, offen und am besten als „Fragereihungen" formuliert werden (ebd.: 209). Des Weiteren sollten erzählgenerierende Fragen gewählt werden, mit denen man gezielt nach Erlebnissen oder Beispielen fragt. Auch sollte nicht dahingehend eingegriffen werden, wie die Interviewten ihre Diskussionsbeiträge untereinander aufteilen. Zentral sei zudem, zwischen Phasen des immanenten und des exmanenten Nachfragens zu unterscheiden. Beim immanenten Nachhaken fokussiert man Themen, die von den Befragten bereits genannt wurden, wohingegen man bei exmanenten Fragen solche Themen aufwirft, die man als Forschende_r im Hinblick auf die Forschungsfrage als relevant erachtet. Bezüglich des Nachfragens ist hier anzumerken, dass es in den von mir durchgeführten Gruppendiskussionen natürlich vereinzelt auch zu exmanenten Fragen im immanenten Teil kam, wenn das Gespräch stockte, oder zu immanenten Fragen in der exmanenten Phase, wenn mir doch noch ein Thema aus der Anfangspassage einfiel.

Ein besonderes methodisches Vorgehen bei den von mir geführten Gruppendiskussionen bildete der Einbezug von Klangbeispielen: Im immanenten Nachfrageteil spielte ich den Jugendlichen drei Musikstücke aus unterschiedlichen Stilrichtungen vor, die besonders viele Jugendliche in den Vorbefragungen (vgl. dazu Kap. 2.2.4) genannt hatten. Damit verfolgte ich insbesondere das Ziel, mehr über solche Bedeutungszuweisungen an *arabesk*-Musik und Abgrenzungen zu anderen Musikstilen zu erfahren, die aus einer unmittelbaren Hörpraxis und einem sinnlichen Eindruck hervorgehen. Zudem erhoffte ich mir von dieser Methode, dass die Jugendlichen von sich aus Musik anspielten und eine Art performative Selbstläufigkeit über das Musikhören entstehen könnte. In einigen Gruppen kam es tatsächlich zu diesem Diskursverlauf. Schematisch dargestellt verliefen die Gruppendiskussionen wie folgt:[45]

---

45 Auch bei den Einzelinterviews meiner ersten Forschungsetappe (vgl. Kap. 2.1.1) orientierte ich mich an dieser Fragestrategie. Allerdings war es, besonders zu Beginn des Einzelinterviews, deutlich schwieriger als in den Gruppendiskussionen, selbstläufige Erzählungen zu initiieren. Zum einen hing dies damit zusammen, dass manche Jugendliche in den Einzelinterviews aufgeregter wirkten als in den Gruppendiskussionen, zum anderen beobachtete ich, dass sie teilweise zunächst in ihrer vertrauten Schülerrolle antworteten, d. h. weniger assoziativ, sondern möglichst präzise und ,richtig'.

Zwei Eröffnungsfragen
- Frage nach ihrem gegenwärtigen Musikleben
- Frage nach ihrer musikbiographischen Entwicklung[46]

Immanenter Nachfrageteil
- Nachfragen zu angesprochenen Themen in Bezug auf einen besonders präferierten Musikstil der Gruppe
- Vorspielen von Musikbeispielen und Nachfragen dazu
  - Ibrahim Tatlıses: Bulamadım (*arabesk*)
  - Murat Boz: Özledim (türkischsprachiger *Slowpop*)
  - Kollegah: Mondfinsternis (*Gangstarap*)

Exmanenter Nachfrageteil
- Fragen zu Themen aus Einzelinterviews und anderen Gruppen, u. a. zu anderen Musikstilen oder zur Migrationsdebatte in Deutschland
- Fragen zu ihrem Musikunterricht und zu ihrer Schulatmosphäre

Schlussfragen
- Frage nach ihrem Alter und danach, in welcher Generation sie in Deutschland leben, Dank für die Teilnahme am Interview

2.2.2 Transkription und Legende

Das Erstellen von Transkripten ist mit Thorsten Dresing und Thorsten Pehl von folgendem zentralen Balanceakt geprägt: Auf der einen Seite sollten sie den Facettenreichtum des Interviews und seine Situationsnähe abbilden, auf der anderen Seite eine gute Lesbarkeit gewährleisten (Dresing & Pehl 2010: 725, 2011: 13). Je nach Erkenntnisinteresse, zeitlichen und ökonomischen Kapazitäten müsse somit abgewogen werden, wie detailliert verbale, prosodische, parasprachliche und außersprachliche Aspekte des Gesprächs transkribiert werden (vgl. a. Kowal & O'Conell 2007: 438). In der vorliegenden Untersuchung kam hinzu, dass der Berliner Senat für Bildung, Jugend und Wissenschaft vergleichsweise hohe Auflagen vorgibt, was die Anonymisierung von Schüler_innen anbelangt. Aus diesem Grund war bereits vorab festgelegt, dass die Aussagen der Jugendlichen grammatikalisch und im Hinblick auf Dialekte zu glätten sind, um die Möglichkeit zu minimieren, dass einzelne Personen wiedererkannt werden könnten. Auf prosodische Merkmale (etwa Betonungen, Into-

---

46 Die Eröffnungsfragen hatten einen bewusst an Einzelne gerichteten Fragecharakter. Für meine Vorbefragungen zu den Gruppendiskussionen hatte ich die Jugendlichen in den Schulklassen gebeten, Fragebögen zu ihren Musikpräferenzen auszufüllen. Mich interessierte in den Gruppendiskussionen im Abgleich mit den Fragebögen, welche Musiken die Jugendlichen in Anwesenheit anderer Jugendlicher als ihre Lieblingsmusik angaben. In diesem Vergleich ergaben sich für die Analyse teilweise sehr interessante Erkenntnisse.

nationen, Dehnungen, Lautstärken) wurde bis auf Pausendarstellungen weitgehend verzichtet. Der Ertrag für die Analyse wurde im Verhältnis zum Aufwand, den diese Transkriptionsschicht erfordert hätte, als zu gering eingeschätzt. Parasprachliche Merkmale wie Lachen, Seufzen oder Schnalzgeräusche wurden demgegenüber aufgrund des deutlich geringeren Aufwands und der teils relativ hohen Bedeutung für den Gesprächsverlauf berücksichtigt. Für die Analyse der Gruppendiskussionen war es besonders wichtig, Überlappungen von Gesprächsaussagen zu kennzeichnen, um die Gesprächsdramaturgie transparent zu visualisieren.

Aus diesen Überlegungen ergibt sich folgende Transkriptionslegende für das vorliegende Datenmaterial:

(.) (..) (...) (4) (5)	Sprechpausen (in Sekunden)
[seufzt]	vereinzelte parasprachliche Äußerungen oder außersprachliche Hinweise zum Transkript
(unv.), (Freundin?)	unverständliche oder vermutete Äußerungen
{...}	Auslassungen im Transkript
⌐ ¬	Beginn und Ende von Überlappungen (in Bezug auf die vorangegangene Transkriptzeile, dabei wir der Beginn der Überlappung durch Einzüge markiert)
@(.)@	kurzes Auflachen
@(lachen)@	Lachen
@[schnaubend]@	Kurzes schnaubendes Auflachen
/	Satzabbruch
, . ? !	grammatikalische Signale (also keine Zeichen, die auf Lautsignale verweisen, sondern der besseren Lesbarkeit dienen)

2.2.3 Kodieren und Diskursbeschreibung als Analyseverfahren

Das zentrale Analyseverfahren der vorliegenden Arbeit bildete das Kodieren im Sinne der GTM nach Anselm L. Strauss und Juliet Corbin. Sie verstehen darunter „die Vorgehensweisen [...], durch die die Daten aufgebrochen, konzeptualisiert und auf neue Art zusammengesetzt werden. Es ist der zentrale Prozeß, durch den aus den Daten Theorien entwickelt werden" (Strauss & Corbin 1996: 39). Im Sinne des offenen Kodierens (vgl. ebd.: 43–54) blieb ich zunächst sehr nah am Datenmaterial und fragte in der Analyse danach, über welche Themen und Phänomene die Jugendlichen in Bezug auf *arabesk*-Musik sprechen. Dafür entwickelte ich Kategorien wie „*isyan*", „*damar*", „Wiederorientierung am Musikgeschmack der Eltern" oder „Verwandlung" und arbeitete diese wiederum nach ihren unterschiedlichen Dimensionen bzw. Merkmalsausprägungen aus (ebd.: 50–53).[47]

Auf einer abstrakteren Stufe des offenen Kodierens suchte ich anschließend nach Themenkomplexen, zu denen sich die einzelnen Codes zusammenfassen ließen und die gruppenübergreifend relevant waren (unter anderem „Ästhetiken der Traurigkeit" oder „Initiationsritual"). Dabei spielten der Fallvergleich und eine abduktive Verknüpfung mit bestehenden Theorien eine deutlich stärkere Rolle als noch im ersten Kodierdurchgang. Diese Themengruppen bildeten zugleich die Unterkapitel des Kapitels 3.2. Darin gehe ich der Frage nach, welche kollektiven Erzählungen in Bezug auf *arabesk*-Musik für die Jugendlichen zentral sind. Dieses Kapitel beschäftigt sich somit vorwiegend mit der *Was*-Ebene bzw. mit der Frage, welche narrativen Eigenlogiken in den auf *arabesk*-Musik bezogenen Diskussionen bestehen. Die Kapitelkategorien sind dabei gruppenübergreifend relevant, zugleich aber auch so allgemein gefasst, dass sie Variationen in den Einzelgruppen zu fassen vermögen.

Auf einer weiteren Abstraktionsstufe fragte ich dann nach der *Wie*-Ebene. Dafür führte ich Einzelfallanalysen im Sinne der Diskursbeschreibung nach der Dokumentarischen Methode durch. Dabei geht es darum, den dramaturgischen Ablauf, Beziehungsverhältnisse, Diskursmodi, negative und positive Orientierungsrahmen der Gruppe chronologisch herauszuarbeiten. Während dieses Analyseschritts und meiner gleichzeitigen Auseinandersetzung mit der erziehungswissenschaftlichen Literatur entwickelte ich im Sinne des selektiven Kodierens (ebd.: 94–116) meine Schlüsselkategorie der Sozioästhetischen Anerkennung. Die zuvor erarbeiteten fallübergreifenden kollektiven Orientierungen aus Kapitel 3.2 konzipierte ich nun als einen Teil des von den Jugendlichen realisierten Anerkennungsrahmens, vor dessen Hintergrund ich verschiedene Dimensionen der Sozioästhetischen Anerkennung (vgl. Kap. 3.3) in den Einzelfallanalysen herausarbeiten konnte.

2.2.4   Das Sample

Alle von mir befragten Jugendlichen besuchten zum Zeitpunkt der Befragung die zehnte Klasse eines von zwei Gymnasien in Berlin. Die Auswahl meines Samples erfolgte anhand von Fragebögen, die ich in insgesamt acht Schulklassen – jeweils vier an jeder Schule – durchführte. Darin fragte ich die Jugendlichen insbesondere nach ihren Musikpräferenzen (Lieblingsinterpret_innen, Lieblingssongs, Lieblingsmusikstile), nach ihrem Geschlecht, nach Sprachen, die sie in ihrer Familie sprechen, und danach, ob sie sich für ein Interview bereit erklären würden. Auch fragte ich danach, wie sie es finden würden, wenn ihre Lieblingsmusik in ihrem Musikunterricht

---

47 Beim offenen Kodieren arbeitete ich mit der Analysesoftware *atlas.ti*. Äußerst wertvolle Anregungen erhielt ich erstens von meiner Kodiergruppe in Berlin, die aus mehreren promovierenden Soziolog_innen bestand, zweitens durch das qualitativ-empirische Methodenkolloquium von Anne Niessen an der Hochschule für Musik und Tanz in Köln, drittens durch mein Promotionskolloquium bei Ursula Brandstätter und viertens durch das Graduiertenkolleg „Das Wissen der Künste" an der UdK Berlin.

zum Thema gemacht würde. Die Schüler_innen versahen die Fragebögen mit einem Code, den nur sie wiedererkennen konnten.

Die Gruppen stellte ich klassenintern als Dreier- oder Viererensembles zusammen. Bei zwei Gruppen fehlte am Tag der Gruppendiskussion jeweils ein Jugendlicher, weswegen es sich bei diesen Gruppen um Zweiergruppen handelt. Zum einen bildete ich vier Gruppen, bei denen die Jugendlichen solche Lieblingsmusik angaben, die gemeinhin dem Stilkonstrukt *arabesk* zugeordnet wird. Teilweise gaben sie selbst diese Klassifizierung an, teilweise nannten sie ,klassische' *arabesk*-Interpreten wie Ibrahim Tatlıses, Orhan Gencebay, Müslüm Gürses, Ferdi Tayfur oder Azer Bülbül. Da diese Jugendlichen mehrheitlich männlich waren, haben die Gruppendiskussionen insgesamt ein deutliches Jungen-Übergewicht. Wichtig ist noch zu erwähnen, dass all diese Jugendlichen darüber hinaus noch andere Musikstile als Lieblingsmusik angaben, u.a. „Dubstep", „Deutschrap", „türkische Volksmusik" oder „Pop". *Arabesk*-Musik bildet dementsprechend nur einen Teil ihres musikbezogenen Identitätspatchworks.

Zusätzlich bildete ich noch drei Vergleichsgruppen, bei denen die Jugendlichen keine Präferenz an *arabesk*-Musik, sondern ein fokussiertes Interesse an einem anderen Musikstil im Fragebogen angaben. Zwei kontrastierende Jungengruppen präferierten nahezu ausschließlich Rap bzw. „Deutschrap", so wie sie ihn oftmals bezeichneten (u.a. Kollegah, Farid Bang, KC Rebell oder Bushido). Eine Mädchengruppe interessierte sich insbesondere für einen eher langsamen zeitgenössischen Pop (u.a. Murat Boz, Rafet el Roman oder Ardahan), für den sie unter anderem die Kategorie „türkischsprachiger Pop" wählten.

Neben diesen Stilkonstrukten war noch ein zweites Kriterium entscheidend für die Zuordnung der Gruppen nach Haupt- und Kontrastgruppen. In einer *arabesk*-Gruppe zeichnete sich gleich zu Beginn ab, dass die beiden Jungen in erster Linie ,Deutschrap' hörten und dass sich ausschließlich zu diesem ,Stil' ein selbstläufiges Gespräch entwickelte. In Bezug auf *arabesk*-Musik schienen sie äußerst wenig zu sagen zu haben. Eine Widerständigkeit, im Interview nicht über *arabesk* sprechen zu wollen, war dabei nicht erkennbar. Vielmehr schienen sie hin und wieder *arabesk* zu hören, sich aber nur wenig mit dieser Musik zu identifizieren. Aus diesem Grund entschied ich mich, auch diese Gruppe in meinen Datenanalysen als kontrastierende Vergleichsgruppe zu behandeln. Aus der explorativen Forschungsanlage der gesamten Arbeit ergibt sich somit eine asymmetrische Verteilung von Neben- und Hauptkorpus.[48] Aufgrund der narrativen Dichte der Gruppendiskussionen zur *arabesk*-Musik hielt ich aber die Durchführung weiterer Interviews nicht für notwendig.

---

48 In den fallübergreifenden Vergleich wurden auch zwei Einzelinterviews mit einbezogen, die ich in meiner ersten Forschungsetappe durchgeführt hatte: zum Ersten das Einzelinterview EA mit dem Jungen Ax, zum Zweiten das Einzelgespräch ER mit dem Mädchen Ry. Ax bevorzugte auch *arabesk*-Musik. Dieses Einzelinterview stand zu Beginn meiner Forschung und bildete einen zentralen Auslöser, mich anschließend auf das Phänomen der *arabesk*-Rezeption und auf Gruppendiskussionen zu fokussieren. Im Hinblick auf die Fragen, welche Bedeutung *arabesk*-Musik für Jugendliche untereinander hat, wel-

Aus den beiden Auswahlkriterien Stilkonstrukt und Selbstläufigkeit in Bezug auf *arabesk*-Musik ergibt sich der folgende Sample-Aufbau. Die Bezeichnungen der Gruppen orientieren sich an den Stilbegriffen, die von mehreren Jugendlichen verwendet werden: A (arabesk), R (Rap), TP (türkischsprachiger Pop). Mit der Gruppe A1 führte ich zwei Gruppendiskussionen durch (A1.1 und A1.2), da die Zeit für meine exmanenten Fragen am Ende des ersten Interviews nicht ausreichte.

Hauptkorpus		
A1.1 und A1.2: A1a (w), A1b (w), A1c (w), A1d (m)	Schule A	Teilpräferenz: *arabesk*
A2: A2a (m), A2b (m), A2c (m)	Schule B	Teilpräferenz: *arabesk*
A3: A3a (m), A3b (m)	Schule B	Teilpräferenz: *arabesk*
Nebenkorpus		
R1: R1a (m), R1b (m)	Schule B	Hauptpräferenz: *Rap*
R2: R2a (m), R2b (m), R2c (m)	Schule B	Hauptpräferenz: *Rap*
R3: R3a (m), R3b (m), R3c (m)	Schule B	Hauptpräferenz: *Rap*
TP: TPa (w), TPb (w), TPc (w)	Schule B	Hauptpräferenz: *türkischsprachiger Pop*
EA: Ax (m) (Einzelinterview aus erster Forschungsphase)	Schule A	Teilpräferenz: *arabesk*
ER: Ry (w) (Einzelinterview aus erster Forschungsphase)	Schule A	Hauptpräferenz: *Rap*

Die Auswahl der verwendeten Interviewpassagen erfolgte zum einen nach der Relevanz für das Forschungsthema, zum anderen nach dem Prinzip der Fokussierungsmetaphern (vgl. u. a. Bohnsack & Przyborski 2010: 234). Danach handelt es sich um solche Interviewpassagen, die eine besonders „interaktive Dichte" kennzeichnen bzw. in denen besonders selbstläufige Erzählungen der Jugendlichen entstehen (ebd.).

Alle Interviewpassagen, auf die in dieser Arbeit verwiesen wurde, finden sich im Anhang wieder und können in ihrem Interviewkontext und in ihrem chronologischen Interviewzusammenhang nachgelesen werden. Dementsprechend wird in der vorliegenden Arbeit immer wieder auf Appendix-Nummern verwiesen. So verweist beispielsweise die Nummer „App. 5: 283" auf den Interviewausschnitt Nr. 5 im Appendix auf der Seite 283.

---

che Sprachcodes dabei relevant sind und besonders: welche Anerkennungsdynamiken sich in Bezug auf *arabesk*-Musik unter Jugendlichen ereignen, findet sich in diesem Einzelinterview im Vergleich zu den Gruppendiskussionen relativ wenig Material. Aus diesem Grund fungiert das Interview EA in der vorliegenden Arbeit als Teil des Nebenkorpus. Ry bevorzugte in erster Linie Rap-Musik. Vereinzelt äußerte sie sich im Interview zu Codes, die in Bezug auf *arabesk*-Musik eine wichtige Rolle spielen.

3. Die *arabesk*-Rezeption von Jugendlichen: Sozioästhetische Anerkennungsdynamiken

Das Phänomen, anhand dessen in dieser Arbeit Dimensionen der Sozioästhetischen Anerkennung analysiert werden, ist die *arabesk*-Rezeption von Jugendlichen in Deutschland. Ihre auf *arabesk*-Musik bezogenen Anerkennungsdynamiken werden allerdings nur dann verständlich, wenn bekannt ist, was sich hinter dem Stilkonstrukt *arabesk* verbirgt. Zudem bedarf es eines Wissens darüber, welche kollektiven Bedeutungen Jugendliche in Deutschland mit *arabesk*-Musik verbinden. Nur vor diesem Hintergrund bzw. Anerkennungsrahmen werden die teilweise subtilen intersubjektiven Positionierungsprozesse über *arabesk*-Musik überhaupt erst verständlich.

Bislang existieren keine eingehenden Forschungen zur *arabesk*-Rezeption von Jugendlichen in Deutschland.[49] Ebenso wenig gibt es im deutschsprachigen Raum fundierte musikwissenschaftliche Untersuchungen zur *arabesk*-Musik in der Türkei.[50] Bevor also in Kapitel 3.3 die sozioästhetischen Anerkennungsdynamiken der Jugendlichen analysiert werden können, wird zunächst der Frage nachgegangen, um was es sich bei *arabesk*-Musik aus musikwissenschaftlicher Perspektive handelt (3.1). Da die befragten Jugendlichen hauptsächlich *arabesk*-Musik aus den späten 1960er, den 1970er und 1980er Jahren hören, liegt der Fokus dabei auch auf der Musik dieser Zeit.

Im Unterkapitel 3.2 steht anschließend die Frage im Zentrum, welche kollektiven Bedeutungen Jugendliche in Deutschland *arabesk*-Musik zuweisen. In einem Fallvergleich werden Erzählungen herausgearbeitet, die für alle befragten Jugendlichen in irgendeiner Weise relevant sind. Da sich die Jugendlichen gruppenübergreifend bezüglich *arabesk*-Musik auf ein kollektiv bekanntes Wissen zu beziehen scheinen, gehe ich davon aus, dass diese Bedeutungszuweisungen auch für andere Jugendliche in Berlin und in Deutschland relevant sind. Die Forschungsperspektive in Unterkapitel 3.2 ist somit zunächst gruppenübergreifend und soziologisch ausgerichtet. Erst in Abschnitt 3.3 wird in Form von Einzelfallanalysen ein intersubjektivitätstheoretischer Blickwinkel eingenommen.

3.1 Was ist *arabesk*-Musik? Musikwissenschaftliche Annäherungen

Im Folgenden wird zunächst das Phänomen *arabesk*-Musik aus musikwissenschaftlicher Perspektive untersucht. Dabei wird natürlich nicht beansprucht, dieses schwer

---

49 Vereinzelte Hinweise zu diesem Phänomen finden sich in Greve 2003: 47–49 und 147.

50 Die ersten mir bekannten deutschsprachigen musikwissenschaftlichen bzw. musiktheoretischen Annäherungen an das Phänomen *arabesk*-Musik in der Türkei finden sich im musikpädagogischen Aufsatz „Türkische Musik und ihre Vermittlung. Die moderne Arabesk-Musik zwischen Unterhaltungsindustrie und traditioneller Volks- bzw. Kunstmusik" von Reinhard C. Böhle (Böhle 1996).

eingrenzbare und äußerst vielschichtige Gebilde sowie die damit zusammenhängenden Diskussionen vollständig abzubilden. Vielmehr soll ausgehend von der musikwissenschaftlichen Literatur ein allgemeines Verständnis davon gegeben werden, worum es sich bei *arabesk*-Musik handelt (3.1.1), wie sie entstanden ist und sich entwickelt hat (3.1.2) und welche zentralen Kontroversen mit *arabesk*-Musik verknüpft sind (3.1.3).

3.1.1 Stilkonstruktion und Stilkonventionen

Der Terminus *arabesk* tauchte erstmalig im Jahr 1970 auf, als Journalist_innen in der Türkei die erste Solokassette von Orhan Gencebay (*Bir Teselli Ver*) kommentierten (vgl. Stokes 1992: 118). Diese Fremdbezeichnung entwickelte sich anschließend zu einem Stilbegriff der Popularmusik, mit dem seither neben Orhan Gencebay insbesondere Sänger_innen wie Ferdi Tayfur, Müslüm Gürses, Ibrahim Tatlıses, Bülent Ersoy, Küçük Emrah oder Bergen in Verbindung gebracht werden.

Mit der Stilkategorie *arabesk* wurde ein bewusst frankophoner Begriff gewählt. Die europäisch orientierte türkische Elite wollte der kemalistischen Ideologie entsprechend zum Ausdruck bringen, dass es sich bei dieser Musik um eine unmoderne und ‚arabisch‘ beeinflusste Anti-Kultur der Unterschicht handle.[51] Diesen pejorativen Beigeschmack hat der Begriff *arabesk* sowohl im alltagssprachlichen als auch teilweise im musikwissenschaftlichen Kontext bis heute beibehalten. Mit *arabesk* wird die ‚östliche‘ bzw. ‚orientalische‘ Andersheit dieser Musik markiert, um ex negativo eine wahlweise ‚türkisch-nationale‘ oder ‚westlich-orientierte‘ Identität zu stabilisieren. Auch außerhalb des Musikdiskurses fand der Begriff *arabesk* und das mit ihm einhergehende *Othering* Anwendung. Beispielsweise wurden dekorative Accessoires wie Postkarten mit dem Motiv weinender Kinder oder Amulette zur Abwehr des „bösen Blicks" (*nazar boncuğu*) als *arabesk* bezeichnet. In den 1980er Jahren kursierte auch der Begriff *arabesk politikası* und stand für den neoliberalen bzw. neokonservativen Politikstil des Ministerpräsidenten Turgut Özal (vgl. Stokes 1992: 107, 113). In den späten 1980er Jahren war sogar die Idee verbreitet, dass inzwischen die gesamte türkische Gesellschaft ‚arabeskisiert‘ sei (vgl. ebd.: 91).

Die Konstruktion eines *arabesk*-Stils war somit von Beginn an interessengeleitet. Die wertende Konnotation, die mit dem Begriff einherging, führte zu unterschiedlichen Strategien seitens der Interpret_innen. Sänger wie Orhan Gencebay oder Malatyalı Ibrahim Dulkandıroğlu wiesen das Lable *arabesk* zurück und bezeichneten ihre Musik dagegen als „freie Aufführung von türkischer Musik" (*Türk Müziğinin özgür icraası*) beziehungsweise als *fantazi* (vgl. ebd.: 96, 124). Andere nutzten dagegen das Label, wie Ibrahim Tatlıses, um sich auf dem Markt regelrecht als *arabesk*-Sänger (*arabeskçi*) und als Vertreter_innen dieser ‚Anderen‘ zu stilisieren (vgl. Poole 2009: 250 f.).

---

51 Vgl. den Film *Arabesk: Gossensound und Massenpop* von Gökhan Bulut und Cem Kaya (Deutschland/Türkei 2010: 00:36.48 ff.).

Vergleicht man beispielsweise die so unterschiedlichen Musiken von Orhan Gencebay und Ibrahim Tatlıses, wird recht schnell deutlich, dass auf der Basis musikalischer Kriterien ein gemeinsamer Stilbegriff recht wenig Sinn macht. Allerdings sei Dirk Budde zufolge der Stilbegriff innerhalb der Popularmusik weniger essenziell als vielmehr diskursiv zu verstehen. Es gehe in erster Linie um eine „funktionierende Kommunikation" und kaum um „die zugrundeliegende musikalische Basis" (Budde 1998: 56). Stile seien in erster Linie „Projektionen, das Verschweigen der Vielfalt ihrer Kriterien ist Methode, die Anspielung definiert die Grenzen" (ebd.: 44). Spreche man von einem Stil, beziehe man sich auf ein zur (Hör-)Gewohnheit gewordenes Ensemble aus verschiedenen Stilkriterien (vgl. ebd.: 54).

Auch in Bezug auf *arabesk*-Musik hat sich ein solches Konglomerat aus ‚typischen' musikalischen Eigenschaften eingebürgert. Dementsprechend ist auch ein weitgehender musikwissenschaftlicher Konsens, dass es sich eigentlich nur beim *arabesk* der späten 1960er und der 1970er um einen Stil im engeren Sinne handelt. In den 1980er und insbesondere in den 1990er Jahren hat sich der *arabesk*-Stil im Zuge seiner Diffusion in die Popmusik zunehmend aufgelöst.[52] Die Stilkonventionen, anhand derer im öffentlichen und musikwissenschaftlichen Diskurs von *arabesk*-Musik gesprochen wird, sollen im Folgenden aufgeführt werden.

Synthetisches Prinzip

Den ‚Stil' *arabesk* kennzeichnet in zentraler Weise eine experimentelle Synthese aus Elementen der osmanischen Kunstmusik (*sanat müziği* oder *klasik türk müziği*), der türkischen Volksmusik (*halk müziği*) und der westlichen Popmusik (*pop müzik*) (vgl. Küçükkaplan 2013: 10, Tekelioğlu 1996, Stokes 1992: 191 f.). Hört man sich beispielsweise eine alte Aufnahme des Songs *Bir Teselli Ver* („Gib mir einen einzigen Trost") von Orhan Gencebay aus dem Jahr 1968 an, der als einer der ersten kommerziell erfolgreichen *arabesk*-Songs gilt, fällt zunächst die hybride Instrumentation auf: Ein groß angelegtes Schlagorchester, das an die osmanische Kunstmusiktradition anknüpft, wird zum einen mit einer elektronisch verstärkten *saz* (*elektrosaz*), dem Hauptinstrument der türkischen Volksmusik, und zum anderen mit E-Gitarre und E-Bass kombiniert. In anderen Songs von Gencebay, wie etwa *Dünya Dönüyor*, finden sich auch Kunstmusikinstrumente wie *ney* und *kanun*, Volksmusikinstrumente wie *zurna* oder *kaval* oder Popmusikinstrumente wie das Keyboard. Als wohl wichtigstes instrumentales Kennzeichen des *arabesk* gilt neben der *elektrosaz* das groß angelegte, meist synthetische Streichorchester. Die Streicher werden oftmals sehr glissandoreich bzw. im ‚arabischen Stil' (*arap tarzı*) gespielt (vgl. Küçükkaplan 2013: 189). Zudem werden sie im *arabesk* meist antiphonal eingebunden, indem sie – manchmal erfüllt diese Aufgabe auch ein gleichgeschlechtlicher Chor

---

52 Dies erfuhr ich insbesondere in den Gesprächen mit den Musikwissenschaftler_innen Orhan Tekelioğlu (31.10.2013, Bahçeşehir Üniversitesi Istanbul) und Yaprak Melike Uyar (25.10.2013, Istanbul Teknik Üniversitesi, Türk Musikisi Devlet Konservatuarı).

– eine Phrase des Sologesangs oder eines Soloinstruments als Echo wiederholen (vgl. Karakayalı 2002: 257). Es sind gerade diese kommentierenden Streicher- oder Choreinwürfe, die für die Assoziation des *arabesk* mit arabischsprachiger Popularmusik sorgen. Die antiphonale Struktur hängt auch mit den Produktionsbedingungen der *arabesk*-Musik zusammen. Steht wie bei der Volksmusik ein Melodieskelett und eine *bağlama*-Begleitung am Anfang einer Komposition, werden im weiteren Produktionsverlauf des *arabesk* seine wichtigsten Sektionen Streicher, Perkussion, E-Gitarre bzw. *elektrosaz*, Soloinstrumente und Gesang im Studio getrennt voneinander aufgenommen. Dies spiegelt sich wiederum im Klangresultat wider (vgl. Stokes 1992: 168–171).

Auch in Hinblick auf die formale Anlage und verschiedene Musikparameter liegt mit *arabesk*-Musik eine freie Synthese vor. So wird in *Bir Teselli Ver* das für Volkslieder typische elfsilbige Versmaß *koşma* verwendet (vgl. Küçükkaplan 2013: 192). Zugleich wählt Gencebay aber eine formale Anlage, die gerade nicht wie bei Volksliedern strophenförmig, sondern wie in den populären Kunstliedgattungen *şarkı* und *beste* vierteilig ist. Dementsprechend wird im Anfangsteil (*zemin*) eine Ausgangsmelodie vorgestellt. Es folgt ein korrespondierender Refrain (*nakarat*). Daran schließt sich drittens ein durch Modulation, Tonhöhe oder Rhythmik kontrastierender Mittelteil an (*miyan*). Das Lied schließt wiederum mit einem Rückgriff auf den Refrain (*nakarat*) (vgl. Stokes 1992: 188–190, Greve 1995: 217).

Für *arabesk*-Musik typisch ist, dass wie bei *Bir Teselli Ver* zu Beginn oder während eines Songs metrisch freie und improvisierte Passagen eingestreut werden. In der Kunstmusik werden diese Formen *taksim* (instrumental) oder *gazel* (vokal) genannt. Mitunter werden Elemente aus ihnen im *arabesk* übernommen, wie die bogenförmige Anlage der Melodieführung oder Floskeln, die einen bestimmten Modus (*makam*) kennzeichnen. Jedoch ist Martin Stokes zufolge die semantische Bedeutung der improvisierten Teile im *arabesk* eine völlig andere. Erfüllen die metrisch freien Teile im Rahmen der Kunstmusikzyklen (*fasıl*) eine rationale Funktion, nämlich die kunstvolle und zugleich bedachte Einführung in einen *makam* oder in eine *makam*-Modulation, bilden sie im *arabesk* ein emotionales Epizentrum der inneren Unruhe und des Schmerzes (vgl. Stokes 1992: 192–202). Damit rekurrieren sie in semantischer Hinsicht vielmehr auf die Volksmusiktradition, genauer gesagt auf den metrisch freien und affektgeladenen Stil der *uzun hava*.[53] Des Weiteren dienen die metrisch freien Teile den *arabesk*-Künstler_innen im Kontrast zum besonnenen Gestus der Kunstmusikimprovisationen dazu, ihre Virtuosität präsentieren zu können (vgl. Karakayalı 2002: 257). Dabei werden die Zuhörer_innen in Ekstase versetzt, jubeln, applaudieren und werfen Blumen. Dementsprechend wird der Vortrag von *arabesk*-Instrumentalist_innen aufs Engste mit Virtuosität und Verzierungsreichtum

---

53 Im Kontrast zur Volksmusik wiederum, in denen metrisch freie (*uzun hava*) und metrisch strukturierte Teile (*kırık hava*) im Hinblick auf das musikalische Material relativ unabhängig voneinander sind, erscheinen die metrisch freien Teile im *arabesk* oftmals als die verlangsamte Version des rhythmisch strukturierten Hauptteils. Beispiele dafür sind Ferdi Tayfurs *Durun Ayaklarım* oder Ibrahim Tatlıses *Kadifeden Kesesi*.

in Verbindung gebracht. In Gesprächen mit meinen Instrumentallehrern (*saz* und *ney*) habe ich jedoch den Eindruck gewonnen, dass dies aber von Musiker_innen, die kein *arabesk* spielen, oftmals geringgeschätzt und mit einem ‚unkünstlerischen' Habitus des Sich-gehen-Lassens in Verbindung gebracht wird. Insbesondere bilden die *arabesk*-Perkussionist_innen eine Art esoterischen Zirkel für virtuose Spielpraxis und handwerklich-experimentelle Spezialisierung. Ein Beispiel dafür ist der zentrale Perkussionist in den Ferdi-Tayfur-Songs, Reyhan Dinlettir, der Bongos und Kongas in seine Songs integriert und Techniken des Tabla-Spiels für die Darbuka übersetzt (vgl. Stokes 1992: 96).

Auch von Sänger_innen werden die rhythmisch freien Passagen im *arabesk* genutzt, um ihr artistisches Können unter Beweis zu stellen. Dabei haben die *arabesk*-Stimmen in Anknüpfung an die *uzun hava* einen besonders brennenden oder schneidenden Klang. Dieser äußert sich beispielsweise in hohen gepressten Tenorstimmen, in den oftmals verwendeten gutturalen Dialektarten des Osttürkischen, dem damit zusammenhängenden angespannten Glottis-Sound und in ausgiebigen Melismen (vgl. ebd.: 135). Der besonders schmerzerfüllte Klangcharakter des *arabesk*-Gesangs entspricht damit den Textinhalten, die eine weitere charakteristische Stilkonvention darstellen.

Schwermut und Abstraktheit der Texte

Wenn ich Leute in Istanbul auf *arabesk* ansprach, wurde oftmals das Stereotyp geäußert, dass sich die Besucher_innen eines *arabesk*-Konzerts mit Rasierklingen (*jilet*) selbst verletzen würden. Einmal hörte ich sogar, dass vor Müslüm-Gürses-Konzerten Straßenverkäufer_innen Rasierklingen an das Publikum verkauft haben sollen. Weitere Assoziationen, die mir oftmals begegnen, sind ein hauptsächlich von Männern abgehaltenes *rakı*-Besäufnis (*rakı masası*) oder männliche Jugendcliquen, die in den Randbezirken der Großstädte Marihuana rauchen und gemeinsam auf ihren Smartphones *arabesk*-Musik hören.[54] In den *arabesk*-Texten selbst wird teilweise auf einen erheblichen Alkoholkonsum angespielt.[55]

Die Texte im *arabesk* kreisen um das Thema emotionaler Schmerz und haben oftmals einen äußerst verzweifelten und düsteren Charakter (vgl. Stokes 1992: 142–157). Zentrale poetische Termini in *arabesk*-Texten sind beispielsweise ‚Sehnsucht'

---

54 Letzteres beobachtete ich selbst, als ich mit Freunden im auf der europäischen Seite Istanbuls gelegenen Randbezirk Sultangazi einen Stadtteilspaziergang machte.

55 Z. B.: Müslüm Gürses in *Hüzünlü Günler*: Gönlüm şimdi teselleyi şarapta buldu („Meine Seele hat jetzt Trost im Wein gefunden"), oder Orhan Gencebay in *Acı Gerçekler*: Yolum düşer meyhaneler üstüne, Içtikçe aklıma sevgilim gelir („Mein Weg verlief zu den *meyhane*, Je mehr ich trank, umso mehr kam mir meine Geliebte in den Sinn"). [Alle Übersetzungen aus dem Türkischen ins Deutsche von JH.]

(*özlem*)[56], ‚Schwermut' (*kara sevda*)[57], ‚brennendes Verlangen' (*hasret*)[58], ‚Schmerz'
(*acı*)[59], ‚Schreien' (*bağırmak*), ‚Tränen' (*gözyaşı*) und ‚Weinen' (*ağlamak*).[60] Dabei verbildlicht die Gegenüberstellung von unlöschbarem seelischem Brennen und
Tränenvergießen eine grundlegende anthropologische Spannung: Die reale Außen-
welt ist mit dem Inneren, das mit liebendem Verlangen gleichgesetzt wird, nicht
zu vereinbaren.[61] Dieses verzweifelte Auf-sich-selbst-geworfen-Sein des Subjekts
wird dadurch verstärkt, dass sich die Sänger_innen auf der Bühne oder in Videoclips
primär als Einzelgänger_innen und weniger als Bestandteil einer Musikergruppe
inszenieren (vgl. ebd.: 144 f.).

Äußerst auffällig an den *arabesk*-Texten ist ihre abstrakte Qualität. Die Texte erzählen nicht so sehr eine konkrete Geschichte, sondern beschreiben in erster
Linie den emotionalen Zustand und das intensive Leiden eines Individuums (vgl.
Karakayalı 2002: 258, Özgür 2006: 175). Die Gründe des Leidens sowie des Un-
glücks bleiben meist sehr vage. Vergleicht man mit Can T. Yalçınkaya dieses Genre
mit British Punk – zum Beispiel anhand von Orhan Gencebays *Batsın bu dünya*
(„Die Welt soll untergehen") und *God save the Queen* von den Sex Pistols mit seinem berühmten Ausruf „No Future!" –, zeigen sich sowohl interessante Parallelen

---

56 Z.B.: Ibrahim Tatlıses in *Mavi Mavi*: Yıllardır bir özlemdi, Yanıp durdu bağrımda („Seit
Jahren war es eine Sehnsucht, Sie brannte und war in meinem Schrei zugegen").

57 Z.B.: Ümit Besen in *Seni Seviyorum*: Ümitsiz bir aşkın esiri oldum, Öldürecek beni
bu kara sevda („Ich wurde zum Sklaven einer hoffnungslosen Liebe für Dich, Diese
Schwermut wird mich töten").

58 Z.B.: Zeki Müren in *Yanımda olmayınca*: Aşkın hasret çölüyüm ben, Bir göz yaşı
gölüyüm ben („Ich bin eine Wüste des Verlangens in der Liebe zu Dir, Ich bin ein See
voller Tränen").

59 Z.B.: Orhan Gencebay in *Bir Teselli Ver*: Ben zaten her acının tiryakisi olmuşum („Ich
bin anscheinend sowieso süchtig nach jeder Art von Schmerz").

60 Z.B.: Ibrahim Tatlıses in *Benim Hayatım*: Uzaktan görenler mesut sanıyor, Bilmezler
gözlerim her gün ağlıyor („Die von Weitem schauen, meinen, er sei glücklich, Sie wissen nicht, dass er jeden Tag weint").

61 Stokes zieht aufgrund dieser Spannung eine Verbindung zur sufistischen Mystik der
Mevlevi und der Bektaşi-Alevi, in denen ähnliche poetische Termini und rhetorische
Topoi verwendet werden. In der alevitischen Theologie werde davon ausgegangen, dass
die Erkenntnis der Gott-Mensch-Einheit in verborgener Form vorliege. Die Musik stelle
eine Möglichkeit dar, sowohl die Vergänglichkeit und Lüge der Welt (*fani dünya, yalan*)
als auch das Paradox, dass Gott als Einheit Vielheit geschaffen habe, zu verstehen. Dieser Erkenntnisprozess vollziehe sich paradoxerweise gerade über das Gewahrwerden
der Trennung, durch die wiederum eine Rückerinnerung (*zikr*) an die prä-existenzielle
Natur des Menschen entfacht werde. Ein berühmtes Beispiel dafür sei die Eröffnungspassage des *Mathnawi* von Mevlana Celaleddin Rumi, auch als „Lied der ney" bekannt:
Darin interpretiere Rumi den eindringlichen Klang der *ney* als deren Sehnsucht nach
ihrer ursprünglichen Existenz als Schilfrohr. In der Funktion der Musik, die leidvolle
Trennung der Existenz zu erkennen, darüber den Graben zwischen innerer Wirklichkeit
und äußerer Realität zu überwinden oder zumindest zu verringern, sieht Stokes eine
Parallele zum *arabesk* (vgl. Stokes 1992: 157–160, 203–227).

als auch Unterschiede: Auf der einen Seite sind beide Stile durch eine hoffnungslose Zukunftsperspektive und durch den Genuss der Fans, sich selbst zu verletzen, geprägt. Auf der anderen Seite kennzeichne British Punk seine explizite politische Kritik in Form von Aussagen wie „I wanna be anarchy" (*In the city*) oder „God save the Queen and her fascist regime" (*God save the Queen*). Beim *arabesk* hingegen bleibt diese konkrete Adressierung der subjektiven Frustration aus. Als zentraler Gegner des Subjekts, das seelische Sehnsucht und äußere Realität zu integrieren versucht, erscheint vielmehr das Schicksal (vgl. Yalçınkaya 2008: 6 f.). Dafür existieren im *arabesk* viele verschiedene Begriffe wie *kader, felek, baht* oder *talih*. Gerade diese abstrakte Qualität des *arabesk* ermöglicht den Zuhörer_innen, die inszenierte innere Situation der Texte auf verschiedene Situationen des eigenen Lebens zu übertragen.

Nur in den früheren *arabesk*-Songs beziehen sich einzelne Texte auf konkrete Lebenssituationen. Ein Beispiel dafür ist Ferdi Tayfurs *Fadime'nin Düğünü* („Fadimes Hochzeit").

Ne ümitle geldik koca şehire	Wie hoffnungsvoll kamen wir in die Großstadt,
Allah sonumuzu hayır getire	Allah sollte unser Ende zum Guten wenden,
Alacaklı haciz koymuş bekire abo	Aber ach, dann pfändete es der Gläubiger
Hadi gel köyümüze geri dönelim	Komm, lass uns in unser Dorf zurückkehren,
Fadimenin düğününde halay çekelim	Lass uns auf Fadimes Hochzeit Halay tanzen
Buralarda ağaçları kesmişler	Sie fällen hier überall die Bäume,
Yerlerine taş duvarlar dikmişler	Statt ihrer pflanzen sie Steinmauern,
Sevdiğimi başkasına vermişler abo	Ach, sie geben die, die ich liebte, einem anderen
Bir başkadır torosların yağmuru	Der Regen des Taurus ist ein ganz anderer,
Anam evde hazırlamış hamuru	Meine Mutter bereitet den Teig zu
Çok özledim havasını suyunu abo	Ach, ich vermisse seine Luft und sein Wasser sehr

Übersetzung: JH

Dieser Text spielt auf die in den 1950er Jahren einsetzende Arbeitsmigration (*gurbet*) an, im Zuge derer sich Millionen von Arbeitsmigrant_innen aus den ländlichen Gebieten der Osttürkei an den Stadträndern der Metropolen in der Westtürkei niederließen. Der Text gibt einen Einblick, wie diese Menschen ihr Leben in der urbanen Gesellschaft erlebten: als Kälte, als soziales Ausgeschlossensein und als Zerstörung ihrer Erwartungen, in der Großstadt ein in materieller Hinsicht besseres Leben zu führen oder eine erfüllte Liebe zu finden (vgl. Özgür 2006: 185–188). Ein weiteres Beispiel ist Orhan Gencebays *Kederimin Oyunu*, in dem das Gefühl der Einsamkeit in der Großstadt beschrieben wird: *Ne sevenim var, Ne soranım, Öyle yalnızım ki* („Weder gibt es jemanden, der mich liebt, noch jemanden, der nach mir fragt, ich bin somit allein"). *Arabesk*-Musik ist somit zuvorderst eine Musik der Großstädte. Eines ihrer zentralen Themen lautet dabei: Sehnsucht nach der Heimat.

Noch offensichtlicher wird der implizite Bezug der *arabesk*-Texte auf den Kontext der Arbeitsmigration nach 1950, wenn man bedenkt, dass viele der berühmten *arabesk*-Songs aus Filmen stammen. Die abstrahierten und auf den Seelenzustand konzentrierten Texte setzen dabei voraus, dass den Rezipient_innen die Narrationen der Filme als Verstehenshorizont bekannt sind (vgl. Stokes 1992: 142).

Verknüpfung der Musik mit den Narrativen der arabesk-*Filme*

Die Handlungen der Filme basieren auf einem gemeinsamen Thema: Migrant_innen, die aus der anatolischen Provinz in eine westtürkische Großstadt gezogen sind und dort unter ihren Erniedrigungen bzw. ihrer sozialen Ausgrenzung aufgrund ihres ländlich und traditionell geprägten Habitus leiden. Dieses Thema vollzieht sich in einer bestimmten dramaturgischen Anlage, die mit Stokes als „*arabesk drama*" bezeichnet werden kann (Stokes 1992: 143): Der vom provinziellen Kontext gelangweilte und zudem meist männliche Protagonist verliebt sich in eine Frau aus der urbanen Oberschicht. Wegen ihrer Schönheit und Modernität ist sie für ihn allerdings unerreichbar. Symbolisch bleibt ihm somit die Erfüllung seines Traums, in das großstädtische Leben integriert zu sein, verwehrt. Vielmehr wird seine Ehre durch den Dreck gezogen, und der Film entwickelt seinen sukzessiven Fall bis zum dramatischen Plot. Das Ende kommt häufig einer Selbstzerstörung gleich, weil es dem Protagonisten nicht gelingt, seine Ehre in der Konfrontation mit der modernen Frau oder in der Erniedrigung durch mächtigere Nebenbuhler oder Arbeitgeber zu bewahren (vgl. Özgür 2006: 180, Stokes 1992: 138–142). Er verwickelt sich in unmoralische Verhaltensweisen wie Mord, Gewalt, Diebstahl oder exzessiven Alkoholkonsum, was ihn zu einer noch größeren Einsamkeit verdammt.[62] Wie in den Texten der *arabesk*-Musik wird eine direkte Kritik an den bestehenden sozialen Verhältnissen nicht geübt (vgl. Stokes 1992: 151 f.). Indirekt liegt allerdings mit der Darstellung der Protagonisten als macht- und kapitallos, zugleich aber ehrlich und ehrenhaft durchaus eine Kritik an den ungerechten und korrupten Zuständen der Gesellschaft vor.

Ein Beispiel für dieses ‚*arabesk*-Drama' bildet der Film *Mavi Mavi* von Ibrahim Tatlıses aus dem Jahr 1985.[63] Im Vorspann entwerfen die Eingangsbilder bereits eine dichotomische Gegenüberstellung vom Leben in den türkischen Großstädten: einerseits von der urbanen Modernität der reichen Eliten, andererseits vom ländlich ausgerichteten Lebensstil der migrantischen Unterschicht. Diese Binarität vertreten auch die Protagonistin Sibel (gespielt von Hülyar Avşar) und der Protagonist Kerim (gespielt von Ibrahim Tatlıses). Kerim arbeitet als Busfahrer auf einem Busbahnhof im Viertel Topkapı, ein Ort in Istanbul, der in *arabesk*-Filmen häufig das Tor

---

62 Beispiele für diesen sukzessiven Abstieg sind die Filme *Bende Özledim* von Ferdi Tayfur (1980) und *Ayrılamam* von Emrah (1987), vgl. Stokes 1992: 139 f.

63 Der komplette Film ist zu sehen unter: https://www.youtube.com/watch?v=NIoi28R DuZA

zwischen dem reicheren Innenstadt- und dem verarmten Außenstadtbereich symbolisiert. Sibel ist eine Aerobic-Lehrerin aus wohlhabendem Haus. Nach ihrer ersten zufälligen Begegnung mit Kerim, bei der er sich sogleich in Sibel verliebt, heuert sie ihn als Fahrer ihrer jüngeren Schwester an. Bei einer von Sibel veranstalteten Pool-Party kommt es zwischen Sibel und Kerim zum Höhepunkt der gegenseitigen Annäherung in Sibels Schlafzimmer. In diesem Moment treten die anderen Gäste auf und verspotten den Busfahrer Kerim. Sibel schlägt sich dabei überraschend auf die Seite ihrer Freund_innen. In der darauf folgenden Szene erscheint Kerim erneut auf einer Pool-Party, entführt seine geliebte Sibel in sein Heimatdorf und hält sie dort gefangen. Nach mehreren erfolglosen Ausbruchsversuchen Sibels lässt Kerim sie wieder frei und nach Istanbul bringen. Auf dem Rückweg beginnt Sibel zu erkennen, dass sie Kerim liebt, und beschließt in den folgenden Tagen zu Kerim zurückzukehren. Zur gleichen Zeit entscheidet Kerim jedoch für sich, dass eine Beziehung zu ihr aussichtslos ist. Nach einer Phase des Absturzes in den Alkoholkonsum folgt er dem Rat seiner Mutter, die Tochter des Nachbarn zu heiraten. Sibel erreicht das Dorf, als es schon zu spät ist und das Brautpaar gerade verheiratet wird. Der Film endet mit einem intensiven Blick zwischen Kerim und Sibel.

Ein auffälliges Stilmittel von *arabesk*-Filmen wie diesem ist eine an die Softpornographie der 1980er Jahre erinnernde Ästhetik, im Film *Mavi Mavi* beispielsweise die Szene, in der sich Sibel vor Kerim am Strand mit verführerischem Blick bis auf den roten Badeanzug auszieht. Dieses Stilmittel verstärkt Stokes zufolge die Vorstellungen der unerreichbaren Frau und der nicht zu realisierenden sexuellen Erfüllung. Zudem symbolisiere das sexuelle Verlangen des Protagonisten nach einer modernen Frau seine Sehnsucht nach sozialer Zugehörigkeit und nach Überwindung der Gräben zwischen Bild und Realität, Selbst und Gesellschaft, ländlichem und städtischem Habitus sowie zwischen Ehrkonzept und modernen Werten (Stokes 1992: 144 f.).

Des Weiteren kennzeichnen *arabesk*-Filme wie diesen das Ineinandergreifen von Fiktion und Realität (vgl. ebd.: 114–120). Diese Überlappung wird unter anderem dadurch erzeugt, dass *arabesk*-Sänger_innen teilweise ihre eigenen Namen oder zumindest Teilaspekte ihrer realen Biographien in die Filmrollen integrieren. Im Beispiel *Mavi Mavi* entstehen Überblendungen dadurch, dass Ibrahim Tatlıses selbst aus einer provinziellen Region (Urfa) stammt und ursprünglich einmal nach Istanbul immigriert ist, um dort Arbeit zu finden. Im Plot dieses Films weichen filmische und reale Biographien allerdings deutlich voneinander ab. Scheitert Kerim im Film an seinen Träumen eines erfüllten Lebens in der Großstadt und bleibt ihm letztendlich nur seine Ehre, ist Ibrahim Tatlıses 1985 bereits ein erfolgreicher Unternehmer und Millionär. Allerdings scheint es im Hinblick auf Tatlıses' Privatleben, das von Skandalen wie einem gewalttätigen Liebesleben oder Bedrohungen durch die Mitarbeiter eines konkurrierenden Kassettenunternehmens geprägt ist, durchaus Überschneidungen zwischen filmischem Narrativ und realer Biographie zu geben. Es handelt sich somit um eine komplexe Verknüpfung von Fiktion und Realität, die wiederum eine eigentümliche Nähe zwischen Zuschauer_innen und Protagonist_innen erzeugt.[64]

Die *arabesk*-Songs sind in dieses Oszillieren zwischen Realität und Fiktion eingewoben. Die Musik kommt nicht begleitend aus dem Off, sondern erklingt an den zentralen Stellen der jeweiligen Handlung. Dabei ist die Funktion der Musik vergleichbar mit derjenigen einer Arie in der Barockoper. In dem Moment, in dem die Musik beginnt, stoppt, so Stokes, die Handlung und der Fokus verlagert sich auf den Seelenzustand und die Reflexion der Protagonist_innen in Bezug auf einen bestimmten Handlungsabschnitt (vgl. Stokes 1992: 143). In jedem Film existieren ungefähr drei bis vier Songs, im Film *Mavi Mavi* sind dies die Songs *Mavi Mavi*, *Bırakın Gitsin* und *Leylim Ley*. Die Lieder wurden im Anschluss an den Film auf Kassetten vermarktet und von den Zuhörer_innen auf die jeweiligen Filmszenen bezogen. Angesichts dessen, dass viele *arabesk*-Songtexte in filmische Kontexte eingebunden sind, entfällt die Notwendigkeit, eine konkrete Geschichte erzählen zu müssen. Diese ist aufgrund der Popularität der Filme bereits bekannt. Das ,*arabesk*-Drama' sowie der schmerzvolle Ausdruck von Nicht-Zugehörigkeit, sozialer Marginalisierung und Machtlosigkeit können bei den Rezipient_innen somit als hermeneutischer Kontext vorausgesetzt werden (vgl. ebd.: 142 f.).

3.1.2 Entstehungs- und Entwicklungsgeschichte

Zur Vorgeschichte der arabesk-*Musik*

Die *arabesk*-Ästhetik entstand im Zuge einer sukzessiven Unterwanderung des offiziellen türkischen Nationalmusikkonzepts und kann mit dem Musikwissenschaftler Orhan Tekelioğlu als Gegenentwurf zum kemalistischen Modernisierungsprojekt verstanden werden (vgl. Tekelioğlu 1996, Poole 2009: 244). Die Vorgeschichte des *arabesk* begann nach Tekelioğlu bereits im 19. Jahrhundert, als sich die Regierenden des Osmanischen Reichs aufgrund ihrer dramatischen Gebietsverluste zu europaorientierten Reformen gezwungen sahen. Insbesondere in der so genannten *tanzımat*-Epoche[65] wurden einschneidende Modernisierungsmaßnahmen unter an-

---

64 Ein noch eindrücklicheres Beispiel für die Überblendung von realer und fiktiver Biographie stellt die Sängerin Bergen dar, besonders bekannt durch ihren Song *Acılarının kadını* („Frau der Schmerzen"). Auch sie wurde in den 1980er Jahren bekannt, insbesondere durch die gewaltvolle Beziehung mit ihrem Ehemann Halis Serbest. Dieser schüttete ihr aus Eifersucht Säure über das Gesicht, woraufhin Bergen ihr Augenlicht verlor und fortan mit einer Augenklappe auftrat. Auch nach ihrer Trennung von ihm verfolgte er sie mit Drohungen und tötete sie im August 1989 (vgl. Stokes 1992: 116).

65 Der Begriff *tanzımat* bedeutet Reorganisation und bezeichnet die paradigmatisch einschneidenden Reformen unter den Sultanen Abdülmecid I. (regierte 1839–1861) und Abdülaziz (regierte 1861–1876). Sie wurden im Jahr 1839 mit dem so genannten Rosengarten-Edikt (*Gülhane Hatt-ı Scherif*) eingeleitet und umfassten insbesondere die juristische Gleichstellung von Muslim_innen und Nicht-Muslim_innen, die Säkularisie-

derem im Militärwesen ergriffen, um weitere Gebietsverluste an die europäischen Kolonialmächte zu verhindern. Die Reorganisation des Militärs war zugleich der Ausgangspunkt für einen Europäisierungsprozess des Musiklebens am osmanischen Hof, denn die Erneuerung des Marschstils und des Marschtempos erforderten auch die Ersetzung der osmanischen Militärkapellen (*mehter*) durch Marschkapellen nach europäischem Vorbild (vgl. Tekelioğlu 1996: 199). Mit der Einberufung Guiseppe Donizettis zur Gründung einer neuen Hofmusikabteilung (*Muzika-ı Hümayun*) im Jahr 1826 erhielten zunehmend westliche Instrumente, Notation, Kompositionstechniken und weitere europäische Musiker am osmanischen Hof Einzug (vgl. Greve 1995: 52–55). Dabei wurde die aus Europa stammende orientalisierende Außenperspektive des ‚ala turka' auch im Osmanischen Reich übernommen und erhielt in der Gegenüberstellung zu ‚ala franga' zunehmend die Bedeutung von Rückständigkeit und Irrationalität (vgl. O'Conell 2005: 184–187). Bernd Nicolai bezeichnet diese während der *tanzımat*-Zeit begonnene, mit der türkischen Republikgründung fortgesetzte und dabei von oben verordnete Modernisierungspraxis treffend als „inward colonization", also als „innere Kolonialisierung" (Nicolai 2006: 82).

Nachdem die vollständige Eliminierung des Reiches, die der Friedensvertrag von Sèvres im Jahr 1920 noch vorgesehen hatte, durch den Widerstand der türkischen Militärs abgewendet werden konnte, entwickelte sich mit der Republikgründung im Jahr 1923 die zuvor beschriebene Okzidentalisierung zum nationalen Erziehungsprogramm. Einen starken Einfluss auf die Politik Kemal Mustafa Atatürks übte dabei das Denken des Soziologen Ziya Gökalp aus. Gökalp konstruiert in seinem prominentesten Werk, *Türkçülüğün Esasları* („Grundlagen des Türkentums") von 1923, die geographische Dreiteilung ‚Westen', ‚Herkunft des türkischen Volkes' und ‚Osten'. Darauf aufbauend formuliert er drei wesentliche Ziele für die neue türkische Nation: Erstens gelte es, die türkische Nation zu einem Teil der westlichen Zivilisation (*medeniyat*) als die für Gökalp einzig mögliche Form einer erfolgreichen Modernisierung zu machen. Zweitens müsse die ‚ursprüngliche' Kultur des türkischen Volkes (*hars*) gestärkt und drittens die ‚morbide' osmanische Kultur eliminiert werden.[66] Dabei gilt für ihn die Devise *halka doğru* („auf das Volk zu").

---

rung des Bildungssystems und die Machtverschiebung vom Sultan zu den staatsverwaltenden Eliten. Mit den Reformen ging in Bereichen wie Mode, Architektur oder Musik auch eine verstärkte kulturelle Ausrichtung am Vorbild Europa einher. Cengiz Günay resümiert, dass die Modernisierung der staatlichen Institutionen im Osmanischen Reich nicht wie beim Vorbild der westeuropäischen Länder aus dem Kampf eines aufstrebenden Bürgertums resultierte, sondern von den herrschenden Eliten ausging (vgl. Günay 2012: 61–73).

66 Diese Ideologie wurde nach 1923 in einer Kette von dicht aufeinanderfolgenden Reformen umgesetzt: Beispielsweise wurden 1924 die höchsten islamischen Ämter (*Şeyh ül-Islam* und *Kalifat*) abgeschafft, 1925 die religiösen Schulen und Gerichte geschlossen, im selben Jahr Derwischorden und das Tragen von Fez und Schleier verboten und 1926 die Jahreszählung nach gregorianischem Kalender eingeführt. Die wohl einschneidendste Veränderung betraf die Sprachreform, die im Jahr 1932 in Kraft trat. Analog zur nationalen Ideologie sollten arabische beziehungsweise persische Wörter und Gram-

Danach sollte die Landbevölkerung einerseits nach ‚westlichen' Prinzipien erzogen, andererseits sollte sie die ‚wahre' türkische Kultur übernehmen, da diese noch nicht von Elementen der ‚östlichen' bzw. ‚byzantinischen' verunreinigt sei (Gökalp 1923/1999: 47). An die Stelle der multikulturellen Verfasstheit des Osmanischen Reichs sollte somit eine einheitliche nationale Identität treten, bestehend aus einer Synthese aus ‚türkischer' Volkskultur und ‚westlicher' Zivilisation (vgl. Tekelioğlu 1996: 194 f.).

Die Musik spielte bei der Umsetzung des nationalen Erziehungsprogramms eine zentrale Rolle, und Gökalp widmete ihr in *Türkçülüğün Esasları* ein eigenes Kapitel (vgl. Gökalp 1923/1999: 145–147). Auffällig ist darin seine relativ ausführliche dichotomische Gegenüberstellung von anatolischer Volksmusik auf der einen und der Kunstmusik der osmanischen Eliten auf der anderen Seite. Letztere bezeichnet Gökalp aufgrund ihrer Vierteltöne als künstlich, irrational, ‚krank' und somit auch als nicht einheimisch. Erstere hält er dagegen für eine beim Volk beliebte und zugleich angemessene Quelle für die neue nationale Musik.[67] Die Volksmusik sollte allerdings nach polyphonen Prinzipien umarrangiert werden, um Gökalps moderner, rationaler und ‚westlich' orientierter Türkeivision zu entsprechen. Atatürk teilte Gökalps Vorstellungen. So brandmarkte er am 1. November 1934 in einer Rede vor der Nationalversammlung die klassische Kunstmusik als unzivilisiert sowie als ‚nicht türkisch' und forderte das Kulturministerium auf, die Schaffung einer neuen Nationalmusik im Sinne Gökalps umzusetzen (Tekelioğlu 1996: 204).[68] Die kemalistische Ideologie zeigte ihre konkreten Auswirkungen beispielsweise darin, dass die klassisch-osmanische Kunstmusik-Abteilung (*Doğu Müziği* Şubesi) am einzigen türkischen Musikkonservatorium (*Dârü' l-Elhan,* Istanbul) im Jahr 1926 geschlossen wurde. Des Weiteren wurden seit den 1930er Jahren so genannte Volkshäuser (*halk evleri*) gegründet, die zur Verbreitung der neuen nationalen Musik beitragen sollten. Auch wurden Wissenschaftler und Komponisten wie Ahmad Adnan Saygun, die sich nach den Maßgaben der Regierung um die Verbindung von türkischer Volks-

---

matikanteile durch ‚rein türkische' und teilweise französische ersetzt werden. Sogar der Gebetsruf (*ezan*) durfte zwischen 1932 und 1950 nur noch auf Türkisch erfolgen. Auch im Bedeutungswandel des Worts *millet*, welches zuvor Religionsgemeinschaft und heute Nation bedeutet, ist der Übergang von einem religiös fundierten Reich zu einem Nationalstaat erkennbar (vgl. Greve 1995: 59–63).

67 Die distinktive Grenzziehung zwischen Volks- und Kunstmusik in den frühen Republikjahren hatte zur Folge, dass sich ein eigenständiger Volksmusikdiskurs entwickelte. Beispielsweise wurde parallel zur Makam-Theorie ein eigenes Modalsystem für die Volksmusik entwickelt (*ayak*) (vgl. Stokes 1992: 33–36). Erst mit dem Aufsatz *Türk Müzikisi kimidir?* („Wem gehört die türkische Musik?") von Hüseyin Sâdeddin Arel von 1939/1940, in dem Arel die osmanische Kunstmusik nicht auf arabische, iranische oder byzantinische, sondern auf zentralasiatische und altanatolische Vorläufer zurückführte, begann eine allmähliche nationalideologische Neubewertung des osmanischen Musikerbes (vgl. Greve 1995: 67).

68 Vgl. auch Atatürks erste bekannte öffentliche Äußerungen in Bezug auf Musik nach einem Konzertbesuch aus dem Jahr 1928 in Tekelioğlu 1996: 204.

musik und westlicher Satztechnik bemühten, gezielt gefördert (ebd.: 195, 207 f.). Mit der anvisierten Synthese aus ‚türkischer Volksmusik‘ und ‚westlicher Kunstmusik‘ verbanden die kemalistischen Eliten die Hoffnung, dass sich das türkische Volk an polyphone Musik gewöhnen und nach dem okzidentalistischen Vorbild des modernen und rationalen Europas umerziehen lasse. Gegenüber Vertretern der osmanischen Kunstmusik war das Klima dagegen feindselig (vgl. Greve 1995: 64–66). Nach der erwähnten Rede Atatürks verkündete die Anatolische Nachrichtenagentur (*Anadolu Ajansı*), dass sie im Rundfunk nicht mehr ausgestrahlt werde. Auch wenn diese Verbannung der osmanischen Kunstmusik aus dem Radio nur 20 Monate lang währte, führte die türkische Rundfunk- und Fernsehanstalt TRT (*Türkiye Radyo Televizyon Kurumu*), die bis zu den 1990er Jahren ein Monopol innehatte, die offizielle Kontrolle des Musikprogramms auf der Basis kemalistischer Prinzipien fort.[69]

Die Entwicklung des arabesk-*‚Stils‘ in den späten 1960er und 1970er Jahren*

Der Versuch des bis 1946 herrschenden Einparteienstaates, dem Volk westliche Kunstmusik beziehungsweise eine ‚modernisierte‘ Volksmusik aufzuoktroyieren, war von einer erstaunlichen Naivität geprägt (vgl. Tekelioğlu 1996: 208). Die Kemalisten ließen die Popularmusik in ihrer Kulturpolitik völlig unberücksichtigt, was zu einer Vielzahl von Unterwanderungen in diesem Bereich führte (vgl. Özgür 2006: 177 f.). Zwei wesentliche Faktoren waren Tekelioğlu zufolge dafür verantwortlich, dass gegenüber dem dominanten musikbezogenen Modernisierungskonzept ein alternatives Modell kreiert wurde: Zum einen hätten sich die kemalistischen Eliten nicht an einer populären Musik orientiert, sondern am elitären Modell der westlichen Kunstmusik, in das die türkische Volksmusik überführt werden sollte. Zum anderen habe der Druck, den die Eliten auf die beim Volk beliebten ‚östlichen‘ Musiktraditionen ausübten, eine subkulturelle Faszination für diese bewirkt (vgl. Tekelioğlu 1996: 209). Insbesondere während der Zeit, in der die osmanische Kunstmusik aus dem türkischen Rundfunk verbannt wurde, griffen viele Menschen auf den leicht zu empfangenden Sender Radio Cairo zurück und entwickelten ein starkes Interesse für die sich zeitgleich in Ägypten entwickelnde Filmmusik. Diese stellte eine Kombination aus westlichen Operetten und Tänzen, aus ägyptischer Volksmusik und den Makamen der Kunstmusiktradition dar. Ihr Klangbild wurde bestimmt durch die virtuose Geschicklichkeit der Sänger_innen, die besondere Präsenz der Perkussion und die großen und kosmopoliten Orchester, die sowohl das arabische Kunstmusikinstrumentarium als auch westliche Instrumente umfassten. Münir Nürettin Selçuk

---

69 Ein Beispiel für diese Kontrolle waren die Paradigmen, nach denen türkische Volksmusik insbesondere unter der Leitung Muzaffer Sarısözens gesammelt und in der Gestalt der Radiosendung *Yurttan Sesler* („Stimmen aus der Heimat“) ausgestrahlt wurden. Die Volkslieder wurden, anstatt ihren jeweils individuellen Charakter zu berücksichtigen, in Form eines Regionalstils notiert und interpretiert. Des Weiteren stehen die vom TRT geförderten Aufführungen von Volksliedern durch Chöre und *saz*-Orchester für seine Adaption europäischer Musizierpraktiken (Tekelioğlu 1996: 206 f.).

war in der Türkei einer der bedeutendsten Promoter der ägyptischen Filmmusik in den 1930er und 1940er Jahren. Neben Liedern von Umm Kulthum, Leyla Murad und Farid al-Atrash zählten insbesondere die Songs aus dem Film *Damü' al-hubb* („Tränen der Liebe") von Mohammed Abdulvahab, gesungen von Hafız Burhan Sesyilmaz, zu den beliebtesten Stücken und sorgten in den 30er Jahren für die meisten Verkaufszahlen von Schallplatten (vgl. Stokes 1992: 93 f.).

Nachdem im Jahr 1948 der Import und die Aufführung ägyptischer Filmmusik vom türkischen Generalpresseamt (*Matbuat Umum Müdürlüğü*) verboten worden waren, kam ein weiterer Unterwanderungsprozess in Gang. Das Verbot hatte zur Folge, dass Komponisten die beliebte ägyptische Filmmusik auf kreative Weise in die türkische Musiksprache transferierten (Özgür 2006: 178). Dabei komponierten Musiker wie Sadettin Kaynak, die aufgrund der kemalistischen Kulturpolitik auf den popularmusikalischen Musikbereich verwiesen waren, eine popularisierte Form der Kunstmusik (*sanat müziği*) und kombinierten sie wiederum mit den Einflüssen der arabischen Filmmusik. Dieser Kompositionsstil wurde später unter dem Begriff *fantazi* bekannt. Populär wurde er durch Interpret_innen wie Müzeyyen Senar und Zeki Müren.[70] Es entstand somit im popularmusikalischen Bereich eine alternative Synthese zur staatlich verordneten Musik. Diese orientierte sich am ‚östlichen' Gerüst der vierteiligen *şarkı*-Form (vgl. Kap. 3.1.1) und stellte somit ein Gegenmodell zum kemalistischen Modernisierungskonzept dar. Tekelioğlu bezeichnet den *fantazi*-Stil im Gegensatz zur staatlich auferlegten ‚West-Ost-Synthese' denn auch als ‚spontane Ost-West-Synthese'.[71]

In den 1960er und 1970er Jahren herrschte eine Atmosphäre des innovativen Experimentierens, und die Suche nach alternativen Synthesemodellen setzte sich fort. Beispielsweise kreierten Musiker wie Cem Karaca, Erkin Koray und Cahit Berkay einen Crossover von westlicher Rock- und anatolischer Volksmusik, den so genannten *anadolu rock*.[72] In diesem experimentellen Klima entstand Ende der 1960er Jahre in Anknüpfung an den *fantazi*-Stil auch die Musik Orhan Gencebays, die später pejorativ *arabesk* genannt und zusammen mit der Musik Ferdi Tayfurs und Müslüm Gürses als ein eigener Stil konstruiert werden sollte.

Der Beginn der Popularität des *arabesk*-Genres wird meist in das Jahr 1968 gelegt. In diesem Jahr gelang Orhan Gencebay mit dem Album *Bir Teselli Ver*

---

70 Zeki Müren, die insbesondere mit der Platte *Zennube* berühmt wurde, erfand die T-Form-Bühne und ermöglichte damit erstmalig einen direkten Kontakt zwischen Interpret_in und Publikum (Tekelioğlu 1996: 215, Anm. 33).

71 Ironischerweise war es gerade der TRT, der diesen neuen Stil – eigentlich mit dem Ziel, seine Hörer_innen nicht zu verlieren und für die kemalistisch gewollte Synthese zu gewinnen – verbreitete (vgl. Tekelioğlu 1996: 210)

72 Erkin Koray bezeichnet seine Musik ebenfalls als *arabesk*. Allerdings sei seine *arabesk*-Version aufgrund ihrer starken Rockmusikanteile im Kontrast zu Orhan Gencebays Musik *hafif* („leicht"), vgl. das Interview mit Erkin Koray in dem Dokumentarfilm *Arabesk: Gossensound und Massenpop* von Gökhan Bulut und Cem Kaya (Deutschland/Türkei: 2010, 00:26.45 ff.), den ich als ersten Einstieg in die *arabesk*-Musik, gerade aufgrund seines großartigen Bildmaterials, durchaus empfehlen kann.

der kommerzielle Durchbruch (vgl. Stokes 1992: 118 f.). Gencebay gilt somit als Begründer der *arabesk*-Ästhetik, wird aber paradoxerweise zugleich immer auch als Ausnahme in Bezug auf das *arabesk*-Genre verhandelt (vgl. Karakayalı 2002: 256–258). Im Gegensatz zu den meisten anderen prominenten Vertreter_innen wie Ferdi Tayfur, Müslüm Gürses, Ibrahim Tatlıses, Mahsun Kırmızıgül, Gökhan Güney oder Ceylan stammt er nicht aus dem Südosten der Türkei, sondern aus Samsun an der Schwarzmeerküste. Zudem ist er im Gegensatz zu den anderen für seinen relativ hohen musikalischen Bildungsstand, seinen urbanen Lebensstil und seinen Mangel an privaten Skandalen bekannt. Unter *arabesk*-Fans war auch die Zuordnung nach *Orhancıs* (Anhänger von Gencebay) und *Ferdicis* (Anhänger von Tayfur) bekannt. Steht Letzterer eher für einen monophoneren, sentimentaleren und provinzielleren Stil, gelten Gencebays Songs als die experimentellere, ernstere und gebildetere Seite des *arabesk*. Seine komplexen Kompositionen bezeichnete Gencebay gerade zu Beginn seiner Laufbahn als *fantazi* und grenzte sich so vom pejorativen Begriff *arabesk* ab. Nichtsdestotrotz wird Gencebays Musik aufgrund der Schicksals- und Subjektbezogenheit seiner Texte, seiner emotional verdichteten Stimmästhetik und der im Aufnahmestudio erzeugten Orchestration gemeinhin dem *arabesk*-Genre zugeordnet.

Neben Volksmusik-, Kunstmusik- und westlichen Popmusikelementen experimentierte Gencebay noch mit weiteren Einflüssen, zum Beispiel in *Aşk Ben Yaratmadım* („Ich schuf die Liebe nicht") mit der Sitar. Seine zentrale Innovation bildete die instrumentale Erweiterung des *fantazi*-Stils um die *elektrosaz*, die E-Gitarre sowie um ein vergrößertes Streichorchester. Auch stellte die Synthese aus volks- und kunstmusikalischen Einflüssen eine Innovation Gencebays dar (vgl. Küçükkaplan 2013: 191, 195 f., Tekelioğlu 1996: 212). Dabei griff er auf ein sich in der Türkei seit dem Ende der 40er Jahre entwickelnden Musikfilmtypus zurück: die *Köy Filmleri* („Dorffilme"). Sie handelten primär von ländlichen Themen der Südosttürkei und wiesen einen realistischeren Stil auf als die ägyptischen Musical-Filme. Zentrale musikalische Kennzeichen dieser Filme waren volksmusikalische Elemente, beispielsweise lamentierende *uzun hava* bei Grabszenen.[73]

Die frühen *arabesk*-Aufnahmen kennzeichnet somit ein experimentelles, oftmals auch rohes Klangbild, zudem ein subkultureller Gestus, da *arabesk* bis in die 1980er Jahre hinein im öffentlichen Rundfunk des Monopolisten TRT nicht ausgestrahlt werden durfte. Als Weiterentwicklung des *fantazi*-Stils wurde *arabesk* gerade aufgrund der zu kurz gedachten kemalistischen musikästhetischen Kontrollversuche populär (vgl. Poole 2009: 249). Das Verhältnis von offizieller Kulturpolitik und Popularmusik änderte sich allerdings grundlegend mit dem Beginn der 1980er Jahre.

---

73 Beispiele dieser *Köy Filmleri* waren *Yanık Kaval* („Die brennende Flöte") von Baha Ge-
lenbevi (1946) oder *Söyleyin Anama Ağlamasın* („Sag Mutter, sie solle nicht weinen")
von Hüseyin Peyda (1950), vgl. Stokes 1992: 95.

Eine zentrale Zäsur für das *arabesk*-Genre und seine Stellung im politischen Kontext stellte der überraschende Auftritt Gencebays mit dem Song *Yarabbim* („Oh, mein Gott") beim TRT am Neujahrsabend 1980 dar. Daraufhin gehörten *arabesk*-Stars, auch wenn sie zunächst in erster Linie das Repertoire der Kunst- und Volksmusik sangen, zu gern gesehenen Gästen im öffentlich-rechtlichen Programm (vgl. Stokes 1992: 109 f.). Dieser Akzeptanz durch offizielle Stellen ging jedoch ein langwieriger, zunächst kemalistisch kontrollierter Demokratisierungs- und kulturpolitischer Liberalisierungsprozess voraus.

Einen maßgeblichen Anstoß zu diesem Prozess bildete der NATO-Beitritt von 1952, durch den die Türkei in der Anfangszeit des Kalten Kriegs ein fester Bündnispartner des politischen Westens werden sollte und damit gezwungen war, das eigene politische System zu ändern. Auch wenn das 1946 eingeführte Mehrparteiensystem zunächst nur Parteien zuließ, die sich zur kemalistischen Ideologie bekannten, erforderte der nun einsetzende politische Wettbewerb um Wählerstimmen, stärker auf die wirtschaftlichen und kulturellen Bedürfnisse des Volks einzugehen (vgl. Günay 2012: 193). Im Zuge dessen begannen sich die folgenden Regierungen bis in die Gegenwart hinein als Anti-Establishment sowie als Sprachrohr der benachteiligten Peripherie zu inszenieren, sich für die Kulturen der ‚einfachen Leute' zu interessieren und zunehmend eine islamische und wertkonservative Rhetorik an den Tag zu legen (vgl. ebd.: 370–372). Auch die in der kemalistischen Tradition stehende Partei CHP sah sich mit dem Übergang zum Mehrparteiensystem gezwungen, ihr Image als ‚islamfeindlich' und als Vertreterin des *a-la-franga*-Lebensstils zu korrigieren. Konkrete Maßnahmen im Rahmen dieser Kursänderung waren beispielsweise die Zulassung von schulischem Religionsunterricht und die Gründung vereinzelter *Imam-Hitap*-Schulen (Ausbildungszentren für islamische Geistliche) im Jahr 1947 (vgl. ebd.: 190 f.). Mit der 1950 erfolgten Übernahme der Regierung durch die Demokratische Partei (*Demokrat Parti*, DP), die eine Sammelbewegung von Kritiker_innen des kemalistischen Establishments darstellte, wurden diese Tendenzen fortgesetzt. Unter dem Ministerpräsidenten Adnan Menderes von der DP wurden zum Beispiel im Jahr 1950 der arabische Gebetsruf sowie die Pilgerreise nach Mekka wieder zugelassen und zahlreiche Moscheen in den neuen Wohngebieten der Großstädte gebaut (vgl. ebd.: 194 f.). Mit der Anerkennung des Islams als einem zentralen Faktor der nationalen Identität ging schrittweise auch eine kulturpolitische Umwertung des osmanischen Erbes einher. Zeitverzögert kam es damit auch zu Lockerungen der musikbezogenen kemalistischen Restriktionen. Zum Beispiel wurde in den 1970er Jahren allerorts osmanische Kunstmusik aufgeführt und es wurden dafür staatliche Konservatorien, Ensembles und Chöre gegründet (vgl. Greve 1995: 69).[74] Auch wurde 1973 zum 50. Jahrestag der Republikgründung eine Schallplat-

---

74 Die so genannte klassische türkische Musik (*klasik türk müziği*) hatte Martin Greve zufolge in der Zwischenzeit einen Europäisierungsprozess durchlaufen. Von ihrer Gestalt im 19. Jahrhundert unterschied sie sich in der zweiten Hälfte des 20. Jahrhunderts

te mit Atatürks beliebtesten *türkü* und *şarkı*, das heißt sowohl mit Volks- als auch mit Kunstliedern, veröffentlicht – ein Projekt, das unter der Leitung Münir Nurettin Selçuks durchgeführt wurde (vgl. ebd.: 70).

Dieser kulturpolitische Liberalisierungsprozess wurde in den 1980er Jahren weiter vorangetrieben und seit dem Jahr 1983 auf die durch den TRT immer noch zensierte *arabesk*-Musik ausgeweitet.[75] Zwischen 1983 und 1989 regierte die „Mutterlandspartei" (*Anavatan Partisi*, ANAP) unter Turgut Özal gemäß einem an der Politik Ronald Reagans und Margaret Thatchers orientierten neoliberalen bzw. neokonservativen Gesellschaftsmodell. Während der ‚Özal-Ära' wurde die kemalistische Vision einer homogenen, klassenlosen Gesellschaft ideologisch neu gefüllt. Die neu akzentuierte Nationalidentität wurde von nun an auf der Basis von Moral, Tradition, Religion und Gehorsam gegenüber dem Vater – und somit auch gegenüber dem „Vaterstaat" (*devlet baba*) konstruiert. Für diesen Paradigmenwechsel steht der Begriff der türkisch-islamischen Synthese (*türk-islam-sentezi*).[76] Cengiz Günay konstatiert bezüglich dieser ideologischen Wende: „Während in der frühen Zeit des Kemalismus der Islam durch Reformen mit der Republik in Einklang gebracht werden sollte, sollte nun die Republik durch einen konservativen Republikanismus mit dem Islam in Einklang gebracht werden" (Günay 2012: 258). In diesem Kontext verkörperte Özal mit seiner Synthese aus offen zur Schau gestellter Religiosität, westlichem Lebensstil und Unternehmertum einen neuen Typus von Politiker_innen. Für diese Selbstinszenierung wusste er wie niemand zuvor die Medien und damit auch das beim Volk populär gewordene *arabesk*-Genre zu nutzen (vgl. ebd.: 269). Er und seine Partei pflegten dabei direkte Beziehungen zu *arabesk*-Musiker_innen und eigneten sich das Genre für ihre Vermarktungszwecke an. Zu erwähnen sind beispielsweise Özals Besuche von *arabesk*-Konzerten und sein persönlicher Kontakt mit Orhan Gencebay. Bei ihrer Wahlkampagne von 1988 verwendete die ANAP den bekannten *arabesk*-Song *Seni Sevmeyen Ölsün* („Diejenigen, die dich nicht lieben, sollen sterben") von İbrahim Tatlıses.

---

beispielsweise durch die Vergrößerung der Orchester, die damit einhergehende Verringerung des heterophonen Spiels, durch neue Ausdrucksformen in den Bereichen Instrumentation, Dynamik und Agogik sowie durch die Bevorzugung von Makamen oder Intonationen, die nur Töne des westlichen Tonsystems verwenden (vgl. Greve 1995: 228–230).

75 Freilich betrafen die kulturpolitischen Lockerungen wiederum nur Gruppierungen und Ausdrucksformen, die mit der neuen ideologischen Ausrichtung konform gingen. Nach dem rigorosen Vorgehen der Militärinterimsregierung zwischen 1980 und 1983 war das Klima gegenüber ethnischen und religiösen Minderheiten sowie gegenüber linken Positionen äußerst restriktiv (vgl. Günay 2012: 255 f.).

76 Das Konzept der *türk-islam-sentezi* entstand in den 1960er Jahren als Gegenentwurf zu den wachsenden linken Gesellschaftsmodellen an den Universitäten und geht auf einen Kreis konservativer und zugleich nationalistischer Akademiker (*Aydınlar Ocağı*: „Hort der Intellektuellen") zurück (vgl. Günay 2012: 257 f.).

Tatlıses kann als Star dieser Dekade bezeichnet werden und wird von seinen Fans immer noch *imperator* („Kaiser") genannt.[77] Der Höhepunkt der Verbindung von Regierung und *arabesk* stellte der erste Musikkongress in Istanbul im Jahr 1989 unter der organisatorischen Leitung des Kulturministers Mustafa Tınaz Titiz dar. Die Regierung wollte diese Plattform nutzen, um die Produktion und Verbreitung eines „schmerzfreien *arabesk*" (*acısız arabesk*) anzuregen. Dieser von offizieller Seite gewünschte reformierte *arabesk* stellte sich jedoch als kommerzieller Reinfall heraus, wie das Beispiel *Sevenler Kıskanır* von Hakkı Bulut zeigte.

Zwei weitere Aspekte, die zur Popularität des *arabesk* in den 1980er Jahren beitrugen, müssen noch erwähnt werden. Zum einen profitierte insbesondere die *arabesk*-Musik von der Explosion des Kassetten- und des Raubkopiemarkts während der 1970er und 1980er Jahre. Zum anderen veränderte sich mit der Özal-Regierung auch das soziokulturelle Gefüge in den Großstädten. Es entstand ein neu aufstrebendes, nicht kemalistisch orientiertes Bürgertum und mit ihm neue Formen der urbanen Unterhaltungskultur, beispielsweise exklusive ,*upper-class*-Nachtclubs' und *gazinos*. Letztere adaptierten die *meyhane*-Kultur der alteingesessenen Istanbuler Oberschicht, machten sie für eine größere Bevölkerungsschicht zugänglich und genossen einen schwermütigen und verruchten Ruf. *Gazinos* sind Orte, an denen Essen, Alkohol und Live-Musik geboten werden, wobei der musikalische Schwerpunkt auf *arabesk* liegt, und dieser meist durch einen einzelnen Keyboard-Künstler (*piyanist-şantör*) vorgetragen wird (vgl. Tekelioğlu 1996: 211, Stokes 1992: 124–132). Ibrahim Tatlıses gilt somit nicht nur als Star der ,Özal-Ära', sondern auch als Liebling der so genannten Neureichen.[78]

Mit der medialen Popularisierung des *arabesk* in den 1980er Jahren veränderte sich auch das Genre selbst. Der experimentelle Charakter und das stark an der Kunstmusik orientierte, oftmals rohe Klangbild der späten 1960er und 1970er Jahre wurde abgelöst durch einen verstärkten Rückgriff auf arabische Popmusikelemente, auf die stereotype Verwendung synthetischer Streichereinwürfe und auf einen zunehmend geglätteten Studio-Sound. Zunehmend wurde dabei kritisiert, dass auch die ,aufrichtigen' Gefühle der frühen *arabesk*-Musik kommerzialisiert würden.[79] Diese Tendenzen setzten sich in der Folgezeit fort und bedeuteten dementsprechend auch die Auflösung des ,Stils'.

---

77 Ibrahim Tatlıses heißt mit bürgerlichem Namen nur „Tatlı" (süß), sein Künstlername „Tatlıses" bedeutet „süße Stimme". Seine Kassetten, beispielsweise *Mavi mavi*, *Gülüm beni* oder *Allah Allah*, wurden in den 1980er Jahren millionenfach verkauft.

78 Vgl. Gökhan Bulut & Cem Kaya: *Arabesk: Gossensound und Massenpop*, Deutschland/ Türkei 2010, 00:49.05 ff.

79 Vgl. Gökhan Bulut & Cem Kaya: *Arabesk: Gossensound und Massenpop*, Deutschland/ Türkei 2010, 00:47.10 ff.

Die Diffusion des arabesk *in die Popmusik seit den 1990er Jahren*

Im Laufe der 1990er Jahre erlebte die *arabesk*-Musik eine weitere zentrale Veränderung. Es kam zunehmend zu einem reziproken Austausch zwischen *arabesk* und anderen Popmusikstilen. Dabei gingen im Sinne einer Diffusion Elemente des *arabesk* in andere Popularmusikstile über, während sich die *arabesk*-Musik als eigenes Genre auflöste. *Arabesk*-Musik wurde zunehmend Pop und Pop wurde zunehmend ,arabeskisiert'.[80]

So passten sich *arabesk*-Musiker_innen mehr und mehr dem globalen popmusikalischen Markt und der Dominanz elektronischer Soundkriterien an (vgl. Poole 2009: 251). Ein Beispiel dafür ist die Änderung der Performance von Ibrahim Tatlıses. Neben der Liberalisierung seines Stylings von Anzug, Hemd und Schlips hin zu Lederjacke und Sonnenbrille[81] kombinierte er *arabesk* mit Techno-Beats, beispielsweise in seinem Chartbreaker *Tek Tek* von 2003. Auch Müslüm Gürses war mit Crossover-Experimenten kommerziell erfolgreich. Zuvor berühmt für seinen ,Hardcore-*arabesk*' und für Konzerte, bei denen sich Zuhörer_innen mit Rasierklingen schnitten, rearrangierte er 2009 seinen Song *Itirazım Var* zusammen mit dem Rapper Ceza und coverte neben *Paramparça* von Teoman auch Songs von Björk, Garbage oder Bob Dylan.[82] Eine deutliche Stilveränderung findet sich auch bei Mahsum Kırmızıgül. Zum einen zeigen dies seine neueren Songs im *Orientpop*-Stil (z.B. *Adın Ne Senin*, 2006) oder *arabesk*-Songs in einer *Slowpop*-Variante (z.B. *Belalım Beni*, 2010), zum anderen sein Verzicht auf einen Oberlippenbart (Poole 2009: 252). In diesem Anpassungsprozess an den globalen Popmusikmarkt gingen typische Stilkonventionen der *arabesk*-Musik wie die schweren, melodramatischen Texte oder Rückgriffe auf die Kunstmusik verloren. Bei zeitgenössischen Interpretinnen wie Yıldız Tilbe, Ebru Gündeş, Sibel Can, Kibariye oder Intizar ist ein deutlicher Bezug zum *arabesk* durch ihren an Umm Kulthum erinnernden gutturalen und ornamentalen Gesangsstil und den intensiven Gebrauch von Streichorchestern zu erkennen. Gleichzeitig überwiegen bei ihren Songs die an Popmusik orientierte Klangästhetik sowie formale Anlage. Ihr Stil wird aus diesem Grund auch eher als *fantazi* bezeichnet. *Arabesk*-Interpret_innen, die an dem ursprünglichen Genre festhalten – als ein Beispiel wäre hier Gökhan Güneys Album *Benim Sevdam* von 2013 zu nennen – verlieren dagegen an Popularität (Özgür 2006: 183).

Außerdem fingen vermehrt Rock- und Popsänger an, *arabesk*-Elemente in ihre Songs zu integrieren. Neben berühmten Popsängerinnen wie Sezen Aksu rekurrierten auch Rockbands auf Charakteristika des *arabesk*. Zum Beispiel ist die Musik

---

80 Tekelioğlu zufolge hat die *arabesk*-Ästhetik inzwischen die gesamte türkische Popmusik durchdrungen (Tekelioğlu 1996: 212).

81 Vgl. die aktuelleren CD-Cover *Yetmez Mi?* von 2003 oder *Bulamadım* aus dem Jahr 2007.

82 In Fanforen von Müslüm Gürses wird dies kontrovers diskutiert. Kritiker_innen dieses neuen Stils sehen darin einen Verrat an seinen Wurzeln und eine Zuwendung zur „high society" (vgl. Yalçınkaya 2008: 10).

der Band Duman einerseits durch ihren mit Nirvana oder Pearl Jam vergleichbaren Seattle-Sound gekennzeichnet, andererseits durch den an *arabesk* angelehnten Vokalstil ihres Sängers Kaan Tangöze (vgl. u. a. den Song *Halimiz Duman* aus dem Jahr 2009). Ein noch aktuelleres Beispiel für diese Grunge-*arabesk*-Synthese ist Halil Sezais Song *Isyan* (2011). Überhaupt treten Rockbands in der Türkei gerne mit dem Anspruch auf, eine Synthese zwischen Ost und West zu bewerkstelligen. Dies äußert sich beispielsweise in der Konvention, pro Album mindestens einen *arabesk*-Song zu covern (Yalçinkaya 2008: 10).[83]

Diese zunehmende Anerkennung der *arabesk*-Ästhetik durch Popmusiker_innen war ein wesentlicher Grund dafür, dass sich auch das Schichtengefüge der Hörerschaft seit den 1990er Jahren veränderte. Zuvor war es für säkular bzw. liberal denkende Mittel- und Oberschichtsangehörige eher peinlich, vor anderen zu bekennen, dass sie *arabesk* hörten. Dies hing damit zusammen, dass *arabesk* insbesondere während seiner Blütezeit von den Eliten als Geschmacklosigkeit der Unterschicht abgelehnt wurde. Im folgenden Kapitel sollen die zentralen *arabesk*-Diskurse, deren Narrative teilweise immer noch zur Abgrenzung gegenüber diesem ‚Stil‘ verbreitet sind, eigens beleuchtet werden.

3.1.3 Prominente *arabesk*-Diskurse

Arabesk *zwischen Degeneration und Innovation einer türkischen Nationalidentität*

Im türkischsprachigen musikwissenschaftlichen und öffentlich Diskurs der 1980er Jahre war die Meinung verbreitet, dass *arabesk* das Ende eines Degenerationsprozesses (*yozlaşma*) der türkischen Kunstmusik markiere (Stokes 1992: 92–99) – eine Kritik, die vielen meiner Gespräche mit türkischsprachigen Musiker_innen nach zu urteilen bis heute verbreitet ist. *Arabesk* wird dabei als Endstation einer Popularisierung und Vereinfachung der Kunstmusik aufgefasst, die mit der Schule Hacı Arif Beys im 19. Jahrhundert begonnen hatte.[84] Die Popularität der *arabesk*-Musik wird unter anderem damit erklärt, dass es die Kunstmusik nicht geschafft habe, ein effektives Pendant zur *arabesk*-Musik zu schaffen (vgl. Yalçinkaya 2008: 8).

An *arabesk* wird unter anderem kritisiert, dass ein kompositorisches Gegengewicht zum unkontrollierten Ausdruck von Emotionalität fehle (vgl. Stokes 1992: 97). Zudem wird oftmals bemängelt, dass die Texte von *arabesk*-Stücken und ihre Diktion die türkische Sprache verzerrten. Im Gegensatz zum Ausdruck *türkçesini söylemek*, was so viel heißt wie „auf gut Deutsch sagen", sei die Sprache der *arabesk*-Texte

---

83 Vgl. auch das Interview mit der Band Replikas im Film *Crossing the Bridge* von Fatih Akin (Deutschland/Türkei 2005).

84 Hacı Arif Bey (1841–95) hatte in erster Linie *şarkı* komponiert und somit auf die einfachste Liedgattung der klassischen Kunstliedzyklen zurückgegriffen. Dadurch, dass die Struktur der *şarkı* auch von Rezipient_innen, die in der klassischen Kunstmusik unerfahren sind, leicht erfasst werden können, bereitete er der popularisierten Kunstmusik den Boden (vgl. Tekelioğlu 1996: 197 f., 209).

umständlich bzw. künstlich und es werde durch die gutturale und ornamenthaltige Darbietungsweise ein ‚unreines' Türkisch hervorgebracht (vgl. ebd.: 109).

In dieser Kritiklinie werden ästhetische Urteile mit einer bestimmten Vorstellung von türkischer Identität verknüpft. Die *arabesk*-Kritik bemüht dabei oftmals die Idee einer inneren kulturellen Verschmutzung oder einen Geist des Niedergangs (vgl. ebd.: 8). *Arabesk* gilt demnach als Ausdruck einer Bedrohung, dass die ‚westliche' Identitätsausrichtung der Türkei vom ‚östlichen' Aspekt ihrer ‚Psyche' verschlungen werden könnte. Der ‚Osten' wird dabei orientalisierend mit Emotionalität, Irrationalität, Unausgereiftheit und Religiosität gleichgesetzt (vgl. ebd.: 98 f.). Dieses Narrativ ist innerhalb der türkischen Elite immer noch durchaus verbreitet, wie das folgende Zitat des Komponisten und Pianisten Fasıl Say von 2010 zeigt: Demnach sei *arabesk*-Musik eine „Last für Intellektualität, Modernität, Führungskraft und Kunst [...]. Ich schäme, schäme, schäme mich für das Arabesk-Proletentum beim türkischen Volk."[85]

In Bezug auf den möglichen Untergang einer ‚modernen' Türkei im Atatürk'schen Sinne kursierten insbesondere in den 1980er Jahren verschiedene Verschwörungstheorien. So wurde unter anderem die Verbindung von Özal-Regierung und *arabesk* unter dem Stichwort *arabesk politikası* verhandelt und als Ausdruck einer islamischen Reaktion (*irtica*) auf die vorangegangene kemalistische Unterdrückung von Religion gedeutet. Einer besonders populären Verschwörungstheorie zufolge habe die Regierung Özals, anstatt die wachsende Kluft zwischen Arm und Reich zu bekämpfen, ihre Macht aus der Passivität der Bevölkerung gezogen und dafür den Glauben, die Popularkultur und die öffentlichen Rundfunkanstalten so manipuliert, dass die untere Schicht ihre Benachteiligung als gegebenes Schicksal akzeptierte. Wie die neuen Frömmigkeitsbewegungen galt auch *arabesk*, insofern in ihm Opfer zu Helden gemacht würden, als von einer Ideologie der Passivität durchdrungen. In dieser Denktradition werden in intellektuellen Kreisen teilweise bis heute *arabesk*, passiver Fatalismus und Islamisierung zusammengedacht (vgl. Stokes 1992: 109–114).[86]

Diese elitistische Kritiklinie wiederholt letztendlich die Identitätskonstruktion der Türkei durch Ziya Gökalp, dessen Denken wie schon erwähnt die politischen Entscheidungen Atatürks und des Kemalismus nachhaltig beeinflusste. Danach

---

85 Das Zitat ist der Tagesspiegel-Ausgabe vom 17.08.2010 entnommen, vgl. http://www. tagesspiegel.de/weltspiegel/arabesk-kultur-tuerkei-politische-toene-im-streit-um-die-musikrichtung/1905046.html [zuletzt aufgerufen am 26.10.2015].

86 Tatsächlich ist das Verhältnis von *arabesk* und Islam uneindeutig und widersprüchlich, auch wenn sich einzelne *arabesk*-Songs islamischer Begriffe und Gesten bedienen – ein prominentes Beispiel dafür ist Gencebays *Hatasız kul olmaz* („Einen fehlerfreien Diener Gottes gibt es nicht") –, uneindeutig und widersprüchlich. Abgesehen von der deutlichen Verbindung der *arabesk*-Texte mit Alkoholkonsum ist Stokes zufolge auch der Fatalismus des *arabesk* mit der islamischen Orthodoxie unvereinbar. Islamische Theologen bekräftigten in Abgrenzung zur Weltsicht der *arabesk*-Texte, dass der Glaube an die Vorsehung Gottes mit der Wahlfreiheit des Menschen zusammengedacht werden müsse (vgl. Stokes 1992: 110).

müsse alles dafür getan werden, die Türkei nach einem okzidentalistischen Vorbild auszurichten und eine Gefährdung durch das orientalistisch konstruierte Alter Ego zu bannen. Des Weiteren wird die autoritaristische Vorstellung repetiert, dass die Volksmasse zu gutem Geschmack erzogen werden müsse. Letztendlich erfüllt dieses Argumentationsmuster die Funktion, die Zugehörigkeit zu einer dominanten Gruppe über die Festlegung eines legitimen Geschmacks und damit auch den Machterhalt dieser Gruppe zu stabilisieren (vgl. O'Conell 2005: 194).

Diesem kemalistischen Narrativ wird innerhalb der Popularmusikforschung seit den 1990er Jahren ein anderes Narrativ entgegengesetzt. Danach stelle *arabesk*-Musik eine innovative Unterwanderung der kemalistischen Kulturideologie dar. Die aktuelleren Geschichtsdarstellungen zu *arabesk*-Musik, an die auch diejenige des Kapitels 3.1.2 anschließt, basieren auf dieser subversiven politischen Erzählung (vgl. u. a. Stokes 1992, Tekelioğlu 1996, Özgür 2006, Poole 2009). *Arabesk* stellt für sie auf popularmusikalischem Gebiet ein Phänomen dar, welche das kemalistische Reformprojekt in Frage stellt und persifliert. *Arabesk*, insbesondere in der Gestalt seiner Pioniere Orhan Gencebay, Müslüm Gürses und Ferdi Tayfur, sei der Versuch eines alternativen Modernisierungskonzepts, bei dem ‚westliche' und ‚östliche' Elemente sowie ländliche und urbane Identitätsanteile der Türkei kunstvoll und innovativ miteinander kombiniert würden. Ralph J. Poole zufolge stellt selbst die weniger experimentelle und stärker an Marktkriterien orientierte *arabesk*-Variante von Ibrahim Tatlıses nicht einfach die unreflektierte Übernahme des ‚östlichen' Habitus dar, so wie es der elitistische Diskurs suggeriert. Indem Tatlıses den ländlichen Habitus durch sein Outfit oder den deutlich hörbaren südosttürkischen Akzent überzeichne, eigne er sich vielmehr das mit der *arabesk*-Kritik einhergehende *Othering* ironisierend an. Mit seiner übertriebenen Inszenierung des Provinzlers gelinge es ihm zum einen, sich für seine Fans als einer von ihnen erkennbar zu machen, und zum anderen, den *arabesk*-Kritiker_innen ihr Definitions- und Bewertungsmonopol zu entziehen (vgl. Poole 2009: 250–252).

In beiden Narrationslinien werden die *arabesk*-Musik und ihre Geschichte vor dem Hintergrund der kemalistischen Nationalideologie erzählt, interpretiert und bewertet. Auf der einen Seite wird am althergebrachten Verständnis einer Türkeiidee im Sinne Mustafa Kemal Atatürks und Ziya Gökalps festgehalten. Danach gilt *arabesk*-Musik als rückständig, als Resultat eines ‚kulturellen' Verfalls und als eine mögliche Rache der unterdrückten Volksmehrheit. Auf der anderen Seite wird *arabesk* als ein Versuch gesehen, die alten Distinktionen zwischen ‚westlich' und ‚östlich' bzw. ‚türkisch' und ‚osmanisch' innovativ zu dynamisieren und alternative nationale Identitäten zu konstruieren (vgl. O'Conell 2005: 194). Ein prägnantes Beispiel dafür bildet die Studie von Uğur Küçükkaplan mit dem Titel *Arabesk. Toplumsal ve Müzikal Bir Analiz* („Arabesk. Eine soziologische und musikalische Analyse") aus dem Jahr 2013. Bereits im Titel kündigt sich Küçükkaplans essenzialisierende Rhetorik an: Er versucht, *arabesk* nicht nur soziologisch, sondern auch musikimmanent als ‚türkische Kultur' – in der Tradition der osmanischen Kunstmusik und insbesondere auch der türkischen Volksmusik stehend – zu konstruieren. In Abgrenzung zu vielen anderen Studien über *arabesk* versteht Küçükkaplan sein Buch demnach als

„interdisziplinär" (Küçükkaplan 2013: 13). Ein zentrales Ziel seiner Untersuchung ist, gegen das gängige Stereotyp anzuschreiben, dass *arabesk* auf eine ,arabische', genauer gesagt: auf eine ,ägyptische' Musiktradition zurückgehe (ebd.: 10 f.). Seine Re-Nationalisierungsversuche basieren dabei auf einer essenzialisierenden Rhetorik, da er sie anhand *musiktheoretischer* Analysen ,beweisen' möchte. So betont er bei der musiktheoretischen Analyse einzelner *arabesk*-Stücke immer wieder die Einflüsse der anatolischen Volksmusik (u. a. ebd.: 195 oder 202). Mit seiner Untersuchung grenzt sich Küçükkaplan von den überwiegend soziologisch ausgerichteten Untersuchungen zu *arabesk*-Musik ab. Sie basieren auf der für die Türkei besonders wirksamen Differenzlinie zwischen urbaner Elite aus der Westtürkei und ländlicher Volksmasse aus der Osttürkei.

Arabesk *als Musik der Migrant_innen aus der anatolischen Provinz*

Aus soziologischer Perspektive wurde die Kritik, dass *arabesk* die Degeneration der türkischen Kultur darstelle, mit den Binnenmigrationswellen in die westtürkischen Großstädte in Verbindung gebracht. Mit den Arbeitsmigrant_innen, die sich seit den 1950er Jahren insbesondere in Großstädten wie Istanbul, Izmir und Bursa ansiedelten, kam es unter anderem zu zwei wesentlichen Veränderungen: Zum einen entwickelten sich an den Stadträndern informelle und provisorische Siedlungen, die so genannten *gecekondus* („über Nacht gebaut") und zum anderen entstand eine *nouveau riche*. Von der alteingesessenen Elite wurde das stadtplanerische Chaos und die neue soziokulturelle Struktur der Städte mit dem weit verbreiteten Ausdruck *hepsi bitti* („alles ist zu Ende") kommentiert (vgl. O'Connell 2005: 178 f., Yalçınkaya 2008: 6).

Entsprechend dieser Kritik wurde *arabesk* mit dem ungeplanten, plötzlich auftauchenden Charakter der *gecekondus* assoziiert und wie sie als eine Bedrohung des städtischen Raums und als gefährliche Grenzüberschreitung aufgefasst.[87] Beide galten als *tam oturmamış* („nicht richtig fixiert") – ein Ausdruck, der auch für Menschen benutzt wird, wenn sie sich ,kindisch' verhalten (vgl. Stokes 1992: 105). Nach dem Musiksoziologen Ertan Eğribel entspreche *arabesk* wie die *gecekondus* einem Lebensgefühl der Alternativlosigkeit (*alternatifsizlik*) jener urbanen Massen, die von der Macht und von staatlicher Unterstützung ausgeschlossen sind (vgl. ebd.: 108). Dabei steht insbesondere die Musik von Müslüm Gürses für diejenigen, die

---

87 Eine weitere in der Soziologie prominente Verbindung wurde zwischen *arabesk* und den *dolmuş* gezogen. *Dolmuş* („gefüllt") sind Kleinbusse, die seit den 1950er Jahren angesichts einer mangelnden offiziellen Infrastruktur einen wichtigen Teil des öffentlichen Transports übernehmen und in den Großstädten eine zentrale Verbindung zwischen dem Zentrum und der Peripherie darstellen. Ihre Inneneinrichtungen, wie Plastikblumen, weinende Kinder auf Postkarten oder Nazar-Augen, gelten als Ikonen *arabesker* Sentimentalität (Stokes 1992: 105–108). Dementsprechend wehrt sich auch Orhan Gencebay in einem Interview dagegen, dass seine Musik als ,Minibus-Musik' markiert werde (vgl. Gökhan Bulut & Cem Kaya: *Arabesk: Gossensound und Massenpop*, Deutschland/ Türkei: 2010, 00:37.38 ff.).

,ganz unten' sind. Der typischerweise männliche Müslüm-Gürses-Anhänger gilt inzwischen als ein eigenständiger Fantypus des *arabesk*, der sich einer verbreiteten Vorstellung nach dadurch auszeichnet, dass er sich bei Gürses-Konzerten mit Rasierklingen ritzt und seinem Schmerz in besonders exzessiver Weise Ausdruck verleiht.[88] In dieser soziologischen Lesart gilt *arabesk* somit als Ausdruck der Entfremdung und des Fatalismus der unteren Klassen. Zugleich ist mit *arabesk*-Musik bis heute die Idee einer Solidarisierung der Marginalisierten untereinander verknüpft, was beispielsweise ihre große Beliebtheit unter Schwulen, Lesben und Transsexuellen in der Türkei erklärt.

Zudem wird *arabesk* mit der Unfähigkeit oder auch dem Unwillen der neureichen Migrant_innen in Verbindung gebracht, sich an den westlichen Lebensstil der Eliten anzupassen. Der Begriff *arabesk* etablierte sich als Schlagwort für den Vulgarismus einer neuen Oberschicht, wie er auch in der *gazino*-Kultur (vgl. Kap. 3.1.2) gesehen wurde (vgl. Yalçınkaya 2008: 6). Innerhalb der alteingesessenen Ober- und Mittelschicht ist es aus diesem Grund teilweise bis heute noch üblich, *arabesk* zu verachten und ,feine Unterschiede' zur *nouveau riche* zu markieren.

Auch wenn sich das Klischee, *arabesk* sei die Musik der Migrant_innen aus Südostanatolien, bis heute hartnäckig hält, hat sich die *arabesk*-Rezeption spätestens mit Beginn der 1990er Jahre immer mehr zu einem schicht- und milieuübergreifenden Phänomen entwickelt. Als einen Beleg dafür führt Iren Özgür einen Report im Popularmagazin *Tempo* von 1998 an, in dem sich Intellektuelle zu *arabesk* bekennen (Özgür 2006: 181). Diese Veränderung hänge Özgür zufolge zum einen damit zusammen, dass sich das Genre selbst zunehmend aufgelöst und mit der Pop- und Rockmusik verbunden habe. Zum anderen könne in den Großstädten nicht mehr von einer deutlichen Trennung zwischen den Polen Zentrum und Peripherie die Rede sein (ebd.: 184). Damit zusammenhängend habe auch das Internet zur allgemeinen Verfügbarkeit jeglicher Musik und zu einer weiteren Ausdifferenzierung und Hybridisierung von individuellen Musikidentitäten und der korrespondierenden Habitus beigetragen.

Iren Özgür führt auf der Basis ihrer Fragebogenuntersuchung noch eine dritte Erklärung für die veränderte Schichtkonstellation der *arabesk*-Rezipient_innen an. Infolge der fehlenden Anerkennung der Türkei als Mitglied der Europäische Union habe eine schichtübergreifende Enttäuschung über den ,Westen', eine allgemeine Re-Orientierung am ,Osten' und an mit diesem assoziierten Attributen wie Emotionalität, liebenswürdigem Chaos und Fatalismus stattgefunden. Die Literaturwissenschaftlerin Nurdan Gürbilek argumentiert in eine ähnliche Richtung. Sie geht von der Annahme aus, dass sich die Vorstellung eines Schwebezustands ,zwischen Ost und West' zu einem wesentlichen Bestandteil der kollektiven Psyche in der Türkei entwickelt habe. In ihrem Aufsatz *Acıların Çocuğu* („Das Kind der Schmerzen", Gubilek 2011) beschäftigt sie sich mit der Popularität von Kitsch-Kultur in den 1970er und 1980er Jahren und analysiert, warum darin oftmals gepeinigte Helden oder

---

88 Einen Eindruck dieser exzessiven Gürses-Konzerte gibt das folgende YouTube-Video: https://www.youtube.com/watch?v=h3u2CxT7SEQ, zuletzt aufgerufen am 26.10.2015.

weinende Kinder zum Thema gemacht werden. Sie interpretiert dieses Phänomen als Ausdruck des kollektiven Selbstgefühls einer verspäteten Modernisierung und einer Melancholie in Bezug auf den ‚Westen' als ein verloren gegangenes, nicht zu greifendes oder gar nicht existierendes Begehrensobjekt (vgl. ebd.). Eine Gegenthese zu diesen Positionen stellt Yalçınkaya auf. Er behauptet, dass sich die Mittel- und Oberschicht gerade nicht mit Attributen, die dem ‚Osten' zugeschrieben werden, identifiziere, sondern im Feiern des *arabesk*-Kitschs vielmehr eine ironische und damit distanzierte Haltung einnehme. Es handle sich dabei um eine orientalistische Aneignung des ‚Ostens' über den *arabesk* (Yalçınkaya 2008: 11).

Vermutlich ist die soziostrukturelle Veränderung der *arabesk*-Rezipient_innen durch eine Synthese dieser verschiedenen Deutungsansätze zu erklären. Denn gerade ein ironisierter Blick auf Kulturphänomene, die von der eigenen sozialen Gruppe sanktioniert werden, legitimiert zugleich auch, dass man sich vor anderen mit ihnen und ihren ‚wahrhaftigen' Bedeutungen auch identifizieren darf.

Alternativen zum Differenzdiskurs urbanes Zentrum versus ländliche Peripherie?

Bis heute sind wissenschaftliche Versuche, die Innenperspektive der *arabesk*-Rezipient_innen zu erfassen, äußerst rar.[89] Martin Stokes bemerkt dazu, dass die Interviews mit *arabesk*-Hörer_innen im Rahmen seiner Feldforschung davon geprägt waren, dass die Interviewten ihr Interesse am *arabesk* permanent verteidigten. Insofern sie somit den dominanten Diskurs übernommen hätten, sei ein positives Sprechen über *arabesk* kaum möglich gewesen. Stokes entschied sich somit für die Methode der teilnehmenden Beobachtung, die er in Situationen des freundschaftlichen, meist gleichgeschlechtlichen Beisammenseins (*muhabbet*) einsetzte. Als Ergebnis konstatiert er, dass das Hören von *arabesk* in diesen Situationen eine kurzzeitige Identifikation mit dem sozialen Außenseiter (*gariban*) legitimiere, damit verbundene Emotionen auszudrücken erlaube und für Männer eine konventionelle Geschlechterrolle zu durchbrechen ermögliche (Stokes 1992: 127–132).

Allerdings wird auch an diesem Befund deutlich, dass die gängige Perspektive, *arabesk* im Kontext der Zentrum-Peripherie-Dichotomie zu deuten, kaum verlassen wird. Tatsächlich stellt in der Türkei das Denken in den Polen urban-säkulare Elite der Westtürkei und provinziell-traditionelle Peripherie der Osttürkei eine der wichtigsten Konstruktionen sozialer Differenz dar. Insbesondere seit dem zunehmenden ökonomischen und ideologischen Einfluss der USA nach dem Zweiten Weltkrieg und dem Aufkommen der ‚kommunistischen Gefahr' etablierte sich in der Türkei als Ersatz für klassenbezogene Ideologien die Entgegensetzung von ländlicher und städtischer Schicht (vgl. Günay 2012: 189). Die Politisierung dieser Gegenüberstellung wird seit dem Wahlkampf von 1950 zwischen der kemalistischen CHP und der kema-

---

89 Eine der wenigen Ausnahmen bildet die Studie *Arabesk ve Müslüm Gürses. Kültürel Dünyamızı Anlamak* von Çaner Işık und Nuran Erol Işık, die den Bedeutungskontexten der Müslüm-Gürses-Fans empirisch nachgeht (Işık & Işık 2013).

lismuskritischen DP bis in die Gegenwart hinein – überaus deutlich vernehmbar in der politischen Rhetorik Recep Tayyip Erdoğans und seiner islamisch-konservativen AKP – fortgesetzt. Inzwischen hat sich zur Unterscheidung der beiden Lager und ihrer jeweiligen kulturellen Prägungen, Lebensweisen sowie ökonomischen Bedingungen die Terminologie „schwarze Türken" (*siyah türkler* oder *kara türkler*) und „weiße Türken" (*beyaz türkler*) durchgesetzt.[90]

Dementsprechend wird auch *arabesk*-Musik weiterhin zuvorderst anhand dieser Differenzlinie zwischen ‚westlichem' Zentrum und ‚östlicher' Peripherie diskutiert. Diese Diskursstruktur bildet letztendlich eine Fortführung der kemalistischen Ideologie. Auch wenn in den wissenschaftlichen Veröffentlichungen zu *arabesk*-Musik der letzten 10 bis 15 Jahren zunehmend versucht wird, die schichtübergreifende Rezeption des *arabesk* in den Blick zu nehmen und damit die Reproduktion einer polaren Gesellschaftsordnung zu überwinden, bleibt der einseitige Analysefokus auf die Differenzlinie Zentrum versus Peripherie erhalten. In soziologischer Hinsicht mangelt es bislang an einer mehrperspektivischen bzw. intersektionalen Herangehensweise. Eine Analyse der *arabesk*-Rezeption im Verhältnis zu anderen Differenzlinien wie Alter, Ethnizität, Religiosität, sexuelle Orientierung oder Migration sowie ihre Verschränkungen mit schichtspezifischen Phänomenen stehen bislang noch aus.

Eine Ausnahme bilden vereinzelte Ausführungen zum Thema Gender (vgl. u. a. Pooole 2009). Anders als bei vielen anderen Popularmusikstilen, bei denen die Aufrechterhaltung dichotomischer Geschlechterordnungen dominiert, sind die Genderphänomene im *arabesk* sehr facettenreich. Einerseits orientieren sich die *arabesk*-Stars durchaus an Klischees des seriösen, ehrenhaften Machos (Ibrahim Tatlıses oder Mahsun Kırmızıgül) oder der reifen orientalisierend-verführerischen Frau (Ebru Gündeş, Kibariye oder Ceylan). Andererseits gibt es aber innerhalb des *arabesk*-Genres eine auffällig hohe Anzahl an Trans*Sänger_innen wie Bülent Ersoy, Zeki Müren oder Noyan Barlas.[91] Aufgrund der prekären Situation von Homosexuellen und Trans* Personen in der Türkei wird dieses Phänomen in der Literatur oftmals mit der Idee des *arabesk* als Musik der sozial Marginalisierten (*mağduriyet*) in Verbindung gebracht (vgl. Poole 2009, S. 254). In Bezug auf die Hybridisierung von Geschlechteridentitäten ist beispielsweise interessant, dass männliche *arabesk*-

---

90 Diese Terminologie prägte Ende der 1990er Jahre der Journalist und Schriftsteller Serdar Turgut. Für die Politisierung dieses Begriffspaars ist der gegenwärtige Präsident Recep Tayyıp Erdoğan ein prominentes Beispiel, der sich selbst und seine Anhänger_innen als „schwarze Türken" bezeichnet (vgl. Günay 2012: 332).

91 Insbesondere sorgte der Fall der Trans*Sängerin Bülent Ersoy für Aufsehen. Nach ihrer geschlechtlichen Transition im Jahr 1981 wurde ihr in der Türkei zunächst die Bühnenlizenz entzogen. Daraufhin lebte sie bis 1988 im Exil in West-Berlin. Ihrer Klage von 1988 folgte ein neues Gesetz in der Türkei, die so genannte *pink card*, mit der geschlechtsangleichende Maßnahmen, zumindest vom Mann zur Frau, offiziell anerkannt wurden. Während des Prozesses sorgte Semrah Özal, die Frau des damaligen Ministerpräsidenten Turgut Özal, für einen Skandal, indem sie Ersoy, die zuvor vom TRT aus seinem Programm verbannt worden war, öffentlich unterstützte (vgl. Poole 2009: 254f., Stokes 1992: 112).

Sänger auffallend hohe, die weiblichen Kolleginnen auffallend tiefe Stimmen haben, wodurch es zu einer Überlappung der Stimmambitus kommt (vgl. Stokes 1992: 122). Bemerkenswert ist ebenfalls die relativ große Popularität von *arabesk* singenden Kindern wie beispielsweise Küçük Çeylan oder Küçük Emrah.

Die vorliegende Arbeit und der Fokus auf die *arabesk*-Rezeption von Jugendlichen in der deutschen Migrationsgesellschaft stellt in diesem Diskussionskontext einen weiteren Versuch dar, die einseitige wissenschaftliche Fokussierung auf die innertürkischen Differenzen Zentrum versus Peripherie bzw. ,schwarze' versus ,weiße Türken' zu erweitern. Zu fragen ist dabei, inwieweit für Jugendliche in Deutschland ein Bezug zum innertürkischen Gesellschaftsdiskurs überhaupt relevant ist. Mit einem empirisch-qualitativen Forschungsansatz besteht darüber hinaus die Hoffnung, auf bislang nicht berücksichtigte Bedeutungsdimensionen zu stoßen und die auf eine bestimmte soziale Differenzlinie eingefahrene *arabesk*-Debatte zu erweitern.

Auf ein interessantes Phänomen sei bereits vorab hingewiesen: Die befragten Jugendlichen bevorzugen die älteren Songs der ,klassischen' *arabesk*-Sänger_innen, insbesondere von Orhan Gencebay, Ibrahim Tatlıses, Müslüm Gürses oder Ferdi Tayfur. Dabei gibt es nicht nur in der Türkei, sondern durchaus auch in Deutschland Interpret_innen, die aktuelle *arabesk*-Musik oder besser gesagt: ,arabeskisierte' Popmusik produzieren. Zu nennen wären beispielsweise Ismail YK, CanKan, Yurtseven Kardeşler, Muhabbet oder Bulut Şeker, für die in der Türkei auch der Begriff *almancı arabesk* („Arabesk der Deutschländer") existiert. Der ,deutsche *arabesk*' wurde von den Jugendlichen allerdings so gut wie gar nicht als Lieblingsmusik genannt. In einzelnen Fällen spielte er allenfalls als Kontrastfolie eine Rolle.

Im Folgenden sollen zunächst die zentralen Bedeutungszuweisungen der Jugendlichen zu *arabesk*-Musik herausgearbeitet werden. Sie bilden einen wichtigen Rahmen für die Analyse der Anerkennungsdynamiken in den einzelnen Gruppendiskussionen in Kapitel 3.3.

3.2 Kollektive Narrationen von Jugendlichen zur *arabesk*-Musik

In meiner fallübergreifenden Analyse habe ich vier zentrale Bedeutungsdimensionen von *arabesk*-Musik für Jugendliche herausgearbeitet: „Das authentische Innen" (3.2.1), „Ästhetiken der Traurigkeit: *isyan* und *damar*" (3.2.2), „Initiationsritus" (3.2.3) und „Essenzialisierungen einer ‚imaginären Türkei'" (3.2.4). Es handelt sich um Narrationen, die in irgendeiner Weise für alle von mir durchgeführten Gruppendiskussionen zur *arabesk*-Musik (A1, A2, A3) eine Rolle spielen. Sie sind auf der einen Seite eng miteinander verschränkt, auf der anderen Seite sind sie jeweils durch eigene Erzähllogiken gekennzeichnet. Für die Untersuchung der Anerkennungsdynamiken, die später im Abschnitt 3.3 in Form von Einzelfallanalysen erfolgen wird, bildet dieses ‚Erzählungsnetz' eine wichtige Verstehensgrundlage bzw. einen zentralen Anerkennungsrahmen.

Neben dem internen Fallvergleich zwischen A1, A2 und A3 waren noch zwei weitere Methoden zentral, um die vier Bedeutungsdimensionen herauszuarbeiten: Zum einen wurden Charakteristika der *arabesk*-Rezeption überhaupt erst durch einen Vergleich mit meinem Nebenkorpus deutlich, einerseits mit den kontrastierenden Gruppendiskussionen zu Rap-Musik (R1, R2, R3) und zu aktueller türkischer Popmusik (TP), andererseits mit zwei Einzelinterviews (EA und ER), durch die ich zu Beginn meiner Forschung überhaupt erst auf das Phänomen der *arabesk*-Rezeption gestoßen war (vgl. Kap. 2.2.4). Zum anderen verknüpfte ich die fallvergleichenden Analysen mit meinen Kenntnissen aus der wissenschaftlichen Literatur und meinen persönlichen Vorerfahrungen mit Musikkulturen der Türkei. Dabei richtete sich mein analytischer Blick im Sinne des abduktiven Prinzips (vgl. Kap. 2.1.2) insbesondere auf solche Phänomene in den Daten, die für mich vor dem Hintergrund meines Vorwissens irritierend oder überraschend waren.

Da sich die Interviewten in Bezug auf *arabesk*-Musik fallübergreifend auf ein kollektives Wissen zu beziehen scheinen, ist zu vermuten, dass die vier herausgearbeiteten Bedeutungsdimensionen auch für andere Jugendliche, die in Deutschland *arabesk*-Musik bevorzugen, in irgendeiner Form eine Rolle spielen. Neben diesem Blick auf das Gemeinsame werden in den folgenden Analysen aber auch Unterschiede in den einzelnen Gruppen verdeutlicht. Es wird aufgezeigt, welche der vier Bedeutungsdimensionen jeweils besonders im Zentrum stehen und welche unterschiedlichen Akzente bzw. thematischen Schwerpunkte dabei gesetzt werden.

3.2.1 Das authentische Innen

Sprechen in Geheimnissen

Die zu ihrer Musikpräferenz *arabesk* interviewten Jugendlichen sprechen oftmals in einem introspektiven Erzählmodus. Im Vordergrund steht eine Reflexion des inneren Musik-Erlebens. Sie beschreiben in erster Linie Gefühle, psychische Prozesse, mentale Bilder oder Situationen der Selbstauseinandersetzung. Diese Eigenheit wird insbesondere dann deutlich, wenn man die auf *arabesk* bezogenen Gruppendiskussionen mit den Kontrastfällen vergleicht, in denen die Jugendlichen den so genannten Gangstarap bevorzugen. Dort überwiegt ein stark technisierter Erzählmodus. Das heißt, ihr Sprechen über Rap-Musik ist in erster Linie analytisch bzw. musiktheoretisch ausgerichtet und orientiert sich an Video-Blogs wie *JuliensBlog*.[92] So konzentrieren sich die Jugendlichen beim Reden über ‚Gangstarap' beispielsweise auf die formale Anlage (z. B. die Anordnung von ‚Hooks' und ‚Parts'), die Sprachgeschwindigkeit bzw. den ‚Flow' (z. B. ‚Doubletimes' oder ‚Tripletimes') oder auf die Gestaltung der ‚Lyrics' (u. a. auf ‚Spits' oder ‚Punchlines').[93]

Im Kontrast zu den Jugendlichen mit der Musikpräferenz ‚Gangstarap' sprechen die Jugendlichen in Bezug auf *arabesk*-Musik in erster Linie darüber, wie die Musik wirkt, und weniger darüber, welche musikalischen Besonderheiten die Musik selbst aufweist, wie sie gestaltet ist oder produziert wurde.

251   **A3b:** {...} also bei mir ist es so, zum Beispiel wenn ich halt arabesk
252   höre, irgendwie so man gibt der Seele so einen freien Lauf so.

A3/Immanenter Nachfrageteil, App. 35: 326

311   **A1a:** (...) Das ist auch so ein bisschen so eine Traumwelt so @[.]@.

A1.1/Immanenter Nachfrageteil, App. 7: 285

1057   **A1d:** ⌐Das ist⌐ wie irgendetwas anderes.

A1.1/Exmanenter Nachfrageteil, App.13: 293

1258   **A2b:** {...} wenn das Lied jemanden berührt, wenn man richtig darüber
1259   nachdenken muss, und so {...}.

A2/Exmanenter Nachfrageteil, App. 29: 317

429   **A3b:** {...} aber Ibrahim Tatlıses ist schon auf jeden Fall, der geht schon richtig von innen
430   rein.

A3/Immanenter Nachfrageteil, App. 39: 329

Der introspektive Erzählmodus geht häufig mit dem Narrativ von etwas Geheimnisvollem oder Unaussprechlichem einher. Dies zeigt sich beispielsweise in Formulierungen wie „Traumwelt" (A1a: 311), „irgendwie" (A3b: 252) oder „irgendetwas" (A1d: 1057). *Arabesk* wird als ein intimer, teilweise sogar magischer Ort imagi-

---

92 Vgl. R3: 1358–1380, App. 62: 348 f. und https://www.youtube.com/user/JuliensBlog. Für Interviewpassagen, auf die im Haupttext Bezug genommen wird und die aus Platzgründen entweder aus ihrem unmittelbaren Interviewkontext herausgelöst oder auch gar nicht zitiert wurden, sei auf den ausführlichen Interviewauszug im Anhang verwiesen. Dabei verweist beispielsweise die hiesige Abkürzung „App. 62: 348 f." auf die Appendixnummer 62 auf Seite 348 f. Sind Interviewstellen im Haupttext hingegen mit keinem Appendixverweis versehen, beziehen sie sich auf den Interviewausschnitt, der jeweils zuvor zitiert wurde.

93 Vgl. R2: 36–55 (App. 54: 342), R2: 81–97 (App. 55: 342) und R3: 1341–1380 (App. 62: 348 f.). ‚Hook' bedeutet im Vokabular des Raps eine Art Refrain. Mit ‚Doubletime' und ‚Tripletime' werden die Geschwindigkeiten benannt, mit denen gerappt wird. Unter ‚Spits' versteht man Wortspiele wie: „Du musst es anerkennen – ich lerne Anna kennen." ‚Punchlines' bezeichnen die kunstvoll lyrische Ausgestaltung von Beleidigungen.

niert. Der Musik wird eine therapeutische Wirkung zugewiesen, die es erlaubt, für eine kurze Zeit aus der realen Welt herauszutreten (A1a: 311), Trost zu finden oder Gedanken und Gefühle zuzulassen, die an anderen Orten unterdrückt oder zensiert werden müssen (A3b: 251 f.). Das für die *arabesk*-Rezeption der Jugendlichen typische ‚Sprechen in Geheimnissen' äußert sich manchmal performativ, beispielsweise wenn A1a erklärt: „(4) Das ist so (..) @[lachen]@ das kann man gar nicht beschreiben" (A1a: 1045 f., App. 13: 293). Manchmal äußert es sich auch explizit, beispielsweise wenn A3b einen mit Geheimnissen umwobenen Ursprungsmythos von *arabesk*-Musik entwirft: Danach gehe *arabesk* auf eine Volksmusiktradition zurück, bei der man seine Liebe zu einem Mädchen dem Dorfkollektiv gegenüber nur in Form von Musik und in Begleitung der *saz* habe beichten können (vgl. A3b: 764–768, App. 44: 334).

In drei der oben aufgeführten Zitate schwingt ein Gestus der Abgrenzung mit: *Arabesk*-Musik sei „irgendetwas anderes" (A1d: 1057), etwas, bei dem man im Gegensatz zu anderer Musik „richtig" (A2b: 1258, A3b: 429) nachdenken müsse. Impliziert wird damit, dass es auch Musik gibt, zu der man sozusagen nur oberflächlich oder gar nur vorgetäuscht in eine innere Beziehung tritt. Zudem wird angenommen, dass andere Menschen im Umfeld der Sprecher_innen Musik nicht wirklich innenorientiert rezipieren. In diesen Andeutungen wird deutlich, dass das zunächst scheinbar ausschließlich auf sich selbst bezogene Narrativ der Innenorientierung auch in hohem Maße für eine distinktive Identitätsinszenierung genutzt wird. Ein positives *arabesk*-Selbst wird dialektisch und in Abhängigkeit von einem Nicht-Selbst konstruiert und aufgewertet. *Arabesk*-Musik wird, so deutet die mehrfache Verwendung des Begriffs ‚richtig' (vgl. A2b: 1258, A3b: 429) bereits an, mit der Konstruktion eines authentischen Innens verknüpft und von Vorstellungen ‚unechter' musikbezogener Außenorientierung abgegrenzt.

Ein bipolarer Narrationsrahmen: Innenorientierung versus Außenorientierung

Alle im Kapitel 3.2 vorgestellten kollektiven Narrative zu *arabesk*-Musik basieren auf einer bipolaren Erzähllogik, die dem ‚Innenorientiertsein' ein ‚Außenorientiertsein' gegenüberstellt. Diesen distinktiven Narrationsrahmen entfalten die Jugendlichen auf mehreren Ebenen der Musikrezeption. Auf einer körperlichen Ebene beispielsweise beschreiben A3a und A3b, dass Rap-Musik bei ihnen automatisch eine äußerliche Bewegung veranlasse, ein Mitgehen der Füße oder des Kopfes mit dem Beat, wohingegen *arabesk* unweigerlich eine „innerliche Bewegung" (A3b: 485, App. 40: 330) auslöse: „{…} aber wenn man so *arabesk* gehört hat, dann war man einfach still und hat dem Mann zugehört" (A3a: 519 f., ebd.: 375). *Arabesk*-Musik bewirke ein ‚Stillwerden' oder, wie es A2a und A2b ausdrücken, ein ‚Berührtwerden' (vgl. A2c: 364, App. 22: 307) oder ‚Ruhigwerden' (vgl. A2b: 365–368, ebd.), wohingegen Rap-Musik laut sei und eher Unruhe und „Aggressionen aus[löse]" (A2c: 363 f., ebd.). Diese Aussagen stehen damit im Kontext der Annahme, dass verschiedene Musikstile nicht nur den Körper, sondern auch das Verhalten und den Charakter auf je eigene Weise beeinflussen.

771	**A2a**: Also Musik kann auch einen Menschen verändern, habe ich das Gefühl.
772	**Int.**: (..) Hat dich selbst Musik verändert (.) oder euch?
773	**A2c**: Mich schon, ja, also, weil/
774	**A2a**: Also auch, wenn man es nicht weiß, ich glaube, es hat schon jeden verändert.
775	**A2b**: Davor hatte er keinen Bart @[lachen]@ {...}.

A2/Immanenter Nachfrageteil, App. 25: 311

880	**Int.**: (.) Und du meintest gerade, es hat sich/ es verändert sich auch in eurer Klasse von
881	der Musik/ was verändert sich denn?
882	**A2b**: Die Art und Weise der Schüler
883	**A2a**: Das Verhalten
884	**A2b**: Die Art und Weise
885	**A2a**: Also das Verhalten am meisten
886	**Int.**: Okay, in welche Richtung? Oder könnt ihr mal ein Beispiel geben?
887	**A2b**: ⌐Kommt darauf an,⌐ was die hören.
888	**A2a**: Ja, vielleicht werden sie respektloser, vielleicht kriegen sie einen besseren Charak-
889	ter, vielleicht viel hilfsbereiter oder/ also kommt auf die Musik an.
890	**A2b**: Zum Beispiel, wenn man Rap hört, definitiv werden die meisten immer krass, also
891	die werden/ die denken, die sind brutal.
892	**A2a**: ⌐Aggressiv oder so,⌐ (...) obwohl die das gar nicht sind.

A2/Immanenter Nachfrageteil, App. 26: 312

Die Gegenüberstellung von Innenorientierung und Außenorientierung erhält in dieser Passage eine moralische Konnotation. Eine introspektive Musikrezeption, bei der man sich wie beim *arabesk* auf den tieferen Sinn des Textes konzentriere, bewirke einen „besseren Charakter" (A2a: 888 f.). Eine äußerliche Musikrezeption, bei der man lediglich das Verhalten der Interpret_innen imitiere, habe demgegenüber negative Auswirkungen auf die Persönlichkeitsentwicklung. So werde man beispielsweise beim Hören von Rap-Musik „respektloser", „krass", „brutal" oder „aggressiv" (A2a: 888–893). Die verschiedenen musikbezogenen Identitäten werden von den Jugendlichen dabei naturalisiert. Nicht sie selbst seien es, die der Musik eine Bedeutung zuweisen und anhand von Musik ein Selbst kreieren. Es sei die Musik, die diese Veränderung unweigerlich und unbewusst nach sich zieht („Also auch, wenn man es nicht weiß, es hat schon jeden verändert", A2a: 774). Aufgrund dieser Setzung kann vom Hören einer bestimmten Musik auch automatisch auf den Charakter der Person geschlossen werden. Die Möglichkeit, sich Musik zur Identitätsbastelei individuell anzueignen oder umzudeuten, wird somit begrenzt. Weil Musik somit die Macht zugewiesen wird, den Charakter einer Person zu formen, gilt es darauf zu achten, mit welcher Musik man sich in welchen Situationen präsentiert.

Auch musikbezogene biographische Veränderungen werden in die Logik Innen- versus Außenorientierung eingebunden, wie das folgende Beispiel zeigt:

1	**Int.:** Vielleicht können wir einfach mal so damit anfangen, dass du grundsätzlich mal
2	beschreiben kannst, wie gerade so dein Musikleben aussieht, also was du an Musik
3	machst, was du gerade gerne hörst, (.) wann du gerne Musik hörst, vielleicht dass du
4	einfach mal frei ein bisschen erzählst.
5	**Ax**: Also jetzt zur Zeit höre ich sehr gerne die türkische Musik in Form von Schlager, das
6	kennen Sie bestimmt, Kubat vielleicht oder/ ja so in die Richtung. Und, ja eigentlich hö-
7	re ich jetzt grundsätzlich nur in meiner Freizeit Musik, (.) an Schultagen oder so fast gar
8	nicht und/ (...) also früher hatte ich immer jetzt diesen Hip-Hop sehr gehört, jetzt die/
9	zum Beispiel, Sie kennen den Bushido da, Eko fresh (unv.), diesen Style hatte ich früher
10	gehört. Nur (.) ich denke, wenn man jetzt erwachsener wird, also reifer wird, kommt
11	jeder Türke sozusagen in diese Form, weil aus unserer Klasse hört jetzt jeder diese Mu-
12	sik.
13	**Int.:** Wie jetzt Hip-Hop und/
14	**Ax**: Nicht Hip-Hop jetzt, die/ also auch Hip-Hop, aber grundsätzlich hören sie jetzt zum
15	Beispiel diesen türkischen Schlager jetzt. Das ist so, also ist wie so eine Verwandlung
16	jetzt.

EA/Eröffnung, App. 68: 356

188	**Int.:** (..) Und du hattest gesagt, dass/ also die Musik, die wir hören, also sind viele tür-
189	kisch/ deutsch-türkische Jugendliche bei euch in der Klasse, die jetzt Schlager oder
190	Ibrahim Tatlıses hören oder so, oder/ was ist mit den anderen (..) oder die Ibra/ weil sie
191	die Musik jetzt nicht hören.
192	**Ax**: Also, aus meiner Familie kenne ich es so, dass dort fast/ also meine Eltern, alle jetzt
193	diese Musikrichtung hören. Und in der Klasse sind es auch fast alle so, also von den
194	Mädchen weiß ich es jetzt nicht, aber von den Jungs weiß ich jetzt, dass sie jetzt alle
195	auch diese Musikrichtung hören. Und (..) also fast alle meine Freunde haben es auch
196	schon gehört jetzt, aber es gibt auch einige Leute, die noch nicht da reingekommen
197	sind, also die hören immer noch diesen Hip-Hop, aber ich glaube, die kommen auch
198	bald dann wieder rein so.

EA/Immanenter Nachfrageteil, App. 71: 357f.

Ax zufolge höre jetzt jeder aus seiner Klasse „diese Musik" (Ax: 11 f.). Dabei bezieht er sich auf *arabesk*-Songs von Ibrahim Tatlıses oder Kubat. In dem hier wiedergegebenen Zitat fällt die Häufung zeitlicher Formulierungen wie „früher", „jetzt", „auch schon", „noch nicht", „immer noch" und „bald dann wieder" auf. Seine Bedeutungszuweisungen an *arabesk*-Musik sind in einen biographischen Erzählrahmen eingebettet. Erst seit jüngerer Zeit habe sich bei ihm und seiner Peergroup eine „Verwandlung" (Ax: 15) zur *arabesk*-Musik vollzogen. Die Figur des ‚Reinkommens' (Ax: 196) ist für Ax gleichbedeutend mit einem ‚Wieder-Reinkommen' (vgl. Ax: 197f.). Die musikbiographische Wende besteht für Ax darin, sich wieder auf den Musikgeschmack der Eltern zu besinnen. ‚Rauskommen' meint für Ax hingegen, wie in einer anderen Interviewpassage deutlich wird, überhaupt erst einmal aus sich „rauszukommen" (Ax: 143 f., App. 70: 357) und eine musikbezogene Position zu beziehen (vgl. Ax: 147–151, ebd.). Diesen Entwicklungsschritt hätten er und ein Großteil seiner Peergroup mit ihrer ‚Rap-Phase' bereits durchlaufen. Das laut Ax in seinem Umfeld verbreitete Interesse an *arabesk* deutet er somit vor dem Hintergrund eines normativen Entwicklungsschemas: einer sukzessiven Abfolge von ‚Aus-sich-Herausgehen‘ und ‚Wieder-Reinkommen‘.

Die Dichotomie Innenorientierung versus Außenorientierung findet sich auch auf der Ebene der äußerlichen Selbstinszenierungen wieder, also in den Bereichen Mode, Accessoires, Make-Up, Tätowierungen etc. Sie spielen bei der *arabesk*-Rezeption nur eine randständige Rolle, was wiederum dem Narrativ der Innenorientierung entspricht. Musikbezogene Selbstdarstellungen, die eine Szenezugehörigkeit z.B. als Hip-Hopper, Emo oder Punk anzeigen, Aufmerksamkeit provozieren, Distanz zum imaginierten Mainstream signalisieren oder gar heteronormative Schönheitsideale dekonstruieren wollen, werden aus der auf *arabesk*-Musik bezogenen Position heraus als peinlich, unvernünftig und kindisch abgelehnt (vgl. A3: 216–245, App. 35: 325 f., A2: 1448–1465, App. 31: 317 f.). Die Kleidung der von mir befragten Jugendlichen ist auffallend gewöhnlich und konventionell. Bei den Jungen ist eine leichte Tendenz zu seriöser, den inneren Reifestatus repräsentierender äußerlicher Inszenierung zu beobachten, beispielsweise durch das Tragen eines Hemdes oder eines Schnurrbartes (vgl. A2b bezugnehmend auf A2a: „Davor hatte er keinen Bart @ [lachen]@“, A2b: 775, App. 25: 311). Diese dezente äußerliche Selbstinszenierung verweist auf eine Orientierung an Idolen wie Ibrahim Tatlıses oder Orhan Gencebay, die oft im Anzug auftreten, Krawatte tragen und so ein seriöses, konservatives und moralisch aufrichtiges Männlichkeitsbild verkörpern.

Neben der äußerlichen Inszenierung findet die Gegenüberstellung von Innenorientierung und Außenorientierung auch noch auf der Ebene des Rezeptionskontexts statt, also bei der Frage, in welchen Situationen *arabesk*-Musik gehört wird. *Arabesk* werde weniger nebenbei (vgl. A3: 422–455, App. 39: 329) oder den Alltag begleitend (vgl. A3b: 412, ebd.) gehört, sondern bewusst gewählt und ernsthaft bzw. konzentriert rezipiert. Die Jugendlichen schildern dabei Situationen, in denen sie entweder mit Freund_innen zusammen sind, gemeinsam zuhören oder mitsingen (vgl. A2a: 376 f., App. 22: 307) oder sich allein mit Situationen auseinandersetzen, die sie mit einer als existenziell empfundenen Traurigkeit verknüpfen (vgl. z.B.: „{...} aber so Ibrahim Tatlıses ist schon so richtig, wenn man richtig am Ende ist, könnte man sagen“, A3b: 413 f., App. 39: 328). *Arabesk* sei keine Musik zum Tanzen (A2: 241–248, App. 21: 306), werde also weder in Diskotheken noch auf Hochzeiten gespielt. Diese Vorstellung wird sogar als komisch bewertet (vgl. A3a: 447, App. 39: 329). Wenn auf Hochzeiten langsame türkische Musik gespielt werde, dann eher zeitgenössische Popmusik, die zwar oftmals auch einen traurigen Text, aber einen leichteren und romantischeren Charakter habe und vom Hochzeitspaar als Erinnerung an ihren Eröffnungstanz ausgewählt werde (vgl. A3: 440–455, App. 39: 329 und TP: 341–373, App. 66: 354).[94] Die Jugendlichen assoziieren *arabesk* somit sowohl auf individueller als auch kollektiver Ebene mit introvertierten Rezeptionssituationen.

---

94 Als Beispiele werden unter anderem *Özledim* von Murat Boz, *Senden Sonra* von Rafet El Roman oder *Ömre Bedel* von Ardahan genannt.

Die bislang behandelten Rezeptionsebenen (Körperlichkeit, Beeinflussung des Charakters, musikbezogene Biographie, äußerliche Inszenierung und Rezeptionskontext) hängen eng damit zusammen, auf welche Musikparameter sich die Jugendlichen primär beziehen.

183	**A2b**:	⌐Bei⌐ uns ist halt zum Beispiel/ (.) wir/ (.) man überlegt halt, ja, das ist so Musik
184		zum Denken.
185	**A2c**:	Also/
186	**A2b**:	⌐Also⌐ kommt auch immer auf die Texte an, weil ich höre doch keine Musik, des-
187		sen Text keinen Sinn hat.
188	**A2a**:	Oder wie Sie gelesen haben, haben wir viel Ahmet Kaya geschrieben oder Azer
189		Bülbül, Ibrahim Tatlıses. Deren Lieder sind sehr alt und (..) die haben/ die, also/ (.) da,
190		was die singen, hat halt einen Sinn und es hört sich halt schön an, wie sie singen. Also
191		ältere Lieder hört man gern, und die neueren hört man halt nicht so gern, weil wie Sie
192		jetzt von uns hören, Rap ist jetzt kindisch geworden oder so, also der alte Rap war viel
193		besser.
194	**A2b**:	Nicht nur deswegen, weil halt so Rap ist auch, wie soll ich sagen, yani, (.) ist halt
195		mehr so brutaler halt, ist Kindersache, weil ja die beleidigen dies, das so. Ich finde es
196		voll schön, wenn der Text einen Sinn hat, aber einfach so einen auf Gangsta tun, dies,
197		das, dann/ (.) wenn die das hören, die denken wohl auch dann, sie sind so cool halt. Die
198		fühlen sich wie dieser Dings, wie dieser Interpret halt (..) na ja deswegen. Ich höre so
199		was nicht @[.]@, (.) also ich höre mehr so etwas, was einen Sinn hat so, was ich ver-
200		stehe auch.

A2/Immanenter Nachfrageteil, App. 21: 305

Bei Gruppendiskussionen mit Jugendlichen, die sich in erster Linie für ‚Gangstarap' interessieren, dominiert eine Faszination für die Text*form* (vgl. R2: 36–55, App. 54: 342, R2: 81–97, App. 55: 342, R3: 585–601, App. 60: 347 und R3: 1341–1380, App. 62: 348 f.). Diskussionen mit Jugendlichen, die *arabesk*-Musik hören, fokussieren stärker auf den Text*inhalt* („was die singen", A2a: 190) und den gesanglichen Text*ausdruck* („wie sie singen", ebd.). Die Konzentration auf den Textinhalt und die gesangliche Interpretation zeigt sich auch in der Gruppendiskussion A1, allerdings weniger wie in A2 anhand der Kategorie „Sinn" als anhand des Begriffs „Hintergrund" (A1c: 297, App. 7: 285): *Arabesk*-Musikstücke seien „jetzt nicht einfach mal so, so was wie Lady Gaga oder so, die haben eine bestimmte Geschichte dahinter" (A1c: 297–299, ebd.) und berichten „von der Erfahrung so im Leben" (A1a: 292, ebd.). Die Texte und der Textausdruck von *arabesk*-Musik besitzen, so kann man das Narrativ gruppenübergreifend zusammenfassen, einen lebensgeschichtlichen bzw. lebenserfahrenen ‚Kern', wohingegen bestimmte andere Musikstile im Hinblick auf eine innerliche und menschliche Reife substanzlos seien.

Der Gegenhorizont ‚Lauchs'

Die Gegenüberstellung Innenorientierung versus Außenorientierung bezieht sich nicht nur auf die Unterscheidung von Musikstilen, sondern auch auf ihre Hörer_innen, weswegen auch von einem Distinktionsnarrativ gesprochen werden kann. *Ara-*

besk sei, so A2b, eine „Musik zum Denken" (A2b: 183 f.). Für die Konstruktion eines innenorientierten und vernünftigen Images entwerfen die drei jungen Männer in A2 den Selbstinszenierungsstil des Raps als Gegenhorizont, bei dem Jugendliche „einen auf Gangsta tun" (A2b: 195), um cool, stark und provokativ zu wirken.[95] Eine Präferenz für *arabesk*-Musik signalisiert für die Jugendlichen somit ein ‚Sein‘, wohingegen die Bevorzugung von Rap-Musik ein ‚Sein-Wollen‘ kennzeichnet. Dieses Alter Ego markieren sie in A2 mit dem Begriff „Lauchs".

890	**A2b**: Zum Beispiel, wenn man Rap hört, definitiv werden die meisten immer krass, also
891	die werden/ die denken, die sind brutal.
892	**A2a**: ⌐Aggressiv
893	oder so⌐ (…) obwohl die das gar nicht sind.
894	**A2b**: Ja, ja, also, das sind so halt, wie wir es sagen würden, das sind Lauchs.
895	**A2c**: ⌐Ja⌐ (…) also
896	**Int.**: Lauchs?
897	**A2b**: Ja
898	**A2a**: Also wir sagen Lauchs so, Opfer so.
899	**A2b**: Halt so, nein, nein
900	**Int.**: ⌐Von dem Gemüse?⌐
901	**A2b**: Nein, Lauch halt, nein, nein, Lauch, nein, Lauch ist doch so ein dünnes Teil.
902	**A2a**: ⌐Nein, also⌐
903	**Int.**: Genau, Lauchstange
904	**A2b**: ⌐Ja, und des/ ja⌐ deswegen Lauch, weil die so dünn sind, die können nichts.
905	**A2c**: Also/
906	**A2b**: Deswegen nennt man sie Lauch, aber diese Lauchs tun dann auch noch einen auf
907	Gangsta. Ich glaube, er weiß sogar, wen ich meine @[lachen]@.

A2/Immanenter Nachfrageteil, App. 26: 312

Anhand des Begriffs ‚Lauchs‘ grenzen A2a, A2b und A2c ihre musikgeschmackliche Position von anderen, konkreten Jugendlichen in ihrem Umfeld ab (A2b: 907). Interessant ist, dass sie damit selbst einen Begriff aus dem Vokabular der so genannten Gangstarapper bzw. Deutschrapper übernehmen (z. B. Haftbefehl, Farid Bang, Kollegah, Alpa Gun oder KC Rebell). Beispielsweise verwendet der Rapper Kollegah den Begriff ‚Lauchs‘ in seinem Song *Königsaura*, um sich von einer eher mittelständisch-bürgerlichen Rapperszene abzugrenzen. In *Königsaura* (2014) wird diese durch den Stuttgarter Rapper Michael Bernd Schmidt alias Smudo personifiziert:

---

95 Die Abgrenzung davon, mit dem ‚Gangsta-Image‘ identifiziert zu werden, findet sich auch innerhalb der Gruppendiskussionen zu Rap-Musik. Allerdings wird die vermeintliche Außenorientierung der ‚Gangsta-Jugendlichen‘ weniger mit Innerlichkeit als mit Kennerschaft und Intelligenz kontrastiert. Gegenüber einer oberflächlichen Aneignung des Raps betonen sie ihre ästhetische Kompetenz, ‚Mainstream-Gangstarap‘ von einem intelligent produzierten Stil unterscheiden zu können, und führen dafür ihr terminologisches, stilspezifisches und musiktheoretisches Wissen ins Feld (vgl. R2: 737–885, App. 56: 343 f., R3: 998–1024, App. 61: 347 f. und R3: 1341–1380, App. 62: 348 f.).

Guck, ich treff die Crew dieses Smudos
Geb ihnen Punches und sie fliegen auf den Mars, wie die Groupies von Bruno
Ich bin die Numero Uno
Baller meine allerfeinsten Doubletimes und alle meinen da sei ne Uzi im Studio
Das hier's ein harter Diamant unter tausend Alben, die weichgespült sind
Von Clowns die alle kaum auszuhalten sind, live auf Bühnen
Ich seh aus wie Hulk, diese Lauchgestalten sind klein und süß und
Werden meist von Typen für Frauen gehalten wie Einkaufstüten

Kollegah, aus dem Song Königsaura (Album King, 2014)

‚Lauchs' ist ein Begriff, der sich im ‚Gangstarap' auf einer vordergründigen Ebene auf die körperliche Gestalt männlicher Interpreten bezieht.[96] Im Gegensatz zu
Beleidigungen wie ‚Opfer' oder neuerdings ‚Knecht', mit denen das Gegenüber
als unterlegen ‚gedisst' wird, betont ‚Lauchs' die schmächtige Gestalt des Gegen-
übers. Während im obigen Text von Kollegah Eigenschaften wie „klein und süß"
hervorgehoben werden, identifizieren die Jugendlichen aus A2 ‚Lauchs' eher mit
Dünnsein. Das männliche Körperideal dahinter zeichnet sich weniger durch Größe
oder Drahtigkeit aus, sondern durch Kompaktheit und Muskelmasse.[97] Im Zentrum
der Beleidigung ‚Lauch' steht der Vorwurf der Unmännlichkeit. Bezeichnet werden
damit Männer, die groß und eher dünn gewachsen sind. Ihr Körperbau symbolisiere
Ängstlichkeit und ‚Verweichlichtsein' und widerspreche dem starken, furchtlosen
und machistischen Männlichkeitsideal im ‚Gangstarap'. Der Begriff ‚Lauchs' steht
somit im Kontext einer überspitzt genderstereotypen und heteronormativen Rap-
perinszenierung. Klassische Rap-Elemente wie Breaken, Sprayen, Rappen, Kiffen
oder DJing werden als ‚verweichlicht' konstruiert und folgende neue Elemente als
‚kraftvoll männlich' markiert: virtuose Punchlines, Schnelligkeit (doubletimes) und
– so wird es in dem Song Die Vier Elemente von Kollegah und Farid Bang formuliert
– „Geld zähl'n, Girls klär'n, Gangbang und McFit".[98] Auf einer impliziten Ebene

---

96 Vgl. auch die Gleichsetzung von ‚Lauchs' mit „schmächtigen Jungs" in einem Inter-
    view mit den Rappern Celo & Abdi aus der Zeitschrift Juice (Nr. 167 vom 26. Juni
    2015, geführt von Arne Lehrke – das Interview trägt den Titel: „Dann grüßen wir jetzt
    alle Lauchs: ‚Bonchance'!"). Im Gegensatz zu anderen ‚Gangstarappern' verfolgen sie
    darin eine explizit ‚Lauch-freundliche' Marketingstrategie, vgl.: http://juice.de/celo-
    abdi-dann-gruessen-wir-jetzt-alle-lauchs-bonchance-interview/ [zuletzt aufgerufen am
    24.05.2015].

97 Im Artikel Du Lauch! Von Manuel Behrens und Maike Brülls aus der Hannoverschen
    Allgemeinen vom 10. Juli 2015 findet sich eine meines Erachtens sehr treffende Defi-
    nition des Schimpfworts ‚Lauchs': „‚Lauch' bezeichnet mit mildem Spott Leute, die so
    schnell in die Höhe gewachsen sind, dass die Muskeln nicht nachkommen konnten – und
    eben so dünn sind wie eine Lauchstange. In den Achtzigerjahren hätte man sie ,Spargel-
    tarzan' genannt – um beim Gemüse zu bleiben" [http://www.haz.de/Nachrichten/ZiSH/
    Uebersicht/ZiSH-erklaert-Schimpfwort-Phaenomen-Du-Lauch, zuletzt aufgerufen am
    23. September 2015].

98 Vgl. den Hook aus Die Vier Elemente aus dem Album Jung, brutal, gutaussehend 2
    von Kollegah & Farid Bang (2013): „Eure 4 Elemente: Es sind Spray'n geh'n, Turn-

wird dem Gegenüber mit ‚Lauchs' eine mangelnde Authentizität zugeschrieben. Rap sei, so das Kollegah-Zitat, im Kern eine – den Gendernormen des ‚Gangstaraps' entsprechende – ‚männliche' Disziplin. Darüber, dass es sich bei Rappern wie Smudo oder Max Herre nur um Männlichkeit vortäuschende „Clowns" handle, könnten auch ihre Live-Performances nicht hinwegtäuschen.

Anhand des Begriffs ‚Lauchs' hinterfragen A2a, A2b und A2c die Authentizität der Männlichkeit von Jugendlichen, die ‚Gangstarap' hören. Diese versuchten zwar dem Männlichkeitsideal ihrer Vorbilder zu entsprechen, seien aber letztendlich ‚unecht' (A2b: 906 f.). In den Aussagen „die denken sie sind brutal {…} obwohl die das gar nicht sind" (A2b und A2a: 891–893) und „die können nichts" (A2b: 904) schwingt zugleich eine De-Authentifizierung der gesamten ‚Gangstarap'-Szene mit. Es handle sich überwiegend um ‚Faker', die in ihren Songs nur vorgeben, ‚krasse Dinger zu drehen'. Ihre Biographien entsprächen aber nicht ihren Texten. Beispielsweise berichten A3a und A3b, dass sie noch nie gehört hätten, dass Rapper wie Kollegah tatsächlich irgendwo bei einer Schlägerei mitgemacht hätten, im Gegenteil: Sie berichten von durch Bekannte authentifizierten Beispielen, dass Kollegah oder Abdi bereits Schläge einkassieren mussten (vgl. A3: 495–515, App. 40: 330). Dem auf Körperlichkeit, Kraft und Schnelligkeit zentrierten Narrativ von Männlichkeit im ‚Gangstarap' setzen die Jugendlichen das Narrativ der ‚Aufrichtigkeit' entgegen. Indirekt erweitern sie damit auch die Bedeutung von ‚Lauchs': Ein ‚unaufrichtiger' Mann sei jemand, der sein Wort nicht halte oder nicht in die Tat umsetze und dessen Texten man aus diesem Grund auch nicht zuhören sollte (vgl. A3: 507–522, ebd.).

Existenziell-emotionale Authentizität

In der Distinktion zu ‚Lauchs' wird deutlich, dass Authentizität für Jugendliche im Hinblick auf Zugehörigkeitskonstruktionen anhand von *arabesk*-Musik eine zentrale Rolle spielt. Die Theorie des Soziologen und Musikwissenschaftlers Michael Parzer, die auf einer Analyse von Diskussionen zu Musikpräferenzen in Onlineforen basiert, kann aus der Perspektive der *arabesk*-Rezeption von Jugendlichen nicht bestätigt werden: Nach Parzer sei nicht mehr ‚Authentizität', sondern ‚musikalische Toleranz' „zum zentralen Kriterium soziokultureller Distinktion in der Popularkultur" avanciert (Parzer 2011: 223). Anstatt also die Überlegenheit der eigenen Position durch ‚Echtheit' oder ‚Ehrlichkeit' einer bestimmten Musik zu begründen, werde guter Geschmack durch das Narrativ einer „grundsätzliche[n] Offenheit gegenüber

---

tables, Breakdance und Rapshit, Uns're 4 Elemente: Es sind Geld zähl'n, Girls klär'n, Gangbang und McFit, Deine 4 Elemente, Sind für uns nur lächerlich, Du landest nach 'nem Messerstich im Dreck, Bitch, JBG, wir sind Legende *(ey, Du bist wie Stuttgart, Dein Freundeskreis ist schwul)*". In dem Song werden insbesondere Rapper aus der Stuttgarter Rapperszene gedisst, explizit Max Herre aus dem Freundeskreis-Milieu, implizit – so legt die Betonung der Zahl vier nahe – Rapper der Fantastischen Vier.

vielen unterschiedlichen musikalischen Welten" und einer „symbolische[n] Grenz-überschreitung ausgezeichnet" (ebd.: 211).[99]

Demgegenüber steht die These des Musikwissenschaftlers Ralf von Appen, die auch für die *arabesk*-Rezeption der interviewten Jugendlichen zutrifft: Solange Po-pularmusik Funktionen von Identitätsarbeit und sozialer Distinktion erfüllt, werden diejenigen, die über ihre Musikvorlieben Identitäten konstruieren, „gründlich prüfen, ob die Musiker tatsächlich für die Wertegemeinschaft stehen, die sie zu repräsentie-ren vorgeben, und ob das Bekenntnis zu ihnen wirklich einen Distinktionsgewinn verspricht – andernfalls drohen Blamage und die verunsichernde Infragestellung der eigenen Position" (von Appen 2013: 64). Von Appen definiert dabei Authentizität „als ein ethisches Ideal, das auf den Werten der Ehrlichkeit, der Treue und der Kon-sequenz basiert, sowohl sich selbst wie auch anderen gegenüber. Bezogen auf zwi-schenmenschliche Beziehungen bringt es das essenzielle Bedürfnis zum Ausdruck, nicht getäuscht und nicht enttäuscht zu werden" (ebd.: 42).

Auffällig bei den Gruppendiskussionen ist die Ernsthaftigkeit, mit der die Ju-gendlichen über *arabesk*-Musik sprechen. Humoristische oder ironische Selbstinsze-nierungen, die gegenwärtig beispielsweise auf einer *arabesk*-Karaoke-Veranstaltung in einer Istanbuler LGBTI-Bar stattfinden, finden in den Gruppendiskussionen nicht statt. Anknüpfend an eine Unterscheidung des Musik- und Medienwissenschaftlers Christoph Jacke wäre das Istanbuler Beispiel eine „authentische Inszenierung" (vgl. Jacke 2013: 71). Darunter versteht Jacke die genussvolle Inszenierung der Künst-lichkeit und Wahrhaftigkeitsillusion von Musik, die in dem Sinne ‚authentisch' ist, dass sie deutlich macht, dass man sich gerade nicht ernsthaft mit der Musik identifi-ziert. Man ist sozusagen ‚ehrlich nicht authentisch'. Demgegenüber handelt es sich bei den Narrativen der Jugendlichen zur *arabesk*-Musik um eine „inszenierte Au-thentizität" (ebd.): Ihre Zugehörigkeitskonstruktionen basieren auf ‚ehrlichen' oder ‚echten' Selbstdarstellungen, bei denen alles Inszenierte, so gut es geht, verschleiert wird. Ebenso wie die (überwiegend männlichen) *arabesk*-Künstler_innen den Inhalt ihrer Texte „wirklich erlebt" (A3a: 437, App. 39: 329) bzw. „richtig vom Gefühl her gesungen" (A1a: 303, App. 7: 285) hätten, machen die Jugendlichen unterein-ander sichtbar, dass auch sie ‚ehrlich' von der Musik berührt werden. So beschreibt beispielsweise A2a, wie er den Beginn des Songs *Bulamadım* von Ibrahim Tatlıses erlebt: „Sogar bei der Melodie, die anfängt, man ist schon drin so in der Musik, man fühlt sich wie in der Musik, oder wenn er so spricht, dann denkt man, man ist gerade die Person, die er meint und so, so was halt" (A2a: 803–805, App. 25: 311). Oder A1a berichtet, nachdem im Interview der Song *Dünya Dönüyor* von Ibrahim Tatlıses gehört wurde, sie habe „wirklich eine Gänsehaut bekommen" (A1a: 1061, App. 13: 293), was A1b sogleich mit „[m]ir ist kalt geworden" (A1b: 1063, ebd.) ergänzt. Als A1d daraufhin beschreibt, dass er den Verlauf des Musikstücks innerlich in Form

---

99 Offen sei nach Parzer dabei noch, ob es sich bei dieser Position eher um einen allge-meinen Individualisierungstrend handle oder ob sie die Funktion habe, soziale Grenz-ziehungen, beispielsweise in Form einer „kosmopolitischen Disposition" (Woodward et al., zit. n. Parzer 2011: 236), zu reproduzieren.

einer Geschichte verfolge (A1d: 1065–1072, ebd.: 322), betont A1a, dass dies „doch bei allen so" sei (A1a: 1073 f., ebd.). In den darauf folgenden Aussagen „Immer so Zeichentrick im Kopf" (A1b: 1078), „man denkt sich wirklich eine Geschichte aus" (A1a: 1079 f.), „man versetzt sich in diese Lage, also es ist bei mir so, und dann fühlt man eben mit" (A1d: 1082 f.) und „Ja, es ist wirklich so" (A1c: 1085) geht es den Jugendlichen darum, einander die eigene authentische Fähigkeit zur Immersion in den Song zu signalisieren.

Neben körperlichen und mentalen ‚Beweisen' des eigenen authentischen Innens wird auch auf ‚echte' musikalische Parameter Bezug genommen. Betont wird unter anderem die Unverfälschtheit der Musik. Bei *arabesk* werde „alles live" (Ax: 173, App. 70: 357) gespielt, nicht am Computer bearbeitet, und es werden möglichst wenige und wenn, dann traditionelle Instrumente verwendet (vgl. A2: 1348–1364, App. 30: 317). Die synthetische Herstellung des *arabesk* wird somit weitestgehend ausgeblendet (vgl. Kap. 3.1, S. 77). *Arabesk*-Musik habe, so fasst dies A2c zusammen, einen „originalen Wert" (A2c: 1362, ebd.). Dafür spreche auch die handwerkliche Könnerschaft sowohl der Sänger_innen als auch der Instrumentalist_innen, die die Jugendlichen immer wieder betonen. Eine ‚echte' Musikperformance stellt damit im Sinne von Appens eine Gewähr für das Narrativ eines ‚authentischen Innens' dar.

Im Sinne des Musikwissenschaftlers Allan Moore wird den *arabesk*-Interpret_innen eine *first person authenticity* zugewiesen (vgl. Moore 2002: 219).[100] Es wird davon ausgegangen, dass sie sich über das Medium Musik dem Publikum gegenüber mit sehr persönlichen und intimen Gefühlen ausdrücken. Diese Vorstellung taucht in der Gruppendiskussion R1 auch in Bezug auf ‚Rap' auf. Im Vergleich wird dabei eine Besonderheit der *first person authenticity* bei der *arabesk*-Rezeption sichtbar. Die Jugendlichen R1a und R1b schätzen an Stücken wie *Karma* oder *Verbotene Liebe* von Alpa Gun,[101] dass er sich ihnen gegenüber ‚ehrlich' mit konkreten Le-

---

100 Moore unterscheidet zwischen *first*, *second* und *third person authenticity*. Mit *first person authenticity* kennzeichnet Moore die Strategie von Interpret_innen, mit ihrer stimmlichen, instrumentalen, gestisch-mimischen oder ihrer Bühnen-Performance vom Publikum als ‚authentisch in ihrer Expression' wahrgenommen zu werden. Es werde also versucht, eine Integrität zwischen ‚wirklichem Selbst' und Musikdarbietung zu erzeugen (vgl. Moore 2002: 211–214). Mit *third person authenticity* meint Moore hingegen eine Inszenierung, nach der Musik als die Repräsentation eines ‚Dritten' oder besser noch: als Verkörperung dessen ‚Ursprungs' erscheine. Diese ‚Authentizität der Tradition' könne sich auf persönliche Vorbilder, auf Orte, auf einen ‚Stilkern' oder auf die ‚Essenz' einer bestimmten sozialen Gruppe (wie Arbeiterklasse, Ethnie/Nation, schwul/lesbisch/queer usw.) beziehen (vgl. ebd.: 214–218). *Second person authenticity* stehe zuletzt dafür, dass Musik und Musiker_innen die kulturelle Erfahrung und das Lebensgefühl ihrer Zuhörer_innen performativ ‚verstehen' und unter ihnen ein Gefühl der Zugehörigkeit erzeugen können. Sie ermögliche damit eine (sub-)kulturelle Identität (vgl. ebd.: 218–220).

101 Bei beiden Stücken handelt es sich um langsame Rap-Songs, bei denen der Beat zugunsten der Textverständlichkeit und der synthetischen Violine deutlich zurückgenommen ist. *Verbotene Liebe* (Alpa Gun ft. Muhabett, auf dem Album *Geladen und Entsichert*,

bens- bzw. Alltagserfahrungen in Berlin zeige (vgl. R1: 652–658, App. 52: 340). Nach dem Motto ‚harte Schale – weicher Kern' „öffnen" (R1a: 184, App. 48: 337) sich Rapper wie Alpa Gun oder KC Rebell in ihrer Musik, und zwar ausschließlich in der Musik (R1a: 184–187, ebd.) und treten ihnen als „eine[r] von uns" (R1a: 223, App. 49: 385) gegenüber. Letztendlich erfahre man nur in der Musik etwas über ihre ‚realen' Biographien. R1a authentifiziert die Ehrlichkeit ihrer Texte wie folgt: „[W]enn man die Situation selber kennt, dann versteht man es auch, und man merkt dann, dass er nicht lügt und dass es von Herzen kommt von ihm" (R1a: 596–598, App. 51: 340). Ganz im Gegenteil dazu erzählen die *arabesk*-Interpret_innen „nichts über sich" (R1b: 228, App. 49: 338). Vermeintlich reale Biographien, die den Aufrichtigkeitsstatus der *arabesk*-Interpret_innen ggf. sogar gefährden könnten, spielen in Bezug auf ihre persönliche Authentizität keine Rolle.

280	**Int.:** Und die Interpreten selbst, was haltet/ wie findet ihr die, also, weiß ich nicht, Or-
281	han Gencebay, Ibrahim Tatlıses, so als Persönlichkeiten?
282	**A3a:** Wie jetzt?
283	**A3b:** ⌐(Irgendwie?)⌐ so Legenden in der Türkei
284	**A3a:** Aber wie meinen Sie das denn? Ich habe die Frage gar nicht richtig verstanden.
285	**Int.:** (.) Was ihr so von diesen Typen denkt als Personen, auch von ihren Biographien?
286	**A3b:** ⌐Als Personen⌐
287	**A3a:** Also ich habe immer Respekt, weil so Instrumente zu lernen, ist schon ein biss-
288	chen schwierig, und dann so Texte halt. Also die machen ja alles gut und haben so viele
289	Fans und so, ja.
290	**A3b:** Man hat Respekt vor denen, die sind halt, wie gesagt, Legenden irgendwie. Zum
291	Beispiel, was ich über Ibrahim Tatlıses gehört habe, ist, dass er gar nicht diese Noten
292	und so weiß, aber trotzdem so, halt solche Lieder rausbringt. Oder zum Beispiel sein/

2007) handelt von dem ‚Türken' Attila und der ‚Kurdin' Dilan, deren Liebe insbesondere von den Eltern des Mädchens verboten wird. Sie beschließen heimlich in der Türkei zu heiraten. Als der Bruder des Mädchens, Mehmet, die beiden erwischt, eskaliert die Situation. Mehmet schlägt Attila zusammen und Dilans Vater ruft bei Attilas Familie an. Daraufhin beschimpft Attilas Vater seinen Sohn als *şerefsiz* („ehrlos"), weil er mit einer Kurdin zusammen sei. Dilan erklärt Attila am Telefon, sie habe ihn nur zum Schein geliebt und von Anfang an den Plan gehabt, ihn zu verletzen. Daraufhin erschießt sich Attila mit einer Pistole. Die Nachricht von Dilan auf seinem Anrufbeantworter, dass ihr Vater sie gezwungen habe, Attila von ihrer vorgetäuschten Liebe zu erzählen, erfährt er nicht mehr. Der Song spielt mit Authentizitätsnachweisen, beispielsweise mit einem Pistolenschuss oder mit einer ‚echten' Anrufbeantworternachricht am Schluss des Stücks. Im Song *Karma* (auf dem Album *Alles kommt zurück*, 2013) rappt Alpa Gun in der Ich-Form über eine vermeintlich unglückliche Liebe in seinem Leben. Es handle sich um eine Frau, die er immer noch liebe. Er habe an ihr besonders geschätzt, dass ihr der Trubel um seine Rapperpersönlichkeit immer egal gewesen sei und sie ihn immer als Mensch gesehen habe. Sie habe sich dann aber von ihm abgewendet, weil ihr Vater ihr eingeredet habe, dass Alpa Gun krumme Dinger drehe. Eigentlich hätten sie den Plan gehabt, sich trotz der Einwände ihres Vaters zu verloben, doch am Ende habe sie sich von ihm getrennt und sei dem Rat ihrer Eltern gefolgt, sich nach ‚etwas Besserem' umzusehen.

293	Orchester nennt man das, oder? Zum Beispiel (unv.) halt auch sehr gutes Orchester hat
294	er, zum Beispiel er hat so einen Mann, der ney spielt. Der ist @[.]@ brutal.
295	**A3a:** @[.]@
296	**Int.:** Und das ist jetzt bei Interpreten wie Kollegah oder Farid Bang anders von den Per-
297	sönlichkeiten oder haben die auch einen Legendenstatus?
298	**A3b:** Nicht Legende, aber (.) zum Beispiel bei denen ist es so, die machen so Videos von
299	ihrem Alltag, ich sag mal so. Die gehen ins Fitness, dies, das und so, da lernt man die
300	besser kennen, aber Ibrahim Tatlıses so, man kann nicht viel über ihn sagen. Er ist ein-
301	fach eine Legende, auch wenn man nichts über ihn weiß, er ist einfach eine Legende.
302	**A3a:** $^\llcorner$@[lachen]@$^\lrcorner$
303	**A3b:** Wenn man hier in [Name des Stadtteils der Jugendlichen] nach Ibrahim Tatlıses
304	fragt, auch zum Beispiel einen Ausländer, halt in dem Sinn von Nicht-Türken, der würde
305	ihn auch kennen. Er ist berühmt, Orhan Gencebay, solche Menschen halt, aber Kolle-
306	gah und Farid Bang (..)
307	**A3a:** Es sind zwei andere Themen, also kann man gar nicht richtig vergleichen.
308	**A3b:** $^\llcorner$Kann man nicht$^\lrcorner$ mit Ibrahim
309	Tatlıses und Kollegah

A3/Immanenter Nachfrageteil, App. 36: 326f.

In dieser Passage zeigt sich, dass die Jugendlichen in Bezug auf *arabesk* von abstrakten Künstlerpersönlichkeiten oder – besser gesagt – von einem Künstlermythos ausgehen. Im Gegensatz zu ihrem konkreten Wissen über den vermeintlichen Alltag der Rap-Stars – teilweise werden einzelne Geschichten über sie auch durch Bekannte, sozusagen über Ecken persönlich autorisiert – sind die Aussagen über *arabesk*-Interpret_innen äußerst vage (vgl. „was ich über Ibrahim Tatlıses gehört habe", A3b: 291). Die Jugendlichen scheinen wenig Interesse an den realen bzw. an real inszenierten Biographien der Sänger_innen von *arabesk*-Musik zu haben. Vielmehr bürgen ihre allgemeine Berühmtheit, ihr musikhandwerkliches Können und vereinzelte Genialitätsmythen, kurz: ihr Legendenstatus dafür, dass der Inhalt ihrer Texte wahr sei. Werden die ‚Gangstarapper‘ somit als eine Verlängerung ihrer Peergroup und ihrer Generation imaginiert, fungieren Figuren wie Ibrahim Tatlıses oder Orhan Gencebay als Vorbilder aus einer älteren Generation. Interessanterweise ist es gerade nicht ein Wissen über den Alltag der *arabesk*-Stars, sondern die Übereinkunft, vor ihnen Achtung zu haben, was dem Narrativ des authentischen Innen letztendlich Geltung verschafft. Die Beziehung zum ‚Rap‘ unterscheidet sich von derjenigen zum *arabesk* durch ein Gefühl der Unmittelbarkeit auf der einen und ein Gefühl der Achtung auf der anderen Seite.

In den Diskussionen der Jugendlichen zu *arabesk*-Musik steht häufig das Thema Traurigkeit im Zentrum der Erzählung. ‚Gangstarap‘ wird von den Jugendlichen, die *arabesk* bevorzugen, eher mit der Emotion Wut in Verbindung gebracht. Ihren Hörer_innen wird dabei eine Unfähigkeit zur Introspektion unterstellt. *Arabesk* wird unter den Jugendlichen dagegen zugeschrieben, ‚wirklich‘ zu wissen, was Traurigkeit eigentlich bedeutet und was es heißt, ‚aufrichtig‘ nach innen zu fühlen. Nicht selten beschreiben die Jugendlichen nach dem Hören eines *arabesk*-Stücks einen schlagartigen Stimmungswechsel zu einem traurigen Gefühl (vgl. u. a. A2a: 518–522, App. 24: 308) und signalisieren den anderen damit ihre Position einer authentischen Innenorientierung. Ein bemerkenswertes Phänomen ist dabei, dass die Jugendlichen im Zusammenhang mit *arabesk* sehr differenziert verschiedene Traurigkeitsästhetiken unterscheiden. Dabei spielen die Codes *isyan* und *damar* eine zentrale Rolle, um sich sozioästhetisch zu positionieren.

3.2.2 Ästhetiken der Traurigkeit: *isyan* und *damar*

In den Diskussionen der Jugendlichen zur *arabesk*-Musik nimmt das Thema Traurigkeit einen zentralen Stellenwert ein. Die thematische Verknüpfung von *arabesk*-Musik mit Traurigkeit entwickelt sich meist gleich zu Beginn der Interviews. Es erstaunt, dass nahezu alle Jugendlichen bezüglich *arabesk*-Musik derartig offen und spontan über dieses doch recht intime Thema sprechen, insbesondere wenn man bedenkt, dass es sich bei den Befragten größtenteils um männliche Jugendliche handelt und ich für sie ein Fremder war. Eine grundlegende Ursache dafür dürfte darin liegen, dass den Jugendlichen eine sozioästhetische Selbstpositionierung anhand des Themas Traurigkeit vertraut ist. Dafür spricht, dass sie äußerst differenziert zwischen verschiedenen Traurigkeitsformen unterscheiden und diese mit Geschmacksurteilen versehen. Zur Differenzierung verschiedener ‚Ästhetiken der Traurigkeit' verwenden die befragten Jugendlichen die Codes *isyan* und *damar*.

In allen Gruppendiskussionen zur *arabesk*-Musik spielen diese beiden Codes oder zumindest einer der beiden eine wichtige Rolle. Anhand der Begriffe *isyan* und *damar* verdichten sich in den Gruppen oftmals Einigungsprozesse darüber, was *arabesk*-Musik für sie bedeutet. *Damar* bedeutet „Ader" (vgl. Steuerwald 1988: 254) und wird von den Jugendlichen auch so übersetzt. *Isyan* ist vordergründig politisch konnotiert und bedeutet, „Auflehnung", „Aufstand" oder „Aufruhr". Das Wort kann in einem religiösen Zusammenhang auch im Sinne von „Ungehorsam gegen Gott" oder „Sünde" verwendet werden (vgl. ebd.: 562). Von den Jugendlichen wird *isyan* hingegen durchgehend mit „Traurigkeit", „Liebeskummer" oder auch mit „Depression" übersetzt. Eine Assoziation mit äußerer oder innerer Auflehnung lässt sich nicht finden. Im fallübergreifenden Vergleich findet sich die teils deutliche, teils eher subtile Tendenz, die Traurigkeitsästhetik *damar* distinktiv von der minderwertigeren Traurigkeitsästhetik *isyan* abzugrenzen.

Damar: *Verortung des Musik-Erlebens im inneren physischen Körper*

In ihrem Sprechen über *arabesk*-Musik fällt auf, dass die Jugendlichen oftmals ein physisches Traurigkeitserleben betonen und sich dabei auf konkrete innere Anatomien konzentrieren. Gerade um höherwertigere und minderwertigere Traurigkeitsästhetiken zu differenzieren, spielt der Verweis auf die inneren Organe anhand des Codes *damar* eine zentrale Rolle.

366	**Int.**: (..) Ich spiele mal ein Stück an.
367	[*Int. spielt für ca. anderthalb Minuten den Song* Bulamadım *von Ibrahim Tatlıses an. Die*
368	*folgenden Dialoge bis einschl. 372 ereignen sich während des Songs.*]
369	**A3b**: (29) └Ibrahim Tatlıses, oder?┘
370	**A3b**: (34) └Also damar┘
371	**Int.**: (.) └Also damar?┘
372	**A3b**: └Ja, isyan, damar┘
373	**Int.**: (60) Woran denkt ihr spontan oder was löst die Musik spontan bei euch aus, wenn
374	ihr das hört?
375	**A3b**: Liebe, um ehrlich zu sein
376	**A3a**: Also bei mir, was er gesagt hat halt. Er meinte ja, ohne dich ist es so und so pas-
377	siert. Also ich stelle mir das auch gerade vor halt bildlich.
378	**A3b**: Ja, seine Situation stelle ich mir auch gerade vor, was alles passiert ist oder was
379	bei mir zum Beispiel passieren könnte mit einem Mädchen oder/
380	**Int.**: Also bestimmte Geschichten auch dann, okay
381	**A3b**: Oder eigene Geschichten, die zum Beispiel passiert sind.
382	**Int.**: Und was/ du meintest damar in dem Moment, wo hast du das in der Musik ge-
383	merkt oder gespürt?
384	**A3b**: So (.) wenn man schon die ersten drei, vier Zeilen hört, dann erwartet man schon
385	was so extrem Schlimmes so, sag ich mal so. Danach ist er sowieso abgegangen, also als
386	er dieses bulamadım gesagt hat, würden wir sagen, dort ist es richtig damar reingegan-
387	gen. Da ist es in die Ader reingegangen, in das Herz, könnte man sagen.

A3/Immanenter Nachfrageteil, App. 38: 328

Wie in den anderen Gruppendiskussionen spielte ich den Jugendlichen A3a und A3b an dieser Stelle den *arabesk*-Hit *Bulamadım* von Ibrahim Tatlıses vor. Diesen Song hatten mehrere Jugendliche in den Vorbefragungen als ihren Lieblingssong angegeben. Dieser Impuls und die sich daran anschließende Frage zielten darauf, noch mehr über die musikbezogenen Bedeutungszuweisungen der Jugendlichen herauszufinden.

Anhand des Songs *Bulamadım* beschreiben die beiden Jugendlichen A3a und A3b auf eine eindrücklich offene Art ihr Erleben von *arabesk*-Musik. Während des Musikhörens stellen sie eine äußerst enge Verbindung zwischen dem Textinhalt, den Erfahrungen des Sängers und eigenen Erlebnissen her. Diese Überblendung ereignet sich zum einen imaginär, über innere Bilder und Vorstellungen (A3: 376–379), zum anderen emotional, durch einen bestimmten Gefühlszustand, den A3b als *damar* charakterisiert. Dabei bezieht sich A3b insbesondere auf die Eröffnungspassage des Lieds, die – typisch für Ibrahim Tatlıses – an ein *uzun hava* angelehnt ist.

Mit *uzun hava* bezeichnet man eine Volksliedgattung, die im Gegensatz zu *kırık hava* freirhythmisch ist, einen melismatischen und descendenten Melodieduktus aufweist und dadurch in gewisser Weise dem Gebetsruf (*ezan*) ähnelt. *Uzun hava* werden oftmals mit gepresster Stimme vorgetragen, lediglich durch einen Bordun begleitet und bringen insbesondere Leid sehr affektgeladen zum Ausdruck (vgl. Reinhard & Jäger 1998: 1052, Reinhard & Reinhard 1984b: 16–20). Der Text dieser Passage lautet: *Sen gidince, öksüz kaldım, başımı belaya saldım olur olmaz kapı çaldım aşk aradım le, meşk aradım* („Als du fortgingst, blieb ich als Waise zurück, zügellos stürzten sich meine Gedanken auf mein Unglück, ich klingelte an allen möglichen Türen, ich suchte meine aufs Innigste Geliebte, ich suchte meine leidenschaftlich Geliebte." Übers.: JH).[102]

A3b parallelisiert den Textinhalt dieser Passage mit einer persönlichen Vorausschau, was mit einem Mädchen, in das er vermutlich verliebt ist, passieren könnte. Den Bordun der Streicher erlebt er als eine „extrem" (A3b: 385) unheilvolle Vorahnung. Die *uzun-hava*-Passage etikettiert er mit „*damar*" (A3b: 370, 386) und beschreibt den Gesang als ein ‚Abgehen' und als Eindringen in die „Ader" und ins „Herz" (A3b: 385–387). In einer anderen Passage ergänzt A3b noch, dass diese Musik „einen im Blut" (A3b: 416, App. 39: 328) treffe. Die Betonung der Körperlichkeit, insbesondere von solchen Organen, die eng mit Blut verknüpft sind, erinnert an die in der Türkei medial populär bisweilen zum Stereotyp gewordene *arabesk*-Rezeption von jungen Männern aus einem bestimmten Milieu (vgl. Kap. 3.1.1 und 3.1.3). Sie stammen eher aus dem Osten der Türkei, gehören der Unterschicht an und leben in den ärmeren Randbezirken der Großstädte. Bei *arabesk*-Konzerten verletzen sie sich selbst mit Rasierklingen, die, so ein verbreitetes Klischee, angeblich schon beim Eingang zu diesem Zweck verkauft werden. Im Kontrast zu ihrer Rezeptionskultur, bei der die Exzessivität und äußerliche Sichtbarkeit von Schmerz im Vordergrund steht, fällt bei der *arabesk*-Rezeption der Jugendlichen aus Berlin auf, dass sie auf *innerliche* und nicht auf *äußerliche* Körperlichkeit fokussiert ist. Die Betonung einer existenziellen Traurigkeit geht einher mit einem Habitus der Besonnenheit und der Erhabenheit über inneren Schmerz.

Exkurs: Ein Vergleich der Traurigkeitsästhetiken damar *und* hüzün

Die Traurigkeitsästhetik *damar* hat einen starken moralischen Charakter. Dies wird insbesondere dann deutlich, wenn man *damar* mit der Traurigkeitsästhetik *hüzün* vergleicht, die Orhan Pamuk in seiner Autobiographie *Istanbul. Erinnerungen an eine Stadt* ausgearbeitet hat. Dieser Vergleich bietet sich insbesondere deswegen an, weil Pamuk davon ausgeht, dass unter anderem auch *arabesk*-Musik auf dem speziellen Traurigkeitserleben *hüzün* basiere (Pamuk 2011: 123). Unter *hüzün* fasst Pamuk ein „die Stadt und ihre Bewohner vereinende[s] Gefühl" (ebd.: 112), das die Istanbuler_innen beim Anblick der sie umgebenden Landschaft unweigerlich erfasse.[103] Im Vergleich mit Claude Lévi-Strauss' Konzept der *tristesse*, das laut Pamuk

---

102 Es bleibt auch im weiteren Textverlauf unklar, ob sich die Geliebte vom lyrischen Ich getrennt hat oder gestorben ist. Im Video wird diese Unklarheit mit dem Tod der Geliebten gedeutet, vgl. das Video zu *Bulamadım* von Ibrahim Tatlıses auf: https://www.youtube.com/watch?v=v2x4B8nLP8c.

103 Als *hüzün*-Landschaften führt Pamuk, anknüpfend an die berühmt gewordenen Schwarz-weiß-Fotographien von Ara Güler, unter anderem folgende Beispiele an: „[…] an verwaisten Anlegestellen vertäute alte Bosporus-Dampfer, Schiffer, die beim Putzen auf einen kleinen Schwarzweißfernseher schielen und sich wohl bald auf dem Schiff zu einem kleinen Nickerchen zurückziehen werden, enge Pflasterstraßen, Kinder, die

„ein Gefühl [bezeichnet], das einen Menschen aus dem Westen überkommt, wenn er der bedürftigen Menschenmassen in den Großstädten tropischer Länder ansichtig wird" (ebd.: 122 f.), sei *hüzün* „nichts von einem Außenstehenden Empfundenes, sondern eine Reaktion des Istanbulers auf seine ureigene Lage" (ebd.: 123). Istanbul sei für seine Bewohner_innen eine Stadt, die sie an allen Ecken und Enden an die verloren gegangene Größe des Osmanischen Reiches erinnere. Die Überbleibsel werden weniger, wie in anderen europäischen Städten üblich, museal ausgestellt als zwischen Neubauten eingepfercht oder der Verwahrlosung überlassen. Es handle sich bei *hüzün* somit in gewisser Hinsicht um ein Gefühl der Melancholie, um eine Mischung aus Wehmut, produktiver Antriebslosigkeit und liebenswürdiger Tragik. Zugleich sei *hüzün* im Gegensatz zur Melancholie gerade kein auf ein Individuum fokussiertes Konzept, das „zu glücklicher Einsamkeit führe und die Fantasie befördere" (ebd.: 111), sondern ein die Gemeinschaft und kollektive Identität der Istanbuler_innen generierendes Gefühl. Es handle sich um eine Art selbstgewählten und selbstbewusst zur Schau getragenen Selbstmitleids. *Hüzün* sei etwas, dem Istanbuls Bewohner_innen beim Anblick ihrer Stadt ausgesetzt werden, wofür sie sich zugleich aber auch selbstbewusst entscheiden. Dieser kollektive Stolz auf die empfundene Traurigkeit knüpfe an die sufistische Tradition von *hüzün* an. Demnach handle es sich um ein „Gefühl der Unzulänglichkeit […], Gott nicht nahe genug zu sein und hienieden für Gott nicht genügend tun zu können" (ebd.: 109). Das Gefühl der unzureichenden Gottesnähe werde dabei positiv gewertschätzt. Ein Ausbleiben von *hüzün* sollte demgegenüber ein Anlass zur Bestürzung sein.

Mit der von den Jugendlichen beschriebenen *damar*-Ästhetik fallen folgende Gemeinsamkeiten mit *hüzün* im Sinne Pamuks auf: Auch sie beschreiben *damar* weniger als ein individuelles denn als ein kollektive Identität stiftendes Gefühl im Sinne eines Eingeweihtseins (vgl. A3b: „{…} also als er dieses bulamadım gesagt hat, würden *wir* sagen, dort ist es richtig damar reingegangen {…}", A3b: 385–387). Auch für sie ist *damar* etwas, dass sich beim Hören von *arabesk*-Musik unweigerlich und quasi von außen einstellt. Es handelt sich also nicht um einen Gefühlszustand, der bereits besteht und den die Musik dann lediglich rahmt. Und schließlich ist es auch für sie etwas Positives, sich mit *damar* identifizieren zu können und sich gegenüber Jugendlichen, die eine derartige Traurigkeit nicht empfinden können, abzugrenzen. *Damar* ist damit wie *hüzün* eine Traurigkeit, die mit Stolz und Würde verknüpft ist.

Der große Unterschied zu Pamuks *hüzün*-Konzept liegt in dem moralischen Moment. In den Beispielen, die Pamuk für *hüzün*-Landschaftsbilder anführt, scheint ein distanziert-betrachtender, soziales Elend romantisierender und letztendlich elitistischer Außenblick im Vordergrund zu stehen. Durch die rückwärtsgewandte ‚*hüzün*-Brille' blicke man auf ein Istanbul, das gerade aufgrund seiner gegenwär-

---

zwischen Autos Fußball spielen, Frauen mit Kopftuch, die mit Plastiktüten in der Hand an abgelegenen Haltestellen auf einen ewig nicht kommenden Bus warten, ohne miteinander ein Wort zu wechseln, leere Bootshäuser alter Bosporus-Villen, bis auf den letzten Platz mit Arbeitslosen gefüllte Teehäuser" (Pamuk 2011: 113).

tigen Verwahrlosung und Brüchigkeit auf tragische Weise liebenswürdig sei. Bei *hüzün* handle es sich um „eine Art beschlagene Scheibe, die zwischen dem Dichter und dem Leben steht" (ebd.: 124). Demgegenüber hat die Traurigkeitsästhetik nach dem Narrativ *damar* durch den Fokus auf den inneren physischen Körper einen existenziell-involvierten Charakter. Betont wird das Moment des leidgeprüften und ‚authentischen' Menschseins. Das dominierende Narrativ lautet: „Ich weiß, was es heißt, wirklich zu leiden, und ich trage es mit Würde". Darin wird eine Abgrenzung von traurigkeitsästhetischen Selbstinszenierungen deutlich, die entweder ‚nur äußerlich' bleiben oder die sich in Selbstmitleid oder Depressivität ergehen.

Bei *damar* handelt es sich um eine existenzielle und physisch akzentuierte Traurigkeitsästhetik, die erhaben ist. Ob entsprechend der Hypothese Pamuks wie bei *hüzün* auch zwischen *damar* und islamischen Traditionen Verbindungen bestehen, lässt sich aus dem vorliegenden Interviewmaterial nicht rekonstruieren. Insofern die Jugendlichen den tiefen inneren Schmerz, zugleich aber auch das Nicht-Exzessive und Erhabene betonen, ließen sich unter Umständen Verbindungen zu solchen islamischen Traditionen ziehen, die die Fähigkeit zu trauern wertschätzen, die aber zugleich exzessivere Traurigkeitsformen moralisch reglementieren. Zu denken wäre beispielsweise an den bekannten Ausspruch des Propheten Mohammed aus der Hadīṯ-Sammlung *Ṣaḥīḥ al-Buḫārī*: „Die Augen tränen, und das Herz trauert. Aber wir wollen nichts sagen, was unserem Herrn missfällt!" (Ferchl 1991: 175 f.).

Damar *als positiver Orientierungsrahmen,* isyan *als traurigkeitsästhetischer Gegenhorizont*

Wie bereits angedeutet wurde, unterscheiden die Jugendlichen beim Sprechen über *arabesk*-Musik anhand der Codes *isyan* und *damar* verschiedene Ästhetiken der Traurigkeit. In allen Gruppendiskussionen lässt sich eine teils deutliche, teils subtile Distinktion der Traurigkeitsästhetik *damar*, die von den Jugendlichen eindeutig mit *arabesk*-Musik identifiziert wird, gegenüber *isyan* beobachten. Bis auf die Gruppe A3 (s. u.) wird *isyan* in allen Gruppendiskussionen als ein Code für einen schlechten oder zumindest fragwürdigen Musikgeschmack verwendet, wohingegen *damar* durchgehend positiv bewertet wird. Eine deutliche Distinktion zwischen *damar* und *isyan* und mit ihnen verknüpften Traurigkeitsästhetiken findet sich beispielsweise in der Gruppendiskussion A2.

1148	**Int.:** Damar, okay (..) und wie ist das, das kam hier ja häufiger mal vor, mit dem Begriff
1149	isyan?
1150	**A2c:** Ja (unv.), isyan/
1151	**A2a:** ⌐Ja, isyan⌐
1152	**A2b:** ⌐Isyan,⌐ das heißt Liebeskummer.
1153	**A2a:** Isyan heißt, ja
1154	**A2c:** ⌐Isyan heißt Kummer.⌐
1155	**A2a:** Kummer einfach
1156	**Int.:** Ist das ein Begriff, den ihr auch benutzt, oder?

1157	**A2b**: Ja, ja
1158	**A2a**: Früher habe ich es immer benutzt, also da, wo ich noch jünger war, da habe ich
1159	mir immer/
1160	**A2b**: └Ja [langgezo-
1161	gen]┘
1162	**A2a**: Ich schwöre, das war ich in der Sechsten.
1163	**A2b**: @[lachen]@ Ich schwöre.
1164	**A2c**: └(Unv.)┘
1165	**A2a**: └In der sechsten┘ siebten Klasse, da dachte ich schon, ich bin erwach-
1166	sen und so. Da habe ich zum Beispiel so komische Lieder gehört, und sie hatten dann
1167	viel mit isyan zu tun.
1168	**A2b**: └@[.]@ Komische Lie-
1169	der┘
1170	**Int.**: └Komische Lie-
1171	der?┘ (.) Was meinst du damit?
1172	**A2a**: └Ja, also türkische┘ Lieder, aber, die hier aufgenommen wurden in
1173	Deutschland, also in Berlin zum Beispiel. Da gab es eine Frau, sie hieß Arsız, oder so,
1174	kennen Sie sie noch?
1175	**A2b**: Ach so, ja, dieser deutsche Rap, also diese deutschen Sänger halt, Untergrund
1176	**A2a**: └Deutsche┘ Sänger,
1177	aber die Türkisch singen, also hier, also nicht aus Deutschland
1178	**A2b**: └Halt dieser Untergrund┘ -Rap
1179	**A2a**: Ja, ja, die eigentlich gar keine CDs verkaufen, nur so in YouTube stellen, mehr
1180	nicht. Also die verdienen auch gar nichts, so. So halt viele unbekannte Lieder, und die
1181	haben dann viel mit isyan zu tun.
1182	**A2c**: Also der Vater meines Onkels, er war Sänger früher, er hat auch viele Alben. Er ist
1183	aber nicht so beliebt meinetwegen, also wie Ibrahim Tatlıses. Aber er hat es auch hier
1184	in Deutschland aufgenommen, Türkisch und so, isyan-Lieder.
1185	**A2b**: Und?
1187	**A2c**: (..) Was und? @[schnaubend]@
1188	**A2b**: @[schnaubend]@
1189	**Int.**: Und was heißt isyan, wie würdet ihr das übersetzen?
1190	**A2b**: └Kummer┘ (.) das heißt ja so, eins zu eins Kummer.
1191	**A2c**: └Das sind┘ halt
1192	so diese traurigen Lieder so.
1193	**A2a**: Entweder du hast, also Sie, sorry, entweder Sie haben Probleme mit der Familie
1194	oder/
1195	**A2b**: └@[.]@┘
1196	**A2c**: └@[.]@┘
1197	**A2a**: Oder Sie haben gerade Ihre große Liebe verloren oder sonst was, da hören Sie halt
1198	isyan-Lieder.
1199	**A2c**: └Sind wie kleine Kinder┘
1200	**A2b**: └@[schnaubend]@┘
1201	**A2c**: └(Unv.) [geflüs-
1202	tert]┘
1203	**A2b**: Zum Beispiel er
1204	**A2a**: (.) Nee, ich höre mir so was nicht an, also früher das war so/
1205	**A2b**: Zeig Dein Handy! @[.]@
1206	**A2c**: @[lachen]@
1207	**A2a**: Vallah, ich habe nur vier Lieder oder so auf meinem Handy.

1208	**A2b:**	⌐@[lachen]@˩

1209   **A2c:** Sen beni verebilir mi? [Übers.: Kannst Du es mir geben?]

1210   **A2b:** (.) @[.]@

1211   **A2c:** @[.]@

A2/Exmanenter Nachfrageteil, App. 28: 315f.

Die Distinktionen zwischen *damar* und *isyan* werden in A2 sehr deutlich artikuliert. *Isyan* bildet einen Gegenhorizont, sowohl um *arabesk* von anderen Stilen zu unterscheiden als auch um die eigene traurigkeitsästhetische Subjektposition von anderen abzugrenzen. A2a, A2b und A2c erwähnen von sich aus nur den Code *damar*, *isyan* hingegen nicht. In dieser Interviewpassage, der ein Gespräch über *damar* vorausging, frage ich nach *isyan* exmanent nach.

Wie auch in anderen Gruppendiskussionen besteht Einigkeit darüber, dass man *isyan* mit „Liebeskummer" oder einfach nur mit „Kummer" übersetzen kann (vgl. A2: 1152–1255). Ein Konsens besteht auch dahingehend, dass *isyan*-Lieder mit für sie fragwürdigen Identitätsinszenierungen einhergehen. Mit *isyan* assoziieren sie Jugendliche, die nur so tun, als wären sie schon erwachsen (vgl. A2a: 1165–1167 und A2c: 1199). Das Hören von *isyan*-Liedern bringen sie somit mit ‚Täuschung', ‚So-tun-als-ob', fehlender ästhetischer Reife und mit einem ‚nicht authentischen' Innen (vgl. Kap. 3.2.1) in Verbindung. A2a bezeichnet Musik, die er mit *isyan* assoziiert, als „komische Lieder" (A2a: 1166) und distanziert sich damit von dieser Stilrichtung. Auf meine Nachfrage, was er genau mit ‚komischen Liedern' meint, wird neben dem Aspekt der fehlenden Reife noch eine weitere, natio-ethno-kulturelle Distinktionsebene angeführt (A2: 1172–1184). Mit Kennzeichnungen wie „diese deutschen Sänger halt" (A2b: 1175) und der Erklärung, dass *isyan*-Lieder im Gegensatz zu Ibrahim Tatlises' Stücken nicht in der Türkei, sondern in Deutschland produziert worden und aus diesem Grund auch „nicht so beliebt" (A2c: 1180 f.) seien, wird ihnen eine mindere Qualität bescheinigt. Gute ‚türkische' Musik, so lautet das Narrativ, werde letztendlich in der Türkei und zwar von ‚Türk_innen' und nicht etwa von ‚Deutschtürk_innen' bzw. von *Almancı*, so wie sie in der Türkei pejorativ bezeichnet werden, hergestellt.[104]

---

104 Die Jugendlichen orientieren sich hier an einem Narrativ, das laut dem Musikwissenschaftler Martin Greve für das ‚deutsch-türkische' Musikleben im Sinne eines „Mythos der Türkei" (Greve 2003: 121) typisch ist: „Das gegenwärtige türkische Musikleben in Deutschland wird bestimmt durch eine starke Orientierung an Musik und Musikleben der Türkei. Gute Musik, so scheint es breiter Konsens zu sein, gibt es nur in der Türkei, und wer es als Musiker wirklich ernst meint, muss wohl oder übel nach Istanbul gehen. Wie in einer Art kollektivem Minderwertigkeitskomplex wird (türkische) Musik aus Deutschland dagegen meist geringgeschätzt, und kaum jemand ist bereit, für gute Musik oder gar eine musikalische Ausbildung in Deutschland ernsthaft Geld auszugeben" (ebd.: 93). Dieser Mythos mache sich „gerade beim *saz*-Kauf […] besonders stark bemerkbar. Für Anfänger mag ein in Deutschland gekauftes oder gar hergestelltes Instrument ja noch angehen, eine ‚richtige' *saz* aber muss dann doch aus der Türkei

Als ein konkretes Beispiel für diese ‚nicht ernsthaften‘, ‚nicht authentisch‘ traurigen, ‚nicht reifen‘ und ‚nicht wirklich türkischen‘ *isyan*-Lieder erwähnt A2a die aus Braunschweig stammende Sängerin Arsız (mit bürgerlichem Namen Yasemin Kaya). Einige ihrer Musikstücke erinnern an den Stil des Sängers Muhabbet, eine Mischung aus *arabesk* und R'n'B, den dieser als R'nBesk bezeichnet.[105] Auf Arsız' türkischsprachiger Homepage wird ihr von Muhabbet, mit dem sie zusammen das Lied „Gib mir Licht" gesungen hat, ihr Talent bescheinigt.[106] Im überwiegenden Teil ihrer Stücke werden laut ihrer Homepage die selbstgeschriebenen Gedichte der Sängerin verwendet.[107] Die Rezitation verläuft – im Gegensatz zum Hip-Hop – unrhythmisiert, so dass die instrumentale Rahmung und ihr ‚Gesang‘ relativ unverbunden erscheinen. Ihre durch den rezitativen Stil auch ein wenig an Volkan Konak erinnernden Songs werden mit Einwürfen von Instrumenten durchsetzt, die ihnen einen ‚türkischen‘, ‚orientalischen‘ und ‚arabesken‘ Anstrich verleihen: zum Beispiel *saz*, *kanun* oder synthetische Streicher. Auf ihrer Website wird ihr Stil mit der Kategorie „Oriental-Fantezi-Rap" in Verbindung gebracht.

Es wird nicht ganz deutlich, ob auch die Jugendlichen A2b und A2c mit ihrer Abgrenzung von *isyan*-Liedern die gleiche Musik assoziieren wie A2a. Welche Musik der Vater des Onkels von A2c macht, bleibt an dieser Stelle ebenso offen wie die Frage, ob A2b mit „Untergrund-Rap" (A2b: 1178) tatsächlich Sänger_innen wie Arsız im Kopf hat.[108] Gerade vor diesem Hintergrund ist umso erstaunlicher, dass ihnen

---

kommen. Dabei ist ein Transport der empfindlichen Holzinstrumente aus dem feuchten Istanbul in das trockene deutsche Klima durchaus riskant" (ebd.: 121).

105 Vgl. die Titel von Muhabbets Alben „R'nBesk" (2006) oder „R'nBesk – In deinen Straßen" (2007).

106 Siehe http://arsiz.de.be, Muhabbets Aussage unter „About".

107 Ein Song von Arsız trägt tatsächlich den Titel *Isyan Ediyorum* („Ich lehne mich gegen das Schicksal auf"). Das Lied beschreibt den *isyan*-Zustand zu Beginn wie folgt: *Bir isyandır bu, en sevdiklerime suskun bir duvardır kalbım artık, her gelen yeni sevgilere, geçmişimde de geleceğimde de bir nefret var içimde, yaşayamadığım en mahsum gençliğimin intikamı yer etmiş beynimde (...). Yani neden bağlayım ki yalan dünyanın sahte sahnelerine kendimi, kendimi teselli eder gibi inanayım bu sefer değişecek herşey diye, ne değişecek ne hayatın düzeni mi değişecek, dünya artık tersine dönecek, yoksa zalım kader beni mi ödüllendirecek, bırak yaaa (...)* [„Das ist der *isyan*-Zustand: Mein Herz ist gegenüber meinen Geliebten wie eine schweigende Wand, auch gegenüber allen neu auftauchenden Geliebten, sowohl in der Vergangenheit als auch in der Zukunft ist in meinem Inneren dieser Hass, die Rache dafür, dass ich meine unschuldige Jugend nicht erleben konnte, hat von meinem Gehirn Besitz ergriffen (...). Warum soll ich mich an die gefälschten Bühnen dieser Lügenwelt fesseln? Sie sagen, dieses Mal wird sich alles ändern, als wäre das ein Trost! Was wird sich verändern? Wird sich die Ordnung des Lebens verändern? Wird sich die Welt in ihr Gegenteil verkehren? Oder wird mich das grausame Schicksal gar belohnen? Hör bloß auf! (...)", Übers.: JH].

108 A2bs irritierende Bezeichnung ‚Untergrund-Rap‘ scheint sich an dieser Stelle tatsächlich auf Songs des R'nBesk oder ‚Oriental-Fantezi-Rap‘ zu beziehen, weckt aber auch Assoziationen mit politischen Rapper_innen in der Türkei, die in den Außenbezirken von Großstädten leben und in ihren Songs unter anderem ihre prekäre Lebenssituation

aber ein gemeinsamer traurigkeitsästhetischer Abgrenzungshorizont für die Musik, die sie hören, klar zu sein scheint. Neben dem Konsens, dass *isyan*-Musiker_innen nicht erfolgreich, wenig anerkannt und ‚deutsch‘ seien, ist es vor allem die von ihnen und ihren Rezipient_innen verkörperte Traurigkeitsästhetik, die man nicht ernst nehmen könne. Die Lieder seien zwar auch ‚traurig‘, allerdings handle es sich um eine ästhetische Inszenierung von vergleichsweise banalen Problemen wie „Probleme[n] mit der Familie“ (A2a: 1193) oder die „große Liebe verloren [zu haben]“ (A2a: 1197). Insbesondere zeigt sich in der Unterstellung A2bs, A2a höre womöglich immer noch diese *isyan*-Lieder, sowie in A2bs anschließenden Verteidigungsversuchen (z. B.: „Vallah, ich habe nur vier Lieder oder so auf meinem Handy“, A2b: 1207), dass Selbstinszenierungen anhand des Begriffs *isyan* von schlechtem Geschmack zeugen. Die gruppenbildende Wirkmächtigkeit von ‚richtiger‘ und ‚falscher‘ Traurigkeitsästhetik vollzieht sich in dieser Gruppendiskussion nicht nur in der Abgrenzung zu einem gemeinsamen Außen, d. h. zu Jugendlichen in ihrem Umfeld, sondern auch in Form von Distinktionen innerhalb der Gruppe. *Isyan* bildet somit nicht nur einen Code, um *arabesk* von anderen Musikstilen zu unterscheiden, sondern auch um einen ‚schlechten‘ Musikgeschmack von Jugendlichen zu definieren und anhand von ästhetischen Urteilen soziale Zugehörigkeit zu markieren.

Anders als *isyan* stellt *damar* in der Gruppe A2 einen eindeutig positiven Orientierungsrahmen dar. Mit diesem Code wird ein authentisches, existenzielles und körperlich involviertes, zugleich aber ernsthaft-erhabenes Traurigkeitserleben von *arabesk*-Musik zum Ausdruck gebracht, wie das folgende Beispiel zeigt.

1238	**Int.:** Und damar, wie würdet ihr das übersetzen?
1239	**A2b:** ∟Damar⌋ das ist so halt Ibrahim Tatlıses.
1240	**A2a:** ∟Und⌋ zum Bei-
1241	spiel
1242	**A2b:** Ibrahim Tatlıses, dieses *Bulamadım*, oder von Ibrahim Tatlıses *Bir kulunu cok*
1243	*sevdim*
1244	**A2c:** ∟*Batsın bu dünya*⌋
1245	**A2a:** Ja, *Bulamadım* ist schon so ein bisschen damar, weil/
1246	**A2c:** ∟(unv.) *Batsın bu dünya*⌋
1247	**A2b:** ∟Ja, ja⌋
1248	**A2a:** Er hat ja extrem viele Probleme in diesem Lied. Oder zum Beispiel damar ist auch
1249	von Kırvıcık Ali, er hatte mal so ein Lied, es hieß *Annem*, glaube ich.
1250	**A2b:** Das heißt *Şafak türküsü*.
1251	**A2a:** ∟Ja, und da⌋ sagt er, dass er seine Mutter sehr vermisst, oder so.
1252	**A2c:** ∟@[lachen]@⌋
1253	**A2a:** Zum Beispiel damar ist, wenn man eine bestimmte Person hat, die man verliert,
1254	und dann so/

zum Ausdruck bringen. Überwiegend werden diese eher unbekannten Raps über Internetplattformen verbreitet und dabei des Öfteren mit *isyan* – in diesem Fall tatsächlich im politischen Sinne als Rebellion verstanden – gelabelt. Eine bekannt gewordene Gruppe ist Tahribad-ı İsyan aus dem ehemaligen Roma-Viertel Sulukule, das seit 2007 erheblich von Gentrifizierung, Umsiedlung und Abriss betroffen ist.

| 1255 | **A2b:** | ⌐(unv.)⌐ |
| 1256 | **A2a:** | ⌐schnalzt, dabei |

1257 den Kopf in den Nacken werfend und die Augenbrauen hochziehend]⌐ [109]

1258 **A2b:** ⌐Damar ist halt⌐ wenn das Lied jemanden berührt, wenn man richtig darüber

1259 nachdenken muss, und so, dann (unv.)

| 1260 | **A2a:** | ⌐Ja, also wenn/⌐ |

1261 ⌐(.) Und Lieder, die zum Beispiel⌐ über einen Toten sind, so, das ist damar,

1262 was einen extrem berührt so.

A2/Exmanenter Nachfrageteil, App. 29: 316f.

Wie bereits in der Gruppendiskussion A3 wird auch in A2 das Lied *Bulamadım* von Ibrahim Tatlıses, das ich bei allen Gruppeninterviews vorgespielt habe, als *damar* bezeichnet (vgl. u. a. A2: 508–513, App. 24: 308). A2a, A2b und A2c sind sich darüber einig, dass *damar* im Gegensatz zu *isyan* solche Stücke kennzeichnet, die mit ‚wirklich' existenziellen Problemen zu tun haben, beispielsweise mit dem Verlust oder Tod einer geliebten Person. Als Beispiel nennen sie unter anderem den *arabesk*-Klassiker *Batsın Bu Dünya* („Diese Welt soll untergehen") von Orhan Gencebay aus dem Jahr 1973, den später auch Ibrahim Tatlıses gesungen hat. Es handelt sich also nicht um eine oberflächliche Traurigkeit wie bei *isyan*, sondern um etwas, „was einen extrem berührt" (A2a: 1262) und über das man „richtig […] nachdenken muss" (A2b: 1258 f.), um eine Traurigkeit also, die etwas mit einem ‚authentischen Innen' zu tun hat.

Der traurigkeitsästhetische Konsens wirkt sich in gruppendynamischer Hinsicht in den verschiedenen Interviews unterschiedlich aus. Innerhalb der Gruppendiskussion A2 nutzen A2b und A2c die Codes *isyan* und *damar*, um A2as musikgeschmackliche Glaubwürdigkeit in Frage zu stellen. So hat es in der vorangegangenen Passage den Anschein, als würden sie A2as Verständnis von *damar* immer wieder korrigieren (vgl. bes. A2: 1250, 1252 und 1256). Noch deutlicher wird diese Dynamik etwas später. A2b und A2c bringen A2a in eine Verteidigungsposition und verlangen von ihm Beweise, dass er tatsächlich keine *isyan*-Lieder mehr hört (vgl. A2: 1156–1167 und 1189–1211, App. 28: 315 f.). Mit dieser Distinktion zu A2a bestätigen A2b und A2c einander gegenseitig ihre Freundschaft. Mittels der Verdächtigung, dass einer aus der Gruppe die *isyan*-Ästhetik verkörpere, wird in A2 somit eine Beziehungsasymmetrie auf einer ästhetischen Ebene ausgehandelt und gefestigt.

Auch in der Gruppendiskussion A1 (A1,1 und A1,2, vgl. Kap. 2.2.4) wird zum Thema gemacht, dass ein Mädchen (A1b) neben *arabesk* anscheinend auch noch Musik hört, die sie selbst und alle anderen in der Gruppe als *isyan* labeln.

1492	**Int.:** Und ist viel von der Musik isyan, die ihr hört, oder?
1493	**A1d:**	⌐Eher nicht so⌐
1494	**A1b:** Nein (sehr langgezogen)
1495	**A1d:** ⌐Bei mir⌐ eigentlich nicht

---

109 Das Schnalzen, oftmals in Verbindung mit einem Hochziehen der Augenbrauen und des Kinns, signalisiert im Türkischen ein deutliches ‚Nein'.

1496	**A1a**: Bei mir auch nicht (.)
1497	**A1b**: [schnalzt, dabei den Kopf in den Nacken werfend und die Augenbrauen hochzie-
1498	hend]
1499	**A1a**: @[lachen]@
1500	**A1c**: ⌐@[lachen]@⌐
1501	**Int.**: ⌐@[lachen]@⌐

A1.1/Exmanenter Nachfrageteil, App. 16: 296

Wie in A2 kommt auch in diesem Interviewausschnitt zum Ausdruck, dass *isyan* eher als ein minderwertiger oder zumindest zwiespältiger ästhetischer Orientierungsrahmen der Gruppe angesehen wird. A1d und A1a verneinen, dass sie *isyan*-Lieder hören. A1b gibt dies hingegen zu, zunächst mit einem ironisch gesprochenen „Nein", das sie anschließend noch einmal gestisch untermauert. Damit scheint A1b den anderen gegenüber quasi das Bekenntnis abzulegen, auch solche Stücke gern zu hören, die innerhalb der Gruppe eher für ‚schlechten Musikgeschmack' stehen. A1b signalisiert der Gruppe mit ihrem deutlich artikulierten ‚Geständnis' zweierlei: Zum einen, dass sie sich im Sinne einer „authentische[n] Inszenierung" (Jacke 2013: 71, vgl. Kap. 3.2.1) von einem Wahrhaftigkeitsanspruch dieser Musik distanziert, zum anderen, dass sie den ästhetischen Konsens der Gruppe, was guten Musikgeschmack ausmacht, eigentlich teilt. Wie am Lachen von A1a und A1c erkennbar wird, bildet das Hören von *isyan*-Liedern hier im Gegensatz zu A2 kein Kriterium für die Zugehörigkeit zur Gruppe. Ganz im Gegenteil: Dass A1b ihren ‚schlechten Geschmack' zugibt, wird offenkundig eher als ein Vertrauensbeweis der freundschaftlichen Bindung zu A1a und A1c angesehen.

Im Hinblick auf den Umgang mit der *isyan*-Kategorie besteht ein weiterer Unterschied zwischen A1 und A2. A1c bringt *isyan* mit einer Situation in Verbindung, in der jemand gestorben ist (vgl. A1c: 1491, App. 16: 296). Dies ist für die Jugendlichen in A2 hingegen gerade ein Beispiel für *damar* bzw. für *arabesk*-Musik und ein Kriterium, mit dem sie diese von der alltäglichen und kindischen Traurigkeitsästhetik im Sinne von *isyan* abgrenzen (vgl. A2: 1261 f., App. 29: 317). Zu erklären ist dieser Widerspruch damit, dass die Jugendlichen in A1 im Kontrast zu A2 *isyan* weniger mit einer oberflächlichen als vielmehr mit einer „übertriebenen" (A1: 1115–1117, App. 14: 294) und exzessiven Traurigkeitsästhetik assoziieren, mit Selbstinszenierungen von Depressivität, extremer Verzweiflung oder Am-Boden-Zerstörtsein (A1,1: 339–351, App. 8: 285 f. und A1,1: 1484–1489, App. 16: 296). Dies macht noch einmal deutlich, dass sich die Unterscheidung zwischen *isyan* und *damar* weniger aus den Gründen ableitet, warum jemand traurig ist, als aus der Frage, wie mit dieser Traurigkeit umgegangen wird, wie sie gezeigt bzw. inszeniert wird.

Hinsichtlich der Frage, was die Traurigkeitsästhetiken *isyan* und *damar* voneinander unterscheidet, findet sich im Nebenkorpus, insbesondere in den Gruppendiskussionen R2 und TP, noch weiteres sehr aufschlussreiches Material. In den Vorbefragungen hatten die drei Mädchen aus TP kein Interesse an *arabesk*-Liedern, dafür aber an aktueller, langsamer türkischsprachiger Popmusik angegeben (Interpreten wie Murat Boz, Rafet El Roman oder Ardahan). Wie die Gruppe A1 nannten auch

131

sie den Interpreten Halil Sezai als ein typisches Beispiel für *isyan*-Lieder (vgl. A1b: 1218, App. 15: 295 mit TP: 230–241, App. 65: 352), vor allem seinen Song *Isyan* von dem Album *Seni beklerken* (2011).[110] Wie bereits die Gruppe A1 bewertet auch die Gruppe TP Halil Sezais *isyan*-Lieder zwiespältig. Präferenzbekundungen zu seiner Musik gehen auch bei ihnen immer mit Distanzierungssignalen einher (vgl. TP: 292–312, ebd.: 353). Diese Ambivalenz hängt eng mit der spannungsvollen semantischen Bandbreite von *isyan* zusammen. Wird die Traurigkeitsästhetik *damar* auch in der Gruppendiskussion TP durchweg positiv bewertet und relativ eindeutig definiert, kennzeichnet *isyan* ein auf den ersten Blick diffus erscheinendes und zwischen mehreren Assoziationen oszillierendes Bedeutungsgemenge.

Erstens steht *isyan* den Jugendlichen aus R2 und TP zufolge für ein Gefühl des Liebeskummers oder des Trennungsschmerzes („Nachdem man Schluss gemacht hat", TPa: 284f., ebd.). *Isyan* zu sein bedeutet damit zugleich auch, ein bestimmtes soziales Kapital zu besitzen. Indem man seinen Gefühlszustand nach außen mit *isyan* rahmt, kann man signalisieren, dass man zu denen dazugehört, die im Hinblick auf Verliebtheit und Trennungsschmerz erfahren sind.

Zweitens kann *isyan* in Bezug auf ganz verschiedene, eher banale unangenehme Situationen und Probleme verwendet werden und wird dabei offensichtlich inflationär gebraucht („bei uns so berühmt bei den Jugendlichen so", TPb: 241, ebd.: 352): beispielsweise wenn einem Geld fehlt (R2a: „{…} du willst was zu essen kaufen und sag/ hast/", R2b: „Mir fehlen 10 Cent", R2a: „Ja, dann sagst du isyan, das ist/ ich hab das Geld nicht", vgl. R2: 1200–1204, App. 59: 346), wenn etwas kaputt ist (R2b: „Ja isyan, dein iPhone ist kaputt gegangen", R2a: 1208, ebd.) oder bei Lustlosigkeit („Zum Beispiel, ich habe keine Lust auf Unterricht, ich sage isyan", TPa: 211, App. 65: 351). Bei Letzterem signalisiert man mit *isyan* gegenüber gesellschaftlichen oder

---

110 In Halil Sezais Musik wird der in den Texten beschriebene Zustand des ‚inneren Brennens' in einer – im Sinne von Moores *first person authenticity* – ‚authentischen' *unplugged*-Atmosphäre inszeniert. Oftmals wird sein Gesang lediglich durch eine Akustikgitarre begleitet, mitunter gibt es unbegleitete Gesangspassagen. Seinen Gesangstil kennzeichnet neben seiner heiseren Stimme, dass er Konsonanten de-artikuliert und Vokalfarben häufig verzerrt, was seiner Gesangsperformance einen ‚lallenden' Charakter verleiht. Die Melodieführung ist oftmals durch monoton-kreisende sowie gelegentliche mikrotonale Ausbrüche gekennzeichnet. Sein augenscheinlich unter den Jugendlichen bekanntestes Stück *Isyan* hat folgenden Textinhalt: *Benim bu derdim, ne yağan yağmurda, ne yalancı sonbaharda, ne bomboş sokaklarda, kırılmış her yanım, kaybolur zaman saçlarında, gözlerim sokaklarda, sebebi isyan aşkım, içim yanar, içim kanar da isyan! geriye bir avuç yalan, beni bu derde sen attın da, gittin ya kafam hep duman* [„Dieser Schmerz ist mein steter Begleiter, sowohl im runterprasselnden Regen, im verlogenen Herbst, als auch in den restlos leeren Straßen, alles um mich herum ist zerbrochen, die Zeit verliert sich in deinen Haaren, meine Augen verlieren sich auf den Straßen, die Ursache dafür ist meine *isyan*-Liebe, mein Inneres brennt, mein Inneres blutet *isyan*, zurück bleibt eine Handvoll Lügen, du hast mich in dieses Leid so richtig hineingeschleudert, bist gegangen und ich bin nun ständig betrunken." (Übers.: JH)].

alltäglichen Pflichten wie „Fitness", „Brot kaufen" oder „früh aufstehen" (vgl. TP: 252–266, ebd.: 352 f.) einen lässigen Lebensstil und eine gewisse Unangepasstheit.

Drittens – und dies ist laut den Gruppen TP und R2 die ,eigentliche' Bedeutung des Wortes – steht *isyan* für eine depressive und exzessive Traurigkeit bis hin zur Suizidalität (vgl. TP: 195–206, ebd.: 351 und R2: 1209–1211, App. 59: 346). Auf dieser Bedeutung beruht die Zwiespältigkeit, aber auch die Attraktivität von *isyan*. So besteht ein Reiz darin, banale Zustände zu ironisieren und ihnen eine komische, überzogen dramatische und ästhetisierte Dimension zu verleihen. Das Risiko für die Person, die ein Erlebnis als *isyan* inszeniert, besteht allerdings darin, mit der ,wahren' Bedeutung von *isyan*, d. h. mit einer depressiven und exzessiven Traurigkeitsästhetik, identifiziert zu werden. Gerade durch die Verknüpfung mit Selbstmordfantasien kann der Begriff nahe an die Grenzen eines gemeinsamen moralischen Wertekanons geraten. Mit Formulierungen wie „ist was Schlechtes" (TPa: 271, App. 65: 353), „Eigentlich, aber es wird nicht so benutzt" (TPc: 272, ebd.), „Zum Beispiel die Älteren würden das Wort nicht benutzen" (TPa: 236, ebd.: 352) oder – in Bezug auf ihre Lieblingssänger_innen – „Aber die machen kein *isyan*, nicht dass Sie falsch denken @[lachen]@" (TPa: 187, ebd.: 351) wird deutlich, dass die ,eigentliche' Bedeutung von *isyan* dem moralischen Normenrahmen der Gruppe TP entgegensteht und der Begriff erst vor diesem Hintergrund spielerisch oder provokativ eingesetzt werden kann.

Der vielschichtigen, spannungsvollen und uneindeutigen Traurigkeitsästhetik *isyan* steht der Code *damar* in seiner Eindeutigkeit und moralischen Integrität gegenüber. Wenn auch teilweise ausgesagt wird, dass die Begriffe „[f]ast das Gleiche" meinen (TPa: 1327, App. 67: 355), existieren feine Unterschiede, die auch in den *arabesk*-Gruppen bedeutsam sind. *Isyan* bildet der Tendenz nach einen Gegenhorizont zu *arabesk*-Musik, wohingegen die Traurigkeitsästhetik *damar* einen durchweg positiven Orientierungsrahmen für *arabesk*-Musik darstellt. *Damar* bildet ein älteres Wort, das auch Erwachsene benutzen, wohingegen *isyan* ausschließlich von Jugendlichen verwendet wird (vgl. TP: 1316–1328, ebd.). *Isyan* kann sich dementsprechend auf sehr verschiedene, vor allem aber auf aktuelle Musikstile beziehen, *damar* ist hingegen auf die ältere *arabesk*-Musik beschränkt. Damit geht einher, dass *isyan* im Gegensatz zu *damar* auch von Jugendlichen verwendet wird, die keine türkischsprachige Musik präferieren geschweige denn Türkisch verstehen.[111] Im Kontrast zu *isyan* steht *damar* für eine aufrichtige, menschlich-existenzielle, nicht exzessive, sondern erhabene, würdevolle und reife Traurigkeit. Stellt *isyan* eher eine „äußerlich[e]" Traurigkeit dar, die „man so zeigen" kann (TPb: 1314 f., ebd.), kommt die *damar*-Traurigkeit aus dem inneren Körper (TPa: „vom Blut so", TPc: „so richtig so innerlich", vgl. TP: 1299–1310, ebd.). *Damar* wird somit als etwas konstruiert,

---

111 Darauf verweist das Einzelinterview mit dem Mädchen Ry, die in erster Linie Rap-Musik hört und nicht mit türkischer, sondern mit deutscher und arabischer Sprache aufgewachsen ist. Sie verwendet *isyan* als „ein[en] Status, wo man traurig ist, deprimiert, so was halt" (Ry: 84 f., App. 74: 360). Mit *isyan* verbindet sie insbesondere „traurigen Rap" (Ry: 103, App. 75: 360).

das einem durch die Musik widerfährt und damit weder bei den Hörenden bereits vorhanden noch von ihnen irgendwie inszeniert werden kann. Ausgehend von einem traurigen Gefühlszustand können ganz unterschiedliche Lieder und Stile als *isyan*-Musik konstruiert werden, wohingegen die *damar*-Traurigkeit quasi aus der *arabesk*-Musik selbst heraus spricht und sich ausschließlich in der Rezeption dieser Musik offenbart.

Subjektivierung von arabesk-*Musik*

Im Gegensatz zu den anderen Gruppendiskussionen, in denen deutliche Unterschiede zwischen den Traurigkeitsästhetiken *damar* und *isyan* hervortreten, erscheinen beide in A3 mehr oder weniger als „Synonymbegriffe" (A3a: 335, App. 37: 327). Allerdings sehen auch A3a und A3b bei *damar* und *isyan* ‚feine Unterschiede'. Wie im folgenden Interviewabschnitt deutlich wird, handelt es sich für sie bei *isyan* überwiegend um einen Traurigkeitszustand, der bereits vorliegt und von der Musik anschließend gerahmt wird.

31	**Int.:** (.) Könnt ihr noch mal so Beispiele geben von Situationen, wo ihr bestimmte Stü-
32	cke hört, vielleicht irgendeine konkrete Situation, die euch einfällt?
33	**A3b:** Zum Beispiel ja (.) du bist zuhause, du sitzt, du schreibst mit deiner Freundin, falls
34	man eine hat. Oder du bist verliebt in ein Mädchen und schreibst mit ihr und danach,
35	irgendwie ihr streitet euch, nach diesem Moment halt, man hört dann so solche türki-
36	schen Lieder, sage ich mal, man ist traurig, dies, das.
37	**A3a:** ⌐@[schnaubend]@⌐
38	**Int.:** Und ist das dann eher, also die Musik bewirkt diese Stimmung oder du bist vorher
39	schon in der Stimmung und die/
40	**A3b:** ⌐Man⌐ halt/ man ist in dieser isyan-Stimmung, sage ich mal.
41	Sie wissen vielleicht, was es bedeutet.
42	**Int.:** (.) Mhm, nee, nicht ganz
43	**A3b:** ⌐Also⌐ isyan heißt so traurig, könnte man sagen, so Liebeskum-
44	mer übersetzt. Dann ist/ wenn man schon in dieser Stimmung ist, dann hört man diese
45	Lieder sozusagen. Die tun dann gut, man kriegt den Kopf frei sozusagen.
46	**Int.:** Was heißt, tut/ was tut gut an den Liedern?
47	**A3b:** Ich weiß nicht, irgendwie das hat so/ (.) irgendwie so wie Medizin für uns heutzu-
48	tage, um ehrlich zu sein.
49	**A3a:** ⌐@[schnaubend]@⌐
50	**A3b:** Ohne Musik kommt man irgendwie nicht aus.

A3/Immanenter Nachfrageteil, App. 33: 322

Mit den Formulierungen „Ohne Musik kommt man irgendwie nicht aus" (A3b: 50) und „irgendwie so wie Medizin" (A3b: 47) fällt zunächst einmal die existenzielle Bedeutung auf, die A3b *arabesk*-Musik zuweist.[112] *Arabesk*-Musik helfe ihm, schwierige Situationen im Leben zu überstehen. Diese Rolle von *arabesk*-Musik

---

112 Erst im weiteren Interviewverlauf kristallisiert sich heraus, dass sich A3b mit der Formulierung „solche türkischen Lieder" (A3b: 35 f.) auf *arabesk*-Interpreten wie Ibrahim

bestätigte mir auch ein Smartphone-Verkäufer in Berlin, der in seiner Jugend sehr viel *arabesk*-Musik gehört hat. Für ihn hätte es im Prinzip für jede schwierige Lebenslage einen passenden *arabesk*-Song gegeben.

Für A3b hat *arabesk*-Musik die zentrale Funktion, emotionale Zustände zu rahmen, die er als „*isyan*-Stimmung" bezeichnet (A3b: 40). Zur Frage, welche Unterschiede zwischen *isyan* und *damar* bestehen, erläutert A3b in einer späteren Interviewpassage Folgendes: *Isyan* beschreibe sowohl Musik als auch einen persönlichen Zustand, wohingegen sich *damar* ausschließlich auf Musik beziehe (A3b: 340–351, App. 37: 327). Man könne also sagen: „Ich bin heute voll *isyan*" (A3b: 340 f., ebd.) oder man sei in einer ,*isyan*-Stimmung'. Beides bedeute so viel wie Liebeskummer haben (A3b: 341, ebd.). Demgegenüber funktioniere die Aussage „ich bin heute voll *damar*" (A3b: 338, ebd.) genauso wenig wie „ich bin voll *arabesk*" (A3b: 342, ebd.). Beides seien für sie befremdliche oder lustige Formulierungen (vgl. A3a: 339, ebd.). Indem A3b „*isyan*-Lieder" mit „Liebeskummer-Liedern" (A3b: 349 f., ebd.) und „*damar*-Lieder" hingegen mit „*arabesk*-Liedern" (A3b: 344 f., ebd.) gleichsetzt, wird deutlich, dass *isyan* für sie der Begriff mit der weiteren Bedeutungsspanne ist, der sich anscheinend auch noch auf andere Musikstile beziehen kann, wohingegen der Code *damar* ausschließlich auf *arabesk*-Musik bezogen wird.

Zusammenfassend scheint nach den Aussagen A3as und insbesondere A3bs *isyan* ein weiter Begriff zu sein, der sowohl mehrere Musikstile als auch eine unabhängig vom Musikhören bestehende Gefühlslage beschreibt. *Damar* hingegen bezieht sich ausschließlich auf *arabesk*-Musik und ihre Wirkung. Der Code *damar* akzentuiert besonders intensive Traurigkeitsmomente in den Liedern und das unmittelbare körperliche Erleben dieser Momente. Während die Musik im *isyan*-Narrativ einen bereits bestehenden Gefühlszustand eher rahmt, unterstützt oder intensiviert, dringt die Musik nach dem *damar*-Narrativ quasi von außen in den Körper ein. *Isyan* ist demnach primär eine auf die Rezipient_innen und ihren Gefühlszustand bezogene ästhetische Kategorie, wohingegen *damar* in erster Linie auf Musik bezogen wird. Anknüpfend an die von dem Kulturwissenschaftler Jochen Bonz vorgelegte Studie *Subjekte des Tracks. Ethnografie einer postmodernen/anderen Subkultur* kann beim *damar*-Narrativ daher von einer Subjektivierung der *arabesk*-Musik gesprochen werden.[113] Die Musik agiere, so das Narrativ, als eigenes Subjekt, quasi losgelöst

---

Tatlıses, Ismail Bingöl, Orhan Gencebay oder Müslüm Gürses bezieht (vgl. A3b: 98 f., App. 34: 323 und A3b: 183–188, App. 35: 324).

113 In seiner Studie geht Bonz anhand einer Untersuchung der Techno-Szene der Frage nach, welche Rolle die Beschaffenheit der Musik für Subjektivierungsprozesse spielt. Anstatt wie in der Musiksoziologie meist üblich Musik lediglich als ein Objekt zu betrachten, das von Interpret_innen und Rezipient_innen genutzt wird, um Bedeutungen zuzuweisen, den musizierenden Körper zu inszenieren oder soziale Positionen zu konstruieren, arbeitet er heraus, dass und wie Musik selbst die Rolle eines anerkennenden und identitätsstiftenden Subjekts übernehmen kann. Auf dieser Grundlage zeigt er die Unterschiede zwischen der Struktur eines ,Songs' und der eines ,Tracks' auf. Im Gegensatz zu einem ,Song', den eine zentrische Gestalt in Form einer Melodie und ein „fleißige[s] Zuarbeiten[ ] durch verschiedene musikalische Elemente" (Bonz 2008:

von den Bedeutungszuweisungen der Rezipient_innen. *Arabesk*-Musik positioniere ihre Hörer_innen von sich aus, unmittelbar bzw. durch Einwirken auf den (inneren) Körper als Subjekte, die ein existenzielles, tiefes und zugleich erhabenes Traurigkeitsempfinden verkörpern.

Die Gruppendiskussion A3 bildet in Bezug auf die Traurigkeitsästhetiken *damar* und *isyan* insofern eine Ausnahme, als dass beide Begriffe mehr oder weniger gleichbedeutend verwendet werden. Distinktionen im Hinblick auf *isyan* bleiben bei A3a und A3b dementsprechend aus. Nichtsdestotrotz existieren auch in A3 ‚feine Unterschiede‘ zwischen den beiden Codes. Aufgrund der zentralen Bedeutung von *damar* und *isyan* für die *arabesk*-Rezeption von Jugendlichen sollen die herausgearbeiteten Unterschiede noch einmal in tabellarischer Form zusammengefasst werden. Dabei gilt es zu berücksichtigen, dass die einzelnen Differenzelemente zwar fallübergreifend eine Rolle spielen, aber nicht notwendigerweise für *alle* Gruppen zutreffen.

Tabellarischer Überblick über die traurigkeitsästhetischen Unterschiede

damar	*isyan*
• wird durchgehend mit *arabesk* identifiziert	• wird *arabesk* tendenziell eher distinktiv entgegengesetzt
• bedeutet „Ader“ oder „Vene“, wird von den Jugendlichen auch so übersetzt	• bedeutet eigentlich „Aufstand“ oder „Rebellion“, wird als „Liebeskummer“ oder „Kummer“ übersetzt
• eindeutig: existenzielle, physische und zugleich erhabene Traurigkeit	• mehrdeutig, ironisch: oszilliert zwischen banalen alltäglichen Problemen, Liebeskummer und exzessiver Depressivität
• moralisch integer	• moralisch zwiespältig
• etwas ‚Besonderes‘	• inflationärer Gebrauch, gerade unter Jüngeren
• nur für Musik gebräuchlich, man wird der Musik emotional unweigerlich ausgesetzt (‚ich bin damar drauf‘ funktioniert nicht, da primär Musik subjektiviert wird)	• für persönliche Gefühlslage und Musik gebräuchlich, Musik rahmt eher bestehenden Zustand (‚ich bin isyan drauf‘ verbreitet)

---

127) zu ihr kennzeichnen, strukturiert den ‚Track‘ der Techno-Kultur eine „Vielzahl der Elemente sowie ihr[ ] Auftauchen und Verschwinden, [und das] Ineinander-Wirken in beliebigen Konstellationen“ (ebd.: 129). Einen Song kennzeichne, dass er mehr oder weniger eindeutige Identifizierungs- und Abgrenzungsangebote liefere, indem er beispielsweise dazu auffordere, sich von bestimmten anderen Kulturen oder von einem hegemonialen Mainstream zu distanzieren. Demgegenüber wirke der Track auf einen „Genuss in der Präsenz“ (ebd.: 126) und einen ‚Modus des Chillens‘ (vgl. ebd.: 144) hin und rufe – im Gegensatz zum anders strukturierten Song – zu einer Identitätsauflösung und zu dynamischen Subjektpositionen auf (vgl. ebd.: 126 f.).

3.2.3 Initiationsritus

Wovon das ‚authentische Innen' und die ‚*damar*-Traurigkeitsästhetik' abgegrenzt werden, sind Verhaltensweisen oder Musikgeschmäcker, welche die Jugendlichen aus A1, A2 und A3 als ‚kindisch' einstufen: Sich als Gangsta zu inszenieren, ‚Lauch' zu sein, Rap-Musik oder *isyan*-Lieder zu hören, steht für sie für Unreife. Eine Vorliebe für *arabesk*-Musik entwickelt zu haben, signalisiert hingegen, so lautet eine weitere wichtige Narrationslinie, den Eintritt ins Erwachsenenalter. Die Wichtigkeit, generell möglichst älter und damit erwachsen zu wirken, zeigt sich beispielsweise in A2 in einer Passage am Ende des Interviews. Darin kommt es zur Frage, wie alt A2a, A2b und A2c sind.

1982	**A2a:** Ich bin bald 17, er ist 15.
1983	**A2b:** Ich werde 16 Jahre.
1984	**A2c:** Und ich bin 16.
1985	**Int.:** Du bist 16, und/
1986	**A2b:** Ich bin der Älteste.

A2/Exmanenter Nachfrageteil, App. 32: 321

Die Frage nach ihrem Alter löst einen Wettbewerb darüber aus, wer der Älteste ist. Dabei antworten die Jugendlichen weniger, wie alt sie sind, sondern wie alt sie werden. Im Folgenden wird deutlich, wie wichtig es ist zu zeigen, dass man *arabesk* nicht nur mag, sondern auch ‚richtig' versteht, um von anderen Jugendlichen als ‚reif' anerkannt zu werden. Das authentisch innenorientierte und der *damar*-Traurigkeitsästhetik entsprechende Hören von *arabesk*-Musik kann damit anknüpfend an Bernhard Schäfers und Albert Scherr als ein informeller Initiationsritus interpretiert werden. Das ‚richtige Verstehen' von *arabesk*-Musik bildet demnach einen internen „Einweihungsakt […], der den Übergang von der Altersgruppe der Kinder in die der Erwachsenen symbolisiert" (Schäfers & Scherr 2005: 29).

Reife, Verwandlung und Entwicklungsnorm

Die Funktion, anhand von *arabesk*-Musik die eigene Reife in Abgrenzung zu anderen Jugendlichen zu markieren, wird beispielsweise im folgenden – und an anderer Stelle bereits teilweise wiedergegeben – Auszug aus dem Einzelinterview mit dem Jungen Ax deutlich:

1	**Int.:** Vielleicht können wir einfach mal so damit anfangen, dass du grundsätzlich mal
2	beschreiben kannst, wie gerade so dein Musikleben aussieht, also was du an Musik
3	machst, was du gerade gerne hörst, (.) wann du gerne Musik hörst. Vielleicht dass du
4	einfach mal frei bisschen erzählst.
5	**Ax:** Also jetzt zur Zeit höre ich sehr gerne die türkische Musik in Form von Schlagern,
6	das kennen Sie bestimmt, Kubat vielleicht oder/ ja so in die Richtung. Und, ja eigentlich
7	höre ich jetzt grundsätzlich nur in meiner Freizeit Musik (.) an Schultagen oder so fast
8	gar nicht und/ (...) also früher hatte ich immer jetzt diesen Hip-Hop sehr gehört, jetzt

9	die/ zum Beispiel, Sie kennen den Bushido da, Eko fresh (unv.), diesen Style hatte ich
10	früher gehört, nur (.) ich denke, wenn man jetzt erwachsener wird, also reifer wird,
11	kommt jeder Türke sozusagen in diese Form, weil aus unserer Klasse hört jetzt jeder
12	diese Musik.
13	**Int.:** Wie jetzt Hip-Hop und/
14	**Ax:** Nicht Hip-Hop jetzt, die/ also auch Hip-Hop, aber grundsätzlich hören sie jetzt zum
15	Beispiel diesen türkischen Schlager jetzt. Das ist so, also ist wie so eine Verwandlung
16	jetzt.
17	**Int.:** Aha, okay, also jetzt auch in deiner Klasse
18	**Ax:** In meiner Klasse, ja, also es war wirklich so jetzt, dass wir jetzt früher immer so ei-
19	nen anderen Style gehört haben, und jetzt ab der neunten Klasse, zehnten Klasse hat es
20	angefangen, da haben wir jetzt diesen türkischen Schlager gehört jetzt, also Kubat,
21	Ibrahim Tatlıses, jetzt in diese Richtung, ja, und das/
22	**Int.:** Und also sowohl Mädchen und Jungs, oder?
23	**Ax:** Bei den Mädchen weiß ich es nur, dass die vorherige, also meine Partnerin sozusa-
24	gen, hört auch diesen Stil. Und die anderen, davon weiß ich noch nichts, aber also von
25	den Jungs hören alle auch diesen Stil jetzt.

EA/Eröffnung, App. 68: 356

Die offene Einstiegsfrage nach seinem Musikleben stellt für Ax eine Aufforderung dar, anhand seiner Musikpräferenzen eine aktive Identitätsarbeit zu leisten. Zum Ersten entwickelt er eine stilspezifische, zum Zweiten eine biographisch orientierte Selbsterzählung. Er konstruiert eine Selbstnarration anhand von „Style[s]" (Ax: 9) und verweist mit diesem Begriff auf sozioästhetische Zugehörigkeitsvorstellungen. Zugleich entwirft er mit der Gegenüberstellung von „früher" und „jetzt" ein biographisches Entwicklungsmodell. Demnach sei seine musikgeschmackliche Selbstpositionierung ‚reifer' geworden. An seiner spontanen Erzählung wird deutlich, dass es sich um eine ihm vertraute und in seinem sozialen Umfeld bereits eingeübte Selbsterzählung handelt.

Ein zentrales Motiv seiner Selbstnarration lautet ‚Verwandlung'. Sie habe sich vom national nicht weiter spezifizierten Hip-Hop zum „türkischen Schlager" vollzogen.[114] Unter diesem interessanten binationalen Hybrid versteht Ax insbesondere klassische *arabesk*-Songs von Ibrahim Tatlıses oder etwas ‚verpopptere' Varianten des Sängers Kubat (u. a. den Song *Gülüm*). Mit Formulierungen wie „also früher hatte ich immer jetzt diesen Hip-Hop sehr gehört" (Ax: 8) oder „also es war wirklich so jetzt" (Ax: 18) inszeniert er die Veränderung seiner Musikpräferenzen regelrecht als ein Konversionserlebnis. Dabei generalisiert er seine eigene Biographie, d. h., er

114 In meinem Sample verwendet ausschließlich Ax die Bezeichnung ‚türkischer Schlager'. An der etwas umständlichen Formulierung „die türkische Musik in Form von Schlagern" (Ax: 5) ist abzulesen, dass ‚türkischer Schlager' nicht unbedingt eine Kategorie darstellt, die Ax auch ansonsten in seinem peerkulturellen Umfeld verwendet. Vielmehr ist zu vermuten, dass er den von ihm präferierten Musikstil für mich als ‚deutschen' Interviewer an dieser Stelle übersetzt. Diese automatische Übersetzungsarbeit ist vermutlich dem Umstand geschuldet, dass es sich um ein Einzelinterview handelt, bei dem im Gegensatz zu Gruppendiskussionen keine peerkulturelle Kommunikationsebene vorhanden ist.

bezieht diesen Verwandlungsprozess auf seine gesamte deutsch-türkische, vorwiegend männliche Peergroup. In seiner Vorstellung höre „jetzt jeder" (Ax: 11) aus seiner Klasse *arabesk*-Musik. In der generalisierenden Wahrnehmung seines Umfelds deutet sich bereits eine normative Setzung an. Laut Ax sollte „jeder Türke" (Ax: 11) ab einem gewissen Alter *arabesk*-Musik hören. Es handelt sich somit um eine quasi entwicklungsnatürliche „Form" (Ax: 11), in die „Türken" ab der neunten oder zehnten Klasse hineinwachsen.

Auch in den anderen Gruppendiskussionen deutet sich an, dass unter Jugendlichen, die *arabesk*-Musik hören, die normative Vorstellung einer notwendigen oder folgerichtigen Entwicklung ‚türkischer' Jugendlicher kursiert. Erst ab einem gewissen Alter fange man an, diese Musik zu hören bzw. richtig zu verstehen (vgl. A2c: 416–419, App. 23: 308 und R1: 462–482, App. 50: 338 f.). Die Initiationsmotive Verwandlung, Generalisierung und Normierung finden sich beispielsweise auch in den Selbstnarrationen der Gruppe A1 wieder, insbesondere in denen der drei Mädchen A1a, A1b und A1c. Das Initiationsnarrativ ist damit nicht, wie das Interview mit Ax nahelegen könnte, auf Jungen begrenzt.

1	**Int.:** Okay, vielleicht können wir einfach mal so anfangen, dass ihr einfach mal erzählt,
2	wie sich euer Musikgeschmack bisher so entwickelt hat. Also gab es irgendwie mal so
3	Veränderungen oder gab es Situationen, Erlebnisse, Menschen, die euch irgendwie besonders
4	angespornt haben, was euren Musikgeschmack angeht? Könnt ihr mal erzäh-
5	len?
6	**A1a:** (...) Soll ich anfangen?
7	**A1c:** Fang an! @[.]@
8	**Int.:** ⌐Wer⌐ will.
9	**A1a:** Okay, also bei mir war das so, dass ich in meiner Grundschulzeit überhaupt keine
10	türkische Musik gehört habe, nur englische Musik, so von Rihanna und so, also die neu-
11	eren, zu der Zeit neueren Lieder. Und erst ab der Oberstufe, ab der achten Klasse, also
12	als ich dreizehn war, habe ich dann so @[.]@ angefangen türkische Musik zu hören
13	und, ich glaube, dass ist auch so, dass man erst auch anfängt, diese türkische Musik zu
14	hören, wenn man älter ist. Dann versteht man die ja auch besser und auch mit, also es
15	hat ja auch so ein bisschen mit dem Leben zu tun und deswegen. Also ich habe erst ab
16	der Pubertät so angefangen, türkische Lieder zu hören.
17	**Int.:** ⌐Und⌐
18	**A1c:** (..) (Willst Du?)
19	**A1b:** Bei mir ist es so, ich habe früher Hannah Montana immer gehört, also.
20	**A1c:** ⌐@[lachen]@⌐
21	**A1a:** ⌐@[lachen]@⌐
22	**A1b:** (.) Ich war richtig abhängig davon und dann später halt also auch so achte, neunte
23	Klasse, dann habe ich auch angefangen türkische Musik zu hören. Aber ich glaube, das
24	liegt auch daran, weil früher gab es nicht solche türkischen Programme, also solche
25	Shows, also es gibt ja auch so Voice of Germany, und das gibt es auch auf Türkisch.
26	**A1a:** Ja
27	**A1b:** Und halt, wenn man dann da die Lieder so hört, dann denkt man so, oh, ist ja voll
28	schön und so. Dann hört man das auch, und dann automatisch man geht dann nur zum
29	Türkischen. Also ich höre jetzt gar keine deutschen, also englischen Lieder mehr und so,
30	nur noch Türkisch.

A1.1/Eröffnung, App. 1: 281

Wie bereits bei Ax ist an A1as und A1bs spontanen und ausführlichen Antworten abzulesen, dass sie nicht das erste Mal über eine musikbiographische Selbsterzählung nachdenken. Auch bei ihnen steht am Ende ihrer musikbezogenen Entwicklung ‚türkische Musik‘. A1a deutet bereits an, dass sie dabei eine bestimmte ‚türkische Musik‘ („diese türkische Musik“, A1a: 13), nämlich insbesondere *arabesk*-Musik assoziieren (vgl. A1a: 93–100, App. 3: 282). Auf einer sprachlich-formalen Ebene gibt es eine interessante Parallele zwischen A1as und A1bs Aussagen: Zunächst beschreiben beide ihre musikbezogene Veränderung in der Ich-Form (A1a: 9–12 und A1b: 22 f.). Anschließend wechseln sie zum unpersönlichen ‚man‘, um ihre musikbiographische Entwicklung generalisierend und normierend zu begründen (A1a: 13–15 und A1b: 24–28). Sie beenden ihre Selbsterzählungen mit einer Konklusion. Dabei kehren sie wieder zu ihrem persönlichen musikbezogenen Werdegang und zur ersten Person Singular zurück (A1a: 15 f. und A1b: 29 f.). Ihre Narrationen haben damit zum einen den Charakter einer Selbstlegitimierung: Ihr musikbezogener Lebenslauf erhält seine Berechtigung vor der Folie einer allgemeinen Norm. Zum anderen wirkt die Konklusion wie eine Beweisführung: Die Norm wird durch den eigenen musikbezogenen Lebenslauf als ‚wahr‘ beglaubigt. Zwischen *arabesk*-Musik und dem anhand von *arabesk* konstruierten Selbst besteht somit ein reziprokes Authentifizierungsverhältnis. Einerseits weist die Vorliebe für eine Musik, die von ‚wirklich‘ existenziellen Erfahrungen zeugt, die ‚Echtheit‘ der persönlichen Reife nach. Andererseits belegt das eigene Älterwerden und die körperliche Reife wiederum die ‚Ehrlichkeit‘ der *arabesk*-Musik. Mit dem Initiationsnarrativ wird somit nicht nur das eigene Selbst aufgewertet, sondern auch die besondere Reife und Tiefe der *arabesk*-Musik als quasi natürlich ausgegeben.

Im vorangegangenen Diskussionsabschnitt aus A1 findet sich wie bei Ax die Inszenierung einer regelrechten persönlichen Verwandlung. Die Entwicklung A1bs von „ich habe früher Hannah Montana immer gehört, also […] ich war *richtig abhängig davon*“ (A1b: 19–22) zu „man geht dann nur zum Türkischen, also ich höre jetzt gar keine deutschen, also englische Lieder mehr und so, *nur noch türkisch*“ (A1b: 28–30) hat fast schon den Charakter einer Bekehrungsgeschichte. Anhand des Zeitpunkts, den A1a für ihre ‚Verwandlung‘ bestimmt, wird besonders deutlich, dass am Beginn des ‚Verstehens‘ von *arabesk*-Musik eine Initiation stattfindet. Durch den Begriff „Pubertät“, den A1a zeitlich ziemlich ausführlich und exakt bestimmt („erst ab der Oberstufe, ab der achten Klasse, also als ich dreizehn war“, A1a: 11 f.), wird der Beginn der Vorliebe für *arabesk*-Musik mit dem Übergang zur Geschlechtsreife verknüpft. Die Bedeutung von *arabesk* als Ausweis von körperlicher und emotiver Reife zeigt sich unter anderem auch darin, dass die Mädchen A1a und A1b den Jungen A1d in einem kurzen, nicht aufgezeichneten Nachgespräch scherzhaft als „den Kleinen“ bezeichneten. Dabei bezogen sie sich darauf, dass A1d zwar auch *arabesk*, überwiegend jedoch Hip-Hop hörte. Ein weiteres Beispiel für die Verknüpfung von *arabesk*-Musik mit körperlicher Reife innerhalb der Gruppendiskussion A2 ist, dass

A2b A2as Abwendung vom Hip-Hop und die Hinwendung zum *arabesk* mit seinem Bartwuchs in Verbindung bringt (vgl. A2b: 775, App. 25: 311).[115]

Das Hören von *arabesk* gilt als ein für andere erkennbarer Ausweis, dass man selbst schon Liebeserfahrungen gemacht hat und versteht, was für Leiden die Liebe mit sich bringt. Oder wie es R1a ausdrückt: „Wenn man so selber in der Situation war, wo man Liebeskummer hatte zum Beispiel, da versteht man auch das, was die damit ausdrücken wollen" (R1a: 483 f. App. 50: 387). *Arabesk* bietet damit die Möglichkeit, sich von solchen Jugendlichen abzugrenzen, die noch keinen Liebeskummer erlebt haben (vgl. auch A3b: 33–36, App. 33: 363). Die Texte seien A2c zufolge noch nichts für „diese kleinen Kinder" (A2c: 418 f., App. 23: 342), da sie, wenn überhaupt, nur oberflächliche Liebeserfahrungen gemacht haben könnten.

---

115 Da diese Aussage in einem unmittelbaren Gesprächszusammenhang darüber steht, welcher Kleidungsstil ‚türkisch' sei und welcher nicht (vgl. A2: 763–781, App. 25: 346), ist es möglich, dass auch der ‚türkische' Diskurs über den Bart für die Jugendlichen eine Rolle spielt. In dem Film *Biyik* („Schnurrbart") von Belmin Söylemez (Türkei: 2000) wird der Schnurrbart für ‚Türken' als ein zentrales Ausdrucksmittel für Männlichkeitsinszenierungen dargestellt – ein Ausdrucksmittel, von dessen Bedeutung neben den unzähligen Barbiershops unter anderem die vielen Kliniken in Istanbul zeugen, die Barthaartransplantationen anbieten. Die Assoziation des Schnurrbarts mit einer ‚türkischen Männlichkeit' ergibt sich für Söylemez primär aus dem historischen Narrativ, dass Herrscher im Osmanischen Reich und in der Türkischen Republik immer einen Schnurrbart getragen (vgl. ebd.: 00:08:30 ff.) und Soldaten im osmanischen Heer den Schnurrbart sehr kräftig wachsen gelassen hätten (vgl. ebd.: 00:08:14 ff.), um dem Gegner Furcht einzuflößen (vgl. ebd.: 00:01:35 ff.). In der türkischen Gesellschaft gebe es Söylemez zufolge insbesondere unter Älteren ein verbreitetes Narrativ, wonach Männer mit Schnurrbärten in der Gesellschaft etwas zu sagen hätten und Männer ohne Schnurrbärte eher ‚verweiblicht' seien (vgl. ebd.: 00:14:00 ff., vgl. auch das Sprichwort: *Annen gibi saç uzatacağına baban gibi bıyık bırak* („Lass den Bart wie bei deinem Vater, anstatt das Haar wie bei deiner Mutter wachsen"). Da der Schnurrbart mit Attributen wie Stärke, Stolz und Intellekt (vgl. ebd.: 00:19:58 ff.) aufgeladen sei, bilde er für Jungen in einem ‚türkischen' Kontext auch ein wichtiges Initiationssymbol. Schnurrbartformen können zum einen für bestimmte Männlichkeitstypen stehen, die insbesondere durch berühmte Schauspieler verkörpert werden. Söylemez nennt beispielsweise den ‚duglas' oder ‚dubleks', der strichförmig und relativ schwer zu schneiden sei und wie der Schauspieler Ayhan Işık für Eleganz bzw. Salonkultur stehe (vgl. ebd.: 00:04:42 ff.), oder den ‚pala', der nach dem Schauspieler Rahmi Pala benannt sei und an den Seiten nach oben gezwirbelt werde. Anknüpfend an seine Rollen stehe der ‚pala' neben dem Attribut der Stärke allerdings auch für einen ‚schurkenhaften' Charakter (vgl. ebd.: 00:06:25 ff.). Des Weiteren besteht Söylemez zufolge in der Türkei ein stereotypes Wissen darüber, welche Barttypen welche politischen Ausrichtungen anzeigen (vgl. ebd.: 00:16:12 ff.). So sei der ‚pos' (über die Unterlippe überstehend) ein Zeichen für ‚Linke' und der strichförmige, an den Seiten nach unten gezogene Bart für rechte Nationalisten, da diese annehmen, dass schon die frühen Türken Mittelasiens ihre Bärte auf diese Weise getragen hätten. Der schmale, bürstenförmige Bart – so kann ergänzt werden – markiert dem Klischee nach eine islamisch-konservative politische Position.

Auch im folgenden Beispiel wird deutlich, dass die Jugendlichen die Hinwendung zur *arabesk*-Musik als Symbol für den Eintritt ins Erwachsenenalter deuten. Dabei wird *arabesk* gerade nicht damit verknüpft, sich von der Elterngeneration abzugrenzen, sondern sich ihr (wieder) zuzuwenden.

50	**Int.**: Und du hast gesagt, also wenn es/ du verstehst die Musik besser, meinst du von
51	der/
52	**A1a**: Vom Inhalt her
53	**Int.**: Vom Inhalt, okay
54	**A1a**: Also, so, was so im Leben sich so abspielt und so, @[.]@ diese Erfahrungen und
55	bei meinen Eltern, habe ich auch schon gesagt, ja, das vergleicht man dann miteinan-
56	der.
57	**Int.**: Okay, und kannst du, das hängt mit den Texten wahrscheinlich dann zusammen,
58	**A1a**: ⌐Mhm [beja-
59	hend]⌐
60	**Int.**: die ihr hört, also was sind das für Texte oder für Themen, die euch da (unv.)
61	**A1b**: ⌐Also⌐ es ist ja
62	eigentlich hauptsächlich so zum Beispiel in türkü, da geht es ja entweder so um Liebes-
63	kummer, so Herzschmerz oder so, ist ja eigentlich immer so.
64	**A1a**: ⌐Ja, also immer das⌐ Leiden und durch die Lie-
65	be.
66	**A1b**: ⌐Ja, Leiden⌐ das sind
67	eigentlich immer, oder so über das Leben, so, ja (.) oder wenn es einem Menschen
68	schlecht geht.

A1.1/Immanenter Nachfrageteil, App. 2: 281f.

Die Erfahrungen, die mit dem Hören von *arabesk* korrespondieren, betreffen laut A1a und A1b in erster Linie Liebesbeziehungen. Als weitere Themen werden noch der Verlust bzw. Tod eines geliebten Menschen (vgl. A2: 1253–1262, App. 29: 316f.), Einsamkeit und Verlassenheit (vgl. Ax: 52f., App. 69: 356) genannt. Dabei zeigt sich in A1bs Formulierung „Also, so, was so im Leben sich so abspielt und so, @[.]@ diese Erfahrungen" (A1b: 54) die Spannung, einerseits anhand von *arabesk* die eigene Reife für andere sichtbar zu machen, andererseits aber auch die damit verknüpften intimen Erfahrungen für sich zu behalten bzw. nur mit engen Vertrauten zu teilen.

Auffällig ist, dass das Hören von *arabesk*-Musik gerade nicht mit einer Abgrenzung von der Elterngeneration und dem Erwachsensein verknüpft wird. In einem zentralen Punkt stehen die Zugehörigkeitskonstruktionen der interviewten Jugendlichen damit dem jugendsoziologischen Modell der ‚Jugendszene‘ bzw. der ‚posttraditionalen Gemeinschaft‘ entgegen (vgl. Kap. 1.5). Für zeitgenössische ‚Jugendszenen‘ sei Ronald Hitzler und Arne Niederbacher zufolge eine Orientierung am Ideal der Juvenilität kennzeichnend (vgl. Hitzler & Niederbacher 2010). Damit stehen sie im Kontrast zum traditionellen Konzept der Jugendkultur, bei dem ‚Jugend‘ als eine in sich abgeschlossene Lebensphase mit eigenen Entwicklungsaufgaben gedacht werde. Demgegenüber habe sich Jugendlichkeit laut Hitzler und Niederbacher seit dem Ende des 20. Jahrhunderts zu einem in jedem Alter anzustrebenden Lebensgefühl und somit von einem Natur- zu einem Kulturphänomen entwickelt. Genau dafür stehe der Begriff der Juvenilität. Er bezeichne eine Orientierung an Vitalität und ein Streben nach Erlebnissen und werde zur „prinzipiellen kulturellen Alternative gegenüber Lebensformen des Erwachsenseins – und damit für zunehmend mehr Menschen nachgerade jeden Alters zu einer ‚echten‘ existenziellen Option" (ebd.: 196).

Das kollektive Initiationsnarrativ, das mit der Hinwendung zur *arabesk*-Musik einhergeht, könnte demgegenüber als ‚retraditionale Vergemeinschaftung' bezeichnet werden, da hier die Ideale des Erwachsenseins und auch der Tradierung dominieren. Zum Ersten favorisieren die Jugendlichen insbesondere die älteren *arabesk*-Sänger_innen, also Interpret_innen wie Ibrahim Tatlıses und Orhan Gencebay, die eher ihre Großeltern sein könnten und für sie allein schon aufgrund des Alters eine gewisse Reife oder auch Weisheit verkörpern. Zum Zweiten bedeutet die Hinwendung zu *arabesk* zugleich auch eine bewusste Entscheidung für eine (Rück-) Besinnung auf den Musikgeschmack der Eltern.

26	**Int.**: Und was glaubst du, wie kommt es, dass es jetzt auf einmal so eine Veränderung
27	dann gegeben hat?
28	**Ax**: Ich glaube, es liegt daran, dass auch/ ich denke jetzt auch ein wenig durch die El-
29	tern, weil die Eltern hören ja auch immer oft diese Musik. Und jetzt zum Beispiel bei
30	uns ist es jetzt gerade so, dass meine Mutter sehr oft diese Musik hört, und ich höre sie
31	auch, und die gefällt mir dann. Langsam weil du die immer wieder hörst, immer wieder
32	hörst und/ ich glaube bei allen ist dann so, dass langsam, wenn sie auch erwachsener
33	würden, erwachsener werden und mehr Zeit jetzt sich mit ihren Eltern nehmen, dass
34	sie dann auch in diesen Stil dann reinkommen langsam.

EA/Immanenter Nachfrageteil, App. 68: 356

Ax verknüpft den Übergang ins Erwachsenenalter gerade nicht mit einer Ablösung von der Familie, sondern mit einer Wiederausrichtung auf die Familie. Nach seiner musikbezogenen Selbstnarration habe er sich in einer Ausprobierphase von seinen Eltern zu einem gewissen Grad wegorientiert und nun wieder dem zugewendet, woran er von zuhause gewöhnt sei (vgl. auch A2b: 75–82, App. 20: 304). In seinem Versprecher „wenn sie auch *erwachsener würden*, erwachsener werden und mehr Zeit jetzt sich mit ihren Eltern nehmen" kommt erneut ein normativer Anspruch zum Ausdruck. Erwachsen zu werden bedeutet für ihn, sich wieder verstärkt auf die Familie und auf die von ihr verkörperte ‚türkische' Tradition zu beziehen.

Der Bezug auf eine imaginäre Herkunftskultur anhand von *arabesk*-Musik kann allerdings im Verhältnis zu den Eltern mit bewussten Bedeutungsverschiebungen einhergehen, wie beispielsweise A3b erläutert.

263	**A3b**: Man denkt so an seine Kultur. Zum Beispiel bei unseren Eltern ist es so, die sind
264	ja/ die leben ja in Deutschland, und die waren eine lange Zeit nicht in der Türkei. Zum
265	Beispiel, wenn man so alte Lieder aufmacht, Neşet Ertaş oder so, dann denken die
266	schon so ja an die Heimat und so, und man kriegt ein bisschen Heimweh. Halt bei je-
267	dem ist es anders das Gefühl. Zum Beispiel wenn ich arabesk höre, dann denke ich zum

268
269 Beispiel an das Mädchen, das ich liebe, oder dies, das. Und bei den Eltern, wenn die so
türkü hören, dann denken die eher an die Heimat, an die eigenen Eltern.

A3/Immanenter Nachfrageteil, App. 35: 326

In einer anderen Interviewsequenz beschreibt A3b, wie er von seinem Onkel auf einer Autofahrt geradezu in die *arabesk*-Musik eingewiesen wurde.[116] In dem oben zitierten Interviewausschnitt beschreibt er, wie sich der Bedeutungskontext von *arabesk* im Vergleich zur Elterngeneration verschiebt. Zum einen betont A3b, dass er nicht wie die Eltern ‚türkische' Volksmusik, hier als *türkü* gekennzeichnet, höre, sondern sich in erster Linie auf *arabesk*-Musik konzentriere. Mit diesem ‚Stil' verbindet A3b in erster Linie sein Leben im Hier und Jetzt sowie Erlebnisse in seiner Peergroup in Deutschland. Es geht ihm weniger darum, Erinnerungen an eine für ihn fiktive Heimat aufleben zu lassen. Zugleich wird aber auch deutlich, dass auch für A3b die Entdeckung des Musikgeschmacks der Elterngeneration aufs Engste damit verknüpft ist, sich mit „seine[r] Kultur" (A3b: 263) zu identifizieren.

Damit ist eine vierte Bedeutungsdimension angesprochen, die bei der *arabesk*-Rezeption von Jugendlichen eine wichtige Rolle spielt: die Identifizierung mit einer imaginären Herkunft.

3.2.4   Essenzialisierungen einer ‚imaginären Türkei'

Ein weiteres kollektives Narrativ der Jugendlichen lautet: Bei *arabesk*-Musik handle es sich um ‚türkische Musik'. Zugehörigkeit wird dabei über eine gemeinsame Identifikation mit einer „imaginären Türkei" (Greve 2003) konstruiert. Die ‚imaginäre Türkei' ist ein Konzept des Musikwissenschaftlers Martin Greve, das er seiner Untersuchung zum ‚türkischen' Musikleben in Deutschland zugrunde legt. Mit ihm knüpft Greve an eine jüngere ethnologische sowie musikethnologische Forschung an, die nicht mehr auf einem essenzialistischen und holistischen Kulturverständnis beruht und dadurch die Beschränkung auf einen bestimmten geographischen Ort überwindet. Ausgehend von verstärkten Migrationsbewegungen geht dieser neue Ansatz von de-lokalisierten Kulturen aus, die auf Imagination und auf der Ausbildung kultureller Identitätspatchworks basieren (vgl. ebd.: 10–19). Mit der ‚imaginären Türkei' möchte Greve deutlich machen, dass die ‚türkische Musikkultur' in Deutschland uneindeutig und binnendifferenziert ist und dass Personen, die sich mit

---

116 „Zum Beispiel mein Onkel aus Y, er ist ein extremer Orhan-Gencebay-Fan und Müslüm Gürses, in seinem Auto waren ungefähr zehn, zwanzig Kassetten nur von diesem Mann, alle Lieder waren nur davon, einmal wir waren auf einer Reise mit ihm, wir sind nach Z gefahren aus Y, da hat er nur diese Lieder gehört, nachdem ja also/ man hat auch Lust bekommen, mal zu recherchieren, wer ist dieser Sänger dies, das und so, seitdem habe ich auch schon öfters seine Lieder gehört" (A3b: 183–188, App. 35: 324). Das Autofahren wird außer von A3b auch noch von anderen Jugendlichen als Einweisung in die *arabesk*-Musik durch ältere Familienmitglieder und damit als ein Initiationsritual beschrieben (vgl. A3a: 174–176, ebd., R1a: 447f. und R1b: 476–482, App. 50: 338f.).

‚türkischer Musik' beschäftigen, bei der Konstruktion ihrer Identitätspatchworks sehr unterschiedliche Türkeikonstruktionen im Kopf haben.[117] Dabei bezieht sich Greve schwerpunktmäßig auf unterschiedliche Diskurse und Ideologien aus der realen Türkei, die zur Identifizierung mit ihr herangezogen werden, beispielsweise ein vorgestelltes Kurdistan, eine kemalistisch-laizistische Republik, ein alevitisch-linkes Identitätspatchwork, ein Neuer Osmanismus oder ein sunnitischer Islam.

Im Kontrast zu diesem auf ‚innerer' Ausdifferenzierung beruhenden Verständnis der ‚imaginären Türkei' ist in den auf *arabesk*-Musik bezogenen Gruppendiskussionen eine deutliche Tendenz zur Vereinheitlichung und Essenzialisierung zu beobachten. Diese Tendenz basiert auf dem Konstrukt einer kulturellen Differenz zwischen ‚türkischer Kultur' auf der einen und ‚deutscher' bzw. ‚europäischer' Kultur auf der anderen Seite. Die Selbstpositionierungen der Jugendlichen anhand von *arabesk*-Musik basieren demnach weniger auf ethnischen, religiösen oder politischen Diskursen aus der realen Türkei als vielmehr auf stereotypen Zuschreibungen von ‚Deutschen' gegenüber ‚Türk_innen', von ‚Türk_innen' gegenüber ‚Deutschen' oder von ‚Türk_innen aus der Türkei' gegenüber ‚Türk_innen aus Deutschland'.

„Hörst du ‚türkü'?"

Für die interviewten Jugendlichen haben solche Interpret_innen, die gemeinhin mit der Stilkonstruktion *arabesk* bezeichnet werden, eine hervorgehobene Bedeutung. Ein interessantes und irritierendes Phänomen dabei ist, dass in einigen Gruppen gerade nicht der Begriff *arabesk*, sondern *türkü* als Stilbezeichnung verwendet wird. In den Gesprächen wird deutlich, dass die Nutzung dieses Begriffs im peerkulturellen Umfeld der Jugendlichen eine verbreitete umgangssprachliche Kodierungspraxis darstellt. Für die Analyse dieses Phänomens ist in erster Linie die ideologische Bedeutung von *türkü* interessant und weniger, ob den Jugendlichen musiktheoretisches Wissen über Stilkonventionen fehlt. Zu fragen ist also, warum ausgerechnet der Begriff *türkü* für die Jugendlichen ein angemessener Begriff darzustellen scheint, um *arabesk*-Musik zu kategorisieren. Diese Frage ist insbesondere vor dem Hin-

---

117 „Insgesamt also handelt dieses Buch nicht von einer bestimmten ‚Kultur' – etwa der ‚türkischen Kultur', einer ‚türkisch-deutschen Kultur' – und auch nicht von einer ‚Mischkultur' zusammengesetzt aus oder gar situiert zwischen zwei ‚Ausgangskulturen'. Ebensowenig handelt es von einer definierbaren Gruppe von Menschen, etwa von ‚Türken' oder ‚Migranten'. Auch von Deutschen, Griechen und anderen Nicht-Türken wird immer wieder gleichberechtigt die Rede sein, soweit diese sich mit ‚türkischer Musik' (was immer sie jeweils darunter verstehen) auseinandersetzen. Gemeinsam ist allen in diesem Buch behandelten Menschen lediglich, dass sie erstens in Deutschland leben (bzw. in einem seiner Nachbarstaaten), sich zweitens, in welcher Form auch immer, auf die Türkei beziehen, was immer sie darunter verstehen, und dass sie sich drittens in irgendeiner Weise mit Musik beschäftigen. Weder ethnisch, noch kulturell, politisch, religiös oder musikstilistisch ist diese ‚imaginäre Türkei' also eindeutig fassbar" (Greve 2003: 18).

tergrund bedeutsam, dass *arabesk*-Musik in anderen Kontexten als Verunreinigung einer ‚echten' *türkü*-Tradition angesehen wird und eine Gleichsetzung von *türkü* und *arabesk* nahezu einem Frevel gleichkäme.

251	**Int.:** (...) Also mir ist, als ich in der Türkei war/ häufig haben Leute den Begriff arabesk
252	verwendet, für auch Musik von Ibrahim Tatlıses und Orhan Gencebay. Ist das eine Be-
253	zeichnung, die ihr auch benutzt für die Musik?
254	**A1b:** Mhm, ich sage eigentlich immer nur türkü.
255	**A1a:** ⌞Ja⌟ ⌞(.) ist türkü⌟ also es sind türküler[118] @[.]@.
256	**A1b:** ⌞Aber⌟ Oberbegriff ist
257	arabesk, glaube ich, oder?
258	**A1c:** Ja
259	**A1a:** Bei O sez Türkiye, also bei diesem Dings-Kanal, wo halt/
260	**A1d:** Star
261	**A1a:** Ja, bei Star, da nennt man das auch, also die Jury und so, die sagen auch immer
262	arabesk dazu.
263	**Int.:** (..) Warum verwendet ihr nicht arabesk dafür?
264	**A1a:** Das ist genauso wie, als wenn wir ein Fremdwort im Deutschen oder so für ein
265	anderes benutzen würden.
266	**Int.:** (.) Also das ist für euch wie ein/ ist ein Fremdwort für die Musik.
267	**A1a:** Es ist kein umgangssprachliches Wort so.
268	**Int.:** Verstehe
269	**A1b:** Man sagt einfach eher so türkü, man sagt nicht zum Beispiel, hörst du arabesk,
270	man sagt, hörst du türkü.
271	**A1c:** Ist mehr der Fachbegriff dafür.
272	**A1b:** ⌞Ja⌟

A1.1/Immanenter Nachfrageteil, App. 6: 284

Der Stilbegriff *arabesk* ist den Jugendlichen aus A1 für die von ihnen zuvor genannten Lieblingssänger Orhan Gencebay oder Ibrahim Tatlıses aus türkischen Casting-Shows wie *O sez Türkiye* bekannt.[119] Ihrer Meinung nach sei aber unter Jugendlichen das Wort *türkü* geläufiger.[120] Nicht die Frage ‚hörst du *arabesk*', sondern ‚hörst du *türkü*?' fungiere als peerkultureller Code, um untereinander Musikpräferenzen abzufragen (vgl. A1b: 269 f.). Die Aussage, dass *arabesk* für sie ein „Fachbegriff" (A1c: 271) bzw. ein „Fremdwort" (A1a: 264) darstelle, trifft sich zu einem gewissen Grad mit der Begriffsgeschichte des Ausdrucks. *Arabesk* war und ist teilweise immer noch eine pejorative Fremdbezeichnung, die in den 1970er Jahren von den urbanen Eliten

---

118 ‚*Türküler*' bedeutet im Türkischen die Mehrzahl von *türkü*.

119 In einem kurzen, nicht aufgezeichneten Pausengespräch nannten A1b und A1c als weitere türkischsprachige Casting-Shows *Popstars* und im Hinblick auf *arabesk*-Musik besonders bedeutsam: *Popstar Alaturka* (beide Star TV).

120 Auch die Gruppe A2 verwendet für Interpret_innen wie Orhan Gencebay, Ibrahim Tatlıses, Azer Bülbül, Ferdi Tayfur, Ahmet Kaya, Zara oder Emrah (Erdoğan) den Begriff *türkü* (vgl. A2: 205–212 und 233 f., App. 21: 305 f.). Anders als in der Gruppe A1 scheint der Begriff *arabesk* in A2 allerdings weitgehend unbekannt zu sein. So verbindet ihn A2a mit türkischsprachigem Hip-Hop, A2b mit einer Synthese aus *türkü* und Hip-Hop und A2c schlichtweg mit einem ‚arabischen Stil' (A2: 213–228, ebd.).

in der Türkei erfunden wurde. Mit dieser Stilkonstruktion signalisierten sie ihre Abgrenzung zu einer Musik, die ihrer Ansicht nach ‚nicht türkisch‘, rückwärtsgewandt, den traditionellen Werten der Migrant_innen ‚aus dem Osten‘ verpflichtet oder einfach nur ‚geschmacklos‘ oder ‚kitschig‘ sei. Die Kategorie *arabesk* basiert damit auf einem zentralen und wirkmächtigen Differenzkonstrukt in der Türkei: auf der einen Seite die laizistisch und europäisch orientierten Türk_innen in den westlichen Städten, auf der anderen Seite die eher traditionell und religiös sozialisierten Türk_innen aus der anatolischen Provinz. Diese zentrale gesellschaftliche Differenzordnung der Türkei spiegeln auch die Bezeichnungen ‚weiße Türken‘ (*beyaz türkler*) und ‚schwarze Türken‘ (*siyah* oder *kara türkler*) wieder. Der Begriff *arabesk* entstand in diesem Kontext nicht als eine Selbstbezeichnung, mit der sich Musiker_innen oder Hörer_innen identifizierten. Er war eine Fremdbezeichnung der ‚weißen Türken‘, um sich von ‚der Kultur‘ der ‚schwarzen Türken‘ zu distanzieren. Aus diesem Grund lehnten in der Anfangszeit des *arabesk* Interpret_innen wie beispielsweise Orhan Gencebay diesen Begriff ab (vgl. Kap. 3.1.1 und 3.1.3).

Den Begriff *türkü* verwenden die Jugendlichen in den Gruppendiskussionen A1 und A2 auf zweierlei Weise. In einem engeren Begriffsverständnis bedeutet *türkü* für sie Folgendes: „Ja, also türkü ist einfach so, da ist ein Mann oder eine Frau und, aber eher Männer und dann ist ein saz dahinter, und also meistens nur saz, und dann singt man einfach so ältere Lieder“ (A1c: 1259–1261, App. 15: 296). Zudem kennzeichnen *türkü*, dass die Stücke nicht „mit dem Computer […] bearbeitet“ (A2c: 1360, App. 30: 317) seien. Dieses Begriffsverständnis liegt damit relativ nah an der unter Musiker_innen und Musikwissenschaftler_innen verbreiteten Definition, *türkü* mit Volkslied gleichzusetzen. Dementsprechend fallen für die Jugendlichen unter *türkü* nicht die regionalspezifischen und meist rein instrumentalen Tanzliedstile wie *halay* oder *korbastı* (vgl. A1a: 235–250, App. 6: 284). Musikstilistisch strenggenommen würden unter diese Definition aber auch die Songs von Ibrahim Tatlıses oder Orhan Gencebay nicht fallen, weil sie sich gerade durch eine orchestrale und zugleich synthetische Instrumentierung auszeichnen (vgl. Kap. 3.1.1).

Der Widerspruch, dass sie trotz dieses Wissens über Stilkonventionen mit *türkü* ganz besonders *arabesk*-Lieder bezeichnen, ist folgendermaßen zu erklären: Neben dem auf musikalische Kriterien bezogenes existiert noch ein weiteres Begriffsverständnis, das auf der Identifikation mit einer bestimmten ‚imaginären Türkei‘ beruht.[121] Die Kennzeichnung von *arabesk*-Liedern als *türkü* drückt unter den Jugend-

---

121 Im Gegensatz zu A1 und A2 verwenden die Jugendlichen in der Gruppe A3 ausschließlich die enge Definition von *türkü* und kennzeichnen demgegenüber Musik von Orhan Gencebay, Ibrahim Tatlıses oder Müslüm Gürses der Konvention nach als *arabesk* (vgl. u. a. A3: 82–100, App. 34: 323 und A3a: 519f., App. 40: 330). Dabei verknüpfen sie mit *arabesk* im Kontrast zu *türkü* mehr Instrumente und Modernität sowie eine stärkere Orientierung an den Themen Traurigkeit und Liebe. Die beiden Jungen der Gruppe R1 hören in erster Linie Hip-Hop, vereinzelt aber auch türkischsprachige Lieder und dabei dann in erster Linie *arabesk*-Interpret_innen, die sie wie die Jugendlichen aus A3 auch als solche bezeichnen (vgl. R1: 39–50, App. 47: 336).

lichen in erster Linie aus, dass diese Musik eine ‚türkische' Identität beinhaltet, oder wie es A2c ausdrückt: „[…] die türkischen Lieder, die *türkü*, die sind so, wie soll ich sagen, also so (.) die haben ihren originalen Wert sozusagen" (vgl. A2c: 1361 f., App. 30: 317). Aus diesem Grund sprechen sie in Bezug auf *arabesk* oftmals auch einfach nur von ‚türkischen Liedern' oder ‚türkischer Musik'. Im Sinne Allan Moores handelt es sich dabei um das Narrativ der *third person authenticity* (vgl. Moore 2002: 219). Die Musik bzw. ihre Performance wird dabei von ihren Rezipient_innen als etwas wahrgenommen, das die Essenz eines Dritten ‚authentisch' repräsentiere. Als ein Beispiel dafür nennt Moore die historische Aufführungspraxis, mit der versucht werde, die Musik einer bestimmten Zeit möglichst ‚original' klingen zu lassen. Dieser Authentizitätsanspruch könne ebenso auf Orte und Personalstile zutreffen. Für die Verkörperung einer ‚authentischen imaginären Türkei' nennen die Jugendlichen Merkmale wie traditionelle Instrumente, Live-Charakter, den Verzicht auf die Bearbeitung am Computer oder den Legendenstatus der Sänger_innen (vgl. dazu ausführlich Kap. 3.2.1). Damit konstruieren die Jugendlichen aus A1 und A2 für *arabesk*-Musik eine größtmögliche Nähe zu türkischen Volksmusiktraditionen.[122]

Der Begriff *türkü*, den die Jugendlichen hier für *arabesk*-Musik verwenden, ist unter Musiker_innen und innerhalb der Musikwissenschaft eigentlich als ein „[a]llgemeiner Terminus für türkisches Volkslied" (Greve 2003: 467) gebräuchlich. Er bezeichnet in erster Linie die gesungene, oftmals mit *saz* begleitete und rhythmisch gebundene (*kırık hava*) Volksliedtradition (Markoff 2002: 80).[123] Wie das Wort *türkü* phonetisch bereits andeutet, handelt es sich um einen nationalen Bedeutungskontext, genauer gesagt um die Idee, dass es sich bei diesen Liedern um ein Eigentum und eine Essenz des ‚türkischen Volkes' handle (vgl. Markoff 1986: 47). Insbesondere der Umstand, dass *türkü* meist anonym überliefert worden sind, hält den Mythos einer ‚ursprünglichen' und quasi-natürlichen Musik des Volkes aufrecht. Zudem wurde die *saz*, das zentrale Begleitinstrument der *türkü*, nach der Republikgründung mehr und mehr zum Nationalinstrument stilisiert. Sie galt als der ‚authentische' Nachfolger der *kopuz*, einer zentralasiatischen Laute, und damit ‚türkischen Ursprungs' (vgl. Greve 2003: 219). Im Hinblick auf die türkische Gesellschaft und ihre inneren Differenzkonstrukte hat der Begriff *türkü* eine inkludierende Konnotation und suggeriert, ganz im Gegensatz zum Bedeutungshintergrund von *arabesk*,

---

122 Damit findet sich in der von den Jugendlichen konstruierten *arabesk-türkü*-Synthese eine interessante Parallele zu der jüngst erschienenen re-nationalisierenden *arabesk*-Monographie des Musikwissenschaftlers Uğur Küçükkaplan (vgl. Küçükkaplan 2013). Mit seinem Buch versucht er gegen das gängige Narrativ anzuschreiben, dass *arabesk* in erster Linie in der ägyptischen Musiktradition und nicht in jener der ‚türkischen' Volks- und Kunstmusik stehe (vgl. Kap. 3.1.3).

123 Tanzlieder (*oyun havalar*) werden demgegenüber eher mit Termini bezeichnet, die auf ihre regionale Herkunft verweisen, beispielsweise *horon* (Schwarzmeerküste) oder *zeybek* (ägäische Küste). Auch die metrisch ungebundenen Volkslieder (*uzun hava*) werden eher nicht mit *türkü* bezeichnet, sondern unter anderem mit ethnischen oder stammesgeschichtlichen Begriffen assoziiert wie *Türkmeni*, *Afşar* oder *Kürdi* (vgl. Markoff 2002: 80).

die umfassende Zusammengehörigkeit im ‚türkischen Volk‘. Die Verwendung des Begriffs *türkü* unter den Berliner Jugendlichen deutet somit darauf hin, dass sie im Hinblick auf Diskurse und Ideologien der realen Türkei eher das Gemeinsame anstatt das Trennende akzentuieren möchten. Beim Sprechen über *arabesk*-Musik steht demnach eine ‚imaginäre Türkei‘ im Vordergrund, die weniger von Differenzen im Inneren gekennzeichnet ist als vielmehr von einer Differenz zu ihrem Außen.

Die Konstruktion von *arabesk* als in sich indifferent ‚türkisch‘ hängt eng mit einem weiteren Phänomen zusammen: mit der Konstruktion von Zugehörigkeit anhand türkischer Sprachkenntnisse.

Sprichst Du türkisch?

Allen von mir befragten, *arabesk*-Musik präferierenden Jugendlichen ist gemeinsam, dass sie ihrer Selbstaussage nach gut Türkisch sprechen können.[124] Damit grenzen sie sich sowohl von ‚türkischen‘ Jugendlichen ab, die ‚ihre‘ Sprache nicht (mehr) richtig sprechen können, als auch von ‚deutschen‘ Jugendlichen, unter denen es inzwischen als ‚cool‘ gilt, ein paar ‚türkische‘ Schimpfwörter zu beherrschen (vgl. dazu A1,2: 1389–1581, App. 18: 300 f.). Allein schon auf einer rezeptionspraktischen Ebene stiftet es Zusammengehörigkeit, wenn beim gemeinsamen Hören von *arabesk*-Musik alle die türkische Sprache beherrschen. Wie A2a beschreibt, werde Musik unter Freund_innen manchmal auch so rezipiert, dass man zu den Liedern gemeinsam mitsinge (vgl. A2a: 376 f., App. 22: 307).[125] Aber auch beim Sprechen über Musik stellt das Verstehen der türkischen Sprache ein wesentliches Kriterium dar, mit dem Zugehörigkeiten und Abgrenzungen anhand von *arabesk*-Musik konstruiert werden. Dies zeigt sich in den Gruppendiskussionen unter anderem darin, dass die Jugendlichen gelegentlich vom Deutschen ins Türkische wechseln. Zudem basieren alle kollektiven Narrative, die im Kapitel 3.2 dargelegt wurden, in entscheidender Weise auf einem sprachlichen Textverständnis. Es ist den Jugendlichen wichtig, die Texte zu verstehen, um die anhand von *arabesk*-Musik vollzogenen Selbstpositionierungen und Distinktionen zu authentifizieren. Dies zeigt sich unter anderem in den folgenden Interviewpassagen.

---

124 In den Fragebögen, die in insgesamt acht Schulklassen an zwei verschiedenen Schulen ausgefüllt wurden, gaben nur solche Jugendlichen *arabesk*-Musik als ihre Musikpräferenz an, die auch bei der Frage „Welche Sprache bzw. welche Sprachen sprichst Du mit Deiner Familie?“ unter anderem ‚Türkisch‘ angegeben hatten. Bei türkischsprachiger Popmusik gab es vereinzelt auch Fälle, bei denen diese Korrelation nicht vorlag.

125 Dass beim Rezipieren türkischsprachiger Musik das Mitsingen sehr verbreitet ist, ist ein musikstilunabhängiges Phänomen. Besucht man als ‚Deutsche_r‘ ein türkischsprachiges Konzert bzw. eine Bar, in der türkischsprachige Live-Musik gespielt wird, staunt man zunächst, wie viele Liedtexte das Publikum mitsingen kann. Irritierend ist diese mitsingende Rezeptionspraxis, wenn man einen Liederabend der osmanischen Kunstmusik in einem Konzertambiente besucht, bei dem sich ansonsten an den Institutionen und Konventionen eines Konzerts der europäischen Kunstmusik orientiert wird.

416	**A2c:** Also, in diesen türkischen Liedern, allein die Bedeutung schon zu verstehen, da
417	sind auch viele türkische Vokabeln drin, die halt wir als mit deutschem Migrationshin-
418	tergrund erst später halt wissen. Ja, also allein den Text zu verstehen, ist für diese klei-
419	nen Kinder halt nicht/

A2/Immanenter Nachfrageteil, App. 23: 308

249	**Int.:** Und zwar (.) vielleicht mal, dass ihr sagt, was gefällt euch an diesem Stil besonders
250	im Vergleich zu anderen Stilen**?**
251	**A3b:** (...) Soll ich anfangen? (..) Also bei mir ist es so, zum Beispiel wenn ich halt arabesk
253	höre, irgendwie so man gibt der Seele so einen freien Lauf so. Man hört, man versteht
254	den Text auch, weil wir ja Türken sind. Wir wissen, was er sagt, wir wissen, was er
255	meint, wir wissen dann auch, was er fühlt, weil in dieser Situation, wir fühlen auch das
256	Gleiche wie er sozusagen, das macht jemand (eins so?).

A3/Immanenter Nachfrageteil, App. 35: 326

Sowohl für A2c als auch für A3b bildet das Beherrschen der türkischen Sprache das Fundament dafür, die Textaussagen und die ausgedrückten Gefühle der *arabesk*-Musik adäquat zu verstehen. Für A2c stellt das ‚richtige' Textverständnis einen Beleg dafür dar, erwachsen zu sein. A3b verknüpft das Textverständnis hingegen eng mit der Vorstellung eines ‚echten Türkischseins'. In der Aussage „weil wir ja Türken sind" (A3b: 254) schwingt eine normative Konnotation mit: Wer sich als ‚Türke_ Türkin' bezeichnet, sollte auch die türkische Sprache beherrschen. In einer weiteren Passage aus der Gruppendiskussion R1 wird deutlich, dass vorhandene oder nicht vorhandene türkische Sprachkenntnisse von den Jugendlichen eng mit Identitätszuschreibungen, Distinktionen und möglichen Falschrahmungen verknüpft werden (vgl. R1: 880–927, App. 53: 340 f.). Darin berichten R1a und R1b von Erlebnissen aus ihrem Musikunterricht. Ihre Lehrerin habe im Unterricht mit den Jugendlichen regelmäßig türkischsprachige Lieder, insbesondere traurige ‚*isyan*-Lieder' von Barış Akarsu gesungen. Sie beschreiben, dass es mehrere Jugendliche gegeben habe, die sich geschämt und aus diesem Grund zumindest am Anfang nicht mitgesungen hätten. Als möglichen Grund dafür geben sie unter anderem an, dass man womöglich ausgelacht werde, „wenn man selber seine eigene Sprache zum Beispiel nicht so gut sprechen kann" (R1b: 918 f., ebd.: 341).

Das Beherrschen der ‚türkischen Sprache' erhält im obigen Zitat A3bs die Bedeutung eines ‚richtigen Türkischseins'. Dieses Narrativ begegnete mir auch des Öfteren in der Türkei. Beispielsweise erlebte ich, dass eine Frau, die sich als in Deutschland lebende Türkin vorstellte, in einem Imbiss in Istanbul vom Verkäufer gefragt wurde, was denn mit ihrem Türkisch passiert sei. Scherzhaft bezeichnete er sie dabei als „çakma türk" („gefakete Türkin"). Auch einige der Jugendlichen beschreiben, dass sie nicht nur in Deutschland, sondern auch in der Türkei manchmal als Nicht-richtig-Zugehörige adressiert würden (vgl. u. a. A2c: 997 f., App. 27: 314). Dafür steht insbesondere die Bezeichnung *Almancı*, die sich aus den Wörtern *Alman* (‚Deutsche_r') und *yabancı* (‚Fremde_r', ‚Ausländer_in') zusammensetzt. *Almancı* bedeutet demnach soviel wie ‚Deutschländer', ‚verdeutscht', ‚ans Deutsche angepasst' und implizit ‚nicht (mehr) richtig türkisch'. In dieser Hinsicht lässt sich auch der Versprecher A2cs „mit deutschem Migrationshintergrund" (A2c: 417 f.) als eine Zuschreibung von ‚Türk_innen aus der Türkei' lesen.

Das Narrativ des ‚richtigen' Verstehens von *arabesk*-Musik lässt sich somit als ein Versuch lesen, sich gegenüber dem *Othering* aus der realen Türkei als *Almancı* einer gemeinsamen imaginären Herkunftsidentität zu vergewissern. Neben dem Vorwurf von ‚Türk_innen', sich an die ‚Deutschen' zu assimilieren, stellt auch die Unterstellung von ‚Deutschen', sich zu segregieren, eine zentrale Herausforderung dar, vor deren Hintergrund sich die Jugendlichen in den Gruppeninterviews mit mir als ‚Deutschem' anhand von *arabesk*-Musik positionieren. Die Konstruktion einer gemeinsamen imaginären Herkunft vollzieht sich, wie im Folgenden deutlich wird, im Kontext einer binationalen Identitätskonstruktion und im Rahmen eines dilemmatischen Anerkennungsgefüges: zwischen Nicht-Assimilations- und Nicht-Segregationsforderungen.

Identifizierung mit einer imaginären Herkunft im Kontext
binationaler Identitätskonstruktionen

Gemeinsam ist allen Jugendlichen in den Gruppendiskussionen zu *arabesk*-Musik, dass ihre Verwandten (überwiegend die Großeltern, teilweise auch die Eltern oder Urgroßeltern) aus der Türkei nach Deutschland immigriert sind. Interessant ist, dass trotz der starken Bedeutung der imaginären Türkei ein Zugehörigkeitskonsens, ‚türkisch' zu *sein*, immer wieder veruneindeutigt und unterlaufen wird. Eine gemeinsame soziale Identität wird neben der Sprachzugehörigkeit ausschließlich über eine imaginäre Herkunft konstruiert. Dies wird beispielsweise in der Aussage A1cs deutlich: „Ich sage von mir aus, dass ich Kurdin bin, aber zwar aus der Türkei komme" (A1c: 465 f., App. 9: 287). Damit signalisiert sie den anderen ihre Gruppenzugehörigkeit über eine gemeinsame imaginäre Herkunft, zugleich aber auch ihre Abgrenzung über eine andere ethnische Identität.

Dass es sich bei der Identifizierung mit einer imaginären Herkunft immer auch um eine Zugehörigkeitskonstruktion handelt, die im Hinblick auf die ‚deutschen' Identitätsanteile durchlässig ist, zeigt unter anderem der folgende Ausschnitt aus der Gruppendiskussion A3.

146	**A3b:** Und bei uns ist es so, dass halt diese Lieder bekannt sind, auch wenn man zum
147	Beispiel kein arabesk hört, jeder Ibrahim Tatlıses für/
148	**A3a:** ⌐Ja⌐
149	**A3b:** ⌐Ist⌐ für jeden so eine Legende, oder halt
150	andere türkische Sänger, die arabesk machen.
151	**Int.:** Was meinst du mit „bei uns"?
152	**A3b:** Bei uns Türken
153	**A3a:** @[schnaubend]@
154	**Int.:** ⌐Ah okay⌐
155	**A3b:** Weil/ weil die Türken solche Lieder hören, sage ich mal so.

A3/Immanenter Nachfrageteil, App. 35: 324

Dieser Interviewausschnitt ist ein Beispiel für ein auffälliges Phänomen, das auch in den anderen Gruppendiskussionen auftaucht. Auf der einen Seite sprechen die Jugendlichen in Bezug auf *arabesk*-Musik immer wieder von einem ‚Wir‘. Sobald allerdings dieses ‚Wir‘ von jemandem als ‚Türk_innen‘ expliziert wird oder ich nachfrage, was sie mit diesem ‚Wir‘ meinen, wird diese soziale Identität oftmals wieder relativiert, veruneindeutigt, durchlässig gemacht oder zum Teil auch verworfen. In diesem Beispiel erinnert A3a mit einem schmunzelnden Auflachen A3b daran, dass ‚Türkischsein‘ für sie beide keine eindeutige Identität darstellt. Daraufhin schwächt A3b die Fixierung der sozialen Zugehörigkeit ab („weil die Türken solche Lieder hören, sage ich mal so“, A3b: 155). Das „[b]ei uns Türken“ (A3b: 152) korrigiert A3b zu einem distanzierteren „die Türken“ (A3b: 155). Damit signalisiert er, dass ein ungebrochenes ‚Türkischsein‘ auf andere, vielleicht in der Türkei lebende Menschen, jedoch nicht auf ihn zutrifft. Durchlässige Identifikationen wie „sage ich mal so“ (ebd.), „jeder Türke sozusagen“ (Ax: 11, App. 68: 356) oder „weil wir sind nur Türken eigentlich in der Klasse, also Leute, die Türkisch verstehen“ (A2b: 977, App. 27: 314) finden sich in den Gruppendiskussionen genauso wie ungebrochene Positionierungen als „Türke_Türkin“. Es handelt sich um die Zugehörigkeit zu einem ‚türkischen Wir‘, das permanent zwischen Eindeutigkeit und Mehrdeutigkeit oszilliert.

Die lose Einigung auf eine gemeinsame imaginäre Herkunft ermöglicht den Jugendlichen zweierlei: Erstens können eindeutige Identifizierungen als ‚Türk_innen‘ umgangen und zugleich ‚türkische Kultur‘ als ein wichtiger *Teil*aspekt der Identität aufrechterhalten werden. Die prekären und spannungsvoll zueinander stehenden Fremdzuschreibungen als *‚Almancı‘* und als ‚Jugendliche mit türkischem Migrationshintergrund‘ werden somit ausbalanciert. Mit diesen Markierungen gehen paradoxe Anforderungen einher, auf der einen Seite ‚nicht deutsch genug‘ bzw. zu wenig integriert zu sein, auf der anderen Seite ‚nicht türkisch genug‘ und zu assimiliert zu sein. Vor dem Hintergrund dieses dilemmatischen Anerkennungsrahmens ermöglicht die durchlässige Identifizierung mit einer imaginären Herkunft eine doppelte Immunisierung. Je nach Situation kann der eine oder andere Aspekt, gut integriert sein oder nicht assimiliert sein, stärker in den Vordergrund gerückt werden.

Zweitens eröffnet der arbiträre Rekurs auf eine imaginäre Herkunft ein Feld unterschiedlichster „bi-kultureller Identitätstransformationen“ (Badawia 2003: 135). Der Erziehungswissenschaftler Tarek Badawia wendet sich mit diesem Modell gegen vereinfachende, statische oder generationsspezifisch generalisierende Modelle von Bikulturalität. Zu nennen wären beispielsweise Konstruktionen wie die ‚Kulturkonflikthypothese‘ oder ‚Differenzhypothese‘, die insbesondere zur Beschreibung für die so genannte zweite Generation verwendet werden. Mit ihnen wird davon ausgegangen, dass Kinder von Einwanderern_Einwanderinnen aus der Türkei zwischen zwei Stühlen gesessen hätten: zwischen ‚türkischer‘ und ‚deutscher‘ Kultur bzw. zwischen der Kultur des Elternhauses und der Schule (vgl. Aicher-Jakob 2010: 25–27).[126] Badawia geht demgegenüber von einer de-homogenisierenden Prämis-

---

126 Die Grundschulpädagogin Marion Aicher-Jakob hält für die ‚dritte Generation‘ das defizitäre Modell, demzufolge diese zwischen zwei Kulturen stehe, für unzutreffend.

se aus. Mit der Figur des „Dritten Stuhls" arbeitet Badawia heraus, dass die von ihm interviewten Jugendlichen, anstatt generationsübergreifend einer bestimmten Identitätsstruktur zu folgen, individuell, kontinuierlich transformierend und situationsgebunden zwischen unterschiedlichen bikulturellen Identitätsmodellen wählen (Badawia 2003: 144–146). Diese können sich beispielsweise an den Schemata ‚kultureller Mischling', einem kosmopoliten Überbau (vgl. dazu Mandel 2008) oder an paradoxen Konstruktionen wie „Ich bin weder deutsch, noch nichtdeutsch und trotzdem beides" (Zitat eines Jugendlichen, Badawia 2003: 143) orientieren.

Dynamische bikulturelle Identitätstransformationen im Sinne Badawias zeigen sich in den Interviews insbesondere dann, wenn sich die Jugendlichen je nach Fragestellung oder imaginiertem Fragekontext unterschiedlich positionieren. Während sich beispielsweise Ax zu Beginn des Interviews in Bezug auf *arabesk* als „Türke sozusagen" versteht (Ax: 10–12, App. 68: 356), beschreibt er seine bikulturelle Identität in einem anderen Kontext wie folgt: „Ich bin Deutscher, aber ich habe diesen türkischen Flair ein bisschen noch" (Ax: 213 f., App. 72: 358). Teilweise kommt es wie im Fall der Gruppendiskussion A2 auch vor, dass die Jugendlichen sich als ‚Türken' positionieren, wenn sie sich auf Situationen in Deutschland beziehen (A2b: 977, App. 27: 314), von sich aber als ‚Deutsche' sprechen, wenn sie über Situationen in der Türkei erzählen (A2b: 1109, ebd.).

Die bikulturellen Identitätstransformationen und Immunisierungsstrategien, die sich bei den Interviewten in sehr verschiedenen und durchaus kreativen Identitätskonstruktionen niederschlagen, verweisen teilweise auch auf Diskurse in der Türkei, in erster Linie jedoch auf die Migrationsdebatte in Deutschland. In diesen Kontext fällt auch das Phänomen, dass in einigen der Gruppendiskussionen arabesk als eine ‚türkische Musik' konstruiert wird, die gegenüber ‚deutscher' Musik höherwertig sei.

Distinktive Umkehrung des defizitären Bildes auf ‚türkische'
Jugendliche in Deutschland

Insbesondere in A1, ansatzweise auch in A2 und A3 bildet die Betonung, dass ‚die türkische Musikkultur' gegenüber ‚der deutschen', ‚englischen' oder ‚europäischen' höherwertig sei, ein zentrales Narrativ. Dabei lassen sich Korrespondenzen mit defizitären Zuschreibungen finden, von denen die Jugendlichen aus anderen, nicht

---

Sie plädiert für eine Wahrnehmung, in der ‚türkische Jugendliche' „mit zwei Kulturen" sind (vgl. Aicher-Jakob 2010: 19–27). Der Kulturwissenschaftler Werner Schiffauer kommt demgegenüber zu einem ganz anderen Ergebnis. Sei für die ‚zweite Generation' kennzeichnend gewesen, dass sie individualistische Selbstkonzepte verfolgt und jegliche Fremdzuschreibungen auf der Basis natio-ethno-kultureller Differenz abgelehnt habe, betone die ‚dritte Generation' ihre ‚türkische' Identität regelrecht offensiv: „Die Generation, die von außen betrachtet kaum mehr Unterschiede zur Mehrheitsgesellschaft aufweist, betont am nachdrücklichsten und selbstbewusstesten ihre Differenz" (Schiffauer 2002: 15).

musikbezogenen Kontexten berichten. Das Höherwertigkeitsnarrativ lässt sich somit als eine immunisierende Umkehrung von Abwertungen gegenüber Menschen ‚türkischer Herkunft‘ in Deutschland interpretieren.

Beispielsweise betont A1a den besonderen gesanglichen Anspruch „der türkischen Musik" gegenüber „englischen Liedern" (vgl. A1,1: 93–100, App. 3: 282). Oder die Jugendlichen aus A2 betonen die besondere Reife und Sinntiefe der ‚türkischen Lieder‘, die sie hören, und grenzen sie von einem vermeintlich aggressiven und ‚asozialen‘ Hip-Hop ab, den sie ethnisierend als ‚Deutschrap‘ kodieren (vgl. A2: 1–103, App. 20: 303 f.). Ein weiteres Beispiel liegt mit folgendem Konsens der Jugendlichen aus A1 vor. ‚Türkische Musik‘ besitze im Gegensatz zu ‚englischen Liedern‘ einen „Hintergrund" (A1c: 297, App. 7: 285). Sie sei „richtig vom Gefühl her gesungen" (A1a: 303, ebd.) und erzähle von einem ‚wirklich‘ erlebten Schicksal (vgl. A1,1: 281–311, ebd.). Zudem initiiere *arabesk*-Musik, weil sie jede_r kenne, Gemeinschaftlichkeit, werde generationsübergreifend weitertradiert und existiere beständig fort (A1,1: 154–171, App. 5: 283), anstatt kurz populär zu sein und dann wieder zu verschwinden. Somit liegt auch der Gegenüberstellung ‚türkisch‘ versus ‚deutsch‘, ‚englisch‘ bzw. ‚europäisch‘ die Dichotomie ‚Innenorientierung versus Außenorientierung‘ zugrunde. Konkretisiert wird diese Gegenüberstellung durch polarisierende Narrative wie Gefühlstiefe versus Oberflächlichkeit, Gefühlswärme versus Gefühlskälte, Reife versus Unreife, Sozialität versus Vereinzelung, Werteorientierung versus Marktorientierung (vgl. auch A1,2: 915–951, App. 17: 298 f.). ‚Türkische Kultur‘ und ‚deutsche Kultur‘ werden dabei in den gängigen dialektisch aufeinander bezogenen Stereotypen gedacht, beispielsweise Gelassenheit versus Disziplin, Trägheit versus Tüchtigkeit, Spontanität versus Planung, Kreativität versus Effizienz, Solidarität versus Individualisierung, Familienorientierung versus Selbstorientierung, Wärme versus Kälte oder Menschlichkeit versus Unmenschlichkeit.[127]

Eine weitere Dimension, die imaginäre Türkei mit Innenorientierung zu verknüpfen, bildet in der Gruppe A3 die Vorstellung, dass die Türkei im Gegensatz zu Deutschland eine ‚eigene Musik‘ habe. Dafür stelle unter anderem *arabesk*-Musik einen wichtigen Beleg dar.

651   **A3a:** Genau, es wird ja nirgendwo auf den/ zum Beispiel in den deutschen Kanälen, nur
652   Mozart ausgestrahlt wird, aber wenn man zum Beispiel einen türkischen Kanal auf-
653   macht, wo Musik rauskommt, da kommt auch immer Ibrahim Tatlıses als (unv.)
654   **A3b:**   ⌐Ibrahim Tatlıses⌐
655   oder zum Beispiel dieser Murat Boz, auch so Sänger, die aktuell auch Lieder machen,
656   Hande Yener, keine Ahnung, Yıldız Tilbe und so, solche Leute kommen auch halt, aber
657   bei deutschen Kanälen so Mozart und so. (.) Ich finde, um ehrlich zu sein, Deutschland
658   hat keine eigene Musik, also, soweit ich es weiß. Ich habe noch nie so deutsche Musik
659   gehört. Bei Türken ist es immer so, sobald man türkische Musik sagt, kommen immer
660   entweder diese Tanzlieder oyun havası oder eher so arabesk, Ibrahim Tatlıses, Orhan

---

127 Zu den gängigen stereotypen Vorstellungen ‚deutscher Türk_innen‘ über ‚Deutsche‘ vgl. Schiffauer 1991: 339–343.

661	Gencebay, dies, das so. Wir haben eine Musikszene, sage ich mal so. Auch, obwohl wir
662	hier in Deutschland leben, hören wir diese Lieder. Aber irgendwie so, bei Deutschen (.)
663	ich habe noch nie so Musikszenen oder so gesehen, okay so Tim Benzko, Peter Fox und
664	so sind schon berühmt geworden, aber (.) hört man so nebenbei, würde ich sagen.

A3/Exmanenter Nachfrageteil, App. 42: 332

An einem Vergleich zwischen deutsch- und türkischsprachigen Radiosendern konstruieren die Jugendlichen A3a und A3b eine ‚eigene türkische' Musik. Ein besonderes Kennzeichen der türkischsprachigen Kanäle sei, dass neuere und ältere Lieder dort immer gemischt gesendet würden.[128] Auf deutschsprachigen Kanälen werde wenn überhaupt ältere Musik, dann nur ‚klassische Musik' („Mozart und so", A3b: 657) ausgestrahlt, die aber laut A3b „nichts Deutsches" (A3b: 621, ebd.) sei. Ausgehend von dieser Gegenüberstellung schlussfolgern sie, dass Deutschland keine ‚eigene' Musik besitze. Darunter verstehen sie offenbar an regionale Volksmusiktraditionen anknüpfende Musikstile, die generationenübergreifend populär sind, lebendig gehalten und ernst genommen werden. Im Kontrast zu Deutschland hat die imaginäre Türkei, so das Narrativ der beiden Jungen, einen musikbezogenen Identitätskern. Dieser finde Ausdruck in Tanzliedern („*oyun havası*", A3b: 660) oder *arabesk*-Songs wie denen von Ibrahim Tatlıses oder Orhan Gencebay (A3b: 660 f.). Letztere seien für jede_n ‚Türken_Türkin' eine „Legende" (vgl. A3: 146–155, App. 35: 324). Im Sinne von Moores *third person authenticity* gilt *arabesk*-Musik für die Jugendlichen somit als eine ‚authentische' Verkörperung eines imaginierten türkischen Ursprungs (vgl. Moore 2002: 215).

Die genannten Höherwertigkeitsvorstellungen einer ‚türkischen' (Musik-)Kultur scheinen mit solchen defizitären Zuschreibungen zu korrespondieren, die sie als ‚Türk_innen' in ihrem Alltag erleben und von denen sie in den Gruppendiskussionen berichten. Allein schon meine Selbstvorstellung in den verschiedenen Schulklassen, bei der ich unter anderem erwähnte, mich für Musik aus der Türkei zu interessieren und die türkische Sprache zu lernen, sorgte in einigen Fällen für emotionale Reaktionen wie Applaus oder auch Jubelrufe. In diesen Situationen entstand somit eine Anerkennungsdynamik, bei der die Jugendlichen den Ort Schule als ‚deutsch', sich selbst als benachteiligte ‚Türk_innen' und mich als ‚guten Ausnahmedeutschen' positionierten, der im Gegensatz zu vielen anderen ‚Deutschen' ‚türkische Kulturen' an einem ‚deutschen' Ort wertschätze (vgl. dazu ausführlich Kap. 3.3.1). Alltägliche Erfahrungen eines abwertenden Blicks auf ‚türkische' Identitätsanteile beschreiben die Jugendlichen beispielsweise wie folgt.

799	**A1a:** Und man hat auch immer dieses Gefühl, wenn man jetzt auf eine neue Schule
800	kommt oder so, neue Lehrer, alles neu, dann haben Ausländer oder Türken @[.]@ Tür-
801	ken immer das Gefühl, die müssten sich zusätzlich rechtfertigen, damit man nicht
802	gleich dieses Vorurteil hat, Ausländ/ also Türke, Ausländer heißt, ist nicht so intelli-
803	gent wie ein anderer Deutscher vielleicht. Ich habe immer das Gefühl, weil ich ja be-

---

128 In Bezug auf *arabesk*-Musik nannten die Jugendlichen besonders oft den deutsch-türkischen Radiosender Metropol FM oder den türkischen Musikfernsehsender Kral TV.

804	sonders mit Kopftuch bin, dass man gleich denkt, ja wegen dem Migrationshintergrund,
805	die kann bestimmt nicht viel oder so. Man muss sich zusätzlich immer beweisen, und
806	schon das nervt einen eigentlich langsam. Das ist einfach immer so und zum Beispiel
807	sich wehren, also bei mir war das früher so, ich habe mich nie gewehrt. Ich bin ein
808	Mensch, der einfach, die können ihr Ding machen, ist mir egal.
809	**A1c:** ⌐(unv.)⌐
810	**A1a:** Aber wenn man so oft mit so was konfrontiert einfach, so weil ich ja mit Kopftuch
811	bin und bestimmt auch bei euch ganz viel, einfach so auf der Straße, und man auf der
812	Straße schon rumläuft, hat ein Mann zum Beispiel mich einfach Mumie genannt, weil/
813	**A1b:** ⌐Gest⌐
814	ern, er meinte zu dir: „Geh mal zurück in dein Arabien!" @[.]@ Zu meinem Vater auch
815	**A1a:** ⌐Ja⌐ ⌐nicht mal⌐ Sau-
816	di-@[.]@ Arabien
817	**A1b:** ⌐@[.]@⌐
818	**A1a:** Er hat dann zu mir Arabien gesagt, und also: „Geh zurück in dein Arabien!" Am
819	Kudamm, weil da gibt es ja nicht viele so Türken. Und einfach, ich finde es einfach doof,
820	weil ich habe mich anfangs nicht gewehrt. Zum Beispiel eine Frau hatte, ich stand so an
821	der Bushaltestelle, und es war eigentlich ein ganz normaler Tag und so, ich war voll
822	glücklich. Und dann kommt auf einmal so eine Frau, aber die war schon ein bisschen
823	krank, die hat angefangen an der Bushaltestelle rumzuschreien: „Eure Religion ist
824	falsch." Sie stand genau vor mir, hat mich angeschrien, und ich konnte nichts machen.
825	Niemand hat was gemacht. Sie hat die ganze Zeit mich angeschrien: „Eure Religion ist
826	falsch. Geh doch zu deiner Moschee petzen! Die können auch nichts machen, ihr wer-
827	det alle/". Also es ist sehr oft bei meiner Mutter. Da fragt man sich: „Wie sollen wir
828	denn aufwachsen?" Ich meine, dann hat man doch schon solche Vorurteile. Also, was
829	ist daran falsch, wenn man Türke ist, man ist ja trotzdem deutsch, also man kann ja
830	trotzdem hier leben.
831	**A1b:** ⌐Alle sind Menschen, man.⌐
832	**A1a:** Ja

A1,1/Exmanenter Nachfrageteil, App. 11: 291f.

Innerhalb der Gruppendiskussionen schildern die Jugendlichen mehrmals Diskriminierungserfahrungen wie diese. Aggressive Beschimpfungen wie „Mumie" oder „geh doch zurück in dein Arabien" haben dabei eine fast schon traumatisierende Wirkung, wie der Ausspruch von A1a „und ich konnte nichts machen, niemand hat was gemacht" (A1a: 824 f.) verdeutlicht. Erniedrigungen wie diese, die aus einem diffusen Konglomerat von nationalen, religiösen und rassistischen Zuschreibungen von Mehrheitsdeutschen resultieren, erleben sie auch in ihrem schulischen Alltag (vgl. u. a. A2: 1940–1976, App. 32: 320 f. oder Ax: 294–338, App. 73: 358 f.).[129] Bei-

---

129 Insbesondere berichten mir die interviewten Jugendlichen aus der Schule A von Diskriminierungserfahrungen an ihrer Schule. Diese Erzählungen korrespondierten mit dem Eindruck, den ich ausgehend von Aussagen einzelner Lehrender an dieser Schule gewann. Einige Male hörte ich das Narrativ, dass das Niveau ihrer Schule im Vergleich zu ‚früher', als es noch nicht so viele Jugendliche ‚mit Migrationshintergrund' gegeben habe, gesunken sei. In Schule B gab es deutlich weniger Berichte über Diskriminierungserfahrungen seitens der Jugendlichen. Seitens der Lehrenden erlebte ich dort im Vergleich zu Schule A auffällig häufig das Narrativ, dass man sich für Chancengleich-

spielsweise berichteten die Jugendlichen aus A1, dass ihr Ethiklehrer sie gelegentlich als „Dönerfraktion" (A1c: 755, App. 11: 290) bezeichne. In den Erzählungen zum Thema Diskriminierung verschwimmen Kennzeichnungen wie ‚Ausländer', ‚Türken', ‚Muslime' und ‚mit Migrationshintergrund' ineinander. Bei der Selbstpositionierung der Jugendlichen als ‚Türke' oder ‚Türkin' bleibt oftmals undeutlich, ob es sich eher um eine übernommene Fremdzuschreibung oder eher um eine selbstgewählte Eigenbezeichnung handelt. Deutlich wird allerdings, dass eine Identifizierung mit einer imaginären Türkei in irgendeiner Form mit einem ‚mehrheitsdeutschen' Blick verknüpft ist. Exemplarisch beschreibt hier A1a, wie der defizitäre Außenblick auf sie als ‚Türkin' wirke. An einer neuen Schule habe sie aufgrund ihrer Positionierung als ‚Ausländerin', ‚Türkin', ‚Kopftuchträgerin' und „wegen dem Migrationshintergrund" immer das Gefühl, sich extra beweisen zu müssen (vgl. A1a: 799–808). Sie verweist damit auf den Mechanismus der ‚stereotypen Bedrohung'. Danach werden Jugendliche mit einer defizitären Kategorie identifiziert, als anders oder hilfsbedürftig wahrgenommen und dementsprechend behandelt. Solch eine negative Leistungserwartung kann das Vertrauen der Schüler_innen in die eigenen Fähigkeiten schwächen. Kognitive Energien werden anstatt auf die Bewältigung einer bestimmten Aufgabe auf die Überwindung der Angst gerichtet, dass man womöglich der defizitären Zuschreibung entsprechen könnte. Dadurch entwickeln sich negative Leistungserwartungen häufig zu sich selbst erfüllenden Prophezeiungen.[130] Dies war bei A1a allerdings nicht der Fall, weil sie eine der Klassenbesten war, wie ich aus einem Gespräch mit einer Lehrerin erfuhr.

---

heit von Jugendlichen ‚aus Problembezirken' einsetzen wolle. In einem kurzen Pausengespräch an der Schule A erzählte mir eine Schülerin aus der zehnten Klasse, dass es in ihrer Parallelklasse vielfach den Wunsch gäbe, vom Gymnasium A an das Gymnasium B zu wechseln. Auf meine Nachfrage, was die Ursache dafür sei, antwortete sie, dass auf die Schule B fast nur Schüler_innen gingen, deren Familien aus der Türkei oder einem arabischen Land stammten. Aus diesem Grund würden sie dort weniger Diskriminierung erleben und bessere Noten bekommen. Inwieweit tatsächlich an der Schwelle zur Oberstufe, d.h. nach dem Mittelstufenabschluss (MSA) aufgrund von struktureller Diskriminierung Pendelbewegungen zwischen Schulen in Berlin stattfinden, um an einem Gymnasium ‚mit Migrationshintergrund' ein besseres Abitur machen zu können, konnte ich im Rahmen meiner Forschung nicht überprüfen. Diese Arbeit basiert nicht auf Methoden einer systematischen Schulethnographie, sondern auf Gruppendiskussionen. Eindrücke über die jeweilige Schulatmosphäre und Schulidentitätskonstruktionen erhielt ich somit durch die von mir interviewten Jugendlichen und ansonsten durch kurze Vorgespräche mit einzelnen Lehrenden und mit den Schulleitungen. Doch scheint mir diese Beobachtung für zukünftige Arbeiten zum Forschungsfeld der „strukturellen Diskriminierung" wichtig zu sein. In ihnen wurde sich bislang überwiegend auf die Übergangsschwellen Einschulung, Aufnahme an Sonderschulen und den Übergang in die Sekundarstufe konzentriert (vgl. Gomolla & Radtke 2007: 161–263, Gomolla 2000: 53).

130 Zur Theorie des *stereotype threat* und zum Konzept der sich-selbst-erfüllenden Prophezeiung vgl. Petersen & Six 2008: 80–96 sowie Hamburger 2012: 191–193.

Auf zweierlei Weise wird sichtbar, dass sich die Jugendlichen defizitäre Außenzuschreibungen von ‚Deutschen‘ im Sprechen über *arabesk*-Musik aneignen und umkehren. Zum einen sprechen die Jugendlichen, obwohl ihnen innere Differenzen der ‚türkischen Musik‘ bewusst sind, bei *arabesk* pauschalisierend von ‚türkischer Musik‘ und konstruieren sie gegenüber ‚deutscher‘ oder ‚englischer‘ Musik als kulturell different. Zum anderen verwenden sie in ihren musikbezogenen Erzählungen für sich selbst defizitäre Außenzuschreibungen wie ‚Ausländer‘, ‚mit Migrationshintergrund‘ oder ‚Kanake‘. Bei dieser Übernahme einer migrationsanderen Position geht es den Jugendlichen allerdings nicht nur darum, ihre imaginäre Herkunft umzuwerten. Ein weiterer Grund ist darin zu sehen, dass sie sich anhand von *arabesk* von einem bestimmten Bild von Jugendlichen ‚mit Migrationshintergrund‘ abgrenzen möchten: vom Typ der ‚bildungsfernen Problembezirksmigrant_innen‘ bzw. vom Stereotyp der ‚Ghetto-Türk_innen‘.

395	**Int.:** (.) Und wenn ihr sagt, okay, Rap ist jetzt eher kindischer, würde das ja irgendwie
396	heißen, also türkü sind jetzt irgendwie eher erwachsen. Also was/
397	**A2a:** Mhm [bejahend]
398	**A2b:** Ja, ja
399	**Int.:** Was heißt denn dann irgendwie für euch kindisch und erwachsen, also diese Un-
400	terscheidung?
401	**A2b:** ⌐Weil⌐ (..) wenn man diese türkischen Lieder hört, dann (.) man weiß halt, dass
402	da derjenige reifer im Kopf ist.
403	**A2c:** (.) Ist/
404	**A2b:** ⌐Weil⌐ dieser Rap ist so (.), man denkt sich dann halt, ja ey, wenn man diese
405	hört, dann man denkt sich nur, dass man so älter ist (.), man ist krass.
406	**A2a:** Nein, wenn man Rap hört, dann denkt man, ah, der hat nur Blödsinn im Kopf so.
407	**A2b:** Nein, man denkt halt, er ist so ein (.) wie soll ich sagen, ein Kanake halt.
408	**A2a:** @[lachen]@
409	**A2c:** ⌐@[lachen]@⌐
410	**A2b:** ⌐So sage ich das mal, ein Gauner halt⌐
411	**A2a:** ⌐Ja so, also der hat nur⌐ Blödsinn im Kopf.
412	**Int.:** [Was ist denn/]
413	**A2b:** Halt wirklich/
414	**A2a:** ⌐Der will⌐ Stress, so, nur so.
415	**A2b:** Ja, nur so Stress, dies, das
416	**A2c:** Also, in diesen türkischen Liedern, allein die Bedeutung schon zu verstehen, da
417	sind auch viele türkische Vokabeln drin, die halt wir als mit deutschem Migrationshin-
418	tergrund erst später halt wissen. Ja, also allein den Text zu verstehen, ist für diese klei-
419	nen Kinder halt nicht/
	{...} [*Ich bemerke mit einem Schmunzeln, dass ‚mit deutschem Migrationshintergrund‘ eine interessante Begriffswendung sei, woraufhin sich A2c und A2b korrigieren, dass sie eigentlich ‚mit türkischem Migrationshintergrund‘ gemeint hätten.*]
454	**Int.:** (...) Wie, und was heißt dann Kanake? Ich dachte man ist gerade (unv.)
455	**A2a:** ⌐Also Kanaken⌐ sind/
456	**A2b:** Kanaken sind so, meinen wir eher in der Richtung so halt (.) Gangsta, die sich/
457	**A2a:** ⌐Ausländer⌐
458	**A2b:** Nein, nicht Ausländer, die denken halt, dass sie brutal sind, halt so gesehen.
459	**A2a:** ⌐Ist Aus/⌐

460	**A2c:** Was sie alles machen.
461	**A2b:** ⌐Dass sie⌐ halt so das Sagen haben.
462	**A2c:** Dass die Stadt ihnen gehört.
463	**A2b:** (.) So gesehen
464	**A2a:** ⌐So⌐ Möchtegern-Leute
465	**A2b:** Ja, ja, so gesehen, ja, ja
466	**A2a:** (..) Also, mit denen will man nichts zu tun haben, sondern man hat nichts gern mit
467	denen zu tun. Also, was sind das für Menschen, so denkt man sich.

A2/Immanenter Nachfrageteil, App. 23: 307f.

Wie in den vorangegangenen Unterkapiteln herausgearbeitet wurde, spielen für die Jugendlichen in Bezug auf *arabesk*-Musik Narrative wie Vernünftigkeit, Sinnhaftigkeit, Reife, Selbstreflexivität und Introspektion eine zentrale Rolle. In dieser Passage erhalten diese Erzählungen noch einmal einen weiteren Bedeutungsrahmen. Anhand des Begriffs ‚Kanake‘, den A2a, A2b und A2c hier als Gegenhorizont zu *arabesk* hörenden Jugendlichen verwenden, wird deutlich, dass die musikbezogenen Narrative auch in eine Unterscheidungslogik eingeflochten sind, die den Migrationsdiskurs in Deutschland entscheidend prägen: in die Aufteilung zwischen ‚guten‘ und ‚schlechten Migrant_innen‘.

Kanake ist eigentlich als ein rassistisches Schimpfwort bekannt, mit dem *people of colour* von Weißen als minderwertig, nicht deutsch, randständig in der Gesellschaft und unkultiviert markiert und erniedrigt werden. Im Gegensatz zu künstlerischen Aneignungen des ‚Kanaken‘-Images im ‚Deutschrap‘ durch Comedians wie Kaya Yanar und Bülent Ceylan oder durch die Künstlergruppe Kanak Attak (vgl. u. a. Zaimoğlu 1998a, 1998b) bildet es für die Jugendlichen in den Gruppendiskussionen eine deutliche Abgrenzungsfolie. ‚Kanake‘ stehe gerade nicht pauschal für ‚Ausländer‘, sondern entsprechend der Deutschrap-Inszenierung für ein provokatives und ‚prolliges‘ ‚Gangsta-Image‘, das eine große Rolle dabei spiele, wenn Jugendliche ‚mit Migrationshintergrund‘ generell zu sozial auffälligen und nicht integrierbaren Anderen gemacht würden (vgl. A2: 456–467). *Arabesk*-Musik wird demgegenüber mit der Position eines vernünftigen und ‚guten Migrantenjugendlichen‘ mit Bildungshintergrund verknüpft. Einer Gleichsetzung mit dem ‚Kanaken-Image‘ gilt es somit durch den Musikgeschmack entgegenzuwirken. Deutlich wird dies auch in einer Szene, die ich direkt vor der Gruppendiskussion mit A2a, A2b und A2c erlebte. Als ich die Jugendlichen zum Interview aus ihrem Unterricht abholte und die Tür zu ihrem Klassenzimmer öffnete, stolzierte A2b gerade demonstrativ durch das Klassenzimmer, um Müll wegzuwerfen. Die anwesende Lehrerin kommentierte sein Verhalten mit dem Satz: „Benimm dich mal wie ein ordentlicher Mitteleuropäer!“. Als ich A2b in der Gruppendiskussion darauf ansprach, interpretierte er ihre Aussage mit den Worten, „[a]ls ob sie damit sagen will, dass es so Kanaken sind (.) also, dass sie anders sind“ (A2b: 1950 f., App. 32: 320). In Abgrenzung zum Stereotyp der sozial auffälligen, brutalen und schlecht integrierten ‚Ghetto-Türk_innen‘ betonen die Jugendlichen mit dem Hören von *arabesk*-Musik ihre Vernünftigkeit, Reflexivität bzw. ihr Feinfühligkeit und damit ihren Status als ‚gute Migrant_innen‘.

Wenn ich Freund_innen und Bekannten aus der Türkei oder in Deutschland lebenden Personen, die sich mit ‚türkischer Musik' beschäftigen, von meinem Forschungsthema erzähle, begegnet mir oftmals das folgende Stereotyp: Jugendliche, die in Deutschland bevorzugt *arabesk* hören, stammen bestimmt aus dem Osten der Türkei, seien konservativ bzw. sunnitisch-islamisch geprägt und orientierten sich politisch an der AKP, der Partei von Präsident Recep Tayyip Erdoğan. Die *arabesk*-Rezeption von Jugendlichen in Deutschland wird dabei auf ein bloßes Epiphänomen der *arabesk* umgebenden Diskurse aus der realen Türkei reduziert und in die entsprechenden Muster eingeordnet (vgl. Kap. 3.1.3). Es dominiert dabei die Vorstellung einer Türkei, deren Bevölkerung nicht einheitlich, sondern in verschiedene Ethnien, Religionen und politische Orientierungen ausdifferenziert ist. Diese Ausrichtung findet sich auch in Martin Greves Konzeption der „imaginären Türkei":

> Der vermeintlich eindeutige Orientierungspunkt ‚Türkei' stellt offenbar eher eine Art Projektionsfläche dar, auf der sich jeder einzelne türkische Musiker (und Hörer) etwas anderes vorstellt. De facto ist oft lediglich eine bestimmte Region gemeint, oder etwa die Stadt Istanbul, in anderen Fällen ein imaginäres Kurdistan oder der Islam respektive der Alevismus. Den Hintergrund solcher Identitäten bilden Ideologien und Diskurse aus der realen Türkei, die in der imaginären Türkei begierig aufgenommen werden. Musik wird in jedem Einzeldiskurs auf jeweils sehr unterschiedliche Art und Weise wahrgenommen und bewertet, so dass sich in der Zusammensetzung der komplexen Identitätspatchworks nochmals komplexere Implikationen für Musik und Musikleben ergeben (Greve 2003: 458).

Greve fasst unter dem Begriff „Musik der imaginären Türkei" auch solche Phänomene, die auf der Konstruktion kultureller Differenz zwischen ‚Deutschen' und ‚Türken' und demzufolge auf einem einheitlichen Türkeibild basieren (ebd.: 367–410).[131] Sein zentrales Anliegen ist jedoch, eine de-essenzialisierte imaginäre Türkei zu konstruieren, die in verschiedene soziale Identitäten (regionale Herkunft, Ethnizität, Religiosität, politische Orientierung usw.) zerfällt und in erster Linie auf „Ideologien und Diskursen der realen Türkei" beruht (ebd.: 458).

Auch in den Gruppendiskussionen spielen in Bezug auf *arabesk*-Musik gelegentlich binnendifferente soziale Identitäten und Ideologien aus der realen Türkei eine Rolle. Beispielsweise kritisiert A2a: „Also, es wäre besser, wenn sie [die Türk_innen, Anm. JH] so bei sich bleiben, und nicht, also beim Türkischen bleiben, und nicht so bei USA und so nachmachen so, sich abgucken" (A2a: 737 f., App. 25: 310). A2b kommentiert dies mit der zwischen Ernst und Ironie changierenden Bemerkung „Nur weil du Kurde bist @[lachen]@" (A2b: 748, ebd.). Daraufhin kommt es zu ei-

---

131 Greve nennt in diesem Zusammenhang insbesondere die Konstruktionen von ‚Türken' in Deutschland als ‚Orientale' und als ‚Sozialproblem'. Diese führten dazu, dass überwiegend auch nur solche Musikinszenierungen gefördert würden, die diesen Stereotypen entsprächen. Die Ausbildung musikalisch-künstlerischer Identitäten bliebe demgegenüber in Deutschland auf der Strecke (Greve 2003: 458 f.).

ner kurzen Diskussion darüber, ob Ibrahim Tatlıses, ein Sänger, den sowohl A2a und A2b sehr mögen, eher ‚Kurde' oder eher ‚Türke' ist (vgl. A2: 751–758, ebd.). Auch die beiden folgenden Passagen scheinen zunächst ausschließlich auf innertürkische Diskurse hinzudeuten:

127	**Int.:** (.) Und *türkü* meint das, also jetzt zum Beispiel Murat Boz *Özledim*, ist das auch/
128	**A1b:** ⌊Kein *türkü*⌋
129	**A1c:** ⌊Nee⌋
130	**A1d:** ⌊Nein, nein⌋
131	**A1a:** ⌊Nein,⌋
132	das ist zum Beispiel, das ist mehr an den europäischen Stil angepasst. Das merkt man
133	auch also.
134	**A1c:** ⌊Ja⌋
135	**A1d:** ⌊Das ist Pop.⌋
136	**A1b:** ⌊Mhm [bejahend]⌋
137	**A1a:** Deshalb ist es ja so, also, ja, das geht so eher in Poprichtung. Das hören zwar
138	jetzt auch Jugendliche, aber das ist nicht so ein hoher Anspruch wie die *türküler*.

A1.1/Immanenter Nachfrageteil, App. 4: 283

Stellt man sich die Diskursstruktur dieser Passage als Partitur vor, so erinnert sie gewissermaßen an eine klassische homophone Stimmverteilung: Es gibt eine führende Melodiestimme und einen ‚Background-Chor', der sie begleitet und die Funktion eines rhythmischen und harmonischen Fundaments übernimmt. Diese Analogie verdeutlicht, dass sich die vier Jugendlichen an dieser Stelle auf eine gemeinsame Narrationslinie in Bezug auf *türkü* einigen, womit sie sich – wie oben beschrieben – insbesondere auf *arabesk*-Musik beziehen. Der Konsens dieser Gruppe betrifft in diesem Ausschnitt den Aspekt der ‚Anpassung'. Das Lied *Özledim* von Murat Boz sei im Gegensatz zu Liedern von Ibrahim Tatlıses oder Orhan Gencebay kein *türkü*, entspreche nicht einer imaginierten Essenz von ‚türkischer Kultur' und unterwerfe sich zu stark einer popkulturellen Hegemonie ‚Europas' bzw. des ‚Westens'.

Insbesondere die Formulierung „mehr an den europäischen Stil angepasst" evoziert Assoziationen mit einer zunehmend anti-kemalistischen politischen Rhetorik türkischer Regierungen. Sie begann in den 50er Jahren mit der Regierung der *Demokrat Parti* unter Adnan Menderes (vgl. Kap. 3.1.2) und wird seit einem guten Jahrzehnt durch die AKP unter der Führung Recep Tayyip Erdoğans neo-osmanisch verschärft.

799	**A1a:** Und jetzt ist es wieder das Problem mit: Soll die Türkei in Europa aufgenommen
800	werden? Und da sagen alle, ja, die Türkei ist zurückgeblieben, aber eigentlich versucht
801	ja Erdoğan alles dagegen zu machen. Aber es gibt halt von anderen Seiten (.) so was
802	dagegen.
803	**A1c:** ⌊Ich⌋ glaube, man sagt nicht, dass die Türkei zurückgeblieben ist, das wird nicht
804	gesagt (.). Einfach weil wenn die Türkei in die EU eintritt,
805	**A1d:** ⌊Also⌋
806	**A1a:** ⌊Doch, ich denke schon⌋
807	**A1c:** dann wird sich alles verändern, und das ist auch so. Und die Kultur wird Schritt für
808	Schritt mehr gehen. Alle sagen, nein, wir sollen unsere Kultur behalten. Wir sind auch,

809	weiß ich nicht, auch so stolz und so was alles. Aber dann trotzdem in die EU eintreten,
810	ich meine, die EU ist nun mal was ganz anderes als der Nahe Osten, und dann wird sich
811	somit alles verändern, und dann/ ich bin auch dagegen, dass die Türkei in die EU ein-
812	tritt, weil Türkei ist Türkei und Türkei soll Türkei bleiben und Türkei soll nicht zur EU
813	und Türkei soll nicht zu irgendwas anderem werden.
814	**Int.:** Verstehe (..) das heißt, ihr seht auch mehr eine Nähe der Türkei zum Nahen Osten
815	als jetzt zur EU?
816	**A1c:** Auf jeden Fall
817	**A1a:** Aber das ist halt das Problem, dass jetzt die Türkei versucht, sich immer mehr an
818	das Europäische anzugleichen, von allen möglichen Seiten: von der Musik her, von der
819	Kultur her. Es wird jetzt auch Weihnachten immer gefeiert @[lachen]@ in der Türkei.
820	**A1d:** ⌐Es wird kein⌐
821	Weihnachten gefeiert.
822	**A1a:** Aber manche in Istanbul oder so wird immer Weihnachten gefeiert.
823	**A1b:** ⌐Die denken Silvester ist/ machen sie Bäume und so.⌐
824	**A1a:** Doch, wird wirklich gefeiert. Also man sieht auch immer in türkischen Serien, da
825	steht auch immer ein Weihnachtsbaum und so da.
826	**A1d:** Dass es ein Weihnachtsbaum/ steht aber nicht für Weihnachten da, sondern für
827	Silvester.
828	**A1b:** ⌐Für Silves-
829	ter,⌐ aber das ist doch ohne Sinn.
830	**A1c:** Ja
831	**A1b:** Warum ziehen die so Weihnachtsmannmützen und so an?
832	**A1a:** ⌐Aber Silvester⌐ gab es im Osmanischen
833	Reich auch nicht. Jetzt wird auch von allen Dings Silvester gefeiert.
834	**A1b:** Das ist ja nicht mehr eigentlich das Jahr von den Osmanen, jetzt von richtig, das
835	ist/ wir haben ja, also die Osmanen haben ja ihr anderes Jahr.
836	**A1a:** ⌐Ja⌐ (...) das geht nach
837	dem (.) nach der Geburt Christi geht ja das europäische.
838	**A1d:** ⌐Also Kalender
839	ist auch (unv.)⌐
840	**A1c:** ⌐Kalender, ja⌐
841	**A1a:** Und das hat jetzt auch die Türkei übernommen, eigentlich die ganze Welt jetzt
842	fast.
843	**A1d:** ⌐Aber wenn⌐ es überall
844	auf der Welt so ist, was sollen wir machen?
845	**A1b:** Ja, eben, die passen sich an.
846	**A1d:** ⌐Und dann, dann,⌐ ja aber muss doch.
847	**A1a:** ⌐Ja⌐
848	**A1b:** Ja, ich sage auch nichts.
849	**A1d:** ⌐Damit es einheitlich wird.⌐
850	**A1a:** ⌐Ja, muss ja⌐ auch sein, dass man wirtschaftlich/
851	**A1c:** ⌐Aber nicht zu viel⌐ anpassen.
852	**A1a:** Ja
853	**A1c:** Man verliert doch so Stück für Stück einfach die Kultur und so was. Ich meine, es
854	gibt so viele Leute, es gibt so viele schöne Volkstänze in der Türkei, die man auch auf
855	Hochzeiten tanzt. Und es gibt einfach so viele, die können das einfach nicht, und statt-
856	dessen gehen die auf Diskos oder so und tanzen da. Ich meine so, das ist einfach nur
857	ein Beispiel dafür, dass, wenn die Türkei in die EU eintritt, dass einfach alles anders sein
858	wird.

859	**A1d:** Aber ich denke nicht nur, dass/ die Kultur ändert sich eigentlich nicht nur, weil wir
860	uns den Europäern anpassen. Das ist eigentlich so wegen der Immigranten jetzt. Weil
861	viele sind ja nach Deutschland und so ausgewandert, um Geld zu verdienen und so.
862	Und nachdem sie das ganze Geld hatten, wussten sie auch, wie es in Deutschland ist,
863	wie es in Europa ist. Und nachdem sie wieder in die Türkei gegangen sind, da hat es
864	sich automatisch geändert. Also das ist eigentlich nicht nur so, dass wir uns den Euro-
865	päern anpassen, sondern dass manche Leute, die aus Europa gekommen sind, die Tür-
866	kei so dazu gebracht haben, also sich so geändert hat.
867	**A1a:** ⌊Ach so⌋
868	**A1d:** Und, also mit der EU das ist automatisch so, dass man sich denen anpasst/ dass
869	man so wird wie die. Weil die EU ist ja eigentlich sehr modernisiert durch diese ganzen
870	kulturellen Sachen und so, ist zwar modern geworden, aber wenn wir immer noch so
871	bleiben wie in Asien, weil in Asien ist es eher so ärmer so, und wenn wir so weiterma-
872	chen, dann bleibt es immer noch so, dass die Bildung zurückbleibt, dass Frauen immer
873	als Hausfrauen oder so was angesehen werden. Und darum muss man sich zwar entwi-
874	ckeln, aber man muss sich nicht der EU anpassen, also man muss nicht unbedingt der
875	EU beitreten.

A1,2/Exmanenter Nachfrageteil, App. 17: 297f.

In dieser Passage wird deutlich, wie ein politischer Diskurs zum Thema EU-Beitritt musikbezogene Identifizierungen mit einer imaginären Türkei affizieren kann. Dass die Türkei trotz jahrelanger Beitrittsverhandlungen nicht in die EU aufgenommen worden ist, wobei als offizieller Grund von europäischer Seite stets verlautbart wurde, dass die Türkei die für die Aufnahme erforderlichen Mindeststandards demokratischer Gesellschaften noch nicht erfülle, wird von den Jugendlichen einerseits als Markierung eines ‚Zurückgebliebenseins‘ interpretiert, zum anderen als eine Forderung, sich an Europa zu assimilieren. Dieser Demütigung und dem drohenden Identitätsverlust der Türkei setzen sie ganz im Sinne der identitätspolitischen Rhetorik Erdoğans ein Stolzsein, ein ‚Anderssein‘ und eine kulturelle Nähe zum ‚Nahen Osten‘ entgegen. Die ‚imaginäre Türkei‘ wird dabei hemisphärisch interpretiert. Sie sei Teil eines Europa gegenüberstehenden Kulturkreises, der ‚osmanisch‘ und – so zeigt sich in der Kritik an der Übernahme weihnachtlicher Symbole und der christlichen Zeitrechnung – im Kern muslimisch geprägt sei.

Die Vorstellung, dass die imaginäre Türkei wie ein kostbarer Schatz vor zu viel Europäisierung geschützt werden müsse, bildet dabei ein zentrales Narrativ. Auch A1d, der eine gewisse kulturelle Anpassung an Europa für notwendig hält, damit sich die Türkei modernisiere und entwickle, teilt diese Position grundsätzlich (vgl. A1d: 873–875). Etwas später, genauer gesagt: im zweiten Interview mit dieser Gruppe (A1,2), identifiziert er sich mit solchen „Leute[n], die die Kultur noch nicht verloren haben" (A1d: 922f., App. 17: 299), und grenzt sich von Jugendlichen ab, „die sich europäisch angepasst haben" (A1d: 940, ebd.). Für die Jugendlichen korrespondiert der Schutz einer imaginären Türkei im Außen, also auf einer politisch-diskursiven Ebene, mit ihrer Bewahrung im Inneren, also auf der Ebene der Subjektposition. Auf *arabesk*-Musik bezogen äußert sich dieses Schutzmotiv beispielsweise darin, dass die Jugendlichen das CD-Projekt *Orhan Gencebay ile Bir Ömür* (2012) befürworten. In diesem Projekt arrangierten 33 Musiker_innen, die überwiegend aus dem

Pop-Bereich kommen, alte Lieder Orhan Gencebays anlässlich seiner 60-jährigen musikalischen Tätigkeit. Insbesondere A1b erhofft sich von der CD, dass mehr Jugendliche Gencebays alte Lieder und nicht nur die europäisierte türkischsprachige Popmusik hören (A1b: 166–171, App. 5: 283).

Der Konflikt in der betrachteten Interviewpassage entzündet sich an einer innertürkischen Debatte. Mit der Gegenüberstellung von ‚wir‘ und ‚die‘ grenzen sich die Jugendlichen A1a, A1b und A1c von solchen Türk_innen ab, die in westtürkischen Metropolen wie Istanbul leben und sich ihrer Meinung nach zu stark an Europa ausrichten. Ihre Kritik orientiert sich – wie in einer anderen Diskussionspassage deutlich wird (vgl. A1,1: 560–585, App. 10: 289) – am Geschichtsnarrativ der ‚inneren Kolonialisierung‘ (vgl. Kap. 3.1.2). Danach habe eine vorwiegend im Westen der Türkei lebende kemalistische Elite versucht, die Türkei kulturell an Europa anzugleichen. Damit sei einhergegangen, die vermeintlich unkultivierte Bevölkerung im Osten der Türkei zu unterdrücken und solche Kulturen und Symbole zurückzudrängen, die mit dem Islam in Verbindung stünden. A1d teilt diese kemalismuskritische Position hingegen nicht. In Passagen, in denen A1a, A1b und A1c sich explizit Atatürk-kritisch äußern, hält er sich zurück (vgl. A1,1: ebd.). Er scheint eher eine nationalistische Position zu vertreten. So bezeichnet er die nationalistische Partei MHP als „[s]tolze türkische Partei“ (A1d: 554, ebd.) oder äußert sich implizit kritisch gegenüber der kurdischen Bevölkerung im Osten der Türkei, die seiner Meinung nach in archaischen Familientraditionen verhaftet und ungebildet sei. Überhaupt spiegelt die Gruppendiskussion A1 ein breites Spektrum an Diskursen und Ideologien aus der realen Türkei wider: A1a positioniert sich als muslimisch-sunnitisch und türkisch, A1b als unpolitisch, A1c als kurdisch, nicht religiös, links und eher Erdoğan-kritisch und A1d zugleich als Erdoğan- und Atatürk-Befürworter und teilweise als türkisch-nationalistisch.

Allerdings zeigt sich in A1 wie in den anderen Gruppendiskussionen auch, dass binnendifferente Diskurse und Ideologien aus der realen Türkei in der Diskussion um Musikstile nur eine periphere Rolle spielen. In Bezug auf *arabesk*-Musik dominiert eine imaginäre Türkei, die essenzialisierend auf der Vorstellung einer ‚türkischen Musikkultur‘ im Kontrast zu einer ‚deutschen‘, ‚englischen‘ bzw. ‚europäischen‘ Musikkultur basiert. Gezeigt werden konnte dies an verschiedenen Phänomenen: daran, dass *arabesk* als *türkü* und damit als Inbegriff einer ‚türkischen Musik‘ konstruiert wird, dass anhand von *arabesk* in erster Linie Gemeinsamkeiten auf der Grundlage von türkischen Sprachkenntnissen und imaginärer Herkunft gestiftet werden, defizitäre Zuschreibungen als ‚Türk_innen‘ in Deutschland umgekehrt und immunisierende bikulturelle Identitätskonstruktionen entwickelt werden.

Das Bild, das Martin Greve von der Musik einer imaginären Türkei zeichnet, die in binnendifferente Diskurse und Ideologien aus der realen Türkei zerfällt, ist bei der *arabesk*-Rezeption der Jugendlichen verschoben. Es dominieren Diskurse von ‚Deutschen‘ gegenüber ‚Türk_innen‘, von ‚Türk_innen‘ gegenüber ‚Deutschen‘ und von ‚Türk_innen aus der Türkei‘ gegenüber ‚Türk_innen aus Deutschland‘ – alles Diskurse, bei denen ‚das Türkische‘ als etwas Einheitliches gedacht wird. Im Vordergrund stehen also weniger Positionierungen beispielsweise als ‚Kurd_innen‘,

‚Alevit_innen', ‚sunnitische Muslim_innen' oder ‚ostanatolische Migrant_innen', sondern die gemeinsame Erfahrung, einerseits als ‚Ausländer_innen' bzw. ‚Personen mit Migrationshintergrund' und andererseits als *Almancı* gesehen zu werden. Einen zentralen Anerkennungsrahmen bei der *arabesk*-Rezeption bildet dabei das Austarieren zweier spannungsvoll zueinander stehenden Forderungen: einerseits, sich nicht an die ‚deutsche Kultur' zu assimilieren, andererseits sich gut in Deutschland zu integrieren.

Zieht man das Modell der natio-ethno-kulturellen Differenz des Allgemeinpädagogen Paul Mecheril heran (vgl. Kap. 1.2), fällt auf, dass Gemeinsamkeit gerade nicht auf der Basis von Ethnizität erzeugt wird. Teilweise wird sich – wie im Fall von A1c – explizit von einer ‚türkischen Identität' abgegrenzt. Das Unterscheiden zwischen ‚türkischer Musik' und ‚deutscher' bzw. ‚englischer Musik' basiert vielmehr auf der Vorstellung zweier sich gegenüberstehender Kulturkreise. Die Jugendlichen konstruieren anhand von *arabesk*-Musik eine imaginäre Türkei, die einer anderen Hemisphäre angehöre. Deutlich wird dies an Selbstpositionierungen wie zum „Nahen Osten" zugehörig (A1c: 810) oder als ‚osmanisch' (A1,1: 832–842, vgl. a. A3b: 814–835, App. 45: 334 f.). Implizit wird dabei die Dichotomie ‚muslimische Welt versus westliche Welt' aufgerufen und sich mit der Kategorie ‚Muslim_in' identifiziert. Aufschlussreich sind in diesem Kontext die Erzählungen A1cs. Wie sie mir in einem kurzen Pausengespräch mitteilte, würde sie sich selbst eigentlich nicht im engeren, also religiösen Sinne als ‚Muslimin' bezeichnen. Bei ihren Schilderungen persönlicher Diskriminierungserfahrungen verweist sie aber ganz besonders auf ihre Position als Muslimin in Deutschland und als einer ‚anderen' Kultur Zugehörige.

An ihrem Beispiel wird deutlich, dass es sich bei der hemisphärischen Interpretation der ‚imaginären Türkei' in erster Linie um den Effekt eines antimuslimischen Rassismus in Deutschland handelt. Die Islamwissenschaftlerin Riem Spielhaus arbeitet in ihrem Aufsatz „Religion und Identität. Vom deutschen Versuch, ‚Ausländer' zu ‚Muslimen' zu machen" von 2006 heraus, dass sich die Kategorie ‚Muslime' in den letzten gut 15 Jahren zunehmend zum Nachfolger von ‚Ausländer' oder ‚Türke' entwickelt habe, um eine neues Anderes der ‚deutschen' Gesellschaft zu konstruieren. Ein zentraler Auslöser dieser Entwicklung sei dabei das neue Staatsbürgerschaftsgesetz aus dem Jahr 2000 gewesen. Dieses habe zu mehreren hunderttausend Einbürgerungen von ehemaligen ‚Ausländer_innen' geführt, weswegen Polaritäten wie ‚Deusche – Türken' oder ‚Deutsche – Ausländer' ausgedient hätten (vgl. Spielhaus 2006: 29 f.). Sei es der Versuch Baden-Württembergs, einen speziellen Einbürgerungstest für ‚Muslim_innen' zu etablieren (ebd.: 34 f.), seien es die jüngeren Debatten, ob ‚der Islam' (Christian Wulff) oder doch ‚nur Muslime' (Joachim Gauck) zu Deutschland gehören, oder Demonstrationen gegen eine vermeintliche Islamisierung des Abendlandes: In all diesen Beispielen wird eine diskursive Neuausrichtung deutlich, wie in der Migrationsdebatte der letzten Jahre ‚Deutschsein' von ‚Nicht-Deutschsein' abgegrenzt wird.

Dem Erziehungswissenschaftler Iman Attia zufolge lautet die zentrale These des antimuslimischen Rassismus, dass unter der Kategorie ‚Muslime' gerade nicht Menschen diskriminiert würden, die sich selbst als solche bezeichnen bzw. ihr Leben nach

Grundsätzen des Islams führen. Vielmehr handle es sich um eine Markierung, die auf einem diffusen Gemenge aus ‚rassischen‘, ethnischen, kulturellen, politischen (usw.) Annahmen basiere. Menschen werden somit kulturalisierend und homogenisierend als ‚muslimische‘ Andere konstruiert, unabhängig davon, ob sie sich selbst als muslimisch bezeichnen (vgl. Attia 2013: 4, vgl. auch Spielhaus 2006: 29). Der zentrale Motor für die Popularität des Diskurses über ‚Muslim_innen‘ in Deutschland sei, ein höherwertiges und demokratisches ‚Wir‘ zu stabilisieren und eine ‚deutsche Identität‘ zu revitalisieren, die in einer aufgeklärten jüdisch-christlichen Tradition stehe (vgl. Attia 2013: 11 f.). Zusammenfassend lässt sich somit konstatieren, dass es sich bei der Essenzialisierung der imaginären Türkei, die die Jugendlichen anhand von *arabesk*-Musik vollziehen, weniger um eine natio-ethno-kulturelle, sondern um eine natio-hemisphärisch-kulturelle Differenzkonstruktion handelt.

3.2.5   Zwischenfazit

In den Gruppendiskussionen zeigen sich vier kollektive Bedeutungsdimensionen, die bei der *arabesk*-Rezeption der befragten Jugendlichen eine zentrale Rolle spielen: Zum Ersten konstruieren die Jugendlichen für *arabesk*-Musik und für diejenigen, die sie hören, ein ‚authentisches Innen‘. Die Erzählung, dass *arabesk*-Musik in lebensgeschichtlicher Hinsicht ‚ehrlich erlebt‘ sei, liegt verschiedenen Rezeptionsmodi zugrunde: dem körperlichen Musik-Erleben, der charakterlichen Beeinflussung, der Hervorhebung bestimmter musikalischer Eigenschaften, der äußerlichen Selbstinszenierung, dem Rezeptionskontext, den musikbezogenen Biographieerzählungen und den Urteilen über die Aufführung von Musik sowie über die Künstlerpersönlichkeiten. Anhand des ‚authentischen Innens‘ entwerfen die Jugendlichen soziale Gegenpositionen wie ‚Gangsta‘ oder ‚Lauchs‘, die dieser Selbsterzählung nicht entsprechen.

Zum Zweiten unterscheiden die Jugendlichen auffällig und beeindruckend differenziert zwischen verschiedenen Traurigkeitsästhetiken. Dafür verwenden sie die Codes *damar* und *isyan*. Sie spielen im Hinblick auf die Bedeutung von *arabesk* unter Jugendlichen eine zentrale Rolle. Tendenziell wird *arabesk*-Musik mit *damar* identifiziert und distinktiv von *isyan* abgegrenzt. *Damar* steht für eine existenzielle und im Inneren physisch erlebbare, zugleich aber auch für eine erhabene Traurigkeitsästhetik. *Isyan* hat hingegen einen mehrdeutigen und zwiespältigen Charakter. Es kann zum einen einfach ‚Liebeskummer‘ bedeuten, zum anderen aber auch mit exzessiver Depressivität assoziiert werden. Gerade Letzteres dient dazu, banale alltägliche Probleme für andere sichtbar zu ironisieren. Überhaupt kann man als *isyan* nicht nur Musik, sondern auch eine unabhängig von Musikrezeption bestehende Stimmung markieren. Dementsprechend ist die Aussage ‚ich bin *isyan* drauf‘ sehr verbreitet. Mit *damar* wird hingegen ausschließlich Musik bzw. ihre Wirkung bezeichnet. Höre man *arabesk*-Musik, werde man unweigerlich von deren *damar*-Charakter ergriffen. *Damar* steht für die Jugendlichen somit für einen besonders tiefen, für Musik sensiblen Gefühlszustand und wird in moralischer Hinsicht im Gegensatz zu *isyan* eindeutig positiv bewertet.

Damit hängt zum Dritten zusammen, dass *arabesk*-Musik mit Reife konnotiert ist. Das Hören und besonders das ‚richtige' Verstehen kennzeichnet im Sinne einer Initiation den Übergang ins Erwachsenenalter. Häufig tritt unter den Jugendlichen das Motiv der Verwandlung, bisweilen sogar der Konversion auf. Für *arabesk*-Musik entscheide man sich erst, wenn man ein gewisses Alter erreicht habe und verstehe, welches Leid aus Liebe entstehen könne. Das Hören von *arabesk*-Musik beinhaltet somit gegenüber Jugendlichen, die noch wenig oder keine konkreten Liebeserfahrungen gemacht haben, ein wertvolles Distinktionspotenzial. Dabei spielt auch die (Rück-)Besinnung auf den Musikgeschmack der Eltern eine wichtige Rolle. Im Hintergrund von *arabesk*-Musik steht gerade nicht ein Ideal von Juvenilität bzw. ein Abgrenzungsbedürfnis von der Elterngeneration. Vielmehr entscheiden sich die Jugendlichen anhand von *arabesk*-Musik dafür, zur familiären Sphäre der Erwachsenen dazuzugehören. Dabei verknüpfen die Befragten *arabesk*-Musik geradezu mit einem notwendigen, normativen Entwicklungsschritt für türkischsprachige Jugendliche.

Zum Vierten identifizieren sich die befragten Jugendlichen anhand von *arabesk*-Musik mit einer imaginären Türkei. Auffällig ist dabei, dass ethnische, religiöse oder politische Binnendifferenzen der realen türkischen Gesellschaft tendenziell in den Hintergrund treten. Es dominiert eine imaginäre Türkei, mit der eine Differenz zwischen einer ‚türkischen Musikkultur' und einer ‚deutschen', ‚englischen' bzw. ‚europäischen Musikkultur' konstruiert wird. Deutlich wird dies unter anderem daran, dass oftmals der Begriff *türkü* als Stilkonstrukt bevorzugt wird, da er im Gegensatz zum Terminus *arabesk* weniger die innertürkischen Unterschiede, sondern das Gemeinsame betont. Die Essenzialisierung einer ‚imaginären Türkei' zeigt sich zudem in Immunisierungsstrategien gegenüber defizitären Markierungen als ‚Personen mit türkischem Migrationshintergrund' oder als ‚*Almancı*'. Im Hintergrund der Bedeutungszuweisungen an *arabesk*-Musik stehen somit zuvorderst Zuschreibungen von ‚Deutschen' an ‚Türk_innen', von ‚Türk_innen' an ‚Deutsche' sowie von ‚Türk_innen aus der Türkei' an ‚Türk_innen aus Deutschland'. Denn auch bei diesen Diskursen dominiert weniger eine in sich ausdifferenziert gedachte, sondern eine einheitlich gedachte Türkei. Dabei ist zu beobachten, dass die Jugendlichen Differenzen zwischen ‚deutscher' und ‚türkischer Musikkultur' tendenziell weniger national als hemisphärisch konstruieren. Das Sprechen über *arabesk*-Musik vollzieht sich – unabhängig davon, ob und wie im Einzelnen eine islamische Religiosität praktiziert wird – innerhalb der medial äußerst präsenten Gegenüberstellung von ‚westlichem' und ‚muslimischem Kulturkreis'. Auch bei dieser hemisphärischen Differenzkonstruktion beziehen sich die Jugendlichen zuvorderst auf den deutschen Migrationsdiskurs und weniger auf innertürkische Debatten und Grenzziehungen.

3.3 Dimensionen Sozioästhetischer Anerkennung

Im Abschnitt 3.2 lag der Fokus darauf, Zugehörigkeitserzählungen von Jugendlichen zur *arabesk*-Musik herauszuarbeiten. Man könnte nun weiter untersuchen, worum es sich aus jugendsoziologischer Perspektive eigentlich bei der *arabesk*-Rezeption von Jugendlichen handelt: um eine Jugendkultur, um eine Jugendszene oder doch eher nur um einen jugendkulturellen Stil? Auch könnte im Sinne der Rekonstruktiven Sozialforschung die Frage vertieft werden, ob die Jugendlichen ein konjunktives Wissen teilen, ob sich also in ihrem Sprachhandeln ein milieuspezifischer Erfahrungsraum abzeichnet (vgl. Kap. 2.1.3). Eine primär soziologische Forschungsperspektive wird im Folgenden jedoch verlassen. Der Fokus dieser Arbeit richtet sich anknüpfend an die musikpädagogische und erziehungswissenschaftliche Anerkennungsdebatte vielmehr auf das intersubjektive Positionierungsgeschehen. Dafür bilden die zuvor herausgearbeiteten kollektiven Narrationen zur *arabesk*-Musik einen wichtigen Anerkennungsrahmen. Wie in Kapitel 1.5 erläutert wurde, lautet die Forschungsfrage dieser Arbeit: Wie erkennen sich Jugendliche untereinander über musikbezogene Geschmacksurteile und im Beisein eines_einer Erwachsenen eigentlich an? Das Ziel des Abschnitts 3.3 besteht dementsprechend darin, anhand einer Analyse der einzelnen Gruppendiskussionen theoretische Instrumente herauszuarbeiten, mit denen sozioästhetische Anerkennungsdynamiken von Jugendlichen in der Situation des Musikunterrichts besser verstanden werden können. Dabei stehen in methodischer Hinsicht nicht wie in Abschnitt 3.2 fallübergreifende Vergleiche, sondern Einzelfallanalysen – in der Reihenfolge A1, A2 und A3 – im Zentrum.

3.3.1 Antizipierte Erwartungen

Im Zuge der Erläuterungen zur imaginären Türkei wurde bereits deutlich, dass sich das Sprechen der Jugendlichen über *arabesk*-Musik nicht ausschließlich untereinander, sondern auch in Hinblick auf meine Anwesenheit als die eines erwachsenen Interviewers vollzieht. Für ihre sozioästhetischen Anerkennungsdynamiken untereinander spielen neben den expliziten Äußerungen des Interviewers auch an sie gerichtete Erwartungen eine Rolle, die sie seitens des Interviewers, des Interviewsettings und einer imaginierten Leserschaft vermuten.

Die Gruppendiskussion A1 mit den Mädchen A1a, A1b, A1c und dem Jungen A1d kennzeichnet eine eigentümliche Spannung zwischen kooperativen und antithetischen Diskursabschnitten. Auf der einen Seite gibt es immer wieder Passagen, bei denen sich die Jugendlichen auf einen Konsens einigen. Auf der anderen Seite bricht der Diskurs zwischen den drei Mädchen und dem Jungen immer wieder in einem scheinbar unvereinbaren Dissens auseinander. Wie im Folgenden gezeigt wird, hängt der Konflikt in dieser Gruppe maßgeblich mit der Anwesenheit meiner Person zusammen, genauer gesagt mit einer Antizipation dessen, was ich von ihnen erwarten könnte.

A1 beginnt nicht wie alle anderen Gruppendiskussionen mit der Frage nach dem Musikleben der Interviewten. Mit den vier Jugendlichen kam es bereits vor dem

Interview zu einem informellen Pausengespräch, bei dem wir uns über unser Interesse an Musiken aus der Türkei austauschten. Um eine künstliche Fragedopplung zu vermeiden, verzichtete ich in dieser Diskussion somit auf den gewohnten Einstiegsimpuls und begann mit meiner zweiten Eröffnungsfrage:

1	**Int.**: Okay, vielleicht können wir einfach mal so anfangen, dass ihr einfach mal erzählt,
2	wie sich euer Musikgeschmack bisher so entwickelt hat. Also gab es irgendwie mal so
3	Veränderungen oder gab es Situationen, Erlebnisse, Menschen, die euch irgendwie besonders
4	sonders angespornt haben, was euren Musikgeschmack angeht? Könnt ihr mal erzählen?
5	len?
6	**A1a**: (...) Soll ich anfangen?
7	**A1c**: Fang an! @[.]@
8	**Int.**: ⌊Wer⌋ will.
9	**A1a**: Okay, also bei mir war das so, dass ich in meiner Grundschulzeit überhaupt keine
10	türkische Musik gehört habe, nur englische Musik, so von Rihanna und so, also die neueren,
11	eren, zu der Zeit neueren Lieder. Und erst ab der Oberstufe, ab der achten Klasse, also
12	als ich dreizehn war, habe ich dann so @[.]@ angefangen türkische Musik zu hören
13	und, ich glaube, dass ist auch so, dass man erst auch anfängt, diese türkische Musik zu
14	hören, wenn man älter ist. Dann versteht man die ja auch besser und auch mit, also es
15	hat ja auch so ein bisschen mit dem Leben zu tun und deswegen. Also ich habe erst ab
16	der Pubertät so angefangen, türkische Lieder zu hören.
17	**Int.**: ⌊Und⌋
18	**A1c**: (..) (Willst Du?)
19	**A1b**: Bei mir ist es so, ich habe früher Hannah Montana immer gehört, also.
20	**A1c**: ⌊@[lachen]@⌋
21	**A1a**: ⌊@[lachen]@⌋
22	**A1b**: (.) Ich war richtig abhängig davon und dann später halt also auch so achte, neunte
23	Klasse, dann habe ich auch angefangen türkische Musik zu hören. Aber ich glaube, das
24	liegt auch daran, weil früher gab es nicht solche türkischen Programme, also solche
25	Shows, also es gibt ja auch so Voice of Germany, und das gibt es auch auf Türkisch.
26	**A1a**: Ja
27	**A1b**: Und halt, wenn man dann da die Lieder so hört, dann denkt man so, oh, ist ja voll
28	schön und so. Dann hört man das auch, und dann automatisch man geht dann nur zum
29	Türkischen. Also ich höre jetzt gar keine deutschen, also englischen Lieder mehr und so,
30	nur noch Türkisch.
	{...}
93	**A1a**: Und das ist auch/ ich finde auch bei der türkischen Musik, wenn man das versucht
94	zu singen, das ist auch voll schwer. Also bei den englischen Liedern, da gibt es manches
95	in einem Ton und so. Also bei den türkischen das ist schon ein bisschen anspruchsvoller,
96	das merkt man auch, deshalb, also, weil, ich glaube der Stil wird auch arabesk genannt,
97	oder?
98	**A1b**: Ja
99	**A1a**: Genau, der Stil wird arabesk genannt und, also, wenn man so was gleich hört,
100	dann staunen immer gleich alle, weil so was ist wirklich besonders, so singen zu können.
101	nen.
102	**Int.**: Okay (.) was ist arabesk dann für dich?
103	**A1a**: Die traditionelle Musik, also so von Orhan Gencebay und so, das ist alles arabesk.
104	**Int.**: Okay. (..) Wie ist denn das bei euch mit/ hattet ihr auch so eine Entwicklung, dass
105	ihr erst englische Musik gehört habt und dann eher türkische, oder?
106	**A1c**: ⌊Nein⌋ also das war bei mir

107	so, wir haben schon immer also kurdische Musik gehört, und dann halt auch kurdische
108	Kanäle und dann kam halt Türkisch im Laufe der Jahre immer mit dazu.
109	**A1d:** (..) Bei mir war alles gemischt irgendwie, also, ich höre ja also Alpa Gun, habe ich
110	Ihnen ja schon gesagt, und er singt sowohl türkische als auch deutsche Lieder. Und Eng-
111	lisch habe ich auch eigentlich immer gehört, also von Eminem und (unv.)

A1.1/Immanenter Nachfrageteil, App. 1: 281, App. 3: 282

Es fällt auf, dass A1a ihre musikbezogene Selbsterzählung entlang der Grenze zwischen den pauschalen nationalen Kategorien „englische Musik" und „türkische Musik" (A1a: 10) entwirft. A1b übernimmt diese Gegenüberstellung und setzt dabei „englische Lieder" mit „deutschen" gleich (A1b: 29). Was sie mit ‚englischen' Liedern meinen, wird zu Beginn mit „Rihanna" und „Hannah Montana" nur grob bestimmt. Bei ‚türkischer' Musik denkt A1a scheinbar an einen bestimmten Stil, was die Formulierung „*diese* türkische Musik" (A1a: 13) andeutet. Erst später wird klar, dass die beiden damit insbesondere *arabesk*-Musik assoziieren (A1: 96–100). A1a übernimmt zu Beginn dieser Gruppendiskussion die Rolle einer Redeführerin. Sie konstruiert für sich ein Identitätsmodell, bei dem natio-ethno-kulturelle Distinktionen und das Initiationsnarrativ miteinander verschränkt sind. Anhand ihrer biographischen Selbsterzählung verknüpft sie das Hören von ‚türkischer' Musik mit ‚Reife'. Dabei grenzt sie sich dichotomisch von ‚englischer' Musik ab und kennzeichnet diese implizit als ‚unreif' oder zumindest ‚unreifer' (A1a: 9–16). Ab einem bestimmten Alter, so lautet das Narrativ, versteht man überhaupt erst die besondere Tiefe von ‚türkischer Musik', insbesondere der *arabesk*-Musik. Indem sie dabei in der generalisierenden ‚man'-Form erzählt, ruft sie zugleich auch einen allgemeinen Anerkennungsrahmen auf. Bei ihrer Darstellung handelt es sich somit nicht nur um eine rein individuelle Biographie-Erzählung, sondern auch um eine Orientierungsnorm, die in ihrem Peerumfeld relevant ist. Mit diesem Anerkennungsrahmen adressiert A1a indirekt auch A1b, A1c und A1d. Ihre eigene Biographie, genauer gesagt ihre körperliche Entwicklung bzw. das Eintreten der Geschlechtsreife (vgl.: „erst ab der Pubertät", A1a: 15 f.) erscheint dabei als authentischer Beweis dieser Orientierungsnorm.

A1b übernimmt sogleich den Anerkennungsrahmen eines ‚reiferen Türkischseins' für ihre biographische Selbsterzählung. Zwar weist sie auch auf die Veränderung der Medien hin und relativiert damit eine ausschließlich auf Reife basierende Zugehörigkeitskonstruktion. Nichtsdestotrotz bestätigt sie den von A1a etablierten Anerkennungsrahmen, indem sie ihre Begründung als eine Ergänzung von A1a kennzeichnet („das liegt *auch* daran", A1b: 23 f.). Zudem gibt sie hinsichtlich der Entscheidung für *arabesk*-Musik den gleichen Zeitpunkt an („so achte, neunte Klasse", A1b: 22 f.), entwirft diese Entwicklung als quasi-natürlich („und dann automatisch man geht dann nur zum Türkischen", A1b: 28 f.) und verstärkt A1as Konversionsnarrativ („Ich war richtig abhängig davon", A1b: 22, und „also ich höre jetzt gar keine deutschen, also englische Lieder mehr und so, nur noch türkisch", A1b: 29 f.).

Mit meiner Nachfrage an A1c und A1d, ob sie „auch so eine Entwicklung" (Int.: 103 f.) durchlaufen hätten, rufe ich den von A1a und A1b etablierten Anerkennungsrahmen erneut auf. A1c verschiebt ihn zunächst zu einem gewissen Grad, indem sie auf eine binnendifferenzierte imaginäre Türkei hinweist. Der Anerkennungsrahmen eines ‚reiferen Türkischseins‘ funktioniert für sie nur unter der Bedingung, dass er nicht nationalistisch verengt, sondern ethnisch plural gedacht wird, also keine Distinktion zu einer ‚kurdischen‘ Identität impliziert („*wir* haben schon immer also kurdische Musik gehört“, A1c: 106). Ihre Vorstellung einer reiferen ‚türkischen‘ Musikkultur betrifft, wie sich etwas später im Interview zeigen wird, lediglich eine Distinktion ‚nach außen‘, also zu ‚englischer‘ und ‚deutscher Musik‘ (vgl. A1c: 296–299, App. 7: 285). ‚Nach innen‘ jedoch darf eine Identifizierung mit ‚türkischer Musik‘ A1c zufolge nicht an ein Bekenntnis zu einer innertürkischen nationalistischen Ideologie geknüpft sein. Wie in Kapitel 3.2.4 aufgezeigt wurde, steht im Hintergrund einer gemeinsamen Identifizierung mit der ‚imaginären Türkei‘ letztendlich weniger eine nationale Identität als die konstruierte Zugehörigkeit zu einem ‚Kulturkreis‘. A1c verschiebt den Anerkennungsrahmen eines ‚reiferen Türkischseins‘ somit von einer natio-ethno-kulturellen zu einer natio-hemisphärisch-kulturellen Differenzebene (vgl. Kap. 3.2.4).

Wie im weiteren Interviewverlauf noch sichtbar werden wird, teilt auch A1d bis zu einem gewissen Grad die Vorstellung, dass ‚türkische Musik‘ gegenüber ‚europäischer Musik‘ reifer sei und von einem ‚authentischeren Innen‘ zeuge (vgl. u. a. A1: 281–303, App. 7: ebd.). Im Gegensatz allerdings zu A1a, A1b und A1c, die sich bei ihrem musikbezogenen Identitätspatchwork an einer distinktiven Anordnung orientieren, entwickelt er für sich ein hybrides Identitätsmodell. Damit nimmt er eine Gegenposition zu A1a, A1b und A1c ein, was allein schon daran sichtbar wird, dass A1d ausschließlich in der ersten Person spricht. Im Gegensatz zu den drei anderen Jugendlichen orientiert er sich an keiner Zugehörigkeit zu einem generalisierenden ‚man‘. Dem ‚Für-andere-Sprechen‘ der drei Mädchen setzt er somit ein individualisierendes ‚Für-sich-selbst-Sprechen‘ entgegen. Zwar bezieht auch er sich auf den bestehenden natio-ethno-kulturellen Kategorienrahmen, um seine musikbezogene Identität zu beschreiben. Mit der Formulierung „Bei mir war alles gemischt irgendwie“ (A1d: 108) signalisiert er jedoch, dass er immer verschiedene Musikpräferenzen hatte, die für ihn gleichwertig nebeneinanderstehen konnten. Sein Identitätspatchwork kennzeichnet also kein distinktives Gegenüber, sondern die Figur eines ‚Gemischtseins‘. Diese Gegenposition zeigt sich im Interviewverlauf zunächst vor allem darin, dass sich A1d aus Diskussionen heraushält, in denen A1a, A1b und A1c den bestehenden Anerkennungsrahmen einer ‚reiferen türkischen‘ Musik weiter etablieren.

414	**Int.**: Mich würde noch mal dieser Punkt interessieren, also wenn ihr sagt, früher habt
415	ihr eher diese englische Musik gehört, und dann irgendwie fing das mit der türkischen
416	Musik an, was/
417	**A1c**: Ich glaube, das hat damit zu tun, dass man also, mit dem Freundeskreis auch zu
418	tun, dass wenn jemand so unter,
419	**A1a**: Ja
420	**A1c**: also unter so türkischen Freunden ist, dass man dann eher türkische Musik hört.
421	**A1b**: ⌐mhm [bejahend]⌐

422	**A1c**: Und wenn man zum Beispiel als eine Türkin, als ein Türke oder Ausländer gene-
423	rell also einen deutschen Freundeskreis hat, dann hört man eher englische oder deut-
424	sche Lieder.
425	**Int.**: (…) Und habt ihr jetzt eher einen türkischen Freundeskreis?
426	**A1c**: Ja.
427	**A1b**: Mhm [bejahend]
428	**A1a**: Bei mir ist das aber auch durch die Fernsehsender gekommen, weil früher hatten
429	wir gar keine. Also A1b hat es ja auch schon gesagt, viele haben das erst später so also
430	eingeführt, und davor habe ich eigentlich auch, als ich klein war, immer deutsche Se-
431	rien, alles deutsch, englische Lieder.
432	**A1b**: └Ich auch┘
433	**A1d**: Auch türkisch
434	**A1a**: Ja, ich war die einzige Türkin in meiner Klasse, also meine ganze Umgebung war
435	eigentlich deutsch und englische Musik und dann kamen/ türkische Serien sind in der
436	Türkei auch sehr berühmt. Und da sind ja manchmal auch *türküler* drinne, also solche
437	Lieder, und dann durch die Sender ganz viele türkische andere Lieder.
438	**Int.**: Das heißt, war vorher dein Freundeskreis dann auch anders?
439	**A1a**: Ja @[.]@ ganz anders
440	**Int.**: (..) Und wie kam das dann bei dir, bist du umgezogen?
441	**A1a**: Also, nicht deswegen, also
442	**A1b**: (unv.) zieht von Y [anderer Bezirk Berlins als derjenige der Schule, auf die die vier
443	Jugendlichen gehen] (unv.)
444	**A1a**: @[.]@ Also, als ich klein war, habe ich in Y gelebt. Damals waren da noch nicht
445	viele Türken und Araber. Und als ich dann hierhin gekommen bin, waren hier noch gar
445	keine Türken @[.]@ und Araber und dort sind dann welche hingekommen. Und hier,
447	wo ich halt lebe, waren halt noch keine, und dann war ich die einzige Türkin, dann in
448	meiner ganzen Umgebung nur Deutsche. Und als ich auf dieser Schule/ also A1b war
449	eigentlich zum Beispiel die erste türkische Freundin, die ich hatte @[lachen]@, sonst
450	hatte ich gar keine.
451	**A1b**: └F┘ war doch auch da
452	**A1a**: F
453	**Int.**: Sagt ihr das denn alle von euch selbst, dass ihr Türken seid?
454	**A1b**: Ja
455	**A1a**: Also, ich finde eigentlich auch, dass ich @[.]@/ also wir sind ja Türken, wir sind
456	alle Türken, aber wir leben ja auch in Deutschland und werden ja sowieso immer alle
457	als Ausländer angesehen. Aber eigentlich sind wir auch/ also ich habe einen deut-
458	schen Pass. Wir können Deutsch sprechen, nämlich eigentlich alles. Wir sind auch ei-
459	gentlich auch Deutsche.
460	**A1b**: └Eigentlich kein Unterschied┘
461	**A1a**: Und das wird eigentlich/
462	**A1c**: └Nein┘
463	**A1d**: └Ich hab einen türkischen Pass.┘
464	**A1a**: Ja, ich habe auch schon einen türkischen Pass.
465	**A1b**: └Na ja, ich bin keine Deutsche.┘ (.) Ich habe auch einen türkischen Pass.
466	**A1c**: └Nein, also,┘ (..) ich sage von mir aus, dass ich Kurdin bin,
467	aber zwar aus der Türkei komme.
468	**Int.**: (…) Aber also wie ist das denn allgemein mit diesen Kategorien, also deutsch, tür-
469	kisch, Migrationshintergrund, Ausländer, also, (.) was denkt ihr über diese Zuschrei-
470	bungen?
471	**A1a**: Ja (.) sehr viele Vorurteile

472	**A1b:** ⌐Es war doch letztens so ein⌐ Amoklauf gewesen, hier wieder in Amerika. Und

472 **A1b:** ⌐Es war doch letztens so ein⌐ Amoklauf gewesen, hier wieder in Amerika. Und
473 da wurde ja gesagt, ja, die Person, die den Amoklauf gemacht hat, ist halt so psychisch
474 gestört und so. Aber guck mal, wenn das jetzt ein Muslim, also ein Türke oder so ge-
475 macht hätte, dann würde das heißen, islamischer Terrorist tötet Kinder oder so.
476 **A1c:** Ja
477 **A1a:** Ja
478 **A1b:** Na, da ist es wieder so ein Vorwurf so. Wir sind Terroristen im Islam und gleich
479 so schlecht. Und wenn das dann so ein Christ oder so macht, sage ich mal, dann heißt
480 es, er hat psychische Probleme, deshalb hat er es gemacht oder so.
481 **A1c:** ⌐Genau⌐ (..) das ist auch in der Schule so.
482 **A1a:** ⌐Also bei uns so, ja/⌐
483 **A1c:** Also man merkt es von manchen Lehrern her aus, also wir haben letztens einen
484 türkischen Film gesehen.
485 **A1a:** ⌐@[.]@⌐ (.) Türkisch-deutsch
486 **A1c:** Türkisch-deutschen Film und da hat/
487 **Int.:** ⌐War der⌐ in türkischer Sprache?
488 **A1c:** Nein, auf Deutsch (.) was aber überhaupt nicht gepasst hat.
489 **A1a:** ⌐Nein deutsch, aber das waren so türkische⌐ Schauspieler und
490 deutsche Schauspieler gemischt und das spielt in Deutschland.
491 **A1c:** ⌐Ja, aber auch das⌐ hat eine türkische Hand-
492 lung halt gehabt. Die kamen aus einem türkischen Dorf und sind dann halt Gastarbei-
493 ter in Deutschland gewesen. Auf jeden Fall am Ende hat der Mann seine Frau umge-
494 bracht, und dann hat unser Ethiklehrer gesagt zu mir: „Ja, hast du noch nie etwas von
495 Ehrenmorden gehört?" Und so was wie so, als ob ich total dumm bin, und als ob es
496 total, ja als ob es Standard ist, dass Tür/ also allgemein Moslems oder so andauernd
497 Ehrenmorde ausüben. Und dann, weiß ich nicht, dann bin ich auch sauer geworden.
498 Und dann meinte ich, dass es halt total unfair ist, und dass alle immer sagen: „Ja, dass
499 wenn ein Moslem/", ich meine, man kann ja nicht sagen/ okay, ein Moslem hat zwar
500 seine Tochter oder seine Frau umgebracht, aber das war auch ein Mensch. Man kann
501 ja nicht sagen, es ist ein Moslem, und wenn ein Christ oder ein Deutscher irgendwie
502 seine Frau umbringt/ oder es war ja mal ein Fall, dass eine Frau ihre acht Babys zer-
503 stückelt hat, aber keiner hat gesagt: „Eine Christin hat das gemacht." Aber wenn ein
504 Mann mit arabischer, türkischer oder kurdischer Herkunft seine Tochter umbringt,
505 dann ist es auf jeden Fall immer ein Moslem. Und das ist in der Presse und so und das
506 wird auch so verbreitet.
507 **A1a:** ⌐Oder radikal⌐ islamisch, radikal
508 **A1c:** ⌐Genau⌐ und dann bekommt doch jeder ein schlechtes
509 Bild davon und dass/ wenn auch die Lehrer so was sagen, dann fühlt man sich schon/
510 (.) man merkt, dass man anders ist als die anderen, als die Deutschen sozusagen.
511 **A1b:** ⌐Erniedrigt so⌐
512 **A1c:** Also ich möchte jetzt ni/ ich bin jetzt die letzte Person, die Unterschiede zwi-
513 schen Rassen, sage ich mal, macht, aber wenn es schon die Lehrer machen, dann
514 merkt man dann selber den Unterschied. Und dann zieht man sich halt auch in einer
515 Gruppe irgendwie auch zusammen und fühlt sich dann unter türkischen/
516 **A1a:** ⌐Genau⌐ wohler
517 **A1b:** ⌐Wohl⌐
518 **A1c:** Ja, wohler als unter Deutschen
519 **A1a:** Man sagt zwar immer, ja man sollte sich in Deutschland integrieren, aber das
520 heißt ja nicht gleich, dass man seine Religion oder so ändern muss. Man kann ja auch
521 trotzdem immer n/ man beherrscht die deutsche Sprache, man geht zur Schule, man

522	lernt alles, und man kann trotzdem/ also das ist eigentlich Integration genug, man
523	muss nicht seine ganze Kultur wechseln, seinen ganzen/ von Türken fernbleiben. Das
524	sind richtig Vorurteile @[.]@.

A1.1/Immanenter Nachfrageteil, App. 9: 286-288

Meine Nachfrage, wie es genau bei ihnen zum Wechsel von ‚englischer‘ zu ‚türkischer‘ Musik gekommen ist, bildet den Ausgangspunkt für einen Wendepunkt im Gesprächsverlauf. Für die kommenden 20 Minuten wird sich die Diskussion von musikbezogenen auf migrationspolitische Inhalte verlagern. In diesem Kontext spielen längere Schilderungen von Diskriminierungserfahrungen, die sie in ihrem Schulalltag und in der Öffentlichkeit erleben, eine zentrale Rolle. Wie sich bereits zuvor angedeutet hat, hält sich A1d aus der Diskussion weitgehend heraus. Dies hängt womöglich damit zusammen, dass er in diesem Interview der einzige Junge ist und er den Mädchen, die ihrerseits miteinander befreundet sind, nicht weiter nahesteht. Auch erzählte mir A1d in den Vorbefragungen, überwiegend Rap und nur gelegentlich *arabesk* zu hören. Die Drei-zu-eins-Konstellation hat aber noch einen weiteren Grund, der eng mit der sozioästhetischen Anerkennungsdynamik dieser Interviewsituation zusammenhängt. A1d verweigert die von A1a, A1b und A1c etablierte Anerkennungsnorm, sich anhand von *arabesk* mit einer imaginären Türkei zu identifizieren, die sich nicht an eine ‚deutsche‘, ‚englische‘ bzw. ‚europäische‘ Kultur assimilieren sollte.

Sprachen die Jugendlichen bislang in erster Linie über Musik und signalisierten allenfalls indirekt eine natio-ethno-kulturelle Selbstpositionierung, verwenden sie ab dieser Interviewsequenz ethnische oder nationale Kategorien in Bezug auf sich selbst wie auch die anderen. Als Begründung für ihr zunehmendes Interesse an ‚türkischer‘ Musik konstruiert A1c einen musikbezogenen Freundeskreisantagonismus, den A1a und A1b anschließend bestätigen (A1: 417–424). Unter ‚türkischen Freunden‘ höre man als ‚Türke_Türkin‘ eher ‚türkische Musik‘, unter ‚deutschen Freunden‘ dagegen ‚englische‘ und ‚deutsche Musik‘. Die Möglichkeiten, mit ‚türkischen Freunden‘ gemeinsam ‚englische Musik‘ oder mit ‚deutschen Freunden‘ gemeinsam ‚türkische Musik‘ zu hören, werden ausgeschlossen (vgl. auch A1: 1347–1366, App. 18: 300). Auffällig ist dabei, dass A1c in der Selbstpositionierung „Türke“ bzw. „Türkin“ mit „Ausländer“ gleichsetzt (A1c: 422 f.). Die gleichzeitige Nennung dieser beiden Markierungen macht deutlich, dass ‚Türke_Türkin‘ für A1c eine projektive Selbstethnisierung darstellt (vgl. Barth 2013: 51). Sie übernimmt eine mehrheitsdeutsche Fremdzuschreibung, wonach alle Menschen, die selbst oder deren Vorfahr_innen aus der Türkei nach Deutschland eingewandert sind, als ‚Türk_innen‘ vereindeutigt werden. Ethnische Differenzierungen werden dabei meist nicht berücksichtigt. A1cs Selbstbezeichnung ‚Türkin‘ steht zunächst einmal dafür, sich mit anderen Menschen zu identifizieren, die ebenfalls als ‚Türk_innen‘ geandert werden. ‚Türkin‘ bezeichnet hier, so lässt sich im Anschluss an Carolin Emcke festhalten, somit keine freiwillige Subjektposition, bei der selbstbestimmte, gemeinsame Überzeugungen im Vordergrund stehen. Dies scheint bei A1c vielmehr für die Kategorie ‚Kurdin‘ zuzutreffen („Ich sage von mir aus, dass ich Kurdin bin, aber zwar aus der Türkei komme“, A1c: 465 f.). Demgegenüber steht die Selbstbezeichnung ‚Türkin‘ für eine soziale Identität, die auf der kollektiven Erfahrung basiert, damit in Deutschland markiert und diskriminiert zu werden (vgl. Emcke 2000: 320–322).

A1a, A1b und A1c führen dementsprechend zwei Begründungen für die Wahl eines eher ‚türkischen‘ Freundeskreises an, mit der wiederum die Entscheidung für *arabesk*-Musik unmittelbar zusammenhängt: Zum einen benennen sie einen Schutzmechanismus gegenüber Fremdzuschreibungen, die mit einem defizitären Unterton einhergehen. Eine entsprechende Diskriminierungserfahrung beschreiben sie am Beispiel einer Ethikstunde, in welcher der Lehrer laut A1c eine ganze Kette von Zuschreibungen an ‚das Türkische‘ hängte: Türkischsein = Muslimischsein = Anderssein = Dümmersein = In-archaischen-Familientraditionen-verhaftet-Sein = Radikal-islamisch-Sein = Gewaltbereit-Sein (vgl. A1,1: 495–509). Bezeichnend ist, dass sich A1c, obwohl sie sich selbst nicht im engeren Sinne als religiös bezeichnet, überwiegend auf die Diskriminierung als Muslima bezieht und in diesem Kontext von rassistischen Anderungen spricht (A1c: 511–514). Die Fremdzuschreibung ‚islamisch‘ wird von den Jugendlichen somit nicht in erster Linie als eine religiöse, sondern als eine kulturell andernde Markierung wahrgenommen. Hieran wird deutlich, wie stark antimuslimische Rassismen (vgl. Kap. 3.2.4) auf die Jugendlichen wirken. Angesichts der Medienpräsenz von islamistischem Terror und antimuslimischen Bewegungen haben sie womöglich einen noch stärkeren Einfluss als nationale oder ethnische Rassismen (vgl. u. a. die Selbstkorrektur in einer Aussage A1cs: „dass Tür/ also allgemein Moslems oder so“, A1c: 495).

Ereignisse wie die geschilderte Unterrichtssituation erleben die Jugendlichen als ‚Erniedrigung‘ (vgl. A1b: 510). Dies erklärt zum einen, warum sie die Höherwertigkeit von ‚türkischer‘ Musik gegenüber ‚deutscher‘ bzw. ‚englischer‘ Musik betonen, und zum anderen, warum sie nach Schutz in einer ‚türkischen‘ Peergroup suchen (vgl. A1,1: 513–517). *Arabesk* ist für die vier Jugendlichen eigentlich eine Musik, die man gewöhnlich eher ‚unter sich‘ bzw. „im eigenen Raum, in der eigenen Wohnung so“ hört (A1c: 1339, App. 18: 299). Oder wie es A1d ausdrückt: „[…] das verbreitet sich einfach nicht, […] [w]eil jeder hört es zwar, aber das bleibt immer […] [i]m eigenen Raum bis zum Tode, also das nimmt man wieder mit ins Grab […], niemand weiß, dass irgendjemand so ein Lied hört, weil in der Öffentlichkeit wird fast immer Rock, Pop, Rap, sonst was gehört […] und ich persönlich habe auch nie über die türkische Musik geredet" (A1d: 1336–1345, 299 f.). Bei beiden Strategien geht es darum, eine wertschätzende Selbstvergewisserung zu erfahren, was die Identifizierung mit einer imaginären Türkei anbelangt. Dies erklärt auch, dass Differenzen in Bezug auf Diskurse und Ideologien aus der realen Türkei eher in den Hintergrund gedrängt oder durchlässig gemacht werden. Im Vordergrund steht ein Anerkennungsrahmen, der auf natio-kultureller Differenz (‚deutsch‘ – ‚türkisch‘) verschränkt mit hemisphärisch-kultureller Differenz (‚westlich‘ – ‚muslimisch‘) basiert (vgl. Kap. 3.2.4).

Neben dem Schutz vor Abwertungen durch die ‚deutsche‘ Mehrheitsgesellschaft verweist A1a am Ende dieser Passage noch auf eine weitere Anerkennungsnorm: das Motiv der Nicht-Assimilation. Laut A1a gibt es in Deutschland „Vorurteile" (A1a: 523), denen zufolge man nur dann integriert sei, wenn man „seine Religion oder so änder[t]", „seine ganze Kultur wechsel[t] oder „von Türken fernbleib[t]" (A1a: 519–522). Die Entscheidung dafür, einen ‚türkischen' Freundeskreis zu haben und miteinander *arabesk* zu hören, erhält somit vor dem Hintergrund der allgegenwärtigen Forderungen nach mehr Anpassung etwas Widerständiges. Zugleich können sich Jugendliche so zu einem gewissen Grad dem *Almancı*-Stereotyp aus der Türkei widersetzen. Diesem zufolge hätten in Deutschland lebende ‚Türk_innen' sich an die ‚deutsche' Kultur angepasst, was sich unter anderem daran zeige, dass sie ‚ihre Muttersprache' nicht mehr beherrschten (vgl. Kap. 3.2.4). Die wechselseitige Anerkennung als Nicht-Assimilierte verweist somit auf Diskurse über nationale Identität sowohl in Deutschland als auch in der Türkei. Bereits vor der oben wiedergegebenen Interviewpassage hatten sich die Jugendlichen darauf geeinigt, dass der Song *Özledim* von Murat Boz zu stark „an den europäischen Stil angepasst" sei (A1a: 132, App. 4: 283). Diese Formulierung verweist nicht nur auf migrationsspezifische Adressierungen als ‚Jugendliche mit türkischem Migrationshintergrund' und als ‚*Almancı*'. Mit ihr verweisen die Jugendlichen indirekt auch auf eine innertürkische *arabesk*-Debatte, mit der wiederum nationale Identitätspolitiken verknüpft sind. Anhand von *arabesk*-Musik erkennen sich die Jugendlichen in einer kritischen Position gegenüber einer türkischen Nationalidentität an, die von einer starken Ausrichtung auf Europa zeugt, wie sie der Kemalismus in den frühen Republikjahren forciert hatte (vgl. Kap. 3.1.2 und 3.2.4).

Im Zentrum des Geschehens der Gruppendiskussion steht allerdings der Verweis auf die innerdeutsche Migrationsdebatte. Die Aussage A1as in 519–524 bildet für diesen Interviewausschnitt eine Art Fazit. In ihm ruft A1a den in Deutschland hegemonialen Anerkennungsrahmen auf, in dem ‚gut integrierte' und ‚schlecht integrierte Migranten' einander dichotomisch gegenübergestellt werden. A1as Verständnis von guter Integration orientiert sich dabei an einem ‚Kern-Peripherie-Identitätsmodell': Man eignet sich die Sprache, die Bildung, das Recht, auch die kulturellen Gepflogenheiten des Landes an, in dem man zuhause ist, aber man bewahrt sich einen ‚kulturellen Kern', der sich in ihrem Fall auf die ‚imaginäre Türkei' bezieht. Mit ihrer Aussage, dass Integration nicht bedeute, „von Türken fern[zu]bleiben" (A1a: 522) oder auch keine *arabesk*-Musik miteinander zu hören, spannt A1a noch einmal einen Bogen zum Beginn der betrachteten Interviewpassage. Ihr geht es darum – und dafür nutzt sie das Interview – mit bestimmten „Vorurteile[n]" (A1a: 523) von ‚guter Integration' aufzuräumen. Das Interview bietet für sie somit eine Gelegenheit, die in Deutschland vorherrschenden Definitionen davon, wer als ‚gut integriert' gilt und folglich anerkannt wird, zu einem gewissen Grad zu verschieben. A1a zufolge ist man auch dann noch gut integriert, wenn man ‚türkische' Musik bevorzugt und außerhalb der Schule eher einen ‚türkischen' Freundeskreis hat.

An mehreren Interviewpassagen wird deutlich, dass die Jugendlichen in dieser Gruppendiskussion den Anerkennungsrahmen ‚gut integriert versus schlecht integriert' antizipieren. So interpretieren sie meine Nachfrage, ob sie „jetzt eher einen türkischen Freundeskreis" hätten (Int.: 425), als eine Überprüfung ihres Integrationsstatus. Direkt im Anschluss an diese Frage betont A1a, dass sie als Kind eigentlich mit ‚deutschen Liedern' groß geworden sei („als ich klein war, immer deutsche Serien, alles deutsch", A1a: 430 f.). Indem sie auch erzählt, dass sie früher „die einzige Türkin" (A1a: 445) in ihrer Klasse gewesen sei, verweist sie zugleich auf das Bild von ‚gut integrierten Migrant_innen', die extra nicht in so genannte Problembezirke ziehen, damit ihre Kinder überwiegend ‚unter Deutschen' aufwachsen. Damit adressiert sie mich und implizit auch die Leserschaft als Personen, die bestimmte Integrationserwartungen an sie richten und möglicherweise ein Urteil darüber fällen, ob sie eine ‚gute' oder ‚schlechte Migrantin' ist. Für A1a gilt es somit präventiv zu erklären, dass die Entscheidung für einen eher ‚türkischen' Freundeskreis und für *arabesk* nicht bedeutet, segregiert bzw. ‚nicht deutsch' zu sein. Der Interviewer und die imaginierte Leserschaft werden als Personen antizipiert, die ihre Aussagen zu *arabesk*-Musik im Hinblick auf ihren Integrationsstatus überprüfen. Vor dem Hintergrund der von A1a antizipierten Erwartungen von Seiten Dritter konstruiert sie sowohl ihre musikbezogene Identität als auch ihre musikbezogenen Handlungen vorbeugend als ‚gut integriert'.

Die Dynamik zwischen antizipierter Anerkennung und präventiven Selbstpositionierungen tritt an einigen Stellen besonders deutlich hervor, beispielsweise bei meiner spontanen immanenten Nachfrage: „Sagt ihr das denn alle von euch selbst, dass ihr Türken seid?" (Int.: 452) Es handelt sich um eine der Fragen, die man als Forscher_in im Nachhinein manchmal gern zurücknehmen möchte. Gleichzeitig sind häufig gerade solche ‚misslungenen' Fragen besonders lehrreich nicht nur für die weitere Interviewführung, sondern auch für die Analyse und ggf. auch für pädagogische Interaktionen. Die Frage kann als ein Versuch gelesen werden, die von A1a und A1c zuvor gesetzte ‚Wir-Identität' als ‚Türken' (A1c: 422, A1a: 445) in Frage zu stellen und nachzuhaken, ob ‚Türke' für jede_n in der Gruppe eine passende Identifikationskategorie darstellt. Allerdings betrachte ich die Frage ihm Nachhinein als ‚misslungen', zum einen wegen ihres geschlossenen Charakters – mit ihr wird auf eine Ja-nein-Antwort abgezielt – und zum anderen wegen der Formulierung „Sagt ihr das denn alle […]?", die einen Prüfungscharakter aufweist. Mit ihr wird sozusagen ein Bekenntnis zu oder ein Abschwören von einer ‚türkischen' Identität erwartet. Sie lässt wenig Spielraum für paradoxe, dynamische oder ineinander verschachtelte „bikulturelle Identitätskonstruktionen" (vgl. Badawia 2003, Kap. 3.2.4). Dementsprechend sind die Antworten defensiv ausgerichtet: Es gilt für die Jugendlichen zu ‚beweisen', dass sie sich ‚trotz' der Zugehörigkeit zu einer ‚imaginären Türkei' auch noch mit Deutschland identifizieren (vgl. A1: 454–459). Die Fokussierung auf die formelle Staatsangehörigkeit (A1: 462–464) bildet dabei einen quasi-neutralen Fluchtpunkt, weder den ‚türkischen' noch den ‚deutschen' Identitätsanteil ‚verraten' zu müssen.

Die Gruppendiskussion A1 pendelt sich immer wieder auf den Anerkennungsrahmen ‚gut integriert versus schlecht integriert' bzw. ‚gute versus schlechte Migrant_innen' ein, den die Jugendlichen mit diesem Interviewgeschehen verknüpfen. Er bildet auch die Grundlage für die antithetischen bzw. konflikthaften Diskussionspassagen zwischen A1a, A1b und A1c auf der einen und A1d auf der anderen Seite. An A1ds Zurückhaltung wird sichtbar, dass er die Selbstpositionierungen der drei Mädchen innerhalb dieses Anerkennungsrahmens nicht teilt. Mit seinem nahezu einzigen Kommentar, „Auch türkisch" (A1d: 433), weist er erneut auf sein Identitätsmodell des ‚kulturellen Mischlings' hin. Wie bereits in der Eröffnungspassage (vgl. A1d: 108–110, App. 3: 282) erinnert A1d noch einmal daran, dass er immer schon alles Mögliche gehört habe, also weder früher nur ‚deutsch' oder ‚englisch' noch jetzt nur ‚türkisch'. Noch einmal betont er damit seine Gegenposition zu einem auf natio-hemisphärisch-kultureller Differenz basierenden Identitätsmodell. Seine Selbstpositionierung wird von den drei Mädchen in Hinblick auf einen ‚guten Integrationsstatus' auch als eine Distinktion ihnen gegenüber gelesen, wie die folgende Passage zeigt.

903	**Int.:** A1d, ist da eigentlich/ hörst du auch diese Orhan Gencebay und Ibrahim Tatlıses?
904	[*Währenddessen unterhalten sich A1a, A1b und A1c über die CDs von Orhan Gencebay*
905	*und Ibrahim Tatlıses, die ich mitgebracht habe, allerdings unverständlich.*]
906	**A1c:** Nein, A1d hört Rap.
907	**A1b:** @[.]@
908	**A1d:** └Nee, also/┘
909	**A1a:** Er ist bisschen zu sehr integriert @[lachen]@.

A1.1/Exmanenter Nachfrageteil, App. 12: 292

A1c spielt an dieser Stelle darauf an, dass A1d in erster Linie ‚Rap', ganz besonders Alpa Gun hört. Dabei negiert sie A1ds musikbezogenes Identitätspatchwork, indem sie sein Interesse an anderen Stilen und Liedern, unter anderem auch an Orhan Gencebay, ausklammert. Sie deutet A1ds musikbezogenes Identitätsprofil als „zu gut integriert" (A1a: 909). A1ds Musikpräferenzen werden somit tendenziell als Gegenmodell zu ihrem Integrationsverständnis entworfen, bei dem das Motiv der Nicht-Anpassung mitenthalten sein muss. Ein Interesse an Rap-Musik ist diesem Entwurf nach ein Hinweis auf eine assimilative Integrationsposition, möglicherweise beeinflusst durch die reelle sozialpädagogische Vereinnahmung des Hip-Hops, um Jugendliche ‚mit Migrationshintergrund' von der Straße zu holen. Mit A1as Kommentar wird der auf den Integrationsdiskurs bezogene Anerkennungsrahmen ein weiteres Mal explizit. Sie legt nahe, dass sich A1d mit seinen Musikpräferenzen im Hinblick auf die antizipierten sozioästhetischen Erwartungen in diesem Interview als besonders gut integriert inszenieren möchte, und macht sich darüber lustig. Zugleich signalisiert sie mit dem Lachen und dem „bisschen *zu sehr* integriert", dass sie sich A1ds distinktiver Entgegensetzung, wonach sein musikbezogenes Identitätsprofil anders als das der drei Mädchen für ‚gute Integration' stehe, verweigert. Diese Distinktion stellt A1d am Ende der Gruppendiskussion noch einmal explizit her.

1811	**Int.:** Ihr hattet doch am Dienstag auch erzählt, also dass es bei euch schon irgendwie so
1812	einen Punkt gab, dass ihr euch also mehr mit türkischen Freunden befreundet habt.
1813	**A1d:** └Ja, das war bei┘ de-
1814	nen, aber bei mir ist es nicht so. Also ich fühle mich/ in der alten Klasse war die Ge-
1815	meinschaft einfach perfekt, tadellos. Hier (.) also hier spreche ich auch mit jedem. Also
1816	bei mir gibt es eigentlich auch keine Gruppierungen, obwohl ich hänge auch mehr mit H
1817	und so ab, aber das sind auch Türken. Aber zum Beispiel gestern war ich mit L und M
1818	und was weiß ich N und so irgendwo draußen auf dem Weihnachtsmarkt.
1819	**A1a:** Am Ku'damm
1820	**A1d:** Ja, nein, Alexa [Einkaufszentrum am Alexanderplatz]

1821	**A1a:**	└Ach so┘ wart ihr da zusammen?
1822	**A1c:**	└Wirklich?┘

1823   **A1d:** Ja, und

1824   **A1c:** Und warum?

1825   **A1d:** (..) Ja, egal, das kann ich dir später erzählen. Und auf jeden Fall eigentlich gibt es
1826   bei mir vor allem keine Gruppierung. Aber die meinten, ja gibt es eine Gruppierung, al-
1827   so.

1828   **A1a:** Also, ich finde auch nicht, dass es jetzt unbedingt Gruppierungen gibt. Aber an der
1829   Stelle gibt es Gruppierungen, wenn man einfach was Persönliches macht. Und in der
1830   Schule, da habe ich keine Gruppierungen, da bin ich eigentlich immer (.) mit allen. Also
1831   ich habe mit niemandem ein Problem. Aber einfach mit persönlichen Treffen oder so,
1832   dann unterscheide ich auch, weil ich/ nicht weil ich was gegen Deutsche oder so hab,
1833   aber einfach/ ich weiß nicht warum, einfach/

1834   **A1c:** Es kommt/

1835   **A1a:** └Dass┘ unsere, wir haben einfach so eine Gemeinsamkeit immer so miteinan-
1836   der so, die gleichen Sprechthemen. Aber ich habe zum Beispiel auch eine beste Freun-
1837   din, sie ist Asiatin. Und sie ist auch was ganz anderes eigentlich, aber ich bin auch im-
1838   mer mit ihr eigentlich, aber/ (.) also ich unterscheide nicht irgendwie dazwischen, also
1839   ich komme auch mit Deutschen ganz gut klar.

1840   **A1d:** └Also ich
1841   glaube nicht (..) also┘ ich glaube nicht mit Asiaten und Deutschen und so, das ist eigent-
1842   lich viel zu allgemein, weil ich bin auch Asiate und du bist auch Asiate.

1843   **A1a:** └Also ich korrigiere dann gleich,┘ Vietnamese,
1844   @(lachen)@ okay Vietnamese.

1845   **A1d:** Asiaten sind viel zu allgemein eigentlich.

1846   **A1c:** └Ja, also┘ ich habe ja mit A1d nachher also noch mal da-
1847   rüber kurz geredet, und ich muss sagen, dass er irgendwie auch irgendwo Recht hatte.
1848   Und, also, ich würde nicht sagen, dass ich mich mit Deutschen nicht verstehe, ist auf
1849   keinen Fall. Ich habe auch deutsche Freunde, also hatte ich auch und werde ich wahr-
1850   scheinlich auch noch haben. Aber bei mir ist es einfach so, ich/ es passiert halt einfach
1851   so, es kommt einfach dazu, dass/ ich bin nicht so, dass ich extra jetzt nur zu Ausländern
1852   oder so gehe. Es kommt einfach dazu, ich weiß auch nicht warum, aber es passiert ein-
1853   fach so.

      {...}

1894   **A1d:** Und Dings, ich gehöre nicht zu den Gruppierungen, will ich noch mal klarstellen.

1895   **Int.:** Okay, du kannst es hier noch mal/ @[lachen]@

1896   **A1c:** └@[lachen]@┘

1897   **A1d:** Nicht dass es jetzt falsch verstanden wird.

1898   **A1b:** Schreib es doch auf!

1899   **A1d:** Ja, kann ich machen (..), später irgendwann.

1900   **Int.:** Ich glaube, es ist drauf.

1901   **A1c:** └Okay┘

1902   **Int.:** Vielen Dank und schöne Ferien euch

A1.2/Exmanenter Nachfrageteil, App. 19: 301f.

Bei der vorliegenden Passage handelt es sich um den Schluss eines zweiten Interviews mit dieser Gruppe (A1,2). In diesem stelle ich überwiegend exmanente Nachfragen, knüpfe aber teilweise auch noch immanent an Aspekte aus dem ersten Interview an. Indem A1d meine Nachfrage zu ihren ‚türkischen‘ Freundeskreisen frühzeitig unterbricht, wird bereits deutlich, dass er die damit einhergehenden Adressierungen zurückweisen möchte. Er konstruiert eine distinktive Gegenüberstellung innerhalb der Gruppe A1, die sich sprachlich insbesondere in den Formulierungen „bei denen" versus „bei mir" (A1d: 1813 f.) manifestiert. Als zentralen Differenzmarker wählt er dafür die Kategorie „Gruppierungen". Obwohl auch er ‚zugibt', eher mit „Türken" Zeit zu verbringen (A1d: 1816 f.), entwirft er sich in einer Gegenposition zu den drei anderen: Sie würden sich seiner Ansicht nach in ‚türkische Gruppierungen' zurückziehen, was der von ihm antizipierten Erwartung von ‚guten Migrant_innen' entgegensteht. Als ‚Beweis' für seine ‚gut integrierte' Positionierung führt A1d an, dass er mit ‚nicht türkischen' Freunden auf den Weihnachtsmarkt gegangen sei (A1d: 1817 f.). Dieses Beispiel, das in diesem Interviewausschnitt Bedeutungen wie ‚typisch deutsch' oder ‚christlich' erhält, stellt für die anderen drei anscheinend eine Provokation dar (A1a: „Ach so, wart ihr da zusammen", A1c: „Wirklich? [...] Und warum?", A1,2: 1822–1824). Dies könnte viele verschiedene Ursachen haben, beispielsweise dass A1d zusammen mit einem Jungen unterwegs war, den die Mädchen nicht mögen. Betrachtet man diese Szene allerdings im Hinblick auf den mit dem Integrationsthema verknüpften Anerkennungsrahmen dieser Gruppendiskussion, scheint A1d die anderen drei bezüglich ihrer Norm der Nicht-Assimilation provozieren und die Differenz zwischen sich und ihnen verstärken zu wollen. Dafür spricht, dass A1a, A1b und A1c im Folgenden versuchen, sich gegen die Falschrahmung A1ds als ‚schlecht integriert' zu wehren und analoge ‚Integrationsbeweise' anzuführen (A1a: „und in der Schule, da habe ich keine Gruppierungen", A1c: „ich habe auch deutsche Freunde", A1a: „aber ich habe zum Beispiel auch eine beste Freundin, sie ist Asiatin, und sie ist auch was ganz anderes", A1,2: 1827–1852). In diesem Kontext kritisiert A1d noch einmal die Konstruktion von vereindeutigenden natio-hemisphärisch-kulturellen Differenzen („also ich glaube nicht mit Asiaten und Deutschen und so, das ist eigentlich viel zu allgemein", A1d: 1839–1841). Damit erinnert er indirekt noch einmal an sein Identitätsmodell des ‚kulturellen Gemischtseins', vor dessen Hintergrund er seine Musikpräferenzen am Anfang des Interviews beschrieben hatte.

Zusammengefasst kennzeichnet die Gruppendiskussion A1 eine Dynamik, bei der sich A1d im Hinblick auf einen ‚guten Integrationsstatus' eine gewisse Machtposition aneignet und die anderen drei in eine Verteidigungsposition geraten. Ausschlaggebend scheint dafür die von A1d antizipierte sozioästhetische Erwartung zu sein, dass die Konzeption eines ‚kulturellen Mischlings' gegenüber einem auf natio-ethno-kultureller Differenz basierenden Identitätsmodell bei mir und einer imaginierten Leserschaft Distinktionsgewinne verspricht. Für das Zusammendenken von ‚Gut-Integriertsein' und Identitätskonstrukten, die mit natio-ethno-kulturellen bzw. natio-hemisphärisch-kulturellen Differenzsetzungen einhergehen, scheint es demgegenüber keine anerkannten Modelle zu geben, auf die sich die Jugendlichen beziehen könnten. A1d verweist hingegen auf ein in der Migrationsdebatte durchaus etabliertes Identitätsmodell des ‚Mischlings', das in Deutschland insbesondere durch das Transkulturalitätskonzept des Philosophen Wolfgang Welsch populär geworden ist.

Welsch zufolge können und dürfen Kulturen nicht als homogene und voneinander abgrenzbare, sondern als in sich heterogene und miteinander verflochtene

Gebilde gedacht werden. Die Vorsilbe ‚trans' kennzeichnet dabei, dass „kulturelle[ ] Determinanten heute quer durch Kulturen hindurchgehen, so dass diese nicht mehr durch klare Abgrenzung, sondern durch Verflechtungen und Gemeinsamkeiten gekennzeichnet sind" (Welsch 2009: 41). Dementsprechend seien auch für Individuen nicht monokulturelle, sondern vielfältige und insbesondere auch nicht nur ethnisch oder national kodierte kulturelle Anschlüsse kennzeichnend. Welschs Theorie will dabei nicht nur die kulturelle Verfasstheit der Gegenwart zutreffend beschreiben, sondern zugleich auch eine Norm für gelingendes Zusammenleben in Aussicht stellen. Anstatt Kulturen möglichst ‚rein' zu halten, zielt sie auf friedvolle Verständigungsprozesse unter Menschen. Diese könnten aber erst dann gelingen, wenn sowohl die transkulturelle Verflochtenheit der Kulturen als auch die transkulturelle Verfasstheit von individuellen Identitäten akzeptiert werden könnten. Ein kulturanthropologisches Ziel stellt für Welsch demnach die Fähigkeit dar, *„unterschiedliche Sinnsysteme und Realitätskonstellationen wahrzunehmen und zwischen ihnen pendeln zu können"* bzw. „sich auf eine Gemenge- und Geschiebelage unterschiedlicher Kulturen und Wirklichkeitskonstellationen einzulassen" (Welsch 1994: 166).

Der Musikwissenschaftler Julio Mendívil stellt gegenüber Welsch die kritische These auf, dass sich innerhalb der ‚deutschen' Integrationsdebatte seit einigen Jahren die Vorstellung von transkulturell verfassten Identitäten zu einer neuen Leitnorm entwickelt habe, die jene des Multikulturalismus abgelöst habe. Neben der Parole Angela Merkels aus dem Jahr 2010, dass die multikulturelle Gesellschaft gescheitert sei, betrachtet Mendívil einflussreiche Schriften, beispielsweise die der Juristin und Frauenrechtlerin Seyran Ateş, als Zeichen für diesen Paradigmenwechsel. Ateş zufolge habe erst der ‚Multi-Kulti'-Gedanke dazu geführt, dass „Parallelgesellschaften" entstanden seien und infolgedessen traditionalistische, patriarchale und homophobe Strukturen in deutsch-türkischen Milieus fortbestünden. Statt also einen unverbindlichen und die Gesellschaft letztendlich spaltenden Multikulturalismus zu befördern, sei, so Ateş, die transkulturelle Verfasstheit von Identitäten anzuerkennen und zu fördern (vgl. Ateş 2009: 20). Für Mendívil besteht nun das Problem darin, dass man im Namen der Transkulturalität nicht nur kulturellen Isolationismus, sondern kulturelle, insbesondere natio-ethno-kulturelle Diversität per se abqualifiziere. Damit werde „die Welt wieder einmal in aufgeklärte und fanatische Subjekte geteilt" (Mendívil 2012: 46). Natio-ethno-kulturelle Differenzen sowie das notwendige Setzen von Grenzen bei der Konstruktion von Identität werden vor dem Hintergrund jener neuen Leitkultur der Hybridität als eine Gefahr für den gesellschaftlichen Zusammenhalt konstruiert.[132]

---

132 Demgegenüber möchte Mendívil „den Kulturrelativismus als methodisches Prinzip der Ethnologie verteidigen" (Mendívil 2012: 47). Dieser orientiere sich an einer Ethik, die Kulturen nicht im Vorhinein abwertet, sondern kulturelle Differenz und Diversität wertschätzt. Damit meine er nicht „Kulturnihilismus" oder „Moralrelativismus", sondern eine gegenüber dem Ethnozentrismus kritische Haltung bzw. die Idee, „dass Kulturen nur anhand ihrer eigenen Kriterien beurteilt werden können" (ebd.).

Entsprechend einer von Welschs zentralen Thesen – „Wir sind kulturelle Mischlinge" (Welsch 2009: 43) – inszeniert A1d seine musikbezogene Identität als konsequent „gemischt" (A1d: 108, App. 3: 282). Er verweist damit auf eine von ihm antizipierte Norm für ‚gute Integration' auf Seiten des Interviewers und der imaginierten Leserschaft. An der Schlusspassage der Gruppendiskussion A1,2 wird in zweifacher Hinsicht deutlich, wie eng die ästhetischen Urteile und musikbezogenen Identitätskonstruktionen der Jugendlichen mit den von ihnen antizipierten Erwartungen seitens des anwesenden Erwachsenen verschränkt sind. Darauf weist zum Ersten A1cs Bemerkung hin, dass sie mit A1d nach dem ersten Interview noch einmal gesprochen habe (A1c: 1845 f.). Ihre sich daran anschließende Verteidigung, dass sie auch ‚deutsche' Freunde habe oder sich mit ‚Deutschen' verstehen würde, kann als ein Indiz dafür interpretiert werden, dass sich die Jugendlichen zwischen dem ersten und dem zweiten Interview untereinander in einem gewissen Maß abgesprochen haben, wie sie ein Bild ‚gut integrierter Migrant_innen' abgeben können. Zum Zweiten macht A1d am Ende die ansonsten meist verborgenen Akteur_innen des Interviewsettings sichtbar. Mit seiner Formulierung „will ich noch mal klarstellen" (A1d: 1894) – was so viel heißt wie ‚hiermit möchte ich noch mal zu Protokoll geben' – scheint er direkt ins Mikrophon zu sprechen. Damit macht er das Aufnahmegerät sozusagen zum ‚neutralen Zeugen' seiner Integrationsposition, um mögliche Fehldeutungen meinerseits sowie seitens der Leserschaft vorzubeugen. Dem Forschungsinstrument Interview wird somit bereits während des Interviewgeschehens die Maske eines scheinbar neutralen Erkenntniswerkzeugs für einen kurzen Moment entrissen. A1d verweist auf seine Konstruiertheit bzw. darauf, dass das Interview von einem Forscher ausgewertet, selektiv präsentiert wird und das Ergebnis letztendlich auf seiner Interpretation basiert. Mit seinen Schlussaussagen – die wohl eher in Richtung des Interviewers und der Leserschaft als in die seiner Mitschülerinnen geht – beruft sich A1d gewissermaßen auf das Recht, für sich selbst zu sprechen, um nicht von anderen zu jemandem gemacht zu werden.

3.3.2 Zwischen wertschätzender und dekonstruierender Anerkennung I

Die Frage, wie sozioästhetische Anerkennungsdynamiken bei der *arabesk*-Rezeption in Anwesenheit eines_einer erwachsenen Dritten verlaufen, wurde im vorangegangenen Abschnitt im Hinblick auf die von den Jugendlichen antizipierten Erwartungen untersucht. Dieses Unterkapitel fokussiert demgegenüber die expliziten Adressierungen des Interviewers und die Re-Adressierungen der Interviewten. Die Gruppendiskussion A1 wird also noch einmal darauf hin analysiert, wie sich mein Interviewhandeln im Hinblick auf die in Kapitel 1.4 aufgezeigten Ambivalenzen der Anerkennung verhält. Damit bildet dieser Abschnitt auch den Versuch eines Musikpädagogen, sein eigenes Handeln anerkennungstheoretisch zu reflektieren.

Im Rahmen meiner Vorbefragungen bemerkte ich, dass *arabesk*-Musik ausschließlich von Jugendlichen gehört wird, die selbst oder deren Vorfahr_innen aus der Türkei nach Deutschland eingewandert sind bzw. waren. Dementsprechend rechnete ich in den Gruppendiskussionen damit, dass zwischen mir und den Befragten wechselseitige Positionierungen als ‚deutsch‘, ‚türkisch‘ oder ‚mit/ohne Migrationshintergrund‘ eine mitunter wichtige Rolle spielen könnten. Tatsächlich fanden in allen diesen Interviews natio-ethno-kulturelle oder besser gesagt: natio-hemisphärisch-kulturelle Anerkennungsdynamiken in irgendeiner Form statt. Allerdings kennzeichnet den Fall A1 im Unterschied zu den Gruppendiskussionen A2 und A3, dass sich die Diskussion über *arabesk*-Musik auf diesen Anerkennungsrahmen konzentrierte.

Für dieses Phänomen lassen sich mit Sicherheit ganz verschiedene und vielschichtige Gründe anführen. Eine mögliche Ursache liegt im unmittelbaren Schulkontext, in dem das Interview stattfand und auf den sowohl ich als auch die Jugendlichen immer wieder Bezug nahmen. Die Jugendlichen aus A1 gehen auf ein anderes Gymnasium (Schule A) als die Jugendlichen aus den Gruppendiskussionen A2 und A3 (Schule B). In den Interviews an der Schule A berichteten die Schüler_innen deutlich häufiger von Anderungs- und Diskriminierungserfahrungen seitens der Lehrenden, als dies an der Schule B der Fall war (vgl. Kap. 3.2.4). Auch ich erlebte während meiner Vorgespräche mit Lehrenden und meiner allerersten Einzelinterviews, dass Abwertungen und Diskriminierungen aufgrund von natio-ethno-kultureller Differenz an der Schule A ein Problem darzustellen schienen.

Ausgehend von diesem Eindruck orientierte ich mich in meinem Interviewhandeln an der migrationspädagogischen Doppelstrategie zwischen Anerkennung und Dekonstruktion im Sinne Paul Mecherils (vgl. Kap. 1.2). Auf der einen Seite wollte ich den Jugendlichen aus A1 signalisieren, dass ich als angehender ‚deutscher‘ Musiklehrer ‚türkische Musik‘ und ‚türkische Kultur‘ wertschätze. Auf der anderen Seite wollte ich eine migrationsandernde Ordnung und natio-ethno-kulturelle Vereindeutigungen von Identitäten gerade nicht reproduzieren, sondern durch mein Interviewhandeln auch in Frage stellen. Bei meiner Einführung an der Schule A entschied ich mich, etwas stärker den Pol der Wertschätzung bzw. Wertbestärkung zu betonen. Zugleich versuchte ich aber, mich auf ein Sprechen über Musik zu beziehen und direkte natio-ethno-kulturelle Adressierungen von Schüler_innen zu vermeiden. Während meiner gesamten Interviewdurchführungen stellte ich meine Strategie bezüglich dieses Anerkennungs-Dekonstruktions-Dilemmas immer wieder um. Dieses Umdisponieren erfolgte immer dann, wenn ich den Eindruck hatte, einem der beiden Pole im Kontext der Gruppendiskussion zuvor zu viel Gewicht gegeben zu haben.

Die Problematik der Selbstverortung innerhalb des Anerkennungs-Dekonstruktions-Dilemmas zeigt sich beispielsweise in der Einführung, mit der ich das Forschungsprojekt in den Schulklassen vorstellte und mit der ich die Gruppendiskussionen begann. Die Einführung in die Gruppendiskussionen habe ich vorab schriftlich fixiert und dabei in vier Abschnitte unterteilt. Die Abschnitte 1, 2 und 4 waren in allen Gruppendiskussionen gleich. Den Abschnitt 3 hingegen veränderte ich aufgrund der Erfahrungen an der Schule A für die Interviews an der Schule B, also u. a. für die Gruppendiskussionen A2 und A3.

1. Vielen Dank, dass ihr euch bereit erklärt habt für dieses Gruppeninterview! Es wird heute wieder um die Musik gehen, die ihr hört, und besonders auch darum, was sie

für euch bedeutet. Es gibt somit keine richtigen und falschen Antworten. Es geht mir um eure Meinungen und Erfahrungen und ihr seid die Experten in dem Interview.

2. Da es ein Gruppeninterview ist, soll es auch weniger so ablaufen, dass ich eine Frage stelle und ihr antwortet nacheinander, sondern, wenn ich eine Frage stelle, kann antworten, wer will, und eine Diskussion unter euch entstehen. Ebenso steht es euch frei, auch gar nichts zu einer Frage zu antworten, und natürlich könnt ihr auch jederzeit fragen.

3. (*Schule A*): Diese Interviews sind ein Beitrag dafür, Unterrichtsmaterialien zu solcher türkischen Musik zu entwickeln, die für Jugendliche bedeutsam ist. Damit verbindet sich die Hoffnung, dass mehr Musiklehrende diese im Musikunterricht zum Thema machen. Natürlich stellt sich dabei immer auch die Frage, was denn ‚türkische Musik' überhaupt sein soll. Wichtig ist dabei erst einmal zu wissen, was Jugendliche eigentlich so an ‚türkischer Musik' hören und was sie für sie bedeutet.
   (*Schule B*): Diese Interviews sind ein Beitrag dafür, Unterrichtsmaterialien zu entwickeln, die mehr mit den Musikinteressen der Schüler und Schülerinnen zu tun haben. Damit verbindet sich die Hoffnung, dass mehr Musiklehrende diese im Musikunterricht zum Thema machen. Wichtig ist dabei erst einmal zu wissen, was Jugendliche eigentlich so an Musik hören und was sie für sie bedeutet.

4. Ich möchte gern das Gespräch aufzeichnen, da ich mich auf eure Aussagen beziehen möchte anstatt auf meine Erinnerungen, die eure Aussagen möglicherweise verzerren. Ich werde anschließend die Aufnahmen abschreiben (transkribieren) und dabei sowohl eure Namen als auch alle Namen, die ihr verwendet (Schüler/Lehrer/Orte), anonymisieren. Das heißt, wenn ich meine Arbeit veröffentliche und Zitate von euch verwende, benutze ich andere Namen oder gar keine Namen, sondern Buchstaben. Auch werde ich den Namen eurer Schule nicht erwähnen. Ist es für euch in Ordnung, wenn ich das Gespräch aufzeichne?

A1/A2/A3/R1/R2/R3/TP, schriftlich vorab fixierte Intervieweinführung in die Gruppendiskussionen

Meine Adressierung der Jugendlichen an der Schule A unterscheidet sich im dritten Abschnitt deutlich von der an der Schule B. An der Schule A, in der die Gruppendiskussion A1 stattfand, bezeichne ich die Musik, die A1a, A1b, A1c und A1d hören, als „türkisch". Scheint der erste Satz („Diese Interviews sind ein Beitrag dafür, Unterrichtsmaterialien zu solcher türkischen Musik zu entwickeln") darauf hinzudeuten, dass es so etwas wie ‚die türkische Musik' tatsächlich gibt, verweist der Satz „Natürlich stellt sich dabei immer auch die Frage, was denn ‚türkische Musik' überhaupt sein soll" darauf, dass keine allgemein gültige Konstruktion von ‚türkischer Musik' existiert. Die Interviewten werden zum einen als ‚Jugendliche', zum anderen auch als ‚Experten' adressiert. Da sich der dritte Abschnitt auf ‚türkische Musik' konzentriert, werden sie somit indirekt als ‚Experten' für ‚türkische Musik' anerkannt. Implizit werden sie damit zugleich als ‚türkische' Jugendliche angesprochen. Mit der Aussage „mit der Hoffnung, dass mehr Lehrende türkische Musik unterrichten" erhält das Interview, im Kontext des defizitären Migrationsdiskurses in Deutschland und an ihrer Schule A, eine alteritäre und machtdynamische Rahmung. Der Unterton lautet wie folgt: An ‚deutschen' Schulen gebe es überwiegend ‚deutsche' Musiklehrende, die Machtpositionen innehaben, und zugleich viele ‚türkische' Lernende, die über weniger Macht verfügen und deren Musikinteressen sowie -kompetenzen im Musikunterricht meist unberücksichtigt und unsichtbar bleiben. Mit dieser Konstellation wird indirekt auf ein gesamtgesellschaftliches Ungerechtigkeitsgefüge angespielt. Die Interviewten werden damit implizit nicht nur als ‚türkische‘, sondern auch als in Deutschland ‚benachteiligte‘ Jugendliche anerkannt, wohingegen ich mich in Abgrenzung zu einem Großteil von ‚deutschen‘ Musiklehrenden als ‚Ausnahmedeutscher‘ positioniere.

Im Vergleich zur Einführung an der Schule A ist meine Adressierung in der Einführung zu den Gruppendiskussionen A2 und A3 an der Schule B verschoben. Hier erkenne ich die Schüler_innen zwar auch als ‚Expert_innen‘ ihrer musikalischen Interessen an, aber ich beziehe mich weder implizit noch explizit auf natio-ethnokulturelle oder migrationsspezifische Differenzen. Vielmehr adressiere ich sie als ‚Jugendliche‘ mit – so zumindest die Vorannahme – im Vergleich zu Erwachsenen spezifischen Musikpräferenzen. Hier steht also weniger eine migrationsspezifische, sondern eine generationsspezifische Alterität im Vordergrund. Ganz besonders positioniere ich sie als ‚Schüler und Schülerinnen‘, deren Musikinteressen im Verhältnis zu denen von Erwachsenen oftmals unterrepräsentiert sind. Demgegenüber verorte ich mich als einen Ausnahmemusikpädagogen, der im Gegensatz zu anderen Musiklehrenden an den Musikpräferenzen der Jugendlichen interessiert ist.

Das Interviewgeschehen wird in beiden Fällen im Kontrast zum Musikunterricht der Interviewten kontextualisiert. Es wird als ein Ereignis eingeführt, in dem die Jugendlichen – im vermuteten Gegensatz zu ihrem Musikunterricht – eine besondere Wertschätzung ihrer musikbezogenen Identität erhalten. Dabei wird ihnen die Möglichkeit in Aussicht gestellt, Missachtungserfahrungen aus der Sicht von ‚türkischen Jugendlichen‘ (Schule A) bzw. ‚Schüler_innen‘ (Schule B) zu artikulieren und einen kleinen Beitrag zur Veränderung der zugrunde liegenden Verhältnisse zu leisten. Darin ist natürlich auch ein interviewstrategisches Moment enthalten. Bei Intervieweinführungen versucht man, Anreize für die Interviewten zu schaffen, damit sie sich überhaupt am Interview beteiligen und von sich erzählen. Anerkennungstheoretisch gesprochen wird das Interview auf den ersten Blick als ein identitätsbestärkendes Geschehen präsentiert. Signalisiert wird, dass mit diesem Interview eine positive Wertschätzung der musikbezogenen Identitäten der Interviewten einhergeht. Parallel dazu hat die Einführung aber auch einen identitätserzeugenden Charakter. In beiden Varianten der Einführung werden die Interviewten als Bestimmte angesprochen. Sie werden dazu aufgerufen, sich zu diesen Adressierungen in irgendeiner Form zu positionieren. Mit der Einführung werden somit die Identitätskonstruktionen der Interviewten in bestimmte Bahnen gelenkt.

Des Weiteren stellt die Einführung ein Geschehen dar, das – mit Judith Butler gesprochen (vgl. Kap. 1.4.2) – Identität ermöglicht und das betreffende Subjekt zugleich unterwirft. Die Jugendlichen werden auf der einen Seite mit der Möglichkeit konfrontiert, in einer ihnen zugewiesenen sozialen Position Wertschätzung zu erhalten und aus dieser Position heraus eigene Interessen zur Sprache zu bringen. Auf der anderen Seite werden sie aber auch aufgefordert, sich einem bestimmten, binär strukturierten Anerkennungsrahmen unterzuordnen. Bei der Einführung zur Gruppendiskussion A1 werden die Jugendlichen implizit dazu aufgerufen, sich selbst als ‚türkisch‘, ‚mit Migrationshintergrund‘ und benachteiligt und den Interviewer als ‚deutsch‘, ‚ohne Migrationshintergrund‘ und nicht benachteiligt anzuerkennen. Die Adressierungen im Kontext dieser ersten Gruppendiskussion sind dabei deutlich prekärer als in A2 und A3, werden sie doch dazu aufgefordert, eine soziale Position zu übernehmen, durch die sich eine gesellschaftliche Marginalisierung noch verstärken kann, insbesondere dann, wenn diese Identitäten essenzialisiert und vereindeutigt werden.

838	**A1a:** Aber wie du, es gibt ja auch natürlich Menschen, die, also Deutsche, die halt auch
839	sehr nett gegenüber uns sind.
840	**A1c:** Wie Sie
841	**A1a:** @[.]@
842	**A1c:** └Ich┘ meine (unv.), das mit Ihrer Arbeit, das finde ich/
843	**A1a:** └Ja,┘ das finde ich auch
844	**A1c:** └Ja,┘ das finde ich
845	richtig gut, das hat auch nie jemand irgendwie gemacht. Also ich habe davon noch nicht
846	mitbekommen oder so. Und dass Sie als späterer, also zukünftiger Musiklehrer auch
847	türkisch mit in den Unterricht einbeziehen wollen, das finde ich richtig gut.
848	**A1b:** └Das finde ich richtig┘
849	**A1a:** Ja, das finde ich auch sehr gut @[lachen]@
850	**Int.:** └Freut mich┘

A1.1/Exmanenter Nachfrageteil, App. 11: 292

Der Konflikt innerhalb der Gruppe A1 hängt nicht nur mit den von den Jugendlichen antizipierten Integrationserwartungen zusammen, sondern auch mit der Entscheidung, wie sie mit den an sie gerichteten Adressierungen umgehen bzw. ob und wie sie sich diese aneignen oder sich ihnen verweigern. A1a, A1b und A1c übernehmen das Sprechen in nationalen oder hemisphärischen Kategorien. Sie wiederholen für sich selbst die Adressierungen als ‚türkisch‘ und ‚benachteiligt‘ und für mich die Markierungen als ‚deutsch‘ und ‚nicht benachteiligt‘ aus der Intervieweinführung. Auf der Basis dieser sozialen Position nutzen sie das Interview, um anhand persönlicher Berichte auf Abwertungen und Diskriminierungen von ‚Türk_innen‘ und ‚Muslim_innen‘ in Deutschland hinzuweisen, den besonderen Wert der ‚türkischen‘ gegenüber der ‚europäischen Musik‘ zu betonen und ein Integrationsverständnis zu vertreten, das nicht Assimilation bedeutet. Dafür nehmen sie in Kauf, dass sich die Markierung ‚deutsch‘ zwischendurch immer wieder zu einem dichotomischen Gegenüber ihrer eigenen Position verfestigt. Mehrfach wiederholen die drei Mädchen, dass sie mein in der Intervieweinführung genanntes Anliegen, mehr für die Integration von ‚türkischer Musik‘ in den Musikunterricht tun zu wollen, sehr gut finden (A1,1: 844–849). Überhaupt kontrastieren sie das Interview aufgrund der Wertschätzung eines ‚Deutschen‘ gegenüber ‚Türk_innen‘ mit der sonstigen Atmosphäre an ihrer Schule („Aber wie du, es gibt ja auch natürlich Menschen, die, also Deutsche, die halt auch sehr nett gegenüber uns sind“, A1a: 838).

Das Dilemma dabei ist offensichtlich: Innerhalb der wertschätzenden Anerkennungsbeziehung festigt sich sowohl meine Rolle als ‚guter Deutscher‘, der in der machtvollen Position ist, Wertschätzung zu vergeben, als auch ihre Position als vermeintliche ‚Nicht-Deutsche', die auf eine Wertschätzung von ‚Deutschen' angewiesen zu sein scheinen. A1d signalisiert während des Interviews hingegen immer wieder, dass er sich weder einem derartig paternalistischen Beziehungsgefüge noch vereindeutigenden und dichotomisch konstruierten Positionen unterwerfen möchte. Sichtbar wird dies zum einen an seiner Zurückhaltung in diesem Interviewteil und auch an vereinzelten ‚spitzen' Bemerkungen. Beispielsweise antwortet er auf meine Frage, was denn *isyan* bedeute: „Ich kann nachschlagen" (A1d: 341, App. 8: 285), obwohl er, wie etwas später im Interview deutlich wird, die Wortbedeutung kennt (A1d: 349, ebd.: 286). Die Aussage lässt sich so deuten, dass er die zugeschriebene Rolle des Experten für ‚türkische Kultur' zurückweist. Er signalisiert damit, dass er, genau wie andere ‚Deutsche' auch, im Lexikon nachschlagen würde, und spiegelt mir mein Konstruieren von einander gegenüberstehenden Positionen kritisch zurück. An einer anderen Stelle frage ich die Jugendlichen: „Wie kommt es, dass ihr den Begriff Ausländer verwendet, das irritiert mich" (Int.: 712, App. 11: 289). Daraufhin antwortet A1d: „Ich bin aus der Sache draußen" (A1d: 714, ebd.). Auf Nachfrage der anderen begründet er dies wie folgt: Früher habe er sich auch immer „gewehrt" (A1d: 727, ebd.: 290), aber inzwischen interessiere ihn nicht mehr, was andere über ihn denken, bzw. habe er den Eindruck, es ändere nichts, wenn er sich darüber aufrege (vgl. A1d: 732–734, ebd.). Auch diese Passage ist so interpretierbar, dass er Anrufungen von außen, die ihn auf eine marginalisierte ‚türkische' und damit ‚nicht deutsche' Position festlegen, nicht nachkommen will.

Zusammengefasst bilden die Adressierungen aus meiner Einführung zur Gruppendiskussion A1 einerseits einen wertschätzenden und identitätsbestätigenden Anerkennungsakt und andererseits einen Anerkennungsakt, der prekäre und alteritäre Identitätslogiken erzeugt bzw. reproduziert. Auch wenn meine Adressierungen indirekt, d. h. primär im Sprechen über ‚türkische Musik' verlaufen, haben sie in gewisser Weise einen engführenden Charakter. Sie fordern dazu auf, sich zu einer Adressierung als ‚türkisch' irgendwie zu positionieren. Sie lassen damit wenig Wahl für die Entscheidung, ob man sich überhaupt zu einer wie auch immer gearteten Positionierung als ‚türkisch' äußern möchte.

Das Dilemma zwischen wertschätzendem und dekonstruierendem Anerkennungshandeln des Interviewers spiegelt sich in den Aneignungen dieser Adressierungen auf Seiten der Jugendlichen wider. Auf der einen Seite werden die Adressierungen übernommen, um am Ort Schule Wertschätzung einer sozialen Position zu erfahren, an dem dies ansonsten eher nicht der Fall ist. Dabei können aus der übernommenen ‚türkischen' Position heraus Abwertungserfahrungen sowie Kritikpunkte an bestehenden Diskursen artikuliert und möglicherweise auch ein Stück verändert werden. Auf der anderen Seite werden diese Adressierungen verweigert, um gerade nicht zu einer Gruppe gemacht zu werden, die ‚nicht deutsch' und ‚marginalisiert' ist.

Es zeigt sich – so eine zentrale These dieses Unterkapitels – ein unmittelbarer Zusammenhang zwischen meinen migrationsspezifischen Anerkennungshandlungen auf der einen und dem Sprechen der Jugendlichen über *arabesk*-Musik auf der anderen Seite. Die Frage, ob die Jugendlichen aus A1 mit einer anderen Einführung auch anders über sich und *arabesk*-Musik gesprochen hätten, muss dabei offenbleiben. Für meine weiteren Interviewdurchführungen war dies aber eine leitende Frage: Sprechen die Jugendlichen womöglich anders über sich und *arabesk*-Musik, wenn ich das Interview anders rahme? An der Schule B, d.h. in den weiteren Gruppendiskussionen, veränderte ich meine Interviewieinführung (s.o.) und adressierte die Interviewten zuvorderst als Jugendliche und Schüler_innen, deren Musikinteressen im Musikunterricht womöglich zu kurz kommen. Wie im Folgenden gezeigt werden kann, mag dies dazu beigetragen haben, dass teilweise ganz andere Sozioästhetische Anerkennungsdynamiken unter den Jugendlichen aus A2 und A3 stattgefunden haben.

3.3.3   Angeordnete Identitätspatchworks

Die Gruppendiskussion A2 mit den drei Jungen A2a, A2b und A2c beginnt mit zwei Einstiegsimpulsen, mit denen ich alle Gruppendiskussionen – bis auf A1 (s.o.) – eröffnete: zum einen mit der Frage nach ihrem gegenwärtigen Musikleben, zum anderen mit der nach biographischen Veränderungen ihrer Musikpräferenzen.

1	**Int.:** Und zwar vielleicht können wir einfach erst noch einmal so anfangen, dass ihr
2	grundsätzlich mal erzählt, was/ wie gerade euer Musikleben aussieht, also was ihr an
3	Musik hört, was ihr an Musik macht, einfach mal so grundsätzlich als ein Brainstorming.
4	**A2a:** Also ich mache zum Beispiel keine Musik, aber ich höre vieles Verschiedenes. Ich
5	höre zum Beispiel Hip-Hop, Pop oder türkische Lieder oder Dubstep-Lieder, also so
6	wozu man tanzt oder so/ so Remixes, also von vielen Liedern zusammengesetzt. Also
7	mir gefällt eigentlich von allem ein bisschen so.
8	**A2b:** (..) Bei mir, ich höre halt eher so mehr türkisch, halt so türkischen Pop oder so,
9	oder diese arabesk. Selten höre ich auch diesen Deutschrap und so, aber sonst nicht.
10	Sonst was ich selber von Musik ausmache, ich spiele ein bisschen saz, also ich kann es
11	schon richtig spielen, aber lange her @[.]@, ist lange her.
	[*Kurzes Gespräch zwischen Int. und A2b darüber, wie lange er schon saz spielt und wo er Unterricht hatte. A2b spielt das Instrument seit sechs Jahren, hat allerdings seit zwei Jahren keinen Unterricht mehr.*]
23	**A2c:** Ich höre meistens auch Instrumentallieder, also Musik von Filmen. Da stelle ich
24	mir auch selber was vor, ja, das ist so mein Hobby, und ich versuche auch was zu sin-
25	gen.
26	**Int.:** Wolltest du singen?
27	**A2c:** Ja, ich nehme was vom Studio auf, aber ich kann nicht sagen, dass ich ganz gut bin
28	@[.]@. Ja, ich werde halt besser, ja, aber sonst höre ich auch das, was A2b so gesagt
29	hat.
	[*Kurzes Gespräch darüber, welche Filmmusik er hört und was für Musik er selbst macht. Als Beispiel nennt A2c den Soundtrack von Hans Zimmer zum Film* Inception *und erwähnt, dass er später einmal Filmregisseur werden möchte.*]
49	**Int.:** Cool (.) wie war das denn bei euch, wie hat sich denn so euer Musikgeschmack
50	entwickelt, so in eurer Biographie?
51	**A2a:** Also, wo ich noch jünger war, da habe ich mehr türkisch gehört, und es ging mir
52	dann/ also es hat mir dann nicht mehr so gefallen, weil ich wollte mal zur Abwechslung
53	was anderes hören. Da habe ich, glaube ich, Deutschrap gehört, ja, und es war dann

54	auch langweilig. Also meine Musikrichtung ändert sich immer, also ich höre vieles Ver-
55	schiedenes, deshalb gefallen mir auch eigentlich von jedem Land oder von jeder Spra-
56	che Lieder so. Zum Beispiel es gibt auch indische Lieder, so bei Bollywood-Filmen, die
57	sind auch schön zum Beispiel.

A2b: ⌊@[lachen]@⌋

A2a: Unterschiedlich

Int.: Und wenn du sagst türkisch, was/ in welche Richtung meinst/

A2a: ⌊Also⌋ ich mag zum Beispiel
Ahmet Kaya sehr, Ibrahim Tatlıses mag ich auch und Kırvıcık Ali, der ist ja letztens verstorben. Und/ also diese drei sind die, die am besten sind, ah, Mazlum, kennen Sie ihn?

Int.: Wen?

A2a: Mazlum?

Int.: Nee, den kenne ich nicht.

A2a: Der ähnelt/ seine Stimme ähnelt ein bisschen Azer Bülbül. Kennen Sie ihn, Azer
Bülbül?

Int.: ⌊mhm [beja-
hend]⌋

A2a: Ja, also die beiden sind auch gut (.), ja.

Int.: Ja, spannend, lerne ich auch ein paar neue Sachen heute kennen, das ist/ wie ist es
bei euch mit so biographischen Ver/

A2b: Bei mir ist es, kommt auch eher vom Jüngeren her, weil ich höre meistens das,
woran ich gewöhnt bin. Weil/ so von klein her, mein Vater auch, er hört immer diese
türkischen Lieder von Ibrahim Tatlıses, Ahmet Kaya, dies, das, war halt er. Dann höre
ich mir/ ist halt im Kopf dann und man gewöhnt sich daran. Man mag das halt, dann
nach einer Zeit so immer Pop mehr, wegen meines Bruders halt. Er hört das, ich höre
das dann immer mit, da ich neben ihm bin, dann halt so, keine Ahnung. Wenn ich zum
Beispiel so mit Freunden unterwegs bin, die machen Deutschrap auf, oder so, hört man
auch ein bisschen mit, ja, halt so.

A2c: (..) Ja, bei mir ist es so, ich höre sehr wenig Deutschrap, also fast gar nicht. Früher
war es so, da habe ich auch keinen Rap gehört, nur halt das, was halt im Pop gerade so
beliebt war, habe ich mir mal so angehört. Dachte ich, cool, ist/ man weiß halt, warum
es beliebt ist, ja, und dann habe ich mir auch die einzelnen Lieder von den anderen
Sängern angeschaut und, ja.

Int.: Gab es dann da irgendwie mal, weiß ich nicht, bei euch besondere Erlebnisse oder
Menschen, die euch da so beeinflusst haben, jetzt eine andere Richtung zu hören, oder
bestimmte Lieder? Könnt ihr euch an Situationen erinnern?

A2a: ⌊Ja⌋ (.) beim Deutschrap zum Beispiel, da hat mir mein
Cousin immer vieles gezeigt, was eigentlich toll war. Und es waren auch so Themen, die
mich interessiert haben. Also so/ worüber die gerappt haben, das hat mich halt interessiert und so. Aber jetzt die Raps, die in der Zeit gerappt werden, also die rauskommen, sind eigentlich voll sinnlose Raps, die sagen zum Beispiel, ja, [Stöhngeräusch] ich/

A2b: ⌊@[lachen]@⌋

A2c: ⌊@[lachen]@⌋

A2a: ⌊Zum Bei-
spiel ich schlage Deine Mutter, oder/⌋

A2b: @[lachen]@ (.) Ich schlag/ @[lachen]@

A2c: ⌊@[lachen]@⌋

A2a: ⌊Ohne Sinn diese Lieder und deshalb höre ich mir die auch
nicht an, ey,⌋ ist nur Schrott. (.) Also früher war es halt besser.

A2/Eröffnung, App. 20: 303f.

189

In dieser Eröffnungspassage des Interviews einigen sich die drei Jugendlichen in einem vorantastenden Prozess auf eine gemeinsame distinktive Anordnung ihrer pluralen, zunächst unhierarchisch präsentierten Musikpräferenzen. Sie antworten zu Beginn gemäß einem Schülerhabitus: der Reihe nach, ohne Unterbrechungen, von links nach rechts (A2: 1–27). Diese Redeordnung lässt sich auf mehrere Ursachen zurückführen: Erstens regt die Fragestellung weniger zu einer Diskussion als zu individuellen Erzählungen an. Zweitens sprach ich die Jugendlichen in meiner Intervieweinführung primär als Schüler_innen an und positionierte mich selbst als angehender Musiklehrer. Und drittens fand das Interview in den Räumlichkeiten ihrer Schule statt, und es ist davon auszugehen, dass ein geordnetes Nacheinander-Antworten in der für sie unbekannten Gruppeninterviewsituation, bei der die Beziehungsverhältnisse und Rollen noch ausgehandelt werden müssen, erst einmal eine gewisse Handlungssicherheit verschafft. Mit der so hergestellten Redeordnung adressieren mich die Jugendlichen somit performativ als Lehrer und bringen damit zugleich eine Haltung der antizipierten Erwartung zur Aufführung: Es geht in ihren Antworten immer auch um ein Vorausgreifen auf das, was ich in der zugewiesenen Rolle eines (Musik-)Lehrenden von ihnen erwarten könnte.

In dem wiedergegebenen Interviewausschnitt deutet sich bereits an, dass sich das streng serielle Antwortschema zunehmend zu einer spontaneren Interaktionsstruktur verschieben wird, bei der selbstläufigere Diskussionen der Jugendlichen untereinander in den Vordergrund treten. Sichtbar wird dies in dieser Interviewpassage bereits an leichten Überlappungen, Unterbrechungen und von Lachen begleiteten Kommentaren (A2: 95–102). Kurz nach diesem Ausschnitt manifestiert sich diese Selbstläufigkeit dann ganz deutlich, unter anderem durch Einwürfe türkischer Phrasen, Parallelgespräche oder auch durch das gegenseitige Vorsingen von Melodien.

Parallel zu diesem formal-diskursiven Verselbstständigungsprozess einigen sich die drei auch inhaltlich auf ein gemeinsames Narrativ. Zu Beginn haben die Selbsterzählungen in Bezug auf ihre Musikinteressen noch einen patchworkartigen Charakter. Insbesondere A2as Selbsterzählungen („ich höre vieles Verschiedenes" oder „mir gefällt eigentlich von allem ein bisschen so", A2a: 4–7) könnte man so interpretieren, dass er sich im Sinne des Musikwissenschaftlers Michael Parzer an einer Norm der musikalischen Toleranz orientiert (Parzer 2011: 223, vgl. Kap. 3.2.1). Zunehmend einigen sich die drei Jugendlichen allerdings kooperativ auf eine distinktive Anordnung ihrer vielfältigen Musikvorlieben. Obwohl alle drei sowohl im Fragebogen als auch zu Beginn dieses Interviews angeben, auch Hip-Hop zu hören, mündet diese Passage in der Konklusion, dass Rap bzw. ‚Deutschrap' für die Positionierung ihres musikbezogenen Selbst einen ästhetischen Gegenhorizont darstellt. Diese Distinktion kündigt sich bereits mit A2bs Hinweis an, dass er ‚Deutschrap' „selten […], aber sonst nicht" hört (A2b: 9). Damit grenzt er sich zu einem gewissen Grad auch von A2as vorausgegangenem *anything-goes*-Narrativ ab. Indem anschließend A2c aussagt, dass er ansonsten „auch das [höre], was A2b so gesagt hat" (A2c: 27), signalisiert er nicht nur eine Nähe zu A2b und dessen Selbstnarration, sondern auch eine gewisse Distanz zu A2as Selbstpositionierung. Dass A2a und A2c die Aussage von A2b, nur selten ‚Deutschrap' zu hören, nicht nur als eine deskriptive

Selbstcharakterisierung, sondern zugleich auch als eine Anordnung im normativen Sinne auffassen, kommt in A2as etwas überraschender Aussage „da habe ich, glaube ich, Deutschrap gehört, ja" (A2a: 53) zum Ausdruck, die wie das Bekenntnis zu einer ‚Jugendsünde' klingt. Im Vergleich zu seiner allerersten Aussage („ich höre vieles Verschiedenes, ich höre zum Beispiel Hip-Hop", A2a: 4 f.), bei der er Hip-Hop an den Anfang der Aufzählung seiner Musikpräferenzen stellt und als aktuell gültig präsentiert, geht A2a nun auf Distanz zu seinem Interesse am Rap und auch zu seiner transkulturellen Selbstinszenierung. A2a und A2c bestätigen A2b somit in der Rolle eines Redeführers und des Normentreibers. Das heißt, er ist in dieser Gruppendiskussion derjenige, der die ‚richtige' Anordnung von musikbezogenen Identitätspatchworks vorgibt.

In anerkennungstheoretischer Hinsicht ist an dieser Passage aufschlussreich, dass ein gemeinsamer Anerkennungsrahmen nicht wie zu Beginn von A1 explizit aufgerufen werden muss, um subjektivierend zu wirken, sondern sich in Form von sozioästhetischen Selbstinszenierungen konstituiert. Dies scheint besonders dann zu gelingen, wenn die Selbstinszenierungen von Jugendlichen ausgehen, die innerhalb einer Peergroup besonderes Ansehen genießen, also einen machtvollen Status einnehmen. Hatte in A1 das Mädchen A1a die Rolle der Normentreiberin übernommen und explizit auf einen musikbezogenen Anerkennungsrahmen in ihrem Peerumfeld verwiesen (vgl. A1a: 13–16, App. 1: 281), reicht in A2 ein impliziter Verweis A2bs auf einen gemeinsamen Anerkennungsrahmen aus. Seine angesehene Position im Peerkontext von A2 macht es für A2a und A2c scheinbar automatisch begehrenswert, sich an der von ihm artikulierten Norm des musikbezogenen Identitätspatchworks zu orientieren.

Die indirekte Aufforderung, sich vom ‚Deutschrap' zu distanzieren und damit eine bestimmte sozioästhetische Selbstposition einzunehmen, verstärkt A2b anschließend mit der Aussage: „[…] wenn ich zum Beispiel so mit Freunden unterwegs bin, die machen Deutschrap auf, oder so, hört man auch ein bisschen mit, ja, halt so" (A2b: 80–82). Mit dem selbstdistanzierenden ‚man' signalisiert er, dass es nicht seine eigene Wahl ist, ‚Deutschrap' zu hören, und mit dem „ja, halt so", dass es auch nicht die eigene Wahl sein sollte. Vielmehr handle es sich um eine allgemein beliebte Musikrichtung, die er sich gelegentlich mit anhöre, der er aber insgesamt eher indifferent gegenüberstehe. A2c übernimmt A2bs Narration, indem er darauf hinweist, „früher" hauptsächlich deshalb ‚Deutschrap' gehört zu haben, um mitreden zu können, wenn es um Mainstream-Musik ging (A2c: 83–87). Auch A2a distanziert sich sogleich von seinem ‚früheren Selbst', legitimiert jedoch seinen damaligen Musikgeschmack damit, dass der Rap früher besser und sinnvoller gewesen sei (A2a: 91–95). Seine Antwort auf A2bs normativen Appell ist im Vergleich zu A2c nicht ausschließlich affirmativ, sondern eröffnet ihm noch einen gewissen Spielraum, sich mit (dem ‚früher' gehörten) Rap zu identifizieren. Dieses Aufweichen der Grenzziehung verknüpft er zugleich aber auch mit einer Fixierung der Distinktion vom ‚Deutschrap': Mit seiner parodistischen Imitation eines Rappers (A2a:

95–99),[133] die A2b und A2c mit einem bestätigenden Lachen honorieren, macht A2a deutlich, dass er der von A2b aufgerufenen sozioästhetischen Abgrenzung trotz einer gewissen Ausdifferenzierung zustimmt.

Überhaupt wird erst jetzt der gemeinsame sozioästhetische Gegenhorizont explizit: Männliche Interpreten, die 'sinnlose' Textinhalte präsentieren, sich sexistisch oder 'prollig' inszenieren sowie von keinem 'authentischen Innen' zeugen, und Jugendliche, die dieser ästhetischen Performance nacheifern, gelten als lächerlich. Damit unterwirft sich A2a dem von A2b aufgerufenen Identitätsraster. Demnach kann 'Deutschrap' keinen gleichwertigen Teil des musikbezogenen Identitätspatchworks, noch nicht einmal eine gelegentliche oder selbstironische Musikpräferenz darstellen und ist mit einem guten Musikgeschmack nicht zu vereinbaren. Die mit *arabesk*-Musik einhergehenden kollektiven Narrative des 'authentischen Innens' und der 'Reife' sind nun nicht mehr einfach ein gleichberechtigter Teil des musikbezogenen Identitätspatchworks neben anderen, sondern werden zu dessen strukturierender Grundlage. Im Gegensatz zur Gesprächsdynamik in A1 stehen Mischlings- und Differenzordnungen somit in A2 nicht parallel nebeneinander. Vielmehr einigen sich A2a, A2b und A2c darauf, ein transkulturelles Patchworkmodell zu verwerfen und auf implizite Anordnung A2bs ihre pluralen Musikpräferenzen hierarchisch zu strukturieren. Dabei wird gerade in A2as Reformulierung seiner sozioästhetischen Selbstnarration, mit der die Widersprüchlichkeit zwischen der anfänglich gezeigten Offenheit im Hinblick auf Musikpräferenzen und der späteren distinktiven Regulierung besonders eindrücklich hervortritt, die anerkennungsbezogene und daher auch situative Abhängigkeit und die Dezentriertheit von musikbezogenen Identitäten deutlich.

3.3.4 Sozioästhetische Ebenen

Die Anerkennungsdynamik innerhalb der Gruppendiskussion A2 kennzeichnet insbesondere, dass die drei Jugendlichen in ihren Bedeutungszuweisungen an *arabesk*-Musik permanent verschiedene soziale Anerkennungsebenen in den Vordergrund rücken oder miteinander kombinieren. Im Kontrast zu A1 pendelt sich ihre Diskussion über Musikgeschmack nicht auf einen bestimmten Anerkennungsrahmen oder bestimmte soziale Positionen ein. Vielmehr oszillieren die anhand von *arabesk*-Musik vorgenommenen Zugehörigkeitskonstruktionen zwischen verschiedenen sozioästhetischen Differenzebenen und entziehen sich einer vereindeutigenden Interpretation. Allenfalls ließe sich als gemeinsames Narrativ bestimmen, dass die drei von ihnen als 'sinnvoll' erachtete Musik hören und sich dabei am Konstrukt eines authentischen Innens orientieren (vgl. Kap. 3.2.1). Um das Verschieben verschiedener sozioästhetischer Anerkennungsebenen näher beschreiben zu können, verwende ich die folgenden begrifflichen Werkzeuge und Systematisierungen, die ich anhand

---

133 Möglicherweise denkt A2a hier an den Rapper Haftbefehl, den er später im Interview explizit parodiert (vgl. A2a: 787, App. 25: 311).

der Analyse dieser Gruppendiskussion entwickelt habe: Hin und wieder werden in A2 Subjektpositionen anhand von *arabesk*-Musik auf einer makrosozialen Differenzebene artikuliert, z. B. als ‚Erwachsene‘, als ‚Türken‘ oder als ‚Problembezirksjugendliche‘. Es überwiegen allerdings Positionierungen anhand von mikrosozialen Differenzierungen, die also feine Unterschiede innerhalb des Peermilieus der drei Jungen, teilweise auch des Felds Schule darstellen. Es geht dabei um soziale Rollen wie ‚Gangsta‘, ‚Lauch‘, ‚vernünftiger Schüler‘, *isyan* oder *damar*. Demgemäß wird im Folgenden zwischen makrosozioästhetischer und mikrosozioästhetischer Anerkennung unterschieden.

Des Weiteren steht in den Adressierungen der drei manchmal eher – wie bei den Kategorien ‚Gangsta‘, *damar* oder *isyan* – ein musikbezogenes Geschmacksurteil im Vordergrund. In diesem Fall wird in der Rede von sozioästhetischer Anerkennung ein entsprechender Akzent gesetzt und von sozio*ästhetischer* Anerkennung gesprochen. Handelt es sich demgegenüber um Adressierungen, die eher bestimmte soziale Rollen fokussieren, zum Beispiel die Position eines ‚vernünftigen Schülers‘ oder eines ‚Kindes‘, wird der Akzent anders gesetzt und von *sozio*ästhetischer Anerkennung gesprochen.

Die beiden begrifflichen Unterscheidungen lassen sich auch so kombinieren, dass beispielsweise die Zuschreibung als ‚kindisch‘ anhand von *arabesk*-Musik eine makro*sozio*ästhetische und die Adressierung als *damar* eine mikrosozio*ästhetische* Positionierung darstellt. Mit dem feinen Begriffsinstrumentarium wird in dieser Fallanalyse unter anderem das Ziel verfolgt, verschiedene soziale Anerkennungsebenen, die beim subjektkonstituierenden Sprechen anhand von *arabesk*-Musik wirksam sind, einerseits zu differenzieren und andererseits in ihrer Interpendenz aufzuzeigen. Es geht also um die Frage: Auf welchen sozialen Ebenen erkennen die Jugendlichen einander gerade an? Geht es schwerpunktmäßig um makrosoziale, mikrosoziale, *sozio*ästhetische oder sozio*ästhetische* Rollen?

161	**Int.:** (…) Wie ist denn das, was würdet ihr denn sagen, was ist generell hier so an der
162	Schule unter Jugendlichen an Musik so angesagt, oder auch an anderen Schulen?
163	**A2b:** ⌐An der Schule?⌐
164	**A2c:** ⌐Ja⌐
165	**A2b:** An der Schule so, ist unterschiedlich. Die meisten hören/ also ein Teil hört immer
166	so Rap, der andere Teil halt, weniger Teil so mehr türkisch oder so halt, oder die/ von
167	der Muttersprache her. Aber hauptsächlich hören die in der Schule wirklich nur Rap.
168	**A2a:** Aber ich glaube, die hören auch Rap, um cool zu sein. Also die fühlen sich cooler,
169	wenn sie dann neben ihren Freunden rappen.
170	**A2b:** Das ist doch keine Musik (geflüstert).
171	**A2a:** ⌐So⌐
172	**A2c:** Ich glaub/
173	**A2a:** Rap ist eigentlich für mich so kindisch geworden.
174	**A2c:** Also (unv.)/
175	**A2a:** ⌐Das⌐ hört jetzt jeder Sechstklässler oder Fünftklässler und dann/ (.) die fühlen
176	sich wie im Ghetto oder so. Also Rap gefällt mir nicht mehr so.
177	**A2b:** @[lachen]@

178	**A2c**: Also, dass Rap/ also man sieht so, wenn die/ wenn sie Rap hören die Schüler, die/
179	sie finden sich dann irgendwie so selbstständiger so. Das hat so eine Aggression in sich
180	dieser Rap und man fühlt sich so irgendwie selbstständiger, also selbstbewusster.
181	**Int.**: (.) Wie ist das dann bei der Musik, die ihr hört?
182	**A2c**: Na, ja/
183	**A2b**: ⌊Bei⌋ uns ist halt zum Beispiel/ (.) Wir/ (.) Man überlegt halt, ja, das ist so Musik
184	zum Denken.
185	**A2c**: Also/
186	**A2b**: ⌊Also⌋ kommt auch immer auf die Texte an, weil ich höre doch keine Musik, des-
187	sen Text keinen Sinn hat.
188	**A2a**: Oder wie Sie gelesen haben, haben wir viel Ahmet Kaya geschrieben oder Azer
189	Bülbül, Ibrahim Tatlıses, deren Lieder sind sehr alt und (..) die haben die also/ (.) da,
190	was die singen, hat halt einen Sinn und es hört sich halt schön an, wie sie singen. Also
191	ältere Lieder hört man gern, und die neueren hört man halt nicht so gern, weil, wie Sie
192	jetzt von uns hören, Rap ist jetzt kindisch geworden oder so, also der alte Rap war viel
193	besser.
194	**A2b**: Nicht nur deswegen, weil halt so Rap ist auch, wie soll ich sagen, yani, (.) ist halt
195	mehr so brutaler halt, ist Kindersache. Weil ja die beleidigen dies, das, so, ich finde es
196	voll schön, wenn der Text einen Sinn hat. Aber einfach so einen auf Gangsta tun, dies,
197	das, dann/ (.) wenn die das hören, die denken wohl auch dann, sie sind so cool halt. Die
198	fühlen sich wie dieser Dings, wie dieser Interpret halt. (..) Na ja, deswegen, ich höre so
199	was nicht @[.]@. (.) Also ich höre mehr so etwas, was einen Sinn hat so, was ich ver-
200	stehe auch.

A2, Immanenter Nachfrageteil, App. 21: 304f.

An dieser Stelle knüpfe ich mit meiner Nachfrage immanent an vorangegangene Redebeiträge an, in denen sich die drei in ihren wechselseitigen Positionierungen distinktiv auf ihr peerkulturelles Umfeld beziehen. Im Verhältnis zur ersten Interviewpassage artikulieren sie nun deutlicher, dass sie sich nicht nur von einer bestimmten Musikästhetik, sondern auch von einer bestimmten Musikrezeptionsästhetik unter Jugendlichen in ihrem Umfeld abgrenzen. Dabei rivalisieren A2a und A2b argumentativ miteinander um die treffendere Benennung ihres gemeinsamen sozioästhetischen Abgrenzungshorizonts (vgl. „Aber […]", A2a: 168; „Nicht nur deswegen, weil […]", A2b: 194).

In dieser Passage verhandeln die drei Jungen zwei ineinander verschränkte Fragen: zum einen die Frage, warum so viele Jugendliche Rap hören, und zum anderen, warum sie selbst dies nicht (mehr) tun. Die eigenen Musikinteressen und die anderer Jugendlicher werden somit als sehr eng aufeinander bezogen gedacht und einander dichotomisch gegenübergestellt. Die zentralen Eigenschaften, mit denen die drei ihren Musikgeschmack – überwiegend ex negativo – etikettieren, sind ‚sinnvoll' (versus ‚sinnlos', A2a: 190, A2b: 199), ‚innenorientiert' und ‚seiend' (versus ‚außenorientiert' und ‚sein-wollend', A2a: 168f., A2b: 194–200, A2c: 178–180). Zudem nennen sie sowohl für sich selbst als auch für ihren Gegenhorizont verschiedene sozioästhetische Markierungen. A2b adressiert sich und andere Jugendliche, die *arabesk* hören, mit der sozio*ästhetischen* Position des Nicht-Mainstreams (A2b: 165–167). Es handelt sich insofern um eine mikrosozio*ästhetische* Kategorie, da er sich ausschließlich auf den Mainstream an seiner Schule konzentriert. Es wird also weniger auf einen Makrokontext verwiesen, beispielsweise auf die Charts oder auf allgemein angesagte Radiosender. Dabei ist anzumerken, dass in anderen Gesprächen, insbesondere in A3 und auch in EA, gerade *arabesk* als Mainstream unter türkischsprachigen Jugendlichen an der Schule angesehen wird. Eine weitere mikrosozio*ästhetische* Abgrenzungskategorie wird in der Formulierung „einfach so einen auf Gangsta tun" (A2b: 196) aufgerufen. Das Gangsta-Image wird später noch um weitere sozioästhetische Abgrenzungskategorien wie „Möchtegern-Leute" (A2a: 464, App. 23: 308), „Lauchs" (A2b: 894, App. 26: 312) und „Opfer" (A2a: 898, ebd.) ergänzt (vgl. dazu Kap. 2.2.1).

Auf einer makro*sozio*ästhetischen Ebene fallen die Gegenüberstellungen erwachsen versus „kindisch" (A2a: 173, A2b: 195, vgl. Kap. 3.2.3) sowie bildungsbürgerlich versus „wie im Ghetto" (A2a: 176, A2b: 196, vgl. Kap. 3.2.4) ins Auge. Zudem schwingt mit den Bezeichnungen ‚türkische Lieder' versus ‚Deutschrap' aus der vorangegangenen Interviewpassage (A2b: 8 f., A2a: 51–53, App. 20: 303) auch eine natio-ethno-kulturelle Distinktionsdimension mit. Interessant ist allerdings, dass die Bezeichnung ‚Deutschrap' nur während der Eröffnungspassage der Gruppendiskussion verwendet (vgl. A2: 1–97, App. 20: 303 f.) und ab dem immanenten Frageteil (A2: 161–264, App. 21: 304–306) durch den allgemeineren Begriff ‚Rap' ersetzt wird. Projektive Selbstethnisierungen und national kodierte Selbstaufwertungen spielen im Vergleich mit der Gruppendiskussion A1 so gut wie keine Rolle. Dies spricht noch einmal für die These, dass meine Adressierungen an die Gruppen einen wichtigen Einfluss darauf haben, wie sich die sozioästhetischen Anerkennungsdynamiken unter den Jugendlichen entwickeln (vgl. Kap. 3.3.2). Als Anerkennungsrahmen für das Sprechen über Musikpräferenzen spielt der Migrationsdiskurs in A2 allerdings im Hinblick auf die Figur des ‚Kanaken' eine Rolle, von der sich die Jugendlichen hin und wieder abgrenzen (vgl. A2: 454–467, App. 23: 308 und A2b: 1950 f., App. 32: 320). Die Mehrdeutigkeit des Begriffs ‚Kanake' zwischen rassistischer Markierung und ironisch-kritischer Aneignung spiegelt sich auch in der Verwendungsweise der Jugendlichen wider. Allerdings betonen die drei Jugendlichen, dass sie unter ‚Kanake' gerade keine sozioästhetische Position verstehen, die in irgendeiner Weise mit Migration, Herkunft, Ethnizität oder Hautfarbe zu tun hat („Nein, nicht Ausländer, die denken halt, dass sie brutal sind, halt so gesehen", A2b: 458, App. 23: 308). Sie versehen ‚Kanake' mit der Bedeutung eines ‚prolligen' und machistischen Kiezhabitus („Dass sie halt so das Sagen haben", A2b: 461, ebd., „Dass die Stadt ihnen gehört", A2c: 462, ebd., „So Möchtegern-Leute", A2a: 464, ebd.). Mit der Verlagerung vom Migrations- auf ihren Kiezkontext verschieben sie somit die Position des ‚Kanaken' von einer makrosozioästhetischen auf eine mikrosozioästhetische Ebene.

Zusammenfassend lässt sich festhalten, dass sich in der Gruppendiskussion A2 makrosozioästhetische, mikrosozioästhetische, *sozio*ästhetische und sozio*ästhetische* Anerkennungsebenen überlagern und so einen unübersichtlichen und dezentrierten Positionierungscluster bilden.

3.3.5 Techniken der Authentifizierung und der De-Authentifizierung

Im Hinblick auf sozioästhetische Rollen, auf die sich die Jugendlichen in Abgrenzungen und Identifizierungen beziehen, nutzen sie verschiedene Techniken der Authentifizierung und der De-Authentifizierung. Erstere dienen dazu, die eigenen musikbezogenen Positionierungen als möglichst echt und ehrlich erscheinen zu lassen, so dass sie als Ausweis der eigenen Persönlichkeit gelten können. Letztere werden demgegenüber eingesetzt, um andere in ihrer sozioästhetischen Position in Frage zu stellen.

Sprachhabitus

An der zuvor angeführten Interviewpassage fällt bezüglich der sprachlich-habituellen Ebene auf, dass die Jugendlichen in einer distanziert-analytischen Weise über ein konstruiertes Gegenüber sprechen. In Formulierungen wie „sie finden sich dann irgendwie so selbstständiger so, das hat so eine Aggression in sich, dieser Rap" (A2c: 179 f.) oder „Das ist doch keine Musik" (A2b: 170) übernehmen sie einen erwachsenen Sprachhabitus. Dadurch bringen sie Subjektpositionen eines ‚vernünftigen Schülers' oder eines ‚reifen Jugendlichen' in Abgrenzung zum Sprachhabitus des Raps performativ hervor. In dieser Strategie zeigt sich auch, dass sie eine Anerkennung meinerseits und von Seiten möglicher Leser_innen auf einer sozialen Differenzebene antizipieren. Möglichen Anderungen als ‚schwierige Schüler', Unterschichtsangehörige, ‚Gangsta' oder hilfebedürftige ‚Brennpunktbezirksjugendliche' begegnen sie mit einem ‚vernünftigen' Sprachhabitus. Dass es in ihren wechselseitigen Positionierungen auch darum geht, bestimmten antizipierten Erwartungen im Hinblick auf das Interviewsetting zu entsprechen, dokumentiert sich insbesondere in den Konklusionsformeln A2as „Oder wie Sie gelesen haben" (A2a: 188) und „weil wie Sie jetzt von uns hören" (A2a: 191 f.). Mit diesen Formulierungen werde ich als Interviewer und als jemand, der bestimmte Erwartungen an sie bzw. Vorstellungen von ihnen mitbringt und über sie eine Arbeit schreiben wird, direkt angesprochen. Wie in A1 wird auch hier für einen kurzen Moment das Interviewsetting mit seiner Aufnahmesituation und seinen inhärenten Machtdynamiken sichtbar. In dieser Sequenz wird deutlich, dass die Anerkennungsdynamiken der Jugendlichen untereinander unlösbar damit verschränkt sind, mögliche Zuschreibungen durch mich sowie durch eine imaginierte Leserschaft zu antizipieren. Ihre musikbezogenen Identitätspatchworks auf unterschiedliche Weise anzuordnen, ermöglicht es den Jugendlichen dabei, eventuelle stereotype Zuschreibungen je nach situativem Kontext präventiv abzuwehren.

Sehr interessant ist, dass sich die Diskussion in solchen Passagen, in denen die von den Jugendlichen antizipierten Erwartungen sehr deutlich zum Ausdruck kommen, auf einen ganz bestimmten sozioästhetischen Gegenhorizont einzupendeln scheint. Weniger spielen Abgrenzungen von einem Mainstream, von einer *isyan*-Ästhetik oder von Jugendlichen, deren Familien aus der Türkei stammen, die aber selbst nicht so gut Türkisch sprechen können, eine Rolle, sondern die Distinktion vom ‚Gangsta-Image‘. Insbesondere in dem „weil, wie Sie *jetzt* von uns hören" (A2a: 191 f.) kommt zum Ausdruck, dass sie sich einem möglicherweise an sie gerichteten Klischee, dem zufolge sie überwiegend ‚unreifen‘, politisch inkorrekten ‚Ghetto-Rap‘ hören, widersetzen. Indem sie sich zudem auch sprachlich an einen bildungsbürgerlichen, erwachsenen und mehrheitsdeutschen Habitus anpassen, leiten sie eine Änderung, die mit dem Interview (und seiner späteren Rezeption) einhergehen könnte, vorsorglich an andere Jugendliche weiter.

Präventive Selbstpositionierungen in Bezug auf die ‚Gangsta‘-Rolle finden sich auch in den Gruppendiskussionen mit Jugendlichen wieder, die sehr fokussiert den so genannten ‚Gangstarap‘ hören (R1, R2, R3). Auch in ihnen zeigt sich, dass die antizipierte sozioästhetische Erwartung des ‚Gangstas‘ sprachhabituell inkorporiert wird. Insbesondere die Jugendlichen aus R2 und R3 sprechen auffallend häufig in einem musiktheoretisch-analytischen Habitus. Beispielsweise beschreiben sie sehr detailliert besonders gute Lyric-, Punchline- oder Beat-Techniken in der Musik (vgl. R2: 36–55, App. 54: 342, R2: 81–97, App. 55: 342, oder R3: 1341–1380, App. 62: 348 f.). Mit diesem Sprachhabitus geht es den Jugendlichen darum, sich vom Klischee abzugrenzen, dass es sich bei den ‚Deutschrappern‘ um frauenfeindliche, schwulenfeindliche und ungebildete Musiker handle, welche die deutsche Sprache nicht richtig beherrschen, aus Problembezirken stammen und einen Migrationshintergrund haben. Im Hinblick auf diese antizipierten sozioästhetischen Erwartungen spielten mir beispielsweise die Jugendlichen in R2 ein Video aus *JuliensBlog* vor. Darin wendet sich der Blogger und Rapper Julien Sewering massenmedienkritisch gegen die gängigen Stereotype in Bezug auf Rap (vgl.: R2: 774–885, App. 56: 343 f.). Anknüpfend an Vorbilder wie diese verfolgen die Jugendlichen das Narrativ, den sprachartistischen Anspruch sowie den Bildungshintergrund von Interpreten wie Kollegah zum Ausdruck zu bringen. Besonders betonen sie dabei, dass politisch inkorrekte Provokationen und Beleidigungen – die so genannten Punchlines –, mit denen andere Rapper kunstvoll und effektiv ‚gedisst‘ werden, ein künstlerisches Mittel im ‚Gangstarap‘ darstellen.

Im Kontrast zu den sprachhabituellen Authentifizierungstechniken der Jugendlichen, die fokussiert den so genannten Deutschrap hören, dominiert in Bezug auf *arabesk*-Musik ein auffällig emotionalisierter und zugleich introspektiver bzw. selbstreflexiver Sprechmodus (vgl. Kap. 3.2.1). Mit ihm werden nicht nur sozioästhetische Positionen des ‚reifen Jugendlichen‘ oder des ‚vernünftigen Schülers‘, sondern auch eine bestimmte traurigkeitsästhetische Identität performativ als ‚wahrhaftig‘ inszeniert.

Naturalisierung

Neben einem bestimmten Sprachhabitus spielt die Authentifizierungstechnik der Naturalisierung eine wichtige Rolle, um in bestimmten sozioästhetischen Subjektpositionen von anderen als ‚echt‘ erkannt zu werden.

508	[*Int. spielt den Song ‚Bulamadım' von Ibrahim Tatlıses an. Das Gespräch zwischen 510*
509	*und 523 ereignet sich während des Musikstücks.*]
510	**A2b:** └ (18) Ibrahim Tatlıses┘
511	**A2b:** └ (61) (unv.)┘
512	**A2c:** └(unv.)┘
513	**A2b:** └*Damar*┘
514	**Int.:** └Hä?┘
515	**A2b:** └*Damar*┘
516	[*Unverständliches Gespräch zwischen A2b und A2c bis zu dem Moment, in dem Ibrahim*
517	*Tatlıses im hohen Register singt*]
518	**Int.:** Sehr gut ausgefadet @[.]@ von mir (.). Wenn ihr jetzt das Stück hört, so was löst
519	die in euch aus, oder was habt ihr für Gedanken?
520	**A2a:** Zum Beispiel ich hatte gerade so, irgendwie so schlechtere Laune.
521	**A2b:** └(unv.)┘
522	**A2a:** So ich war viel trauriger irgendwie.
523	**A2c:** @[schnaubend]@
524	**A2a:** Und es hört sich eigentlich sehr gut an, also es berührt einen so, seine Stimme.
525	**Int.:** (4) Und denkt ihr an bestimmte Situationen oder Bilder dann dabei, oder ist eher
526	(unv.)?
	{...} [*2b meint, er denke an die „Sphäre X". 2c beschreibt eine Parodie, an die er gedacht*
	hat.]
562	**A2a:** Ich habe ja gedacht so, dass er sagt, ich habe die Liebe nicht gefunden so, die rich-
563	tige.
564	**A2b:** Du hast den Text nicht verstanden @[.]@.
565	**A2c:** @[lachen]@
566	**A2a:** └Nein, also ich┘ denke so, ich/ jeder versteht es anders. Bei so einem/ jeder ver-
567	steht es anders, oder?
568	**A2b:** Er sagt doch, was er nicht gefunden hat.
569	**A2c:** └@[lachen]@┘
570	**A2a:** Ja, aber trotzdem, ich verstehe es anders. Ist trotzdem/
571	**A2b:** └Er meint, er hat das Mädchen gesucht,┘ aber hat es nicht
572	gefunden.
573	**A2a:** Was hat er nicht (gehört?)
574	**A2b:** Er hat das Mädchen, das er liebt, gesucht, aber nicht gefunden.
575	**A2a:** Ja, das/ vielleicht meint er damit, dass er die wahre Liebe nicht gefunden hat. Also,
576	er hat ja nicht gesagt, dass ein bestimmtes Mädchen so/
577	**A2c:** └[Singt eine Melodie] @[.]@┘

A2/Immanenter Nachfrageteil, App. 24: 308f.

Nach einer Passage, in der ich Nachfragen zu Interpreten, Stilbegriffen und ästhetischen Kategorien, die sie genannt hatten, stellte und die Jugendlichen ihren positiven und negativen Orientierungsrahmen detaillierter bestimmten, wählte ich an dieser Stelle den Impuls des Musikvorspielens. Diese Passage bildet insofern einen Wendepunkt im Diskursverlauf, als dass neben einer gemeinsamen Abgrenzung zu einem imaginierten Außen nun die Distinktionsdynamiken innerhalb der Gruppe stärker in den Vordergrund treten. Dominiert bis dahin ein kooperativer, das Gemeinsame betonender Diskursmodus, kommt es im weiteren Gesprächsverlauf zunehmend zu Situationen, in denen die Jugendlichen im Hinblick auf ihren sozioästhetischen Anerkennungsrahmen einen Authentizitätsnachweis voneinander einfordern. Die

Distinktionslinie verläuft also zunehmend weniger gegenüber einem gemeinsamen Außen als vielmehr zwischen A2a auf der einen und A2b und A2c auf der anderen Seite. Wie bereits A1 kennzeichnet also auch die Gruppendiskussion A2 ein asymmetrisches Beziehungsverhältnis. Insbesondere zwischen A2a und A2b entwickelt sich immer wieder ein rivalisierender Diskursmodus, wobei anhand der vorliegenden Daten nicht zu klären ist, auf welchen Peerkontext er sich bezieht.[134] Im Gegensatz zu A1 kommt es jedoch in keiner dieser kontroversen Szenen zu einer antithetischen, sondern nur zu einer divergenten Diskursstruktur. Das heißt: Letztendlich liegt auch den Distinktionen der Jugendlichen untereinander ein gemeinsamer, von allen geteilter sozioästhetischer Anerkennungsrahmen zugrunde. Sie stellen nicht wie die Jugendlichen in A1 in Frage, ob sie einen gemeinsamen Normenrahmen teilen, sondern überprüfen eher, ob sie den gewünschten sozioästhetischen Positionen auch ‚authentisch‘ entsprechen.

Auch in dieser Passage ist es wiederum A2b, der in Bezug auf den Song *Bulamadım* von Ibrahim Tatlıses mit dem Begriff *damar* den gemeinsamen sozioästhetischen Anerkennungsrahmen vorgibt. Wie in Kapitel 3.2.2 ausgeführt, steht *damar* – in Abgrenzung zu *isyan* – für eine bestimmte Ästhetik der Traurigkeit. Im *damar*-Narrativ geht es um eine eindeutige und moralisch integre Traurigkeit, die das Sein existenziell betrifft, die aber zugleich einen erhabenen und nicht exzessiven Charakter trägt. Damit unterscheiden sich die Erzählungen der Jugendlichen deutlich vom gängigen *arabesk*-Rezeptionsnarrativ im türkischen Diskurs, wonach sich junge Männer, oftmals als ‚aus der Unterschicht‘ und/oder ‚der anatolischen Provinz stammend‘ markiert, bei Müslüm-Gürses-Konzerten mit Rasierklingen selbst verletzen (vgl. Kap. 3.1.1). Allerdings betont auch der Code *damar* aufgrund seiner Bedeutung als ‚Ader‘ das unmittelbare leibliche Ergriffenwerden durch den *arabesk*-Song. Er bezieht sich auf eine körperlich spürbare Innerlichkeit, was dadurch zum Ausdruck kommt, dass die Jugendlichen ‚Vene‘ oder ‚Blut‘ als Assoziationen zu dem Song nennen. Die ‚richtige‘ *arabesk*-Rezeptionsästhetik wird von den Jugendlichen als physisch der Musik ausgesetzt, existenziell und zugleich erhaben bestimmt (vgl. Kap. 3.2.2).

Dass A2b zu Beginn dieser Sequenz mit dem Begriff *damar* nicht nur sein eigenes musikästhetisches Erleben kenntlich macht, sondern auch eine Gruppenzugehörigkeit signalisierende Anerkennungsnorm aufruft, wird mit A2as darauf folgender Beschreibung seiner Musikwahrnehmung deutlich. Zunächst beschreibt A2a einen mit der Musik plötzlich eintretenden Stimmungswechsel zu „schlechtere[r] Laune" (A2a: 520) und Traurigkeit. Mit dieser Demonstration am eigenen Gefühlszustand weist er zum einen die Ehrlichkeit der *arabesk*-Musik bzw. ihre aktive, fast magische Fähigkeit nach, unmittelbar und innerlich berühren zu können. Zugleich unterwirft er sich der aufgerufenen *damar*-Norm und signalisiert den anderen die Fähigkeit,

---

134 An dieser Stelle werden auch die Grenzen der Erhebungsmethode des Gruppendiskussionsverfahrens deutlich. Um zu verstehen, wie es zu den rivalisierenden Diskussionen zwischen A2a und A2b kommt, wären eine teilnehmende Beobachtung und ggf. auch Einzelinterviews erforderlich gewesen.

sich von dieser Musik ‚ehrlich' im Innern bewegen zu lassen. Im Wechsel von Ich-Aussagen (A2a: 520, 522) zu der generalisierenden Konklusion „also es berührt *einen* so, seine Stimme" (A2a: 524) wird deutlich, dass es ihm an dieser Stelle auch darum geht, für die anderen sichtbar zu machen, dass er die mit *damar* verknüpfte sozioästhetische Subjektposition, die A2b zuvor aufgerufen hat, eingenommen hat. Musik und Selbst werden über das Subjektivationsmotiv *damar* eng miteinander verschränkt. Im Sinne Gabriele Kleins und Melanie Hallers kann beim Aufrufen des *damar*-Narrativs von einer Naturalisierungstechnik gesprochen werden (Klein & Haller 2009: 125–128). Es handelt sich um eine Strategie, bestimmte Bedeutungs-zuweisungen, Normen oder Distinktionen so zu inkorporieren, dass sie für andere quasi-natürlich wirken.[135] Bei der *arabesk*-Rezeption von Jugendlichen stellt die Konstruktion des inneren *damar*-Körpers eine derartige Naturalisierungstechnik dar: ‚Adern', ‚Venen' oder ‚das Blut' reagieren unweigerlich auf die Musik und man wird sofort in eine „schlechtere Laune" (A2a: 520) versetzt. Im Gegensatz zur *isyan*-Ästhetik rahmt Musik also nicht einfach einen bereits bestehenden Gefühls-zustand, sondern *damar*-Musik versetzt einen erst in die *damar*-Traurigkeitsposition (vgl. Kap. 3.2.2). In erster Linie wird also die Musik als *damar* subjektiviert. Das *damar*-Selbst der Jugendlichen hat somit einen indirekten und passiven Charakter. Indem *arabesk*-Musik ihre Rezipient_innen unwillkürlich in einen existenziellen Traurigkeitszustand versetzt, wird ihr sozusagen bescheinigt, dass sie in ihrer Wir-kung zutiefst ehrlich ist, dass sie also nicht lügen kann. Dass *damar* eigentlich eine konstruierte Bedeutungszuweisung für Musik darstellt, wird dadurch zu einem ge-wissen Grad unsichtbar gemacht.

Sprachkompetenz

In der auf das Vorspielen von *Bulamadım* folgenden Interviewpassage (A2: 562–577) verlagert sich die Diskussion auf einen anderen Aspekt des intersubjektiven Authentifizierens und De-Authentifizierens, konkret auf die Frage, inwieweit man die mit *arabesk* zusammenhängenden sozioästhetischen Zugehörigkeiten für sich beanspruchen kann oder nicht. Wie an anderen Stellen auch, stellen A2b und A2c A2as soziale Position als ‚türkischsprachig' in Frage. Beispielsweise machen sie sich parallel zum vordergründigen Interviewgeschehen darüber lustig, wie A2a türkische Namen oder Begriffe ausspricht, und kommentieren hin und wieder auf Türkisch, und oftmals im Flüsterton, seine Aussagen (u. a. A2c: 1209, App. 28: 316). Damit verleihen sie performativ der Unterstellung Ausdruck, A2a spreche und ver-stehe nicht so gut Türkisch wie sie.

---

135 In ihrer Studie *Körpererfahrung und Naturglaube. Subjektivierungsstrategien in der Tangokultur* analysieren Klein und Haller, wie Tangotänzer_innen zentrale ästhetische Normen ihres Feldes, z.B. ‚Natürlichkeit' oder ‚Sehnsucht', verinnerlichen, sie durch Inszenierungen des tanzenden Körpers für andere glaubhaft und den Konstruktionscha-rakter dieser Normen dadurch vergessen machen (vgl. Klein & Haller 2009).

Damit korrespondierend spricht A2b A2a ab, den Text von *Bulamadım* nicht richtig verstanden zu haben. Mit seinen leicht gestammelten Erwiderungen scheint A2a A2bs Machtposition, womöglich auch dessen Kritik zu bestätigen. Es stellt sich aber die Frage, in welcher Hinsicht hier eigentlich A2as Subjektposition angegriffen wird. Möglich wäre, dass hier, wie an einer anderen Stelle des Interviews auch, eine ethnische Änderung im Zentrum steht, wonach A2b A2a als ‚Kurden' und sich selbst demgegenüber als ‚richtigen Türken' positioniert (vgl. A2: 742–758, App. 25: 310). Betrachtet man jedoch den unmittelbaren Interviewzusammenhang, scheint hier eher ein mikrosozio*ästhetisches* Moment im Vordergrund zu stehen. Zugehörigkeit und Ausschluss werden in dieser Gruppe primär über ‚Türkisch-können' und erst sekundär über ‚Türkischsein' ausgehandelt. A2b verweist darauf, dass ein ‚richtiges' Musikverstehen auf der wortwörtlichen Bedeutung des Textes beruhe. Sollte A2a also den Text nicht ‚richtig' verstanden haben – da im Liedtext tatsächlich permanent ein konkretes verloren gegangenes ‚Du' angesprochen wird, ein nicht ganz unbegründeter Verdacht[136] –, wäre A2a aufgrund seines ‚unechten' Musik-Erlebens bloßgestellt und würde die Normen der *damar*-Ästhetik nicht erfüllen. Für die sozioästhetische Norm, *arabesk*-Musik ‚richtig', d. h. authentisch innenorientiert zu hören und zu verstehen, wird eine hohe türkische Sprachkompetenz als unabdingbare Voraussetzung konstruiert. Auch A2a bestätigt den gemeinsamen Anerkennungsrahmen der Sprachzugehörigkeit mit seiner Demonstration, den Text zwar assoziativer zu interpretieren als A2b („jeder versteht es anders, oder?", A2a: 566 f.), aber dennoch sprachlich richtig verstanden zu haben („er hat ja nicht gesagt, dass ein bestimmtes Mädchen so", A2a: 576). Die mikrosozio*ästhetische* Position des *damar* wird in dieser Sequenz unabdingbar an Sprachkompetenz geknüpft. Dieser Setzung entsprechend kann man nur dann *damar*-Traurigkeit empfinden, wenn man den Textinhalt von *arabesk*-Musik inhaltlich ‚richtig' versteht. Um eine Anerkennung als *damar*-Subjekt zu erhalten, genügt es nicht, dass die Familie einmal aus der Türkei nach Deutschland eingewandert ist. Man muss zu den ‚deutsch-türkischen' Jugendlichen gehören, die die türkische Sprache wirklich beherrschen. Abgegrenzt wird sich somit von Jugendlichen, die Popularmusiken der Türkei beiläufig hören und/oder den Textinhalt aufgrund einer nicht ausreichenden Sprachkompetenz gar nicht ‚richtig' verstehen können. Beim gemeinsamen Hören von *arabesk*-Musik verschränken A2a, A2b und A2c die mikrosozio*ästhetische* Position *damar* mit der mikro*sozio*ästhetische Position ‚türkischsprachig' miteinander. Auf dieser Basis

---

136 Der Text von *Bulamadım* lautet: *Sen gidince, öksüz kaldım, başımı belaya saldım olur olmaz kapı çaldım, aşk aradım le, meşk aradım, ama bulamdım yar, gittigin günden bu yana hep seni soran sorana, bu şehir dar geldi cana, başim alıp dört bir yana, ama kaçamadım* („Als du fortgingst, blieb ich als Waise zurück, zügellos stürzten sich meine Gedanken auf mein Unglück, ich klingelte an allen möglichen Türen, ich suchte meine aufs Innigste Geliebte, ich suchte meine leidenschaftlich Geliebte, aber ich konnte meine Liebste nicht finden, seit dem Tag, an dem Du gegangen bist, frage ich ständig an dieser Stelle nach Dir, diese Stadt ist für meine Seele eng geworden, ich wende mein Haupt in alle Himmelsrichtungen, aber ich kann nicht fliehen").

wird das Einfordern von Nachweisen über die türkische Sprachkompetenz zu einem Machtinstrument, mit dem sozioästhetische Positionen legitimiert oder auch destabilisiert werden können.

Aufdecken und Auflösen von Rollenwidersprüchen

Mit der Analyse der vorangegangenen Interviewpassage konnte das Geflecht von verschiedenen mikrosozioästhetischen Anerkennungsdimensionen aufgezeigt werden, die sich in den Fremd- und Selbstpositionierungen der Jugendlichen anhand von *arabesk*-Musik aktualisieren. Dabei wurde deutlich, dass das gemeinsame Rezipieren von *arabesk*-Musik auch eine riskante Praxis darstellen kann, weil gemeinsam konstruierte Subjektpositionen mit der wechselseitigen Kontrolle eines ‚richtigen‘ Musikhörens nicht nur authentifiziert, sondern auch de-authentifiziert werden können. Sprachverständnis und die Sichtbarmachung des körperlich-emotiven Hineingezogenwerdens fungieren dabei als Identitätsmarker. Dabei deutete sich bereits an, dass anhand von *arabesk*-Musik auch solche mikrosozialen Positionierungen zwischen den interviewten Jungen ausgehandelt werden, die auf den Ebenen von persönlichen Beziehungsgraden (wie Freund, Kumpel oder Bekannter) oder Positionen innerhalb der Peergroup bzw. des Klassenzusammenhangs (wie Außenseiter, ‚cool‘ oder ‚beliebt‘) angesiedelt sind. Dieser Anerkennungszusammenhang tritt besonders deutlich in der folgenden Interviewpassage hervor:

913	**Int.:** (…) Und Leute, die dann jetzt eher auch arabesk oder türkische Musik hören, wel-
914	che Richtung merkt ihr da vom Charakter her?
915	**A2b:** ⌊Ja, die werden ruhiger,⌋ mehr ruhiger (.) also, okay bei mir
916	ist nicht so.
917	**A2a:** ⌊@[.]@ruhiger⌋
918	selber sehr ruhig
919	**A2b:** ⌊Okay, bei mir/⌋ Ja, okay
920	**A2a:** @[.]@ Tsss
921	**A2c:** Er hört immer nur, immer nur Rap.
922	**A2b:** Ich höre keinen Rap.
923	**A2c:** @[lachen]@
924	**Int.:** ⌊(unv.)⌋
925	**A2b:** Ich höre/ kommt ganz auch auf die Person auch an, aber (..) bei mir doch auch. Ich
926	bin eigentlich ruhiger, nur unter Freunden macht man so mal Späße und so, aber/
927	**A2a:** @[.]@
928	**A2c:** Ja, merke ich.
929	**A2b:** Unter Freunden macht man Späße, okay, unter Freunden bin ich auch laut, mach
930	ich auch Faxen.
931	**A2c:** Genau, aber wenn wir alleine sind/
932	**A2b:** ⌊Aber wenn ich so allein⌋ bin so, oder mit einem Freund, zwei Freun-
933	den, okay, dann bin ich ruhiger.
934	**A2c:** ⌊Genau (.) dann ist er⌋ richtig (.) ein bester Freund, ja.
935	**A2b:** Na ja @[lachen]@
936	**A2c:** ⌊@[lachen]@⌋ Siehst du? @[lachen]@

A2/Immanenter Nachfrageteil, App. 26: 312f.

Diesem Interviewabschnitt ging eine Diskussion darüber voraus, inwieweit das Hören von bestimmter Musik sich auch auf das Verhalten auswirken kann. Darin festigten die drei noch einmal ihren sozioästhetischen Gegenhorizont der Rap-hörenden Jugendlichen und grenzten sich anhand der Kategorie ‚Lauch‘ von deren nicht authentischen, prolligen und teilweise aggressiven Selbstinszenierungen ab. Der Diskurs darüber, wer dieses Nicht-Wir ist und was es kennzeichnet, verlief erneut kooperativ-übereinstimmend. Die vorliegende Diskussionspassage, in der die Auswirkungen von *arabesk*-Musik auf das Verhalten und damit ein positiver Orientierungsrahmen verhandelt werden, verläuft dagegen kontrovers. Überhaupt ist für die gesamte Gruppendiskussion A2 kennzeichnend, dass sich Konflikte unter den dreien nicht anhand von Fragen zu einem gemeinsamen ‚Außen‘, sondern entlang von Bestimmungen eines gemeinsamen ‚Innens‘ entzünden, wenn es also beispielsweise um das ‚richtige‘ Musikhören, um *damar* oder wie in diesem Fall um ein adäquates, also der *arabesk*-Musik gemäßes Auftreten geht. Diese Kontroversen nehmen allerdings in keinem der Fälle eine antithetische Struktur an. Es steht also nicht zur Debatte, ob sie einen gemeinsamen sozioästhetischen Orientierungsrahmen teilen oder nicht. Vielmehr handelt es sich um einen divergenten Diskursmodus, d. h., sie bringen einen gemeinsamen Orientierungsrahmen in Form gegenseitiger Authentizitätskontrollen und peerspezifischer Abgrenzungen zum Ausdruck. Der eigentliche Konflikt basiert also nicht wie in A1 auf einer Uneinigkeit über den gemeinsamen sozioästhetischen Anerkennungsrahmen, sondern auf der Ebene der persönlichen Anerkennungsbeziehungen (Positionierungen als Freund, Nicht-Freund, Kumpel oder Nicht-Kumpel usw.) oder der Machtverhältnisse in bestimmten Peerkontexten (Positionen innerhalb eines Freundeskreises oder soziale Rollen im Klassenzusammenhang). Der gemeinsame sozioästhetische Normenrahmen wird dazu genutzt, Subjektpositionen in bestimmten Peerkontexten zu bestätigen, zu hinterfragen oder auch zu verschieben.

An dieser Stelle deutet A2b erneut den sozio*ästhetischen* Anerkennungsrahmen einer existenziell-innenorientierten *damar*-Ästhetik an, indem er darauf hinweist, dass das Hören von *arabesk*-Musik dazu führe, dass man „ruhiger“ werde (A2b: 915). Das *damar*-Narrativ grundiert somit die folgende Diskussion. A2b räumt gleich darauf ein, dass er sich in bestimmten Kontexten nicht seiner eigenen sozio*ästhetischen* Setzung des Ruhiger-Werdens entsprechend verhalte. A2a und A2c bestätigen sein Eingeständnis und fordern mit ihren provozierenden Verstärkungen (A2a: 917–920 und A2c: 921) eine Auflösung dieses Rollenwiderspruchs ein. Die drei beziehen sich bei der Beurteilung von A2bs ‚nicht ruhigem‘ Verhalten auf einen spezifischen Peerkontext, der an dieser Stelle nicht näher bestimmt wird. Allerdings ist ausgehend von einer späteren Passage (A2: 1878–1920, App. 32: 319 f.) anzunehmen, dass sie sich hier auf ihren Klassen- oder auch Schulzusammenhang beziehen.

Im exmanenten Nachfrageteil frage ich die drei Jungen, wie sie die Atmosphäre an ihrer Schule finden (A2: 1834 f., ebd. 318). Dabei entwickeln sie den gemeinsamen Orientierungsrahmen, dass im Feld Schule ältere Schüler_innen für jüngere Schüler_innen eine Vorbildrolle einnehmen sollten (A2: 1890 f., ebd.). Ein Großteil ihrer Klasse erfüllt ihnen zufolge diese Norm allerdings nicht (A2: 1894–1900, ebd.). A2b gesteht ein, dass gerade er zu denjenigen gehöre, die diesem Rollenprofil nicht entsprächen, „oft laut sind" und „im Mittelpunkt stehen dann im Hof" (A2b: 1906 f., ebd.: 319). Die peerspezifische Anerkennungsebene (soziale Rollen im Freundes- oder Bekanntenzusammenhang) ist somit noch mit einer feldspezifischen Anerkennungsdimension verschränkt. Es geht um die Anerkennung einer bestimmten Schülerposition unter Jugendlichen im Schul- und Klassenzusammenhang. Ausgehend von Florian von Rosenbergs Studie *Habitus und Distinktion in Peergroups. Ein Beitrag zur rekonstruktiven Schul- und Jugendforschung*, in der drei verschiedene jugendkulturelle Habitusformen für das Feld Schule herausgearbeitet werden, könnte es hier um die Kritik an einer „antagonistischen" Schülerposition gehen (Rosenberg 2008: 145), wohingegen das Hören von *arabesk*-Musik eher einer angepassten bzw. „affirmativen" Schülerposition entspräche (ebd.: 146). Anknüpfend an Erving Goffmanns Unterscheidung zwischen der Vorderbühne, auf der die offiziellen Regeln und Ziele einer Institution im Vordergrund stehen, und der Hinterbühne, auf der das subkulturelle Leben stattfindet, versuchen Jugendliche laut Rosenberg in der antagonistischen Schülerrolle das Machtverhältnis zwischen unterrichtlicher Vorder- und Hinterbühne zu einem gewissen Grad umzukehren. Demgegenüber stehe der affirmative Schülerhabitus für ein angepasstes Verhalten, bei dem sich die Jugendlichen mit der Erwartungshaltung der Schule identifizieren.[137] Dass A2b in seiner Klasse eine anerkannte antagonistische Schülerposition einnimmt, findet in der – in 3.2.4 bereits erwähnten – beobachteten Szene eine Bestätigung: Als ich die Jugendlichen für die Gruppendiskussion aus ihrem Unterricht holte, spazierte A2b gerade demonstrativ durch die Klasse, um Müll wegzuwerfen. Dieses Verhalten wurde vom Gelächter anderer Jugendlicher begleitet und von seiner Lehrerin gerügt (vgl. A2: 1940–1972, App. 32: 320 f.).

Die besondere Provokation in A2cs Kommentar „[e]r hört immer nur, immer nur Rap" (A2c: 921) liegt nun darin, dass er nicht nur den Rollenwiderspruch zwischen *damar*-Subjektposition und ‚antagonistischer' Schülerrolle bestärkt, sondern A2bs Schülerhabitus mit der Rolle des ‚Gangstarappers' rahmt. Es scheint gerade diese drohende sozio*ästhetische* Falschrahmung zu sein, angesichts derer sich A2b genötigt sieht, eine widerspruchsfreie Selbstnarration zu entwerfen. Zum einen signalisiert er mit den Formulierungen „[u]nter Freunden macht man Späße" oder „mache ich auch Faxen" (A2b: 929 f.) eine adultive Distanz zu seinen ‚unreifen' Selbstinszenierungen im Peerzusammenhang. Dabei übernimmt er, insbesondere mit dem Wort „Faxen", einen ‚erwachsenen' Sprachhabitus. Zum anderen ordnet er die Anerkennungsebenen Schülerrolle und sozio*ästhetische* Position nach dem Prinzip Außenorientierung versus Innenorientierung hierarchisch an. Innerhalb der eher öffentlichen Peersphäre übernimmt er gewissermaßen notgedrungen eine extrovertiert-provokative Maske und unterwirft sich den Rollenzwängen des Feldes Schule. Im eher privaten Bereich hingegen, d. h. „mit einem Freund, zwei Freunden"

---

137 Als dritte Form nennt Rosenberg noch den „subversiv orientierten" Schülerhabitus, bei dem die Vorderbühne taktisch genutzt wird, um den Aktivitäten auf der Hinterbühne parallel nachgehen zu können (vgl. Rosenberg 2008: 145 f.).

(A2b: 932 f.), sei er „ruhiger" (A2b: 933). Nur hier zeigt er sozusagen sein ‚wahres Gesicht' und entspricht mit seinem Verhalten den sozio*ästhetischen* Narrativen eines ‚authentischen Innens' und der *damar*-Traurigkeitsästhetik. Mit diesem Modell gelingt es ihm nicht nur, die Vorrangigkeit des *arabesk*-bezogenen Normenrahmens für seine Subjektposition zu markieren. Er bestätigt damit zugleich auch die Exklusivität A2cs als eines wirklichen Freundes, da dieser im Gegensatz zu A2a sein ‚wahres Gesicht' kennt. Damit gelingt es ihm auch, A2cs und A2as kurzzeitiges Bündnis in die vertraute Zwei-zu-eins-Asymmetrie dieser Gruppe zurückführen.

Zeugenschaft

Aufschlussreich an der im vorigen Abschnitt betrachteten Interviewsequenz ist, dass eine auf Musik bezogene sozio*ästhetische* Anerkennungsnorm die Infragestellung und Reformulierung von Subjektpositionen in Anerkennungskontexten auslösen kann, die auf den ersten Blick wenig mit musikbezogenen Selbstinszenierungen zu tun haben. Die Wirkmächtigkeit der sozioästhetischen Anerkennungsnorm *damar*, welche die drei Jungen mit ‚ruhiger werden' zunächst nur andeuten, tritt in der folgenden Kontroverse deutlicher hervor.

1148	**Int.:** Damar, okay (..) und wie ist das, das kam hier ja häufiger mal vor, mit dem Begriff
1149	isyan?
1150	**A2c:** Ja (unv.), isyan/
1151	**A2a:** └Ja, isyan┘
1152	**A2b:** └Isyan┘ das heißt Liebeskummer.
1153	**A2a:** Isyan heißt, ja/
1154	**A2c:** └Isyan heißt Kummer.┘
1155	**A2a:** Kummer einfach
1156	**Int.:** Ist das ein Begriff, den ihr auch benutzt, oder?
1157	**A2b:** Ja, ja
1158	**A2a:** Früher habe ich es immer benutzt, also da, wo ich noch jünger war, da habe ich
1159	mir immer/
1160	**A2b:** └Ja [langgezo-
1161	gen]┘
1162	**A2a:** Ich schwöre, das war ich in der Sechsten.
1163	**A2b:** @[lachen]@ Ich schwöre.
1164	**A2c:** └(Unv.)┘
1165	**A2a:** └In der sechsten,┘ siebten Klasse, da dachte ich schon, ich bin erwach-
1166	sen und so. Da habe ich zum Beispiel so komische Lieder gehört, und sie hatten dann
1167	viel mit isyan zu tun.
	{...}
1189	**Int.:** Und was heißt isyan, wie würdet ihr das übersetzen?
1190	**A2b:** └Kummer┘ (.) das heißt ja so, eins zu eins Kummer.
1191	**A2c:** └Das sind┘ halt
1192	so diese traurigen Lieder so.
1193	**A2a:** Entweder du hast, also Sie, sorry, entweder Sie haben Probleme mit der Familie

1194	oder/
1195	**A2b:** └@[.]@┘
1196	**A2c:** └@[.]@┘
1197	**A2a:** Oder Sie haben gerade Ihre große Liebe verloren oder sonst was, da hören Sie halt
1198	isyan-Lieder.
1199	**A2c:** └Sind wie kleine Kinder.┘
1200	**A2b:** └@[schnaubend]@┘
1201	**A2c:** └(Unv.) [geflüs-
1202	tert]┘
1203	**A2b:** Zum Beispiel er
1204	**A2a:** (.) Nee, ich höre mir so was nicht an. Also früher das war so/
1205	**A2b:** Zeig dein Handy! @[.]@
1206	**A2c:** @[lachen]@
1207	**A2a:** Vallah, ich habe nur vier Lieder oder so auf meinem Handy.
1208	**A2b:** └@[lachen]@┘
1209	**A2c:** Sen beni verebilir mi? [Übers.: Kannst du es mir geben?]
1210	**A2b:** (.) @[.]@
1211	**A2c:** @[.]@

A2/Exmanenter Nachfrageteil, App. 28: 315f.

Dieser Passage ging meine Frage an die drei Jungen voraus, ob sie in Bezug auf *arabesk* bestimmte Begriffe verwenden, um die Musik im Gespräch untereinander zu beschreiben. Außer über den Begriff *türkü* (vgl. Kap. 3.2.4) kam es auch erneut zu einer Diskussion über die ästhetische Kategorie *damar*. Daraufhin fragte ich exmanent nach der Kategorie *isyan*, die in den anderen Interviews eine wesentliche Rolle spielte und dabei tendenziell als Gegenhorizont verwendet wurde. Einigkeit besteht darüber, dass der Begriff *isyan* „Kummer" (A2a und A2c: 1154 f.) bzw. „Liebeskummer" (A2b: 1152) bedeutet. Nachdem das Gespräch zunächst erneut kooperativ-ergänzend verläuft (A2: 1148–1155), ändert sich dieser Diskursmodus schlagartig ab meiner Frage, ob es sich um einen Begriff handelt, den sie auch benutzen. Zunächst antwortet A2b noch mit einem beiläufigen „Ja, ja" (A2b: 1157). A2a führt mit der Aussage, dass er mit *isyan* assoziierte Musik „früher" gehört habe, als er „noch jünger war" (A2a: 1158), eine Distinktion ein, mit der er implizit auch A2b adressiert.

In diesem kurzen Austausch spielt die Mehrdeutigkeit des Begriffs *isyan* eine zentrale Rolle (vgl. Kap. 3.2.2). Scheint A2b mit seinem „Ja, ja" zu meinen, dass er *isyan* in einem oberflächlichen oder selbstironischen Modus verwendet, um alltägliche Unannehmlichkeiten, wie sein Handy vergessen zu haben, dramatisch zu überzeichnen, spielt A2a auf die ernsthafte Begriffsverwendung von *isyan* an. Danach handelt es sich um einen Zustand des Liebeskummers und der exzessiven Traurigkeit, die auch die Vorstellung mit einschließt, dass das Leben nicht mehr lebenswert sei. Lieder, die einer derartigen *isyan*-Traurigkeitsästhetik entsprechen, sind allerdings mit einer ‚erwachsenen' Selbstpositionierung, so der Unterton in A2as Aussage, nicht vereinbar. Anstatt dass sich A2b nun angesichts der impliziten Distinktion A2as dafür rechtfertigt, *isyan* womöglich ernsthaft verwendet zu haben, geht er in eine ‚Gegenoffensive': Mit dem langgezogenen „Ja" (A2b: 1160 f.) unterstellt er A2a, dass er ‚isyan-Lieder' womöglich immer noch hört. Im Gegensatz zu A2b gibt A2a den Vorwurf, womöglich dem *isyan*-Narrativ zu entsprechen, nicht einfach zurück, sondern rechtfertigt sich, indem er mit einem „ich schwöre" und der zweimaligen Spezifizierung des Zeitpunkts (A2a: 1162 ff.) beteuert, dass er keine *isyan*-Lieder mehr hört.

Der zweite Teil der hier betrachteten Interviewsequenz (A2: 1189–1211) folgt dem gleichen Dikursschema. Zunächst ergänzen die Jungen einander komplementär in ihren Ausführungen dazu, was *isyan* als gemeinsamen mikrosozio*ästhetischen* Gegenhorizont ausmacht. *Isyan*-Lieder werden damit assoziiert, dass man nur so tue, als sei man schon erwachsen. Letztendlich drehe es sich für diejenigen, die solche Lieder hörten, aber nur um belanglose Themen wie „Probleme mit der Familie" (A2a: 1193). Dem Hören dieser Musik folge somit allenfalls eine oberflächliche Traurigkeit. Mit A2bs „Zum Beispiel er" (A2b: 1203) wird A2a dann unvermittelt als ‚kleines Kind' (A2c: 1199) adressiert. Erneut lässt A2a die Markierungen von A2b und A2c durch seinen Verteidigungsimpuls in einem gewissen Maß an sich anheften. Nach wiederholter Beteuerung, dass er solche Lieder ausschließlich früher gehört habe, als er tatsächlich noch ein Kind war, gerät er durch A2bs Aufforderung, sein Handy zu zeigen, unter einen noch stärkeren Beweisdruck. A2a kommt dieser Authentizitätskontrolle ohne zu zögern nach, zum einen mit einem Schwur („Vallah", A2a: 1207) und zum anderen mit der Aussage, dass er nur vier Lieder auf seinem Handy habe, wobei offenbleibt, ob es sich generell um vier Lieder oder lediglich um vier *isyan*-Lieder handelt. A2c wiederholt A2bs Aufforderung – dieses Mal auf Türkisch: „Sen beni verebilir mi?" („Kannst du es mir zeigen?", A2c: 1209). Daran, dass A2b und A2c diese türkische Aufforderung mit einem kurzen Auflachen kommentieren, ist erkennbar, dass die Frage „Sen beni verebilir mi?" primär eine Bestärkung des gemeinsamen Bündnisses gegen A2a ist. A2c festigt die freundschaftliche Verbindung zu A2b auf einer mikro*sozio*ästhetischen Ebene, indem er gegenüber A2a seine guten Türkischkenntnisse demonstriert. Wie weiter oben aufgezeigt wurde, hängen die Subjektpositionen *damar* und ‚türkischsprachig' eng miteinander zusammen. Mit dem „Sen beni verebilir mi?" wird die gemeinsame authentische *damar*-Position in Abgrenzung zu A2as vermeintlicher *isyan*-Rolle mittels Sprachkompetenz erzeugt.

Der Verweis auf das Smartphone wird von allen dreien als äußerst wirkmächtige Authentifizierungstechnik aufgefasst, die als ‚Zeugenschaft' bezeichnet werden kann. Welche Musik jemand auf dem Handy hat, lässt für die Jugendlichen Rückschlüsse auf dessen_deren ‚wahre' Identität zu. Das Smartphone erhält dabei eine fast noch stärkere Bedeutung, als lediglich ein Beweismittel dafür zu sein, ob A2as Selbstpositionierungen tatsächlich stimmen oder nicht. Es erscheint als eine Art Identitätsprothese, die womöglich verlässlicher die ‚Wahrheit' über ihren Besitzer sagt als dieser selbst.

3.3.6 Zwischen wertschätzender und dekonstruierender Anerkennung II

In den Konflikten der Gruppe A2 werden Beziehungs- und Machtverhältnisse, die in einem auf Grundlage der Datenlage nicht einsichtigen Peerzusammenhang stehen, primär auf einer mikrosozioästhetischen Ebene ausgehandelt. Damit steht die Gruppendiskussion A2 in einem deutlichen Kontrast zur Gruppendiskussion A1, die maßgeblich durch einen makrosozioästhetischen Anerkennungsrahmen strukturiert wurde. Teilweise sind die Anerkennungsdynamiken in A2 zwar mit makrosozioästhetischen Adressierungen wie ‚Kinder', ‚Kanake' oder ‚Problembezirksjugendliche' verschränkt, doch kann als gemeinsamer Nenner dieser kontroversen Passagen resümiert werden, dass zunächst einmal gemeinsame mikrosozioästhetische Normen ‚regieren'. So werden Zugehörigkeiten und Abgrenzungen über die Ästhetiken der Traurigkeit *isyan* und *damar*, über feine Unterscheidungen der Sprachzugehörigkeit, den Schülerhabitus und sozio*ästhetische* Positionen wie ‚Gangsta' oder ‚Lauch' verhandelt. Ausgehend von einem Vergleich zwischen A1 und A2 lässt sich für die Anerkennungsdynamiken der befragten Jugendlichen somit folgende Hypothese aufstellen: Eine Adressierung als ‚Schüler_innen' und als ‚Jugendliche' seitens einer erwachsenen Person führt tendenziell eher zu dezentrierten und mikrosozioästhetischer Anerkennungsdynamiken anhand von Musikgeschmack. Eine Adressierung mit prekären Zuschreibungen wie ‚türkisch', ‚Migrationshintergrund' und ‚benachteiligt' führt hingegen eher zu zentrierten und makrosozioästhetischen Anerkennungsdynamiken.

Diese Hypothese bestätigt sich mit der Fallanalyse der Gruppendiskussion A3. Wie in A2 adressiere ich die beiden Jungen A3a und A3b primär als Jugendliche sowie als Schüler_innen, deren Wunsch nach einer Thematisierung ihrer Musikinteressen im Musikunterricht womöglich wenig berücksichtigt wird. Analog zu A2 treten bei der Anerkennungsdynamik zwischen A3a, A3b und mir permanent verschiedene, vorwiegend mikrosozioästhetische Anerkennungsebenen und Anerkennungsrahmungen in den Vordergrund. Wie die folgende Passage am Ende der Gruppendiskussion zeigt, schien ein unausgesprochener Konsens zwischen allen Beteiligten zu sein, dass migrationsspezifische Differenzverhältnisse zwischen mir und den Jugendlichen nicht im Zentrum des Interviews stehen.

950	**Int.:** {…} Und noch eine Frage, in der wievielten Generation seid ihr in Deutschland?
951	**A3a:** (.) Wie jetzt?
952	**Int.:** Also sind eure Großeltern hierher gekommen?
953	**A3a:** Ach so @[.]@
954	**Int.:** └Oder┘
955	**A3b:** Bei mir mein Opa
956	**A3a:** Auch so
957	**A3b:** └Er war┘ der Erste, der hier war halt, hat gearbeitet. Dann ist mein Vater ge-
958	kommen, hat gearbeitet (.), Eltern und so auf jeden Fall nicht, also nicht von meinem
959	Opa, der Vater und so, Uropa.

960	**A3a:** ⌐Nein⌐ bei mir eher der, ich glaube, das war so halt mein Opa. Er ist
961	einfach zum/ es war ja auch immer in der Türkei so, dass man nach Deutschland ge-
962	kommen ist zum Arbeiten. Und irgendwann sind die halt hiergeblieben. Ja, da hat man
963	sich halt seine Frau von der Türkei hierhin geholt, und es war dann halt so, hat sich er-
964	geben.
965	**Int.:** (.) Ja, vielen Dank für das Interview
966	**A3b:** Kein Problem
967	**A3a:** Ja
968	**Int.:** Auch für eure Offenheit, dass ihr irgendwie so viel erzählt habt.
969	**A3b:** Klar, müssen wir ja.
970	**Int.:** Wie ging es euch denn mit der Interviewsituation jetzt gerade?
971	**A3b:** Ich sage mal so
972	**Int.:** ⌐Oder überhaupt⌐ mit dem Interview?
973	**A3b:** Ich finde es eigentlich gut, dass sich jemand für solche Sachen interessiert, über
974	unsere Musik und über unseren Unterricht und so. Weil ich habe noch nie zu Ohren be-
975	kommen, dass jemand zu uns gekommen ist und gesagt hat: „Hey, Jungs, was wollt ihr
976	heute im Unterricht machen? Wollt ihr lieber darüber reden? Sagt mal eure eigenen
977	Interessen, damit wir auch etwas machen, was euch Spaß macht!" Uns wurde immer
978	gesagt, ihr müsst das machen, dann haben wir das auch gemacht. Deswegen finde ich
979	eigentlich schön so ein Interview. Deswegen habe ich mich auch so sozusagen mit da-
980	ran beteiligt, damit ich auch etwas machen kann.
981	**Int.:** Ja, cool
982	**A3a:** Ja, es gibt nichts hinzuzufügen. Ja, also, ich bin auch eigentlich aus dem gleichen
983	Grund hier, weil irgendjemand unsere Interessen verfolgt.

A3/Schluss, App. 46: 335

Am Ende aller Gruppendiskussionen fragte ich die Jugendlichen zum einen nach ihrem Alter, zum anderen danach, in welcher Generation sie in Deutschland leben. Mein Erkenntnisinteresse zielte auf einen möglichen Zusammenhang zwischen diesen Aspekten und den Musikpräferenzen der Jugendlichen. A3as stockendes „Wie jetzt?" (A3a: 951) deutet auf eine überraschte, irritierte, eventuell sogar auf eine empörte Reaktion hin. Nachdem ich die Jugendlichen zuvor in erster Linie als Schüler und Experten für jugendkulturelle Musikstile adressiert hatte, ist es möglich, dass diese Frage am Schluss des Interviews als Vertrauensbruch erfahren wurde, wenn nicht gar als ein ‚die-Katze-aus-dem-Sack-Lassen'. Die ‚Generationenfrage' – neben ‚Wo kommst du her' wohl eine der klassischen Fragen, um eine alteritäre Zugehörigkeitsordnung anhand des so genannten Migrationshintergrunds zu markieren – bricht an dieser Stelle mit dem bislang etablierten nicht migrationsspezifischen Anerkennungsrahmen dieser Gruppendiskussion. Dies wird dadurch verstärkt, dass die Frage am Schluss der Diskussion steht, also an einer Stelle im Gesprächsverlauf, die interviewdramaturgisch bedeutsam ist und eine rahmende Funktion hat. A3as „Wie jetzt?" könnte vor diesem Hintergrund so viel bedeuten wie: „Hat er uns etwa die ganze Zeit schon primär als Jugendliche ‚mit Migrationshintergrund' positioniert?" Auch in den weiteren Antworten der beiden Jugendlichen kommt ein widerwilliger Gestus gegenüber der migrationsandernden Frage zum Ausdruck: zunächst in den auffällig knappen Äußerungen „Bei mir, mein Opa" (A3b: 955) und „Auch so" (A3a: 956), dann in den abgerissenen Sätzen A3bs (A3b: 957 ff.) und schließlich in der distanzierten ‚Man-Erzählung' A3as (A3a: 961–963).[138]

Bei der allerletzten Frage („Wie ging es euch denn mit der Interviewsituation jetzt gerade?", Int.: 970) führen die beiden das Gespräch dann aber in den etablierten Anerkennungsrahmen zurück. Das ‚euch' in der Fragestellung ist bis auf die Adressierung als Interviewte an dieser Stelle unspezifiziert und deutungsoffen. A3a und A3b füllen dieses ‚uns' als männlich, jugendlich („hey, Jungs", A3b: 975) und insbesondere als Schüler, deren Musikinteressen oftmals nicht berücksichtigt werden (A3b: 977 f.). Dabei zielt ihre Positionierung als Interviewte darauf, dass sie einen kleinen Beitrag zur Veränderung ihrer Situation im Musikunterricht leisten wollen. Mich adressieren sie analog dazu als erwachsenen Verbündeten und zugleich als angehenden Musiklehrer, der sich für ihre Interessen einsetzt. Damit schlagen sie einen Bogen zu meiner Intervieweinführung und erinnern mich quasi an mein ‚Versprechen', sie nicht als Migrationsandere oder als ‚Problembezirksjugendliche' zu adressieren.

Vergleicht man die drei Gruppendiskussionen miteinander, ist ein Zusammenhang zwischen der *sozio*ästhetischen Anerkennungsrahmung des Interviewers und dem Positionierungsgeschehen der Jugendlichen untereinander zu konstatieren. Eine wenn auch implizit auf Migrationsalterität zentrierte Anrufung führt in A1 zu Anerkennungsdynamiken anhand von *arabesk*, die auf Diskurse von ‚Deutschen' über ‚Türk_innen', von ‚Türk_innen' über ‚Deutsche' und von ‚Türk_innen aus der Türkei' gegenüber ‚Türk_innen in Deutschland' rekurrieren. Gegenüber dieser prekären Anerkennungsrahmung dominieren bei den Einführungen zu den Gruppendiskussionen A2 und A3 Adressierungen, die weniger mit dem Risiko verknüpft sind, Gesellschaftsanderung zu reproduzieren. Den Jugendlichen wird damit tendenziell freigestellt, inwieweit sie sich beim Sprechen über *arabesk*-Musik überhaupt am dilemmatischen Thema ‚defizitäre Zuschreibungen als Migrationsandere' abarbeiten möchten. Für mich als Interviewer ergab sich aus diesen weniger prekären Einfüh-

---

138 Auf den migrationsanderenden Charakter dieser Fragestellung verweisen indirekt auch die Jugendlichen in A2, indem sie das Konstruieren von Migrationsgenerationen ins Lächerliche ziehen. Zunächst antworten A2c und A2b, dass sie in der dritten Generation in Deutschland leben (A2: 1988–1991, vgl. App. 32: 321). Als A2a anschließend antwortet, dass er in der vierten Generation in Deutschland sei, kommentiert A2b dies mit „Du Opfer" (A2b: 1993, ebd.) und mit „H ist siebte Generation, er ist vierte" (A2b: 1995, ebd.). Mit dem Schimpfwort ‚Opfer' wird das Gegenüber in der gängigen Verwendung eigentlich als unterlegen bzw. als ‚Versager' oder Außenseiter markiert. Mit dem ‚Du Opfer' weist A2b die mit der Generationsfrage einhergehende Stigmatisierung als ‚anders' und minoritär nicht nur ironisierend von sich, er spiegelt zugleich zurück, dass ich mit dieser Frage eine Alterität und ein Machtverhältnis reproduziere. Mit der Bemerkung ‚H ist siebte' spitzt A2b seine Kritik an meiner migrationsanderenden Anerkennung noch zu und führt die Einteilung in Migrationsgenerationen restlos ad absurdum. Implizit schwingt bei dem Kommentar ‚H ist siebte' die Frage mit: Wann hört der Migrationshintergrund eigentlich mal auf?

rungen die Möglichkeit, einen tieferen Einblick in mikrosozioästhetische Anerkennungsdynamiken der Jugendlichen anhand von *arabesk*-Musik zu erhalten.

3.3.7 Kollision unterschiedlicher Anerkennungsrahmen

Wie zuvor gezeigt wurde, ereignen sich die Konflikte in der Gruppendiskussion A2 innerhalb eines divergenten Diskursmodus. Letztendlich teilen A2a, A2b und A2c jedoch einen gemeinsamen Anerkennungsrahmen. Die Kontroversen ergeben sich daraus, dass sie sich gegenseitig darauf hin überprüfen, ob sie diesem gemeinsamen Anerkennungsrahmen tatsächlich auch gerecht werden. Die Verbindlichkeit ihrer gemeinsamen Normenbasis scheint dabei an die Tatsache geknüpft zu sein, dass sie ähnlich intensiv *arabesk*-Musik hören oder in dieser Gruppensituation zumindest vorgeben, dies zu tun. Innerhalb der Gruppendiskussion A3 ist dies nicht der Fall: A3a hört nur am Rande hin und wieder *arabesk*-Musik, wohingegen sich A3b als regelrechter ‚Fan‘ bezeichnet. Dementsprechend basieren ihre wechselseitigen Distinktionen weniger auf einer Infragestellung von Authentizität als auf der Kollision unterschiedlicher Anerkennungsrahmen. Im Unterschied zum Gruppeninterview A1, in dem ebenfalls unterschiedliche Anerkennungsrahmen aufeinandertreffen (‚türkischer‘ Nicht-Assimilations- und ‚deutscher‘ Integrationsdiskurs), ereignet sich die Kollision bei A3a und A3b auf einer mikrosozioästhetischen Ebene. Die beiden Jungen beziehen sich zuvorderst auf Normen ihres Peerkontextes und weniger auf einen gesamtgesellschaftlichen Diskurs.

Gleich zu Beginn des Interviews signalisiert A3a auf meine Frage nach ihrem aktuellen Musikleben, dass er generell „keine bekannten Lieder" hört (A3a: 11, App. 33: 322). Dabei bezieht er sich zuvorderst auf einen imaginierten ‚Mainstream‘-Musikgeschmack in seinem Peerumfeld. Dass er sich dabei auch von A3b abgrenzt, wird allerdings erst in der folgenden Passage deutlich.

189	**Int.**: (4) Was würdet ihr denn sagen, ist grundsätzlich gerade so unter Jugendlichen hier
190	in/ auch in eurem Alter in der Schule oder in Berlin so angesagt an Musik?
191	**A3b**: Auf jeden Fall Rap
192	**A3a**: ⌐Auf/ (.) ja⌐
193	**A3b**: Rap ist zurzeit das Größte, was halt jeder hört, und arabesk auch, dieser Ibrahim
194	Tatlıses zurzeit (unv.).
195	**A3a**: ⌐Ja, genau
196	(.) zum⌐ Beispiel ich höre auch nicht gern Rap. Also ich bin so einer, der/ also ich gehe
197	nicht unbedingt dem Trend nach, und das mache ich immer extra. Und also ich höre
198	zum Beispiel nicht unbedingt Rap, aber so Rap-Turniere dann, das macht Spaß da im-
199	mer zuzusehen.
200	**Int.**: Rap-Turniere?
201	**A3a**: Ja, im Internet, aber so vom ganz normalen Stil halt her. Die normalen Leute, die
202	höre ich gar nicht.
203	**A3b**: Zum Beispiel das, was er hört, höre ich gar nicht. Er meinte doch so Dubstep oder
204	so was, also so was würde ich niemals hören.
205	**A3a**: ⌐Ja⌐

206	(.)@[lachen]@
207	**A3b:** Wenn ich zum Beispiel Motivation brauche, dann höre ich lieber einen Rap-Beat.
208	Man kriegt schon Motivation durch diese Beats und so.

A3/Immanenter Nachfrageteil, App. 35: 324f.

Den beiden Jungen zufolge sind die beiden populärsten Musikstile in ihrer Peergroup Rap und *arabesk*. Demgegenüber inszeniert A3a mit den Formulierungen „also ich bin so einer" (A3a: 196) oder „und das mache ich immer extra" (A3a: 197) seine individuierte Position und betont, „nicht unbedingt dem Trend nach[zugehen]" (A3a: 196 f.). Seinen Abgrenzungshorizont markiert er dabei mit dem Etikett „die normalen Leute" oder „vom ganz normalen Stil halt her" (A3a: 201). Wenn er überhaupt Musikstile rezipiert, die in seinem Peerkontext gerade angesagt sind, dann hört er beim Rap eher unbekannte Interpret_innen oder *arabesk* eher mal „aus Langeweile" (A3a: 144, App. 35: 324). Damit distanziert sich A3a nicht nur von populären Musikstilen selbst, sondern zu einem gewissen Grad auch von kollektiven Narrationen, die in Bezug auf *arabesk*-Musik unter Jugendlichen kursieren. Seine Kritik an den gängigen sozioästhetischen Zugehörigkeitskonstruktionen äußert sich dabei auch in seinem Sprachhandeln. Orientiert sich A3b bei der Präsentation seiner musikbezogenen Identität an einem kollektivierenden ‚man‘, bevorzugt A3a hingegen meist die Ich-Form (vgl. A3a: 195–199 und A3b: 208, noch deutlicher in A3: 8–22, App. 33: 322). Da sich A3b bereits zu Beginn des Interviews mit Rap und *arabesk* identifiziert hat, wird er durch A3as distinktive Selbstverortung als Teil des ‚Mainstreams‘ und der ‚normalen‘ Leute (A3a: 201) positioniert. Diese Anerkennung erwidert A3b sogleich mit einer Gegenoffensive: „Zum Beispiel das, was er hört, höre ich gar nicht, er meinte doch so Dubstep oder so was, also so was würde ich niemals hören" (A3b: 203 f.). Etwas später im Interview wird deutlich, dass er mit dem Verweis auf ‚Dubstep‘ eine sozioästhetische Distinktion vornimmt, die auf dem *arabesk*-typischen Anerkennungsrahmen basiert.

699	**Int.:** Wie findet ihr denn generell die Atmosphäre in eurer Klasse?
700	**A3a:** Bei Musikstunden?
701	**Int.:** Generell, einfach eure Klassenatmosphäre
702	**A3b:** Eigentlich jeder halt so, fast jeder hat den gleichen Stil, sage ich mal.
703	**A3a:** (.) Ja
704	**A3b:** So, man kann sich auch schon einigen und so. Man hat natürlich so immer noch/
705	es gibt so immer noch so Unterteilungen. Zum Beispiel ich und meine Freunde aus der
706	Klasse sind eher so Rap-Stil, aber auch so richtig so arabesk, wir sind davon sozusagen
707	die Fans. Er und seine Freunde halt so Dubstep, so Computerspiele, dies, das und so.
708	Jeder hat so/ in der Klasse gibt es zum Beispiel drei, vier Styles und zu diesen drei, vier
709	Styles kommen so zehn, zwanzig Leute halt immer rauf. Zum Beispiel Rap-Style sind
710	zehn Leute aus der Klasse, Dubstep auch zehn, arabesk zwanzig Leute, die arabesk mö-
711	gen, halt so. Es ist so unterteilt, aber alle verstehen sich gut.

A3/Exmanenter Nachfrageteil, App. 43: 333

In Abgrenzung zu A3a positioniert sich A3b zum einen zum Rap-Stil zugehörig, zum anderen als „richtig[en] […] Fan[ ]" von *arabesk*-Musik (A3b: 707). Damit signalisiert A3b, dass er im Gegensatz zu A3a *arabesk* nicht nur peripher, sondern verbindlich hört und damit auch dazugehörige kollektive Narrationen teilt. Zu diesen gehört A3b zufolge auch, dass man als Junge bereits Liebeserfahrungen mit Mädchen gemacht hat. In seiner Aussage zu Beginn des Interviews „du bist zuhause, du sitzt, du schreibst mit deiner Freundin, falls man eine hat, oder du bist verliebt in ein Mädchen und schreibst mit ihr und danach, irgendwie ihr streitet euch, nach diesem Moment halt, man hört dann so solche türkischen Lieder" (A3b: 33–36, App. 33: 322) stellt das ‚falls man eine hat' ein Distinktionssignal dar: *Arabesk*-Musik verstehen nur diejenigen Jugendlichen ‚richtig', die bereits intensivere Liebeserfahrungen gemacht haben und die in diesem Sinne initiiert sind (vgl. Kap. 3.2.2). Vor diesem Hintergrund adressiert A3b A3a „und seine Freunde" (A3b: 707) mikrosozioästhetisch als ‚Computernerds' („halt so Dubstep, so Computerspiele", A3b: 707). Laut A3b handelt es sich um solche Jungen, die noch nicht so reif sind, sich in ihrer Freizeit vor allem mit Computerspielen beschäftigen und an Mädchen noch nicht wirklich interessiert sind oder keinen ‚Erfolg' bei ihnen haben. Diese Zuschreibung verstärkt A3b noch in einer späteren Aussage. Danach sei Dubstep ausschließlich ein Jungenphänomen (vgl. A3: 210 f., App. 35: 325). Es handelt sich somit um einen jugendkulturellen Stil, der A3b zufolge für Mädchen uninteressant ist und bei dem Jungen eher unter sich bleiben. Demgegenüber sieht er sich als Teil einer Peergroup, in der die Jungen bereits eine Freundin haben bzw. hatten, aus diesem Grund wissen, was es heißt, ‚wirklich' an Liebeskummer zu leiden, und dementsprechend *arabesk*-Musik auch ‚richtig' verstehen können.

Bei der Anerkennungsdynamik anhand von *arabesk*-Musik zwischen A3a und A3b treffen somit zwei unterschiedliche mikrosozioästhetische Anerkennungsrahmen aufeinander: auf der einen Seite die Gegenüberstellung von Mainstream- und Individualisierungsposition in ihrem Peerumfeld (A3a) und auf der anderen Seite die *arabesk*-typischen Normen wie *damar*, Reife und Vernünftigkeit (A3b). Diese Kollision hängt damit zusammen, dass A3a und A3b im Gegensatz zu den Jungen aus A2 ganz unterschiedlich intensiv *arabesk*-Musik hören und ihr Bezug auf die entsprechenden Zugehörigkeitsnarrative dementsprechend unterschiedlich verbindlich ausfällt. Die Frage, ob eher Authentifizierungsdynamiken oder Kollisionen verschiedener Anerkennungsrahmen in Bezug auf einen Musikstil eine Rolle spielen, scheint somit eng mit dem Aspekt zusammenzuhängen, ob diese Musikrichtung innerhalb einer Gruppe ähnlich intensiv gehört wird oder deutliche Unterschiede bestehen. Diese These bestätigt sich auch innerhalb der Gruppe A1, bei der A1d im Gegensatz zu den drei Mädchen eher wenig *arabesk*-Musik hört und in der es zur Kollision zweier makrosozioästhetischer Anerkennungsrahmungen kommt: einem ‚türkischen' Assimilationsdiskurs auf der einen Seite und einem ‚deutschen' Integrationsdiskurs auf der anderen.

3.3.8 Ambivalenzen musikstilspezifischer Adressierungen

Die für die Gruppendiskussionen A1, A2 und A3 ausgewählten Jugendlichen hören unterschiedlich intensiv *arabesk*-Musik. Die Bestimmung meines Hauptkorpus, die auf *arabesk*-Musik fokussierten Gruppendiskussionen, orientierte sich an zwei Kriterien: Zum einen wählte ich die Jugendlichen danach aus, ob sie als Musikpräferenzen in den Fragebögen *arabesk*-Musik angaben, entweder indem sie den Stilbegriff *arabesk* selbst verwendeten oder indem sie Interpret_innen oder Songs aufschrieben, die gemeinhin dem Stilkonstrukt *arabesk* zugeordnet werden. Zum anderen bezog ich jene Gruppeninterviews in den Hauptkorpus ein, in denen sich in Bezug auf *arabesk*-Musik unter den Jugendlichen eine selbstläufige Diskussion ergab. Im Fall von R1, bei dem die Jungen R1a und R1b im Fragebogen auch *arabesk*-Musik als Präferenz genannt hatten, pendelte sich die Diskussion auf Rap-Musik ein. Es wurde schnell klar, dass beide Jugendlichen *arabesk*-Musik nur äußerst peripher hörten, sich sehr wenig mit dieser Musik identifizierten und kaum etwas zu ihr zu sagen hatten. Aus diesem Grund kamen sie für meinen Hauptkorpus, anhand dessen ich auf *arabesk*-Musik bezogene sozioästhetische Anerkennungsdynamiken herausarbeiten wollte, nicht in Frage (vgl. a. Kap. 2.2.4).

Die Reflexion meiner Auswahlkriterien macht deutlich, dass bereits das Konstruieren bestimmter Gruppen anhand von Stilkonventionen und ihre Zuordnung zu einem Haupt- und einem Nebenkorpus ein Anerkennungsgeschehen darstellt. Die Interviewpartner_innen werden nicht nur als *arabesk* oder ‚Deutschrap' rezipierende Jugendliche bestätigt, sondern zugleich auch in dieser Rolle hergestellt. Die Ambivalenzen von Anerkennung zwischen Bestätigung und Erzeugung (vgl. Kap. 1.4.1) sowie zwischen Ermöglichung und Unterwerfung (vgl. Kap. 1.4.4) treten beispielsweise in der folgenden Interviewpassage hervor.

134	**Int.:** (.) Und ist das dann, weil/ es gibt ja auch viele türkü, die über Liebe handeln, so. Ist
135	das bei arabesk dann auf eine bestimmte Art und Weise?
136	**A3b:** (...) Also
137	**A3a:** (4) @[.]@ Ich höre nicht so oft arabesk, ja.
138	**Int.:** (.) Hattest du aber/ du hattest auch Müslüm Gürses/
139	**A3a:** ⌐Ich hab es rein⌐geschrieben, ja. Wie gesagt, also
140	von der Laune her, aber ich höre es nicht so oft. Aber manchmal dann will man halt irgendwas Verschiedenes hören und dann hört man das auch. Also von/ also es gefällt
141	gendwas Verschiedenes hören und dann hört man das auch. Also von/ also es gefällt
142	mir von der Richtung her.
143	**Int.:** (.) Und in welchen Stimmungen hörst du das dann?
144	**A3a:** Aus Langeweile oder weil ich einfach meine Lieder zu oft gehört habe. Und dann
145	will man irgendwie was anderes hören so, irgendwas, was nicht in die Richtung geht.
146	**A3b:** Und bei uns ist es so, dass halt diese Lieder bekannt sind. Auch wenn man zum
147	Beispiel kein arabesk hört, jeder Ibrahim Tatlıses für/
148	**A3a:** ⌐ja⌐
149	**A3b:** ⌐Ist⌐ für jeden so eine Legende, oder
150	halt andere türkische Sänger, die arabesk machen.
151	**Int.:** Was meinst du mit ‚bei uns'?
152	**A3b:** Bei uns Türken

153	**A3a**: @[schnaubend]@
154	**Int.**: ⌐Ah okay⌐
155	**A3b**: Weil die Türken solche Lieder hören, sage ich mal so.

A3/Immanenter Nachfrageteil, App. 35: 323f.

Die diese Passage einleitende Nachfrage knüpft daran an, dass A3a und A3b zuvor zwischen *arabesk* und *türkü* unterschieden hatten. In dieser Interviewsequenz wird deutlich, dass die sozioästhetischen Zugehörigkeitskonstruktionen zwischen A3a und A3b im Verhältnis zu den anderen Gruppen oftmals einen vergleichsweise losen und unverbindlichen Charakter haben. So einigen sie sich beispielsweise hier auf ein ‚Wir' anhand des Kriteriums, dass Interpret_innen wie Ibrahim Tatlıses den Status einer Legende haben (A3: 146–150). Dieses ‚Wir' hängt mit der Identifizierung mit einer ‚imaginären Türkei' zusammen, bleibt aber in der Schwebe. A3bs Versuch, diese Wir-Zugehörigkeit mit „[b]ei uns Türken" (A3b: 152) zu vereindeutigen, scheitert. A3a weist dies mit einem womöglich Belustigung ausdrückenden Schnauben zurück (A3a: 153), was A3b dazu bewegt, eine gemeinsame Position abzuschwächen: „Weil die Türken solche Lieder hören, sage ich mal so" (A3b: 155). Dass die beiden Jungen deutlich konturierte sozioästhetische Zugehörigkeiten und Abgrenzungen konstruieren, zum Beispiel indem sie sich auf den gemeinsamen sozioästhetischen Gegenhorizont ‚Gangsta' einigen (A3: 473–522, App. 40: 329 f.), kommt selten vor. Eine Selbstläufigkeit in Bezug auf *arabesk*-Musik ereignet sich in diesem Interview eher dadurch, dass A3b längere Erzählmonologe hält. Er entwirft sich dabei als Teil einer *arabesk*-Fankultur unter Jugendlichen und versucht in Form generalisierender ‚man'-Erzählungen immer wieder, A3a mit sozioästhetischen Narrativen seiner Peergroup zu adressieren (vgl. andeutungsweise in A3: 146–155, noch deutlicher in A3: 31–54, App. 33: 322 f., A3: 156–188, App. 35: 324 oder in A3: 324–351, App. 37: 327).

Der vorliegende Interviewausschnitt ist so lesbar, dass sich A3a den sozioästhetischen Positionierungen zu entziehen versucht, mit denen er einerseits von A3b adressiert wird, die andererseits aber auch ich mit der Zusammenstellung der Gruppen erzeugt habe. Sein Umgang mit den Adressierungen durch A3b und mich schwankt zwischen einer Übernahme von bestimmten sozioästhetischen Positionierungen und individualisierender Verweigerung. Dies wird daran deutlich, dass A3a auf der einen Seite eine gewisse Identifizierung mit einer imaginären Türkei bestätigt (vgl. A3: 146–148), auf der anderen Seite seine de-homogenisierende Rezeptionsweise von *arabesk*-Musik betont. Er rezipiere sie primär, um Abwechslung zu haben (A3a: 140 f.), oder auch „[a]us Langeweile" (A3a: 144). Diese Formulierungen lassen sich im Kontrast zu A3b, der sich zu einer *arabesk*-Fankultur zugehörig inszeniert, als eine Kritik an kollektivierenden Anerkennungspraktiken interpretieren. Im Hinblick auf die vorliegende Untersuchung lassen sie sich damit auch als eine implizite Absage daran verstehen, zu einem *arabesk*-Subjekt gemacht zu werden, das bestimmte gruppenspezifische Narrative teilt. Indem A3a immer wieder auf sein ganz eigensinniges Rezeptionsverhalten aufmerksam macht, verweist er implizit auch darauf, dass dem Anerkennungsakt dieser Forschung ein subjektivierender – das heißt immer auch: unterwerfender – Effekt immanent ist, insofern er Subjektivität mittels eines Musikstilkonstrukts erzeugt. Aus diesem Grund möchte ich dieses Kapitel mit einigen grundsätzlichen Reflexionen dazu abschließen, welche Form der Anerkennungspraxis mit meiner Forschung einhergeht.

Auf der einen Seite ermöglicht die Stilkategorie *arabesk* ein Phänomen, das bisher weder in Deutschland noch in der Türkei eingehender untersucht worden ist, als solches überhaupt zu erkennen und zu benennen. Hinsichtlich türkischsprachiger Musik spielen unter Jugendlichen in Berlin und vermutlich auch in anderen Teilen Deutschlands solche Interpret_innen, die der Konvention nach und teilweise auch von den Jugendlichen selbst mit *arabesk* etikettiert werden, eine herausragende Rolle. Teilweise wird das Hören von Sängern wie Ibrahim Tatlıses oder Orhan Gencebay von den befragten Jugendlichen schon als so etwas wie ein Mainstream in ihrem peerkulturellen Umfeld dargestellt. Diese Rezeption von *arabesk*-Musik geht wiederum mit verbreiteten kollektiven Narrationen und sozioästhetischen Anerkennungsdynamiken einher, von denen einige wesentliche in den Kapiteln 3.2 und 3.3 aufgezeigt wurden. Die Benennung dieses Phänomens als ‚*arabesk*-Rezeption‘ ermöglichte es mir somit, die empirischen Untersuchungen mit bestehenden wissenschaftlichen Diskursen ins Verhältnis zu setzen und dadurch überhaupt irritierende und befremdende Phänomene in den Daten zu erkennen (zum abduktiven Prinzip vgl. Kap. 2.1.2).

Auf der anderen Seite suggeriert die Bezeichnung „die *arabesk*-Rezeption von Jugendlichen" eine Eindeutigkeit (1), eine Einheitlichkeit (2) und auch eine wissenschaftliche Neutralität (3), die natürlich so nicht bestehen: Erstens verwenden einige der befragten Jugendlichen das Etikett *arabesk* für sich entweder gar nicht oder verbinden mit ihm ganz andere Musikrichtungen, beispielsweise langsame türkischsprachige Rap-Musik wie die von Sagopa Kajmer. Sehr verbreitet ist hingegen der Begriff *türkü*, mit dem interessanterweise zuvorderst klassische *arabesk*-Interpret_innen bezeichnet werden und nicht wie in der Musikwissenschaft türkische Volkslieder (vgl. Kap. 3.2.4). Zugleich werden mit *türkü* vereinzelt aber auch andere Sänger_innen bezeichnet, beispielsweise Kırvıcık Ali, die den Stilkonventionen nach nicht unter *arabesk* subsumiert werden. Das Phänomen der *arabesk*-Rezeption von Jugendlichen ist somit ein von einer widersprüchlichen Bezeichnungspraxis geprägtes und von daher schwer dingfest zu machendes Phänomen, das in Spannung steht zu einer Eindeutigkeit suggerierenden Kategorisierung.

Zweitens kann die Präferenz für *arabesk*-Musik und dementsprechend auch eine Identifizierung mit auf sie bezogenen kollektiven Narrativen ganz unterschiedlich ausgeprägt sein. Die Bedeutung von *arabesk*-Musik im Rahmen der einzelnen Identitätspatchworks ist dementsprechend völlig uneinheitlich. Beispielsweise hören innerhalb der Gruppe R1 beide Jugendliche auch *arabesk*-Musik, aber nur äußerst peripher. Aus diesem Grund verlagert sich das Interviewgespräch, das insbesondere zu Beginn auf einer offenen Fragestrategie basierte, schnell auf Rap-Musik. Kollektive Narrationen, die in Bezug auf *arabesk*-Musik unter Jugendlichen kursieren, spielen für sie – zumindest im Rahmen dieser Gruppendiskussion – kaum eine Rolle. Zudem darf aus der These dieser Arbeit, dass im Hinblick auf Musik aus der Türkei unter Jugendlichen in Deutschland insbesondere *arabesk*-Musik sehr beliebt ist, keinesfalls abgeleitet werden, dass nicht auch andere türkischsprachige Musik für die interviewten Jugendlichen wichtig ist. Der besondere Stellenwert von *arabesk*-Musik ist somit immer nur als ein Teil vielschichtiger und situativ unterschiedlich konstruierter Identitätspatchworks zu denken.

Und drittens handelt es sich bei der Stilkategorie *arabesk* um alles andere als eine ,neutrale' Bezeichnung. Nach dem Musikwissenschaftler Johannes Ismaiel-Wendt stehen geographisch konnotierte Stilbezeichnungen wie ,Latin' oder ,Afric' in der Tradition des europäischen Kolonialismus, dem es zum einen um das machtvolle Einteilen und Kartographieren der Welt nach Territorien ging und zum anderen um ein Begehren nach dem kulturell Differenten und Ursprünglichen, das einem dichotomisch konstruierten Anderen zugeschrieben wird (vgl. Ismaiel-Wendt 2012: 135). In dieser kolonialen Tradition ist auch die Bezeichnung *arabesk* zu verorten. Mit ihr wurde und wird immer noch in der Türkei, ganz in der Tradition des Orientalismus, ein Gesellschaftsanderer erzeugt. Dieser sei im Kern ,arabisch', ,östlich' oder ,traditionalistisch' und entspreche nicht dem kemalistischen, an Europa orientierten Türkeiideal (vgl. Kap. 3.1). Wenn ich beispielsweise bei Unterhaltungen in der Türkei von meinem Untersuchungsgegenstand berichtete, aktualisierten meine Gesprächspartner_innen oftmals ein bestehendes Stereotyp: Die von mir interviewten Jugendlichen würden ,aus Ostanatolien stammen' und hätten Schwierigkeiten, sich in einer ihnen vermeintlich fremden, ,westlich' orientierten Gesellschaft zurechtzufinden und Anschluss zu finden. Aus diesem Grund flüchteten sie sich, so das Klischee, in eine arabeske, ergo schicksalsergebene und rückwärtsgewandte Ideologie.

Diese gesellschaftsandernde Begriffsgeschichte scheint allerdings schon dadurch zu einem gewissen Grad unterlaufen zu werden, dass ein Teil der Jugendlichen lieber von *türkü* als von *arabesk* spricht (vgl. Kap. 3.2.4). Insofern kann man hier zu Recht fragen, ob in dieser Arbeit dann nicht lieber von der ,*türkü*-Rezeption von Jugendlichen' gesprochen werden sollte. Da aber ein anderer Teil der interviewten Jugendlichen gerade den Begriff *arabesk* verwendet, mit ihm bildungsbürgerliche Narrative wie erhabene Traurigkeit (*damar*), Reife, Selbstreflexivität und Vernünftigkeit verknüpft und dadurch die – historisch begründete – defizitäre und gesellschaftsandernde Semantik des Begriffs verschiebt, wurde an dieser spannungsvollen Stilkategorie festgehalten. Die Benennung des untersuchten Phänomens als ,*arabesk*-Rezeption von Jugendlichen' bleibt somit in die Ambivalenz der Anerkennung eingebunden, soziale Identität und Identitätsverschiebungen zu ermöglichen, zugleich aber auch die interviewten Jugendlichen einem Anerkennungsrahmen zu unterwerfen, der mit einer Geschichte innerer Kolonialisierung in der Türkei zusammenhängt.

3.3.9 Zusammenfassung

Die Schlüsselkategorie dieser Arbeit, *Sozioästhetische Anerkennung*, steht für den Zusammenhang von musikbezogenen Geschmacksurteilen und intersubjektiven Positionierungsdynamiken. Anhand einer Analyse der *arabesk*-Rezeption von Jugendlichen in Deutschland wurde in Kapitel 3.3 das Ziel verfolgt, theoretische Instrumente zu erarbeiten, mit denen musikbezogene Anerkennungsdynamiken unter Jugendlichen in der Situation des Musikunterrichts besser verstehbar werden. Es wurde versucht, aus dem Datenmaterial Anerkennungsereignisse auf einer Metaebene zu extrahieren, die auch im Hinblick auf ganz andere Stilpräferenzen relevant sein können. Bevor der Frage detaillierter nachgegangen wird, welche Perspektiven sich daraus für die Musikpädagogik ergeben, sollen die herausgearbeiteten Dimensionen der *Sozioästhetischen Anerkennung* im Folgenden noch einmal zusammengefasst werden. Mit diesem hermeneutischen Instrumentarium verbindet sich natürlich kein Anspruch auf Vollständigkeit. Es handelt sich um einen ersten explorativen Entwurf und damit um einen Ausgangspunkt für empirisch-rekonstruktive Erweiterungen, eingehendere Systematisierungen und abduktive Verknüpfungen mit weiteren theoretischen Perspektiven.

Zunächst ist es sinnvoll, in den Blick zu nehmen, auf welchen sozialen Ebenen sich Anerkennungsdynamiken anhand von musikbezogenen Geschmacksurteilen ereignen. Dafür wurde zum einen zwischen *mikrosozioästhetischen und makrosozioästhetischen Adressierungen* unterschieden. Zu fragen ist dabei: Bringen diese Adressierungen eher Peer- bzw. feldspezifische Subjektpositionen hervor oder eher Subjektpositionen, die sich auf einer makrosozialen Differenzebene bewegen, bei der auf Dimensionen wie Geschlecht, sexuelle Orientierung, Ethnizität, *race*, Alter, Schicht, Bildungshintergrund usw. verwiesen wird? Als Beispiele für sozioästhetische Mikrorollen wären *isyan*, ‚Lauchs‘ oder ‚vernünftige Schüler_innen‘, für Makropositionen ‚Problembezirksjugendliche‘ oder ‚gute Migrant_innen‘ zu nennen. Ausgehend von dieser Unterscheidung lässt sich wiederum fragen, wie Mikro- und Makroebenen miteinander verschränkt sind. Zum anderen lässt sich zwischen einer *sozio*ästhetischen und einer sozio*ästhetischen* Anerkennung unterscheiden. Mit sozio*ästhetisch* sind solche Adressierungen gemeint, die sich eher auf Verkörperungen eines bestimmten musikbezogenen Geschmacksurteils beziehen, wie dies bei *damar* oder ‚Gangsta‘ der Fall ist. Eine *sozio*ästhetische Anerkennung akzentuiert hingegen Subjektivationen, die sich zuvorderst auf soziale Rollen beziehen, wie dies für ‚Kind‘, ‚antagonistische_r Schüler_in‘ oder ‚türkischsprachig‘ zutrifft. Zur genauen Bestimmung der sozialen Ebenen, auf denen die musikgeschmacklichen Anerkennungsdynamiken basieren, lassen sich die beiden Systematiken kombinieren. So stellt beispielsweise eine Adressierung als *damar* eine mikrosozio*ästhetische* Positionierung dar.

In den sozioästhetischen Positionierungen und Rollenzuweisungen beziehen sich die Jugendlichen auf bereits vorhandene Anerkennungsrahmen. Bei diesen kann es sich um bestimmte als selbstverständlich erachtete Kategoriensysteme, Differenzordnungen, Diskurse oder Normen handeln. Wie in A1 und A3 kann es bei sozioästhetischen Anerkennungsdynamiken zur *Kollision zweier Anerkennungsrahmen* kommen. Dieser Rahmenkonflikt ereignet sich bei den Jugendlichen aus A1 auf einer makrosozialen Ebene. Ihren Kontroversen liegen zwei entgegengesetzte Migrationsdiskurse zugrunde: einerseits die Zuschreibung von ‚Türk_innen‘ aus der Türkei als *Almancı* und die damit einhergehende Aufforderung, sich ‚nicht zu assimilieren', andererseits die Markierung seitens ‚Deutscher' als ‚Personen mit Migrationshintergrund' und der Appell, sich ‚gut zu integrieren'. Eine Kollision zweier Anerkennungsrahmen kann sich aber auch – wie in A3 – auf einer mikrosozialen Ebene ereignen. So beziehen sich die beiden interviewten Jugendlichen in erster Linie auf Anerkennungsordnungen in ihrem peerkulturellen Umfeld. A3a adressiert A3b im Hinblick auf einen Gegensatz zwischen Mainstream- und individualisiertem Musikgeschmack. A3bs Rollenzuweisungen an A3a basieren hingegen auf der Voraussetzung, dass in Bezug auf *arabesk*-Musik ein kollektiv geteiltes Netz an Bedeutungen und Normen existiert, dem man sich nicht so einfach entziehen kann.

In A2 einigen sich die Jugendlichen hingegen auf einen gemeinsamen Anerkennungsrahmen: auf eine *hierarchische Anordnung ihres Identitätspatchworks*. Im Hintergrund der Anerkennungsdynamiken zwischen den drei Interviewten stehen also weniger unterschiedliche Anerkennungsrahmen als die Frage, ob sie den gemeinsam geteilten Normen auch ‚wirklich' entsprechen. Dafür wenden sie verschiedene *Techniken der Authentifizierung und der De-Authentifizierung* an. Mit ihnen steht die Frage im Mittelpunkt, wie sozioästhetische Positionen für andere als wahrhaftig sichtbar gemacht bzw. wie sie von anderen als ‚unecht' aufgedeckt werden können.

Zum Ersten bildet der *Sprachhabitus* eine derartige Technik. Die ‚Ehrlichkeit' bestimmter sozioästhetischer Positionen kann dadurch untermauert werden, dass man auf eine spezifische Art und Weise über einen Musikstil spricht. In Bezug auf *arabesk*-Musik erfolgt die Authentifizierung einer reifen Identität beispielsweise über ein emotionalisiertes und zugleich introspektiv-vernünftiges Sprechen. Beim so genannten Deutschrap dominiert hingegen ein technisch-formaler und musiktheoretischer Sprachhabitus, der wohl auch verhindern soll, unter das Stereotyp des Gangstas subsumiert zu werden. Dabei bildet im Hinblick auf *arabesk*-Musik die *Sprachkompetenz* einen wichtigen Teilaspekt eines ‚authentischen' Sprachhabitus. Sozioästhetische Positionen wie *damar* werden dann als ‚echt' anerkannt, wenn der Textinhalt der *arabesk*-Stücke sprachlich verstanden wird. Eine Bloßstellung, weil jemand nicht gut Türkisch spricht, bildet dementsprechend – wie in A2 – einen prekären Anerkennungsakt. Für den_die Betroffene_n besteht das Risiko, auch in anderen sozioästhetischen Selbstpositionierungen wie ‚reif' bzw. ‚erwachsen' als ‚unwahr' bloßgestellt zu werden. Authentifizierungstechniken, die die Sprachkompetenz unter Beweis stellen, sind unter anderem genaue Übersetzungen des Textinhalts oder ein gekonntes Wechseln zwischen Deutsch und Türkisch.

Zum Zweiten stellt sich die Frage, wie auf den Körper verwiesen bzw. wie dieser inszeniert wird, um bestimmte sozioästhetische Rollen als quasi-natürlich auszugeben. Es handelt sich dabei um *Naturalisierungstechniken*. Mit ihnen wird das Konstruieren von musikbezogenen Bedeutungen und Identitäten in einem gewissen Maß verschleiert, da Musik der Naturalisierungslogik zufolge unweigerlich auf eine bestimmte Art und Weise auf den Körper einwirkt und diesen gestaltet. Bei *arabesk*-Musik bildet der Verweis auf das innere Körpererleben, insbesondere auf die Wirkungen auf Adern, Herz und Blut, eine derartige Naturalisierungsstrategie. Der innere Körper wird demnach der *arabesk*-Musik unweigerlich ausgeliefert und sorgt dafür, dass sie einen ‚automatisch‘ in die traurigkeitsästhetische *damar*-Position versetzt.

Zum Dritten können sozioästhetische Positionen durch das *Aufdecken und Auflösen von Rollenwidersprüchen* authentifiziert bzw. de-authentifiziert werden. Dabei werden musikbezogene Subjektpositionen mit Kontexten in Verbindung gebracht, in denen andere jugendkulturelle, nicht musikgeschmackliche Rollenanforderungen existieren. Beispielsweise werden in A2 musikstilspezifische Subjektpositionen mit verschiedenen Schülertypen ins Verhältnis gesetzt. A2b muss sich gegenüber A2a und A2c dafür rechtfertigen, dass er in der Schulklasse einen Schülerhabitus vertritt, der mit den sozioästhetischen Normen der *arabesk*-Musik nicht zu vereinbaren ist. Diesen Rollenwiderspruch löst A2b dadurch, dass er für seine Selbstpositionierung zwei peerkulturelle Sphären unterscheidet.[139] Innerhalb der Klassenöffentlichkeit bezieht er sich auf den Anerkennungsrahmen eines in der Peergroup angesehenen oder ‚coolen‘ Schülers. Im privaten Peerbereich orientiert er sich hingegen an den sozioästhetischen Rollen, die die Jugendlichen mit *arabesk*-Musik verknüpfen.

Zum Vierten kann gefragt werden, auf welche externen *Zeug_innen* die Jugendlichen zurückgreifen, um die Wahrhaftigkeit von bestimmten sozioästhetischen Positionen zu beweisen oder zu hinterfragen. In A1 wird gelegentlich auf andere Personen verwiesen, in A2 erfüllt das Smartphone eine solche Funktion. Dabei wird es nicht nur als Zeuge, sondern fast schon als Garant einer ‚wahrer Identität‘ konstruiert. Das Smartphone offenbart in dieser Logik, was man ‚tatsächlich‘ für Musik hört, wenn man allein ist, und ist insofern womöglich ‚ehrlicher‘ als sein_e Besitzer_in.

Bezüglich der Anwesenheit einer erwachsenen Person spielen *antizipierte Erwartungen und präventive Selbstpositionierungen* eine zentrale Rolle dabei, wie sich Jugendliche anhand ihres Musikgeschmacks selbst positionieren und untereinander adressieren. So ereignen sich die Kontroversen in A1 vor dem Hintergrund dessen, dass sie auf mögliche Konzepte von ‚gut integrierten Migrant_innen‘ seitens des Interviewers und einer imaginierten Leserschaft vorausgreifen. In diesem Erwartungskontext konstruieren sie anhand von *arabesk*-Musik präventive und auch subversive Selbstpositionierungen. So entwirft sich A1d einer transkulturellen Leitnorm entsprechend als ‚musikkultureller Mischling‘ und wehrt damit mögliche Zuschreibungen als ‚schlecht integriert‘ ab. Demgegenüber versuchen A1a, A1b und A1c den bestehenden Migrationsdiskurs in Deutschland dahingehend zu verschieben, dass ‚Gut-Integriertsein‘ auch mit natio-ethno-kulturellen bzw. natio-hemisphärisch-kulturellen Differenzpositionen einhergehen kann.

Neben antizipierten Anerkennungserwartungen haben natürlich auch direkte Adressierungen von Erwachsenen einen zentralen Einfluss darauf, wie sich Jugendliche anhand ihres Musikgeschmacks positionieren. Im Hinblick auf Zugehörigkeitsord-

---

139 Zur Idee der Sphärendiskrepanz, die innerhalb der Rekonstruktiven Sozialforschung einen milieuspezifischen Orientierungsrahmen von „Jugendlichen türkischer Herkunft in der *zweiten* Einwanderungsgeneration“ kennzeichnet und sich eigentlich auf die Unterscheidung einer familiären und einer gesellschaftlichen Sphäre bezieht, vgl. Bohnsack & Nohl 2001: 32.

nungen, die prekär und mit gesellschaftlichen Machtverhältnissen verstrickt sind, befindet man sich als Musiklehrende_r in einem *Dilemma zwischen wertschätzenden und dekonstruierenden Anerkennungshandlungen*. Meine Einführung zur Gruppendiskussion A1 umfasste eine wertschätzende Anerkennung von ,türkischen' Identitätsanteilen. Der Grund dafür war, dass bei meinen Vorbefragungen an dieser Schule auffällig häufig migrationsspezifische Änderungen und Diskriminierungen zur Sprache kamen. Ich führte in das Interview mit der Vision ein, dass es einen Beitrag dazu darstellen könne, dass Musiken der Türkei an einer ,deutschen' Institution wie der Schule zukünftig aufgewertet und als Teil dieser Gesellschaft anerkannt würden. Dabei adressierte ich die Jugendlichen implizit als ,türkisch' und benachteiligte Jugendliche ,mit Migrationshintergrund'. Diese Adressierungen hatten zum einen zur Folge, dass sich die sozioästhetischen Anerkennungsdynamiken der Jugendlichen untereinander in Bezug auf *arabesk*-Musik auf den makrosozialen Rahmen des Migrations- und Integrationsdiskurses einpendelten. Zum anderen resultierte daraus ein Konflikt innerhalb der Gruppe. A1a, A1b und A1c erlebten meine Adressierungen als eine kompensatorische Wertschätzung ihrer ,türkischen' Teilidentitäten, mit denen sie sich in Deutschland ansonsten oftmals abgewertet fühlen. Unter anderem nutzten sie diese Adressierung, um aus der Position ,mit türkischem Migrationshintergrund' heraus auf einen demütigenden hegemonialen Integrationsdiskurs in Deutschland hinzuweisen und ein erweitertes Integrationsverständnis zu etablieren. A1d erlebte mein Anerkennungshandeln in diesem Interview hingegen als ein *Othering*, d. h. als eine Fixierung auf eine vermeintlich nicht deutsche, migrationsandere und irgendwie ,exotische' Position. Die wertschätzende Anerkennung von prekären sozialen Rollen hatte in Bezug auf Identität in A1 somit einerseits einen ermöglichenden und andererseits einen unterwerfenden Charakter.

Demgegenüber adressierte ich die Jugendlichen in A2 und A3 über weniger prekäre Positionen: als Jugendliche und als Schüler_innen, deren Musikinteressen im Unterricht vermutlich wenig Berücksichtigung finden. Im Gegensatz zu meiner Intervieweinführung in A1 versuchte ich somit, eine alteritäre Migrationsordnung als Anerkennungsrahmen zu dethematisieren. Ich wollte signalisieren, dass ich das Interesse der Jugendlichen an *arabesk*-Musik nicht zuvorderst als ein migrationsanderes Phänomen interpretiere. Die Anerkennungsdynamiken unter den Jugendlichen in Bezug auf *arabesk*-Musik hatten daraufhin einen deutlich dezentrierteren Charakter und verliefen stärker auf einer mikrosozioästhetischen Anerkennungsebene. Gelegentlich nahmen auch sie auf Anerkennungsordnungen Bezug, die im Migrations- und Integrationsdiskurs etabliert werden. Sie bildeten aber nur einen von mehreren Rahmen, welche die Anerkennungsdynamiken der Jugendlichen in Bezug auf *arabesk*-Musik strukturierten.

Mit dem Dilemma zwischen wertschätzenden und dekonstruierenden Anerkennungshandlungen sind aufs Engste *Ambivalenzen musikstilspezifischer Adressierungen* verschränkt. Adressiert man Jugendliche auf der Basis des Stilkonstrukts *arabesk*, werden sie aufgrund seiner Begriffsgeschichte einer kolonialen und natioethno-kulturellen Differenzordnung unterworfen. Zudem werden sie im Hinblick auf die unterschiedlich intensive Bedeutung, die *arabesk*-Musik in den einzelnen

Identitätspatchworks hat, vereindeutigt und vereinheitlicht. Zugleich ermöglicht die Bezugnahme auf diesen konventionellen Stilbegriff wiederum ein komplexeres Identitätsverständnis. Sie werden als Jugendliche sichtbar, die sich äußerst differenziert und ästhetisch kompetent mit einer bestimmten Musik der ‚imaginären Türkei' identifizieren. Zudem treten sie vor dem Hintergrund der bestehenden *arabesk*-Debatte als Subjekte hervor, die die gängigen Differenzordnungen des *arabesk*-Diskurses unterlaufen, mit bestimmten Identitätsklischees brechen und neue Bedeutungszuweisungen an diese Musik – inklusive ihrer Stilbezeichnung – kreieren.

4. Sozioästhetische Anerkennung als Perspektive für die Musikpädagogik

Im abschließenden Kapitel gehe ich der Frage nach, welcher Ertrag sich aus der zuvor entfalteten Analyseperspektive der Sozioästhetischen Anerkennung für den Musikunterricht ziehen lässt. Dazu wird in Abschnitt 4.1 zunächst an bisherige musikpädagogische Sichtweisen auf Musikpräferenzen von Jugendlichen angeknüpft. Davon ausgehend wird mit Blick auf meine Datenanalysen und auf einzelne Ansätze der erziehungswissenschaftlichen Unterrichtsforschung eine situative Sichtweise auf den Musikunterricht entfaltet: Anstatt sich auf die Frage zu beschränken, was für Identitäten Jugendliche in den Musikunterricht mitbringen und wie sie sich durch bestimmte musikpädagogische Impulse weiterentwickeln können, plädiere ich für einen stärkeren Fokus auf die spezifische soziale Situation des Musikunterrichts selbst. Diese neue Perspektive fasse ich mit dem Begriff des *Situativen Innehaltens*. Damit verbindet sich die These, dass Prozesse der Identitätsentwicklung nicht nur *durch* Musikunterricht, sondern auch *während* des Musikunterrichts befördert werden.

Mit dieser noch sehr allgemeinen Perspektivverschiebung auf Musikunterricht lassen sich an verschiedene musikpädagogische Diskurse kritische und ergänzende Rückfragen stellen. In Unterkapitel 4.2 beschäftige ich mich exemplarisch mit einem musikpädagogischen Diskussionsfeld: der ‚Interkulturellen Musikpädagogik‘. Ausgehend von meinen Analysen zur *arabesk*-Rezeption von Jugendlichen entwickle ich dabei differenziertere Betrachtungsweisen zum Thema Ethnizitäten in der Situation des Musikunterrichts.

In Abschnitt 4.3, der zugleich einen die vorliegende Studie beschließenden Ausblick bildet, wird aufgezeigt, welche Fragen in meiner Forschungsarbeit offengeblieben sind. In diesem Kontext schlage ich einen verstärkten wechselseitigen Austausch der Musikpädagogik mit anderen Wissenschaftsdisziplinen vor. Häufig gestalten sich interdisziplinäre Bezüge in der Musikpädagogik nämlich in der Form, dass sie sich Theorien aus anderen Forschungsrichtungen kritisch aneignet und für musikpädagogische Handlungsfelder fruchtbar macht. Dabei gerät allerdings der Austausch mit anderen Fächern gewissermaßen in eine Sackgasse. Im Sinne einer wirklichen Interdisziplinarität wäre dagegen für die Zukunft zu wünschen, dass sich musikpädagogische Forschung noch offensiver an Diskussionen anderer Disziplinen beteiligen und ihre Forschungsergebnisse aktiver an diese zurückspiegeln würde.

4.1 Situatives Innehalten im Musikunterricht

4.1.1 Selbstbeschreibungen und Fremdbeschreibungen von Unterricht

Wenn innerhalb der Musikpädagogik über Musikpräferenzen von Jugendlichen diskutiert wird, ist der Blick auf Musikunterricht meist intentional ausgerichtet. Im Zentrum steht dabei meist die normative Frage: Welche musikbezogenen Identitäten bringen Jugendliche mit und wohin können sie sich durch musikpädagogisches Handeln weiterentwickeln? Daran schließen sich oftmals kritische Unterfragen an wie: Kann der Musikunterricht angesichts seines formellen, unfreiwilligen und durch Erwachsene kontrollierten Lernkontextes dazu überhaupt einen Beitrag leisten und wenn ja, wie? Wie sollte eine Musikpädagogik aussehen, die den Eigenlogiken von Popularmusik angemessen ist? Wie viel Raum sollten bestehende Musikpräferenzen und Identitätskonstruktionen von Jugendlichen im Musikunterricht einnehmen? Müssten im Musikunterricht nicht ganz andere Musiken und musikbezogene Praktiken im Vordergrund stehen als diejenigen, die von Jugendlichen bevorzugt werden?

Diese und ähnliche Fragen wurden insbesondere in den folgenden musikpädagogischen Diskursfeldern erörtert: in der ‚Rock-/Pop-Musik-Didaktik‘ bzw. der ‚Didaktik der populären Musik‘ (u. a. Rolle 2010, Kautny 2010, Green 2008 und 2002, Wallbaum 2007, Schütz 2004, Niermann 1999, Terhag 1984) sowie in der ‚Schülerorientierung‘ (u. a. Richter 2008, Ansohn 2006, Meidel 2002, Antholz 1984, Günter et al. 1983).[140] Betont wurde dabei auch immer wieder, welche nachweislich hohe Bedeutung Musik insbesondere für Jugendliche in ihrem Alltag und für ihre Identitätsbildung einnimmt (vgl. u. a. Medienpädagogischer Forschungsverband Südwest 2013 [JIM-Studie]: 11, 17 und 57, Shell Deutschland Holding 2010: 96–98, Gembris 2009: 334–336, Baacke 1998, Dollase 1998).

Wenn es um Musikpräferenzen von Jugendlichen geht, ist die dominierende Perspektive auf Musikunterricht letztendlich durch die Frage nach dem Unterricht*sertrag* bestimmt: Wie können Jugendliche ihre musikbezogenen Identitäten *durch* Musikunterricht weiterentwickeln? Dementsprechend wird bei der Frage nach musikbezogenen Identitäten von Jugendlichen einerseits ein ‚Vorher‘ und andererseits ein ‚Nachher‘ des Musikunterrichts fokussiert. Beispielsweise gehen Autor_innen wie Volker Schütz oder Barbara Hornberger davon aus, dass Jugendliche in erster Linie passive und implizite musikbezogene Kompetenzen mitbringen. Als Ziele für den Musikunterricht bestimmen sie diesbezüglich eine „Erweiterung des musikbezogenen Bewusstseins der Schüler" (Schütz 2004: 275), einen Aufbau „ästhetische[r] Kompetenz" (ebd.: 273) oder ein „Begreifen, was mich ergreift" (vgl. Hornberger 2015: 269 f.). Musikunterricht wird somit als ein Ort aufgefasst, an dem bestehende Explikations-, Reflexions- und Handlungskompetenzen erweitert bzw. verbessert werden können. Ein weiteres Beispiel für den ausschließlich intentionalen Blick auf Musikunterricht bildet die musikdidaktische Konzeption der „offene[n] ästhetische[n] Praxis" von Christopher Wallbaum (Wallbaum 2007: 26). Wallbaum geht anknüpfend an die Terminologie des Philosophen Martin Seel davon aus, dass Jugendliche fremde Musiken in erster Linie „atmosphärisch" bzw. „korresponsiv-ästhetisch" hören (ebd.: 25). Anderes werde dementsprechend in erster Linie aus der eigenen kulturbedingten Perspektive erlebt und bewertet. Demgegenüber solle Musikunterricht zu einer „offene[n] ästhetische[n] Art der Wahrnehmung" beitragen (ebd.), indem kulturbedingte ästhetische Perspektiven auf fremde Musik irritiert

---

140 Historische Überblicke finden sich in Meidel 2004 und 2002 für die ‚Schülerorientierung‘ und in Rolle 2010 für die ‚Rock-/Pop-Musik-Didaktik.

werden. Als Beispiel führt Wallbaum dafür die Methode „Mit fremden Ohren hören" an (Wallbaum 1998), bei der sich Jugendliche für eine gewisse Zeit in die Position einer anderen Jugendkultur begeben, sich dementsprechend kleiden und kulturspezifische Orte besuchen.

Immer wieder wurde auch auf Schwierigkeiten der Unterrichtssituation hingewiesen, wenn man sich an den Zielsetzungen musikbezogene Identitätsentwicklung und ästhetische Kompetenzerweiterung bzw. -aktivierung orientiert. Meistens wird dabei auf jugendsoziologische oder entwicklungspsychologische Theorien zurückgegriffen. Unter anderem wird angenommen, dass zwischen alltäglichen und unterrichtlichen Umgangsweisen mit Popularmusik eine unüberwindbare Rahmeninkongruenz bestehe. Schulische Lernstrukturen wie Unfreiwilligkeit, Leistungsorientierung oder Erwachsenenkontrolle seien mit den alltäglichen Verwendungskontexten von Musik im Jugendalter nicht zu vereinbaren. In diesem Zusammenhang werden unterschiedliche dem Musikhören zugeschriebene Funktionen betont – insbesondere die Eskapismus-, die Distinktions-, die Stimmungsregulierungs-, die Protest- oder die Grenzziehungsfunktion gegenüber Erwachsenen (vgl. Dollase 1998: 363–365 oder Baacke 1993: 232). Der aus diesem Grund heikle musikpädagogische Umgang mit Jugendmusikpräferenzen wird oftmals unter dem Stichwort ‚Nähe – Distanz' diskutiert (vgl. u. a. Kautny 2010: 38–40, Terhag 2009a: 44, Terhag 2009b, Schatt 2007: 114 f.). Beispielsweise argumentiert Peter Schatt, dass jugendspezifische Funktionen von Musik, wie Alltagsstress kompensieren, ‚einfach mal abschalten' oder intime Liebes- oder Leiderfahrungen verarbeiten zu können, im Widerspruch zu den Output-orientierten Lernstrukturen von Schule stehen. Ein Aufgreifen ihrer Musikinteressen respektiere Schüler_innen weder im Hinblick auf ihre Privatsphäre noch in ihrem Distanzbedürfnis zu ihrem Schulalltag (Schatt 2007: 114 f.). Laut Oliver Kautny sei eine Kernfunktion von Musik im Jugendalter, sich sozial abzugrenzen, unter anderem von der Elterngeneration. Davon ausgehend stelle sich die Frage, ob das Dekonstruieren bestehender musikbezogener Identitäten oder die Erschütterung einer korresponsiven Musikwahrnehmung schlichtweg als nicht altersgemäß und übergriffig einzustufen seien (Kautny 2010: 39). Kautny plädiert im Hinblick auf das ‚Nähe-Distanzproblem' somit für eine behutsame Thematisierung der Musikpräferenzen von Jugendlichen. Bekannt geworden ist auch die 1984 von Jürgen Terhag vertretene These von der „Un-Unterrichtbarkeit aktueller Pop- und Rockmusik" (Terhag 1984). Terhag ging von der Prämisse aus, dass Popularmusik unweigerlich auf ein korresponsives und undistanziertes Rezeptionsverhalten angelegt sei. Aus diesem Grund könne sie mit der musikpädagogischen Intention, Musik kritisch und rationalisiert zu hören, nicht vereinbart werden. Musikunterricht sei vor die paradoxe Aufgabe gestellt, „Rockmusik vor Verschulung und Schüler vor industriegesteuerter Verblödung zu bewahren" (ebd.: 346).

Bezüglich des musikpädagogischen Ziels, anhand der Musikpräferenzen von Jugendlichen einen Beitrag zur musikbezogenen Identitätsentwicklung zu leisten, wurde somit auf spannungsvolle Eigentümlichkeiten der Unterrichtssituation hingewiesen. Allerdings wurden jene Präferenzen bislang nicht vertiefend oder eingehend empirisch untersucht. In Anbetracht des komplexen Geflechts aus Erfahrungen von Jugendlichen mit Musik, deren Funktionen im Jugendalter, den Wünschen der Jugendlichen an den Musikunterricht, Zielsetzungen des Musikunterrichts und Eigenlogiken des institutionellen Kontextes Schule mangelt es somit an theoretischen Erkenntnissen, Systematisierungen und ‚Verstehensbrillen‘, die dieser Vielschichtigkeit Rechnung tragen. Dieses Desiderat erstaunt angesichts der Fülle an Musikunterrichtsmaterialien und didaktischen Konzeptionen zu (vermeintlichen) Musikpräferenzen von Jugendlichen.

Im Gegensatz zu den dargestellten intentionalen musikpädagogischen Konzepten im Hinblick auf die Musikpräferenzen von Jugendlichen, bei denen primär der Unterrichts*ertrag* im Vordergrund steht, geht es in dieser Arbeit zunächst einmal darum, einen Beitrag zum besseren Verständnis des Unterrichts*ereignisses* zu leisten. Im Zentrum steht also weniger die Frage ‚Wie entwickeln sich musikbezogene Identitäten von Jugendlichen *durch* Musikunterricht?‘ als vielmehr die Frage ‚Wie ereignen sie sich intersubjektiv *im* Musikunterricht?‘. Mit dieser Arbeit werden also nicht ein ‚Vorher‘ und ein ‚Nachher‘ des Musikunterrichts, sondern das ‚Währenddessen‘ in den Blick genommen.[141]

Mit dem Erziehungswissenschaftler Matthias Proske lassen sich diese beiden unterschiedlichen Frageperspektiven auf Unterricht anknüpfend an die Wissenssoziologie André Kieserlings als „Selbstbeschreibung“ und „Fremdbeschreibung“ fassen (vgl. Proske 2011: 12). Bei Ersterer handle es sich um eine „affirmative Beschreibung“ (ebd.). Sie erfülle die wichtige Funktion, den intentionalen Sinn von Unterricht immer wieder aufs Neue zu gewährleisten. Es werde „von einer prinzipiellen Sinnhaftigkeit des Beschriebenen“ ausgegangen, bei der es um „Beobachtungen [gehe], die es dem Praktiker im Feld ermöglichen, die Motivierung seines Handelns immer wieder neu zu sichern“ (ebd.). Dabei verfolge die Selbstbeschreibung gerade im Hinblick auf auszubildende Lehrende ein pragmatisches Anliegen. Es gehe primär darum, Handlungssicherheit und Sinnhaftigkeit im Unterrichtsgeschehen zu gewährleisten. Entsprechend den Anforderungen zentraler Bildungsinstitutionen wie Schule, Ausbildungsstätten, Kultusministerien etc. dominiere dabei ein „öffentliche[s] Interesse am *outcome* von Schulen“ (ebd.: 11). Der selbstbeschreibende Blick auf Unterricht habe demnach einen angepassten Charakter und sei stark

---

141 Damit unterscheidet sich die vorliegende Perspektive auf das Kommunikationsereignis des Musikunterrichts auch von derjenigen der Kommunikativen Musikdidaktik Stefan Orgass'. Mit seinen an Jürgen Markowitz anknüpfenden situationstheoretischen Analysen konzentriert sich Orgass auf die Frage, wie unterrichtliche Kommunikationssituationen beschaffen sein müssen, damit eine behandelte Musik von den Lernenden u. a. als relevant oder horizonterweiternd erlebt wird (vgl. Orgass 2007: 66). Im Gegensatz zur vorliegenden Arbeit sind seine Analysen somit nicht primär soziologisch-empirisch, sondern musikdidaktisch motiviert und orientieren sich eng an den Normen seiner Kommunikativen Musikdidaktik, beispielsweise an „der Entstehung von neuem musikalischem bzw. musikbezogenem Sinn“ (Orgass 2000: 34), der „interaktiven Verschiedenheit (ebd.: 35) oder einer „gemeinsamen Themenfindung“ (ebd.). Anerkennungstheoretische, systemtheoretische oder feldtheoretische Überlegungen spielen dabei nur eine periphäre Rolle.

an „Alltagsüberzeugungen, Motivierungsnotwendigkeiten und Gelingenserwartungen" geknüpft (ebd.: 12). Dementsprechend neigen didaktische Beschreibungen von Unterricht notwendiger- und auch sinnvollerweise dazu, die Vielschichtigkeit dieser spezifischen sozialen Situation abzublenden. Der Fokus der Selbstbeschreibung liege dabei überwiegend auf dem Handeln der Lehrenden.

Demgegenüber werde in der Perspektive der Fremdbeschreibung versucht, die soziale Komplexität des Unterrichtsgeschehens einzuholen und zu selbstverständlichen Annahmen, die mit den Handlungsanforderungen an Lehrende einhergehen, auf Distanz zu gehen (ebd.). Dafür schlägt Proske systemtheoretische oder kommunikationstheoretische Perspektiven auf Unterricht vor. Sie ermöglichen, den eingeschliffenen Fokus auf die Lehrperson, auf seine Ziele und Realisierungsformen zu erweitern. Beispielsweise könne Unterricht im Hinblick auf seine spezifische Kommunikationslogik der ‚Passung' untersucht werden. Danach sei zu fragen, wie Lehrende Schülerbeiträge im Hinblick auf zu lernendes Wissen klassenöffentlich steuern und dabei versuchen, ihre eigenen Erwartungshaltungen einerseits sichtbar zu machen, andererseits aber auch zu verdecken. Auch können Strategien von Schüler_innen untersucht werden, wie sie Erwartungen von Lehrenden antizipieren und auch unterlaufen (ebd.: 13). Eine Fremdbeschreibung betone wie in diesen Beispielen somit „den Ereignischarakter des Sozialen" (Meseth et al. 2012: 226). Bei ihr „kommen Handlungen aller Beteiligten bei der Hervorbringung der sozialen Ordnung vor" (ebd.). Im Gegensatz zur didaktischen Brille, mit der man den unmittelbaren Aktionsradius der Lehrenden fokussiere, werde der Blick auf das soziale Gesamtereignis des Unterrichtsgeschehens gelenkt. Die Differenz zwischen Fremdbeschreibung und Selbstbeschreibung sei somit vergleichbar mit verschiedenen Kameraeinstellungen auf ein Fußballspiel, bei dem entweder nur das Geschehen direkt um die_den ballführende_n Spieler_in oder das gesamte Spielfeld (inklusive Spielfeldrand und Tribüne) in den Blick geraten. Proske versteht die Fremdbeschreibung durchaus als eine kritische erziehungswissenschaftliche Perspektive, um sich von den permanenten wissenschaftsexternen Erwartungen und Forderungen zu lösen, gemäß denen die soziale Komplexität von Unterricht pragmatisch zu reduzieren ist, denn:

> „Auftraggeber wie die Kultusministerien der Länder oder das Bundesministerium für Bildung und Forschung interessieren sich weniger für eine theoretisch angemessene Beschreibung der Komplexität von Unterricht, sondern sie wünschen diejenigen Bedingungen und Merkmale von Unterricht isoliert und identifiziert zu sehen, die einen Unterschied machen im Hinblick auf effektive Steuerung, Entwicklung und Verbesserung" (Proske 2011: 11).

Die Fremdbeschreibung von Unterricht kann natürlich nicht nur auf systemtheoretischen oder kommunikationstheoretischen, sondern auch noch auf anderen, z. B. auf feldtheoretischen oder – wie in der vorliegenden Arbeit – auf anerkennungstheoretischen Perspektiven basieren. Geht man bei der Frage nach der Anerkennung von Jugendlichen und ihren Musikinteressen von einer Fremdbeschreibung des Musikunterrichts aus, ist zu konstatieren, dass innerhalb der Musikpädagogik wenig Wissen vorhanden ist. Offene Fragen sind beispielsweise: Welche Einstellungen haben Jugendliche zu einer Thematisierung ihrer Musikpräferenzen im Musikunterricht? Wie hängen diese mit möglichen Anerkennungserwartungen in der Situation des Musikunterrichts zusammen? Welche speziellen Formen des auf Musikgeschmack bezogenen Adressierens, Re-Adressierens und Sich-Positionierens gibt es in ihm? Auf welche Anerkennungsrahmen nehmen Jugendliche Bezug, wenn sie im Musikunterricht über ihre Musikpräferenzen sprechen? Wie setzen Jugendliche ihre Musikinteressen im System Unterricht ein (oder gerade nicht ein), um mit den an sie gerichteten Rollenerwartungen seitens der Lehrenden einerseits und seitens der Peergroup andererseits umzugehen? Wie tarieren sie diese beiden Erwartungsebenen durch musikbezogene Geschmacksinszenierungen aus? Wie werden im musikbezogenen Anerkennungsgeschehen sozio*ästhetische* Positionen (wie *isyan*, *damar*, ‚Gangsta' oder ‚Lauch') mit mikrosozialen Positionen (Schülerrollen, Machtpositionen im Peerzusammenhang der Schulklasse) und mit makrosozialen Positionen (als ‚Mädchen', als ‚erwachsen' oder als ‚Türk_in') verknüpft?

Dieser Arbeit liegt somit ein Blick auf Musikunterricht zugrunde, bei dem das musikbezogene Identitäts*ereignis* und weniger die musikbezogene Identitäts*entwicklung* im Vordergrund steht. In Kapitel 3.3 wurde also weniger nach theoretischen Instrumenten gesucht, mit denen musikdidaktische Wege von einem Vorher zu einem Nachher musikbezogener Identitäten entwickelt werden können. Vielmehr ist mit dem hier entwickelten ‚hermeneutischen Werkzeugkasten' das Anliegen verknüpft, das intersubjektive Identitätsgeschehen in der Gegenwart des Musikunterrichts etwas verständlicher zu machen. Vereinfacht könnte man auch sagen, dass hier die folgende Frage untersucht werden soll: Mit wem haben es Musiklehrende in der komplexen Situation des Musikunterrichts eigentlich zu tun?

Eine inzwischen recht prominente Fremdbeschreibung von Unterricht – und zwar aus Schüler_innensicht – liegt mit der Studie *Teilnahme am Unterricht. Ethnographische Studien zum Schülerjob* des Erziehungswissenschaftlers Georg Breidenstein vor (Breidenstein 2006). Auf seinen Ansatz soll im Folgenden etwas ausführlicher eingegangen werden, da in der kritischen Auseinandersetzung mit ihm der besondere Akzent eines fremdbeschreibenden *musik*pädagogischen Blicks verdeutlicht und geschärft werden kann. Die zentrale Forschungsfrage, die Breidensteins empirischer Untersuchung zugrunde liegt, lautet: Wie bewältigen Schüler_innen eigentlich ihre alltäglichen Verpflichtungen und welche Strategien entwickeln sie im Hinblick auf die spezifischen Anforderungen ihres ‚Jobs' und die jeweiligen Unterrichtsrituale? Um diese Frage zu beantworten, nahmen Breidenstein und seine Mitarbeiter_innen am Unterricht verschiedener siebter und achter Schulklassen teil. Laut Breidenstein ist dies eine Jahrgangsstufe, die gemeinhin als das Alter „der größten ‚Schulferne'" gilt, in der sich aber zugleich ein „instrumentell-strategischer Umgang mit der Schule herauszubilden [scheint]" (ebd.: 11). In Anknüpfung unter anderem an die ethnomethodologische Perspektive der *work studies* geht es Breidenstein um die „Explikation des praktischen, performativen, des *Durchführungs*wissens der Beteiligten" (ebd.: 88). Für diesen Analysefokus auf die *Handlungs*praktiken steht der Terminus „Schülerjob". Mit ihm verbindet Breidenstein die zentrale Hypothese, dass

„Schüler und Schülerinnen […] nicht in die Schule [gehen], um zu lernen, sondern *um ihren Job zu tun.* Dabei unterstellen sie allerdings (wie alle Beteiligten), *dass* im Unterricht gelernt wird. Die Annahme, dass dort gelernt wird, ist notwendig für die Veranstaltung von Unterricht – nur daraus bezieht sie Sinn und Legitimität" (ebd.: 262).

Aus der Perspektive des Schülerjobs wird Breidenstein zufolge Unterricht gerade nicht im Hinblick auf die in ihm stattfinden Lehr- und Lernprozesse betrachtet. Fokussiert werde die „Praxis der Unterrichtsteilnahme" (ebd.: 37) bzw. die Frage, mit welchem impliziten Wissen die Schüler_innen ihre alltäglichen Pflichten erfüllen und die „Unterrichtssituation" bewältigen (ebd.: 10). Der Begriff der Unterrichtssituation betont dabei die nicht intentionale Perspektive, die Breidenstein in seiner Untersuchung einnimmt. Dieser Terminus stehe für „all das […], was während der für ‚Unterricht' vorgesehenen Zeit in dem dafür vorgesehenen Raum geschieht – unter der Bedingung der Anwesenheit der Beteiligten" (ebd.).

Ein wesentliches Anliegen Breidensteins ist zu bestimmen, was ‚Unterricht' aus der Perspektive von Schüler_innen ausmacht. Diesen ‚Unterricht' charakterisiere etwas „Fragmentarisches" (ebd.: 261). Er sei ein Ort, der „sich in parallele, gleichzeitige Welten innerhalb des Klassenzimmers auflös[t], die nur noch punktuell aufeinander bezogen und synchronisiert sind" (ebd.). Punkte solcher Handlungssynchronisationen bilden beispielsweise gemeinsame Begrüßungen oder Tafelabschriebe. Für die Ausführung des Schülerjobs identifiziert Breidenstein zwei zentrale Charakteristika: Zum einen handle es sich um ein pragmatisch-routiniertes Ausbalancieren zwischen Peeraktivitäten und Erfüllung der Schülerrolle, zum anderen um die Sicherung des Unterhaltungswertes bzw. die Bewältigung von Langeweile. Konkret zeige sich das Handlungswissen von Schüler_innen in drei verschiedenen Strategien: zwischen Privatgespräch und Unterrichtsgeschehen gekonnt hin und her zu pendeln (1), parallele Tätigkeiten zum offiziellen Unterricht so durchzuführen, dass sie eine Teilnahme an ihm irgendwie noch ermöglichen (2) oder Teile des Unterrichts anders zu rahmen bzw. zu ironisieren, um sich in der Peergroup eine positive Anerkennung zu verschaffen (3) (ebd.: 260 f.).

Um einen routinierten Arbeitsalltag zu gewährleisten, sei den Schüler_innen – so eine zentrale These Breidensteins – daran gelegen, das formelle Unterrichtsgeschehen und die vertrauten Schüler- und Lehrerrollen aufrechtzuerhalten. Der Schülerjob basiere in zentraler Weise auf einer „*Doppelstruktur* von Unterricht, der sie auf *einer* Ebene in ihrer Schülerrolle agieren lässt und die *gleichzeitig* die Distanzierung im Rahmen der Peer-Kultur erlaubt" (ebd.: 137). Ein Scheitern dieser „Doppelstruktur" hat laut Breidenstein zur Folge, dass auch die gewohnten Strategien der Schüler_innen im Umgang mit ihrem Arbeitsalltag unmöglich werden. Aus diesem Grund werden pädagogische Entgrenzungsversuche, bei denen Lehrende darauf abzielen, die offiziellen Rollen ein Stück weit aufzubrechen und vorübergehend ein quasi-privates Unterrichtsetting zu etablieren, konsequent verweigert. Dies verdeutlicht Breidenstein anhand einer Analyse von Vertretungsstunden, bei denen Lehrende versuchen, an Privatbereiche der Schüler_innen anzuknüpfen. Zu beobachten sei, dass die Schüler_innen auf ihrer gewohnten Rolle insistieren. Beispielsweise antworten sie auf Fragen zu ihrem außerschulischen Leben nicht spontan oder freiwillig, sondern immer erst dann, wenn sie von den Lehrenden dazu aufgerufen werden. Dadurch zwingen sie die Lehrenden sozusagen dazu, die formelle ‚Jobsituation' wieder herzustellen (vgl. ebd.: 123–137).

In zweierlei Hinsicht möchte ich ausgehend von meinen Untersuchungen Breidensteins außerordentlich interessanten fremdbeschreibenden bzw. unterrichtssituativen Blick für die Musikpädagogik ergänzen und differenzieren. Zum einen kommt bei ihm bislang ein *fachspezifischer* Blick auf die Eigenlogiken der Musikunterrichtssituation zu kurz. Zum anderen stellt sich die Frage, inwiefern eine mikrosoziologische Reflexion der Unterrichtssituation nicht nur eine erziehungswissenschaftliche ‚Spielerei' darstellt, sondern für Musiklehrende auch bedeutsam für die *normative Gestaltung* von Unterricht sein kann.

4.1.2   Situatives Forschen

Die These Breidensteins, dass Schüler_innen daran gelegen sei, pädagogische Entgrenzungen in Privatbereiche zu verhindern, um sich ihren routinierten Alltagspraktiken zuwenden zu können, muss aus musikpädagogischer Perspektive relativiert werden. Ausgehend von den bestehenden empirischen Studien scheint es zumindest einen verbreiteten Wunsch von Jugendlichen danach zu geben, dass ihre privaten Musikinteressen zum Unterrichtsthema gemacht werden. Ein Beispiel dafür stellt Frauke Heß' quantitative Studie *MASS – Musikunterricht aus Schülersicht* von 2011 dar, die sie mit 1.024 Achtklässler_innen an 51 verschiedenen Schulen in Hessen durchführte (vgl. Heß 2012: 2). Bei der Frage, was die befragten Jugendlichen inhaltlich im Musikunterricht am meisten interessiert, steht das Item „Musik, die privat gehört wird" an oberster Stelle (Heß 2013: 59, Tab. 4).[142] Dieses Ergebnis kann ich durch meine Umfragen bestätigen. In den Fragebögen, die ich insgesamt in acht zehnten Schulklassen zweier Gymnasien durchführte, stellte ich den Jugendlichen unter anderem die Frage: „Stell Dir vor, die Musik, die Du am liebsten hörst, würde in Deinem Musikunterricht zum Thema gemacht werden. Wie würdest Du dies finden (bitte mit einer kurzen Begründung)?" Der ausdrückliche Wunsch nach Berücksichtigung der eigenen Musikpräferenzen im Musikunterricht bildete eine deutliche

---

142 Bei der Frage, wie häufig ein bestimmtes Thema im Musikunterricht tatsächlich thematisiert wird, ist genau bei diesem Item das Gefälle zwischen Wunsch und Wirklichkeit am größten (vgl. Heß 2013: 60, Abb. 5). Zwar bezeichnet Heß diesen Unterschied als „eklatant" (ebd.: 59), geht ihm dann aber leider nicht weiter nach. Stattdessen kommt sie zu dem Schluss, dass den befragten Schüler_innen weniger ein bestimmtes Interessensgebiet als vielmehr pädagogische Qualitäten wie „Selbstwirksamkeit" oder ein „positives emotionales Klima" wichtig seien, um dem Musikunterricht eine gute Qualität zu bescheinigen (ebd.: 60). Diese These überrascht, führt doch Heß zuvor ausschließlich Daten an, bei denen die befragten Jugendlichen zu bestimmten Sachgebieten des Musikunterrichts antworten sollten. Aus diesem Grund bleibt für die Leser_innen uneinsichtig, wie sie zu dieser Schlussfolgerung kommt.

Mehrheit. Auch in den Gruppendiskussionen spiegelte sich dieses Meinungsbild wieder. Ein Beispiel für diese Position bildet die folgende Interviewpassage.

937 **Int.:** (.) Was ist denn für euch ein guter Musiklehrer oder eine gute Musiklehrerin?
938 **A2b:** Herr P
939 **A2a:** ⌞Die auf⌟ unsere Wünsche eingehen.
940 **A2b:** (.) Herr P zum Beispiel
941 **A2a:** ⌞Uns fragen,⌟ was wir hören wollen.
942 **A2b:** (.) Ja, Herr P, macht doch einfach, was ihr wollt!
943 **A2c:** ⌞@[lachen]@, Ja, okay @[.]@⌟
944 **A2b:** Er sagt ja auch: „Was wollt ihr machen?"
945 **A2c:** @[.]@
946 **A2a:** „Macht, was ihr wollt!" Was ist das (unv.)?
947 **A2b:** ⌞Nein, ich meine, nein, nein,⌟ beim Unterricht, er würde auch
948 sagen, wenn wir ihm sagen würden, wir wollen das machen, er würde ‚okay' sagen.
949 Herr P, er würde/
950 **A2a:** Nein, so (unv.)
951 **Int.:** ⌞Ihn hattet⌟ ihr auch im Musikunterricht?
952 **A2b:** Nein, nein, den hatten wir noch nicht.
953 **A2c:** ⌞Nein⌟
954 **A2a:** Kennen Sie Herrn P, ja, oder?
955 **Int.:** Ja, mhm [bejahend]
956 **A2a:** Also, er ist ein sehr netter Mensch und so.
957 **A2c:** @[.]@
958 **A2b:** @[.]@
959 **A2a:** Na, ja, er ist ein guter Lehrer.
960 **A2c:** ⌞(Unv.) [geflüstert]⌟
961 **A2b:** Ja @[.]@
962 **A2a:** Also er geht auf unsere Wünsche ein und (.) so muss ein Lehrer/ Musiklehrer sein:
963 gechillt.
964 **A2b:** (.) Nicht so wie Frau R
965 **A2a:** Offf (.) Frau R ist (unv.)/
966 **A2b:** Sie interessiert gar nicht/ macht was/
967 **A2a:** Ich habe das Gefühl, die Lehrer machen das, was sie gerade am meisten interes-
968 siert.
969 **A2c:** Genau, genau, ja
970 **A2a:** ⌞Wieso⌟ studiert man denn Musik, weil zum Beispiel Beethoven einen in-
971 teressiert oder (.) irgendwie was anderes so (.). Und die machen das, was die halt inte-
972 ressiert (..). Also man muss schon auch auf die Interessen der Schüler eingehen.
973 **A2b:** (..) Und dann würden wir auch bessere Noten eigentlich bekommen. Ja, weil die
974 Schüler kennen sich dann auch besser damit aus. Und, zum Beispiel, wenn wir türkische
975 Lieder machen würden, die Hälfte der Kla/ also nicht die Hälfte, sondern der meiste
976 Teil, vielleicht hier drei Viertel der Klasse würde locker die Note verbessern. Weil wir
977 sind nur Türken eigentlich in der Klasse, also Leute, die Türkisch verstehen (..). Also
978 sonst, wir haben auch eigentlich keine Deutschen in der Klasse, oder, gar keinen.

A2/Exmanenter Nachfrageteil, App. 27: 313f.

An diesem Beispiel wird deutlich, dass der Wunsch nach formeller Distanz im Musikunterricht im Verhältnis zu den Befunden Breidensteins verschoben ist. Zu bedenken ist natürlich, dass es sich hier um einen anderen Datentypus handelt. Es handelt sich nicht um eine Unterrichtsbeobachtung, sondern um Aussagen zu Wünschen für den Musikunterricht im Rahmen einer Gruppendiskussion. Dennoch scheint Breidensteins These, dass Schüler_innen darauf bestehen, eindeutig formelle Schüler- und Lehrerrollen aufrechtzuerhalten, und ein Eingehen auf ihren Privatbereich konsequent zurückweisen, für den Musikunterricht nur bedingt zuzutreffen. Mit der vorliegenden Interviewpassage wird vielmehr deutlich, wie ambivalent und widersprüchlich die Situation des Musikunterrichts zwischen privater und öffentlicher Sphäre verortet ist. *Musik*lehrende sollen A2a, A2b und A2c zufolge gerade nicht einfach nur ‚ihren Stoff durchziehen' und ihre Pflichten der Wissensvermittlung erfüllen. Zu ihrer Profession gehört laut den drei Jugendlichen auch, die persönlichen Musikinteressen der Schüler_innen mitzuberücksichtigen, genauso wie sie auch ihre eigenen privaten Musikinteressen in den Unterricht einbringen. Es sei ein Teil des Lehrerjobs, sich für die Musikpräferenzen ihrer Schüler_innen zu interessieren, anstatt einfach nur die eigenen Vorlieben durchzusetzen (vgl. A2a: 967–972). Dementsprechend sei es auch Teil des Schülerjobs, sich ein Stück weit mit den eigenen Musikinteressen zu zeigen und sie als Kapital für bessere Noten zu nutzen (A2b: 973–976).

Die Übergänge zwischen Privatsphäre und Jobsituation sind aufgrund des Sujets Musik fließend. Das Musikunterrichtsgeschehen geht nicht einfach im Befund auf, dass Jugendliche zu ihm eine distanziert-routinierte Perspektive einnehmen. Natürlich spielt diese auch im Musikunterricht eine wichtige Rolle und stellt zugleich eine wichtige Entlastung für Lernende und Lehrende dar. Die Anteile des Musikunterrichts jedoch, mit denen sich die Jugendlichen persönlich identifizieren, scheinen – so zeigt das Insistieren auf der Berücksichtigung ihrer privaten Musikinteressen – im Vergleich mit anderen Schulfächern besonders hoch zu sein. Die Situation des Musikunterrichts ist im Hinblick auf die Breidenstein'sche Gegenüberstellung von ‚Privatsphäre' und ‚offizieller Unterrichtssphäre' ambivalenter und durchlässiger. Aus der Perspektive der Jugendlichen aus A2 handelt es sich beim ‚offiziellen' Musikunterricht weder um ein Geschehen, bei dem Privates oder Persönliches vollständig außen vor gelassen werden kann, noch ist er einfach mit einer privaten Sphäre gleichzusetzen. Sehr wohl hätten Lehrende ihre Aufgabe zu erfüllen, den formellen Unterrichtsrahmen zu gewährleisten und nicht einfach die Schüler_innen sich selbst zu überlassen (vgl. A2: 942–949). Und auch die Schüler_innen müssten ihrem Job nachkommen und sich eine gute Note erarbeiten (Ab: 973–976). Allerdings werden mit dem Verweis darauf, dass sowohl die Lehrenden als auch die Schüler_innen ein Interesse daran haben, ihre persönlichen Musikinteressen und musikbezogenen Selbstinszenierungen durchzusetzen („Ich habe das Gefühl, die Lehrer machen das, was sie gerade am meisten interessiert", A2a: 967 f.), sowohl das Unterrichtsgeschehen als auch die an ihm beteiligten Personen ein Stück weit entformalisiert.

Natürlich lässt sich nicht generell für alle Schüler_innen sagen, dass sie den Musikunterricht als eine Situation auffassen, die zwischen öffentlicher und privater Sphäre oszilliert. Nicht jede_r sieht Musikunterricht als einen Ort, an dem er_sie sich mit seinen_ihren persönlichen Musikpräferenzen der Klassenöffentlichkeit gegenüber präsentieren möchte. In den Gruppendiskussionen wird durchaus auch die Meinung vertreten, dass die eigenen Musikpräferenzen nicht in die Situation des Musikunterrichts oder zu ihren Musiklehrenden passen. In meinem Sample wird diese Position allerdings ausschließlich in den Gruppendiskussionen vertreten, in denen der so genannte Gangstarap im Mittelpunkt steht.[143] Die Jugendlichen in R2 und R3 befürchten, sowohl von der Lehrkraft als auch von der Schulklasse falsch gerahmt zu werden. Dabei sehen sie insbesondere die Gefahr, dass im Musikunterricht die Texte des ‚Deutschraps' nicht als Kunstform gesehen, sondern in erster Linie die Beleidigungen oder Gewaltandrohungen im Zentrum stehen würden.[144] Sie wären somit permanent in der Rolle, das ‚Gangsta'-Klischee abwehren zu müssen, frauen- und schwulenfeindlich zu sein. Findet sich in R2 eine eher ablehnende Haltung gegenüber einer Thematisierung der eigenen Musikpräferenzen im Musikunterricht (vgl. R2: 973–992, App. 57: 344 f.), charakterisiert R3 hierzu eine Ambivalenz zwischen Wunsch und Wirklichkeit: „Die Sache ist, wir hören es ja gern, und wir wollen halt, dass Musikunterricht halt ein bisschen interessanter wird, aber wir wissen auch, dass man das einfach so nicht unterrichten kann" (R3b: 2004–2006, App. 64: 350).

Die Situation des Musikunterrichts kennzeichnet im Vergleich zu nahezu allen anderen Schulfächern eine bemerkenswerte Besonderheit: Sowohl Lehrende als auch Lernende bringen vielfältige Kompetenzen, intensive Erfahrungen und Identifikationen im Hinblick auf das Fachsujet mit. Musik ist nicht nur ein Thema, das Schüler_innen, wie in anderen Fächern auch, womöglich Spaß bringt. Mit ihm verbindet sich unter Jugendlichen ein hoher Grad an Identifikation bzw. das Bedürfnis, im Peer- und Schulklassenkontext in irgendeiner Form auf Anerkennung der eigenen Identität zu stoßen. Eine anscheinend relativ deutliche Mehrheit der Jugendlichen wünscht sich dabei, dass private Musikinteressen nicht nur hintergründig und implizit, sondern auch vordergründig und explizit im Musikunterricht berücksichtigt werden. Zugleich zeigt sich ein vielschichtiges und ambivalentes Spektrum bezüglich der Frage, bis zu welchem Grad die privaten Musikinteressen in der Unterrichtswirklichkeit thematisiert werden sollten.

Mit Sicherheit bildet Breidensteins zentrale These, dass Schüler_innen versuchen die formelle Unterrichtssituation aufrechtzuerhalten, um sich in die Peerkultur zurückziehen zu können, auch für den Musikunterricht eine wichtige Erkenntnis. Jedoch ist dieser Befund für die Musikpädagogik in ein hochkomplexes Geflecht aus Spannungsmomenten einzubinden, das sich aus dem hohen Identifizierungsgrad der Schüler_innen mit dem Unterrichtssujet ergibt: Ambivalenzen zwischen Nähe und Distanz, zwischen Wunsch und Wirklichkeit, zwischen Schüleridentität und musikbezogener Identität, zwischen Anerkennung der Peergroup und der Lehrenden

---

143 In den auf *arabesk*-Musik bezogenen Diskussionen wurde hingegen eine Thematisierung der eigenen Musikpräferenzen ausdrücklich gewünscht, vgl. bes. A3: 559–587, App. 41: 331, und A1,1: 842–850, App. 11: 292 (A2: siehe vorliegendes Zitat im Haupttext).

144 Vgl. R2: 973–992, App. 57: 344 f., R2: 1060–1087, App. 58: 345, und R3: 1915–1957, App. 63: 349 f.

sowie zwischen dem Bedürfnis nach musikgeschmacklicher Anerkennung im Klassenkontext und Ängsten davor. Es wäre zu wünschen, dass Musiklehrende in ihrer Ausbildung neben normativen und handlungspraktischen Zugängen künftig mehr situatives Wissen in Bezug auf den Musikunterricht erhalten und entwickeln. Zu fördern wäre eine Sensibilität dafür, was es bedeutet, sich als Jugendliche_r in einer Unterrichtssituation zu befinden, in der ein Sujet behandelt wird, mit dem man sich sehr identifiziert.[145] Diese Perspektive auf die Schülerposition im Musikunterricht ist fremdbeschreibend, d. h. nicht intentional. Sie ist auch erst einmal relativ unabhängig davon, ob überhaupt und in welcher Intensität Musikpräferenzen von Jugendlichen darin aufgegriffen werden. Die Bedeutung von Musikvorlieben kann sich auch bei einer Nicht-Thematisierung in Form von Frustration, Blockadehaltungen, Erleichterung und bestimmten Klassendynamiken zeigen. Persönliche Musikpräferenzen sind zudem oftmals anwesend, wenn es bei für Jugendliche fremden Musikpraktiken zu gegenseitigen Positionierungen, beispielsweise als ‚peinlich‘, ‚sexy‘, ‚unmännlich‘ oder ‚schwul‘ kommt. Oder sie sind einfach dadurch gegenwärtig, dass parallel zum offiziellen Unterrichtsgeschehen eigene Musik gehört und sich darüber heimlich ausgetauscht wird. Mit anderen Worten: Die Musikunterrichtssituation ist auch dann noch durch ein eigentümliches Spannungsfeld zwischen Privatsphäre und Schülerjob gekennzeichnet, wenn die Musikpräferenzen von Jugendlichen gar nicht explizit in ihm vorkommen. Ein situatives Wissen zum Musikunterricht ist aber natürlich besonders dann gefragt, wenn man ihre Musikvorlieben zum Thema macht. Dieses Wissen bewegt sich an der Schnittstelle verschiedener Forschungsdisziplinen: insbesondere der Soziologie, der Erziehungswissenschaft und der Popularmusikforschung, um nur einige zu nennen. Es handelt sich dabei um noch zu eruierende

---

145 Diese Sensibilität wäre zum einen durch die Auseinandersetzung mit verschiedenen fremdbeschreibenden Perspektiven (Anerkennungstheorie, Feldtheorie, Systemtheorie usw.) auf den Musikunterricht zu erreichen. Zum anderen sollte die komplexe soziale Situation für Schüler_innen, sich in irgendeiner Form mit eigenen Musikpräferenzen im Musikunterricht zu zeigen, erfahrbar gemacht werden, beispielsweise durch Rollenspiele. In einem Proseminar mit dem Titel „Musikunterricht in der Migrationsgesellschaft", das Sophie Arenhövel und ich im Sommersemester 2014 an der UdK Berlin durchführten, wählten wir dazu die von uns entwickelte Methode der *Patenschaft*. Vor Beginn des Seminars schickten wir jeder_jedem Studierenden ein Schüler_innenprofil, das wir aus bestehenden empirischen Arbeiten rekonstruierten. Dieses Profil umfasste neben Lieblingsinterpret_innen, Lieblingssongs und Lieblingsmusikstilen sowie Alter und Sprachen insbesondere Einstellungen zu einer Thematisierung ihrer Musikpräferenzen im Musikunterricht. In einem Warm-up *Silent Disko* baten wir die Studierenden, die Musik ‚ihrer‘ Lieblingsinterpret_innen auf ihren Smartphones zu hören, sich in Form von Bewegungen in ihre Patenschüler_innen hineinzuversetzen und Hörfreundschaften mit anderen Jugendlichen der fiktiven Schulklasse zu knüpfen. Während des Proseminars, in dem wir verschiedene Konzeptionen der so genannten Interkulturellen Musikpädagogik diskutierten, baten wir die Studierenden immer wieder, sich in die Rolle ihrer jeweiligen Patenschüler_innen hineinzuversetzen und sich zu fragen, wie sie den jeweiligen Ansatz wohl aus dieser Position erleben würden.

‚Verstehensbrillen‘, die für soziale Prozesse in der Situation des Musikunterrichts sensibilisieren und helfen, ihre Komplexität etwas besser systematisieren und verstehen zu können.

Die in dieser Untersuchung entwickelte theoretische Perspektive der Sozioästhetischen Anerkennung stellt hierfür einen ersten Beitrag dar. Mit ihr sind im Kern folgende zwei Fragen verknüpft: Wie adressieren und positionieren sich Jugendliche untereinander anhand von Musikpräferenzen, zu denen innerhalb der Musikpädagogik bislang – wie im Fall der *arabesk*-Musik – so gut wie nichts bekannt ist? Wie ereignen sich diese Anerkennungsdynamiken in der Situation des Musikunterrichts, die insbesondere durch die gleichzeitige Anwesenheit von Peergroup und erwachsener Lehrkraft gekennzeichnet ist? Wie in Kapitel 1 aufgezeigt, wurde von einem dezentrierten Anerkennungsbegriff ausgegangen. Untersucht wurden verschiedene Anerkennungsphänomene wie Wertschätzung, Abwertung, soziale Zuschreibung, Unterwerfung, Ermöglichung, Verweigerung, Verschiebung usw. ‚Sozioästhetisch‘ steht dabei für die Frage, wie sich intersubjektive soziale Positionierungsdynamiken anhand von zum Teil sehr fein differenzierten Geschmacksurteilen vollziehen.

In Kapitel 3.3 wurden diesbezüglich mehrere theoretische Werkzeuge erarbeitet, um besser zu verstehen, wie sich Jugendliche untereinander und zugleich vor einer_einem Erwachsenen anhand ihres Musikgeschmacks anerkennen. Unter anderem wurde zwischen mikrosozioästhetischen, makrosozioästhetischen sowie zwischen *sozio*ästhetischen und sozio*ästhetischen* Positionierungen unterschieden. Diese Differenzierung zielt darauf, vorschnelle und vereindeutigende makrosoziale Zuschreibungen zu hinterfragen. Geht es bei den musikbezogenen Anerkennungsdynamiken womöglich zuvorderst gar nicht um ‚Türkischsein‘, ‚Schwulsein‘ oder ‚Mädchensein‘, sondern eher um ‚feinere‘ mikrosoziale und zuvorderst peerspezifisch konnotierte Zugehörigkeiten, wie sie sich beispielsweise in den Positionen ‚Lauchs‘, *damar* oder *isyan* zeigen? Spielen womöglich antizipierte Erwartungen des Feldes Schule, ein ‚vernünftiger‘ Schüler oder eine ‚gut integrierte‘ Schülerin zu sein, eine Rolle? Und wie sind makrosozioästhetische und mikrosozioästhetische Zugehörigkeitskonstruktionen miteinander verschränkt?

Beispielsweise geht es in den Adressierungen der Jugendlichen aus A2 untereinander primär darum, sich durch *arabesk*-Musik von sozio*ästhetischen* Positionierungen wie ‚Lauch‘, ‚Gangsta‘ oder *isyan* abzugrenzen und einen der *damar*-Ästhetik entsprechenden Reifehabitus zu verkörpern. Migrationsspezifische Rollen spielen in dieses Bedeutungsgeflecht anhand der Distanzierung vom ‚Kanaken‘-Image auch mit hinein, bilden aber nur einen Randaspekt. Eine diversitätsbewusste oder auch intersektionale Perspektive, wie sie unter anderem der Erziehungswissenschaftler Rudolf Leiprecht entwickelt hat, ermöglicht somit, einen vereinseitigen Blick auf makrosoziale Differenzlinien zu dezentrieren (Leiprecht 2009: 73, vgl. auch Leiprecht & Lutz 2009). Sie rückt ins Bewusstsein, „dass Menschen stets unter Bezugnahme auf verschiedenste soziale Kategorien und Zugehörigkeiten Identitätsarbeit leisten" (Eisele et al. 2008: 17). Nimmt man beispielsweise ausschließlich eine postkoloniale Dekonstruktionsperspektive auf natio-ethno-kulturelle Differenzherstellungen ein, besteht die Gefahr, Menschen weiterhin in einer alteritären Ordnung festzuschreiben und quasi eine ‚Meta-Anderung' zu betreiben: Auf der einen Seite konstruiert man die Gruppe derjenigen, die Migrationsanderung herstellen, auf der anderen Seite derjenigen, die davon betroffen sind. So notwendig dieser migrationspädagogische Blick im Sinne Paul Mecherils natürlich ist (vgl. Mecheril et al. 2010, vgl. Kap. 1.2), scheint es immer wieder auch wichtig zu sein, den vereinseitigenden Blick auf migrationsspezifische Unterscheidungspraktiken in pädagogischen Situationen zu stören und um andere, sowohl makrosoziale als auch mikrosoziale Differenzebenen zu erweitern und gegebenenfalls zu verschieben.

Für ein besseres Verständnis der Anerkennungsdynamiken innerhalb der Musikunterrichtssituation ist aber nicht nur die Frage bedeutsam, als *was* sich die Jugendlichen anhand von Musikgeschmack positionieren, sondern auch *wie* sie dies tun. Dazu wurden beispielsweise in Kapitel 3.3.5 verschiedene Techniken der Authentifizierung bzw. der De-Authentifizierung wie Sprachhabitus, Naturalisierung, Sprachkompetenz, Aufdecken und Auflösen von Rollenwidersprüchen oder Zeugenschaft herausgearbeitet. Um sozioästhetische Anerkennungsdynamiken im Musikunterricht etwas besser zu verstehen, bedarf es demnach auch eines Wissens darüber, wie intersubjektive, auf den Musikgeschmack bezogene Identitätsprozesse inkorporiert und habitualisiert verlaufen.

4.1.3   Situatives Lernen

Die fremdbeschreibende Perspektive der Sozioästhetischen Anerkennung scheint sich primär auf eine Analyse des situativen Ist-Zustandes im Musikunterricht zu beziehen und in normativer Hinsicht wenig ‚pädagogischen Ertrag' zu liefern. In diesem Unterkapitel soll hingegen deutlich gemacht werden, dass das herausgearbeitete theoretische Instrumentarium durchaus eine Hilfe darstellt, um handlungsfähig zu sein.

Bei Breidenstein findet man am Schluss seiner Ethnographie nur einen kurzen Hinweis zur pädagogischen Soll-Frage. Abgesehen davon, dass die Perspektive des Schülerjobs die Lehrenden „entlaste[t]", da sie die „Grenzen der Gestaltbarkeit von Unterricht bewusst mach[t]", könne sie „Hinweise für die methodische Gestaltung von Unterricht erbringen" (Breidenstein 2006: 265). Bezieht man dies auf eine Situation des Musikunterrichts, bei der die Musikpräferenzen von Jugendlichen zum Thema gemacht werden, kann ein Wissen um antizipierte Erwartungen von Jugendlichen zu einer Verfeinerung von Methoden führen. Wenn ich beispielsweise weiß, dass in Bezug auf *arabesk*-Musik Distinktionen von einem ‚Gangsta'-Image eine Rolle spielen oder sich von solchen Jugendlichen abgegrenzt wird, die nicht so gut Türkisch sprechen, wählt man vielleicht Musikbeispiele und Methoden, die diesen distinktiven Selbstaufwertungen nicht zuspielen oder sie ggf. in Frage stellen.

Eine Haltung des situativen Innehaltens beinhaltet aber deutlich mehr ‚pädagogisches Potenzial' als lediglich Unterrichtsmethoden ausdifferenzieren zu können. Eine wichtige Funktion könnte unter anderem sein, eine grundlegend motivierende und vertrauensvolle Arbeitsatmosphäre zu erzeugen. Die Fähigkeit, unterschiedliche

Bedürfnisse und Strategien des musikbezogenen Positionierens in der Musikunterrichtssituation wahrnehmen und berücksichtigen zu können, führt unter Umständen dazu, frustrierende Nichtbeachtungserfahrungen, Übergriffigkeitserleben oder grundlegende Blockadehaltungen gegenüber dem Musikunterricht zu verringern. Dabei geht es weniger um die pädagogische Kompetenz, Schüler_innen einfach nur in ihren Musikpräferenzen wertschätzen zu können. Vielmehr handelt es sich um eine Reflexionsfähigkeit im Hinblick darauf, als wer oder was die Beteiligten der Unterrichtssituation mit bestimmten Musikpräferenzen von anderen anerkannt bzw. gerade nicht anerkannt werden möchten. Es geht also nicht um eine klassisch ‚schülerorientierte' Haltung des Postulierens von Partizipation und positiver Wertbestärkung, sondern um eine deutlich vorsichtigere Haltung des Fragens und Sich-Interessierens: Mit wem habe ich es eigentlich im Hier und Jetzt der Unterrichts*situation* zu tun?

Zu diesem Zweck können durchaus geläufige Methoden sinnvoll sein, mit denen man behutsam etwas über die Sozioästhetischen Anerkennungsdynamiken in der Situation des Musikunterrichts in Erfahrung bringen kann. Man könnte beispielsweise zu Beginn der Arbeit mit einer neuen Klasse eine Diskussion führen, was sich die Schüler_innen denn für den Musikunterricht wünschen würden. Falls das Thema persönliche Musikvorlieben von ihnen tatsächlich ins Zentrum gestellt wird, könnte man weiterfragen, um welche Musik es sich denn genau handelt, die im Unterricht behandelt werden sollte. Dies könnte übergehen in ein Vorspielen von Musikbeispielen der Jugendlichen. Um einen Gesamteindruck von der Klasse zu erhalten und auch etwas von den Jugendlichen zu erfahren, die sich aus dieser Diskussion lieber heraushalten möchten, wäre es vermutlich hilfreich, im Anschluss noch einen Fragebogen auszugeben, den jede_r für sich ausfüllt.

Die Pointe dieses Vorgehens liegt nun natürlich nicht in dieser eher konventionellen Methode selbst, sondern in dem Perspektivwechsel auf Musikunterricht. Im Vordergrund dieses Methodenbeispiels steht nicht die gängige musikpädagogische Frage, welche Identitäten Jugendliche in den Musikunterricht mitbringen und wie sie weiterentwickelt werden können, sondern in der Frage, wie sich intersubjektive Identitätsdynamiken im Musikunterricht ereignen.[146] Musikpädagogisches Han-

---

146 Überhaupt ist dieser musikdidaktische Einstieg als eine Veranschaulichung zu verstehen und nicht als eine zu generalisierende ‚Lösung' dafür, wie Lehrende nun nach dem Ansatz der Sozioästhetischen Anerkennung im Musikunterricht am besten handeln sollten. Konkrete musikdidaktische Ziele und Methoden sind immer an bestimmte Kontexte, Klassengrößen, Klassenatmosphären, Lehrer_innentypen, Vorerfahrungen, Vorlieben, Schultypen, Schulprofile, Umgang mit Benotung usw. – kurz an die Komplexität des jeweiligen Settings und der Beteiligten – geknüpft und damit in hohem Maße subjektiv. Aus diesem Grund lassen sich aus den allgemeinen musikpädagogischen Schlussfolgerungen, die in diesem Kapitel vorgestellt werden, keine konkreteren musikdidaktischen Zielsetzungen und Methoden ableiten. Allerdings soll in diesem Unterkapitel deutlich gemacht werden, dass die theoretische Perspektive der Sozioästhetischen Anerkennung nicht nur ein deskriptives, sondern auch ein normatives Potenzial beinhaltet. Diesbezüglich dienen die skizzierten Unterrichtsmethoden der Veranschaulichung. Insbesondere

deln erscheint vor diesem Hintergrund nicht primär als ein intentional gesteuerter Prozess von einem Vorher zu einem Nachher. Im Vordergrund steht also nicht die Bestimmung noch nicht vorhandener und zu erreichender Bildungsziele, sondern das gegenwärtig stattfindende musikbezogene Beziehungs- und Identitätsgeschehen. Es wird ein musikpädagogischer Raum erzeugt, in dem nicht nur eine Reflexivität hinsichtlich der Frage ‚Wo sollen die Schüler_innen hin?‘ besteht, sondern auch hinsichtlich der Frage ‚Wie geht es den Schüler_innen wohl gerade in dieser Situation?‘. Mit dieser Haltung des situativen Innehaltens geht es somit auch um ein Korrektiv zu einem Musikunterrichtsklima, das einzig horizontal ausgerichtet ist und sich so stark auf das Erreichen und Umsetzen bestimmter Bildungsziele fokussiert, dass ein Gewahrsein für die soziale Gegenwart abgespalten wird.

Daran knüpft sich wiederum eine noch direktere intentionale Perspektive an. Denn abgesehen von einem eher indirekten Beitrag zu einem motivierenden, vertrauenswürdigen und beziehungsbewussten Unterrichtsklima kann die Haltung des situativen Innehaltens im Musikunterricht selbst als Bildungsziel bestimmt werden. Um es noch einmal zu betonen: Es gibt kaum ein anderes Fach, zu dessen Sujet sowohl Lernende als auch Lehrende so viel Identifizierungen mitbringen, wie das Fach Musik. Diese spezifische Situation des Musikunterrichts scheint mir – insbesondere im Hinblick auf seine bildungspolitische Legitimierung und sein Alleinstellungsmerkmal im Fächerkanon – noch nicht hinreichend berücksichtigt bzw. ausgeschöpft worden zu sein. Aus ihr resultiert nämlich eine eigentümliche Verschränkung aus fachspezifischen und allgemeinen unterrichtsspezifischen Anerkennungsdynamiken. Die Reflexion dieses komplexen Anerkennungsgeflechts ist nun nicht nur erforderlich, um abzuwägen, ob man überhaupt Jugendmusikpräferenzen im Musikunterricht thematisiert und wenn ja, welche Musiken man mit welchen Zielen und Methoden am besten wählt. In dieser Hinsicht wäre eine Haltung des situativen Innehaltens ausschließlich ein Bildungsziel für Musiklehrende.

Das situative Innehalten im Musikunterricht kann aber auch als schülerzentriertes Bildungsziel konzipiert werden. Danach entwickeln Schüler_innen im Musikun-

---

innerhalb der qualitativ-empirischen Musikpädagogik besteht ein – wenngleich selten explizit thematisierter – Konsens darin, dass Schlussfolgerungen empirischer Analysen zwar für ganz allgemein gehaltene musikpädagogische Handlungsempfehlungen, nicht aber für musikdidaktische Konzeptionen möglich seien. Dieser Konsens basiert allerdings bislang primär eher auf Konventionen als auf einem erkenntnistheoretischen Fundament. Eine Auseinandersetzung mit dem „Normenproblem der Pädagogik" (Ruhloff 1980) stellt bislang ein Desiderat der Musikpädagogik dar. Unter dem „Normenproblem der Pädagogik" versteht Ruhloff, dass zwischen der Bestimmung des Ist- und des Soll-Zustandes ein Ebenenbruch vorhanden ist, der – wenn auch nicht kausal, so doch argumentativ – eingeholt werden kann und muss (ebd.: 24–26). Da sich musikpädagogische Wissenschaft auf intentionale Handlungsfelder bezieht und damit auch das Anliegen verfolgt, in irgendeiner Form handlungsrelevant zu sein, wäre es lohnenswert, logische, erkenntnistheoretische sowie argumentative Zusammenhänge und Brüche zwischen Seinsanalysen, musikpädagogischen Empfehlungen und musikdidaktischen Konkretionen näher zu ergründen.

terricht die Fähigkeit, intersubjektive und dezentrierte Identitätsprozesse anhand des Mediums Musik zu verbalisieren und zu reflektieren. Gegebenenfalls gelingen ihnen auch alternative Strategien, sich selbst und andere anhand von Musikgeschmack zu positionieren. Um diese Ziele zu erreichen, können sich die Schüler_innen unter anderem mit folgenden – an dieser Stelle erst einmal relativ abstrakt formulierten – Fragen auseinandersetzen: In welchen Rollen möchte ich gern von den anderen Beteiligten, d. h. von anderen Schüler_innen und der Lehrperson, anhand meines Musikgeschmacks anerkannt werden? Was heißt es überhaupt, ‚anerkannt zu werden'? Als wer oder was möchte ich gerade nicht anerkannt werden bzw. von welchen Positionen möchte ich mich abgrenzen? Zu wem möchte ich dazugehören und zu wem nicht? Was tue ich, um in bestimmten Identitäten gesehen zu werden? Wie stelle ich ‚Wahrhaftigkeit' oder ‚echte Nicht-Wahrhaftigkeit' her? Wie werde ich tatsächlich von meinen Mitschüler_innen adressiert? Woran machen sie diese Markierungen fest? Wie reagiere ich darauf? Möchte ich womöglich ganz anders darauf reagieren und mich positionieren? Was hindert mich daran bzw. welche Konsequenzen befürchte ich? In welche mikrosozialen und makrosozialen Machtdynamiken bin ich in meinem musikbezogenen Positionierungsgeschehen eingebunden? Inwiefern unterscheidet sich die Situation gerade von anderen Situationen, in denen ich mit anderen Menschen (z. B. in der Familie, im Freundeskreis, im Club, im Jugendclub, in der Musikschule usw.) über meine Musik spreche? Auf welche schulischen Anforderungen und Erwartungen reagiere ich in meinen Selbstpositionierungen?

Analog können diese Fragen für andere gestellt werden: In welchen Rollen möchten andere Beteiligte, d. h. Schüler_innen und die Lehrperson, anhand ihres Musikgeschmacks wohl von mir oder anderen gesehen werden? Als wer oder was möchten sie womöglich gerade nicht ‚anerkannt' werden bzw. von welchen Positionen möchten sie sich dabei abgrenzen? Zu wem möchten sie dazugehören und zu wem nicht? Was tun sie, um in bestimmten Identitäten gesehen zu werden? Wie stellen sie ‚Wahrhaftigkeit' oder ‚echte Nicht-Wahrhaftigkeit' her? Wie werden sie tatsächlich von anderen Jugendlichen, von mir bzw. von der Lehrkraft adressiert? Woran machen sie bzw. wir diese Markierungen fest? Usw.

Dieser Fragenkatalog hat zweifelsohne einen gewissen utopischen Charakter. Er stellt zum Teil eine hohe Herausforderung und auch ein Risiko dahingehend dar, bestehende Machtverhältnisse innerhalb der Peergroup zu verstärken. Die Fragen sind – abgesehen einmal davon, dass sie nicht gerade sehr schülernah formuliert sind – nicht im Sinne eines Fragebogens für Schüler_innen misszuverstehen, sondern als ein visionäres Gerüst aufzufassen, wie ein situatives Lernen im Musikunterricht auf der Basis Sozioästhetischer Anerkennung initiiert werden kann. Zur weiteren Veranschaulichung sei zum Abschluss dieses Unterkapitels ein musikdidaktisches Beispiel genannt: die Methode ‚Soundcheck' von Ahmet Sinoplu und Anne Winkelmann (vgl. Sinoplu & Winkelmann 2007: 26–33). Sie könnte beispielsweise als ein

Warm-up zu einer Unterrichtseinheit ‚Sozioästhetische Anerkennungsdynamiken in der Musikunterrichtssituation' fungieren.[147]

> Jede_r Schüler_in schickt der Lehrperson vorab einen Lieblingssong. Im Klassenraum werden die Namen der Schüler_innen auf Zettel geschrieben und im Raum gut sichtbar aufgehängt. Die Lehrkraft spielt nun in zufälliger Reihenfolge alle Stücke an (bei einer Schulklasse von ca. 30 Schüler_innen müsste dies selektiv geschehen). Die Schüler_innen haben die Aufgabe, sich bei jedem Lied zu einem Namen zu stellen, bei dem sie den Eindruck haben, es sei ihr Lieblingssong. Sie notieren sich, bei welchem Lied sie sich zu wem hingestellt haben. Ebenso schreiben sie auf, wie viele Schüler_innen bei welchem Lied bei ihnen standen. Am Ende wird aufgelöst, welches Lied zu wem gehörte. Die zentrale Aufgabe ist, zu beobachten, wonach man Personen nach bestimmten Liedern zuordnet und wie man selbst reagiert, wenn sich bei bestimmten Liedern Personen zu einem stellen. Die Eindrücke zu den Fragen sollen nach der Übung ausgetauscht werden.[148]

---

147 Für den Hinweis auf die Methode ‚Soundcheck' danke ich sehr herzlich Sophie Arenhövel, mit der ich sie im Rahmen unseres gemeinsamen Seminars „Musikunterricht in der Migrationsgesellschaft" durchführte. Auf die teilnehmenden Studierenden lösten die Erfahrungen mit ‚Soundcheck' einen – so ihr Feedback – starken Selbstreflexionsimpuls in Bezug auf musikbezogene Zuschreibungsprozesse aus.

148 Auch diese Methode ist nicht als eine Schlussfolgerung misszuverstehen, nach dem Motto: So sollte man im Sinne eines situativen Lernens im Musikunterricht am besten agieren. Wie alle Methoden muss auch sie an die Erfordernisse einer bestimmten Lerngruppe angepasst werden und trägt zudem Momente des möglichen ‚Scheiterns' in sich. So können bei normalen Klassengrößen natürlich nicht die Lieblingslieder aller Schüler_innen angespielt werden, und es muss eine Auswahl getroffen werden. Bei Klassen, die in sozialer Hinsicht eher homogen sind, bietet es sich meiner Erfahrung nach an, Lieblingssongs von ‚Phantom-Schüler_innen' zu integrieren und dies auch nicht vorab anzukündigen. Im Hinblick auf Sozioästhetische Anerkennungsdynamiken werden dadurch nicht nur irritierende Wirkungen erzeugt, sondern auch die Reflexion von selbstverständlichen Zuschreibungen anhand von Musik auf besondere Weise angeregt. In Klassen mit starken Hierachiegefällen kann die Übung womöglich Ausgrenzungen und Stigmatisierungen verstärken. Hier wären de-konfrontative Variationen zu empfehlen, beispielsweise indem die Jugendlichen zuvor Regeln einer gemeinsamen Kommunikationsethik festlegen, indem man die Reflexion der Übung nicht in der Klassenöffentlichkeit stattfinden lässt oder auf den Schritt der Auflösung komplett verzichtet. Schwierig ist zudem, dass der Lernkontext und die grundlegend asymmetrische Machtbeziehung zwischen Lehrenden und Lernenden bestehen bleibt. Selbst wenn man für diese Übung einen bewertungsfreien Raum signalisiert, ragt der Leistungs- und Bewertungskontext hinein. Unweigerlich wird die Übung auch durch die antizipierte Erwartung begleitet, was die Lehrperson wohl hören und sehen will, damit man eine gute Note bekommt. Dies wird vermutlich auch dann noch der Fall sein, wenn man die Jugendlichen explizit darauf hinweist, bei der Reflexion auch den schulischen Kontext mitzuberücksichtigen. Ein Stück weit aufgebrochen werden könnten die beiden zuletzt genannten Schwierigkeiten durch externe Gäste, die zu dem Thema Sozioästhetische Anerkennung einen Workshop durchführen.

Die Perspektive der Sozioästhetischen Anerkennung ist außer an die ‚Rock-/Pop-Didaktik' sowie die ‚Schülerorientierung' auch noch an weitere musikpädagogische Diskurse anschlussfähig. Zu denken wäre beispielsweise an die Diskussion der ‚Ästhetischen Musikerziehung', die sich bislang in erster Linie auf die Beziehung zwischen Personen und einem künstlerischen Gegenstand bezieht. Welche *intersubjektiven* ästhetischen Erfahrungen Schüler_innen in der Auseinandersetzung mit Musik und in der Unterrichts*situation* machen, spielt bislang eher eine randständige Rolle.[149]

Im Folgenden soll allerdings die Diskussion der so genannten Interkulturellen Musikpädagogik genauer in den Blick genommen werden. Dieser Anknüpfungspunkt ergibt sich insbesondere dadurch, dass sich die befragten Jugendlichen anhand von *arabesk*-Musik mit einer imaginären Türkei identifizieren (vgl. Kap. 3.2.4). Für die ‚Interkulturelle Musikpädagogik' bildet die Frage, wie im Musikunterricht mit Ethnizitäten umzugehen sei, eine Kernfrage.

4.2 Sperrige Ethnizitäten: Zum Diskurs der ‚Interkulturellen Musikpädagogik'

4.2.1 Von der Anerkennung zur Vermeidung von Ethnizitäten

Anerkennung spielt auch in der musikpädagogischen Unterdisziplin eine Rolle, die sich mit dem Themenfeld Musikunterricht und Migration auseinandersetzt: die so genannte Interkulturelle Musikpädagogik (IMP).[150] Der Anerkennungsbegriff wird in diesem Diskurs bislang allerdings nicht als theoretisch reflektierte Kategorie verwendet. Das Verständnis von Anerkennung orientiert sich in der IMP bislang am alltagssprachlichen Verständnis und implizit an den Theorien Axel Honneths und Charles Taylors (vgl. Kap. 1.2). Dabei steht die Idee im Zentrum, Kinder und Jugendliche, die selbst, deren Eltern, Großeltern oder Urgroßeltern nach Deutschland eingewandert und aus diesem Grund in Deutschland von Marginalisierung betroffen sind, in bestimmten Identitäten wertzuschätzen. Diese Identitäten werden je nach pädagogischer Zielsetzung unterschiedlich bestimmt.

---

149 Vgl. u. a. die Ausgabe „Grundfragen der Ästhetik" der Zeitschrift *Diskussion Musikpädagogik* (Heft 44, 2009/4).

150 Auf die Schwierigkeiten des Begriffs Interkulturalität, insbesondere auf das dahinterliegende problematische Kulturverständnis, wurde sowohl innerhalb der Allgemeinen Pädagogik als auch innerhalb der Musikpädagogik mehrfach hingewiesen (vgl. u. a. Mecheril et al. 2010: 62–66, Hamburger 2012: 106–108 und Barth 2008: 87–142). Nichtsdestotrotz hält sich die Bezeichnung weiterhin für die musikpädagogische Unterdisziplin, die sich mit den zentralen Themen „Musik der Welt" und „Musik und Migration" beschäftigt (vgl. Barth 2012: 78). Detaillierte chronologische Darstellungen des Diskursverlaufs innerhalb der so genannten Interkulturellen Musikpädagogik finden sich u. a. in Schmidt 2015: 41–65, Knigge 2012 und Merkt 1993.

Beispielsweise postulierte in den 1980er und 1990er Jahren Irmgard Merkt, die Pionierin der IMP, das folgende zentrale Ziel für den Musikunterricht: In ihm sollen herkunftskulturelle Ressourcen der Kinder aus Einwanderungsfamilien Wertschätzung erfahren und soll anknüpfend an den Kommunikationswissenschaftler Paul Watzlawick eine „symmetrische Kommunikation […] zwischen Erwachsenen und Kindern und zwischen Kindern verschiedener Herkunftsländer" realisiert werden (Merkt 1983: 281). Dieses Ziel überführte Merkt in ihren bekannt gewordenen ‚Schnittstellenansatz', der musikdidaktisch in Form eines ‚Sieben-Punkte-Programms' aufgebaut ist (vgl. Merkt 1993: 7).[151] Ihre Pädagogik basierte wie die gesamte Interkulturelle Pädagogik dieser Jahre auf dem Paradigma der ‚Anerkennung herkunftskultureller Differenz'. Eine zentrale Abgrenzungsfolie dafür bildete der ‚ausländerpädagogische' Ansatz, der dem interkulturellen Modell vorausging. Die ‚ausländerpädagogische' Konzeption war in erster Linie defizitorientiert und konzentrierte sich auf den Erwerb von Sprachkompetenzen, bezogen sowohl auf die Sprache des Aufnahme- als auch auf die des Herkunftslandes. Das Ziel dabei war, nicht nur die Integration in die deutsche Gesellschaft zu befördern, sondern auch die Rückkehrfähigkeit zu gewährleisten. Im deutlichen Kontrast dazu orientierte sich das interkulturelle Paradigma an der Vision einer ‚multikulturellen Gesellschaft'. Betont wurde nun der positive Wert herkunftskultureller Differenzen und Identitäten. Im Gegensatz zum ‚ausländerpädagogischen' Ansatz sollte gerade nicht mehr eurozentristisch von der Höherwertigkeit der ‚eigenen Kultur', sondern kulturrelativistisch von der Gleichwertigkeit unterschiedlicher ‚Kulturen' und von der Bereicherung der ‚multikulturellen Gesellschaft' durch außereuropäische ‚Kulturen' ausgegangen werden.[152]

Die ab Ende der 1990er Jahre folgenden Ansätze dekonstruierten das Paradigma der ‚Anerkennung herkunftskultureller Differenz'. Nach einer Phase der ‚interkulturellen Euphorie' wurde zunehmend erkannt, dass Kinder und Jugendliche im ‚interkulturellen Paradigma' womöglich überhaupt erst zu Vertreter_innen einer vermeintlichen Herkunftskultur gemacht werden. Es wurde die Gefahr deutlich, dass Musikunterricht auf der Basis von Ethnisierungen eine soziale Marginalisierung sogar noch verstärken kann (vgl. u. a. Vogt 2004: 305, Kruse 2003: 7–10, Jünger 2003: 18, Fuchs 1998: 291). Auf dieser Kritik basieren beispielsweise die Transkulturelle Musikerziehung von Volker Schütz (Schütz 1998) und die gegenwärtig elaborierteste deutschsprachige Konzeption zum Thema Musikunterricht und Migration von Dorothee Barth (vgl. u. a. Barth 2014, 2013, 2012, 2010, 2008, 2004).

Anknüpfend an Wolfgang Welschs Kulturtheorie (vgl. Kap. 3.3.1) geht Schütz davon aus, dass sich Musikkulturen durch „Anschluss- und Übergangsphänomene[ ]" (Schütz 1998: 4) auszeichnen und dass Personen aus diesem Grund kulturelle „Mischlinge" sind (Welsch 1994: 163 f.). Gerade Letzteres sei Menschen oftmals

---

151 Merkts Schnittstellenansatz wurde innerhalb der IMP mehrfach aufgegriffen und ausdifferenziert, vgl. bes. Stroh 2009 oder Klebe 2007.

152 Zu den Unterschieden zwischen ‚ausländerpädagogischem' und ‚interkulturellem' Paradigma vgl. ausführlich Mecheril et al. 2010: 60 f. und Knigge 2012: 28–30.

unbewusst. Der Musikpädagogik komme deswegen die zentrale Aufgabe zu, anhand von vermeintlich fremden Musikkulturen die eigene transkulturelle Binnenverfasstheit bewusst zu machen und dadurch Fremdheitsanteile leichter integrierbar zu machen.[153]

Steht bei Schütz somit im Vordergrund, dass *alle* Schüler_innen die hybride Kulturidentität bei sich selbst und bei anderen (an-)erkennen können, fokussiert Barth wie bereits zuvor Merkt die Anerkennung von Jugendlichen, die selbst oder deren Vorfahr_innen nach Deutschland eingewandert sind. Dabei grenzt sie sich allerdings deutlich vom interkulturellen Paradigma, der ,Anerkennung herkunftskultureller Differenz' ab. Vielmehr orientiert sie sich an einer Migrationshintergrundidentität und bezieht sich dabei unter anderem auf ein Zitat des Kulturwissenschaftlers Werner Schiffauer: „Was nach Anerkennung heischt und der Anerkennung bitter bedarf, ist nicht die Nation oder auch die Religion, sondern die besondere Lage, als *Türke in Deutschland* zu leben" (Schiffauer zit. n. Barth 2008: 142).

Neben einem „normativen Kulturbegriff" (vgl. Barth 2008: 33–85), bei dem man von der eigenen ,Hochkultur' ausgehe und ihre Bewertungsmaßstäbe auf andere Kulturen übertrage, kritisiert Barth insbesondere ein „ethnisch-holistisches" Kulturverständnis (vgl. ebd.: 87–142). Setze man Kultur mit Ethnie oder Nation gleich, wie dies gemeinhin geschehe, ordne man verschiedenste kulturelle Ausdrucksformen einer vermeintlich homogenen und von anderen Ethnien abgrenzbaren Ordnung unter. Die Idee einer gemeinsamen Herkunft werde dabei als ,kulturprägend' absolut gesetzt und individuelle Verhaltensweisen werden durch diese ethnisch und national interpretierte Kultur determiniert. Ein Musikunterricht, der auf dieser Konstruktion basierend seinen Fokus auf musikbezogene Praktiken einer Ethnie im Kontrast zu anderen Ethnien setze, beinhalte folgende zentrale Gefahr: Menschen werden nicht mit ihren vielfältigen kulturellen Anschlüssen gesehen, sondern zu Repräsentant_innen einer bestimmten nationalen bzw. ethnischen Kulturordnung gemacht (ebd.: 98). Die Ursache von Ausgrenzungen ist Barth zufolge, dass solche ethnischen bzw. nationalen Kulturdifferenzen überhaupt erst gesetzt werden. Anknüpfend an ihre Dekonstruktion des Kulturbegriffs entwickelt Barth zwei wichtige alternative theoretische Ansätze für die IMP.

Zum einen plädiert sie dafür, interkulturellen Musikunterricht auf einem „bedeutungsorientierten Kulturbegriff" zu gründen (vgl. ebd.: 143–205). Für Barth basiert Kultur nicht auf gemeinsamen Handlungen und Objektivationen, sondern auf geteilten Deutungsmustern, die sie in Anlehnung an den Kulturwissenschaftler Andreas Reckwitz als „kulturelles Schema", „kulturelle Struktur" oder als „kulturelles Muster" bezeichnet (ebd.: 148).

---

153 Dies exemplifiziert Schütz in erster Linie anhand von ,schwarzafrikanischer Musik'. Transkulturelle Anschlussstellen für Schüler_innen wären dabei beispielsweise die „Bevorzugung rhythmisch geprägter Musik" oder die „Wertschätzung der sozialen Seite von Musik" (Schütz 1998: 4).

Menschen *gehören derselben Kultur* an, wenn sie Prozesse der Bedeutungsgenerierung und Bedeutungszuweisung in Bezug auf den gegenständlichen Inhalt von Urteilen oder eine konkrete Handlung in ihren Erscheinungsformen teilen. Ist das nicht der Fall, ist über denselben Gegenstand im weitesten Sinne keine Verständigung möglich; es kommt zu kulturellen Missverständnissen (ebd.: 166).

Ein interkultureller Musikunterricht solle somit gerade nicht auf der Prämisse basieren, dass Jugendliche in Bezug auf ihre ‚Herkunftsländer‘ vermeintlich automatisch kulturelle Gemeinsamkeiten und Unterschiede mitbringen. Vielmehr müsse von der Frage ausgegangen werden, welche kollektiven Bedeutungen konkrete musikbezogene Praktiken oder Stile für eine bestimmte Gruppe tatsächlich haben. Dementsprechend fordert Barth „Jugendliche mit Migrationshintergrund ohne ethnische Zuschreibungen oder rassistische Vorurteile als Mitglieder ‚jugendkultureller Szenen‘“ zu begreifen (ebd.: 208). Ebenso seien ihre Musikinteressen nicht als Ausdruck eines ‚Zwischen-den-Kulturen-Lebens‘, sondern als Ausdruck einer adoleszenten Lebensphase zu verstehen (ebd.: 195).

Zum anderen geht Barth von den Konzepten der „projizierten Ethnizitäten“ und der „symbolisch inszenierten Ethnizitäten“ aus (Barth 2013: 51). Laut diesen Ansätzen haben jahrzehntelange degradierende Fremdzuschreibungen der Mehrheitsgesellschaft erst dazu geführt, dass sich Jugendliche ‚mit Migrationshintergrund‘ mit ihrem Herkunftsland identifizieren und sich als bestimmten Ethnien zugehörig inszenieren. Dieser auf den ersten Blick selbstbewusst wirkende Umgang verweise allerdings auf ein von außen permanent produziertes Minderwertigkeitserleben und sei – anknüpfend an Schiffauer und den Journalisten Birand Bingül – ein besonderes Phänomen der ‚dritten Generation‘ (vgl. Barth 2014: 1, 6 f.). Negative ethnisierende Außenzuschreibungen würden dabei von den Jugendlichen positiv oder auch parodierend umgedeutet, um dadurch der Mehrheitsgesellschaft das Definitionsmonopol zu entziehen.[154] Gleichzeitig komme es hierbei zu „radikalen Entscheidungen“ der ethnischen Selbstidentifikation und zu starken Abgrenzungen gegenüber der ‚deutschen‘ Gesellschaft (Barth 2013: 55). Für eine gelingende Integration stellen symbolisch-ethnische Selbstethnisierungen somit ein Hindernis dar und seien „weder für die Mehrheitsgesellschaft noch für die Menschen mit Migrationshintergrund förderlich und wünschenswert“ (ebd.: 54). Im Musikunterricht äußern sie sich beispielsweise dadurch, dass sich Jugendliche als ‚Türk_innen‘ bezeichnen, obwohl sie teilweise schon in der dritten oder vierten Generation in Deutschland leben. Oder sie

---

154 Als Beispiele dafür führt sie zum einen die Umkehrung des Begriffs ‚Kanake‘ im Manifest der Künstler_innen- und Aktivist_innengruppe Kanak Attak an. Zum anderen verweist sie in Bezug auf sexistische Umdeutungen von Projektionen auf die Strategie der Künstlerin Lady Bitch Ray, die sich Markierungen wie ‚Schlampe‘ oder ‚Bitch‘ selbstbewusst aneigne: „Es geht dabei natürlich auch um Provokation, vor allem aber geht es um Freiheit. Die Freiheit, eine Rolle, die negativ konnotiert ist, positiv zu besetzen und deren Verkörperung überdies noch in ihren alten Bedeutungen zu genießen“ (Lady Bitch Ray, zit. n. Barth 2013: 50).

sprechen von der „Musik ‚ihres Volkes'" (ebd.: 52), obwohl sie selbst diese Musik gar nicht hören.

Für den Musikunterricht ergibt sich daraus Barth zufolge die Aufgabe, einen Beitrag dazu zu leisten, „diesen Kreislauf zu durchbrechen" (ebd.: 54). Aus diesem Grund sollten auch „in einem interkulturell orientierten Musikunterricht […] ethnisch konnotierte Projektionen, ethnische Zuschreibungen und Ausgrenzungen keinen Platz haben. Seine Konzeption soll nicht auf einem ethnisch-holistischen, sondern einem bedeutungsorientierten Kulturbegriff basieren" (ebd.: 56). Schüler_innen sollen darin unterstützt werden, „dass sie keine radikalen Entscheidungen treffen müssen, welche Musik ‚die ihre' ist und welche nicht, sondern sie können Erklärungsmodelle entwickeln, warum sie sich mit unterschiedlichen musikalisch-kulturellen Praxen identifizieren" (ebd.: 55). Diese Figur erinnert wiederum sehr stark an die Ziele der Transkulturellen Musikerziehung. Anstatt nach „einfachen Lösungen" suchen zu müssen, sei die „Ausbildung einer balancierten Identität" als zentrales Ziel für die IMP in Bezug auf das Thema ‚Musik und Migration' zu bestimmen (Barth 2012: 86). Anknüpfend an das Konzept der Permeabilität von Hermann Josef Kaiser sei die Durchlässigkeit von Identitätsbildungen zu fördern. Dies bedeute zugleich auch, dass andersartige Musikkulturen nicht als Infragestellung der eigenen Identitäten empfunden werden (Barth 2013: 55).

Für die Umsetzung ihrer didaktischen Konzeption schlägt Barth eine Orientierung an den Methoden der Ethnologie vor, weil sie so differenziert wie kaum eine andere Disziplin die Bedingungen von interkultureller Dialogizität reflektiere. Dabei verweist sie auf den Rat der Musikethnologin Barbara Alge für die Musikpädagogik, die Ethnologie weniger als „Gegenstandslieferanten", sondern vielmehr als „Methodenlieferanten" zu betrachten (vgl. Alge 2012: 27). Dementsprechend plädiert Barth für projektorientierte Methoden und Materialien. Anstatt klassischerweise inhaltlich, das heißt auf eine bestimmte Musikkultur ausgerichtet zu sein, sollten sie „Inszenierungen musikalisch-kultureller Erfahrungsprozesse" ermöglichen (Barth 2012: 87).[155]

---

155 Dies meint für Barth, „Fragen nach ihrer eigenen musikalisch-kulturellen Identität, nach der musikalisch-kulturellen Identität anderer Menschen, nach dem Phänomen der musikalisch-kulturell globalisierten Gesellschaft und nach der Bedeutung und der Bedeutungszuweisung an Musik im Leben von Menschen [zu stellen]" (Barth 2012: 87). Als methodische Veranschaulichungsbeispiele führt sie dafür den so genannten Inselsong an. Dabei werden die Schüler_innen gefragt, welches Lied sie auf eine einsame Insel mitnehmen würden. Bei der Auseinandersetzung mit dieser Frage und der Präsentation der Antwort werden Denkprozesse zur eigenen musikkulturellen Identitätsverortung ausgelöst. Ein weiteres Beispiel stelle der „Klassensong" im Sinne Christopher Wallbaums dar, bei dem die Schüler_innen sich auf die Gestaltung eines Songs einigen, der die ‚Wir-Identität' der Klasse repräsentiere. Auch hier seien musikkulturelle Selbstpositionierung, Einfühlungsvermögen in Andere und ästhetisches Argumentieren gefragt. Größere Projekte wären beispielsweise die musikethnologische Erkundung des eigenen Stadtteils und ihre Präsentation, zum Beispiel in Form eines „klingenden Stadtplans" (vgl. ebd.: 87–90).

Eine weitere Möglichkeit, ein bedeutungsorientiertes Kulturverständnis im Musikunterricht methodisch umzusetzen, sei die Thematisierung von „Popmusik mit Migrationshintergrund" (Barth 2010). Dabei geht Barth von der Annahme aus, dass Jugendliche Musik primär als komplexes Symbol- und Identitätsorientierungssystem verwenden (ebd.: 340–342). Für Jugendliche ‚mit Migrationshintergrund' sei aus diesem Grund Musik interessant, in deren Texten oder Inszenierungen das Thema Migration in Deutschland reflektiert werde. Nach Barth unterscheiden sich nämlich Kinder und Jugendliche ‚mit Migrationshintergrund' von denjenigen ‚ohne Migrationshintergrund' dadurch, dass eine „Einwanderungsgeschichte ihr Leben [grundiert]" (Barth 2013: 55). „Menschen mit Migrationshintergrund […] müssen sich die Frage ‚Wer ist wie ich und zu wem gehöre ich?' viel radikaler stellen", da sie bzw. ihre Vorfahr_innen ihr Herkunftsland endgültig verlassen haben, wohingegen sich Jugendliche ‚ohne Migrationshintergrund' „auf der Suche nach neuen Werten, Verhaltensmustern und Bezugspersonen ihres alten ‚Zuhauses' noch rückversichern [können]" (ebd.). Barth zufolge ermöglicht der musikpädagogische Ansatz „Popmusik mit Migrationshintergrund", unterschiedliche musikalisch inszenierte Umgangsweisen mit dem Thema Einwanderung und verschiedene Identitätsangebote zur Verfügung zu stellen. Als Beispiele führt sie eine Auseinandersetzung mit Popsänger_innen ‚mit Migrationshintergrund' wie Tarkan, Monrose, Xavier Naidoo und Alpa Gun an (Barth 2010: 343–347).

Das Motiv, Jugendlichen, die selbst oder deren Vorfahr_innen nach Deutschland eingewandert sind, im Musikunterricht eine besondere identitätsbestärkende Anerkennung zukommen zu lassen, zieht sich somit wie ein roter Faden durch die Geschichte der IMP. So hat Barth jüngst noch einmal betont, dass „es Aufgabe der Bildungspolitik und der allgemeinbildenden Schulen (und damit auch des Musikunterrichtes) [ist], allen Kindern und Jugendlichen durch einen anerkennenden, wertschätzenden, respektvollen Umgang Wege zu einem gelingenden Leben und gesellschaftlicher Teilhabe zu eröffnen" (Barth 2014: 2). Der Umgang mit natio-ethno-kultureller Differenz hat sich demgegenüber in sein Gegenteil verkehrt. Bei Merkt ging es noch darum, Jugendlichen in ihren vermeintlichen nationalen bzw. ethnischen Herkunftskulturen eine besondere Wertschätzung zukommen zu lassen. Im deutlichen Kontrast dazu plädiert Barth dafür, dass Lehrende im Musikunterricht auf herkunftskulturelle Differenzzuschreibungen möglichst ganz verzichten und – wenn diese von Kindern und Jugendlichen ‚mit Migrationshintergrund' geäußert würden – dazu beitragen sollten, diese zu dekonstruieren bzw. zu verdurchlässigen.

Zweifelsohne ist es ein wertvolles Verdienst Barths mit ihrem umfassenden musikpädagogischen Ansatz zur De-Essenzialisierung von Identifikationen mit Herkunftskulturen beigetragen zu haben. Natürlich ist im Musikunterricht auch darauf hinzuwirken, dass Kinder und Jugendliche lernen, dass es sich bei ‚deutscher' oder ‚türkischer Kultur' nicht um quasi-natürliche Entitäten handelt, denen man wesensmäßig angehört, sondern um Konstrukte, durch die man sozialisiert wird, mit denen man von anderen identifiziert wird und zu denen man sich unterschiedlich positionieren kann. Ausgehend von der Analyse zur *arabesk*-Rezeption von Jugendlichen und vom Konzept der Sozioästhetischen Anerkennung sind allerdings in mehrfacher

Hinsicht vereindeutigende musikpädagogische Lösungen im Umgang mit natio-ethno-kulturellen Differenzsetzungen anzuzweifeln.[156]

4.2.2 Positive Funktionen von Ethnizitäten

Auch in den Gruppendiskussionen zu *arabesk*-Musik lässt sich im Sinne Barths eine Verbindung zwischen defizitären ethnischen Fremdzuschreibungen und distinktiven Selbstaufwertungen beobachten. Wie insbesondere in den Unterkapiteln 3.2.4 und 3.3.1 aufgezeigt wurde, verweisen einige Jugendliche im Sprechen über *arabesk*-Musik auf demütigende Markierungen in Deutschland: als ‚Türk_innen‘, Jugendliche ‚mit Migrationshintergrund‘, ‚Ausländer_innen‘ und ‚Muslim_innen‘. *Arabesk* wird in diesem Kontext zwar auch essenzialisierend als ‚türkische Musik‘ konstruiert und einer ‚deutschen‘, ‚englischen‘ oder ‚europäischen‘ Musik distinktiv gegenübergestellt. Aber trotz dieses Zusammenhangs ist daraus weder zu schließen, dass es sich bei einer Identifizierung mit der ‚imaginären Türkei‘ *ausschließlich* um von ‚Deutschen‘ fremdbestimmte Ethnisierungen, noch dass es sich automatisch um „*radikale* Entscheidungen" handelt (Barth 2014: 7, Hervorhebung: JH).

Die Frage nach dem diskursiven Anerkennungsrahmen

In Kapitel 3 wurde analysiert, wie sich die interviewten Jugendlichen anhand von *arabesk*-Musik gegenseitig mit Attributen wie innenorientiert, menschlich, warm, erhaben traurig, reif und traditionsverbunden subjektivieren und diese Eigenschaften teilweise als ‚türkisch‘ signifizieren. Dabei beziehen sie sich allerdings nicht nur auf Adressierungen von ‚Deutschen‘, sondern ebenso auf Zuschreibungen von ‚Türk_innen aus der Türkei‘ gegenüber ‚Türk_innen aus Deutschland‘. Dementsprechend basieren diese Eigenschaften auch auf einem Wissen über Nationalstereotype, distinktive Nationalidentitäten und Kulturstandards aus der Türkei. Ihr emotionalisiertes, die Wirkung auf die inneren Organe betonendes Sprechen über *arabesk*-Musik kann dabei auch als eine Habitualisierung dieses nationalstereotypen Wissens interpretiert werden.

Barths These der projektiven und symbolisch inszenierten Ethnisierungen geht somit zu einseitig von der Reaktion auf einen ‚deutschen Diskurs‘ aus. Die Jugendlichen sind nicht nur mit der defizitären Anrufung als ‚Jugendliche mit türkischem

---

156 Anknüpfend an Peter W. Schatt lässt sich die Geschichte der IMP auch als eine Geschichte der Mythenbildung erzählen. Denn zu den zentralen Charakteristika mythischen Denkens zählt Schatt zufolge zum einen „die Verabsolutierung bzw. Ausblendung des Anderen", zum anderen „die verallgemeinernde[.] Setzung statt abwägende[s] Bedenken[.]" (Schatt 2008: 202). Der folgende Versuch, den Ethnizitätsdiskurs der IMP zu entpolarisieren und zu differenzieren, kann anknüpfend an Schatts Musikpädagogik auch als eine Entmythologisierung eines Musikunterrichts in der Migrationsgesellschaft gelesen werden.

Migrationshintergrund' aus Deutschland, sondern ebenso mit der defizitären Anrufung als ‚*Almancı*' aus der Türkei konfrontiert (vgl. Kap. 3.2.4). Für die *arabesk*-bezogenen Anerkennungsdynamiken ist somit nicht nur der Migrationsdiskurs in Deutschland, sondern ebenso derjenige in der Türkei relevant. Die Vorstellung, dass sich die Jugendlichen in ihrer Identifikation mit der imaginären Türkei ausschließlich dem defizitären Anerkennungsrahmen der Migrationsdebatte in Deutschland unterwerfen, greift somit zu kurz. Das doppelte defizitäre Adressiertwerden als ‚Migrant_innen' hat dabei einen durchaus positiven Effekt. Die musikbezogenen Selbstpositionierungen der Jugendlichen basieren nicht nur auf einem Wissen über nationale Identitätserzählungen in Deutschland, sondern auch in der Türkei – ein Wissen, in das die Jugendlichen durch Urlaube, Medien und Familienangehörige in der Türkei hineinsozialisiert werden. Gerade im Hinblick auf die Migrationsdebatte in Deutschland bildet dieses Wissen eine Ressource. Es ermöglicht ihnen eine aktive und kritische Selbstpositionierung in Deutschland, insbesondere in Bezug auf die permanente Anrufung als Integrationsandere. Wie insbesondere anhand der Analyse zu A1 gezeigt werden konnte, erhält man aus der Perspektive der Jugendlichen eine Anerkennung als ‚gut integriert' unter zweierlei Bedingungen: Entweder man positioniert sich als ‚deutsch' oder man identifiziert sich – gerade in Anbetracht der nationalsozialistischen Geschichte – mit gar keiner nationalen oder ethnischen Kultur eindeutig. Anhand von *arabesk*-Musik versuchen die Jugendlichen, diesen in sich widersprüchlichen Anerkennungsrahmen zu verschieben. Dabei orientieren sie sich an der Vision, in Deutschland als zugehörig anerkannt zu werden und sich trotzdem als ‚Türke_Türkin' positionieren zu können.

Beim Sprechen von Jugendlichen über ihre Lieblingsmusik gilt es somit genauer hinzusehen, auf welchen Anerkennungsrahmen sie sich bei natio-ethno-kulturellen Differenzsetzungen eigentlich beziehen: Geht es überhaupt zuvorderst um natio-ethno-kulturelle Differenzen im Sprechen über Musik? Stehen im Hintergrund einer Identifizierung mit der imaginären Türkei womöglich eher binnendifferenzierte Diskurse aus der realen Türkei oder gar hemisphärische Differenzkonstrukte zwischen ‚westlicher' und ‚islamischer Welt'? Auf welchen Anerkennungsrahmen als ‚Migrant_innen' wird Bezug genommen, auf denjenigen in Deutschland oder in der Türkei? Nehmen die Jugendlichen also eher Bezug auf Zuschreibungen als Integrationsandere (‚Deutsche mit türkischem Migrationshintergrund') oder Assimilationsandere (‚*Almancı*')? Passen sie sich lediglich einem bestehenden Anerkennungsrahmen an oder spiegeln sie Anerkennungsordnungen wie ‚gut' oder ‚schlecht' integrierte Migrant_innen' kritisch zurück? Haben distinktive Identifizierungen mit einer ‚türkischen Kultur' die Funktion, sich aus der ‚deutschen Gesellschaft' zurückzuziehen oder eine gesellschaftskritische Position *innerhalb* der deutschen Gesellschaft einzunehmen, beispielsweise indem man bestimmte soziale Umgangsformen wie fehlende Gastfreundschaft, Abwertung von alten Menschen oder fehlende Herzlichkeit kritisiert? Handelt es sich also, so kann anknüpfend an Carolin Emcke gefragt werden, um Kollektivvorstellungen, die primär auf Erfahrungen des gemeinsamen Diskriminiertseins oder auf einer freiwilligen Selbstidentifikation mit Nationalnarrativen basieren (vgl. Emcke 2000: 320–322)?

In dem bisher Gesagten deutet sich bereits an, dass eine Entgegensetzung von Kultur und Ethnie bzw. Nation, wie sie sich bei Barth andeutet, nicht funktioniert. Was Barth als Kultur definiert, das Teilen gemeinsamer Bedeutungen in Bezug auf bestimmte Objekte oder Handlungen, kann genauso in Bezug auf nationale und ethnische Kulturen gesagt werden. Lernt man beispielsweise die Sprache eines anderen Landes, fällt einem auf, dass es sowohl in der eigenen wie auch in der fremden Sprache Konzepte gibt, die man aufgrund seiner natio-ethno-kulturellen Sozialisation erst einmal nicht versteht und für die es keine direkte Übersetzung gibt. Manchmal muss man sogar erst eine Zeit lang in einem Land oder mit Menschen, die in diesem Land bereits sozialisiert wurden, leben, um bestimmte Konzepte zu verstehen. Als ein Beispiel dafür wäre im Deutschen das prominente Konzept der Gemütlichkeit zu nennen. Im Türkischen brauchte ich eine längere Zeit, um Konzepte zu verstehen, die unterschiedliche Facetten oder Atmosphären des freundschaftlichen Beisammenseins bezeichnen. So steht beispielsweise der Begriff *samimi olmak* für ein Zusammensein, das durch Herzlichkeit, Vertrautheit, Sich-öffnen-Können und intensive Nähe gekennzeichnet ist, wohingegen *geyik yapmak* durchaus auch für ein inniges, gleichzeitig aber eher lockereres Beisammensein steht, bei dem man viel zusammen lacht, albert und ausgelassen ist. Konzepte wie diese versteht man am besten, wenn man solche Situationen erlebt und – dies ist entscheidend – jemand, der mit der Sprache vertraut ist, einem auf die Bedeutung dieser Situation hinweist. Noch interessanter ist es, wenn man versucht Füllwörter einer anderen Sprache an passenden Stellen zu verwenden oder sich prosodische bzw. parasprachliche Merkmale einer anderen Sprache anzueignen. Im Türkischen wäre unter anderem die Geste zu nennen, das Kinn und die Augenbrauen nach oben zu ziehen und dabei zu schnalzen, was ein entschiedenes ‚Nein‘ bedeutet.

Diese Beispiele verdeutlichen, dass Ethnien oder Nationen genauso wie Regionen, Fußballvereine oder Jugendszenen durch spezifische Sprachcodes gemeinsame Bedeutungen, ein kollektives habitualisiertes Wissen und somit eine Kultur teilen. Auch Nationen und Ethnien müssen somit als bedeutungsorientierte Kulturen gedacht werden. Dementsprechend können die beiden Codes *isyan* und *damar*, die in Bezug auf *arabesk*-Musik eine zentrale Rolle spielen und anhand derer die Jugendlichen verschiedene Traurigkeitsästhetiken differenzieren, nur als Verschränkung einer natio-ethno-kulturellen und einer jugendkulturellen Bedeutungsebene verstanden werden. Ebenso lässt sich der emotionalisierte Sprachhabitus der Jugendlichen über *arabesk* nicht hinreichend verstehen, wenn man ihn ausschließlich als eine Abgrenzung zum technisierten Sprechen von Jugendlichen über Rap-Musik interpretiert. Beide Phänomene basieren unter anderem auf einem nationalstereotypen Wissen, genauer gesagt auf dem Klischee, dass ‚türkische (Musik-)Kultur‘ immer etwas mit Liebe, Traurigkeit und Gefühlstiefe zu tun habe.

Zweifelsohne sollten Jugendliche in der Schule lernen, dass es sich wie bei allen kulturellen Identitäten auch bei natio-ethno-kulturellen Differenzsetzungen – mit dem Kulturwissenschaftler Stuart Hall gesprochen – nicht um „Wesen, sondern eine Positionierung" handelt (Hall 1994: 30). Identifizierungen mit einer ‚menschlicheren', ‚wärmeren' oder ‚sozialeren' ‚türkischen (Musik-)Kultur' sollten als nicht essenzielle, historisch entstandene, situativ bedingte, instabile, wandelbare und nicht zu generalisierende Konstruktionen verstanden werden.

Innerhalb der Gruppendiskussionen lässt sich in zweierlei Hinsicht erkennen, dass wesenhafte Ethnizitätskonstruktionen gestört werden. Zum einen oszillieren natio-ethno-kulturelle Differenzsetzungen bei den Jugendlichen permanent zwischen eindeutigen und mehrdeutigen sowie zwischen identifizierenden und distanzierenden Gebrauchsweisen. Zum anderen lässt sich beobachten, dass sich die Jugendlichen eher auf eine gemeinsame imaginäre Herkunft und weniger auf eine nationale Identität einigen. Sie ermöglichen sich gegenseitig somit einen Raum für pluriethnische und bikulturelle Identitätskonstruktionen (vgl. Kap. 3.2.4). Die These Barths, dass distinktive Selbstpositionierungen als ‚Türk_innen' „radikale Entscheidungen" bedeuten (Barth 2015: 7), kann nicht bestätigt werden. Vielmehr muss zurückgefragt werden: Was sollen denn überhaupt ‚radikale Entscheidungen' in Bezug auf Ethnizitäten sein? Bedeutet es, sich überhaupt auf Nationalstereotype und damit unweigerlich auch auf wertende Differenzsetzungen bei der Identitätsverortung zu beziehen? Ist bereits eine nicht in Anführungszeichen gekennzeichnete Verwendung von nationalen oder ethnischen Kategorien ‚radikal'? Ist ein emotionales Mitgehen mit Sportler_innen derselben Nationalität ‚radikal'?

Meine Definition von ‚radikalen Entscheidungen' lautet: Sie liegen dann vor, wenn versucht wird, natio-ethno-kulturelle Selbstkonstruktionen undurchlässig, widerspruchsfrei und natürlich zu fixieren. Dies trifft auf keine_n der von mir befragten Jugendlichen zu. In den Gruppendiskussionen ereignet sich das natio-ethno-kulturelle Sprechen über *arabesk*-Musik insgesamt situationsspezifisch. Manchmal verwenden die Jugendlichen nationale Kategorien identifizierend, starr und vereindeutigend, manchmal aber auch eher distanzierend, dynamisch, durchlässig und veruneindeutigend.

Auch in Barths Texten selbst findet sich dieser zwischen Distanzierung und Identifizierung pendelnde Umgang mit Ethnizitäten. Ihr inhaltliches Anliegen, Selbst- oder Fremdethnisierungen durch Dekonstruktion, De-Essenzialisierung und Verdurchlässigung zu kontrollieren, wird gelegentlich durch einen plötzlich ungebrochenen Umgang mit ethnischen und nationalen Kategorien durchkreuzt. So spricht sie beispielsweise vom „Musikleben der Türken in Deutschland" (Barth 2012: 90), von der „mittlerweile fünfzigjährige[n] Migrationsgeschichte von Türk_innen nach Deutschland" (Barth 2014: 1), von „Naidoos Vater mit deutschen und tamilisch-indischen Vorfahren" (Barth 2010: 345), „deutschen und polnischen Künstlern"

(Barth 2013: 50), „deutschen Jugendlichen" (Barth 2014: 6) oder von „türkischer Musik" (Barth 2013: 53).[157]

Interessant und bezeichnend ist das Spannungsverhältnis zwischen appellativer und performativer Textebene, das wohl jede_r Wissenschaftler_in kennt, der_die etwas zum Themenfeld natio-ethno-kulturelle Kodierungen schreibt. Man achtet darauf, sich durch Anführungsstriche von diesen zu distanzieren und damit ihren nicht wesenhaften Zuschreibungscharakter zu betonen. Hin und wieder bemerkt man dann aber womöglich doch, dass einer_einem auch mal die eine oder andere distanzierende Kennzeichnung ‚entwischt' ist. In diesem Widerspruch zwischen Inhalts- und Handlungsebene wissenschaftlicher musikpädagogischer Texte beim Umgang mit natio-ethno-kulturellen Differenzsetzungen spiegelt sich nicht nur die oftmals bemängelte Diskrepanz zwischen ‚abgehobener' musikdidaktischer Theoriebildung und ‚realer' Unterrichtspraxis wider. Mit ihm wird eine grundsätzliche Ambivalenz im Umgang mit natio-ethno-kulturellen Differenzkategorien deutlich: Einerseits möchte man sie dekonstruierend vollständig in den Griff bekommen, andererseits verwendet man sie dann doch immer wieder identifizierend, um über die soziale Umwelt kommunizieren und sie deuten zu können.

Für das Themenfeld Musikpädagogik und Migration stellt sich somit die äußerst interessante Frage, welche Funktionen Ethnizitäten insbesondere im alltagssprachlichen Gebrauch eigentlich noch haben, außer andere Menschen zu andern, zu homogenisieren oder zu marginalisieren. Oder anders gefragt: Warum verwenden wir weiterhin nationale oder ethnische Kategorien, um andere Personen und Musiken damit zu bezeichnen, obwohl wir wissen, dass es sich um homogenisierende Konstruktionen handelt, die letztendlich willkürliche Grenzziehungen darstellen? Inwieweit ist es in der alltäglichen Kommunikation überhaupt möglich, nicht in ethnischen oder nationalen Kollektivvorstellungen wahrzunehmen, zu denken, zu sprechen und zu handeln? Oder mit Oliver Kautny gefragt: „Welche homogenen (Schüler-)Vorstellungen wollen wir dekonstruieren, an welchen müssen wir aber notgedrungen festhalten, um noch kommunizieren zu können?" (Kautny 2012: 19).

---

157 Die Diskrepanz zwischen inhaltlicher Kritik an homogenisierenden Zuschreibungen und ihrer performativen Reproduktion findet sich auch in Thomas Otts Aufsatz „Heterogenität und Dialog. Lernen am und vom Anderen als wechselseitiges Zuerkennen von Eigensinn" (Ott 2012). Darin wendet sich Ott gegen projektive, kulturalisierende und besitzergreifende Homogenisierungspraktiken und schlägt demgegenüber eine Heterogenitätsperspektive vor. Als ethisches Grundprinzip für den Musikunterricht konzipiert Ott die „Grundidee eines wechselseitigen Zuerkennens von Eigensinn" (ebd.: 9). Darunter versteht er die alteritätstheoretische Figur, wechselseitig eine unhintergehbare Andersheit zu vermuten. Aber auch Otts Aufsatz kommt auf der performativen Textebene nicht ohne identifizierende Homogenisierungen wie „afrikanische und indische Musiker" oder „die Bedeutung traditioneller indischer Musikstile" aus (ebd.: 7).

Zu diesen Fragen geben unter anderem die Stereotypenforschung und die Imagologie äußerst interessante Antworten.[158] Sie ermöglichen einen relativ nüchternen und wertneutralen Blick auf nationale Selbstverortungen, was angesichts der gerade in Deutschland historisch bedingt hoch emotionalisierten und politisierten Diskussion um Ethnizitäten ein wertvolles Erkenntnispotenzial beinhaltet. Als sozialwissenschaftlichen Terminus hat der Journalist Walter Lippmann den Begriff „Stereotyp" in seinem Buch *Public Opinion* aus dem Jahr 1922 eingeführt. ‚Stereotyp' bezeichnet bei Lippmann den Mechanismus, dass wir Personen oftmals nicht als Individuen wahrnehmen, sondern sie auf einen Teil einer Gruppe und auf eine dieser Gruppe entsprechenden Merkmalskombination reduzieren (vgl. Petersen & Six 2008: 21). Erst mit der so genannten kognitiven Wende innerhalb der Sozialpsychologie in den 1970er Jahren wurden Stereotype wertneutral aufgefasst. Sie werden seitdem als „kognitive Prozesse der Unterscheidung und Verallgemeinerung" verstanden und von Vorurteilen als „affektive Prozesse der Abwertung" unterschieden (Florack 2007: 35). Erst seitdem haben sich Stereotypen-Forschung und Imagologie von der Vorurteilsforschung und dem in der Alltagssprache negativ konnotierten Stereotypenverständnis emanzipiert. Verschiedene Versuche haben gezeigt, dass eine Kenntnis von nationalen Stereotypen noch keinen Rückschluss auf ein sozial diskriminierendes oder vorurteilsgeladenes Verhalten zulässt (ebd.: 36 f.). Die Imagologin Ruth Florack begründet die Umkodierung des Stereotypbegriffs innerhalb der Imagologie folgendermaßen:

> Wer versteht, dass Stereotype der Komplexitätsreduktion und somit der Orientierung dienen, den wird ihre Zählebigkeit nicht länger verwundern: Nicht trotz, sondern wegen der immer engeren und vielfältigeren Kontakte zwischen dem ‚Fremden' und dem ‚Eigenen', wegen der explosionsartigen Entwicklung des Wissens und der Massenmedien sind Stereotype jeder Art unverwüstlich, unabhängig davon, welche Differenzen sie beschreiben […]" (Florack 2001: 2).

Für den Diskurs der IMP scheinen die Stereotypenforschung und die Imagologie insbesondere in folgender Hinsicht ein bereicherndes Korrektiv darzustellen: Es werden in ihnen nicht nur die negativen, sondern auch die positiven Funktionen der Nationalstereotype untersucht. Hervorgehoben wird, dass sie überhaupt erst Informationsverarbeitung, Kommunikationsprozesse und die Konstruktion sozialer Identitäten ermöglichen (vgl. Petersen & Six 2008: 26 f., Telus 2002: 49–52). Dabei wird sogar von einem „Wahrheitskern" ausgegangen, wobei die Stereotypenforschung mit Florack inzwischen weiß, „wie vergeblich es ist, dieses Quäntchen ermitteln zu wollen" (Florack 2007: 37). Stereotype werden also nicht einfach als von der Wirklichkeit getrennte Konstruktionen verstanden. Nationale und ethnische Kategorien stehen vielmehr für ein stereotypes Wissen über Nationalidentitäten und

---

158 Bei der Imagologie handelt es sich um eine Forschungsrichtung innerhalb der vergleichenden Literaturwissenschaft, die das „Verhältnis von nationalen Stereotypen und Literatur" untersucht (Florack 2001: 1).

Kulturstandards, von denen anzunehmen ist, dass Menschen in sie hineinsozialisiert werden und sie habitualisieren.

Zusammengefasst handelt es sich bei Ethnizitäten, wie bei anderen sozialen Kategorien auch (z. B. Geschlecht, Alter, Sexualität, Religion usw.), um einen Anerkennungsrahmen, der zum einen eine wichtige Ressource für Selbstkonstruktionen darstellt, zum anderen aber auch Identitäten begrenzt, da man gezwungen ist, sich – selbst in der Negation – auf ein bestimmtes Kategoriensystem zu beziehen.

4.2.3   Orientierungsrahmen statt Orientierungsnormen

Ebenso wenig wie natio-ethno-kulturelle Selbstpositionierungen mit einem singulären Mechanismus erklärt werden können, sind eindeutige Normen eine hilfreiche Orientierung dafür, wie man mit Ethnizitäten im Musikunterricht umgehen sollte. Innerhalb der IMP laufen vermeintlich eindeutige Ethiken für den Umgang mit Ethnizitäten Gefahr, aus dem Blick zu verlieren, dass andere migrationsgesellschaftliche Alteritäten reproduziert und fixiert werden.

Differenzherstellungen im Namen der Transkulturalität

Wie anhand der Gruppendiskussion A1 aufgezeigt werden konnte, verstecken sich hinter dem Transkulturalitätskonzept Differenzherstellungen als ‚gute_r' bzw. ‚schlechte_r Migrant_in', die man im Musikunterricht doch lieber vermeiden möchte (vgl. Kap. 3.3.1). Die Norm, der zufolge Menschen sich lieber als ‚kulturelle Mischlinge' begreifen sollten, anstatt sich mit natio-ethno-kulturellen Differenzsetzungen zu identifizieren, wurde bereits politisch vereinnahmt und zur neuen ‚deutschen' Leitkultur erklärt. Hybride Positionen werden dabei als aufgeklärt und gut integriert gefeiert, natio-ethno-kulturelle Differenzen setzende Positionen hingegen als fanatisch und schlecht integriert gebrandmarkt (vgl. Mendívil 2012: 46). Zudem ist zu berücksichtigen, dass das Transkulturalitätskonzept klassenblind ist. Paul Mecheril und Louis Henri Seukwa zufolge ist davon auszugehen, dass die Möglichkeit, sich transkulturell und global zu vernetzen, vor allem für die Angehörigen derjenigen Schichten gilt, die sich Auslandserfahrungen oder die Teilnahme an unterschiedlichen Kulturveranstaltungen leisten können. Eine positive Wertschätzung erfahren somit gerade solche Kinder und Jugendliche, die sich aufgrund ihrer ökonomischen Situation besser zwischen verschiedenen Kulturen bewegen können (vgl. Mecheril & Seukwa 2006: 10 f.). Zudem habe das Konzept Welschs einen harmonistischen Charakter und verschleiere, dass die Gesellschaft zwischen „respektable[n] und missachtete[n] Formen der Transkulturalität" unterscheide (ebd.: 11). Im Gegensatz zu beispielsweise deutsch-französischer Zweisprachigkeit stößt deutsch-arabische Zweisprachigkeit nicht auf allgemeine Anerkennung, geschweige denn auf eine flächendeckende schulische Förderung. Auch im Hinblick auf die Musikunterrichtspraxis ist von einer selektiven transkulturellen Anschlussbereitschaft auszugehen.

Sind beispielsweise die Verbindungen von Popmusik zu bestimmten Musikkulturen Afrikas als Thema bei Lehrenden und Lernenden schon seit Langem beliebt (vgl. u. a. Schütz 1998: 4), werden Anschlüsse zu Volksmusiktraditionen in der Türkei bisher selten erkannt und umgesetzt.[159]

Änderung anhand des ‚Migrationshintergrunds'

Barths Anliegen, Identifizierungen mit natio-ethno-kulturellen Differenzen zu dekonstruieren und zu verdurchlässigen, setzt die polarisierende Gegenüberstellung von Jugendlichen ‚mit' und ‚ohne Migrationshintergrund' voraus. So schreibt Barth beispielsweise, dass „Kinder und Jugendliche mit Migrationshintergrund [...] auf ethnische Projektionen besonders sensibel reagieren" und dass „eine Einwanderungsgeschichte ihr Leben [grundiert]" (Barth 2013: 55). Ihre Dekonstruktion von ethnischen oder nationalen Zuschreibungen basiert somit auf der Essenzialisierung einer anderen Alterität, der Unterscheidung zwischen Jugendlichen, die einen bzw. die keinen ‚Migrationshintergrund' haben.

In den Gruppendiskussionen lassen sich Passagen finden, in denen sich die Jugendlichen durch mich als Gesellschaftsandere adressiert erleben, und zwar nicht weil ich sie natio-ethno-kulturell positioniere, sondern sie auf ihre Einwanderungsgeschichte festlege. So stellt beispielsweise meine Frage an die interviewten Jungen am Ende der Gruppendiskussion A3, in welcher Generation sie in Deutschland leben würden, eine Art Vertrauensbruch dar (vgl. dazu Kap. 3.3.6). Hatte ich A3a und A3b zuvor in erster Linie als Jugendliche adressiert, die eine für Musiklehrende unbekannte Musik hören, identifizierte ich sie in dieser Passage auf einmal überraschend anhand ‚ihres Migrationshintergrunds'. Die Reaktionen der beiden lassen sich als Empörung darüber interpretieren, auf einmal zu Migrationsanderen gemacht worden

---

159 Das Transkulturalitätskonzept unterliegt laut Mecheril und Seukwa zudem einem hermeneutischen Fehlschluss. Welschs zentrale These laute, dass eine Kultur C ein innovatives Produkt aus zwei Kulturen A und B darstelle, die wiederum aus den Kulturen a, b, c, d zusammengesetzt seien. Selbst wenn man die Kette unendlich weiterdenke, komme man am Ende dieser Kette wieder bei einer homogenen Kultur heraus. Somit führe der „Transkulturalitätsbegriff nicht zu einer Überwindung, sondern zur ‚Vervielfachung' der statischen Kultur" (Mecheril & Seukwa 2006: 9). Des Weiteren widerlegt Julio Mendívil am Beispiel des Musikinstruments *charango* die These Welschs, dass die Akzeptanz transkultureller Verfasstheiten von Kulturen und Identitäten automatisch vor kulturellem Extremismus und Nationalismus schütze. Laut Mendívil sei es *gerade* die transkulturelle Verfasstheit dieses Instruments, die von den Ländern Chile, Bolivien und Peru dazu genutzt werde, es nationalistisch zu vereinnahmen. Betont werde nämlich, dass es sich beim *charango* gerade nicht um das Ergebnis einer Akkulturation, d. h. der Anpassung an die koloniale Dominanzkultur handle, sondern um eine Form des hybridisierenden Unterwanderns der ihnen auferlegten Kultur. Nationalistisch vereinnahmt werde somit die Schaffung einer neuen, transkulturell verfassten Kultur und damit der Sieg der Kolonialisierten über die Kolonialherren (Mendívil 2012: 58).

zu sein, obwohl ich ihnen zuvor signalisiert hatte, sie als ganz ‚normale‘ nicht migrationsandere Jugendliche zu sehen.

Der auf den ersten Blick statistisch neutral und vermeintlich wissenschaftlich objektiv erscheinende Terminus ‚Migrationshintergrund‘ stellt – vermutlich gerade aufgrund seines ‚politisch korrekten‘ Gewandes – ein mindestens genauso wirkmächtiges Ausgrenzungsinstrument wie natio-ethno-kulturelle Differenzzuschreibungen dar.[160] Zunächst ist zu bemerken, dass der ‚Migrationshintergrund‘ noch nicht einmal in amtlichen Statistiken einheitlich verwendet wird. Beispielsweise liegt laut Definition des Statistischen Bundesamtes auch dann noch ein Migrationshintergrund vor, wenn es sich bei den betreffenden Menschen um „in Deutschland als Deutsche Geborene[.] mit zumindest einem zugewanderten oder *als Ausländer* in Deutschland *geborenen* Elternteil“ handelt (Statistisches Bundesamt 2015: 5, Hervorh.: JH). Die Definition der Bundesagentur für Arbeit weicht demgegenüber ab und bezieht sich auf die Migrationshintergrund-Erhebungsverordnung (§ 6 MighEV). Im Hinblick auf die Eltern sei nur dann ein ‚Migrationshintergrund‘ vorhanden, wenn „*der Geburtsort* mindestens eines Elternteiles der befragten Person außerhalb der heutigen Grenzen der Bundesrepublik Deutschland liegt sowie eine Zuwanderung dieses Elternteiles in das heutige Gebiet der Bundesrepublik Deutschland nach 1949 erfolgte“ (Bundesagentur für Arbeit 2012: 6, Hervorh.: JH). In letzterer Definition ist die Staatsbürgerschaft bei der Geburt der Eltern somit unerheblich, und der ‚Migrationshintergrund‘ entfällt für deutlich mehr Menschen der so genannten dritten Generation.

Die inhaltliche Uneindeutigkeit und Interessengebundenheit hinsichtlich der Frage, was mit dem ‚Migrationshintergrund‘ eigentlich gemeint sein soll, scheint sich im alltäglichen Umgang mit dieser Kategorie zu potenzieren:

Erstens werden beispielsweise bei Internetauftritten von Schulen oftmals auch noch solche Kinder und Jugendliche mit einem ‚Migrationshintergrund‘ markiert, die bereits in der dritten und vierten Generation in Deutschland leben, also nach der Definition der Migrationshintergrund-Erhebungsverordnung keinen ‚Migrationshintergrund‘ mehr haben. Spätestens hier stellen sich folgende Fragen: Wann hört der ‚Migrationshintergrund‘ eigentlich auf? Ist mit dem ‚Hintergrund‘ womöglich doch die Vorstellung eines vererblichen Merkmals verknüpft? Welche Interessen sind im Einzelfall eigentlich damit verbunden, die Kategorie ‚Migrationshintergrund‘ weiter auszudehnen oder einzugrenzen? Am Beispiel der Gruppendiskussion A3 dokumentiert sich eine hohe Sensibilität gegenüber Migrationsanderungen, durch

---

160 Der Soziologin Anna-Katharina Meßmer und dem Historiker Kai Burkhardt zufolge etablierte sich die Bezeichnung ‚Migrationshintergrund‘, aus den Sozialwissenschaften kommend, Anfang der 2000er im politischen Diskurs und war zunächst innerhalb der Parteien SPD, Bündnis 90/Die Grünen und PDS gebräuchlich. Dabei sei der neue Begriff inhaltlich nicht näher bestimmt worden, sondern einfach der direkte Nachfolger des Begriffs ‚Ausländer‘ gewesen. Mit dem Terminus ‚Migrationshintergrund‘ sei das zentrale Motiv verknüpft gewesen, sich gegenüber den konservativen Parteien als ‚politisch korrekt‘ zu inszenieren (Burkhardt & Meßmer 2010: 68 f.).

welche Schulen gemeinhin ein vermeintlich neutrales, weil ‚statistisch' verbürgtes Image nach außen präsentieren und dabei zugleich nach innen ihre Schülerschaft positionieren.

Zweitens wird mit der Bezeichnung ‚Migrationshintergrund', wie die Erziehungswissenschaftlerinnen Carolin Rotter und Christine Schlickum treffend herausarbeiten, eine Einheitlichkeit suggeriert, die so natürlich nicht besteht, weder bezogen auf die geographische Herkunft, die Gründe der Migration, die Aufenthaltsbedingungen noch auf die Generation (vgl. Rotter & Schlickum 2013: 60 f.). Indem oftmals vereinfacht nur von ‚Migrant_innen', ‚Migrant_innenkulturen' oder ‚Schulen mit hohem Migrant_innenanteil' gesprochen wird, obwohl die meisten damit Bezeichneten selbst überhaupt nicht immigriert sind, wird die verzerrende Wahrnehmung aller damit Bezeichneten noch gesteigert.

Drittens werden mit dem ‚Migrationshintergrund' meist bestimmte ethnische oder nationale Gruppierungen imaginiert. Gemeint sind meistens Menschen, die bzw. deren Vorfahr_innen aus der Türkei, arabischsprachigen, afrikanischen oder asiatischen Ländern, und nicht diejenigen, die bzw. deren Vorfahr_innen aus Großbritannien, Österreich oder Spanien stammen.[161] Dies legt den Schluss nahe, dass der Bezeichnungspraxis ‚Migrationshintergrund' ein impliziter Rassismus zugrunde liegt, insofern Menschen aufgrund einer bestimmten, willkürlich ausgewählten körperlichen Merkmalskombination (meistens Hautfarbe, Haarfarbe oder Augenform) unter einem ‚politisch korrekten' Deckmantel zu einer Gruppe konstruiert werden.[162] Aufgrund dieser alltäglichen ethnisch und womöglich rassistisch konnotierten Bezeichnungspraxis macht es wenig Sinn, die Dekonstruktion von natio-ethno-kulturellen Differenzen von Migrationsalteritäten zu entkoppeln. Zu den Ausführungen Barths ist somit anzumerken, dass bereits das Unterscheiden von Kindern und Jugendlichen ‚mit' bzw. ‚ohne Migrationshintergrund' ethnisierende Zuschreibungen beinhaltet.

Viertens trägt die Zuschreibung ‚mit Migrationshintergrund' oftmals eine defizitäre Konnotation. Laut Burkhardt und Meßmer tauchte der Begriff als eine statistische Kategorie in einem politischen Dokument das erste Mal in der ersten PISA-Studie von 2000 auf. Er hatte die Funktion, das schlechte Abschneiden Deutschlands im internationalen Bildungsvergleich zu erklären und wurde fortan

---

161 Nach Frank Asbrock et al. denken 60 Prozent der in Deutschland Befragten bei ‚Ausländer_innen' automatisch an ‚Türk_innen' (Asbrock et al. 2009: 156). Es ist zu vermuten, dass bei der Kategorie ‚Menschen mit Migrationshintergrund' als ‚politisch korrektem' Nachfolger von ‚Ausländer_innen' der Befund ähnlich ausfallen wird.

162 Ein Beispiel für die rassistische Bezeichnungspraxis bildet die erstaunlich unreflektierte Aussage im *taz*-Artikel „Das rechte Deutschland" von Jasmin Kalarickal: „Deutschsein ist immer noch mit Weißsein verknüpft. Dabei hat jede/r Fünfte einen ‚Migrationshintergrund'" (Kalarickal 2015). Im Zuge eines zunehmenden antimuslimischen Rassismus ist womöglich davon auszugehen, dass mit ‚Migrationshintergrund' ganz besonders ‚Muslim_innen' imaginiert werden. Indirekt wird mit dem ‚Migrationshintergrund' somit eine hemisphärisch-kulturelle Differenz zwischen ‚westlichen' und ‚muslimischen Deutschen' hergestellt (zum antimuslimischen Rassismus vgl. ausführlich Kap. 3.2.4).

mit einer bildungsbenachteiligten, im engeren Sinne ‚nicht deutschen' Problemgruppe assoziiert. Genauer gesagt wurde das Problem der Bildungsbenachteiligung im politischen Diskurs fortan oftmals direkt mit Kindern und Jugendlichen ‚mit Migrationshintergrund' verknüpft (vgl. Burkhardt & Meßmer 2010: 69–71). Geht man von der Theorie des *stereotype threat* aus, birgt es für Kinder und Jugendliche ein hohes Risiko, mit dem Label ‚Migrationshintergrund' markiert zu werden. Wie in einer Aussage von A1a deutlich wird, müssen mit dem ‚Migrationshintergrund' adressierte Schüler_innen erhebliche Energien investieren, um das defizitäre Klischee zumindest zeitweise abzuschütteln (vgl. Kap. 3.2.4).

Als Zwischenresümee der beiden vorangegangenen Abschnitte lässt sich Folgendes festhalten: Vereindeutigende Normen für den musikpädagogischen Umgang mit Ethnizitäten scheinen zugleich damit einherzugehen, dass andere Alteritäten, auf denen die Argumentationen jeweils beruhen, unerkannt bleiben. Zu fragen ist dabei, ob mit diesen versteckten Dichotomien womöglich nicht noch prekärere Gesellschaftsanderungen reproduziert und fixiert werden. Des Weiteren gilt es zu reflektieren, dass die Bestimmung von Normen im Umgang mit Ethnizitäten nicht ‚neutral', sondern immer schon in einen historischen, nationalen und identitätspolitischen Diskurszusammenhang eingebettet ist.

Projektive Hybriditäten

Wie im Konflikt der Gruppe A1 deutlich gemacht werden konnte, basiert A1ds Argumentation auf einer antizipierten Erwartung im Hinblick auf mich als ‚mehrheitsdeutschen' Interviewer (vgl. Kap. 3.3.1). Durchlässige Ethnizitäten und transkulturelle Selbstverortungen bilden, so seine Annahme, einen Aufweis dafür, in Deutschland als ‚gut integriert' oder ‚gute_r Migrant_in' anerkannt zu werden. Vor diesem antizipierten Erwartungshorizont grenzt sich A1d im Interview von A1a, A1b und A1c ab, da sie aufgrund ihrer eindeutigen Identifikationen mit musikbezogenen natio-ethno-kulturellen Differenzsetzungen womöglich als ‚schlecht integriert' gelten könnten. Hinter diesem Konflikt steht der folgende antizipierte Anerkennungsrahmen: Als zur deutschen Gesellschaft zugehörig wird man anerkannt, wenn man sich in natio-ethno-kultureller Hinsicht am besten hybrid, uneindeutig oder durchlässig positioniert. Es handelt sich an dieser Stelle also nicht um den Mechanismus einer projektiven Ethnizität (vgl. Barth 2013: 51), sondern einer projektiven Hybridität. Das Durchlässigkeitsprinzip wird dabei paradoxerweise selbst als ein ‚deutsches' Identitätskonzept imaginiert, was angesichts der deutschen Geschichte mit natio-ethno-kulturell vereindeutigenden Selbstaufwertungen auch nicht erstaunt. Daran anschließend stellen sich im Hinblick auf den Ethnizitätsdiskurs der IMP folgende Fragen: Handelt es sich beim Versuch, natio-ethno-kulturelle Positionierungen im Musikunterricht zu vermeiden und zu verdurchlässigen, zum Teil auch um die Durchsetzung einer ‚deutschen' Leitkultur, an die sich Kinder und Jugendliche ‚mit einem Migrationshintergrund' anpassen sollen? Möchte man sich womöglich von

Umgangsweisen anderer ‚Herkunftsländer' mit natio-ethno-kultureller Identität distinktiv abgrenzen und die eigene als die ‚richtige' absolut setzen?

Ohne Frage sollten im Musikunterricht de-essenzialisierende Umgangsweisen mit nationalen und ethnischen Zuschreibungen gepflegt werden. Es sollte aber nicht nur, so wie es Thomas Ott anknüpfend an Paul Mecheril fordert, hinterfragt werden, wer mit welchen Motiven und Interessen die Kategorie ‚Kultur' verwendet (Ott 2012: 8), sondern auch, wer mit welchen Motiven und Interessen natio-ethno-kulturelle Differenzen dekonstruiert. Allzu eindeutige, Widersprüche reinigende Normen, was den ‚richtigen' Umgang mit Ethnizitäten für die eigenen Identitätspositionierungen anbelangt, scheinen verdächtig zu sein, die eigene historisch bedingte und identitätspolitische Motivation unberücksichtigt zu lassen. Die Durchlässigkeitsnorm sollte sich demnach nicht nur auf den Umgang mit natio-ethno-kulturellen Differenzen, sondern auch auf das Aufstellen von Normen selbst beziehen. Sinnvoll wäre dabei die Frage, auf welche Normen die Jugendlichen selbst verweisen, wenn sie sich zwischen vereindeutigenden und veruneindeutigenden Ethnizitäten positionieren – Normen, an die man als Lehrkraft appellieren und die man bewusst machen kann, anstatt sich selbst in ein Leitkultur-Dilemma zu begeben.

Zwischen wertschätzender und dekonstruierender Anerkennung von prekären Positionen

In Kapitel 3.3.2 konnte gezeigt werden, dass ein musikpädagogisches Wertschätzungshandeln in Bezug auf natio-ethno-kulturelle Differenzen durchaus wichtig sein kann. Die Jugendlichen A1a, A1b und A1c scheinen das Gruppendiskussionsgeschehen, bei dem sie durch mich als Expert_innen für ‚türkische Musik' und implizit als ‚türkisch' adressiert werden, als äußerst positiv zu erleben. Das Interesse eines mehrheitsdeutschen Musiklehrers an ‚türkischer Musik' kontrastieren sie mit den zum Teil diskriminierenden Erfahrungen an ihrer Schule. Ein musikpädagogischer Ansatz, der sich am ethisch-normativen Anerkennungsverständnis Axel Honneths orientiert, kann somit in einem Kontext, der von natio-ethno-kulturell konnotierten Abwertungen geprägt ist, eine kompensatorische Funktion erfüllen. So kann beispielsweise die Thematisierung von *arabesk* im Musikunterricht für die Jugendlichen die Bedeutung erhalten, dass ‚türkische Kultur' als ein wertvolles Bildungsgut an einer ‚deutschen Schule' angesehen wird. Möglicherweise kann damit ein Beitrag geleistet werden, natio-ethno-kulturellen Verteidigungshaltungen und Höherwertigkeitsfixierungen die Motivationsgrundlage zu entziehen. Für A1d, der die Adressierung als Experte für ‚türkische Musik' zurückweist und seine Hybridität betont, hätte die Strategie eines musikpädagogischen Wertschätzungshandeln von ‚türkischen Musikkulturen' vermutlich eine prekäre und ethnisierende Wirkung. In der Gruppendiskussion A1 wird somit die Wichtigkeit sowohl wertschätzender als auch dekonstruierender Umgangsweisen mit natio-ethno-kulturellen Differenzen deutlich, zugleich aber auch, dass sie in einem unauflösbaren Dilemma zueinander stehen.

Anknüpfend an eine Haltung des situativen Innehaltens im Musikunterricht scheint es sinnvoll, die vorhandenen Bedürfnisse in der Klasse behutsam zu erfragen: Besteht innerhalb der Klasse eher ein Bedarf an kompensatorischer Wertschätzung oder erzeugt man als Musiklehrende_r eher einen Bedarf, der gar nicht existiert? Mit wem habe ich es in meiner Musikunterrichtssituation, die in einen bestimmten schulischen Anerkennungskontext eingebettet ist, überhaupt zu tun? Dafür ist es notwendig, die Schüler_innen erst einmal mit nicht prekären Zuschreibungen, zum Beispiel einfach als ‚Jugendliche' zu adressieren.

Fasst man die Erkenntnisse der vorangegangenen Abschnitte noch einmal zusammen, scheint es angebracht zu sein, sich beim musikpädagogischen Umgang mit natio-ethno-kulturellen Differenzen nicht an *einer* eindeutigen Norm zu orientieren. Hilfreich sind normative Orientierungs*rahmen*, die in der Lage sind, Widersprüchlichkeiten im Handlungsfeld ‚Musikunterricht und Migration' nicht auszuklammern, sondern einzufangen und zu systematisieren. Das Konzept der Sozioästhetischen Anerkennung bildet einen Versuch, einen solchen Rahmen einzurichten. Es bezieht das Spannungsfeld zwischen kompensatorischer Wertschätzung und Erzeugung prekärer sozioästhetischer Identitäten ein. Er fragt nach impliziten Anerkennungsordnungen, die vordergründigen Anerkennungsdynamiken zugrunde liegen. Er steht für eine Reflexion des komplexen Anerkennungsgeschehens in der Situation des Musikunterrichts selbst. Es bearbeitet die Frage, ob sich Anerkennungsakte eher vor dem Hintergrund eines mikrosozialen oder eines makrosozialen Kontextes ereignen und wie diese miteinander zusammenhängen (vgl. Kap. 3.3.4). Und es umfasst eine Sensibilisierung dafür, wie Anerkennungsdynamiken in besonderer Weise anhand von Geschmacksurteilen verlaufen (vgl. Kap. 3.3.5, 3.3.7 und 3.3.8), was für den Musikunterricht in ganz besonderer Weise bedeutsam ist. Auf die Bedeutung dieses letzten Aspekts für den Ethnizitätsdiskurs der IMP soll im Folgenden näher eingegangen werden.

4.2.4   Zur Sozioästhetik ethnischer Positionierungen

Die Interessensgebiete der IMP lassen sich mit Barth entlang zweier Diskussionslinien unterteilen, der Linie ‚Musik und Migration' und der Linie ‚Musik der Welt' (Barth 2012: 78). Bei der Linie ‚Musik und Migration' wird der Umgang mit unterschiedlichen Musikkulturen in Klassensituationen fokussiert, in denen viele Kinder und Jugendliche anwesend sind, die selbst oder deren Vorfahr_innen nach Deutschland immigriert sind. Die Linie ‚Musik der Welt' basiert dagegen auf der Motivation, den globalen Musikhorizont aller, unabhängig von der Zusammensetzung der Schülerschaft und ihrer Musikkulturen, zu erweitern. In Bezug auf die am Musikunterricht beteiligten Personen handelt es sich somit bei der ersten Linie um eine intrinsische, bei der zweiten Linie um eine extrinsische Motivation. Treffend weist Thomas Ott auf die auffällige Unverbundenheit der beiden Linien im musikpädagogischen Diskurs hin. Eine Orientierung am Paradigma ‚Musik der Welt' beziehe sich überwiegend auf die in Europa populäre und recht fundiert aufgearbeitete Musik aus Lateinamerika oder Afrika. Demgegenüber finden Herkunftskulturen der großen Einwanderungsgruppen in Deutschland verhältnismäßig wenig Beachtung. In der Linie ‚Musik und Migration' hingegen überwiege das Interesse an der benachteiligten Situation von Immigrant_innen und ihrer Nachkommen. Über ihre tatsächlichen Musik- und Musikunterrichtsinteressen sei dagegen bis heute sehr wenig bekannt und es dominierten Vermutungen anstatt empirisches Wissen (vgl. Ott 2006: 362). Ott resümiert dementsprechend: „Auf der einen Seite (Linie 2) liebt man die Musik, aber die Menschen fehlen; auf der anderen Seite (Linie 1) sind die Menschen mit ihrer Musik da […], aber das Interesse an ihrer Musik hält sich in Grenzen" (Ott 2012: 116).

Die Vorstellungen in der IMP darüber, welche musikbezogenen Identitäten im Musikunterricht eigentlich anwesend sind, basierten bislang vor allem auf Annahmen ohne empirische Grundlagen. Bei Merkt war es die Vermutung, dass Kinder und Jugendliche sich anhand von ‚türkischer Volksmusik' mit ihren Herkunftskulturen identifizieren. Bei Barth überwiegt hingegen die entgegengesetzte Behauptung, dass Jugendliche „von der Musik ‚ihres Volkes' [sprechen], ungeachtet der Tatsache, dass sie selbst diese Musik niemals freiwillig hören würden" (Barth 2013: 52). In beiden Fällen erfährt man äußerst wenig darüber, welche Musiken Jugendliche, die selbst oder deren Vorfahr_innen nach Deutschland eingewandert sind, denn nun tatsächlich hören und welche Bedeutungen sie ihnen auf welche Weise geben. Für die Umsetzung ihrer musikpädagogischen Ziele wählen sowohl Merkt als auch Barth Musikbeispiele, bei denen nicht klar ist, welche Bedeutungen sie eigentlich unter Jugendlichen haben und noch wichtiger: mit welchen Geschmacksurteilen sie von den Jugendlichen belegt sind. Als Beispiele einer „Popmusik mit Migrationshintergrund", die Barth zufolge für Jugendliche interessant sein sollen, um ihre ‚Einwanderungsidentität' zu reflektieren, wählt sie Interpret_innen wie Tarkan, Monrose, Xavier Naidoo oder Alpa Gun (Barth 2010: 343–347). Mal ganz abgesehen davon, dass einige von ihnen mittlerweile schon nicht mehr aktuell sind, stellt sich die Frage, ob diese Sänger_innen womöglich Sozioästhetiken verkörpern, von denen sich Jugendliche lieber abgrenzen möchten. Anstatt sich also mit eigenen Ethnizitätskonstruktionen kritisch auseinanderzusetzen, kann es den Jugendlichen im Musikunterricht womöglich eher darum gehen, der Peergroup sichtbar machen zu wollen, dass man diese Interpret_innen ‚uncool' oder ‚peinlich' findet. Wählt man also Musikbeispiele ‚von außen', um bestimmte Identitätsreflexionsprozesse anzustoßen, ohne zu wissen, mit welchen Geschmacksurteilen sie in einer Schulklasse belegt sind, kann der folgende Effekt eintreten: Gerade aufgrund der Sozio*ästhetik*, die die behandelten Interpret_innen für die Jugendlichen verkörpern und von der sie sich womöglich abgrenzen, sehen sie sich möglicherweise einfach in ihrer bestehenden Identität bestätigt.

Zu Recht bemerkt Oliver Kautny, dass die wissenschaftlichen Diskurse der ‚Rock-/Pop-Didaktik' und der ‚Interkulturellen Musikpädagogik' bislang relativ getrennt verliefen und noch mehr miteinander verknüpft werden sollten. Unter

anderem sei in der IMP-Diskussion ein gewisser Hang zur ‚Retro-Mode' zu beobachten. So wurde beispielsweise noch in den 2000ern der pädagogisch gern ge-
sehene ‚Message-Rap' verwendet, bei dem marginalisierungskritische Botschaften
im Mittelpunkt standen. Dieser sei aber bereits längst durch deutlich aggressivere
Formen abgelöst worden (Kautny 2010: 41 f.). Der Song *Chorweiler* beispielsweise
von Shakkáh aus dem Jahr 1996, den Dorit Klebe noch im Jahr 2007 verwendet (vgl.
Klebe 2007: 146–148), „erscheint", so Kautny, „bereits im Erscheinungsjahr des
Beitrages wie ein Echo aus vergangenen Zeiten (einer historischen Jugendkultur!)
angesichts der harten Ghetto-Inszenierungen, die Rapper wie Azad, Bushido u. a.
von Beginn der 2000er Jahre an medienwirksam verbreiteten" (Kautny 2010: 42).
Für die IMP wäre somit ein verstärkter Austausch mit den Popular Music Studies
wünschenswert (ebd.). Dem möchte ich noch hinzuzufügen, dass sowohl für die IMP
als auch für die ‚Rock-/Pop-Didaktik' mehr Interesse an Popularmusiken anderer
Länder, die in Deutschland eine Rolle spielen, anzustreben ist. Vielleicht bräuchte es
dann auch gar nicht mehr zwei voneinander getrennte Disziplinen, also eine IMP, die
sich mit den vermeintlich besonderen Identitäten von Jugendlichen ‚mit Migrationshintergrund' beschäftigt, und eine ‚Rock-/Pop-Didaktik', die sich in erster Linie für
die Musikpräferenzen von Jugendlichen ‚ohne Migrationshintergrund' interessiert.
Dann wäre allein schon auf der wissenschaftlichen Disziplinebene signalisiert, dass
man zwar die Herstellung migrationsspezifischer Differenzen reflektiert, sie aber
nicht durch die Erzeugung voneinander getrennter Bezugsgruppen reproduziert.

Dementsprechend halte ich es für erforderlich, mit einem Wissen darüber vertraut zu sein, wie sozioästhetische Anerkennungsdynamiken inkorporiert und habitualisiert verlaufen. Zu fragen ist beispielsweise: Anhand welcher feinen musikgeschmacklichen Unterscheidungen werden ästhetische Urteile gefällt (vgl. Kap.
3.2.2)? Durch welche Techniken werden bestimmte soziale Rollen authentifiziert
und de-authentifiziert (vgl. Kap. 3.3.5)?

Dies spielt unter anderem dann eine wichtige Rolle, wenn es im Musikunterricht
um die Irritation von sozioästhetischen Positionen gehen soll, die als selbstverständlich erachtet werden. In Bezug auf *arabesk*-Musik spielt die Unterscheidung
verschiedener Traurigkeitsästhetiken eine zentrale Rolle. Durch sie werden sowohl
Identifizierungen unter anderem mit einer imaginären Türkei als auch Distinktionen
zu ‚kindischen' Stilpräferenzen wie dem ‚Deutschrap' begründet und legitimiert.
Um den vermeintlich selbstverständlichen Zusammenhang von oftmals implizitem
musikgeschmacklichem Wissen und sozialen Positionierungen zu hinterfragen,
könnten drei verschiedene Wege beschritten werden:

Zum Ersten wäre eine Auseinandersetzung mit einem Musikstil interessant, bei
dem sich ihre Rezipient_innen auf den ersten Blick mit völlig unterschiedlichen sozialen Rollen identifizieren, bei näherem Hinsehen aber ganz ähnliche musikbezogene Sprachhabitus, Naturalisierungs- und Authentifizierungstechniken verwenden.
Wenn man nach Beispielen sucht, die eine analoge Differenzierungslogik zu *damar*
und *isyan* repräsentieren, wären beispielsweise Distinktionstechniken der Gothic-
Szene zu nennen. Alexander Nym zufolge handelt es sich bei den verschiedenen
Ausdrucksformen dieser Jugendszene „um ein Nach-außen-Stülpen dessen, was

man im Inneren trägt, mit der typisch introvertierten Zurückhaltung natürlich" (Nym 2010: 293). Bei der Inszenierung von Innerlichkeit hat das Narrativ einer ‚ehrlichen' Balance zwischen Extrovertiertheit und Introvertiertheit die Funktion, sich gegenüber kommerzialisierten Formen der ‚Schwarzen Szene' abzugrenzen, beispielsweise von ‚Emos' oder ‚schwarzen' Schlagerinterpret_innen wie Der Graf (vgl. Jung et al. 2010: 117 f.). Im Hinblick auf die Jugendlichen, die *arabesk*-Musik hören und sich unmissverständlich von jeglichen Ausdrucksformen der ‚Schwarzen Szene' abgrenzen, sind die Parallelen auf der narrativen Ebene interessant und womöglich irritierend. Denn auch die Traurigkeitsästhetik *damar* basiert in Abgrenzung zu *isyan* in entscheidender Weise auf einer Balance zwischen existenzieller und erhabener Traurigkeitsinszenierung.

Zum Zweiten könnte man sich genau umgekehrt mit Musikstilen oder -szenen beschäftigen, die gleiche sozioästhetische Zugehörigkeiten herstellen, sich jedoch ganz unterschiedlicher narrativer oder inkoporierter Techniken bedienen. Zu denken wäre beispielsweise an Jugendliche, die Rap hören und sich genauso wie die *arabesk*-hörenden Jugendlichen vom Gangsta-Image distanzieren. Allerdings tun sie dies nicht anhand von körperlichen Naturalisierungstechniken, sondern mittels eines musiktheoretisch-formalen Wissens (vgl. Kap. 3.2.5). Oder man beschäftigt sich mit türkischen Volksmusiker_innen, die sich – wie nicht wenige – explizit von *arabesk*-Musik abgrenzen und dies damit begründen, dass sie die ‚wahre türkische Musikkultur' verkörpern. Hier wäre interessant zu fragen, wie eine ‚türkische Identität' anhand von Musikgeschmack jeweils authentifiziert wird. In diesem Zusammenhang könnte man auch der Frage nachgehen, wie eigentlich ethnische Genrekategorien wie *türkü* oder *arabesk* entstanden sind und welche sozioästhetischen Konnotationen sie in unterschiedlichen Kontexten annehmen. Unter Umständen wird dem einen oder der anderen noch etwas bewusster, dass es sich bei Ethnizitäten nicht um Wesen, sondern um historisch entstandene und kontextbedingte Sozialkonstruktionen handelt.

Zum Dritten könnte man sich mit Musiker_innen beschäftigen, die zwar den gleichen Musikstil und für die Jugendlichen einen ‚guten Geschmack' repräsentieren, damit aber womöglich konträre soziale Positionen verknüpfen. Scheinen bei den befragten Jugendlichen eher heteronormative Genderbilder zu dominieren, wäre es in Bezug auf *arabesk*-Musik beispielsweise interessant, sich mit der auffällig hohen Anzahl an transsexuellen Sänger_innen wie Bülent Ersoy, Zeki Müren oder – etwas weniger bekannt – Ertaç Ünsal oder Noyan Barlas zu beschäftigen.

4.2.5   Fazit: mehr befragen statt behaupten

Innerhalb der so genannten Interkuturellen Musikpädagogik wurden musikbezogene Identifizierungen von Jugendlichen mit natio-ethno-kulturellen Differenzen bislang zu undifferenziert beschrieben. Dementsprechend haben die daraus abgeleiteten normativen Ziele und didaktischen Konzeptionen in mehrerer Hinsicht einen vereinseitigenden Charakter. Aus dem Blick gerät erstens, dass natio-ethno-kulturelle Differenzen bei aller Homogenisierungsgefahr auch Ressourcen der Selbstpositionierung darstellen. Zweitens bleibt unberücksichtigt, dass das Postulieren eindeutiger Normen im Umgang mit natio-ethno-kulturellen Differenzen Gefahr läuft, andere, womöglich noch prekärere Alteritäten zu fixieren oder sich bestehenden integrationspolitischen Forderungen unkritisch anzupassen. Drittens besteht beim Setzen eindeutiger pädagogischer Normen die Gefahr, den eigenen historischen und geographischen Standpunkt im Umgang mit Ethnizität aus dem Blick zu verlieren. Und viertens wird übersehen, dass natio-ethno-kulturelle Differenzsetzungen anhand von Musik noch mit sozioästhetischen Narrativen und mit inkorporierten Geschmacksurteilen verschränkt sind.

Zu wünschen wäre, dass die IMP zukünftig mehr befragt anstatt behauptet, wie sich natio-ethno-kulturelle Differenzdynamiken anhand von Musikgeschmack unter Jugendlichen in der Musikunterrichtssituation ereignen. Angesichts der Komplexität der Phänomene, die mit Musikunterricht und Migration zusammenhängen, ist es für Musiklehrende wenig hilfreich, vermeintlich eindeutige Handlungsnormen an die Hand zu bekommen. Vielmehr sollten normative Orientierungs*rahmen* entwickelt werden, die die Vielschichtigkeit und Widersprüchlichkeit im musikbezogenen Umgang von Jugendlichen mit Ethnizitäten einzufangen vermögen, anstatt sie auszublenden. Die Perspektive der Sozioästhetischen Anerkennung und die mit ihr herausgearbeiteten Werkzeuge bilden einen solchen Orientierungsrahmen. Vielleicht ermöglicht er ein Stück weit, dass Lehrende mit Jugendlichen eine Haltung des Befragens anstatt des Behauptens einüben und mit diesem Blick auf andere Menschen auch eine Art Vorbildfunktion für Schüler_innen einnehmen.

Ging es in den vorausgegangen Ausführungen um die Frage, wie die Perspektive der Sozioästhetischen Anerkennung für interne musikpädagogische Diskussionen weiterführend sein kann, wird im folgenden Ausblick überlegt, wie sie aus der Musikpädagogik hinausfragend auch für andere Forschungsdisziplinen einen Beitrag zu leisten vermag.

4.3 Ausblick: Interdisziplinarität in ‚Zweibahnstraßen‘

Ein interdisziplinärer Austausch mit anderen Fachdisziplinen erfolgt in der Musikpädagogik überwiegend einseitig. Theorien, die andere Wissenschaften entwickeln, werden aus musikpädagogischer Perspektive angeeignet und kritisch diskutiert. Oftmals endet der Erkenntnisweg dann in der eigenen Disziplin, insbesondere in normativen Empfehlungen für bestimmte musikpädagogische Handlungsfelder. Im Gegensatz zu dieser Interdisziplinarität in ‚Einbahnstraßen‘ wäre zu wünschen, dass mehr musikpädagogische Theorien aktiv zu Diskussionen in anderen Disziplinen beitragen. Schließlich beschäftigt sich die Musikpädagogik mit sozialen Phänomenen, die auch in anderen Disziplinen untersucht werden, unter anderem in der Erziehungswissenschaft, in der Soziologie oder in der Musikwissenschaft. Anknüpfend an Diskurse dieser drei Disziplinen soll im Folgenden der Frage nachgegangen werden, welchen Beitrag die vorliegende Untersuchung für Diskussionen außerhalb der Musikpädagogik liefert und an welchen Stellen Fragen offen geblieben sind.

In diesem Kontext wird noch einmal auf ausgewählte Erkenntnisse dieser Arbeit zurückgegriffen.

Naheliegend ist natürlich, aus musikpädagogischer Perspektive die Anerkennungsdebatte innerhalb der Erziehungswissenschaften zu ergänzen. Wie in Kapitel 1.5 bereits aufgezeigt wurde, blieb die Frage, wie sich intersubjektive Anerkennung in pädagogischen Kontexten anhand von Geschmacksurteilen vollzieht, bislang weitestgehend unberücksichtigt. Auf Musik bezogen konnte die Analyse der *arabesk*-Rezeption deutlich machen, dass hierbei spezifische Positionierungstechniken, beispielsweise Authentifizierungen, Naturalisierungen, Verweise auf den Körper, Zeugenschaften oder stilspezifische Sprachhabitus eine wichtige Rolle spielen. Die Methode des Gruppendiskussionsverfahrens erwies sich zur Untersuchung verbaler Anerkennungsdynamiken anhand von Musikvorlieben als sinnvoll. Um allerdings auch nonverbale, sprich gestische, mimische oder musikpraktische Anerkennungsdynamiken herausarbeiten zu können, bedarf es anderer Untersuchungsmethoden wie der teilnehmenden Beobachtung oder der Videographie.

Wenn in musikpädagogischen Texten über Musikinteressen von Jugendlichen diskutiert wird, werden oftmals Begriffe aus der Jugendsoziologie wie ‚Jugendkultur‘ oder ‚Jugendszene‘ entlehnt, um damit musikbezogene Kollektivierungsphänomene zu bezeichnen. Bei näherer Betrachtung dieser Konzepte ist allerdings zu vermuten, dass sich nur bei sehr wenigen Jugendlichen die Zugehörigkeit zu einem entsprechenden Kollektiv feststellen ließe. Um es am Beispiel der ‚Jugendszene‘ zu verdeutlichen: Für keine_n der von mir befragten Jugendlichen treffen die zentralen Charakteristika der Zugehörigkeit zu einer solchen Szene zu, beispielsweise sich nach außen deutlich sichtbar zu inszenieren, besonders ‚juvenil‘ zu wirken, sich in Szenetreffpunkten einer Wir-Identität zu versichern oder sich um einen Szenekern bzw. um Organisationseliten herum zu gruppieren (vgl. Hitzler & Niederbacher 2010: 21–24 oder Pfadenhauer 2010: 287). Nichtsdestotrotz finden unter den befragten Jugendlichen Kollektivierungsprozesse anhand von musikalischen Geschmacksurteilen statt – sowohl imaginativ als auch real. In dieser Untersuchung konnte anhand der *arabesk*-Rezeption von Jugendlichen herausgearbeitet werden, wie diese Gruppenidentitäten anhand bestimmter Narrationen und impliziter sozioästhetischer Techniken hergestellt werden. Mit der theoretischen Perspektive der Anerkennung wurden allerdings weniger kollektive Organisationsformen oder milieuspezifische Erfahrungsräume als vielmehr intersubjektive Identitätsprozesse in den Blick genommen. Die Frage, worum es sich bei der *arabesk*-Rezeption von Jugendlichen in Deutschland aus soziologischer Perspektive eigentlich handelt – um eine ‚Jugendkultur‘, um einen ‚jugendkulturellen Stil‘ oder um ein ‚Milieu‘ – bleibt offen.

Zudem existieren innerhalb der Jugendsoziologie bislang nur vereinzelte Untersuchungen, bei denen jugendkulturelle Praktiken ins Verhältnis zu bestimmten Feldern wie der Schule gesetzt werden. Eine der wenigen Ausnahmen, die bislang fehlende Verbindung zwischen Schul- und Jugendkulturforschung zu schließen, bilden die Studien von Florian von Rosenberg (Rosenberg 2008, vgl. Kap. 3.3.5) und Georg Breidenstein (Breidenstein 2006, vgl. Kap. 4.1.1). Bislang wurden Fragen des Musikgeschmacks in diese Überlegungen noch nicht miteinbezogen und könnten von musikpädagogischen Forschungen ergänzt werden. Für die Bedeutungszuweisungen von Jugendlichen bezüglich *arabesk*-Musik konnte insbesondere in A2 ein interessanter Zusammenhang zwischen einer ‚reifen‘ Traurigkeitsästhetik (*damar*), einem angepassten bzw. vernünftigen Schülerhabitus und Abgrenzungen von einem ‚Gangsta‘- oder ‚Kanaken‘-Image aufgezeigt werden. Mikrosozioästhetische, feldspezifische und makrosoziale Positionierungen werden in den Identitätskonstruktionen der Jugendlichen somit miteinander verschränkt. Am Beispiel A2bs deutet sich jedoch an, dass er zwar ein der *arabesk*-Ästhetik entsprechendes angepasstes Schülerideal hat, diesem aber in der Realität nicht entspricht. In der Unterrichtssituation scheint er sich eher am Erwartungshorizont eines ‚cooleren‘ antagonistischen Schülers innerhalb der Peergroup zu orientieren und dafür auch Widersprüche zu seinem *arabesk*-bezogenen Normenrahmen in Kauf zu nehmen. An dieser Stelle wäre es sinnvoll, Unterrichtsforschungen anzuknüpfen, um mehr über den Zusammenhang von sozioästhetischen und schülerhabituellen Orientierungsnormen zu erfahren. Diesbezüglich wäre eine Vernetzung von Musikpädagog_innen mit Soziolog_innen, die an der Schnittstelle zwischen Schul- und Jugendkulturforschung agieren, sicherlich für beide Seiten gewinnbringend.

Zuletzt wäre zu wünschen, dass sich die Musikpädagogik stärker mit Disziplinen der Musikwissenschaft, insbesondere mit den Popular Music Studies und der Musikethnologie vernetzte. Wie am Beispiel der *arabesk*-Rezeption von Jugendlichen in Deutschland gezeigt werden konnte, haben Musikpädagog_innen mit Phänomenen zu tun, für die innerhalb der Musikwissenschaft bislang keine oder wenig Untersuchungen vorliegen. Falls sich die Musikpädagogik noch mehr dafür interessierte, mit wem sie es eigentlich im Musikunterricht zu tun hat, könnte sie der Musikwissenschaft wichtige Erkenntnisse und Daten liefern. Die vorliegende Untersuchung trägt dazu bei, die bisherige *arabesk*-Debatte, die bislang auf innertürkische Differenzdiskurse beschränkt blieb, auf den Migrationskontext in Deutschland auszuweiten. Dabei wurden unter anderem die Unterscheidung der verschiedenen Traurigkeitsästhetiken *isyan* und *damar* (vgl. Kap. 3.2.2) sowie verschiedene Dimensionen einer essenzialisierten ‚imaginären Türkei‘ (vgl. Kap. 3.2.4) herausgearbeitet. Für folgende Themen, die mit der *arabesk*-Rezeption von Jugendlichen zusammenzuhängen scheinen, wären weitere Untersuchungen erforderlich. Zu ihnen konnten aufgrund der Datenlage nur Spuren aufgezeigt werden.

Dazu gehört beispielsweise, dass es sich bei der *arabesk*-Rezeption vorwiegend um ein Jungen-Phänomen zu handeln scheint. In den Fragebögen waren es überwiegend männliche Jugendliche, die ein Interesse an *arabesk*-Musik angaben. Auch in den Interviews wurde die *arabesk*-Rezeption immer wieder als ein ausdrückliches Jungen-Phänomen charakterisiert. Die Frage, inwieweit bestimmte Männlichkeits- und Weiblichkeitskonstruktionen bei der *arabesk*-Rezeption eine Rolle spielen, müsste systematisch vertieft werden. Des Weiteren konnte ich nur Jugendliche an Gymnasien zu *arabesk*-Musik befragen. Es wäre beispielsweise zu untersuchen, inwieweit die Narrative der Vernünftigkeit, Erhabenheit und der Introspektion mit einem bildungsbürgerlichen Habitus der Jugendlichen zusammenhängen oder ob sie schichtspezifisch sind. Und zuletzt konnte ein Zusammenhang zwischen der *arabesk*-Rezeption und der konstruierten Zugehörigkeit zu einem ‚muslimischen Kulturkreis' herausgearbeitet werden. Gezeigt wurde, dass es sich dabei zuvorderst um Reaktionen auf einen antimuslimischen Rassismus in Deutschland handelt. Insbesondere im Hinblick darauf, dass eine exzessive Traurigkeitsästhetik im Sinne des Codes *isyan* moralisch abgelehnt wird (vgl. TP: 187 f. und 267–272, App. 65: 351–353), stellt sich allerdings die Frage, inwieweit für die Jugendlichen auch ein intrinsischer Zusammenhang zwischen Traurigkeitsästhetiken in Bezug auf *arabesk*-Musik zum einen und islamischen Traditionen zum anderen besteht (vgl. Kap. 3.2.2). Gibt es für die Jugendlichen in Bezug auf das Thema Traurigkeit überschneidende Bedeutungszuweisungen zum Islam und zu *arabesk*-Musik? Oder handelt es sich bei dieser Vermutung eher um eine islamisierende Zuschreibung an die *arabesk*-Rezeption von Jugendlichen?

Für die Zukunft der Musikpädagogik wäre ein in beide Richtungen verlaufender Austausch mit anderen Disziplinen, sozusagen eine Interdisziplinarität in ‚Zweibahnstraßen', zu wünschen. Gerade hierfür eignet sich die Frage, mit wem wir es als Musikpädagog_innen in der *Situation* des Musikunterrichts eigentlich zu tun haben, besonders gut.

Literatur

Aicher-Jakob, Marion (2010). *Identitätskonstruktionen türkischer Jugendlicher. Ein Leben mit oder zwischen zwei Kulturen.* Wiesbaden: Springer.

Alge, Barbara (2012). ‚Heterogenität und Dialog. Lernen am und vom Anderen als wechselseitiges Zuerkennen von Eigensinn' (Thomas Ott). Eine Stellungnahme aus Sicht der Musikethnologie. *Diskussion Musikpädagogik, 55*, S. 23–28.

Althusser, Louis (1977). Ideologie und ideologische Staatsapparate (Anmerkungen für eine Untersuchung). In ders., *Ideologie und ideologische Staatsapparate. Aufsätze zur marxistischen Theorie* (S. 108–152). Hamburg: VSA.

Anderson, Benedict (1996). *Die Erfindung der Nation. Zur Karriere eines folgenreichen Konzepts.* Frankfurt a. M., New York: Campus.

Ansohn, Meinhard (2006). Schülerorientierter Musikunterricht. Große Ziele, kleine Schritte. In Wolfgang Pfeiffer & Jürgen Terhag (Hrsg.), *Musikunterricht heute 6. Schülerorientierter Musikunterricht – Wunsch und Wirklichkeit* (S. 65–76). Oldershausen: Lugert.

Antholz, Heinz (1984). „Der Schüler – der findet gar nicht statt". Zum Oldenburger Projekt „Mehr Schülerorientierung". In Fred Ritzel & Wolfgang Martin Stroh (Hrsg.), *Musikpädagogische Konzeptionen und Schulalltag. Versuch einer kritischen Bilanz der 70er Jahre* (S. 124–133). Wilhelmshaven: Heinrichshofen.

Appen, Ralf von (2013). Schein oder Nicht-Schein? Zur Inszenierung von Authentizität auf der Bühne. In Dietrich Helms & Thomas Phleps (Hrsg.), *Ware Inszenierungen. Performance, Vermarktung und Authentizität in der populären Musik* [Beiträge zur Popularmusikforschung. Band 39] (S. 42–69). Bielefeld: transcript.

Arendt, Hannah (2005). Die Sonning-Preis-Rede. Kopenhagen 1975. *Text und Kritik. Zeitschrift für Literatur, 166*, S. 3–12.

Arenhövel, Sophie (2012). Zur Komplexität von Differenz: Notwendige Haltungen und Reflexionen für eine diversitätsbewusste Musikvermittlung in der Migrationsgesellschaft. In Susanne Binas-Preisendörfer & Melanie Unseld (Hrsg.), *Transkulturalität und Musikvermittlung. Möglichkeiten und Herausforderungen in Forschung, Kulturpolitik und musikpädagogischer Praxis* [Musik und Gesellschaft. Band 33] (S. 263–284). Frankfurt a. M.: Lang.

Asbrock, Frank, Lemmer, Gunnar, Wagner, Ulrich, Becker, Julia & Koller, Jeffrey (2009). Das Gefühl macht den Unterschied. Emotionen gegenüber „Ausländern" in Ost- und Westdeutschland. In Wilhelm Heitmeyer (Hrsg.), *Deutsche Zustände. Folge 7* (S. 152–167). Frankfurt a. M.: Suhrkamp.

Ateş, Seyran (2009). *Der Multikulti-Irrtum. Wie wir in Deutschland besser zusammenleben können* (3. Auflage). Berlin: Ullstein.

Attia, Iman (2013). Privilegien sichern, nationale Identität revitalisieren. Gesellschafts- und handlungstheoretische Dimensionen des antimuslimischen Rassismus im Unterschied zu Modellen von Islamophobie und Islamfeindlichkeit. *Journal für Psychologie, 21* (1), S. 1–31.

Baacke, Dieter (1998). Die Welt der Musik und der Jugend. Eine Einleitung. In ders. (Hrsg.), *Handbuch – Jugend und Musik* (S. 9–28). Opladen: Leske + Budrich.

Baacke, Dieter (1993). Jugendkulturen und Musik. In Herbert Bruhn, Rolf Oerter & Helmut Rösing (Hrsg.), *Musikpsychologie. Ein Handbuch* (S. 228–237). Reinbek: Rowohlt.

Badawia, Tarek (2003). „Der Dritte Stuhl" – Eine Entwicklungsperspektive für Immigrantenjugendliche aus einem Ethnisierungsdilemma. In ders., Franz Hamburger & Merle

Hummrich (Hrsg.), *Wider die Ethnisierung einer Generation. Beiträge zur qualitativen Migrationsforschung* (S. 131–148). Frankfurt a. M., London: IKO-Verlag für interkulturelle Kommunikation.

Balzer, Nicole (2014). *Spuren der Anerkennung. Studien zu einer sozial- und erziehungswissenschaftlichen Kategorie.* Wiesbaden: Springer.

Balzer, Nicole & Ricken, Norbert (2010). Anerkennung als pädagogisches Problem. Markierungen im erziehungswissenschaftlichen Diskurs. In Alfred Schäfer & Christiane Thompson (Hrsg.), *Anerkennung* (S. 35–87). Paderborn: Ferdinand Schöningh.

Barth, Dorothee (2014). Wer hört wie ich und zu welchen gehöre ich? Zum Begriff kultureller Identität im Kontext einer (interkulturellen) Musikpädagogik. In: *Art Education Research, 5* (9), S. 1–9.

Barth, Dorothee (2013). „In Deutschland wirst du zum Türken gemacht!!" oder: „Die ich rief, die Geister, werd ich nun nicht los." *Diskussion Musikpädagogik, 57*, S. 50–58.

Barth, Dorothee (2012). Was verbirgt sich im Trojanischen Pferd? Eine Analyse von Unterrichtsmaterialien zur Interkulturellen Musikpädagogik. In Anne Niessen & Andreas Lehmann-Wermser (Hrsg.), *Aspekte Interkultureller Musikpädagogik. Ein Studienbuch* [musikpädagogik im fokus. Band 2] (S. 73–92). Augsburg: Wißner.

Barth, Dorothee (2010). Popmusik mit Migrationshintergrund. In Georg Maas & Jürgen Terhag (Hrsg.), *Musikunterricht heute 8. Zwischen Rockklassikern und Eintagsfliegen – 50 Jahre Populäre Musik in der Schule* (S. 338–347). Oldershausen: Lugert.

Barth, Dorothee (2008). *Ethnie, Bildung oder Bedeutung? Zum Kulturbegriff in der interkulturell orientierten Musikpädagogik* [Forum Musikpädagogik. Band 78]. Augsburg: Wißner.

Barth, Dorothee (2004). Kultur – Identität – Musik. Eine Analyse von Unterrichtsmaterialien zur türkischen Musik. In Meinhard Ansohn & Jürgen Terhag (Hrsg.), *Musikunterricht Heute 5. Musikkulturen – fremd und vertraut* (S. 318–330). Oldershausen: Lugert.

Barth, Dorothee & Seithel, Friderike (2007). „Die Musik der Welt im Stadtteil entdecken. Wie Forschendes Lernen ,versperrte Türen' öffnen kann". *Musik & Bildung, 3/2007*, S. 11–13.

Baumann, Zygmunt (2003). *Flüchtige Moderne.* Frankfurt a. M.: Suhrkamp.

Beck, Ulrich (1986). *Risikogesellschaft. Auf dem Weg in eine andere Moderne.* Frankfurt a. M.: Suhrkamp.

Benjamin, Jessica (1998). *Die Fesseln der Liebe. Psychoanalyse, Feminismus und das Problem der Macht.* Frankfurt a. M.: Fischer.

Bhabha, Homi K. (1994). *The Location of Culture.* London: Routledge.

Bohnsack, Ralf (2010a). *Rekonstruktive Sozialforschung. Einführung in qualitative Methoden* (8. Auflage). Opladen, Farmington: UTB.

Bohnsack, Ralf (2010b). Gruppendiskussion. In Uwe Flick, Ernst v. Kardorff & Ines Steinke (Hrsg.), *Qualitative Forschung – Ein Handbuch* (8. Auflage, S. 369–384). Hamburg: Rowohlt.

Bohnsack, Ralf (2007). Typenbildung, Generalisierung und komparative Analyse. Grundprinzipien der dokumentarischen Methode. In ders., Iris Nentwig-Gesemann & Arnd-Michael Nohl (Hrsg.), *Die dokumentarische Methode und ihre Forschungspraxis. Grundlagen qualitativer Forschung* (2. Auflage, S. 225–253).Wiesbaden: Springer.

Bohnsack, Ralf (2005). Standards nicht-standardisierter Forschung in den Erziehungs- und Sozialwissenschaften. *Zeitschrift für Erziehungswissenschaft, 8* (Beiheft 4), S. 63–81.

Bohnsack, Ralf (2003). Dokumentarische Methode. In ders., Winfried Marotzki & Michael Meuser (Hrsg.), *Hauptbegriffe Qualitativer Sozialforschung* (S. 40–44). Opladen: UTB.

Bohnsack, Ralf, Nentwig-Gesemann, Iris & Nohl, Arnd-Michael (2013). Einleitung: Die dokumentarische Methode und ihre Forschungspraxis. In dies. (Hrsg.), *Die dokumentarische Methode und ihre Forschungspraxis. Grundlagen qualitativer Sozialforschung* (3. Auflage, S. 9–32). Wiesbaden: Springer.

Bohnsack, Ralf & Nohl, Arnd-Michael (2001). Ethnisierung und Differenzerfahrung: Fremdheiten der Identität und des Habitus. *Zeitschrift für qualitative Bildungs-, Beratungs- und Sozialforschung, 1/2001*, S. 15–26.

Bohnsack, Ralf & Przyborski, Aglaja (2010). Diskursorganisation, Gesprächsanalyse und die Methode der Gruppendiskussion. In dies. & Burkhard Schäffer (Hrsg.), *Das Gruppendiskussionsverfahren in der Forschungspraxis* (2. Auflage, S. 233–248). Opladen, Farmington: UTB.

Bohnsack, Ralf, Przyborski, Aglaja & Schäffer, Burkhard (2010). Einleitung: Gruppendiskussionen als Methode rekonstruktiver Sozialforschung. In dies. (Hrsg.), *Das Gruppendiskussionsverfahren in der Forschungspraxis* (2. Auflage, S. 7–22). Opladen, Farmington: UTB.

Bonz, Jochen (2008). *Subjekte des Tracks. Ethnografie einer postmodernen/anderen Subkultur* [Kaleidogramme. Band 39]. Berlin: Kadmos.

Bourdieu, Pierre (1996). Die Praxis der reflexiven Anthropologie. Einleitung zum Seminar an der École des hautes études en sciences sociales, Paris, Oktober 1987. In ders. & Loïc J. D. Wacquant (Hrsg.), *Reflexive Anthropologie* (S. 251–294). Frankfurt a. M.: Suhrkamp.

Bourdieu, Pierre (1991). *Die feinen Unterschiede. Kritik der gesellschaftlichen Urteilskraft* (4. Auflage). Frankfurt a. M.: Suhrkamp.

Bourdieu, Pierre (1976). *Entwurf einer Theorie der Praxis auf der ethnologischen Grundlage der kabylischen Gesellschaft.* Frankfurt a. M.: Suhrkamp.

Bourdieu, Pierre (1970). *Zur Soziologie der symbolischen Formen.* Frankfurt a. M.: Suhrkamp.

Böhle, Reinhard C. (1996). Die moderne türkische Arabesk-Musik zwischen Unterhaltungsindustrie und traditioneller Volks- und Kunstmusik. In ders. (Hrsg.), *Aspekte und Formen Interkultureller Musikerziehung. Beiträge vom 2. Symposium zur Interkulturellen Ästhetischen Erziehung an der Hochschule der Künste Berlin* (S. 84–93). Frankfurt a. M.: IKO-Verlag für Interkulturelle Kommunikation.

Böhm, Andreas (2010). Theoretisches Codieren: Textanalyse in der Grounded Theory. In Uwe Flick, Ernst v. Kardorff & Ines Steinke (Hrsg.), *Qualitative Forschung – Ein Handbuch* (8. Auflage, S. 475–485). Hamburg: rowohlt.

Brecht, Berthold (1980). Geschichten vom Herrn Keuner. In ders.: *Prosa. Band I.* Frankfurt a. M.: Suhrkamp.

Breidenstein, Georg (2009). Allgemeine Didaktik und praxeologische Unterrichtsforschung. *Perspektiven der Didaktik. Zeitschrift für Erziehungswissenschaft,* Sonderheft 9, S. 201–205.

Breidenstein, Georg (2006). *Teilnahme am Unterricht. Ethnographische Studien zum Schülerjob* [Studien zur Schul- und Bildungsforschung, Band 24]. Wiesbaden: VS.

Breuer, Franz (2010). *Reflexive Grounded Theory. Eine Einführung für die Forschungspraxis* (2. Auflage). Wiesbaden: VS.

Budde, Dirk (1998). Stil und Stilbegriff in populärer Musik. In Helmut Rösing & Thomas Phelps (Hrsg.), *Populäre Musik, Politik und mehr ... Ein Forschungsmedley* [Beiträge zur Popularmusikforschung. Band 21 & 22] (S. 44–59). Karben: CODA.

Bundesagentur für Arbeit. Statistik (2012). *Migrationshintergrund nach § 281 Abs. 2 SGB III – Grundlagen der Erhebung.* Nürnberg: https://statistik.arbeitsagentur.de/Statischer-Content/Grundlagen/Methodenberichte/Uebergreifend/Generische-Publikationen/Methodenbericht-Migrationshintergrund-2012.pdf [zuletzt aufgerufen am 31.01.2017].

Burkhardt, Kai & Meßmer, Anna-Katharina (2010). *Die Sprache des Politischen in der Klima- und Integrationspolitik. Forschungsbericht zum Pilotprojekt vom 1. September 2009 bis 1. März 2010.* Unveröffentlichtes Manuskript, Institut für Medien- und Kommunikationspoiltik.

Butler, Judith (2009). *Die Macht der Geschlechternormen und die Grenzen des Menschlichen.* Frankfurt a. M.: Suhrkamp.

Butler, Judith (2007). *Kritik der ethischen Gewalt. Adorno-Vorlesungen 2002.* Frankfurt a. M.: Suhrkamp.

Butler, Judith (2001). *Psyche der Macht. Das Subjekt der Unterwerfung.* Frankfurt a. M.: Suhrkamp.

Butler, Judith (1997). *Körper von Gewicht. Die diskursiven Grenzen des Geschlechts.* Frankfurt a. M.: Suhrkamp.

Clarke, John (1979). *Jugendkultur als Widerstand. Millieus, Rituale, Provokationen.* Frankfurt a. M.: Syndikat.

Clifford, James (1993). Über ethnographische Autorität. In Martin Fuchs & Eberhard Berg (Hrsg.), *Kultur, soziale Praxis, Text. Die Krise der ethnographischen Repräsentation* (S. 109–157). Frankfurt a. M.: Suhrkamp.

Clifford, James & Marcus, George E. (1986). *Writing Culture: the Poetics and Politics of Ethnography.* Berkeley: University of California.

Corbin, Juliet (2011). Grounded Theory. In Ralf Bohnsack, Winfried Marotzki & Michael Meuser (Hrsg.), *Hauptbegriffe Qualitativer Sozialforschung* (3. Auflage, S. 70–75). Opladen, Farmington: UTB.

Dollase, Rainer (1998). Musikpräferenzen und Musikgeschmack Jugendlicher. In Dieter Baake (Hrsg.), *Handbuch Jugend und Musik* (S. 341–368). Opladen: Leske + Budrich.

Dresing, Thorsten & Pehl, Thorsten (2010). Transkription. In Günter Mey & Katja Mruck (Hrsg.), *Handbuch – Qualitative Forschung in der Psychologie* (S. 723–733). Wiesbaden: VS.

Düttmann, Alexander García (1997). *Zwischen den Kulturen. Spannungen im Kampf um Anerkennung.* Frankfurt a. M.: Suhrkamp.

Eisele, Elli, Scharathow, Wiebke & Winkelmann, Anne Sophie (2008). *ver – vielfältig – ungen. Diversitätsbewusste Perspektiven für Theorie und Praxis internationaler Jugendarbeit* [Weimarer Beiträge. Band 4]. Jena: Glaux.

Emcke, Carolin (2000). *Kollektive Identitäten. Sozialphilosophische Grundlagen.* Frankfurt a. M., New York: Campus.

Feise-Mahnkopp, Patricia (2013). Zwischen ‚Meta-Pop‘, ‚religioider‘ Kunst und Kult: Zur Sozio-Ästhetik der „*Matrix*“-Filmtriologie. In Marcus S. Kleiner & Thomas Wilke (Hrsg.), *Performativität und Medialität Populärer Kulturen. Theorien, Ästhetiken, Praktiken* (S. 191–222). Wiesbaden: Springer.

Ferchl, Dieter (1991). *Ṣaḥīḥ al-Buḫārī. Nachrichten von Taten und Aussprüchen des Propheten Mohammeds.* Stuttgart: Reclam.

Flick, Uwe (2010). *Qualitative Sozialforschung. Eine Einführung* (3. Auflage). Reinbek bei Hamburg: rowohlt.

Flick, Uwe, v. Kardorff, Ernst & Steincke, Ines (2012). Was ist qualitative Forschung? Einleitung und Überblick. In dies. (Hrsg.), *Qualitative Forschung. Ein Handbuch* (9. Auflage, S. 13–29). Hamburg: rowohlt.

Florack, Ruth (2007). *Bekannte Fremde. Zu Herkunft und Funktion nationaler Stereotype in der Literatur* [Studien und Texte zur Sozialgeschichte der Literatur. Band 114]. Tübingen: De Gruyter.

Florack, Ruth (2001). *Tiefsinnige Deutsche, frivole Franzosen. Nationale Stereotype in deutscher und französischer Literatur.* Stuttgart, Weimar: Metzler.

Foucault, Michel (1987). Das Subjekt und die Macht. In Hubert L. Dreyfus & Paul Rabinow (Hrsg.), *Michel Foucault. Jenseits von Strukturalismus und Hermeneutik.* Frankfurt a. M.: Athenäum.

Franz, Julia & Griese, Birgit (2010). Dokumentarische Methode und Narrationsstrukturanalyse – ein Vergleich. In Birgit Griese (Hrsg.), *Subjekt – Identität – Person? Reflexionen zur Biographieforschung* (S. 271–316). Wiesbaden: VS.

Frischmann, Bärbel (2009). Zum Begriff der Anerkennung. Philosophische Grundlegung und Pädagogische Relevanz. *Soziale Passagen. Journal für Theorie und Empirie der Sozialen Arbeit, 1* (2), S. 145–161.

Fuchs, Martin & Berg, Eberhard (1993). Phänomenologie der Differenz. Reflexionsstufen ethnographischer Repräsentation. In dies. (Hrsg.), *Kultur, soziale Praxis, Text. Die Krise der ethnographischen Repräsentation* (S. 11–108). Frankfurt a. M.: Suhrkamp.

Fuchs, Mechthild (1998). Je länger man hinsieht, desto fremder schaut es zurück. Ein Resümee. In Wilfried Gruhn (Hrsg.), *Musik anderer Kulturen. 10 Vorträge und ein Resümee zu interkulturellen Ansätzen in Musikwissenschaft und Musikpädagogik* [Hochschuldokumentationen zu Musikwissenschaft und Musikpädagogik – Musikhochschule Freiburg. Band 6] (S. 287–299). Kassel: Bosse.

Gembris, Heiner (2009). *Grundlagen musikalischer Begabung und Entwicklung* [Forum Musikpädagogik. Band 20] (3. Auflage). Augsburg: Wißner.

Glaser, Barney G. (1992). *Emergence vs. Forcing: Basics of Grounded Theory.* Mill Valley: Sociology Pr.

Glaser, Barney G. (1978). *Advances in the methodology of grounded theory. Theoretical sensivity.* Mill Valley: Sociology Pr.

Glaser, Barney G. & Strauss, Anselm L. (1967). *The discovery of grounded theory: Strategies for qualitative research.* New York: de Gruyter.

Gomolla, Mechthild (2000). Ethnisch-kulturelle Zuschreibungen und Mechanismen institutionalisierter Diskriminierung in der Schule. In Iman Attia & Helga Marburger (Hrsg.), *Alltag und Lebenswelten von Migrantenjugendlichen* [Interdisziplinäre Studien zum Verhältnis von Migrationen, Ethnizität und gesellschaftlicher Multikulturalität. Band 11] (S. 49–70). Frankfurt a. M.: IKO.

Gomolla, Mechthild & Radtke, Frank-Olaf (2007). *Institutionelle Diskriminierung. Die Herstellung ethnischer Differenz in der Schule* (2. Auflage). Wiesbaden: VS.

Gökalp, Ziya (1999). *Türkçülüğün Esasları* [Milli Klasikler. Band 12]. Istanbul: Inkılap.

Green, Lucy (2008). *Music, Informal Learning and the School: A New Classroom Pedagogy.* Aldershot: Ashgate.

Green, Lucy (2002). *How Popular Musicians Learn.* Aldershot: Routledge.

Greve, Martin (2003). *Die Musik der imaginären Türkei – Musik und Musikleben im Kontext der Migration aus der Türkei in Deutschland.* Stuttgart, Weimar: Metzler.

Greve, Martin (1995). *Die Europäisierung orientalischer Kunstmusik in der Türkei* [Europäische Hochschulschriften, Reihe XXXVI. Band 142]. Frankfurt a. M.: Peter Lang.

Gurbilek, Nurdan (2011). Acıların Çocuğu. In dies., *Kötü Çocuk Türk* (4. Auflage, S. 37–51). Istanbul: metis.

Günay, Cengiz (2012). *Die Geschichte der Türkei. Von den Anfängen der Moderne bis heute.* Wien, Köln, Weimar: UTB.

Günther, Ulrich, Ott, Thomas & Ritzel, Fred (1983). *Musikunterricht 5–11.* Weinheim, Basel: Beltz.

Hall, Stuart (1994). *Rassismus und kulturelle Identität* [Ausgewählte Schriften – Stuart Hall. Band 2]. Hamburg: Argument.

Hamburger, Franz (2012). *Abschied von der Interkulturellen Pädagogik. Plädoyer für einen Wandel sozialpädagogischer Konzepte* (2. Auflage). Weinheim, Basel: Beltz.

Heckmann, Friedrich (1992). *Ethnische Minderheiten, Volk und Nation. Soziologie interethnischer Beziehungen.* Stuttgart: Enke.

Hegel, Georg Wilhelm Friedrich (1970). *Phänomenologie des Geistes.* In Eva Moldenhauer & Karl Markus Michel (Hrsg.), Werke. Band 3. Frankfurt a. M.: Suhrkamp.

Heß, Frauke (2013). Musikunterricht – ein Mädchenfach? Das Image des Faches Musik aus Sicht von Jugendlichen. *Musik und Unterricht, 110*, S. 56–60.

Heß, Frauke (2012). *Skalenhandbuch zur Studie „Musikunterricht aus Schülersicht" (Mass 2011). Dokumentation der Erhebungsinstrumente.* Kassel: http://www.uni-kassel.de/fb01/fileadmin/datas/fb01/Institut_fuer_Musik/Dateien/Frauke_He%C3%9F__Mass_Forschungsprojekt/Skalenhandbuch_Mass_2011.pdf [zuletzt aufgerufen am 31.01.2017].

Hitzler, Ronald, Honer, Anne & Pfadenhauer, Michaela (2008). Zur Einleitung: „Ärgerliche" Gesellungsgebilde? In dies. (Hrsg.), *Posttraditionale Gemeinschaften. Theoretische und ethnografische Erkundungen* [Erlebniswelten. Band 14] (S. 9–31). Wiesbaden: VS.

Hitzler, Ronald & Niederbacher, Arne (2010). *Leben in Szenen. Formen juveniler Vergemeinschaftung heute* [Erlebniswelten. Band 3] (3. Auflage). Wiesbaden: VS.

Honneth, Axel (2005). *Verdinglichung. Eine anerkennungstheoretische Studie.* Frankfurt a. M.: Suhrkamp.

Honneth, Axel (2003a). Umverteilung als Anerkennung. Eine Erwiderung auf Nancy Fraser. In ders. & Nancy Fraser, *Umverteilung oder Anerkennung? Eine politisch-philosophische Kontroverse* (S. 129–224). Frankfurt a. M.: Suhrkamp.

Honneth, Axel (2003b). Der Grund der Anerkennung. Eine Erwiderung auf kritische Rückfragen. In Axel Honneth, *Kampf um Anerkennung. Zur moralischen Grammatik sozialer Konflikte. Mit einem neuen Nachwort* (S. 303–341). Frankfurt a. M.: Suhrkamp.

Honneth, Axel (1994). Die soziale Dynamik von Missachtung. Zur Ortsbestimmung einer kritischen Gesellschaftstheorie. *Leviathan, 22* (1), S. 78–93.

Honneth, Axel (1992). *Kampf um Anerkennung. Zur moralischen Grammatik sozialer Konflikte.* Frankfurt a. M.: Suhrkamp.

Hornberger, Barbara (2015). Einschließen, ausschließen. Eine Skizze zur Vermittlung populärer Musik vor dem Hintergrund von Honneths Konzept von Anerkennung. In Michael Ahlers (Hrsg.), *Popmusik-Vermittlung: Zwischen Schule, Universität und Beruf* (S. 257–275). Berlin, London u. a.: LIT.

Ismaiel-Wendt, Johannes Salim (2012). Eine Drum Machine für das Übersee-Museum. In Susanne Binas-Preisendörfer & Melanie Unseld (Hrsg.), *Transkulturalität und Musikvermittlung. Möglichkeiten und Herausforderungen in Forschung, Kulturpolitik und musikpädagogischer Praxis* [Musik und Gesellschaft. Band 33] (S. 131–148). Frankfurt a. M.: Peter Lang.

Işık, Caner & Işık, Nuran Erol (2013). *Arabesk ve Müslüm Gürses. Kültürel Dünyamızı Anlamak.* Istanbul: Ferfir.

Jacke, Christoph (2013). Inszenierte Authentizität versus authentische Inszenierung: ein Ordnungsversuch zum Konzept Authentizität in Medienkultur und Popmusik. In Dietrich Helms & Thomas Phleps (Hrsg.), *Ware Inszenierungen. Performance, Vermarktung und Authentizität in der populären Musik* [Beiträge zur Popularmusikforschung. Band 39] (S. 71–95). Bielefeld: transcript.

Jung, Myk, Märkert, Klaus, Thyssen, Thomas & Michael Zöller (2010). Tränen auf der Tanzfläche. Vier Independent-Koryphäen im Gespräch. In Alexander Nym (Hrsg.), *Schillerndes Dunkel. Geschichte, Entwicklung und Themen der Gothic-Szene* (S. 113–123). Leipzig: Plöttner.

Jünger, Hans (2003). Prinzipiell interkulturell! Plädoyer für einen kulturübergreifenden Musikunterricht. *Diskussion Musikpädagogik, 17*, S. 15–21.

Kaiser, Hermann-Josef (2008). Anerkennungstheoretische Grundlagen gemeinsamen Musizierens. In Andreas Lehmann & Martin Weber (Hrsg.), *Musizieren innerhalb und außerhalb der Schule* [Musikpädagogische Forschung. Band 29] (S. 15–31). Essen: Die Blaue Eule.

Kalarickal, Jasmin (2015). Das rechte Deutschland. *taz. Die Tageszeitung, Ausgabe vom 29. September 2015*, S. I (TAZ.Dossier).

Kaletta, Barbara (2008). *Anerkennung oder Abwertung. Über die Verarbeitung sozialer Desintegration.* Wiesbaden: VS.

Karakayalı, Nedim (2002). Arabesk. In Virginia Danielson, Scott Marcus & Dwight Reynolds (Hrsg.), *The Middle East* [The Garland Encyclopedia of World Music. Band 6] (S. 225–259). New York: Garland Publishing Inc.

Kautny, Oliver (2012). Für eine Entlastung des interkulturellen Musikunterrichts. *Diskussion Musikpädagogik, 55*, S. 16–22.

Kautny, Oliver (2010). Populäre Musik als Herausforderung der interkulturellen Musikerziehung. *Zeitschrift für kritische Musikpädagogik, Jg. 2010*, S. 26–46.

Kehrbaum, Tom (2009). *Innovation als sozialer Prozess. Die Grounded Theory als Methodologie und Praxis der Innovationsforschung.* Wiesbaden: VS.

Kelle, Udo (2011). „Emergence" oder „Forcing"? Einige methodologische Überlegungen zu einem zentralen Problem der Grounded Theory. In Günter Mey & Katja Mruck (Hrsg.), *Grounded Theory Reader* (2. Auflage, S. 239–260). Wiesbaden: VS.

Kelle, Udo (2003). „Grounded Theory" als Beitrag zur allgemeinen Methodenlehre der Sozialforschung. *Hallesche Beiträge zu den Gesundheits- und Pflegewissenschaften, 2* (12), S. 1–24.

Klebe, Dorit (2007). Musikkultur von Migrantenjugendlichen türkischer Herkunft in Deutschland im Spannungsfeld zwischen Religion und Antirassismus. Konzeptionen für einen interkulturellen Musikunterricht. In Jarosława Chacińskiego (Hrsg.), *Pokój jako przedmiot międzykulturowej edukacij artystycznej* (S. 139–151). Słupsk: Akademia Pomorska w Słupsku.

Klebe (2003). Zum „Crossover" in der Hip-Hop-Musik türkischer Migrantenjugendlicher in Deutschland – auf der Suche nach ihren Wurzeln. In Matthias Kruse (Hrsg.), *Interkultureller Musikunterricht* [Musikpraxis in der Schule. Band 7] (S. 32–46). Kassel: Bosse.

Klein, Gabriele & Haller, Melanie (2009). Körpererfahrung und Naturglaube. Subjektivierungsstrategien in der Tangokultur. In Gabriele Klein (Hrsg.), *Tango in Translation. Tanz zwischen Medien, Kulturen, Kunst und Politik* (S. 123–136). Bielefeld: transcript.

Knigge, Jens (2012). Interkulturelle Musikpädagogik: Hintergründe – Konzepte – Empirische Befunde. In Anne Niessen & Andreas Lehmann-Wermser (Hrsg.), *Aspekte In-*

terkultureller Musikpädagogik. Ein Studienbuch [musikpädagogik im fokus. Band 2] (S. 25–55). Augsburg: Wißner.

Kowall, Sabine & O'Conell, Daniel C. (2007). Zur Transkription von Gesprächen. In Uwe Flick, Ernst von Kardorff & Ines Steinke (Hrsg.), *Qualitative Forschung. Ein Handbuch* (5. Auflage, S. 437–447). Reinbek bei Hamburg: rowohlt.

Kruse, Jan (2015). *Qualitative Interviewforschung: Ein integrativer Ansatz* (2. Auflage). Weinheim, Basel: Beltz.

Kruse, Matthias (2003). Zu den Zielen, Chancen und Grenzen interkulturellen Musiklernens. In Siegmund Helms & Reinhard Schneider (Hrsg.), *Musikpraxis in der Schule. Band 7: Interkultureller Musikunterricht* (S. 7–16), Kassel: Bosse.

Krüger, Heinz Hermann (2010). Vom Punk bis zum Emo – ein Überblick über die Entwicklung und aktuelle Kartographie jugendkultureller Stile. In Ders. & Birgit Richard (Hrsg.), *Inter-Cool 3.0. Jugend Bild Medien. Ein Kompendium zur aktuellen Jugendkulturforschung* (S. 13–42). München: Fink.

Küçükkaplan, Uğur (2013). *Arabesk. Toplumsal ve Müzikal Bir Analiz* [Sanat ve Kuram Dizisi. Band 35] Istanbul: Ayrıntı.

Leiprecht, Rudolf (2009). Diversity Education – eine zentrale Orientierung von Managing Diversity im Bereich beruflicher Bildung. In Nicole Kimmelmann (Hrsg.), *Berufliche Bildung in der Einwanderungsgesellschaft. Diversity als Herausforderung für Organisation, Lehrkräfte und Ausbildende* [Texte zur Wirtschaftspädagogik und Personalentwicklung. Band 2] (S. 66–77). Nürnberg: Friedrich-Alexander-Universität Erlangen-Nürnberg.

Leiprecht, Rudolf & Lutz, Helma (2009). Intersektionalität im Klassenzimmer: Ethnizität, Klasse, Geschlecht. In Rudolf Leiprecht & Anne Kerber (Hrsg.), *Schule in der Einwanderungsgesellschaft. Ein Handbuch* (3. Auflage, S. 218–234). Schwalbach am Taunus: Wochenschau.

Lévinas, Emmanuel (2006). *Die Unvorhersehbarkeiten der Geschichte.* Freiburg, München: Karl Alber.

Lévinas, Emmanuel (1996). *Ethik und Unendliches. Gespräche mit Philippe Nema* [Edition Passagen. Band 11]. Wien: Passagen.

Lévinas, Emmanuel (1995). *Zwischen uns. Versuche über das Denken an den Anderen.* München, Wien: Carl Hanser.

Lévinas, Emmanuel (1992). *Jenseits des Seins oder anders als Sein geschieht.* Freiburg, München: Karl Alber.

Lévinas, Emmanuel (1987). *Totalität und Unendlichkeit. Versuch über die Exteriorität.* Freiburg, München: Karl Alber.

Mandel, Ruth (2008). *Cosmopolitan Anxieties. Turkish Challenges to Citizenship and Belonging in Germany.* Durham, London: Duke.

Markell, Patchen (2000). The Recognition of Politics: A Comment on Emcke and Tully. *Constellations, 7* (4), S. 496–506.

Markoff, Irene Judyth (2002). Aspects of Turkish Folk Music Theory. In Virginia Danielson, Scott Marcus & Dwight Reynolds (Hrsg.), *The Middle East* [The Garland Encyclopedia of World Music. Band 6] (S. 80–88). New York: Garland Publishing Inc.

Markoff, Irene Judyth (1986). *Musical Theory, Performance and the contemporary Bağlama Specialists in Turkey.* Unveröffentlichte Dissertation, University of Washington.

Mayring, Philipp (2002). *Einführung in die qualitative Sozialforschung. Eine Anleitung zu qualitativem Denken* (5. Auflage). Weinheim, Basel: Beltz.

Mecheril, Paul (2005). Pädagogik der Anerkennung. Eine programmatische Kritik. In Franz Hamburger, Tarek Badawia & Merle Hummrich (Hrsg.), *Migration und Bildung. Über das Verhältnis von Anerkennung und Zumutung in der Einwanderungsgesellschaft* [Schule und Gesellschaft. Band 35] (S. 311–328). Wiesbaden: VS.

Mecheril, Paul (2003). *Politik der Unreinheit. Ein Essay über Hybridität.* Wien: Passagen.

Mecheril, Paul, Castro Varela, María do Mar, Dirim, Inci, Kalpaka, Annita, Melter, Claus (2010). *Migrationspädagogik.* Weinheim, Basel: Beltz.

Mecheril, Paul & Seukwa, Louis Henri (2006). Transkulturalität als Bildungsziel? Skeptische Bemerkungen. *ZEP: Zeitschrift für internationale Bildungsforschung und Entwicklungspädagogik, 29* (4), S. 8–13.

Medienpädagogischer Forschungsverbund Südwest (2013). *JIM 2013. Jugend – Information – (Multi-)Media. Basisstudie zum Medienumgang 12- bis 19-Jähriger in Deutschland.* Stuttgart: Medienpädagogischer Forschungsverband Südwest (mpfs).

Meidel, Eva (2004). Einflussfaktoren bei der Entwicklung schülerorientierter Musikdidaktik. In Kaiser, Hermann J. (Hrsg.), *Musikpädagogische Forschung in Deutschland. Dimensionen und Strategien* [Musikpädagogische Forschung. Band 24] (S. 245–258). Essen: Die Blaue Eule.

Meidel, Eva (2002). *Der Aspekt der Schülerorientierung in Konzeptionen der Musikdidaktik seit 1945* [Beiträge zur Geschichte der Musikpädagogik. Band 11]. Frankfurt a. M.: Schöningh.

Mendívil, Julio (2012). Transkulturalität revisited: Kritische Überlegungen zu einem neuen Begriff der Kulturforschung. In Melanie Unseld & Susanne Binas-Preisendörfer (Hrsg.), *Transkulturalität und Musikvermittlung. Möglichkeiten und Herausforderungen in Forschung, Kulturpolitik und musikpädagogischer Praxis* [Musik und Gesellschaft. Band 33] (S. 43–61). Frankfurt a. M.: Peter Lang.

Merkt, Irmgard (1993). Interkulturelle Musikerziehung. *Musik und Unterricht, 22,* S. 4–7.

Merkt, Irmgard (1983). *Deutsch-türkische Musikpädagogik in der Bundesrepublik: Ein Situationsbericht.* Berlin: Express-Edition.

Meseth, Wolfgang, Proske, Matthias & Radtke, Frank-Olaf (2012). Kontrolliertes Laissez-faire. Auf dem Weg zu einer kontingenzgewärtigen Unterrichtstheorie. *Zeitschrift für Pädagogik, 58,* S. 223–241.

Moore, Allan (2002). Authenticity as Authentication. *Popular Music, 21* (2), S. 209–223.

Müller, Renate, Glogner, Patrick, Rhein, Stefanie & Heim, Jens (2002). Zum sozialen Gebrauch von Musik und Medien durch Jugendliche. Überlegungen im Lichte kultursoziologischer Theorien. In dies. (Hrsg.), *Wozu Jugendliche Musik und Medien gebrauchen. Jugendliche Identität und musikalische und mediale Geschmacksbildung* (S. 9–26). Weinheim, München: Juventa.

Nicolai, Bernd (2006). Modernization in Europe's Shadow. Kemalist Turkey as Seen Through Photography and Architecture. In Katja Eydel (Hrsg.), *Model ve Sembol. Die Erfindung der Türkei. Ein Fotoprojekt über die visuelle Repräsentation der Staatsgründung und die Modernisierung der Türkei nach 1923* (S. 81–87). New York, Berlin: Sternberg.

Niessen, Anne (2013). Die Heterogenität von Erstklässlern aus Sicht der Lehrenden in dem Programm „Jedem Kind ein Instrument". In Jens Knigge & Hendrijke Mautner-Obst (Hrsg.), *Responses to Diversity. Musikunterricht und -vermittlung im Spannungsfeld globaler und lokaler Veränderungen* (S. 171–194). Stuttgart: Staatliche Hochschule für Musik und Darstellende Kunst.

Nym, Alexander (2010). Jenseits der Musik. In ders. (Hrsg.), *Schillerndes Dunkel. Geschichte, Entwicklung und Themen der Gothic-Szene* (S. 292–293). Leipzig: Plöttner.

O'Conell, John Morgan (2005). In the Time of *Alaturka:* Identifying Difference in Musical Discourse. *Ethnomusicology, 49* (2), S. 177–205.

Orgass, Stefan (2007). Musikalische Bildung aus bedeutungs-, interaktions- und situationstheoretischer Sicht. In ders., *Musikalische Bildung in europäischer Perspektive. Entwurf einer Kommunikativen Musikdidaktik* [Folkwang Studien. Band 6] (S. 9–123). Hildesheim, Zürich, New York: Olms.

Orgass, Stefan (2000). Unterrichtliche Interaktion. Angebote der Kommunikativen Musikdidaktik. *Musik und Bildung, 2000/3,* S. 34–36.

Ott, Thomas (2012). Heterogenität und Dialog. Lernen am und vom Anderen als wechselseitiges Zuerkennen von Eigensinn. *Diskussion Musikpädagogik, 55,* S. 4–10.

Ott, Thomas (2008). „Musikunterricht mit Immigranten – wie mögen Musikpädagogik und -didaktik damit fertig werden!". In ders. & Jürgen Vogt (Hrsg.), *Unterricht in Musik – Rückblick und aktuelle Aspekte. Symposium der Wissenschaftlichen Sozietät Musikpädagogik zum 90. Geburtstag von Heinz Antholz* (S. 6–15). Münster: LIT.

Ott, Thomas (2006). Musikinteressen von Immigrantenkindern in Kölner Schulen und ihre Erfahrungen im Musikunterricht. In Günter Noll, Gisela Probst-Effah & Reinhard Schneider (Hrsg.), *Musik als Kunst Wissenschaft Lehre – Festschrift für Wilhelm Schepping zum 75. Geburtstag* (S. 359–374). Münster: Monsenstein und Vannerdat.

Otte, Gunnar (2007). Jugendkulturen zwischen Klassenästhetik und freier Geschmackswahl – das Beispiel Leipziger Clubszene. In Udo Göttlich, Renate Müller, Stefanie Rhein & Marc Calmbach (Hrsg.), *Arbeit, Politik und Religion in Jugendkulturen. Engagement und Vergnügen* (S. 161–177). Weinheim, München: Juventa.

Özgür, Iren (2006). Arabesk Music in Turkey in the 1990s and Changes in National Demography, Politics and Identity. *Turkish Studies, 7* (2), S. 175–190.

Pamuk, Orhan (2011). *Istanbul. Erinnerungen an eine Stadt.* München, Wien: Fischer.

Parzer, Michael (2011). *Der gute Musikgeschmack. Zur sozialen Praxis ästhetischer Bewertung in der Popularkultur* [Musik und Gesellschaft. Band 30]. Frankfurt a. M.: Peter Lang.

Petersen, Lars-Eric & Six, Bernd (2008). *Stereotype, Vorurteile und soziale Diskriminierung. Theorien, Befunde und Interventionen.* Weinheim, Basel: Beltz.

Pfadenhauer, Michaela (2010). Kompetenzen durch Szenen. In Birgit Richard & Heinz-Hermann Krüger (Hrsg.), *inter-cool 3.0. Jugend – Bild – Medien. Ein Kompendium zur aktuellen Jugendkulturforschung* (S. 281–292). München: Fink.

Philpott, Chris (2010). The Sociological Critique of Curriculum Music in England: Is Radical Change Really Possible? In Ruth Wright (Hrsg.), *Sociology and Music Education* (S. 81–92). Farnham, Burlington: Ashgate.

Poole, Ralph J. (2009). Arabesk: Nomadic Tales, Oriental Beats and Hybrid Looks. In Beate Neumeier (Hrsg.), *Dichotonies. Gender and Music* (S. 245–265). Heidelberg: Winter.

Prengel, Annedore (1993). *Pädagogik der Vielfalt: Verschiedenheit und Gleichberechtigung in interkultureller, feministischer und integrativer Pädagogik.* Opladen: Leske + Budrich.

Proske, Matthias (2011). Wozu Unterrichtstheorie? In Wolfgang Meseth, Matthias Proske & Frank-Olaf Radtke (Hrsg.), *Unterrichtstheorien in Forschung und Lehre* (S. 9–22). Bad Heilbrunn: Klinkhardt.

Reckwitz, Andreas (2003). Grundelemente einer Theorie sozialer Praktiken: Eine sozialtheoretische Perspektive. *Zeitschrift für Soziologie, 32* (4), S. 282–301.

Rehbein, Boike & Saalmann, Gernot (2009a). Art. ‚Kapital‘. In Gerhard Fröhlich & Boike Rehbein (Hrsg.), *Bourdieu-Handbuch. Leben – Werk – Wirkung* (S. 134–140). Stuttgart, Weimar: Metzler.

Rehbein, Boike & Saalmann, Gernot (2009b). Art. ‚Feld‘. In Gerhard Fröhlich & Boike Rehbein (Hrsg.), *Bourdieu-Handbuch. Leben – Werk – Wirkung* (S. 99–103). Stuttgart, Weimar: Metzler.

Reichertz, Jo (2011). Abduktion: Die Logik der Entdeckung der Grounded Theory. In Günter Mey & Katja Mruck (Hrsg.), *Grounded Theory Reader* (2. Auflage, S. 279–297). Wiesbaden: VS.

Reinhard, Kurt & Reinhard, Ursula (1984a). *Musik der Türkei. Band 1: Die Kunstmusik* [Taschenbücher zur Musikwissenschaft. Band 95]. Wilhelmshaven: Heinrichhofen's.

Reinhard, Kurt & Reinhard, Ursula (1984b). *Musik der Türkei. Band 2: Die Volksmusik* [Taschenbücher zur Musikwissenschaft. Band 96]. Wilhelmshaven: Heinrichhofen's.

Reinhard, Ursula & Jäger, Ralf Martin (1998). Art. ‚Türkei‘. In Ludwig Finscher (Hrsg.), *Musik in Geschichte und Gegenwart (MGG). Allgemeine Enzyklopädie der Musik. Sachteil 9* (2. Auflage, Sp. 1049–1079). Kassel, Basel, London u. a.: Bärenreiter.

Richter, Christoph (2008). Musikunterricht von „unten". Curriculare Arbeit und aufbauender Unterricht von den Schülern aus. *Diskussion Musikpädagogik*, 37, S. 11–20.

Ricken, Norbert (2009). Über Anerkennung. Spuren einer anderen Subjektivität. In ders., Henning Röhr, Jörg Ruhloff & Klaus Schaller (Hrsg.), *Umlernen. Festschrift für Käte Meyer-Drawe* (S. 75–92). München: Fink.

Ricken, Norbert (2006a). Erziehung und Anerkennung. Anmerkungen zur Konstitution des pädagogischen Problems. *Vierteljahresschrift für Wissenschaftliche Pädagogik*, 82, S. 215–230.

Ricken, Norbert (2006b). *Die Ordnung der Bildung. Beiträge zu einer Genealogie der Bildung*. Wiesbaden: VS.

Rolle, Christian (2013). Blicke über Tellerränder. Musikpädagogik aus internationalen Perspektiven. *Diskussion Musikpädagogik*, 60, S. 36 f.

Rolle, Christian (2010). Über die Didaktik Populärer Musik. Gedanken zur Un-Unterrichtbarkeit aus der Perspektive ästhetischer Bildung. In Georg Maas & Jürgen Terhag (Hrsg.), *Musikunterricht heute 8. Zwischen Rockklassikern und Eintagsfliegen – 50 Jahre Populäre Musik in der Schule* (S. 48–57). Berlin: Lugert.

Rosenberg, Florian von (2008). *Habitus und Distinktion in Peergroups. Ein Beitrag zur rekonstruktiven Schul- und Jugendforschung* [Berliner Arbeiten zur Erziehungs- und Kulturwissenschaft. Band 44]. Berlin: Logos.

Rotter, Carolin & Schlickum, Christine (2013). Lehrkräfte mit Migrationshintergrund als Forschungskategorie: Fortschreibung einer Differenzmarkierung? In Karin Bräu, Yasemin Karakaşoğlu, Viola B. Georgi & Carolin Rotter (Hrsg.), *Lehrerinnen und Lehrer mit Migrationshintergrund. Zur Relevanz eines Merkmals in Theorie, Empirie und Praxis* (S. 59–68). Münster: Waxmann.

Röhr, Henning (2009). Anerkennung. Zur Hypertrophie eines Begriffs. In ders., Norbert Ricken, Jörg Ruhloff & Klaus Schaller (Hrsg.), *Umlernen. Festschrift für Käte Meyer-Drawe* (S. 93–107). München: Fink.

Rösner, Hans-Uwe (1997). Selbstsorge und Sorge für den Anderen. Ethische Überlegungen zum Behindertsein. *Zeitschrift für Heilpädagogik*, 48, S. 46–54.

Ruhloff, Jörg (1980). *Das ungelöste Normproblem der Pädagogik: Eine Einführung*. Heidelberg: Quelle & Meyer.

Said, Edward W. (1978). *Orientalism*. New York: Pantheon Books.

Schatt, Peter W. (2008). *Musikpädagogik und Mythos. Zwischen mythischer Erklärung der musikalischen Welt und pädagogisch geleiteter Arbeit am Mythos.* Mainz, London u. a.: Schott.

Schatt, Peter W. (2007). *Einführung in die Musikpädagogik.* Darmstadt: WBG.

Schäfers, Bernhard & Scherr, Albert (2005). *Jugendsoziologie. Einführung in Grundlagen und Theorien* (8. Auflage). Wiesbaden: VS.

Schiffauer, Werner (2002). Kulturelle Identitäten. *Ethik und Unterricht, Zeitschrift der Fächergruppe Ethik/Werte und Normen/LER/Praktische Philosophie, 2002* (4), S. 12–17.

Schiffauer, Werner (1991). *Die Migranten aus Subay. Türken in Deutschland: Eine Ethnographie.* Stuttgart: Klett-Cotta.

Schmidt, Anna Magdalena (2015). *Die imaginäre Grenze. Eine Untersuchung zur Bedeutung von Musik für Jugendliche türkischer Herkunft in Deutschland und ihre Verortung im Diskurs der interkulturell orientierten Musikpädagogik* [musicolonia. Band 14]. Köln: Dohr.

Schulze, Gerhard (1992). *Die Erlebnisgesellschaft. Kultursoziologie der Gegenwart.* Frankfurt a. M., New York: Campus.

Schütz, Volker (2004). Didaktik der Pop/Rockmusik – Begründungsaspekte. In Siegmund Helms, Reinhard Schneider & Rudolf Weber (Hrsg.), *Kompendium der Musikpädagogik* (3. Auflage, S. 262–280. Kassel: Bosse.

Schütz, Volker (1998). Transkulturelle Musikerziehung. In Martina Claus-Bachmann (Hrsg.), *Musik transkulturell erfahren. Anregungen für den schulischen Umgang mit Fremdkulturen* (S. 1–6). Bamberg: Ulme-mini.

Shell Deutschland Holding (2010). *Jugend 2010. Eine pragmatische Generation behauptet sich.* Frankfurt a. M.: Fischer.

Sinoplu, Ahmet & Winkelmann, Anne (2007). *Soundz of Berlin.* Documentation about an international youth project on diversity and against discrimination. Berlin: http://www.vervielfaeltigungen.de/resources/documentation_soundz_fin.pdf [zuletzt aufgerufen am 03.02.2017].

Spielhaus, Riem (2006). Religion und Identität. Vom deutschen Versuch, „Ausländer" zu „Muslimen" zu machen. *IP – Die Zeitschrift, 2002* (3), S. 28–37.

Spivak, Gayatri Chakravorty (1990). Criticism, Feminism, and the Institution. In Sarah Harasym (Hrsg.), *The post-colonial critic. Interviews, Strategies, Dialogues. Gayatri Chakravorty Spivak* (S. 1–16). New York, London: Routledge.

Statistisches Bundesamt (2015). *Fachserie 1, Reihe 2.2. Bevölkerung und Erwerbstätigkeit. Bevölkerung mit Migrationshintergrund – Ergebnisse des Mikrozensus – 2014.* Wiesbaden: https://www.destatis.de/DE/Publikationen/Thematisch/Bevoelkerung/Migration-Integration/Migrationshintergrund2010220147004.pdf?__blob=publicationFile [zuletzt aufgerufen am 03.02.2017].

Steuerwald, Karl (1988). *Türkisch-deutsches Wörterbuch. Türkçe-Almanca sözlük* (2. Auflage). Wiesbaden: ABC.

Stokes, Martin (1992). *The Arabesk Debate. Music and Musicians in Modern Turkey.* Oxford: Clarendon Press.

Strauss, Anselm L. (2004). Methodologische Grundlagen der Grounded Theory. In Jörg Strübing & Bernt Schnettler (Hrsg.), *Methodologie interpretativer Sozialforschung. Klassische Grundlagentexte* (S. 429–451). Konstanz: UTB.

Strauss, Anselm L. (1990). *Qualitative analysis for social scientists.* Cambridge, New York u. a.: Cambridge University Press.

Strauss, Anselm L. & Corbin, Juliet (1996). *Grounded Theory – Grundlagen qualitativer Sozialforschung*. Weinheim: Beltz.

Stroh, Wolfgang Martin (2009). *Der erweiterte Schnittstellenansatz*. In http://www.inter kulturelle-musikerziehung.de/texte/stroh2009.pdf. [zuletzt aufgerufen am 03.02.2017].

Strübing, Jörg (2011). Zwei Varianten von Grounded Theory? Zu den methodologischen und methodischen Differenzen zwischen Barney Glaser und Anselm Strauss. In Günter Mey & Katja Mruck (Hrsg.), *Grounded Theory Reader* (2. Auflage, S. 261–278). Wiesbaden: VS.

Strübing, Jörg (2004). *Grounded Theory. Zur sozialtheoretischen und epistemologischen Fundierung des Verfahrens der empirisch begründeten Theoriebildung* [Qualitative Sozialforschung. Band 15]. Wiesbaden: VS.

Strübing, Jörg & Schnettler, Bernt (2004). Klassische Grundlagentexte zur Methodologie interpretativer Sozialforschung. In dies. (Hrsg.), *Methodologie interpretativer Sozialforschung. Klassische Grundlagentexte* (S. 9–20). Konstanz: UTB.

Suderland, Maja (2009). Art. ‚Sozialer Raum‘. In Gerhard Fröhlich & Boike Rehbein (Hrsg.), *Bourdieu-Handbuch. Leben – Werk – Wirkung* (S. 219–225). Stuttgart, Weimar: Metzler.

Taylor, Charles (1993). *Multikulturalismus und die Politik der Anerkennung*. Frankfurt a. M.: Fischer.

Tekelioğlu, Orhan (1996). The Rise of a Spontaneous Synthesis: The Historical Backround of Turkish Popular Music. *Middle Eastern Studies, 32* (2), S. 194–215.

Terhag, Jürgen (2009a). 50 Jahre Populäre Musik in der Schule. Zum Stand der Popdidaktik zwischen Rockklassikern und Eintagsfliegen. *Diskussion Musikpädagogik, 41*, S. 41–47.

Terhag, Jürgen (2009b). Zwischen Distanz und Nähe. 50 Jahre Populäre Musik in der Schule. *Musik und Bildung, 2009/3*, S. 10–13.

Terhag, Jürgen (1984). Die Un-Unterrichtbarkeit aktueller Pop- und Rockmusik. Gedankengänge zwischen allen Stühlen. *Musik und Bildung, 1983/5*, S. 345–349.

Thornton, Sarah (1996). *Club Cultures. Music, Media and Subcultural Capital*. Cambridge: Polity Press.

Truschkat, Inga, Kaiser, Manuela & Reinartz, Vera (2005). Forschen nach Rezept? Anregungen zum praktischen Umgang mit der Grounded Theory in Qualifikationsarbeiten. *Forum Qualitative Social Research/Sozialforschung, 6* (2), Art. 22.

Vogt, Jürgen (2013). Benachteiligung und Teilhabe im Kontext von Kultur- und Musikpädagogik. *Zeitschrift für kritische Musikpädagogik, Jg. 2013*, S. 1–19.

Vogt, Jürgen (2012). Einleitung: Vom Umgang der Musikpädagogik mit Heterogenität. In ders. (Hrsg.), *Musikpädagogik und Heterogenität. Sitzungsbericht 2011 der Wissenschaftlichen Sozietät Musikpädagogik* [Wissenschaftliche Musikpädagogik. Band 5] (S. 6–19). Münster: LIT.

Vogt, Jürgen (2009). Gerechtigkeit und Musikunterricht. Eine Skizze. *Zeitschrift für kritische Musikpädagogik, Jg. 2009*, S. 39–53.

Vogt, Jürgen (2004). Ästhetische Erfahrung als Fremdheitserfahrung oder: Was kann die interkulturelle Musikpädagogik von Adorno lernen? In Institut für Neue Musik und Musikerziehung Darmstadt (Hrsg.), *welt@musik – Musik interkulturell. Schlaglichter. Aufbruch – Umbruch. Zeiten – Räume. Modelle. Nähe – Ferne* [Veröffentlichungen des Instituts für Neue Musik und Musikerziehung Darmstadt. Band 44] (S. 304–321). Mainz: Hal Leonard Corporation.

Wallbaum, Christopher (2007). Jugend-Kultur und ästhetische Praxis im Musikunterricht. *Zeitschrift für kritische Musikpädagogik, Jg. 2007*, S. 22–38.

Wallbaum, Christopher (1998). Mit fremden Ohren hören oder: Den Geschmack mit dem Hemd wechseln? Ein Projekt. *Musik und Bildung, 1998/4*, S. 10–15.

Welsch, Wolfgang (2009). „Was ist eigentlich Transkulturalität?" In Lucyna Darowska, Thomas Lüttenberg & Claudia Machhold (Hrsg.), *Hochschule als transkultureller Raum? Kultur, Bildung und Differenz in der Universität* (S. 39–66). Bielefeld: transcript.

Welsch, Wolfgang (1994). Transkulturalität. Lebensformen nach der Auflösung der Kulturen. Kurt Luger & Rudi Renger (Hrsg.), *Dialog der Kulturen. Die multikulturelle Gesellschaft und die Medien* (S. 147–169). Wien: Österr. Kunst- und Kulturverlag.

Willis, Paul (1981). *Profane Culture. Rocker, Hippies: Subversive Stile der Jugendkultur*. Frankfurt a. M.: Syndikat.

Wright, Ruth & Davies, Brian (2010). Class, Power, Culture and the Music Curriculum. In Ruth Wright (Hrsg.), *Sociology and Music Education* (S. 35–50). Farnham, Burlington: Ashgate.

Wurm, Maria (2006). *Musik in der Migration. Beobachtungen zur kulturellen Artikulation türkischer Jugendlicher in Deutschland*. Bielefeld: transcript.

Yalçınkaya, Can T. (2008). Turkish Arabesk Music and the Changing Perceptions of Melancholy in Turkish Society. *NEO, Macquarie University Faculty of Arts HDR journal, 2008*, S. 1–14.

Zaimoğlu, Feridun (1998a). *Kanak Sprak. 24 Mißtöne vom Rande der Gesellschaft* (3. Auflage). Hamburg: Rotbuch.

Zaimoğlu, Feridun (1998b). *Koppstoff. Kanaka Sprak vom Rande der Gesellschaft*. Hamburg: Rotbuch.

Appendix: Interviewausschnitte

Gruppendiskussion A1.1

App. 1

1	**Int.:** Okay, vielleicht können wir einfach mal so anfangen, dass ihr einfach mal erzählt,
2	wie sich euer Musikgeschmack bisher so entwickelt hat. Also gab es irgendwie mal so
3	Veränderungen oder gab es Situationen, Erlebnisse, Menschen, die euch irgendwie be-
4	sonders angespornt haben, was euren Musikgeschmack angeht? Könnt ihr mal erzäh-
5	len?
6	**A1a:** (...) Soll ich anfangen?
7	**A1c:** Fang an! @[.]@
8	**Int.:** ∟Wer⌐ will.
9	**A1a:** Okay, also bei mir war das so, dass ich in meiner Grundschulzeit überhaupt keine
10	türkische Musik gehört habe, nur englische Musik, so von Rihanna und so, also die neu-
11	eren, zu der Zeit neueren Lieder. Und erst ab der Oberstufe, ab der achten Klasse, also
12	als ich dreizehn war, habe ich dann so @[.]@ angefangen türkische Musik zu hören
13	und, ich glaube, dass ist auch so, dass man erst auch anfängt, diese türkische Musik zu
14	hören, wenn man älter ist. Dann versteht man die ja auch besser und auch mit, also es
15	hat ja auch so ein bisschen mit dem Leben zu tun und deswegen. Also ich habe erst ab
16	der Pubertät so angefangen, türkische Lieder zu hören.
17	**Int.:** ∟Und⌐
18	**A1c:** (..) (Willst Du?)
19	**A1b:** Bei mir ist es so, ich habe früher Hannah Montana immer gehört, also.
20	**A1c:** ∟@[lachen]@⌐
21	**A1a:** ∟@[lachen]@⌐
22	**A1b:** (.) Ich war richtig abhängig davon und dann später halt also auch so achte, neunte
23	Klasse, dann habe ich auch angefangen türkische Musik zu hören. Aber ich glaube, das
24	liegt auch daran, weil früher gab es nicht solche türkischen Programme, also solche
25	Shows, also es gibt ja auch so Voice of Germany, und das gibt es auch auf Türkisch.
26	**A1a:** Ja
27	**A1b:** Und halt, wenn man dann da die Lieder so hört, dann denkt man so, oh, ist ja voll
28	schön und so. Dann hört man das auch, und dann automatisch man geht dann nur zum
29	Türkischen. Also ich höre jetzt gar keine deutschen, also englischen Lieder mehr und so,
30	nur noch Türkisch.

A1.1/Eröffnung

App. 2

50	**Int.:** Und du hast gesagt, also wenn es/ du verstehst die Musik besser, meinst du von
51	der/
52	**A1a:** Vom Inhalt her
53	**Int.:** Vom Inhalt, okay
54	**A1a:** Also, so, was so im Leben sich so abspielt und so, @[.]@ diese Erfahrungen und
55	bei meinen Eltern, habe ich auch schon gesagt, ja, das vergleicht man dann miteinan-
56	der.

57	**Int.:** Okay, und kannst du, das hängt mit den Texten wahrscheinlich dann zusammen,
58	**A1a:** ⌐Mhm [beja-
59	hend]⌐
60	**Int.:** die ihr hört, also was sind das für Texte oder für Themen, die euch da (unv.)
61	**A1b:** ⌐Also⌐ es ist ja
62	eigentlich hauptsächlich so zum Beispiel in türkü, da geht es ja entweder so um Liebes-
63	kummer, so Herzschmerz oder so, ist ja eigentlich immer so.
64	**A1a:** ⌐Ja, also immer das⌐ Leiden und durch die Lie-
65	be.
66	**A1b:** ⌐Ja, Leiden⌐ das sind
67	eigentlich immer, oder so über das Leben, so, ja (.) oder wenn es einem Menschen
68	schlecht geht.

A1.1/Immanenter Nachfrageteil

App. 3

86	**Int.:** Was reizt euch an der Musik, wenn die euch so runterzieht?
87	**A1b:** Keine Ahnung. @[lachen]@
88	**A1a:** ⌐@[lachen]@⌐
89	**A1c:** ⌐Also es ist ja so⌐, dass wenn du in einer bestimmten
90	Situation gerade bist und dann/ die Musik passt halt zu deiner Situation gerade. Und
91	manchmal hilft es auch einfach, wenn du solche Lieder hörst.
92	**A1b:** (..) Ja
93	**A1a:** Und das ist auch/ ich finde auch bei der türkischen Musik, wenn man das versucht
94	zu singen, das ist auch voll schwer. Also bei den englischen Liedern, da gibt es manches
95	in einem Ton und so. Also bei den türkischen das ist schon ein bisschen anspruchsvol-
96	ler, das merkt man auch, deshalb, also, weil, ich glaube der Stil wird auch arabesk ge-
97	nannt, oder?
98	**A1b:** Ja
99	**A1a:** Genau, der Stil wird arabesk genannt und, also, wenn man so was gleich hört,
100	dann staunen immer gleich alle, weil so was ist wirklich besonders, so singen zu kön-
101	nen.
102	**Int.:** Okay (.) was ist arabesk dann für dich?
103	**A1a:** Die traditionelle Musik, also so von Orhan Gencebay und so, das ist alles arabesk.
104	**Int.:** Okay. (..) Wie ist denn das bei euch mit/ hattet ihr auch so eine Entwicklung, dass
105	ihr erst englische Musik gehört habt und dann eher türkische, oder?
106	**A1c:** ⌐Nein⌐ also das war bei mir
107	so, wir haben schon immer also kurdische Musik gehört, und dann halt auch kurdische
108	Kanäle und dann kam halt Türkisch im Laufe der Jahre immer mit dazu.
109	**A1d:** (..) Bei mir war alles gemischt irgendwie, also, ich höre ja also Alpa Gun, habe ich
110	Ihnen ja schon gesagt, und er singt sowohl türkische als auch deutsche Lieder. Und Eng-
111	lisch habe ich auch eigentlich immer gehört, also von Eminem und (unv.)

A1.1/Immanenter Nachfrageteil

App. 4

127	**Int.:** (.) Und *türkü* meint das, also jetzt zum Beispiel Murat Boz *Özledim*, ist das auch/
128	**A1b:** ᴸKein *türkü*ᴸ
129	**A1c:** ᴸNeeᴸ
130	**A1d:** ᴸNein, neinᴸ
131	**A1a:** ᴸNein,ᴸ
132	das ist zum Beispiel, das ist mehr an den europäischen Stil angepasst. Das merkt man
133	auch also.
134	**A1c:** ᴸJaᴸ
135	**A1d:** ᴸDas ist Pop.ᴸ
136	**A1b:** ᴸMhm [bejahend]ᴸ
137	**A1a:** Deshalb ist es ja so, also, ja, das geht so eher in Poprichtung. Das hören zwar jetzt
138	auch Jugendliche, aber das ist nicht so ein hoher Anspruch wie die türküler.

A1.1/Immanenter Nachfrageteil

App. 5

145	**Int.:** (4) Ihr hattet mir auch gesagt, ihr hört eher so ältere Sachen.
146	**A1a:** Mhm [bejahend]
147	**A1d:** ᴸJaᴸ das sind ja diese türküs.
148	**A1b:** Mhm [bejahend]
149	**Int.:** Okay, weil das verstehe ich noch nicht so ganz, also was gehört jetzt eher zu neue-
150	ren Sachen und was eher zu älteren Sachen (unv.)?
151	**A1c:** ᴸAlso Muratᴸ Boz ist zum Beispiel was Neues und so
152	was wie, also Ahmet Kaya und so was ist schon mal älter (..). Das ist jetzt nicht ganz alt.
153	**A1b:** ᴸAltᴸ
154	**A1a:** ᴸAber das kennen alle,ᴸ
155	also das ist so berühmt, das gibt es immer weiter.
156	**A1c:** ᴸJaᴸ
157	**A1d:** Ja, und Tarkan, den kennen Sie ja, und der greift immer auf die alten Lieder wie-
158	der zurück.
159	**A1b:** Ja
160	**A1d:** Also zum Beispiel dieses Lied, was ich Ihnen auch damals gesagt habe.
161	**A1a:** ᴸMhm [bejahend]ᴸ
162	**Int.:** Kara Toprak
163	**A1d:** Ja, kara toprak oder uzun ince bir yoldayım und so
164	**A1b:** ᴸDas ist voll schön.ᴸ
165	**A1a:** Ja, es gibt viele Lieder, die von vielen Sängern gesungen werden.
166	**A1b:** Und es ist ja jetzt auch dieses Album rausgekommen von Orhan Gencebay, da wo
167	seine alten Lieder von neuen Künstlern sozusagen gesungen werden. Und deshalb wird
168	das irgendwie jetzt auch mehr so wieder aufgegriffen diese alten Lieder. Weil jetzt die-
169	se neuen, die jetzt zum Beispiel die Jugendlichen mehr hören, wenn die dann hören, es
170	ist so ein altes Lied, dann vielleicht greifen die dann auch so auf andere alte Lieder
171	rüber.

A1.1/Immanenter Nachfrageteil

235	**Int.:** (..) Würdet ihr denn sagen, also dass türkü sind gleich Volksmusik?
236	**A1b:** (.) Nee (.) schon
237	**A1c:** └[räuspern]┘
238	**Int.:** └Oder ist Volksmusik┘ noch mal was anderes?
239	**A1c:** └Nee, Volksmusik ist┘ zum Beispiel auch Lieder zum Tan-
240	zen, so halay oder korbastı und so was.
241	**A1a:** └Genau, stimmt┘
242	**A1b:** Korbastı ist nicht Volksmusik.
243	**A1a:** Doch
244	**A1c:** └Gehört┘ dazu, doch
245	**A1b:** └Korbastı ist aber┘ später dazu gekommen, oder?
246	**A1a:** Ja, aber der Ursprung so halt
247	**A1c:** └Das gehört, ja┘ (.) allgemein Tanzlieder
248	**Int.:** (..) Und das heißt, das ist jetzt noch mal dann für euch was anderes als Volksmusik,
249	türkü, ja? Okay
250	**A1a:** └Mhm (bejahend)┘
251	**Int.:** (...) Also mir ist, als ich in der Türkei war/ häufig haben Leute den Begriff arabesk
252	verwendet, für auch Musik von Ibrahim Tatlıses und Orhan Gencebay. Ist das eine Be-
253	zeichnung, die ihr auch benutzt für die Musik?
254	**A1b:** Mhm, ich sage eigentlich immer nur türkü.
255	**A1a:** └Ja┘ └(.) ist türkü┘ also es sind türküler[163] @[.]@.
256	**A1b:** └Aber┘ Oberbegriff ist
257	arabesk, glaube ich, oder?
258	**A1c:** Ja
259	**A1a:** Bei O sez Türkiye, also bei diesem Dings-Kanal, wo halt/
260	**A1d:** Star
261	**A1a:** Ja, bei Star, da nennt man das auch, also die Jury und so, die sagen auch immer
262	arabesk dazu.
263	**Int.:** (..) Warum verwendet ihr nicht arabesk dafür?
264	**A1a:** Das ist genauso wie, als wenn wir ein Fremdwort im Deutschen oder so für ein
265	anderes benutzen würden.
266	**Int.:** (.) Also das ist für euch wie ein/ ist ein Fremdwort für die Musik.
267	**A1a:** Es ist kein umgangssprachliches Wort so.
268	**Int.:** Verstehe
269	**A1b:** Man sagt einfach eher so türkü, man sagt nicht zum Beispiel, hörst du arabesk,
270	man sagt, hörst du türkü.
271	**A1c:** Ist mehr der Fachbegriff dafür.
272	**A1b:** └Ja┘

A1.1/Immanenter Nachfrageteil

---

163 ‚*Türküler*' bedeutet im Türkischen die Mehrzahl von *türkü*.

App. 7

281	**Int.:** (...) Was ist an der Musik für Euch typisch türkisch? Also als ich Euch gefragt habe,
282	was hört für Musik, da meintet ihr türkische Musik und da hattet ihr auch eher gesagt,
283	so ältere Sachen. Was würdet ihr sagen, was ist jetzt im Vergleich zu englischer Musik
284	anders oder auch zu arabischer Musik oder/?
285	**A1c:** Die Instrumente
286	**A1a:** Mhm (bejahend)
287	**A1b:** ⌐Ja⌐ (.) so saz oder so ney, ud und so alles, gibt immer so einen Pepp so dazu.
288	**A1c:** ⌐Saz, ja⌐
289	**A1a:** @[.]@
290	**A1d:** Da wird auch eigentlich immer von der Welt berichtet, (.) also zum Beispiel bei
291	dem einen Lied von Tarkan *Uyan*, also.
292	**A1a:** ⌐Von der⌐ Erfahrung so im Leben
293	**A1d:** ⌐Ja⌐ von Erfahrung und das ist eigentlich/ (..)
294	das ist irgendwie immer mit so einer Geschichte verbunden (.). Ich weiß jetzt nicht, wie
295	ich das jetzt ausdrücken soll.
296	**A1c:** ⌐Ja ich find, ja,⌐ A1d hat Recht. Also so türkische Musik, vor allem türkische
297	Lieder, die Songtexte haben immer so einen bestimmten Hintergrund. Also die sind
298	jetzt nicht einfach mal so, so was wie Lady Gaga oder so. Die haben eine bestimmte Ge-
299	schichte dahinter.
300	**A1a:** Ja, also man merkt schon, dass der Sänger mitfühlt sozusagen bei dem Lied. Also,
301	bei englischen Liedern ist ja eher so/ man singt zwar den Text und so, aber häufig geht
302	es nicht so in einen rein so@[.]@zusagen. Und bei diesen türkischen Liedern, dann
303	merkt man halt, dass es richtig vom Gefühl her gesungen wird, das nimmt einen so mit.
304	**Int.:** ⌐Verstehe,⌐ (..) was gibt es denn
305	so für Situationen, in denen ihr jetzt gerade diese Musik hört? Könntet ihr da mal ein
306	Beispiel geben?
307	**A1c:** (..) A1b hört so etwas immer, wenn/
308	**A1a:** @[lachen]@
309	**A1b:** Ja, keine Ahnung, @[.]@Gefühl, @[lachen]@, ich weiß nicht, also ich höre immer
310	so was.
311	**A1a:** (...) Das ist auch so ein bisschen so eine Traumwelt so @[.]@.

A1.1/Immanenter Nachfrageteil

App. 8

337	**Int.:** (..) Und was bedeutet für Euch dieser Begriff isyan? Was heißt das, also ich kenne
338	den Begriff nicht.
339	**A1b:** So verzweifelt so, Depression. Man weiß nicht so, was man machen soll.
340	**A1a:** @[.]@
341	**A1d:** Ich kann nachschlagen.
342	**A1b:** @[.]@
343	**Int.:** Ja, ich habe im Wörterbuch geguckt, da steht so was wie ‚rebellisch‘.
344	**A1c:** Rebellisch?
345	**A1a:** Nee
346	**Int.:** Aufrührerisch
347	**A1a:** Nee

348	**A1c:** ⌐Nee,⌐ isyan ist mehr so, wenn Du eher so in Depressionen bist.
349	**A1d:** So Trauer
350	**A1c:** Ja, traurig, halt
351	**A1a:** Aber sehr, so richtig verzweifelt

A1.1/Immanenter Nachfrageteil

App. 9

414	**Int.:** Mich würde noch mal dieser Punkt interessieren, also wenn ihr sagt, früher habt
415	ihr eher diese englische Musik gehört, und dann irgendwie fing das mit der türkischen
416	Musik an, was/
417	**A1c:** Ich glaube, das hat damit zu tun, dass man also, mit dem Freundeskreis auch zu
418	tun, dass wenn jemand so unter,
419	**A1a:** Ja
420	**A1c:** also unter so türkischen Freunden ist, dass man dann eher türkische Musik hört.
421	**A1b:** ⌐Mhm [bejahend]⌐
422	**A1c:** Und wenn man zum Beispiel als eine Türkin, als ein Türke oder Ausländer gene-
423	rell also einen deutschen Freundeskreis hat, dann hört man eher englische oder deut-
424	sche Lieder.
425	**Int.:** (...) Und habt ihr jetzt eher einen türkischen Freundeskreis?
426	**A1c:** Ja.
427	**A1b:** Mhm [bejahend]
428	**A1a:** Bei mir ist das aber auch durch die Fernsehsender gekommen, weil früher hatten
429	wir gar keine. Also A1b hat es ja auch schon gesagt, viele haben das erst später so also
430	eingeführt, und davor habe ich eigentlich auch, als ich klein war, immer deutsche Se-
431	rien, alles deutsch, englische Lieder.
432	**A1b:** ⌐Ich auch⌐
433	**A1d:** Auch türkisch
434	**A1a:** Ja, ich war die einzige Türkin in meiner Klasse, also meine ganze Umgebung war
435	eigentlich deutsch und englische Musik und dann kamen/ türkische Serien sind in der
436	Türkei auch sehr berühmt. Und da sind ja manchmal auch *türküler* drinne, also solche
437	Lieder, und dann durch die Sender ganz viele türkische andere Lieder.
438	**Int.:** Das heißt, war vorher dein Freundeskreis dann auch anders?
439	**A1a:** Ja @[.]@ ganz anders
440	**Int.:** (..) Und wie kam das dann bei dir, bist du umgezogen?
441	**A1a:** Also, nicht deswegen, also
442	**A1b:** (unv.) zieht von Y [anderer Bezirk Berlins als derjenige der Schule, auf die die vier
443	Jugendlichen gehen] (unv.)
444	**A1a:** @[.]@ Also, als ich klein war, habe ich in Y gelebt. Damals waren da noch nicht
445	viele Türken und Araber. Und als ich dann hierhin gekommen bin, waren hier noch gar
445	keine Türken @[.]@ und Araber und dort sind dann welche hingekommen. Und hier,
447	wo ich halt lebe, waren halt noch keine, und dann war ich die einzige Türkin, dann in
448	meiner ganzen Umgebung nur Deutsche. Und als ich auf dieser Schule/ also A1b war
449	eigentlich zum Beispiel die erste türkische Freundin, die ich hatte @[lachen]@, sonst
450	hatte ich gar keine.
451	**A1b:** ⌐F⌐ war doch auch da.
452	**A1a:** F

453	**Int.**: Sagt ihr das denn alle von euch selbst, dass ihr Türken seid?
454	**A1b**: Ja
455	**A1a**: Also, ich finde eigentlich auch, dass ich @[.]@/ also wir sind ja Türken, wir sind
456	alle Türken, aber wir leben ja auch in Deutschland und werden ja sowieso immer alle
457	als Ausländer angesehen. Aber eigentlich sind wir auch/ also ich habe einen deut-
458	schen Pass. Wir können Deutsch sprechen, nämlich eigentlich alles. Wir sind auch ei-
459	gentlich auch Deutsche.
460	**A1b**:　　　　　　　　　　　　　　└Eigentlich kein Unterschied┘
461	**A1a**: Und das wird eigentlich/
462	**A1c**:　　　　└Nein┘
463	**A1d**:　　└Ich hab einen türkischen Pass.┘
464	**A1a**: Ja, ich habe auch schon einen türkischen Pass.
465	**A1b**:　└Na ja, ich bin keine Deutsche.┘ (.) Ich habe auch einen türkischen Pass.
466	**A1c**:　　　　　　　　　└Nein, also,┘ (..) ich sage von mir aus, dass ich Kurdin bin,
467	aber zwar aus der Türkei komme.
468	**Int.**: (…) Aber also wie ist das denn allgemein mit diesen Kategorien, also deutsch, tür-
469	kisch, Migrationshintergrund, Ausländer, also, (.) was denkt ihr über diese Zuschrei-
470	bungen?
471	**A1a**: Ja (.) sehr viele Vorurteile
472	**A1b**:　└Es war doch letztens so ein┘ Amoklauf gewesen, hier wieder in Amerika. Und
473	da wurde ja gesagt, ja, die Person, die den Amoklauf gemacht hat, ist halt so psychisch
474	gestört und so. Aber guck mal, wenn das jetzt ein Muslim, also ein Türke oder so ge-
475	macht hätte, dann würde das heißen, islamischer Terrorist tötet Kinder oder so.
476	**A1c**: Ja
477	**A1a**: Ja
478	**A1b**: Na, da ist es wieder so ein Vorwurf so. Wir sind Terroristen im Islam und gleich
479	so schlecht. Und wenn das dann so ein Christ oder so macht, sage ich mal, dann heißt
480	es, er hat psychische Probleme, deshalb hat er es gemacht oder so.
481	**A1c**:　　　　　　　　　└Genau┘ (..) das ist auch in der Schule so.
482	**A1a**:　　　　　　　　　　　　　└Also bei uns so, ja/┘
483	**A1c**: Also man merkt es von manchen Lehrern her aus, also wir haben letztens einen
484	türkischen Film gesehen.
485	**A1a**: └@[.]@┘ (.) Türkisch-deutsch
486	**A1c**: Türkisch-deutschen Film und da hat/
487	**Int.**:　　　　　　　　　　└War der┘ in türkischer Sprache?
488	**A1c**: Nein, auf Deutsch (.) was aber überhaupt nicht gepasst hat.
489	**A1a**:　　　　　　　　└Nein deutsch, aber das waren so türkische┘ Schauspieler und
490	deutsche Schauspieler gemischt und das spielt in Deutschland.
491	**A1c**:　　　　　　　　　　　　└Ja, aber auch das┘ hat eine türkische Hand-
492	lung halt gehabt. Die kamen aus einem türkischen Dorf und sind dann halt Gastarbei-
493	ter in Deutschland gewesen. Auf jeden Fall am Ende hat der Mann seine Frau umge-
494	bracht, und dann hat unser Ethiklehrer gesagt zu mir: „Ja, hast du noch nie etwas von
495	Ehrenmorden gehört?" Und so was wie so, als ob ich total dumm bin, und als ob es
496	total, ja als ob es Standard ist, dass Tür/ also allgemein Moslems oder so andauernd
497	Ehrenmorde ausüben. Und dann, weiß ich nicht, dann bin ich auch sauer geworden.
498	Und dann meinte ich, dass es halt total unfair ist, und dass alle immer sagen: „Ja, dass
499	wenn ein Moslem/", ich meine, man kann ja nicht sagen/ okay, ein Moslem hat zwar
500	seine Tochter oder seine Frau umgebracht, aber das war auch ein Mensch. Man kann
501	ja nicht sagen, es ist ein Moslem, und wenn ein Christ oder ein Deutscher irgendwie

502	seine Frau umbringt/ oder es war ja mal ein Fall, dass eine Frau ihre acht Babys zer-
503	stückelt hat, aber keiner hat gesagt: „Eine Christin hat das gemacht." Aber wenn ein
504	Mann mit arabischer, türkischer oder kurdischer Herkunft seine Tochter umbringt,
505	dann ist es auf jeden Fall immer ein Moslem. Und das ist in der Presse und so und das
506	wird auch so verbreitet.
507	**A1a:** ⌊Oder radikal⌋ islamisch, radikal
508	**A1c:** ⌊Genau⌋ und dann bekommt doch jeder ein schlechtes
509	Bild davon und dass/ wenn auch die Lehrer so was sagen, dann fühlt man sich schon/
510	(.) man merkt, dass man anders ist als die anderen, als die Deutschen sozusagen.
511	**A1b:** ⌊Erniedrigt so⌋
512	**A1c:** Also ich möchte jetzt ni/ ich bin jetzt die letzte Person, die Unterschiede zwi-
513	schen Rassen, sage ich mal, macht, aber wenn es schon die Lehrer machen, dann
514	merkt man dann selber den Unterschied. Und dann zieht man sich halt auch in einer
515	Gruppe irgendwie auch zusammen und fühlt sich dann unter türkischen/
516	**A1a:** ⌊Genau⌋ wohler
517	**A1b:** ⌊Wohl⌋
518	**A1c:** Ja, wohler als unter Deutschen
519	**A1a:** Man sagt zwar immer, ja man sollte sich in Deutschland integrieren, aber das
520	heißt ja nicht gleich, dass man seine Religion oder so ändern muss. Man kann ja auch
521	trotzdem immer n/ man beherrscht die deutsche Sprache, man geht zur Schule, man
522	lernt alles, und man kann trotzdem/ also das ist eigentlich Integration genug, man
523	muss nicht seine ganze Kultur wechseln, seinen ganzen/ von Türken fernbleiben. Das
524	sind richtig Vorurteile @[.]@.

A1.1/Immanenter Nachfrageteil

App. 10

536	**Int.:** Was denkt ihr denn eigentlich zu der Situation jetzt in der Türkei und zu Erdoğan,
537	also zu der politischen Entwicklung?
538	**A1a:** Ich finde es sehr gut @[.]@, also Erdoğan hat schon viel geschafft.
539	**A1b:** Viel erreicht, richtig viel.
540	**A1a:** Ja (..), aber es gibt ja auch Kritiker also gegen ihn, ganz viele, so die CHP [türkisch
541	ausgesprochen], also CHP [deutsch ausgesprochen] @[lachen]@ eine andere Partei.
542	**A1c:** ⌊Ja, aber⌋ das kommt auch/ also in der
543	Türkei kann man die Parteien total also einkategorisieren.
544	**A1a:** Das hat auch mit Religion zu tun und (unv.)
545	**A1c:** ⌊Ja, also AK [türkisch ausgesprochen]⌋ (.) AKP [deutsch ausgespro-
546	chen]
547	**A1a:** @[lachen]@
548	**A1c:** ⌊@[lachen]@⌋ ist eine sehr religionsbewusste Partei, die C/ die
549	**A1a:** C
550	**A1c:** CHP ist eine alevitische Partei, sage ich mal. Und dann gibt es noch die MHP [tür-
551	kisch ausgesprochen].
552	**A1d:** MHP [deutsch ausgesprochen]
553	**A1c:** Die MHP und das ist eine *bozkurt*-Partei, also sehr/
554	**A1d:** Stolze türkische Partei
555	**A1c:** Überstolze, nationalistisch türkische Partei, genau
556	**A1a:** ⌊Aber das hat doch⌋ (..) ⌊ja⌋

| 557 | **Int.:** ⌐Bozkurt, okay⌐ |

557 **Int.:** ˩Bozkurt, okay˩

558 **A1c:** Und dann gibt es noch die BDP [türkisch ausgesprochen], BDP [deutsch ausge-
559 sprochen], und das ist eine kurdische Partei.

560 **A1a:** Ich finde, das unterscheidet sich aber auch durch die türkische Geschichte, weil
561 viele waren, sind zum Beispiel heute noch sehr große Anhänger von Atatürk.

562 **A1b:** [stöhnt]

563 **A1c:** [stöhnt]

564 **A1b:** ˩[stöhnt]˩ @[lachen]@

565 **A1a:** @[.]@Ja, weil er hat die Türkei sehr viel vorangebracht, aber er hat auch eine Sei-
566 te also einfach weglassen, nämlich die religiöse Seite. In Dörfern wurde auf einmal
567 eingeführt, es wird kein/ es gab, es gibt ja so eine *takke*, so eine Mütze, so einen Hut in
568 der Religion und so. Das haben halt ganz viele getragen damals im Dorf. Und dann hat
569 man einfach gesagt, das trägt man jetzt nicht mehr, jetzt trägt man Krawatte, jetzt glei-
570 chen wir uns den Europäern an, den Franzosen. Und durch die (unv.)/ Frankreich war ja
571 eine Zeit lang in Istanbul, die Franzosen. Das hat sich halt alles dadurch so entwickelt,
572 dass die religiöse Seite total verloren gegangen ist. Atatürk hat wirtschaftlich und poli-
573 tisch die Türkei zwar sehr vorangebracht, aber dabei hat er die Bevölkerung sehr viel
574 leiden lassen.

575 **A1c:** Ja, das stimmt.

576 **A1a:** ˩Er hat˩ auch viele Moscheen, also Koranlehrer auch ermorden lassen
577 @[.]@, also das sagt man heutzutage nicht, aber es ist so.

578 **A1b:** ˩Ist so˩

579 **A1a:** Es wird in Filmen auch dargestellt, ja.

580 **A1c:** (.) Ja, ist keine/

581 **A1a:** ˩Und die˩ CHP ist zum Beispiel die Atatürk-Seite.

582 **A1c:** ˩Atatürk, ja,˩ aber das ist auch so,
583 dass, weil war ja/ hat er gesagt, Frauen sollen kein Kopftuch tragen. Und so was hat er
584 alles etwas lockerer gesehen, so wie die Aleviten, und deswegen sagt man auch, ist
585 eher eine alevitische Partei.

A1.1/Exmanenter Nachfrageteil

App. 11

712 **Int.:** Wie kommt es, dass ihr den Begriff Ausländer verwendet, das irritiert mich.

713 **A1a:** Ja, weil man, wir sind eigentlich/

714 **A1d:** ˩Ich bin aus der Sache draußen.˩

715 **A1a:** Das ist es so, ich bin eigentlich, ich fühle mich selbst als Deutsche.

716 **A1c:** ˩Warum?˩

717 **A1a:** Aber ich werde von anderen zum Ausländer gemacht. Und deshalb kommt dieser
718 Begriff einfach so, dass/ die haben das schon so oft verwendet, dass wir schon selber
719 diesen Begriff verwenden, obwohl das eigentlich gar nicht stimmt (…), voll komisch (…)
720 @[lachen]@

721 **A1b:** Sag doch was, er sagt gar nichts.

722 **A1a:** ˩Was denn?˩

723 **A1d:** Ja, ich will mich aus der Sache raus halten.

724 **A1b:** Warum?

725 **A1d:** Na ja, weil es mich eigentlich gar nicht interessiert.

726 **A1b:** Natürlich

A1d: └Also┘ früher da war es eigentlich auch so, dass ich mich immer gewehrt habe,
aber heutzutage interessiert mich es eigentlich gar nicht mehr.

A1b: Was?

A1a: └Ja, aber┘ interessiert es Dich auch gar nicht, was mit den anderen passiert, so
allgemein?

A1d: └Na ja, also┘ A1c hat ja gesagt, dass wir letztes Mal den Film gesehen haben, und
dass sie danach Kritik geäußert hat. Normalerweise würde ich auch so etwas machen,
aber das interessiert mich eigentlich gar nicht mehr, weil es sowieso nichts ändern
wird.

A1a: Ach so

A1d: Also daher ist es mir scheißegal, was die Leute darüber denken. Hauptsache ich
bin nicht so. Also ich bin Moslem, aber kein Terrorist. Oder verstehe mich mit Deutschen und auch mit Türken, also nicht direkt mit Ausländern, aber mit anderen Nationalitäten kann ich mich auch gut verstehen. Daher interessiert es mich nicht, was die
sagen. Also in unserer Klasse spreche ich auch mit Deutschen, sowohl mit Türken, also
auch mit Japanern oder sonst was, ist auch egal.

A1b: └Albaner┘

A1a: Ja, also das ist auch immer an unserer Schule so, dass alle Nationalitäten eigentlich gemischt sind.

A1d: └Albaner┘

A1a: Tschuldigung, ich habe Dich unterbrochen @[.]@.

A1d: └Ja, daher┘ ist es mir scheißegal, was die anderen darüber
denken. Darum will ich mich eigentlich da ganz raus halten.

A1c: └Ja┘ mir nicht, also wenn mir irgendjemand vorwirft, ja zum Beispiel unser Ethiklehrer meinte: „Ja hast du noch nie etwas
von Ehrenmorden gehört?" und so, und dann ist/ bin ich einfach geplatzt, weil er hat so
getan, als ob das Standard wäre. Und er erzählt immer wieder: „Ja ich bin an der X-
straße vorbeigefahren. Und dann sehe ich so irgendwelche Türken mit ihrem Benz, mit
ihrem weiß was ich, und dann, wie können die und so (unv.) und benehmen?" Er nennt
uns zum Beispiel auch/ zu A1d und also den ganzen anderen sagt er ‚Dönerfraktion'.

A1a: └Döner┘

A1c: Er sagt zu dir/

A1d: └Ja, nein, nein,┘ das hat aber einen Hintergrund.

A1a: @[.]@ Weil die Döner-Dings machen.

A1d: └Nein, nein,┘ das hat einen Hintergrund.

A1b: └Weil ihr bei der Döner-Messe┘ wart, wa?

A1a: Ja

A1d: Ja, also wir, eine Zeit also (..), einige Freunde oder ein Freund von mir, er hat/ also
sein Vater hat so eine Döner/ so eine Döga organisiert, also/

A1b: Ist doch Messe gewesen.

A1d: Ja, so ne Döga-Messe, also etwas über Döner und so. Und da hat er mir dann Flyer
gegeben, die wir verteilen sollten mit anderen Freunden. Und da haben wır/ also mıt
unserem Ethiklehrer spaßen wir eigentlich auch sehr oft, und er ist auch eigentlich so
ein netter Kerl.

A1a: Er ist eigentlich gegenüber allen, er ist ein sehr direkter Mensch so.

A1d: └Ja, aber auch (.) ja┘

A1a: Auch gegenüber Christen sagt er auch manchmal was Falsches einfach, er äußert
sich einfach dazu.

A1b: └Er ist Atheist einfach] also es ist ihm @[.]@scheißegal alles (unv.)

| 776 | **A1a:** | ⌐Ja⌐ |

776   **A1a:**   ⌐Ja⌐

777   **A1d:**   ⌐Ja⌐ (..), also seine Art ist eigentlich auch, meiner
778   Meinung nach nicht so schlimm. Also (.) sowohl bei Christen als auch bei Moslems sagt
779   er immer auch negative Sachen. Also zum Beispiel er ist auch gegen Weihnachten. Und
780   (.), ja, darum finde ich/ ist eigentlich sein Charakter und so/ finde ich eigentlich gar
781   nicht so schlimm, wie die es alle so beschrieben haben. Aber, ja, jetzt habe ich den Fa-
782   den verloren.

783   **Int.:** Also, in gewisser Weise ist er für Dich gerecht.

784   **A1d:** Ja eigentlich, ja also was er sagt, stimmt ja eigentlich auch öfters, aber, aber/

785   **A1b:** ⌐(unv.)⌐

786   **A1c:**   ⌐Er hat den Faden verloren.⌐

787   **A1a:**   ⌐Aber die Art⌐ und Weise,
788   wie er das sagt, das ist falsch.

789   **A1d:**   ⌐Aber, ja genau das, weil⌐ das wird ja immer auf alle Moslems bezogen, was eini-
790   ge Leute machen, und das ärgert dann einen. Aber, wie schon gesagt, das interessiert
791   mich auch mittlerweile nicht mehr.

792   **A1c:**   ⌐Ja⌐ das tun halt viele dieses Verallgemeinern. Und das kann
793   ich überhaupt nicht leiden, und dann rechtfertige mich auch, weil ich finde, es ist mein
794   gutes Recht. Wenn mir irgendjemand vorwirft: „Ja, ihr seid alle so und so", dann/ wir
795   sind überhaupt nicht so, wir sind eine sehr/ also wir alle vier, würde ich sagen, sind
796   sehr integriert, und unsere Familien auch. Und deswegen also, wenn mir irgendjemand
797   solche Vorwürfe macht, dann muss ich mich einfach rechtfertigen, weil/

798   **A1a:** Ja

799   **A1c:** Ja, ist mein Recht auch.

800   **A1a:** Und man hat auch immer dieses Gefühl, wenn man jetzt auf eine neue Schule
801   kommt oder so, neue Lehrer, alles neu, dann haben Ausländer oder Türken @[.]@ Tür-
802   ken immer das Gefühl, die müssten sich zusätzlich rechtfertigen, damit man nicht
803   gleich dieses Vorurteil hat, Ausländ/ also Türke, Ausländer heißt, ist nicht so intelli-
804   gent wie ein anderer Deutscher vielleicht. Ich habe immer das Gefühl, weil ich ja be-
805   sonders mit Kopftuch bin, dass man gleich denkt, ja wegen dem Migrationshintergrund,
806   die kann bestimmt nicht viel oder so. Man muss sich zusätzlich immer beweisen, und
807   schon das nervt einen eigentlich langsam. Das ist einfach immer so und zum Beispiel
808   sich wehren, also bei mir war das früher so, ich habe mich nie gewehrt. Ich bin ein
809   Mensch, der einfach, die können ihr Ding machen, ist mir egal.

810   **A1c:**   ⌐(unv.)⌐

811   **A1a:** Aber wenn man so oft mit so was konfrontiert einfach, so weil ich ja mit Kopftuch
812   bin und bestimmt auch bei euch ganz viel, einfach so auf der Straße, und man auf der
813   Straße schon rumläuft, hat ein Mann zum Beispiel mich einfach Mumie genannt, weil/

814   **A1b:**   ⌐Gest⌐
815   ern, er meinte zu dir: „Geh mal zurück in dein Arabien!" @[.]@ Zu meinem Vater auch

816   **A1a:**   ⌐Ja⌐   ⌐nicht mal⌐ Sau-
817   di-@[.]@ Arabien

818   **A1b:** ⌐@[.]@⌐

819   **A1a:** Er hat dann zu mir Arabien gesagt, und also: „Geh zurück in dein Arabien!" Am
820   Kudamm, weil da gibt es ja nicht viele so Türken. Und einfach, ich finde es einfach doof,
821   weil ich habe mich anfangs nicht gewehrt. Zum Beispiel eine Frau hatte, ich stand so an
822   der Bushaltestelle, und es war eigentlich ein ganz normaler Tag und so, ich war voll
823   glücklich. Und dann kommt auf einmal so eine Frau, aber die war schon ein bisschen
824   krank, die hat angefangen an der Bushaltestelle rumzuschreien: „Eure Religion ist

825 falsch." Sie stand genau vor mir, hat mich angeschrien, und ich konnte nichts machen.
826 Niemand hat was gemacht. Sie hat die ganze Zeit mich angeschrien: „Eure Religion ist
827 falsch. Geh doch zu deiner Moschee petzen! Die können auch nichts machen, ihr wer-
828 det alle/". Also es ist sehr oft bei meiner Mutter. Da fragt man sich: „Wie sollen wir
829 denn aufwachsen?" Ich meine, dann hat man doch schon solche Vorurteile. Also, was
830 ist daran falsch, wenn man Türke ist, man ist ja trotzdem deutsch, also man kann ja
831 trotzdem hier leben.
832 **A1b:** ⌐Alle sind Menschen, man.⌐
833 **A1a:** Ja
834 **A1c:** Ich finde auch generell, Deutschland ist so Multi-Kulti geworden.
835 **A1b:** ⌐Am Ende sind alle Menschen.⌐
836 **A1c:** Also extrem, gerade Berlin, dass man eigentlich gar keine Unterschiede machen
837 dürfte, meiner Meinung nach.
838 **A1a:** ⌐Ja⌐
839 **A1c:** Ich meine, im Grunde genommen ist ja Mensch Mensch.
840 **A1a:** Aber wie du, es gibt ja auch natürlich Menschen, die, also Deutsche, die halt auch
841 sehr nett gegenüber uns sind.
842 **A1c:** Wie Sie
843 **A1a:** @[.]@
844 **A1c:** ⌐Ich⌐ meine (unv.), das mit Ihrer Arbeit, das finde ich/
845 **A1a:** ⌐Ja,⌐ das finde ich auch.
846 **A1c:** ⌐Ja,⌐ das finde ich
847 richtig gut, das hat auch nie jemand irgendwie gemacht. Also ich habe davon noch
848 nicht mitbekommen oder so. Und dass Sie als späterer, also zukünftiger Musiklehrer
849 auch türkisch mit in den Unterricht einbeziehen wollen, das finde ich richtig gut.
850 **A1b:** ⌐Das finde ich richtig⌐
851 **A1a:** Ja, das finde ich auch sehr gut @[lachen]@
852 **Int.:** ⌐Freut mich⌐

A1.1/Exmanenter Nachfrageteil

App. 12

903 **Int.:** A1d, ist da eigentlich/ hörst du auch diese Orhan Gencebay und Ibrahim Tatlıses?
904 [*Währenddessen unterhalten sich A1a, A1a und A1c über die CDs von Orhan Gencebay*
905 *und Ibrahim Tatlıses, die ich mitgebracht habe, allerdings unverständlich.*]
906 **A1c:** Nein, A1d hört Rap.
907 **A1b:** @[.]@
908 **A1d:** ⌐Nee, also/⌐
909 **A1a:** Er ist bisschen zu sehr integriert @[lachen]@.

A1.1/Exmanenter Nachfrageteil

987	*[Int. zeigt den Jugendlichen eine CD von Orhan Gencebay. Auf Wunsch von A1b spielt er*
988	*den Song* Dünya Dönüyor *für ca. zwei Minuten an.]*
	{...} *[Während das Stück läuft, unterhalten sich die vier Jugendlichen darüber, welche*
	Lieder sie noch auf der CD Dünya Döniyor *von Orhan Gencebay kennen. A1a schwärmt*
	von Gencebays Stimme.]
1004	**Int.**: Woran denkt ihr denn spontan, wenn ihr das hört?
1005	**A1a**: (..) @[.]@
1006	**A1b**: Dorf @[.]@
1007	**A1c**: Ja, an köy, äh an Dorf [,köy' bedeutet übersetzt ,Dorf']
1008	**A1b**: Köy @[.]@
1009	**A1c**: @[.]@
1010	**Int.**: Ja?
1011	**A1b**: ⌐Dorf⌐ ja, kommt automatisch, so Dorf-Zeiten so, so alte Omis und so, einfach so,
1012	keine Ahnung.
1013	**A1a**: ⌐Also/⌐ (...) Ich denke eher
1014	so an so ein Cafe @[.]@. So eine Musik wird ja meistens in Cafes so gespielt, ja.
1015	**Int.**: In der Türkei?
1016	**A1a**: Mhm [bejahend]
	{...} *[A1c empfiehlt mir, in die türkü-Bar ,Diwan' in Berlin zu gehen, um Stücke wie diese*
	einmal live gespielt erleben zu können.]
1038	**Int.**: Wenn ihr jetzt oder wenn du jetzt Dorf sagst, gibt es/ also hast du da eine be-
1039	stimmte Situation im Kopf, oder die Du selbst erlebt hast? Oder denkst du eher an
1040	Fernsehbilder, oder?
1041	**A1b**: Nein, so, bei uns im Dorf so (.), aber ich weiß nicht warum, also das kommt so di-
1042	rekt so.
1043	**Int.**: (..) Und ist das jetzt auch eine Musik, die ihr/ oder welche Gefühle verbindet ihr
1044	mit der Musik?
1045	**A1a**: (4) Das ist so (..) @[lachen]@, das kann man gar nicht beschreiben, das kann man
1046	gar nicht beschreiben.
1047	**A1d**: ⌐(unv.)⌐
1048	**A1c**: ⌐Eher so neutral oder
1049	so⌐
1050	**A1a**: Nee, ich finde das nicht neutral, ist schon, man hat gleich dieses ,Ah', so unseres
1051	einfach @[.]@.
1052	**A1c**: ⌐@[.]@⌐
1053	**A1a**: Das gehört zu uns, ein Teil von uns @[.]@ weil man/ das hört man so.
1054	**A1c**: (.) Ja, also egal wo man ist und man hört zum Beispiel/ es läuft die ganze Zeit eng-
1055	lische Musik und dann kommt plötzlich ein türkisches Lied oder so, dann fühlt man sich
1056	so gleich ,aha okay', also/
1057	**A1d**: ⌐Das ist⌐ wie irgendetwas anderes.
1058	**A1c**: Nein, aber
1059	**A1b**: Gänsehaut so
1060	**A1c**: Ja, nein
1061	**A1a**: ⌐Aber⌐ ich habe wirklich Gänsehaut bekommen @[.]@.
1062	**A1d**: ⌐Also⌐
1063	**A1b**: Mir ist kalt geworden.
1064	**A1a**: ⌐Also, ich mag⌐ türkische Lieder total

1065	**A1d:**	⌐Also⌐ bei diesen Liedern mache ich mir
1066	eigentlich immer so im Kopf so Bilder, womit ich dann den Verlauf des Musik oder des
1067	Stücks/
1068	**A1b:**	⌐der Mu-
1069	sik⌐
1070	**A1d:** Irgendwie kombiniere ich vielleicht, also das, was die sagen. Dadurch bilde ich mir
1071	dann Bilder im Kopf und dadurch wird dann eine Geschichte sozusagen, also ein Ver-
1072	lauf.
1073	**A1a:**	⌐Ja, es ist bei, ja⌐
1074	das ist doch bei allen so.
1075	**A1b:**	⌐(unv.)
1076	@[lachen]@⌐
1077	**A1c:** ⌐(unv.)⌐
1078	**A1b:** ⌐Immer⌐ so Zeichentrick im Kopf @[lachen]@
1079	**A1a:**	⌐Aber nein @[.]@, man denkt⌐ sich wirklich eine Ge-
1080	schichte aus.
1081	**A1c:**	⌐@[.]@⌐
1082	**A1d:**	⌐Nein, das ist aber so, man versetzt
1083	sich⌐ in diese Lage, also es ist bei mir so. Und dann fühlt man eben mit.
1084	**A1b:**	⌐Mhm [bejahend]⌐
1085	**A1c:**	⌐Ja, es ist wirklich so.⌐
1086	**A1a:**	⌐Ja⌐

A1.1/Exmanenter Nachfrageteil

App. 14

1105	*[A1b spielt als Beispiel für ein türkisches Volkslied, das sie gerne mag, ein Youtube-*
1106	*Video auf ihrem Handy an (https://www.youtube.com/watch?v=d2dk05zUUcg). Es*
1107	*handelt sich um das Lied saçlarını taramışsın, gesungen und gespielt von Caner Gülsüm*
1108	*(saz) mit Begleitung (Gitarre und kopuz). An diesem Beispiel erkenne man laut A1a,*
1109	*A1b, A1c und A1d, dass türkische Volkslieder immer noch von Jugendlichen gehört wer-*
1110	*den und nicht wie ,europäische Lieder' irgendwann wieder verschwinden. Sie bestünden*
1111	*immer weiter.]*
1112	**Int.:** (..) Ist das ein Beispiel für *isyan*?
1113	**A1d:** Na, ja, nicht wirklich
1114	**A1b:** @[.]@
1115	**A1a:** Sehr untertrieben @[.]@ Also ist noch nicht übertrieben.
1116	**A1c:**	⌐Ja⌐
1117	**A1d:**	Also ⌐isyan⌐ ist noch übertriebener.

A1.1/Exmanenter Nachfrageteil

1203	**A1a**: Aber Sie müssen unbedingt mal von einer Frau auch mal so hören.
1204	**A1c**: ⌐Ich habe von⌐ Ceylan, habe
1205	ich auch, ja.
1206	**A1b**: ⌐Echt?⌐
1207	**A1a**: Das habe ich voll oft gehört.
1208	**A1b**: ⌐Ich habe auch (unv.),⌐ ich habe auch Hadise und so.
1209	**A1d**: ⌐(unv.)⌐
1210	**A1a**: Ne, Hadise ist ja nicht/
1211	**Int.**: Hast Du *Lanet Olsun* von Ceylan?
1212	**A1c**: ⌐Ceylan⌐
1213	**A1b**: Ich habe das.
1214	**A1a**: ⌐*Lanet Olsun*⌐
1215	**A1c**: Hast Du?
1216	**A1b**: Soll ich? Oh, das ist so traurig.
1217	**Int.**: Ja
1218	**A1b**: Ich habe auch isyan, zum Beispiel Halil Sezai. [*A1b lässt* Lanet Olsun *von Ceylan*
1219	*auf ihrem Smartphone für ca. 2 Minuten laufen. Das Gespräch zwischen 1221 und 1222*
1220	*ereignet sich während des Songs.*]
1221	**A1a**: ⌐(.) Sie macht gleich an @[lachen]@.⌐
1222	**A1c**: ⌐Oh, das ist voll traurig.⌐
1223	**A1a**: (126) Er soll unbedingt noch *Bir Teselli Ver* hören
1224	**A1c**: ⌐Haben Sie es verstanden?⌐
1225	**Int.**: Also, ‚lanet olsun' ist/ sagt sie nicht, Du sollst verflucht sein, oder er sollte ver/
1226	**A1b**: Ja
1227	**A1a**: Ja
1228	**A1c**: ⌐Also, es soll verflucht⌐ sein,
1229	dass ich dich an dem Tag gesehen habe oder dass ich Dich so geliebt habe.
1230	**A1b**: ⌐Aber sie kannte⌐ ihn (.). Sollte bes-
1231	ser *Bir Teselli* hören, wa?
1232	**Int.**: Woran denkt ihr, wenn ihr das/ oder was für Bilder habt ihr, wenn ihr das Lied
1233	hört?
1234	**A1c**: So Liebeskummer @[.]@
1235	**A1a**: Ich achte immer erst auf die Stimme @[lachen]@, also der Inhalt kommt bei mir
1236	immer so an zweiter Stelle. Aber einfach der Anspruch des Liedes ist einfach so schwer
1237	@[.]@, auch bei Ibrahim Tatlıses.
1238	**A1b**: ⌐Er wollte *Bir Teselli Ver* hören.⌐
1239	**A1c**: Aber das geht nicht.
1240	**A1b**: Geht nicht?
1241	**A1c**: Nee, ich hab hier/
1242	**A1b**: Kein Empfang
1243	**A1c**: Kein Empfang
1244	**A1b**: [Schnalzen, Stöhnen]
1245	**Int.**: Ist das denn/ war das für Euch ein türkü? Ich möchte das irgendwie ein bisschen
1246	verstehen, was türkü sind.
1247	**A1b**: Ja, eigentlich/
1248	**A1a**: Ja
1249	**A1b**: Oder?
1250	**A1c**: Das ist auch neu, das ist nicht jetzt ein/

1251   **A1d**: Das ist kein türkü.

1252   **A1c**: Das ist kein türkü.

1253   **A1d**: (...) Da waren doch auch keine traditionellen Instrumente und so was.

1254   **A1c**:   ᴸDochᴉ saz war da-

1255   bei.

1256   **A1a**: Ja

1257   **A1b**: Saz war dabei.

1258   **A1a**: Aber da waren zum Beispiel mehr Instrumente wieder.

1259   **A1c**: Ja, also türkü ist einfach so, da ist ein Mann oder eine Frau und, aber eher Män-

1260   ner, und dann ist ein saz dahinter. Und also meistens nur saz und dann singt man ein-

1261   fach so ältere Lieder.

1262   **A1a**: Alles Improvisation

A1.1/Immanenter Musikvorspiel-Teil

App. 16

1481   **Int.**: (...) Aber gibt es denn also Situationen, die jetzt irgendwie traurig sind, oder in de-

1482   nen ihr traurig seid, wo ihr sagt, das ist jetzt nicht isyan? Also isyan heißt jetzt nicht un-

1483   bedingt traurig, oder?

1484   **A1c**: Isyan ist schlimmer als traurig.

1485   **A1b**:   ᴸ(unv.)ᴉ

1486   **A1d**:   ᴸAlso wenn man eigentlichᴉ am Boden zerstört ist. Man weiß nicht

1487   mehr, was man machen kann.

1488   **A1a**:   ᴸSo total hoffnungslos, verzweifeltᴉ kein

1489   Ausweg

1490   **A1c**:   ᴸJa,ᴉ (.) also

1491   zum Beispiel, wenn jemand stirbt oder so, dann könnte man isyan verwenden.

1492   **Int.**: Und ist viel von der Musik isyan, die ihr hört, oder?

1493   **A1d**:   ᴸEher nicht soᴉ

1494   **A1b**: Nein (sehr langgezogen)

1495   **A1d**: ᴸBei mirᴉ eigentlich nicht

1496   **A1a**: Bei mir auch nicht (.)

1497   **A1b**: [schnalzt, dabei den Kopf in den Nacken werfend und die Augenbrauen hochzie-

1498   hend]

1499   **A1a**: @[lachen]@

1500   **A1c**: ᴸ@[lachen]@ᴉ

1501   **Int.**:   ᴸ@[lachen]@ᴉ

A1.1/Exmanenter Nachfrageteil

Gruppendiskussion A1.2

App. 17

799	**A1a**: Und jetzt ist es wieder das Problem mit: Soll die Türkei in Europa aufgenommen
800	werden? Und da sagen alle, ja, die Türkei ist zurückgeblieben, aber eigentlich versucht
801	ja Erdoğan alles dagegen zu machen. Aber es gibt halt von anderen Seiten (.) so was
802	dagegen.
803	**A1c**: └Ich┘ glaube, man sagt nicht, dass die Türkei zurückgeblieben ist, das wird nicht
804	gesagt (.). Einfach weil wenn die Türkei in die EU eintritt,
805	**A1d**: └Also┘
806	**A1a**: └Doch, ich denke schon┘
807	**A1c**: dann wird sich alles verändern, und das ist auch so. Und die Kultur wird Schritt für
808	Schritt mehr gehen. Alle sagen, nein, wir sollen unsere Kultur behalten. Wir sind auch,
809	weiß ich nicht, auch so stolz und so was alles. Aber dann trotzdem in die EU eintreten,
810	ich meine, die EU ist nun mal was ganz anderes als der Nahe Osten, und dann wird sich
811	somit alles verändern, und dann/ ich bin auch dagegen, dass die Türkei in die EU ein-
812	tritt, weil Türkei ist Türkei und Türkei soll Türkei bleiben und Türkei soll nicht zur EU
813	und Türkei soll nicht zu irgendwas anderem werden.
814	**Int.**: Verstehe (..) das heißt, ihr seht auch mehr eine Nähe der Türkei zum Nahen Osten
815	als jetzt zur EU?
816	**A1c**: Auf jeden Fall
817	**A1a**: Aber das ist halt das Problem, dass jetzt die Türkei versucht, sich immer mehr an
818	das Europäische anzugleichen, von allen möglichen Seiten: von der Musik her, von der
819	Kultur her. Es wird jetzt auch Weihnachten immer gefeiert @[lachen]@ in der Türkei.
820	**A1d**: └Es wird kein┘
821	Weihnachten gefeiert.
822	**A1a**: Aber manche in Istanbul oder so wird immer Weihnachten gefeiert.
823	**A1b**: └Die denken Silvester ist/ machen sie Bäume und so.┘
824	**A1a**: Doch, wird wirklich gefeiert. Also man sieht auch immer in türkischen Serien, da
825	steht auch immer ein Weihnachtsbaum und so da.
826	**A1d**: Dass es ein Weihnachtsbaum/ steht aber nicht für Weihnachten da, sondern für
827	Silvester.
828	**A1b**: └Für Silves-
829	ter,┘ aber das ist doch ohne Sinn.
830	**A1c**: Ja
831	**A1b**: Warum ziehen die so Weihnachtsmannmützen und so an?
832	**A1a**: └Aber Silvester┘ gab es im Osmanischen
833	Reich auch nicht. Jetzt wird auch von allen Dings Silvester gefeiert.
834	**A1b**: Das ist ja nicht mehr eigentlich das Jahr von den Osmanen, jetzt von richtig, das
835	ist/ wir haben ja, also die Osmanen haben ja ihr anderes Jahr.
836	**A1a**: └Ja┘ (...) das geht nach
837	dem (.) nach der Geburt Christi geht ja das europäische.
838	**A1d**: └Also Kalender
839	ist auch (unv.)┘
840	**A1c**: └Kalender, ja┘
841	**A1a**: Und das hat jetzt auch die Türkei übernommen, eigentlich die ganze Welt jetzt
842	fast.
843	**A1d**: └Aber wenn┘ es überall

844	auf der Welt so ist, was sollen wir machen?
845	**A1b**: Ja, eben, die passen sich an.
846	**A1d**: ⌐Und dann, dann,⌐ ja aber muss doch.
847	**A1a**: ⌐Ja⌐
848	**A1b**: Ja, ich sage auch nichts.
849	**A1d**: ⌐Damit es einheitlich wird.⌐
850	**A1a**: ⌐Ja, muss ja⌐ auch sein, dass man wirtschaftlich/
851	**A1c**: ⌐Aber nicht zu viel⌐ anpassen.
852	**A1a**: Ja
853	**A1c**: Man verliert doch so Stück für Stück einfach die Kultur und so was. Ich meine, es
854	gibt so viele Leute, es gibt so viele schöne Volkstänze in der Türkei, die man auch auf
855	Hochzeiten tanzt. Und es gibt einfach so viele, die können das einfach nicht, und statt-
856	dessen gehen die auf Diskos oder so und tanzen da. Ich meine so, das ist einfach nur
857	ein Beispiel dafür, dass, wenn die Türkei in die EU eintritt, dass einfach alles anders sein
858	wird.
859	**A1d**: Aber ich denke nicht nur, dass/ die Kultur ändert sich eigentlich nicht nur, weil wir
860	uns den Europäern anpassen. Das ist eigentlich so wegen der Immigranten jetzt. Weil
861	viele sind ja nach Deutschland und so ausgewandert, um Geld zu verdienen und so.
862	Und nachdem sie das ganze Geld hatten, wussten sie auch, wie es in Deutschland ist,
863	wie es in Europa ist. Und nachdem sie wieder in die Türkei gegangen sind, da hat es
864	sich automatisch geändert. Also das ist eigentlich nicht nur so, dass wir uns den Euro-
865	päern anpassen, sondern dass manche Leute, die aus Europa gekommen sind, die Tür-
866	kei so dazu gebracht haben, also sich so geändert hat.
867	**A1a**: ⌐Ach so⌐
868	**A1d**: Und, also mit der EU das ist automatisch so, dass man sich denen anpasst/ dass
869	man so wird wie die. Weil die EU ist ja eigentlich sehr modernisiert durch diese ganzen
870	kulturellen Sachen und so, ist zwar modern geworden, aber wenn wir immer noch so
871	bleiben wie in Asien, weil in Asien ist es eher so ärmer so, und wenn wir so weiterma-
872	chen, dann bleibt es immer noch so, dass die Bildung zurückbleibt, dass Frauen immer
873	als Hausfrauen oder so was angesehen werden. Und darum muss man sich zwar entwi-
874	ckeln, aber man muss sich nicht der EU anpassen, also man muss nicht unbedingt der
875	EU beitreten.
876	**A1a**: Genau, man kann das in dem Staat machen.
877	**A1d**: ⌐Also, niemand will sich/ niemand⌐ (.) ja, niemand will sich/ also ich alleine will
878	nicht in die EU. Erstens weil, das bringt eigentlich nichts, weil Portugal und so, die ge-
879	hen sowieso alle pleite, Griechenland ist pleite, Spanien wird pleite. Und mittlerweile
880	kann die EU auch nicht wirklich irgendetwas erreichen. Und wenn die sagen ,Frieden
881	und so', in Norwegen war ein Amoklauf, da wurden keine Ahnung wieviele Leute um-
882	gebracht. Also daher ist es eigentlich/ ist die EU mir eigentlich relativ egal. Bloß man
883	muss sich modernisieren, um irgendwo ein Gleichgewicht zu kriegen, damit die Türkei
884	auch vorankommt, und nicht wie früher, die sind nicht gebildet oder sonst was.
	{...}
915	**A1c**: Das merkt man auch hier, den Unterschied, wenn man türkische Nachbarn hat
916	anstatt irgendwie andere Nationalitäten oder so. Dann merkt man schon den Unter-
917	schied, dass man/ in der Türkei ist alles viel so gastfreundlicher, offener.
918	**A1d**: ⌐Viel⌐ gelassener
919	**A1c**: Ja, und/
920	**A1a**: Man gibt sich Essen gegenseitig sofort, man lädt einen spontan ein.
921	**A1d**: Also, man beschenkt sich, obwohl man einen nicht kennt, und das ist auch wegen

922	der Kultur so. Also wenn man die Kultur/ also manche Leute, die die Kultur noch nicht
923	verloren haben, die sind immer noch wie in der Türkei. Also da beschenkt man sich, da
924	hilft man sich miteinander und da werden auch ältere Leute richtig respektiert. Also
925	man erlaubt denen nicht/ also nicht erlauben, sondern man lässt die nicht einen Fuß
926	nach draußen setzen, also damit denen nichts passiert. Oder man kauft für die ein oder
927	sonst was, und das ist eigentlich hier nicht so. Also hier gehen ja auch ältere Frauen
928	und so, also Omas, sage ich mal, und so auch einkaufen. Und wenn man sieht, dass die
929	erschöpft sind oder so, dann hilft man denen eigentlich auch kaum.
930	**A1a:** Das ist so traurig einfach auf der Straße, zum Beispiel, so was zu sehen. Ich finde,
931	das sieht man hier voll oft, keine Ahnung, man will eigentlich immer kommen und hel-
932	fen, und man bietet das auch manchmal an. In der Türkei ist es einfach so, dass so die-
933	ses Zusammenleben einfach mehr miteinander ist, und nicht, einer ist seinem Haus,
934	und lebt dort, einer ist in seinem Haus, und lebt dort, sein eigenes. Weil es ist ja auch
935	so, dass nur also an Weihnachten, sagt man ja, die ganze Familie kommt zusammen,
936	aber in der Türkei, also in dem Kulturellen ist es einfach so, dass man immer zusammen
937	ist, immer miteinander gebunden ist so.
938	**Int.:** (.) Wenn du sagst, Leute die die Kultur noch nicht verloren haben, so was meinst
939	du dann genau mit Kultur?
940	**A1d:** Kultur, die sich europäisch angepasst haben, also so wie die Jugendlichen hier in
941	Deutschland. Also das ist ja auch so, viele sagen ja auch, und das ist eigentlich auch
942	relativ wahr, dass wenn man in deutschen Läden irgendwie oder bei Lidl, Aldi oder
943	sonst was einkauft, und wenn man da zum Beispiel einen Euro zu wenig hat, dann muss
944	man sofort etwas weglassen. Aber in der Türkei, da wird es sogar, also da gibt man
945	denen mehr Rückgeld zurück, als man eigentlich bekommen hätte. Also zum Beispiel
946	ich kriege anstatt zehn Cent oder sonst was oder acht Cent sonst was kriege ich einfach
947	mehr zurück, weil um diese zwei Cent macht es sich nicht aus, und das/
948	**A1a:** ⌊Ja, man⌋ schenkt
949	einfach irgendwas, ja, und dann ist es einfach geschenkt und so was.
950	**A1d:** ⌊Also, man wird beschenkt und so.⌋ Das ist eigent-
951	lich in der Türkei ganz normal.

A1.2/Exmanenter Nachfrageteil

App. 18

1330	**Int.:** Und woran, glaubt ihr, liegt es, dass in Deutschland jetzt türkische Musik noch
1331	nicht so verbreitet ist, Also jetzt meine ich besonders den Stil von zum Beispiel Ibo und
1332	Orhan Gencebay? Also die Popmusik findet ja auch immer so Eingang, auch in Disko-
1333	theken oder so, ne, aber jetzt gerade die ältere Musik ja nicht, obwohl so viele Men-
1334	schen hier sind, die das hören. Also wie kommt das?
1335	**A1c:** ⌊Ja⌋
1336	**A1d:** Also bei, das verbreitet sich einfach nicht.
1337	**A1c:** Ja, das/
1338	**A1d:** Weil jeder hört es zwar, aber das bleibt immer (.)/
1339	**A1c:** Im eigenen Raum, in der eigenen Wohnung so, ja
1340	**A1d:** ⌊Im eigenen Raum bis zum⌋ Tode. Also das nimmt man wieder
1341	mit ins Grab, dass man/ niemand weiß, dass irgendjemand so ein Lied hört. Weil in der
1342	Öffentlichkeit wird fast immer Rock, Pop, Rap, sonst was gehört und/
1343	**A1a:** ⌊Ist was⌋ Bekanntes halt.

1344	**A1d**: Ja, das sind bekanntere Lieder. Und ich persönlich habe auch nie über die türki-
1345	sche Musik geredet, und darum kommt es einfach nicht dazu, dass sich diese Mu-
1346	sikrichtung verbreitet.
1347	**Int.**: Wie kommt das? Also sprecht ihr jetzt auch zum Beispiel in eurer Klasse auch mit
1348	Leuten, die jetzt nicht türkische Musik hören darüber?
1349	**A1c**: ⌐Nee,⌐ nein, eigentlich nicht, weil die
1350	kennen sich ja damit nicht aus. Und das ist so, als ob du mit einer Wand reden würdest,
1351	so, die würden ja nichts verstehen.
1352	**Int.**: ⌐@(lachen)@⌐
1353	**A1a**: ⌐@(lachen)@⌐ genau @(lachen)@
1354	**A1c**: ⌐Also ich⌐ rede irgendwie was von Murat Boz
1355	oder von Ibrahim Tatlıses oder sonst wem, und dann würden sie sagen: „Wer ist das
1356	oder worüber redest du oder/?" Die würden ja nicht mal den Titel verstehen oder so
1357	was, oder/ die kennen das ja nicht, deswegen.
1358	**A1a**: Also, bei mir auch/
1359	**A1d**: ⌐Aber das ist eigentlich⌐ auch von der Sprache so, weil die türkische Sprache ist
1360	ja nicht so (.), so wichtig, sage ich mal, wie die englische, amerikanische oder die fran-
1361	zösische Sprache, weil also/
1362	**A1a**: ⌐Aber was auch⌐ auffällt, Tschuldigung, sag du erst mal.
1363	**A1d**: Nee, eigentlich war es das schon.
1364	**A1a**: @(lachen)@ Okay, also was mir aber jetzt auch auffällt, dass in Deutschland im-
1365	mer mehr Deutsche türkisch lernen wollen. Also zum Beispiel von einer Freundin, die
1366	Schwester lernt jetzt türkisch.
	{…} [*A1a gibt mehrere Beispiele, wo überall türkische Sprachkurse angeboten werden.*]
1389	**A1b**: Die Deutschen benutzen auch mehr so türkische Ausdrücke und so, das ist eigent-
1390	lich bei uns so.
1391	**A1a**: ⌐Aber manchmal⌐ und können die auch nicht un/
1392	**Int.**: ⌐Wirklich?⌐
1393	**A1c**: ⌐Ja⌐
1394	**A1b**: ⌐Ja⌐
1395	**A1a**: Ja @(.)@
1396	**Int.**: ⌐Zum Beispiel⌐
1397	**A1c**: In unserer Klasse ist es ja auch so, ne.
1398	**A1b**: Ja, und dadurch ist man ja dann cool, wenn man dann so türkische Ausdrücke
1399	kann.
	{…} [*Ich frage, warum ‚deutsche' Jugendliche aus ihrer Klasse türkische Begriffe benut-*
	zen. A1d führt als einen möglichen Grund an, dass türkisch auf den ersten Blick relativ
	leicht auszusprechen erscheint. Wenn man allerdings auf die Feinheiten achte, klingen
	türkische Begriffe, von ‚Deutschen' ausgesprochen, oftmals lustig. Die anderen berich-
	ten, dass unter ‚deutschen' Schüler_innen in erster Linie Schimpfwörter verbreitet sind.
	A1a führt das Beispiel an, dass eine Lehrerin einmal das Wort ekmek, *das übersetzt*
	‚Brot' bedeutet, an die Tafel geschrieben hat. Viele Schüler_innen hätten sich noch zwei
	Wochen danach über den Klang des Wortes kaputt gelacht.]
1569	**A1a**: Manchmal sagen die auch/ zum Beispiel vallah ist ja ein arabisches Wort, wie ich
1570	schwöre, aber das verwechseln die dann auch. Die sagen dann, das ist türkisch und so.
1571	Und ja, das finde ich auch doof, dass sie einfach so Wörter benutzen, türkische Wörter,
1572	um cool zu wirken. Das verstehe ich überhaupt nicht.
1573	**A1c**: ⌐Das meine ich auch⌐
1574	**A1b**: ⌐Mhm [bejahend] (.) nee⌐

1575	**Int.:** Aber sagt doch mal ein Beispiel.
1576	**A1c:** ⌞Das, die schreien⌟ zum Beispiel in der Klasse einfach irgendwas rum.
1577	**A1a:** ⌞‚Vallah' zum Beispiel, ‚vallah'⌟
1578	billah
1579	**A1c:** Oder so ‚lan' oder so etwas. Und sie schreien, ich wi/ das/ ja, die schreien halt so
1580	ein paar spezielle Wörter auch rum.
1581	**Int.:** ‚Moruk' oder ‚lan' oder (unv.)
1582	**A1b:** ⌞‚Amina koyim'⌟ @[schnaubend]@ ‚amina koyim' so @[schnaubend]@

A1.2/Exmanenter Nachfrageteil

App. 19

1811	**Int.:** Ihr hattet doch am Dienstag auch erzählt, also dass es bei euch schon irgendwie so
1812	einen Punkt gab, dass ihr euch also mehr mit türkischen Freunden befreundet habt.
1813	**A1d:** ⌞Ja, das war bei⌟ de-
1814	nen, aber bei mir ist es nicht so. Also ich fühle mich/ in der alten Klasse war die Ge-
1815	meinschaft einfach perfekt, tadellos. Hier (.) also hier spreche ich auch mit jedem. Also
1816	bei mir gibt es eigentlich auch keine Gruppierungen, obwohl ich hänge auch mehr mit
1817	H und so ab, aber das sind auch Türken. Aber zum Beispiel gestern war ich mit L und M
1818	und was weiß ich N und so irgendwo draußen auf dem Weihnachtsmarkt.
1819	**A1a:** Am Ku'damm
1820	**A1d:** Ja, nein, Alexa [Einkaufszentrum am Alexanderplatz]
1821	**A1a:** ⌞Ach so⌟ wart ihr da zusammen?
1822	**A1c:** ⌞Wirklich?⌟
1823	**A1d:** Ja, und
1824	**A1c:** Und warum?
1825	**A1d:** (..) Ja, egal, das kann ich dir später erzählen. Und auf jeden Fall eigentlich gibt es
1826	bei mir vor allem keine Gruppierung. Aber die meinten, ja gibt es eine Gruppierung,
1827	also.
1828	**A1a:** Also, ich finde auch nicht, dass es jetzt unbedingt Gruppierungen gibt. Aber an der
1829	Stelle gibt es Gruppierungen, wenn man einfach was Persönliches macht. Und in der
1830	Schule, da habe ich keine Gruppierungen, da bin ich eigentlich immer (.) mit allen. Also
1831	ich habe mit niemandem ein Problem. Aber einfach mit persönlichen Treffen oder so,
1832	dann unterscheide ich auch, weil ich/ nicht weil ich was gegen Deutsche oder so hab,
1833	aber einfach/ ich weiß nicht warum, einfach/
1834	**A1c:** Es kommt/
1835	**A1a:** ⌞Dass⌟ unsere, wir haben einfach so eine Gemeinsamkeit immer so miteinan-
1836	der so, die gleichen Sprechthemen. Aber ich habe zum Beispiel auch eine beste Freun-
1837	din, sie ist Asiatin. Und sie ist auch was ganz anderes eigentlich, aber ich bin auch im-
1838	mer mit ihr eigentlich, aber/ (.) also ich unterscheide nicht irgendwie dazwischen, also
1839	ich komme auch mit Deutschen ganz gut klar.
1840	**A1d:** ⌞Also ich
1841	glaube nicht (..) also⌟ ich glaube nicht mit Asiaten und Deutschen und so, das ist ei-
1842	gentlich viel zu allgemein, weil ich bin auch Asiate und du bist auch Asiate.
1843	**A1a:** ⌞Also ich korrigiere dann gleich,⌟ Vietnamese,
1844	@(lachen)@ okay Vietnamese.
1845	**A1d:** Asiaten sind viel zu allgemein eigentlich.
1846	**A1c:** ⌞Ja, also⌟ ich habe ja mit A1d nachher also noch mal

1847	darüber kurz geredet, und ich muss sagen, dass er irgendwie auch irgendwo Recht hat-
1848	te. Und, also, ich würde nicht sagen, dass ich mich mit Deutschen nicht verstehe, ist auf
1849	keinen Fall. Ich habe auch deutsche Freunde, also hatte ich auch und werde ich wahr-
1850	scheinlich auch noch haben. Aber bei mir ist es einfach so, ich/ es passiert halt einfach
1851	so, es kommt einfach dazu, dass/ ich bin nicht so, dass ich extra jetzt nur zu Ausländern
1852	oder so gehe. Es kommt einfach dazu, ich weiß auch nicht warum, aber es passiert ein-
1853	fach so.

{...} [*Vor der Tür hört man andere Schüler_innen, und ich bemerke, dass die Pause schon begonnen hat. Ich bedanke mich für das Interview. Währenddessen sagt A1c zu A1d, dass sie später noch mal mit ihm sprechen möchte. Ich frage sie, ob sie unter Umständen noch einmal für Nachfragen bereit wären. Alle bejahen dies.*]

1894	**A1d**: Und Dings, ich gehöre nicht zu den Gruppierungen, will ich noch mal klarstellen.
1895	**Int.**: Okay, du kannst es hier noch mal/ @[lachen]@
1896	**A1c**: ⌞@[lachen]@⌟
1897	**A1d**: Nicht dass es jetzt falsch verstanden wird.
1898	**A1b**: Schreib es doch auf!
1899	**A1d**: Ja, kann ich machen (..), später irgendwann.
1900	**Int.**: Ich glaube, es ist drauf.
1901	**A1c**: ⌞Okay⌟
1902	**Int.**: Vielen Dank und schöne Ferien euch

A1.2/Exmanenter Nachfrageteil

Gruppendiskussion A2

App. 20

1	**Int.:** Und zwar vielleicht können wir einfach erst noch einmal so anfangen, dass ihr
2	grundsätzlich mal erzählt, was/ wie gerade euer Musikleben aussieht, also was ihr an
3	Musik hört, was ihr an Musik macht, einfach mal so grundsätzlich als ein Brainstorming.
4	**A2a:** Also ich mache zum Beispiel keine Musik, aber ich höre vieles Verschiedenes. Ich
5	höre zum Beispiel Hip-Hop, Pop oder türkische Lieder oder Dubstep-Lieder, also so
6	wozu man tanzt oder so/ so Remixes, also von vielen Liedern zusammengesetzt. Also
7	mir gefällt eigentlich von allem ein bisschen so.
8	**A2b:** (..) Bei mir, ich höre halt eher so mehr türkisch, halt so türkischen Pop oder so,
9	oder diese arabesk. Selten höre ich auch diesen Deutschrap und so, aber sonst nicht.
10	Sonst was ich selber von Musik ausmache, ich spiele ein bisschen saz, also ich kann es
11	schon richtig spielen, aber lange her @[.]@, ist lange her.

[Kurzes Gespräch zwischen Int. und A2b darüber, wie lange er schon saz spielt und wo er Unterricht hatte. A2b spielt das Instrument seit sechs Jahren, hat allerdings seit zwei Jahren keinen Unterricht mehr.]

23	**A2c:** Ich höre meistens auch Instrumentallieder, also Musik von Filmen. Da stelle ich
24	mir auch selber was vor, ja, das ist so mein Hobby, und ich versuche auch was zu sin-
25	gen.
26	**Int.:** Wolltest du singen?
27	**A2c:** Ja, ich nehme was vom Studio auf, aber ich kann nicht sagen, dass ich ganz gut bin
28	@[.]@. Ja, ich werde halt besser, ja, aber sonst höre ich auch das, was A2b so gesagt
29	hat.

[Kurzes Gespräch darüber, welche Filmmusik er hört und was für Musik er selbst macht. Als Beispiel nennt A2c den Soundtrack von Hans Zimmer zum Film Inception und er-wähnt, dass er später einmal Filmregisseur werden möchte.]

49	**Int.:** Cool (.) wie war das denn bei euch, wie hat sich denn so euer Musikgeschmack
50	entwickelt, so in eurer Biographie?
51	**A2a:** Also, wo ich noch jünger war, da habe ich mehr türkisch gehört, und es ging mir
52	dann/ also es hat mir dann nicht mehr so gefallen, weil ich wollte mal zur Abwechslung
53	was anderes hören. Da habe ich, glaube ich, Deutschrap gehört, ja, und es war dann
54	auch langweilig. Also meine Musikrichtung ändert sich immer, also ich höre vieles Ver-
55	schiedenes, deshalb gefallen mir auch eigentlich von jedem Land oder von jeder Spra-
56	che Lieder so. Zum Beispiel es gibt auch indische Lieder, so bei Bollywood-Filmen, die
57	sind auch schön zum Beispiel.
58	**A2b:** ⌐@[lachen]@⌐
59	**A2a:** Unterschiedlich
60	**Int.:** Und wenn du sagst türkisch, was/ in welche Richtung meinst/
61	**A2a:** ⌐Also⌐ ich mag zum Beispiel
62	Ahmet Kaya sehr, Ibrahim Tatlıses mag ich auch und Kırvıcık Ali, der ist ja letztens ver-
64	storben. Und/ also diese drei sind die, die am besten sind, ah, Mazlum, kennen Sie ihn?
65	**Int.:** Wen?
66	**A2a:** Mazlum?
67	**Int.:** Nee, den kenne ich nicht.
68	**A2a:** Der ähnelt/ seine Stimme ähnelt ein bisschen Azer Bülbül. Kennen Sie ihn, Azer
69	Bülbül?
70	**Int.:** ⌐Mhm [beja-

71	hend]⌐
72	**A2a:** Ja, also die beiden sind auch gut (.), ja.
73	**Int.:** Ja, spannend, lerne ich auch ein paar neue Sachen heute kennen, das ist/ wie ist es
74	bei euch mit so biographischen Ver/
75	**A2b:** Bei mir ist es, kommt auch eher vom Jüngeren her, weil ich höre meistens das,
76	woran ich gewöhnt bin. Weil/ so von klein her, mein Vater auch, er hört immer diese
77	türkischen Lieder von Ibrahim Tatlıses, Ahmet Kaya, dies, das, war halt er. Dann höre
78	ich mir/ ist halt im Kopf dann und man gewöhnt sich daran. Man mag das halt, dann
79	nach einer Zeit so immer Pop mehr, wegen meines Bruders halt. Er hört das, ich höre
80	das dann immer mit, da ich neben ihm bin, dann halt so, keine Ahnung. Wenn ich zum
81	Beispiel so mit Freunden unterwegs bin, die machen Deutschrap auf, oder so, hört man
82	auch ein bisschen mit, ja, halt so.
83	**A2c:** (..) Ja, bei mir ist es so, ich höre sehr wenig Deutschrap, also fast gar nicht. Früher
84	war es so, da habe ich auch keinen Rap gehört, nur halt das, was halt im Pop gerade so
85	beliebt war, habe ich mir mal so angehört. Dachte ich, cool, ist/ man weiß halt, warum
86	es beliebt ist, ja, und dann habe ich mir auch die einzelnen Lieder von den anderen
87	Sängern angeschaut und, ja.
88	**Int.:** Gab es dann da irgendwie mal, weiß ich nicht, bei euch besondere Erlebnisse oder
89	Menschen, die euch da so beeinflusst haben, jetzt eine andere Richtung zu hören, oder
90	bestimmte Lieder? Könnt ihr euch an Situationen erinnern?
91	**A2a:** ⌐Ja⌐ (.) beim Deutschrap zum Beispiel, da hat mir mein
92	Cousin immer vieles gezeigt, was eigentlich toll war. Und es waren auch so Themen, die
93	mich interessiert haben. Also so/ worüber die gerappt haben, das hat mich halt inte-
94	ressiert und so. Aber jetzt die Raps, die in der Zeit gerappt werden, also die rauskom-
95	men, sind eigentlich voll sinnlose Raps, die sagen zum Beispiel, ja, [Stöhngeräusch] ich/
96	**A2b:** ⌐@[lachen]@⌐
97	**A2c:** ⌐@[lachen]@⌐
98	**A2a:** ⌐Zum Bei-
99	spiel ich schlage Deine Mutter, oder/⌐
100	**A2b:** @[lachen]@ (.) Ich schlag/ @[lachen]@
101	**A2c:** ⌐@[lachen]@⌐
102	**A2a:** ⌐Ohne Sinn diese Lieder und deshalb höre ich mir die auch
103	nicht an, ey,⌐ ist nur Schrott. (.) Also früher war es halt besser.

A2/Eröffnung

App. 21

161	**Int.:** (…) Wie ist denn das, was würdet ihr denn sagen, was ist generell hier so an der
162	Schule unter Jugendlichen an Musik so angesagt, oder auch an anderen Schulen?
163	**A2b:** ⌐An der Schule?⌐
164	**A2c:** ⌐Ja⌐
165	**A2b:** An der Schule so, ist unterschiedlich. Die meisten hören/ also ein Teil hört immer
166	so Rap, der andere Teil halt, weniger Teil so mehr türkisch oder so halt, oder die/ von
167	der Muttersprache her. Aber hauptsächlich hören die in der Schule wirklich nur Rap.
168	**A2a:** Aber ich glaube, die hören auch Rap, um cool zu sein. Also die fühlen sich cooler,
169	wenn sie dann neben ihren Freunden rappen.
170	**A2b:** Das ist doch keine Musik (geflüstert).
171	**A2a:** ⌐So⌐

172 **A2c:** Ich glaub/

173 **A2a:** Rap ist eigentlich für mich so kindisch geworden.

174 **A2c:** Also (unv.)/

175 **A2a:** └Das┘ hört jetzt jeder Sechstklässler oder Fünftklässler und dann/ (.) die fühlen

176 sich wie im Ghetto oder so. Also Rap gefällt mir nicht mehr so.

177 **A2b:** @[lachen]@

178 **A2c:** Also, dass Rap/ also man sieht so, wenn die/ wenn sie Rap hören die Schüler, die/

179 sie finden sich dann irgendwie so selbstständiger so. Das hat so eine Aggression in sich

180 dieser Rap und man fühlt sich so irgendwie selbstständiger, also selbstbewusster.

181 **Int.:** (.) Wie ist das dann bei der Musik, die ihr hört?

182 **A2c:** Na, ja/

183 **A2b:** └Bei┘ uns ist halt zum Beispiel/ (.) Wir/ (.) Man überlegt halt, ja, das ist so Musik

184 zum Denken.

185 **A2c:** Also/

186 **A2b:** └Also┘ kommt auch immer auf die Texte an, weil ich höre doch keine Musik, des-

187 sen Text keinen Sinn hat.

188 **A2a:** Oder wie Sie gelesen haben, haben wir viel Ahmet Kaya geschrieben oder Azer

189 Bülbül, Ibrahim Tatlıses, deren Lieder sind sehr alt und (..) die haben die also/ (.) da,

190 was die singen, hat halt einen Sinn und es hört sich halt schön an, wie sie singen. Also

191 ältere Lieder hört man gern, und die neueren hört man halt nicht so gern, weil, wie Sie

192 jetzt von uns hören, Rap ist jetzt kindisch geworden oder so, also der alte Rap war viel

193 besser.

194 **A2b:** Nicht nur deswegen, weil halt so Rap ist auch, wie soll ich sagen, yani, (.) ist halt

195 mehr so brutaler halt, ist Kindersache. Weil ja die beleidigen dies, das, so, ich finde es

196 voll schön, wenn der Text einen Sinn hat. Aber einfach so einen auf Gangsta tun, dies,

197 das, dann/ (.) wenn die das hören, die denken wohl auch dann, sie sind so cool halt. Die

198 fühlen sich wie dieser Dings, wie dieser Interpret halt. (..) Na ja, deswegen, ich höre so

199 was nicht @[.]@. (.) Also ich höre mehr so etwas, was einen Sinn hat so, was ich ver-

200 stehe auch.

201 **A2c:** Ja, wenn ich jetzt sagen würde, dass ich/ zum Beispiel, wenn ich sagen würde,

202 dass ich viel Justin Timberlake höre, das tue ich auch, würden mich halt bestimmt die

203 meisten auslachen. Weil Rap ist hier halt angesagt und da hat man nichts mit Justin

204 Timberlake viel zu tun.

205 **Int.:** (..) Ihr hattet ja auch geschrieben, dass ihr so die jetzt Musik von Ibrahim Tatlıses

206 und Orhan Gencebay, Ahmat Kaya hört. Gibt es/ nutzt ihr da einen bestimmten Begriff

207 auch für diese Musik, so einen Stilbegriff?

208 **A2b:** └Ja, ja, ja┘ das heißt/

209 **A2a:** Türkü oder tür/

210 **A2b:** └Türkü┘ ist auf türkisch, türkü.

211 **Int.:** └Türkü,┘ okay

212 **A2b:** Also türkische Volksmusik halt, eher gesagt (unv.)

213 **Int.:** └Und du┘ hattest gerade noch den Begriff

214 arabesk genannt, ist das dann was anderes, oder?

215 **A2b:** └Arabesk, ja, ja┘

216 **A2a:** └Ich glaube┘ dass ist türkischer Rap, oder?

217 **A2b:** [schnalzt] Das ist kein türkischer Rap, sondern das ist so/

218 **A2c:** └Das ist so ein arabischer┘ Stil.

219 **A2b:** Das ist so mehr so türkü, Hip-Hop zusammen so.

220 **A2a:** Ach so, ja

221	**A2b:**	⌐Ja, das ist⌐ so, so, na ja, halt so was, so mehr/
222	**A2a:**	⌐Stimmt,⌐ das singen meist die 18- bis 25-
223	Jährigen, also sind meistens solche Sachen.

221   **A2b:**   ⌐Ja, das ist⌐ so, so, na ja, halt so was, so mehr/

222   **A2a:**   ⌐Stimmt,⌐ das singen meist die 18- bis 25-

223   Jährigen, also sind meistens solche Sachen.

224   **A2b:**   ⌐Mhm, ja,⌐ ein Beispiel, zum Beispiel Sagopa Kajmer

225   **A2c:** @[schnaubend]@

226   **A2b:** Er macht/ ist so, halt/ er macht zum Beispiel arabesk-Lieder.

227   **A2c:** Er ist, glaube ich, jetzt im Gefängnis.

228   **A2b:** Egal

229   **Int.:** Also du/ ich glaube, du hattest auch arabesk geschrieben, und dann meintest da-

230   mit eher so eine Richtung (unv.)?

231   **A2b:**   ⌐Ja, ja⌐ (..) Ja, ja, ja

232   **Int.:** Okay (.) und türkü, was fallen/ was sind da noch für Sänger/?

233   **A2b:** Türkü, das sind viele, vielleicht Ferdi Tayfur oder Orhan Gencebay, Ibrahim Tat-

234   lıses, Ahmet Kaya, Zara.

235   **A2c:** Ich habe/ also jetzt zur Zeit, also im türkischen Pop hört man auch viel, also ich

236   höre viel Tarkan sozusagen. Aber jetzt zur Zeit nicht mehr, aber früher, wo diese Lieder

237   neu raus gekommen sind, habe ich sie viel gehört.

238   **Int.:** Fällt das auch noch unter türkü für dich?

239   **A2b:** Nein, das ist Hip-Hop.

240   **A2c:** ⌐Nein, das ist schon,⌐ ja, Pop.

241   **A2b:** Nee, türkü ist eher so/ sind so langsame Lieder, halt so ruhige Lieder, über die

242   man/ mit denen man so denkt oder so, halt so was. Hip-Hop ist doch mehr so laute

243   Musik, dies, das.

244   **A2c:** (Unv.) der tanzt

245   **A2b:** Ja, ja, so Tanzen und so alles, ja, ja deswegen halt, weil Hip-Hop zum Beispiel/ ein

246   Beispiel: Hip-Hop könnte man auch in der Disko hören, hört man auch viel, aber türkü

247   hört man doch nicht in der Disko. Zum Beispiel würden niemals da Dings abgespielt

248   werden, deswegen, weil das halt so langsame Musik ist, ruhige Musik.

249   **Int.:** (.) Aber was gefällt euch dann besonders an diesem Stil jetzt im Vergleich zu ande-

250   ren Stilen?

251   **A2b:** Ja, ist halt ruhiger.

252   **A2a:** Ganz ehrlich, bei mir gefällt am meisten die Stimme von Ibrahim Tatlıses und die

253   Stimme von Azer Bülbül und dem, ich habe den Namen gerade vergessen. Den habe ich

254   auch schon genannt, also der ist ja kürzlich verstorben, vor ein, zwei Wochen.

255   **Int.:**   ⌐Kırvıcık Ali⌐

256   **A2a:** Ah ja, Kirvicik Ali, seine Stimme ist auch sehr schön. Und zum/ also sie bringen

257   auch schöne Lieder raus, ja, halt interessante Lieder, die nicht jeder/ zum Beispiel bei

258   den türkischen ist es meistens so, dass man meistens nachsingt einfach. Also zum Bei-

259   spiel Ibrahim Tatlıses hat vor 20 Jahren ein Lied raus gebracht und jetzt gibt es Sänger,

260   die einfach die gleichen Lieder singen. Das hat eigentlich keinen Wert mehr so.

261   **A2c:** Die Texte sind einfach so geil.

262   **A2a:**   ⌐Also die⌐ Originalsänger sind immer die besten.

263   **A2c:** Die Texte sind einfach phänomenal, also das hat so einen Sinn.

264   **A2b:** @[.]@ Phänomenal [geflüstert] @[.]@

A2/Immanenter Nachfrageteil

App. 22

355	**Int.:** (.) Und so die Interpreten, wenn ihr das jetzt mit Rap vergleicht (.) was/
356	**A2b:** ⌐Das sind Welten,⌐
357	(.) sind Welten.
358	**Int.:** ⌐Sind Welten?⌐
359	**A2b:** Das sind Welten, zwei sehr verschiedene (.). Okay, wenn Sie jetzt fragen würden,
360	okay, früher Rap und so, dann würde ich verstehen, aber diesen Rap von heute, nee.
361	**Int.:** Aber was unterscheidet diese beiden Welten eigentlich?
362	**A2b:** ⌐Unterscheidet⌐ weil mit (.) ich
363	**A2c:** ⌐Ja, das eine⌐ löst Ag-
364	gressionen aus, das andere berührt einen.
365	**A2b:** Ja, zum Beispiel, ich mag eher Musik so, die so ruhig ist. Also ich mag keine/ ich
366	mag nichts Lautes eigentlich. Deswegen höre ich ruhige Musik. Und halt dieser Rap ist
367	doch mehr so aggressiv, diese Lieder, deswegen halt mag ich sie nicht. Ist so laute Mu-
368	sik, dies, das, das gefällt mir jetzt eher nicht.
369	**Int.:** Und auf welche Art hört ihr jetzt so diese türkü-Richtung, hört ihr das/ also zum
370	Beispiel hört ihr das eher alleine, oder mit Freunden zusammen oder/
371	**A2a:** ⌐(Beide?)⌐
372	**A2b:** ⌐Jeder/⌐ Jederzeit eigent-
373	lich
374	**A2c:** Jederzeit
375	**A2b:** Also/
376	**A2a:** ⌐Also⌐ man kann es auch ruhig auch allein hören oder man hört es mit Freunden
377	und singt dann mit so zusammen.
378	**A2b:** ⌐Egal⌐ (6) halt, wenn
379	Musik abgespielt wird bei mir zum Beispiel, dann immer eher diese Liedrichtung von
380	mir dann. Also sonst/ also ich habe auch sehr viel Rap auf meinem Handy, aber ich höre
381	das gar nicht mehr, also.

A2/Immanenter Nachfrageteil

App. 23

395	**Int.:** (.) Und wenn ihr sagt, okay, Rap ist jetzt eher kindischer, würde das ja irgendwie
396	heißen, also türkü sind jetzt irgendwie eher erwachsen. Also was/
397	**A2a:** Mhm [bejahend]
398	**A2b:** Ja, ja
399	**Int.:** Was heißt denn dann irgendwie für euch kindisch und erwachsen, also diese Un-
400	terscheidung?
401	**A2b:** ⌐Weil⌐ (..) wenn man diese türkischen Lieder hört, dann (.) man weiß halt, dass
402	da derjenige reifer im Kopf ist.
403	**A2c:** (.) Ist/
404	**A2b:** ⌐Weil⌐ dieser Rap ist so (.), man denkt sich dann halt, ja ey, wenn man diese
405	hört, dann man denkt sich nur, dass man so älter ist (.), man ist krass.
406	**A2a:** Nein, wenn man Rap hört, dann denkt man, ah, der hat nur Blödsinn im Kopf so.
407	**A2b:** Nein, man denkt halt, er ist so ein (.) wie soll ich sagen, ein Kanake halt.
408	**A2a:** @[lachen]@
409	**A2c:** ⌐@[lachen]@⌐

| 410 | **A2b:** | ⌊So sage ich das mal, ein Gauner halt⌋ |

410 **A2b:** ⌊So sage ich das mal, ein Gauner halt⌋

411 **A2a:** ⌊Ja so, also der hat nur⌋ Blödsinn im Kopf.

412 **Int.:** [Was ist denn/]

413 **A2b:** Halt wirklich/

414 **A2a:** ⌊Der will⌋ Stress, so, nur so.

415 **A2b:** Ja, nur so Stress, dies, das

416 **A2c:** Also, in diesen türkischen Liedern, allein die Bedeutung schon zu verstehen, da

417 sind auch viele türkische Vokabeln drin, die halt wir als mit deutschem Migrationshin-

418 tergrund erst später halt wissen. Ja, also allein den Text zu verstehen, ist für diese klei-

419 nen Kinder halt nicht/

{...} [Ich bemerke mit einem Schmunzeln, dass ,mit deutschem Migrationshintergrund'
eine interessante Begriffswendung sei, woraufhin sich A2c und A2b korrigieren, dass sie
eigentlich ,mit türkischem Migrationshintergrund' gemeint hätten.]

454 **Int.:** (...) Wie, und was heißt dann Kanake? Ich dachte man ist gerade (unv.)

455 **A2a:** ⌊Also Kanaken⌋ sind/

456 **A2b:** Kanaken sind so, meinen wir eher in der Richtung so halt (.) Gangsta, die sich/

457 **A2a:** ⌊Ausländer⌋

458 **A2b:** Nein, nicht Ausländer, die denken halt, dass sie brutal sind, halt so gesehen.

459 **A2a:** ⌊Ist Aus/⌋

460 **A2c:** Was sie alles machen.

461 **A2b:** ⌊Dass sie⌋ halt so das Sagen haben.

462 **A2c:** Dass die Stadt ihnen gehört.

463 **A2b:** (.) So gesehen

464 **A2a:** ⌊So⌋ Möchtegern-Leute

465 **A2b:** Ja, ja, so gesehen, ja, ja

466 **A2a:** (..) Also, mit denen will man nichts zu tun haben, sondern man hat nichts gern mit

467 denen zu tun. Also, was sind das für Menschen, so denkt man sich.

A2/Immanenter Nachfrageteil

App. 24

508 *[Int. spielt den Song ,Bulamadım' von Ibrahim Tatlıses an. Das Gespräch zwischen 510*
509 *und 523 ereignet sich während des Musikstücks.]*

510 **A2b:** ⌊ (18) Ibrahim Tatlıses⌋

511 **A2b:** ⌊ (61) (unv.)⌋

512 **A2c:** ⌊(unv.)⌋

513 **A2b:** ⌊Damar⌋

514 **Int.:** ⌊Hä?⌋

515 **A2b:** ⌊Damar⌋

516 *[Unverständliches Gespräch zwischen A2b und A2c bis zu dem Moment, in dem Ibrahim*
517 *Tatlıses im hohen Register singt]*

518 **Int.:** Sehr gut ausgefadet @[.]@ von mir (.). Wenn ihr jetzt das Stück hört, so was löst

519 die in euch aus, oder was habt ihr für Gedanken?

520 **A2a:** Zum Beispiel ich hatte gerade so, irgendwie so schlechtere Laune.

521 **A2b:** ⌊(unv.)⌋

522 **A2a:** So ich war viel trauriger irgendwie.

523 **A2c:** @[schnaubend]@

524 **A2a:** Und es hört sich eigentlich sehr gut an, also es berührt einen so, seine Stimme.

525	**Int.:** (4) Und denkt ihr an bestimmte Situationen oder Bilder dann dabei, oder ist eher
526	(unv.)?

{...} *[2b meint, er denke an die „Sphäre X". 2c beschreibt eine Parodie, an die er gedacht hat.]*

562	**A2a:** Ich habe ja gedacht so, dass er sagt, ich habe die Liebe nicht gefunden so, die rich-
563	tige.
564	**A2b:** Du hast den Text nicht verstanden @[.]@.
565	**A2c:** @[lachen]@
566	**A2a:** └Nein, also ich┘ denke so, ich/ jeder versteht es anders. Bei so einem/ jeder ver-
567	steht es anders, oder?
568	**A2b:** Er sagt doch, was er nicht gefunden hat.
569	**A2c:** └@[lachen]@┘
570	**A2a:** Ja, aber trotzdem, ich verstehe es anders. Ist trotzdem/
571	**A2b:** └Er meint, er hat das Mädchen gesucht,┘ aber hat es nicht
572	gefunden.
573	**A2a:** Was hat er nicht (gehört?)
574	**A2b:** Er hat das Mädchen, das er liebt, gesucht, aber nicht gefunden.
575	**A2a:** Ja, das/ vielleicht meint er damit, dass er die wahre Liebe nicht gefunden hat. Al-
576	so, er hat ja nicht gesagt, dass ein bestimmtes Mädchen so/
577	**A2c:** └[Singt eine Melodie] @[.]@┘

A2/Immanenter Nachfrageteil

App. 25

696	*[Ich frage, wie sie sich in ihrer Klasse konkret vorstellen könnten, dass ihre Lieblingsmu-*
697	*sik im Musikunterricht zum Thema gemacht wird. A2b und A2c schlagen vor, die Bio-*
698	*graphien ihrer Lieblingsinterpret_innen zu behandeln. In diesem Kontext bemängeln sie*
699	*noch einmal, dass ihr Musikunterricht im Prinzip ein Geschichtsunterricht sei. Sie wün-*
700	*schen sich, dass mehr aktuelle Musik zum Thema gemacht werde. Daraufhin merke ich*
701	*an, dass die Musik, die sie hören, auch schon mehrere Jahrzehnte alt sei. Daraufhin er-*
702	*klärt A2a, dass arabesk immer aktuell sei und bleiben werde. A2b ergänzt, dass er unter*
703	*‚aktuell' verstehe, wie oft diese Lieder von Jugendlichen gehört werden.]*
704	**A2a:** Weil zum Beispiel in den türkischen Radios, dann hört man immer noch so was.
705	Also da bei Radios, die man sich viel anhört, weiß ich nicht, zum Beispiel die alten Lie-
706	der von ihm, jetzt von Ibrahim Tatlıses und halt neue Lieder zusammen, zum Beispiel
707	bei Jam FM da hört man nur die Dings, neuen Lieder, die gerade laufen.
708	**A2b:** └@[.]@Jam FM┘
709	**A2c:** └@[.]@┘
710	**A2a:** Und es gibt auch Radios, wo nur alte Lieder drauf spielen, und Ibrahim Tatlıses. Da
711	sieht man, er ist immer aktuell.
712	**Int.:** (..) Gibt es denn bestimmte Radiosender oder Fernsehsender, die ihr hört? Oder
713	überhaupt, worüber hört ihr die Musik oder bekommt ihr eure Musik?
714	**A2a:** Also es gibt ja zum Beispiel Metropol FM.
715	**A2b:** Oder Kral TV
716	**Int.:** Kral TV
717	**A2a:** Ja, Kral TV
718	**A2b:** Kral TV, Power Türk
719	**A2c:** @[schnaubend]@

720	**A2b:** Ist doch/

A2a: ⌐Also⌐ Kral TV höre ich mir nicht so gern an, weil da sind auch viele neue türkischen Lieder und die gefallen mir überhaupt nicht, so zum Beispiel dieser neue türkische Pop, der gerade läuft.

A2c: (unv.)

Int.: Zum Beispiel?

A2a: ⌐Gefallen mir überhaupt⌐ nicht, ja. Ich kenne die Sänger, also Sängerinnen halt nicht.

A2b: Ja, das gibt es, ist unterschiedlich.

A2a: ⌐Aber die wollen⌐ so einen auf US-Amerikaner tun, zum Beispiel.

A2c: Ja

A2a: Viele tun, ich habe mal eine gesehen, ich dachte, die ist Lady Gaga so.

A2b: @[lachen]@

A2c: ⌐@[lachen]@⌐

A2a: ⌐Die hat sich auch⌐ genauso angezogen, oder macht die gleichen Musikvideos wie sie, also.

A2c: Wer sind wir?

A2a: Also, es wäre besser, wenn sie so bei sich bleiben, und nicht/ also beim Türkischen bleiben, und nicht so bei den USA und so nachmachen so, sich abgucken.

Int.: Was ist denn, also was ist denn da für dich der Unterschied jetzt zwischen dann türkischer Musik und amerikanischer Musik? Also was/ wenn du sagst, irgendwie die sollen das nicht nachmachen, bei sich bleiben, was (unv.)/

A2a: ⌐Ja, zum Beispiel,⌐ ganz ehrlich, manche Lieder von den USA sind schön. Zum Beispiel Eminem macht sehr schöne Musik. Er hatte ja mal ein Lied mit Rihanna, glaube ich, *Love the way you lie*. Da hat sie zum Beispiel sehr schön gerappt. So seine Stimme, wie er rappt, so der Rhythmus, wie er rappt, war schön. Und zum Beispiel die Türken, die machen vieles nach, also die wollen so sein wie die so. Die denken, die sind dann erfolgreicher.

A2b: Nur weil du Kurde bist @[lachen]@.

A2c: ⌐Also (unv.)⌐ ich denke, die Sänger konzentrieren sich auf das, was die Jugend/

A2a: ⌐(Woher kommst du?) Ich mag Ibrahim Tatlıses, er ist auch Kurde.⌐

A2b: ⌐Halb⌐

A2c: Sich jetzt konzentriert sozusagen. Die sagen sich: „Oh, das finden sie gut, dann machen wir das auch nach."

A2a: ⌐Was denn?⌐

A2b: ⌐(unv.) @[.]@⌐

A2a: ⌐Der ist (unv.)⌐

A2c: Also, aber obwohl/ also türkischer Pop und englischer Pop, das hatte mal so einen Unterschied, aber mit der Zeit koppelt es sich so.

Int.: Also es wird ähnlicher mit der Zeit.

A2c: ⌐Ja⌐

A2a: Ich denke auch, so mit der Zeit ändern sich auch die Mädchen zum Beispiel in der Türkei.

A2b: @[lachen]@

A2c: ⌐@[lachen]@⌐

A2a: Die tun so jetzt auch einen auf diese/ sie ziehen sich genauso an wie die Musikvideos oder die verhalten sich so komischer.

| 769 | **A2c:** | └(unv.) [geflüstert]┘ |

769 **A2c:** └(unv.) [geflüstert]┘

770 **A2b:** └@[.]@┘

771 A2a: Also Musik kann auch einen Menschen verändern, habe ich das Gefühl.

772 Int.: (..) Hat dich selbst Musik verändert (.) oder euch?

773 A2c: Mich schon, ja, also, weil/

774 A2a: Also auch, wenn man es nicht weiß, ich glaube, es hat schon jeden verändert.

775 A2b: Davor hatte er keinen Bart @[lachen]@.

776 **A2c:** └Also, zum Beispiel den Anziehstil,┘ also was ich jetzt so anziehe. Früher

777 hatte ich halt so breite Hosen wie Piccaldy angezogen, habe ich schon ein bisschen Rap

778 gehört. Und nachdem ich angefangen habe, Pop zu hören, wie Justin Timberlake, habe

779 ich jetzt angefangen, mich so die ganze Zeit feiner anzuziehen.

780 A2b: (.) Ach, ist so auch okay @[lachen]@

781 A2c: @[.]@

782 Int.: Was denkt ihr denn zu den Interpreten jetzt als Persönlichkeiten, Ibrahim Tatlıses,

783 Ahmet Kaya?

784 A2c: Ja, die haben es verdient, ganz ehrlich, den ganzen Ruhm. Es gibt halt manche

785 Sänger, die/ zum Beispiel Haftbefehl eigentlich hat/ also seine Lieder sind einfach sinn-

786 los, ich/

787 A2a: So ja, Haftbefehl [ahmt Stöhnen nach]

788 A2b: @[lachen]@

789 A2c: └@[lachen]@┘

790 A2a: └Allein auf dem Video┘

791 A2b: [Imitiert A2as Stöhnen]

792 A2c: @[lachen]@

793 A2a: [Imitiert erneut Stöhnen von Haftbefehl] Haftbefehl, ihr seid Hurensöhne.

794 **A2b:** └@[lachen]@┘

795 A2c: @[.]@

796 A2a: So, er beleidigt einfach so seine Fans. Was ist das für ein Sänger? Das ist kein Rap-

797 per, das ist kein Mensch, ich schwöre, also/

798 **A2c:** └@[.]@Voll verrückt?┘ @[lachen]@

799 **A2b:** └@[lachen]@┘

800 A2a: Also man will es gar nicht mit ansehen oder anhören so.

801 A2b: @[lachen]@

802 Int.: Und was ist bei Ibrahim Tatlıses (.) anders?

803 A2a: Sogar bei der Melodie, die anfängt, man ist schon drin so in der Musik. Man fühlt

804 sich wie in der Musik. Oder wenn er so spricht, dann denkt man, man ist gerade die

805 Person, die er meint und so, so was halt.

806 A2b: Bulamadım @[lachen]@

807 Int.: Wie ist denn generell die Atmosphäre in eurer Klasse?

808 A2b: Unsere Klasse, in unserer Klasse hören eigentlich/ hören die nur Rap eigentlich, ja.

809 **A2c:** └Hört┘ (...) ja

810 A2b: Also, ich merke das auch, yani (.) vom Rap/

811 **A2c:** └So Rap und/┘

812 A2a: Die hören bestimmt zu Hause was anderes, und wenn sie in der Schule sind, ja

813 Rap-Map und so.

814 A2b: Nein, nein, die hören schon/

815 **A2a:** └Stimmt┘ die hören nicht so/ sie fühlen sich so cool oder so.

816 A2b: Die hören schon Rap, aber die hat es auch verändert. Das merkt man halt, weil,

817 yani/ hat es verändert halt. Die tun einen auf krass und so halt.

818 **A2c:** Ich bin auch, glaube ich, der einzige aus der Klasse, der also Filmmusik hört.
819 Wenn/ ich habe zum Beispiel jetzt irgendwie das Gefühl, wenn jemand einfach meine
820 Kopfhörer nimmt, und man hört, was ich höre, dass er mich irgendwie so auslachen
821 würde.

A2/Immanenter Nachfrageteil

App. 26

880 **Int.:** (.) Und du meintest gerade, es hat sich/ es verändert sich auch in eurer Klasse von
881 der Musik/ was verändert sich denn?
882 **A2b:** Die Art und Weise der Schüler
883 **A2a:** Das Verhalten
884 **A2b:** Die Art und Weise
885 **A2a:** Also das Verhalten am meisten
886 **Int.:** Okay, in welche Richtung? Oder könnt ihr mal ein Beispiel geben?
887 **A2b:** ⌊Kommt darauf an,⌋ was die hören.
888 **A2a:** Ja, vielleicht werden sie respektloser, vielleicht kriegen sie einen besseren Charak-
889 ter, vielleicht viel hilfsbereiter oder/ also kommt auf die Musik an.
890 **A2b:** Zum Beispiel, wenn man Rap hört, definitiv werden die meisten immer krass, also
891 die werden/ die denken, die sind brutal.
892 **A2a:** ⌊Aggressiv
893 oder so⌋ (...) obwohl die das gar nicht sind.
894 **A2b:** Ja, ja, also, das sind so halt, wie wir es sagen würden, das sind Lauchs.
895 **A2c:** ⌊Ja⌋ (...) also
896 **Int.:** Lauchs?
897 **A2b:** Ja
898 **A2a:** Also wir sagen Lauchs so, Opfer so.
899 **A2b:** Halt so, nein, nein
900 **Int.:** ⌊Von dem Gemüse?⌋
901 **A2b:** Nein, Lauch halt, nein, nein, Lauch, nein, Lauch ist doch so ein dünnes Teil.
902 **A2a:** ⌊Nein, also⌋
903 **Int.:** Genau, Lauchstange
904 **A2b:** ⌊Ja, und des/ ja⌋ deswegen Lauch, weil die so dünn sind, die können nichts.
905 **A2c:** Also/
906 **A2b:** Deswegen nennt man sie Lauch, aber diese Lauchs tun dann auch noch einen auf
907 Gangsta. Ich glaube, er weiß sogar, wen ich meine @[lachen]@.
908 **Int.:** ⌊(unv.)⌋
910 **A2c:** Also, Rap sollte man eigentlich schon hören. Man kann es auch niemandem ver-
911 bieten. Das ist eigentlich schön, nur man sollte halt seine Grenzen kennen. Man soll
912 sich halt nicht von schlechter Musik beeinflussen lassen.
913 **Int.:** (...) Und Leute, die dann jetzt eher auch arabesk oder türkische Musik hören, wel-
914 che Richtung merkt ihr da vom Charakter her?
915 **A2b:** ⌊Ja, die wieder ruhiger,⌋ mehr ruhiger (.) also, okay bei mir
916 ist nicht so.
917 **A2a:** ⌊@[.]@ruhiger⌋
918 selber sehr ruhig
919 **A2b:** ⌊Okay, bei mir/⌋ Ja, okay

920	**A2a:** @[.]@ Tsss
921	**A2c:** Er hört immer nur, immer nur Rap.
922	**A2b:** Ich höre keinen Rap.
923	**A2c:** @[lachen]@
924	**Int.:** ⌊(unv.)⌋
925	**A2b:** Ich höre/ kommt ganz auch auf die Person auch an, aber (..) bei mir doch auch. Ich
926	bin eigentlich ruhiger, nur unter Freunden macht man so mal Späße und so, aber/
927	**A2a:** @[.]@
928	**A2c:** Ja, merke ich.
929	**A2b:** Unter Freunden macht man Späße, okay, unter Freunden bin ich auch laut, mach
930	ich auch Faxen.
931	**A2c:** Genau, aber wenn wir alleine sind/
932	**A2b:** ⌊Aber wenn ich so allein⌋ bin so, oder mit einem Freund, zwei Freun-
933	den, okay, dann bin ich ruhiger.
934	**A2c:** ⌊Genau (.) dann ist er⌋ richtig (.) ein bester Freund, ja.
935	**A2b:** Na ja @[lachen]@
936	**A2c:** ⌊@[lachen]@⌋ Siehst du? @[lachen]@

A2/Immanenter Nachfrageteil

App. 27

937	**Int.:** (.) Was ist denn für euch ein guter Musiklehrer oder eine gute Musiklehrerin?
938	**A2b:** Herr P
939	**A2a:** ⌊Die auf⌋ unsere Wünsche eingehen.
940	**A2b:** (.) Herr P zum Beispiel
941	**A2a:** ⌊Uns fragen,⌋ was wir hören wollen.
942	**A2b:** (.) Ja, Herr P, macht doch einfach, was ihr wollt!
943	**A2c:** ⌊@[lachen]@, Ja, okay @[.]@⌋
944	**A2b:** Er sagt ja auch: „Was wollt ihr machen?"
945	**A2c:** @[.]@
946	**A2a:** „Macht, was ihr wollt!" Was ist das (unv.)?
947	**A2b:** ⌊Nein, ich meine, nein, nein,⌋ beim Unterricht, er würde auch
948	sagen, wenn wir ihm sagen würden, wir wollen das machen, er würde ‚okay' sagen.
949	Herr P, er würde/
950	**A2a:** Nein, so (unv.)
951	**Int.:** ⌊Ihn hattet⌋ ihr auch im Musikunterricht?
952	**A2b:** Nein, nein, den hatten wir noch nicht.
953	**A2c:** ⌊Nein⌋
954	**A2a:** Kennen Sie Herrn P, ja, oder?
955	**Int.:** Ja, mhm [bejahend]
956	**A2a:** Also, er ist ein sehr netter Mensch und so.
957	**A2c:** @[.]@
958	**A2b:** @[.]@
959	**A2a:** Na, ja, er ist ein guter Lehrer.
960	**A2c:** ⌊(Unv.) [geflüstert]⌋
961	**A2b:** Ja @[.]@
962	**A2a:** Also er geht auf unsere Wünsche ein und (.) so muss ein Lehrer/ Musiklehrer sein:

963	gechillt.
964	**A2b**: (.) Nicht so wie Frau R
965	**A2a**: Offf (.) Frau R ist (unv.)/
966	**A2b**: Sie interessiert gar nicht/ macht was/
967	**A2a**: Ich habe das Gefühl, die Lehrer machen das, was sie gerade am meisten interes-
968	siert.
969	**A2c**: Genau, genau, ja
970	**A2a**: ˪Wieso˩ studiert man denn Musik, weil zum Beispiel Beethoven einen in-
971	teressiert oder (.) irgendwie was anderes so (.). Und die machen das, was die halt inte-
972	ressiert (..). Also man muss schon auch auf die Interessen der Schüler eingehen.
973	**A2b**: (..) Und dann würden wir auch bessere Noten eigentlich bekommen, ja, weil die
974	Schüler kennen sich dann auch besser damit aus, und, zum Beispiel, wenn wir türkische
975	Lieder machen würden, die Hälfte der Kla/ also nicht die Hälfte, sondern der meiste
976	Teil, vielleicht hier dreiviertel der Klasse würde locker die Note verbessern, weil wir
977	sind nur Türken eigentlich in der Klasse, also Leute, die türkisch verstehen (..) also
978	sonst, wir haben auch eigentlich keine Deutschen in der Klasse, oder, gar keinen.
979	**A2c**: Deutsche, nein
980	**A2b**: Nein, wir haben gar keinen.
981	**A2c**: (.) In/
982	**A2b**: Paar Albaner und ein paar Araber
983	**A2c**: @[.]@
984	**A2b**: Mehr nicht (.) sonst
985	**A2a**: (unv.)
986	**A2b**: Sonst Kurden und Türken, aber die verstehen ja türkisch.
987	**Int.**: Aber was heißt für euch dann also Deutsche und Türken, also seid/ diese Unter-
988	scheidungen, ihr seid wahrsch/ hier geboren in Deutschland, oder?
989	**A2a**: ˪Genau˩
990	**A2b**: ˪Ja, ja˩
991	**A2a**: (.) Also, ganz ehrlich, ich würde auch zum Beispiel, wenn ich mich jetzt entschei-
992	den müsste, in die Türkei zu ziehen oder hier zu bleiben, dann würde ich auf jeden Fall
993	hier in Deutschland bleiben. Weil ich bin hier geboren, das ist meine Heimat und nicht
994	die Türkei, also/
995	**A2b**: @[lachen]@ (unv.) [geflüstert]
996	**A2a**: ˪Ganz ehrlich˩ ich würde da niemals klar kommen.
997	**A2c**: Das Problem ist immer, hier sind wir Türken und in der Türkei sind wir Deutsche.
998	Das ist (unv.)
999	**A2a**: ˪Ja,
1000	da nennt man uns˩ Alemans, Almans.
1001	**Int.**: Almancı, oder?
1002	**A2b**: Almancı
1003	**A2a**: ˪Ja, Almancı˩ ja, und die denken, wir sind Millionäre so.
	{...} [A2a und A2b sprechen über die Herkunftsorte ihrer Vorfahren. Aufgrund ihres Re-Anonymisierungspotentials wird diese Passage ausgelassen.]
1108	**A2b**: Nein, ich bin auch im Dorf mal ab und zu, selten. Aber bei mir ist die Sache @[.]@,
1109	ich habe eigentlich/ also in meinem Dorf sind bei uns nur Deutsche, also alles/ die
1110	wohnen in Deutschland und kommen halt in den Sommerferien in die Türkei. Wenn
1111	jetzt einer in der Türkei ist, sind so ein paar, die in der Türkei leben sonst. Die jetzt
1112	momentan in der Türkei sind, wären eher so halt die Älteren, die sind einmal sechs
1113	Monate hier, sechs Monate da, deswegen. Sonst bei mir deswegen macht es keinen

1114	Unterschied eigentlich, und ich habe auch in der Türkei auch viele Cousins halt so von/
1115	die auch immer da leben und so. Deswegen ist es bei mir/ ich habe kein Problem des-
1116	wegen (..) (unv.), alles okay.

A2/Exmanenter Nachfrageteil

App. 28

1148	**Int.:** Damar, okay (..) und wie ist das, das kam hier ja häufiger mal vor, mit dem Begriff
1149	isyan?
1150	**A2c:** Ja (unv.), isyan/
1151	**A2a:** ⌐Ja, isyan⌐
1152	**A2b:** ⌐Isyan,⌐ das heißt Liebeskummer.
1153	**A2a:** Isyan heißt, ja
1154	**A2c:** ⌐Isyan heißt Kummer.⌐
1155	**A2a:** Kummer einfach
1156	**Int.:** Ist das ein Begriff, den ihr auch benutzt, oder?
1157	**A2b:** Ja, ja
1158	**A2a:** Früher habe ich es immer benutzt, also da, wo ich noch jünger war, da habe ich
1159	mir immer/
1160	**A2b:** ⌐Ja [langgezo-
1161	gen]⌐
1162	**A2a:** Ich schwöre, das war ich in der Sechsten.
1163	**A2b:** @[lachen]@ Ich schwöre.
1164	**A2c:** ⌐(Unv.)⌐
1165	**A2a:** ⌐In der sechsten⌐ siebten Klasse, da dachte ich schon, ich bin erwach-
1166	sen und so. Da habe ich zum Beispiel so komische Lieder gehört, und sie hatten dann
1167	viel mit isyan zu tun.
1168	**A2b:** ⌐@[.]@ Komische Lie-
1169	der⌐
1170	**Int.:** ⌐Komische Lie-
1171	der?⌐ (.) Was meinst du damit?
1172	**A2a:** ⌐Ja, also türkische⌐ Lieder, aber, die hier aufgenommen wurden in
1173	Deutschland, also in Berlin zum Beispiel. Da gab es eine Frau, sie hieß Arsız, oder so,
1174	kennen Sie sie noch?
1175	**A2b:** Ach so, ja, dieser deutsche Rap, also diese deutschen Sänger halt, Untergrund
1176	**A2a:** ⌐Deutsche⌐ Sänger,
1177	aber die Türkisch singen, also hier, also nicht aus Deutschland
1178	**A2b:** ⌐Halt dieser Untergrund⌐-Rap
1179	**A2a:** Ja, ja, die eigentlich gar keine CDs verkaufen, nur so in YouTube stellen, mehr
1180	nicht. Also die verdienen auch gar nichts, so. So halt viele unbekannte Lieder, und die
1181	haben dann viel mit isyan zu tun.
1182	**A2c:** Also der Vater meines Onkels, er war Sänger früher, er hat auch viele Alben. Er ist
1183	aber nicht so beliebt meinetwegen, also wie Ibrahim Tatlıses. Aber er hat es auch hier
1184	in Deutschland aufgenommen, Türkisch und so, isyan-Lieder.
1185	**A2b:** Und?
1187	**A2c:** (..) Was und? @[schnaubend]@
1188	**A2b:** @[schnaubend]@
1189	**Int.:** Und was heißt isyan, wie würdet ihr das übersetzen?

1190	**A2b:**	⌐Kummer⌐ (.) das heißt ja so, eins zu eins Kummer.
1191	**A2c:**	⌐Das sind⌐ halt
1192	so diese traurigen Lieder so.

1190 **A2b:**   ⌐Kummer⌐ (.) das heißt ja so, eins zu eins Kummer.
1191 **A2c:**   ⌐Das sind⌐ halt
1192 so diese traurigen Lieder so.
1193 **A2a:** Entweder du hast, also Sie, sorry, entweder Sie haben Probleme mit der Familie
1194 oder/
1195 **A2b:**   ⌐@[.]@⌐
1196 **A2c:**   ⌐@[.]@⌐
1197 **A2a:** Oder Sie haben gerade Ihre große Liebe verloren oder sonst was, da hören Sie halt
1198 isyan-Lieder.
1199 **A2c:**   ⌐Sind wie kleine Kinder.⌐
1200 **A2b:**   ⌐@[schnaubend]@⌐
1201 **A2c:**   ⌐(Unv.) [geflüs-
1202 tert]⌐
1203 **A2b:** Zum Beispiel er
1204 **A2a:** (.) Nee, ich höre mir so was nicht an, also früher das war so/
1205 **A2b:** Zeig Dein Handy! @[.]@
1206 **A2c:** @[lachen]@
1207 **A2a:** Vallah, ich habe nur vier Lieder oder so auf meinem Handy.
1208 **A2b:**   ⌐@[lachen]@⌐
1209 **A2c:** Sen beni verebilir mi? [Übers.: Kannst Du es mir geben?]
1210 **A2b:** (.) @[.]@
1211 **A2c:** @[.]@

A2/Exmanenter Nachfrageteil

App. 29

1238 **Int.:** Und damar, wie würdet ihr das übersetzen?
1239 **A2b:**   ⌐Damar⌐ das ist so halt Ibrahim Tatlıses.
1240 **A2a:**   ⌐Und⌐ zum Bei-
1241 spiel
1242 **A2b:** Ibrahim Tatlıses, dieses *Bulamadım*, oder von Ibrahim Tatlıses *Bir kulunu cok*
1243 *sevdim*
1244 **A2c:**   ⌐*Batsın bu dünya*⌐
1245 **A2a:** Ja, *Bulamadım* ist schon so ein bisschen damar, weil/
1246 **A2c:**   ⌐(unv.) *Batsın bu dünya*⌐
1247 **A2b:**   ⌐Ja, ja⌐
1248 **A2a:** Er hat ja extrem viele Probleme in diesem Lied. Oder zum Beispiel damar ist auch
1249 von Kırvıcık Ali, er hatte mal so ein Lied, es hieß *Annem*, glaube ich.
1250 **A2b:** Das heißt *Şafak türküsü*.
1251 **A2a:**   ⌐Ja, und da⌐ sagt er, dass er seine Mutter sehr vermisst, oder so.
1252 **A2c:**   ⌐@[lachen]@⌐
1253 **A2a:** Zum Beispiel damar ist, wenn man eine bestimmte Person hat, die man verliert,
1254 und dann so/
1255 **A2b:**   ⌐(unv.)⌐
1256 **A2a:**   ⌐schnalzt, dabei

1257	den Kopf in den Nacken werfend und die Augenbrauen hochziehend]⌋ [164]
1258	**A2b:** ⌊Damar ist halt⌋ wenn das Lied jemanden berührt, wenn man richtig darüber
1259	nachdenken muss, und so, dann (unv.)
1260	**A2a:** ⌊Ja, also wenn/⌋
1261	⌊(.) Und Lieder, die zum Beispiel⌋ über einen Toten sind, so, das ist damar,
1262	was einen extrem berührt so.

A2/Exmanenter Nachfrageteil

App. 30

1348	**Int.:** Was sind denn für euch dann typische Kennzeichen von türkü (.), musikalisch?
1349	**A2b:** ⌊Langsam (.) lang-
1350	sam,⌋ ruhige Musik
1351	**A2c:** ⌊Ist ja/ die⌋ Lieder sind halt/
1352	**A2b:** ⌊Sie haben gemerkt⌋ diese [Bezug nehmend auf den Song *Özledim* von Mu-
1353	rat Boz]/ hat langsam angefangen, okay, aber da wo hat sich/ ist immer höher gewor-
1354	den, also, ist immer lauter geworden. Man merkt es schon, und bei türkü/
1355	**A2a:** ⌊Zu viele⌋ Instrumente einfach
1356	**A2b:** Ja, ja und bei/
1357	**A2c:** Genau
1358	**A2b:** Und bei türkü ist mehr so eigentlich, nur eigentlich saz, also ney, saz so, so be-
1359	stimmte/
1360	**A2c:** Man merkt es doch auch, wie mit dem Computer das bearbeitet wurde. Und das/
1361	die türkischen Lieder, die türkü, die sind so, wie soll ich sagen, also so (.) die haben ih-
1362	ren originalen Wert sozusagen.
1363	**A2b:** ⌊Einstim-
1364	mig?) (..) Die sind so⌋ einstimmig halt so, sind nicht so/

A2/Exmanenter Nachfrageteil

App. 31

1448	**Int.:** (...) Was denkt ihr denn eigentlich generell zu bestimmten Jugendszenen, Jugend-
1449	kulturen, also zum Beispiel wie Hiphopper, wie Punks, wie Emos, so also?
1450	**A2c:** ⌊Okay, also⌋ wir wollen ja jetzt
1451	eigentlich keine Rassisten oder so sein, aber, also, jeder hat seine/ also jeder kann/
1452	**A2b:** Jeder hat seinen eigenen Geschmack halt, jeder kann machen das, was er mag
1453	halt so, das, was ihm gefällt, kann er ja machen
1454	**A2c:** Diese Vorurteile/
1455	**A2a:** ⌊Vielleicht gefallen⌋ wir den Punks nicht oder den Emos, vielleicht sehen sie uns
1456	wie komische Menschen hier.
1457	**A2b:** Ja, ja, kann auch sein.
1458	**A2a:** ⌊Kann ja sein⌋
1459	**A2b:** Die können ja auch sagen: Ja, das sind Opfer, was die hören und so, interessiert

---

164 Das Schnalzen, oftmals in Verbindung mit einem Hochziehen der Augenbrauen und des
Kinns, signalisiert im Türkischen ein deutliches ‚Nein'.

1460	doch keinen," dies, das, so ja (.). Ist eigene Meinung halt.
1461	**A2c:** ⌐Aber ich habe eigentlich⌐ die Frage, zum Beispiel bei Punks,
1462	muss man sich halt so anziehen, dass man so richtig auffällt? Also ich verstehe nicht
1463	also/ wie jetzt, hast du seine Aufmerksamkeit, ok, und, und jetzt?
1464	**A2b:** @[lachen]@ Und jetzt?
1465	**A2c:** ⌐@[.]@⌐

App. 32

1834	**Int.:** (...) Vielleicht noch mal eine Frage, wie findet ihr denn grundsätzlich die Atmos/
1835	oder die Schule oder was gefällt euch und was nicht?
1836	**A2b:** Bei unserer Schule?
1837	**Int.:** Mhm [bejahend]
1838	**A2b:** (.) Unsere Schule
1839	**A2c:** ⌐(unv.)⌐
1840	**A2b:** Klar, normale Schule
1841	**A2a:** Ganz ehrlich, wenn ich die Wahl hätte, dann würde ich hier verschwinden.
1842	**A2c:** Ja, ja, genau @[.]@
1843	**Int.:** Ja?
1844	**A2c:** Ja
1845	**A2a:** Dann würde ich auf keinen Fall bleiben, was ist denn hier, was ist das?
1846	**A2b:** Was? @[lachen]@
1847	**Int.:** Warum oder was gefällt dir nicht?
1848	**A2a:** ⌐Die Lehrer⌐ sind meistens sehr schlecht, zum Beispiel meine
1849	Deutsch-Profilkurslehrerin, sie kann nicht mal deutsch. Sie sagt die Ball.
1850	**A2b:** (.) Und die ist Deutsch-Lehrerin und sagt die Ball?
1851	**A2c:** @[schnaubend]@
1852	**A2a:** Also (.)/ keine Ahnung, ich weiß nicht mal richtig, wie manche Lehrer geworden
1853	sind. Herr X, ganz ehrlich, ich weiß nicht, wie er (unv.)
1854	**A2b:** ⌐Herr X, ich verstehe auch nicht, wie er Lehrer geworden ist.⌐ Weiß ich
1855	auch nicht, aber ist ein guter Lehrer.
1856	**A2c:** ⌐Mein (Beitrag?)⌐ ist nicht wegen der Lehrer, sondern allgemein wegen
1857	der Sauberkeit, also wegen des Ortes, und wegen der Schüler allgemein.
1858	**A2a:** ⌐Na, okay ist schon, die renovieren und so.⌐
1859	**A2c:** Es gibt/ also manche, die will ich hier eigentlich gar nicht @[.]@/
1860	**A2b:** Zum Beispiel F
1861	**A2c:** @[.]@
1862	**A2b:** @[.]@(unv.), F bleibt hier.
1863	**Int.:** ⌐Aber ihr habt⌐ doch die Wahl, oder, die Schule wechseln, oder habt ihr
1864	das nicht?
1865	**A2c:** Also, das schlaucht.
1866	**A2a:** ⌐Nein, meine Eltern⌐ wollen das auf keinen Fall.
1867	**A2b:** Gymnasium, yeah @[lachen]@
1868	**A2a:** Ja, du bleibst gefälligst da.
1869	**A2b:** @[lachen]@ Nicht wegen des/ eine andere Schule wäre gerade nicht besser, wäre
1870	das gleiche.
1871	**A2a:** Aber ganz ehrlich, andere Schulen sind viel schlechter.

1872	**A2c**: Ja, genau, unsere ist immer noch in [Bezirk der Schule] eine normale Schule.
1873	**A2b**: Zum Beispiel Schule C, die größte Terrorschule, die ich kenne.
1874	**Int.**: └Wieso?┘ Was ist da Terror?
1875	**A2c**: (Unv.)
1876	**A2b**: Nein, nicht deswegen, also
1877	**A2c**: Oder die D
1878	**A2b**: Nein, nein, nicht deswegen, weil C ist halt so eine Schule, die unruhig ist eher. Al-
1879	so da kommt viel/ da ist viel los, halt jeden Tag eine/
1880	**A2a**: └Ganz ehrlich┘ ich habe noch nie was Gutes über die-
1881	se Schule gehört. Da hört man nur Schlechtes, da an diesem Tag war eine Schlägerei
1882	dann da und so, nur Schlägereien und so.
1883	**A2b**: └Und Schule D┘ ist das gleiche, yani, mein Cousin war selbst auf der
1884	Schule, deswegen weiß ich es auch, also.
1885	**A2a**: └Die jüngeren┘ Schüler, zum Beispiel die Siebtklässler, die da neu
1886	sind, die sehen dann die Älteren, und sehen die dann vielleicht als Vorbild und wollen
1887	dann auch so sein wie die.
1888	**A2b**: Und werden die auch dann irgendwann halt. Die denken sich dann: „Ja, ja, jetzt
1889	bin ich in der zehnten, ja, ja."
1890	**A2a**: └"Irgendwann werde┘ ich auch so wie die so." Dann werden sie wahrscheinlich so
1891	wie die. (.) Also ich finde, die Zehntklässler oder die Neuntklässler sind Vorbilder für die
1892	Jüngeren.
1893	**A2b**: (.) @[schanubend]@
1894	**Int.**: Und findet ihr das auch in euren Klassen, also dass ihr Vorbilder seid für die Jünge-
1895	ren, oder dass die Jüngeren sich auch an euch orientieren?
1896	**A2b**: Nein, ganz ehrlich, unsere Klasse ist genau das, was wir meinen gerade @[.]@.
1897	**A2a**: Also
1898	**A2c**: Ja
1899	**Int.**: Ist/
1900	**A2b**: Also ein Teil der Klasse, es gibt so einen Teil, der ruhig ist.
1901	**A2c**: Ja
1902	**A2b**: Ein Teil, aber es gibt so genau einen Punkt von unserer Klasse/ okay, ich gebe es
1903	zu, ich bin eigentlich auch selbst dabei @[.]@.
1904	**A2a**: Natürlich bist du dabei.
1905	**A2b**: └Ich weiß, sage ich ja.┘ Ich bin eigentlich auch selbst dabei, also bei denen, die
1906	eigentlich immer und oft laut sind. Wir sind also die, die halt so im Mittelpunkt stehen
1907	dann im Hof.
1908	**A2c**: Also ich/
1909	**A2a**: └Im Mittelpunkt,┘ ach so alle/ keiner will was mit euch zu tun haben, so ist es ei-
1910	gentlich.
1911	**A2b**: └Nein, ich┘
1912	**A2c**: └Ich bin/┘
1913	**A2b**: └Junge, ich meine┘ im Mittelpunkt halt damit, weil jeder hört uns.
1914	**A2a**: Ach so, ja, ja, ihr habt die Aufmerksamkeit.
1915	**A2b**: Ja, ja, dass sie aufmerksam sind, weil wir schreien rum, wir sind da laut, das meine
1916	ich doch mit Mittelpunkt.
1917	**A2c**: Also Schule/ ich bin auch so einer, der zum Beispiel viel laut ist. Ich bin/ also ich
1918	möchte einfach halt keine normale Schulzeit haben, sondern einfach jemanden/ also
1919	eine Schulzeit, wo ich mit Freunden Spaß habe.
1920	**A2b**: Ja, ja, man hat auch Spaß.

| 1921 | **A2c:** | ⌐Ich möchte einen⌐ Grund haben, warum ich zur Schule gehen möchte. |

1921 **A2c:** ⌐Ich möchte einen⌐ Grund haben, warum ich zur Schule gehen möchte.

1922 **A2b:** Um zu lernen, deshalb.

1923 **A2c:** ⌐Nein⌐

1924 **A2a:** ⌐Ja, ich war früher⌐ auch so, dann bin ich sitzen geblieben, jetzt versuche
1925 ich mich zu verbessern.

1926 **A2b:** @[lachen]@ Du bist immer auf dieser Schule @[lachen]@.

1927 **A2c:** ⌐(unv.) [geflüstert]⌐

1928 **A2a:** ⌐Also ich wäre jetzt normalerweise⌐ im ersten
1929 Semester gewesen.

1930 **A2b:** Ich wäre auch im ersten Semester, aber ich bin im Kindergarten sitzen geblieben
1931 @[lachen]@.

1932 **A2c:** @[lachen]@

1933 **A2a:** Ach so, er ist einer der jüngsten in der Klasse.

1934 **Int.:** ⌐@[.]@ Da kann man sitzen bleiben?⌐

1935 **A2c:** Kann man im Kindergarten sitzen bleiben?

1936 **A2b:** Ich wäre eigentlich vorher eingeschult worden, aber dann wurde ich halt normal
1937 eingeschult, weil ich war auch im Kindergarten zu früh, in der Vorschule.

1938 **A2c:** @[lachen]@

1939 **A2b:** ⌐@[.]@ Vallah⌐

1940 **Int.:** Und sag mal, gerade war ja so eine Situation, wo die Lehrerin irgendwie zu Dir
1941 meinte: „Setz Dich mal hin, benimm dich mal wie ein normaler Mitteleuropäer!" Das/

1942 **A2b:** ⌐Ja, zu mir⌐

1943 **A2c:** ⌐@[.]@⌐

1944 **A2b:** ⌐Ja, ja⌐

1945 **A2a:** Hä? Ja, das habe ich auch nicht verstanden.

1946 **A2b:** Ja, ja, keine Ahnung, ich bin den Müll wegwerfen gegangen, sie schreit mich an
1947 @[.]@. (..) Na, ja/

1948 **A2c:** ⌐Mit diesem⌐ Mitteleuropäer, das klang irgendwie richtig rassistisch.

1949 **Int.:** (..) Ja/

1950 **A2b:** ⌐Als ob⌐ sie damit sagen will, dass es so Kanaken sind (.), also, dass sie anders
1951 sind.

1952 **Int.:** (.) Also, aber was hat die Situation bei Dir da au/ was hast Du da gedacht?

1953 **A2c:** ⌐Ach,⌐ weghören,
1954 also was soll man machen?

1955 **A2b:** ⌐Keine
1956 Ahnung, nix halt⌐ ja, was soll ich machen? (...) Yani, gibt es nichts zu machen, was soll
1957 ich da machen?

1958 **A2a:** Wie soll man die Lehrerin jetzt angreifen und so?

1959 **A2b:** Ja, ja

1960 **A2a:** Was soll man denn machen? Man kann nichts dagegen tun.

1961 **A2b:** Aber ich hatte/

1962 **A2a:** ⌐Außer ihr⌐ zu sagen/

1963 **A2b:** Okay, ich habe was getan dagegen, yani. Es gibt sehr viele Deut-
1964 sche, die Kanake und so sagen. Und ich bin jetzt @[.]@in die Türkei geflogen, wa.

1965 **Int.:** Du bist was?

1966 **A2b:** Ich bin doch in den Sommerferien in die Türkei geflogen, nach Antalya, also mein
1967 Flug ist da runter gegangen. Und da waren auch viele Deutsche dabei, da habe ich auch
1968 zu einem Deutschen da in der Türkei ‚Kanake' gesagt @[.]@.

1969 **A2c:** (..) @[lachen]@

1970	**A2b**: Wir waren doch in der Türkei, so, und da war ein Videosender.
1971	**A2c**: @[lachen]
1972	**A2b**: Ich bin da rein, ey, und da meinte ich zu ihm ‚Kanake'.
1973	**A2c**: @[lachen]@
1974	**A2b**: └@[lachen]@┘ (.) Das habe ich dagegen getan, @[.]@sonst nichts @[lachen]@
1975	(unv.) (.). Was soll ich machen?
1976	**A2c**: └@[.]@┘
1977	**Int.**: Vielleicht gucken wir noch mal, ob ich noch irgendwas an Fragen habe.
1978	**A2c**: └Bist du (unv.) du Kanake┘
1979	**A2b**: └Vallah, habe ich gemacht┘
1980	**A2a**: (...) Wie alt sind wir? Wir sind, ich bin bald 17.
1981	**Int.**: └Ach so, ja genau┘
1982	**A2a**: Ich bin bald 17, er ist 15.
1983	**A2b**: Ich werde 16 Jahre.
1984	**A2c**: Und ich bin 16.
1985	**Int.**: Du bist 16, und/
1986	**A2b**: Ich bin der Älteste.
1987	**Int.**: Stimmt, in der wievielten Generation seid ihr in Deutschland?
1988	**A2c**: Ich bin in der Dritten.
1989	**A2b**: (.) Ich bin, also mein Opa war Einwanderer halt, er ist hierher gekommen. Mein
1990	Vater war dann halt die zweite Generation, er ist hier geboren. Und ich bin dann auch
1991	die Dritte, ja.
1992	**A2a**: Ich bin in der vierten Generation hier.
1993	**A2b**: Du Opfer
1994	**A2c**: Ist dein Vater hier jetzt?
1995	**A2b**: H ist siebte Generation, er ist vierte.

A2/Exmanenter Nachfrageteil

Gruppendiskussion A3

App. 33

1   **Int.:** Also vielleicht können wir erst mal so grundsätzlich anfangen, dass ihr einfach mal
2   erzählt, wie euer Musikleben gerade aussieht. Also was ihr an Musik hört, was ihr an
3   Musik macht, erst mal so ganz allgemein.
4   **A3b:** (.) Möchtest Du anfangen?
5   **Int.:** Fang an!
6   **A3a:** (.) Ich?
7   **A3b:** Ja, ja
8   **A3a:** Also, ich höre immer verschieden. Es kommt immer auf meine Laune an, zum Bei-
9   spiel wenn ich spiele, höre ich eher so ein paar harte Lieder, also zum Beispiel Dubstep
10   oder so. Und wenn ich dann im Bett liege, eher so leichte Lieder halt. Also ich höre ger-
11   ne keine bekannten Lieder, sondern/ also Leute, die Musik covern (.), die dann selbst
12   das halt nachspielen, die finde ich immer besser.
13   **A3b:** Und welche Sprache, türkisch oder deutsch?
14   **A3a:** Es sind allgemein eher amerikanische Leute.
15   **A3b:** Amerikanisch
16   **A3a:** Ja
17   **A3b:** Also bei mir ist es so, vorwiegend entweder Rap oder halt türkische isyan-Lieder,
18   arabesk oder so (.). Wie er gesagt hat, von der Laune, zum Beispiel: Wenn man im Fit-
19   ness-Studio ist, dann kann man nicht solche Lieder hören, dann muss man schon wirk-
20   lich harte, so Rap-Lieder und so hören, damit man motiviert ist. Aber zum Beispiel
21   wenn man traurig ist oder irgendwie Probleme oder so hat, dann hört man halt solche
22   Lieder, eher so türkische.
23   **Int.:** Was meintest Du gerade mit spielen, also Sport, oder?
24   **A3a:** Nein, nein, allgemein am Computer
25   **A3b:** Computerspiele
26   **Int.:**   ⌐Ah okay⌐ alles klar
27   **A3a:**   ⌐Ja⌐
28   **Int.:** Und da hörst eher Dubstep, oder (.)? Aus/
29   **A3a:**   ⌐Ja, genau⌐ es motiviert auch einen. Also, es kommt
30   immer darauf an, was man gerade macht.
31   **Int.:** (.) Könnt ihr noch mal so Beispiele geben von Situationen, wo ihr bestimmte Stü-
32   cke hört, vielleicht irgendeine konkrete Situation, die euch einfällt?
33   **A3b:** Zum Beispiel ja (.) du bist zuhause, du sitzt, du schreibst mit deiner Freundin, falls
34   man eine hat. Oder du bist verliebt in ein Mädchen und schreibst mit ihr und danach,
35   irgendwie ihr streitet euch, nach diesem Moment halt, man hört dann so solche türki-
36   schen Lieder, sage ich mal, man ist traurig, dies, das.
37   **A3a:**   ⌐@[schnaubend]@⌐
38   **Int.:** Und ist das dann eher, also die Musik bewirkt diese Stimmung oder du bist vorher
39   schon in der Stimmung und die/
40   **A3b:**   ⌐Man⌐ halt/ man ist in dieser isyan-Stimmung, sage ich mal.
41   Sie wissen vielleicht, was es bedeutet
42   **Int.:** (.) Mhm, nee, nicht ganz
43   **A3b:**   ⌐Also⌐ isyan heißt so traurig, könnte man sagen, so Liebeskum-
44   mer übersetzt. Dann ist/ wenn man schon in dieser Stimmung ist, dann hört man diese
45   Lieder sozusagen. Die tun dann gut, man kriegt den Kopf frei sozusagen.

46	Int.: Was heißt, tut/ was tut gut an den Liedern?
47	A3b: Ich weiß nicht, irgendwie das hat so/ (.) irgendwie so wie Medizin für uns heutzu-
48	tage, um ehrlich zu sein.
49	A3a: ˪@[schnaubend]@˩
50	A3b: Ohne Musik kommt man irgendwie nicht aus.
51	A3a: (..) Ja, ist halt genau so, ne, also wenn ich zum Beispiel ein Spiel spiele und also/
52	wenn ich dann zum Beispiel die Musik anmache, bin ich eigentlich im Spielen besser.
53	Einfach weil es mich so motiviert, wenn ich irgendwie meine Lieblingslieder höre, dann
54	spiele ich allgemein besser und gelaunter.

A3/Eröffnung

App. 34

82	Int.: Und/ ich weiß nicht, ob du das geschrieben hast, aber du meintest eben gerade
83	auch, du hörst arabesk und türkü.
84	A3b: Eigentlich schon beides (.), aber/
85	Int.: ˪Was sind˩ für dich die Unterschiede oder was (unv.) die bei-
86	den?
87	A3b: Bei türkü ist eher so Tradition von der Türkei drinne, sage ich mal so. Zum Beispiel
88	die saz und halt die Texte auch auf jeden Fall, eher nach Tradition. Und bei arabesk sind
89	so eher bisschen schon so trauriger, keine Ahnung. Aber türkü gefällt mir nicht so sehr,
90	ich höre das auch, aber arabesk mehr auf jeden Fall.
91	Int.: Und welche Interpreten sind für dich jetzt eher zum Beispiel türkü und welche sind
92	eher arabesk?
93	A3b: Türkü (...) ich würde Ihnen jetzt ein paar sagen, aber die kennen sie bestimmt
94	nicht.
95	Int.: Sag mal!
96	A3b: (..) Wie heißt der (.)? Neşet Ertaş.
97	Int.: Kenne ich.
98	A3b: Kennen Sie den? Den hören wir sehr oft, sehr viel. Bedia Akartürk, halt solche al-
99	ten Sänger. Die sind für mich türkü, und arabesk halt Ibrahim Tatlıses (..), Ismail Bingöl,
100	hängt so von Liedern ab.

A3/Immanenter Nachfrageteil

App. 35

134	Int.: (.) Und ist das dann, weil/ es gibt ja auch viele türkü, die über Liebe handeln, so. Ist
135	das bei arabesk dann auf eine bestimmte Art und Weise?
136	A3b: (...) Also
137	A3a: (4) @[.]@ Ich höre nicht so oft arabesk, ja.
138	Int.: (.) Hattest du aber/ du hattest auch Müslüm Gürses/
139	A3a: ˪Ich hab es rein˩ geschrieben, ja. Wie gesagt, also
140	von der Laune her, aber ich höre es nicht so oft. Aber manchmal dann will man halt ir-
141	gendwas Verschiedenes hören und dann hört man das auch. Also von/ also es gefällt
142	mir von der Richtung her.
143	Int.: (.) Und in welchen Stimmungen hörst du das dann?

144 **A3a**: Aus Langeweile oder weil ich einfach meine Lieder zu oft gehört habe. Und dann
145 will man irgendwie was anderes hören so, irgendwas, was nicht in die Richtung geht.
146 **A3b**: Und bei uns ist es so, dass halt diese Lieder bekannt sind. Auch wenn man zum
147 Beispiel kein arabesk hört, jeder Ibrahim Tatlıses für/
148 **A3a**:   ⌐Ja⌐
149 **A3b**:   ⌐Ist⌐ für jeden so eine Legende, oder
150 halt andere türkische Sänger, die arabesk machen.
151 **Int.**: Was meinst du mit ‚bei uns'?
152 **A3b**: Bei uns Türken
153 **A3a**: @[schnaubend]@
154 **Int.**: ⌐Ah okay⌐
155 **A3b**: Weil die Türken solche Lieder hören, sage ich mal so.
156 **Int.**: Wie ist das so, wenn ihr eure Biographie anschaut, gab es/ oder wie hat sich eure
157 Musik und euer Musikgeschmack so entwickelt (.) also gab es mal/ war es immer eher
158 so konstant eine Musikrichtung oder gab es mal Veränderungen oder Entwicklungen?
159 **A3b**: Also bei Rap, ich sage mal so, Rap hatte ich auch gewählt, da gab es/ da war es
160 halt so, dass in unserem Umfeld viele Rapper waren, ich sage mal so, auch ein paar be-
161 rühmte aus X oder Berlin und so, und die haben halt jemanden schon inspiriert, könnte
162 man sagen. Zum Beispiel ich habe ja auch ältere Brüder, und die waren mit den meis-
163 ten befreundet, die hatten die Lieder zuhause, dann haben die auch manchmal gehört.
164 Oder zum Beispiel mein Bruder war ein sehr großer 2Pac-Fan, halt von den alten haben
165 die gehört und wir hören jetzt halt die neue Zeit, sage ich mal so, Haltbefehl, Xatar oder
166 so, das hören wir.
167 **A3a**: ⌐@[schnaubend]@⌐
168 **Int.**: (...) Und das ist so konstant auch geblieben oder/ und arabesk war auch immer
169 schon konstant, oder?
170 **A3b**:   ⌐Arabesk⌐ ist auch eigentlich von den Brüdern, Älteren gekommen. Zum
171 Beispiel Neşet Ertaş und so sind von den Eltern gekommen. Damals haben die solche
172 Lieder gehört und so Ibrahim Tatlıses und so sind schon von so Brüdern, halt Leuten
173 aus/ die 10 Jahre älter als wir sind ungefähr, die hören solche Lieder.
174 **A3a**: Ja, also da kann ich auch Recht geben, zum Beispiel wenn wir im Auto sitzen, dann
175 hört mein Vater auch immer nur solche Lieder und von dort kommt man halt drauf,
176 sonst von alleine würde man, glaube ich, jetzt nicht unbedingt das hören, ja.
177 **A3b**: Unsere Eltern würden auf jeden Fall nicht Rap oder so hören.
178 **A3a**: @[lachen]@
179 **A3b**: So türkische Lieder auf jeden Fall
180 **Int.**: Könnt ihr Euch an so irgendwie bestimmte Situationen erinnern, die was ausgelöst
181 haben, oh jetzt habe ich irgendwie Bock das mal zu hören oder da in diesen Stil mehr
182 reinzugehen oder so?
183 **A3b**: ⌐Zum Beispiel⌐ mein Onkel aus Y, er ist ein extremer Orhan-Gencebay-Fan und
184 Müslüm Gürses. In seinem Auto waren ungefähr zehn, zwanzig Kassetten nur von die-
185 sem Mann, alle Lieder waren nur davon. Einmal wir waren auf einer Reise mit ihm. Wir
186 sind nach Z gefahren aus Y, da hat er nur diese Lieder gehört, nachdem ja also/ man hat
187 auch Lust bekommen, mal zu recherchieren, wer ist dieser Sänger dies, das und so,
188 seitdem habe ich auch schon öfters seine Lieder gehört
189 **Int.**: (4) Was würdet ihr denn sagen, ist grundsätzlich gerade so unter Jugendlichen hier
190 in/ auch in eurem Alter in der Schule oder in Berlin so angesagt an Musik?
191 **A3b**: Auf jeden Fall Rap
192 **A3a**: ⌐Auf/ (.) ja⌐

193	**A3b**: Rap ist zurzeit das Größte, was halt jeder hört, und arabesk auch, dieser Ibrahim
194	Tatlıses zurzeit (unv.).
195	**A3a**: ⌐Ja, genau
196	(.) zum⌐ Beispiel ich höre auch nicht gern Rap. Also ich bin so einer, der/ also ich gehe
197	nicht unbedingt dem Trend nach, und das mache ich immer extra. Und also ich höre
198	zum Beispiel nicht unbedingt Rap, aber so Rap-Turniere dann, das macht Spaß da im-
199	mer zuzusehen.
200	**Int.**: Rap-Turniere?
201	**A3a**: Ja, im Internet, aber so vom ganz normalen Stil halt her. Die normalen Leute, die
202	höre ich gar nicht.
203	**A3b**: Zum Beispiel das, was er hört, höre ich gar nicht. Er meinte doch so Dubstep oder
204	so was, also so was würde ich niemals hören.
205	**A3a**: ⌐Ja⌐
206	(.)@[lachen]@
207	**A3b**: Wenn ich zum Beispiel Motivation brauche, dann höre ich lieber einen Rap-Beat.
208	Man kriegt schon Motivation durch diese Beats und so.
209	**Int.**: (4) Und ist es so, also bei Jungs und Mädchen ähnlich (.) so mit der Musik?
210	**A3b**: Ja, heutzutage auf jeden Fall schon, also ich kenne kein Mädchen, das Dubstep
211	oder so hört, alle hören fast Rap.
212	**A3a**: Ja, das stimmt.
213	**A3b**: ⌐Also wenn man⌐ jeden in Berlin, zum Beispiel eine Umfrage machen würde nach
214	bestimmten Rappern, Haftbefehl oder Farid Bang oder so, also jeder würde das schon
215	kennen, auch die Mädchen, auf jeden Fall, die hören auch solche Lieder.
216	**Int.**: Und was haltet ihr jetzt von dann bestimmten Jugendszenen oder Jugendkulturen
217	wie jetzt zum Beispiel Hiphopper oder Punks oder Emos?
218	**A3a**: [angewidertes Geräusch] @[.]@
219	**A3b**: ⌐Ich⌐ würde niemals dazu gehören um ehrlich zu sein, auf
220	keinen Fall, ich finde so was ist peinlich.
221	**A3a**: ⌐Asozial⌐
222	**A3b**: Asozial, peinlich, ich würde mich niemals schwarz ankleiden und auf der Strasse
223	rumlaufen oder so.
224	**A3a**: ⌐@[lachen]@⌐
225	**A3b**: Oder auch jetzt zum Beispiel im Rapbusiness, ich würde jetzt auch nicht so mich
226	so gangstahaft anziehen und dann auf der Strasse so rumlaufen, ja, ist nichts für mich.
227	**A3a**: Ja, man braucht schon ein Image, so irgendwas, was sich schon unterscheidet.
228	**A3b**: Genau, und ich fänd es peinlich, wenn mich meine Freunde so sehen würden,
229	dass ich wie ein Punk mich angekleidet habe und auf der Strasse rumlaufe in einer
230	Gruppe.
231	**A3a**: ⌐@[lachen]@⌐
232	**A3b**: Das würde nicht zu uns passen, jeder hat seinen eigenen Style, finde ich.
233	**Int.**: (...) Aber was findet ihr genau daran peinlich oder wie würdet ihr dann, anders-
234	herum sagen wir mal so, was ist euer eigener Style dann?
235	**A3b**: Wenn man sozusagen ein Punk ist, als Beispiel so, man hat keinen eigenen Style
236	so, jeder Punk sieht fast gleich aus, so immer die kurvigen Haare, dies, das.
237	**A3a**: ⌐@[.]@⌐
238	**A3b**: Ich finde das gar nicht gut, sieht vom Optischen her nicht schön aus.
239	**A3a**: Ja, und es gibt auch viele Vorurteile, die man gegen einen Punk hat. Und wenn
240	man sich dann auch so anzieht, dann kann man noch so reich sein, aber man hat immer
241	Vorurteile halt, dass er arm ist, ein Penner. Also man stellt sich einen Punk immer so

242	vor, so ein Irokese, ein Hund und dann bettelt der halt vor irgend so einem Laden, das
243	ist doch immer so.
244	**A3b**: (..) Horrorvorstellung
245	**A3a**: @[schnaubend]@
246	**Int.**: (.) Ich würde jetzt mal speziell gern zu dieser arabesk-türkü-Richtung weiterfragen,
247	sofern das okay ist, ich dachte irgendwie, dass du auch arabesk hörst.
248	**A3a**: ⌊Ja⌋
249	**Int.**: Und zwar (.) vielleicht mal, dass ihr sagt, was gefällt euch an diesem Stil besonders
250	im Vergleich zu anderen Stilen**?**
251	**A3b**: (...) Soll ich anfangen? (..) Also bei mir ist es so, zum Beispiel wenn ich halt arabesk
252	höre, irgendwie so man gibt der Seele so einen freien Lauf so. Man hört, man versteht
253	den Text auch, weil wir ja Türken sind. Wir wissen, was er sagt, wir wissen, was er
254	meint, wir wissen dann auch, was er fühlt, weil in dieser Situation, wir fühlen auch das
255	Gleiche wie er sozusagen, das macht jemand (eins so?).
256	**A3a**: ⌊Ja⌋ (..) also ich interessiere mich auch eher für saz, also wenn ein türkü oder
257	ein arabesk mit so saz gespielt wird, das hat dann irgendwas anderes halt, es ist, wie
258	soll ich sagen, es ist dann/
259	**A3b**: Nicht Standard so
260	**A3a**: Ja, genau
261	**A3b**: Besonders halt für mich, speziell so
262	**A3a**: Es fühlt sich besser an.
263	**A3b**: Man denkt so an seine Kultur. Zum Beispiel bei unseren Eltern ist es so, die sind
264	ja/ die leben ja in Deutschland, und die waren eine lange Zeit nicht in der Türkei. Zum
265	Beispiel, wenn man so alte Lieder aufmacht, Neşet Ertaş oder so, dann denken die
266	schon so ja an die Heimat und so, und man kriegt ein bisschen Heimweh. Halt bei je-
267	dem ist es anders das Gefühl. Zum Beispiel wenn ich arabesk höre, dann denke ich zum
268	Beispiel an das Mädchen, das ich liebe, oder dies, das. Und bei den Eltern, wenn die so
269	türkü hören, dann denken die eher an die Heimat, an die eigenen Eltern.

A3/Immanenter Nachfrageteil

App. 36

280	**Int.**: Und die Interpreten selbst, was haltet/ wie findet ihr die, also, weiß ich nicht, Or-
281	han Gencebay, Ibrahim Tatlıses, so als Persönlichkeiten?
282	**A3a**: Wie jetzt?
283	**A3b**: ⌊(Irgendwie?)⌋ so Legenden in der Türkei
284	**A3a**: Aber wie meinen Sie das denn? Ich habe die Frage gar nicht richtig verstanden.
285	**Int.**: (.) Was ihr so von diesen Typen denkt als Personen, auch von ihren Biographien?
286	**A3b**: ⌊Als Personen⌋
287	**A3a**: Also ich habe immer Respekt, weil so Instrumente zu lernen, ist schon ein biss-
288	chen schwierig, und dann so Texte halt. Also die machen ja alles gut und haben so viele
289	Fans und so, ja.
290	**A3b**: Man hat Respekt vor denen, die sind halt, wie gesagt, Legenden irgendwie. Zum
291	Beispiel, was ich über Ibrahim Tatlıses gehört habe, ist, dass er gar nicht diese Noten
292	und so weiß, aber trotzdem so, halt solche Lieder rausbringt. Oder zum Beispiel sein/
293	Orchester nennt man das, oder? Zum Beispiel (unv.) halt auch sehr gutes Orchester hat
294	er, zum Beispiel er hat so einen Mann, der ney spielt. Der ist @[.]@ brutal.
295	**A3a**: @[.]@

296	Int.: Und das ist jetzt bei Interpreten wie Kollegah oder Farid Bang anders von den Per-
297	sönlichkeiten oder haben die auch einen Legendenstatus?
298	A3b: Nicht Legende, aber (.) zum Beispiel bei denen ist es so, die machen so Videos von
299	ihrem Alltag, ich sag mal so. Die gehen ins Fitness, dies, das und so, da lernt man die
300	besser kennen, aber Ibrahim Tatlıses so, man kann nicht viel über ihn sagen. Er ist ein-
301	fach eine Legende, auch wenn man nichts über ihn weiß, er ist einfach eine Legende.
302	A3a: ⌐@[lachen]@⌐
303	A3b: Wenn man hier in [Name des Stadtteils der Jugendlichen] nach Ibrahim Tatlıses
304	fragt, auch zum Beispiel einen Ausländer, halt in dem Sinn von Nicht-Türken, der würde
305	ihn auch kennen. Er ist berühmt, Orhan Gencebay, solche Menschen halt, aber Kolle-
306	gah und Farid Bang (..)
307	A3a: Es sind zwei andere Themen, also kann man gar nicht richtig vergleichen.
308	A3b: ⌐Kann man nicht⌐ mit Ibrahim
309	Tatlıses und Kollegah

A3/Immanenter Nachfrageteil

App. 37

324	Int.: (4) Gibt es denn noch andere türkische Begriffe, die ihr verwendet für arabesk,
335	wenn ihr die Musik beschreibt oder wenn ihr (unv.)?
326	A3b: ⌐Damar⌐
327	Int.: Damar?
328	A3a: Ja, genau
329	A3b: Damar heißt halt Ader. Und zum Beispiel, man sagt damar-Lieder, weil es so durch
330	die Ader geht.
331	A3a: @[schnaubend]@
332	A3b: ⌐Und halt, ja,⌐ solche Lieder, daher kommt dieses damar.
333	Int.: Und was unterscheidet isyan und damar? (.) Oder geht das in die ähnliche Rich-
334	tung oder was/
335	A3a: (...) Ich würde sagen, es sind eher alles Synonym-Begriffe. Also es sind eigentlich
336	alles die gleichen Begriffe. (.) Die werden halt einfach/
337	A3b: ⌐Ja, (.) die haben die gleiche⌐ Bedeutung, aber zum Beispiel bei
338	damar kann man nicht sagen: „Oh, ich bin heute voll damar."
339	A3a: @[schnaubend]@
340	A3b: ⌐Wissen Sie,⌐ was ich meine? Aber bei isyan kann man sagen: „Ich bin heute voll
341	isyan, ich fühle mich voll scheiße, ich habe Liebeskummer." Oder man kann auch nicht
342	sagen: „Ich bin voll arabesk, so." Isyan ist eher so eine Beschreibung, so: „Ich habe Lie-
343	beskummer, ich bin isyan." Heutzutage sagen wir das so. Bei damar eher so: „Ich höre
344	damar-Lieder, ich höre arabesk-Lieder so auch." Könnte man auch als Musikstil sagen,
345	arabesk und damar sind halt das gleiche.
346	Int.: Also isyan beschreibt eher deinen persönlichen Zustand.
347	A3b: ⌐Genau⌐
348	Int.: Und damar ist eher eine Beschreibung von der Musik.
349	A3b: Von der Musik, genau, und zum Beispiel man kann auch sagen ‚isyan-Lieder', weil
350	Liebeskummer-Lieder, Liebes-Lieder, sozusagen (..), isyan halt, sozusagen, so ein Begriff
351	wie Liebe (unv.), Liebe, Liebeskummer.

A3/Immanenter Nachfrageteil

App. 38

366	**Int.:** (..) Ich spiele mal ein Stück an.
367	[*Int. spielt für ca. anderthalb Minuten den Song* Bulamadım *von Ibrahim Tatlıses an. Die*
368	*folgenden Dialoge bis einschl. 372 ereignen sich während des Songs.*]
369	**A3b:** (29) ⌐Ibrahim Tatlıses, oder?⌐
370	**A3b:** (34) ⌐Also damar⌐
371	**Int.:** (.) ⌐Also damar?⌐
372	**A3b:** ⌐Ja, isyan, damar⌐
373	**Int.:** (60) Woran denkt ihr spontan oder was löst die Musik spontan bei euch aus, wenn
374	ihr das hört?
375	**A3b:** Liebe, um ehrlich zu sein
376	**A3a:** Also bei mir, was er gesagt hat halt. Er meinte ja, ohne dich ist es so und so pas-
377	siert. Also ich stelle mir das auch gerade vor halt bildlich.
378	**A3b:** Ja, seine Situation stelle ich mir auch gerade vor, was alles passiert ist oder was
379	bei mir zum Beispiel passieren könnte mit einem Mädchen oder/
380	**Int.:** Also bestimmte Geschichten auch dann, okay
381	**A3b:** Oder eigene Geschichten, die zum Beispiel passiert sind.
382	**Int.:** Und was/ du meintest damar in dem Moment, wo hast du das in der Musik ge-
383	merkt oder gespürt?
384	**A3b:** So (.) wenn man schon die ersten drei, vier Zeilen hört, dann erwartet man schon
385	was so extrem Schlimmes so, sag ich mal so. Danach ist er sowieso abgegangen, also als
386	er dieses bulamadım gesagt hat, würden wir sagen, dort ist es richtig damar reingegan-
387	gen. Da ist es in die Ader reingegangen, in das Herz, könnte man sagen.

A3/Immanenter Nachfrageteil

App. 39

401	[*Int. spielt ‚Özledim' von Murat Boz für ca. einanhalb Minuten an. Das Gespräch zwi-*
402	*schen 403 und 405 ereignet sich während des Musikstücks.*]
403	**A3b:** ⌐(...) Kenne ich auch.⌐
404	**A3b:** ⌐(76) Ist doch Murat Boz, oder?⌐
405	**Int.:** ⌐Mhm [bejahend]⌐
406	**A3b:** (...) Der hatte nicht dieses damar.
407	**Int.:** Nee?
408	**A3b:** ⌐Nee,⌐ bei ihm ist es nicht gekommen. Bei ihm war auch der Beat so [imitiert Beat
409	nach] so.
410	**A3a:** ⌐@[schnaubend]@⌐ (.) Also ich kenne den Sänger, aber das Lied kannte ich nicht.
411	Aber es hat sich gut angehört.
412	**A3b:** Hört sich gut an. Könnte man auch im Alltag hören, auch wenn man zum Beispiel,
413	so, ich sage mal so, wenn man nicht isyan ist. Aber so Ibrahim Tatlıses ist schon so rich-
414	tig, wenn man richtig am Ende ist, könnte man sagen.
415	**Int.:** Okay @[.]@
416	**A3b:** Da trifft er einen im Blut.
417	**Int.:** @[lachen]@ Und bei dem ist es aber nicht/ würdest du nicht isyan oder damar
418	sagen, oder?
419	**A3b:** (..) Bei dem würde ich so Liebeslied sagen, aber nicht isyan. Isyan ist schon biss-
420	chen, eine Stufe härter, muss ich mal sagen.

421	**A3a:** @[schnaubend]@
422	**Int.:** Ist es dann irgendwie für euch dann nicht so stark nach innen wie bei Ibrahim Tat-
423	lıses?
424	**A3b:** ⌐Gar
425	nicht⌐
426	**A3a:** ⌐Mhm⌐ [verneinend]
427	**Int.:** (.) Also eher was, was man nebenbei so hört.
428	**A3b:** ⌐So nebenbei⌐ einfach so hören (unv.) kann. (.)
429	Aber Ibrahim Tatlıses ist schon auf jeden Fall, der geht schon richtig von innen rein.
430	**A3a:** Ja, es kommt auch immer auf Sänger und Stimme an, also wie er das macht.
431	**A3b:** Und seine Art, dass er so, so Liebeslied, aber so R'n'B-Style so [ahmt wieder Beat
432	nach]. Aber bei Ibrahim Tatlıses ist richtig so geil die Menge und so, die geht richtig ab.
433	**A3a:** @[.]@
434	**Int.:** Kannst du dazu noch mal mehr sagen, wenn du sagst von der Stimme so?
435	**A3a:** Ja, also von der Art, wie er es macht halt. Zum Beispiel er hat es irgendwie so
436	leicht, ich sage mal so, romantisch gemacht. Aber bei Ibrahim Tatlıses hat man halt
437	gemerkt, als ob er es wirklich erlebt hat, ja.
438	**A3b:** ⌐Er hat gefühlt,⌐ Gefühl.
439	**A3a:** Er hat richtig was reingesteckt halt in seine Stimme.
440	**A3b:** Wie er gesagt hat, zum Beispiel solche Lieder werden meistens bei den Türken,
441	zum Beispiel bei einer Hochzeit benutzt. Zum Beispiel, wenn du mit deiner Frau sozu-
442	sagen/
443	**A3a:** ⌐Ja⌐
444	**A3b:** Die du heiratest, tanzt. Oder wenn du in den Salon reinkommst, dann benutzt
445	man solche Lieder. Also in einer Hochzeit werden nicht solche isyan-Lieder, aber eher
446	solche Lieder/
447	**A3a:** ⌐@[schnaubend]@⌐
448	**Int.:** Die aber auch/ also ein bisschen was Trauriges hat es ja schon auch, dieses *Özle-*
449	*dim.*
450	**A3b:** ⌐Ja, eigent-
451	lich schon,⌐ aber (.) halt du kannst ja nicht in den Salon mit Rap-Liedern reinkommen.
452	**A3a:** ⌐@[schnaubend]@⌐
453	**Int.:** @[.]@
454	**A3b:** Da muss schon was Türkisches und so, halt so solche Lieder und danach kommen.
455	Sowieso halt so türkü oder so Tanzlieder türkische, halay, oyun havası.

A3/Immanenter Nachfrageteil

App. 40

473	[*Int. spielt 'Mondfinsternis' von Kollegah an. Das Gespräch zwischen 475 und 477 ereig-*
474	*net sich während des Musikstücks.*]
475	**A3b:** ⌐(.) Mondfinsternis⌐
476	**Int.:** ⌐Mhm [bejahend]⌐
477	**A3a:** ⌐@[.]@⌐
478	**A3b:** (49) Bei dem Lied geht man so in den Beat rein, zum Beispiel, so die Füße fangen
479	schon an so mitzuwackeln, der Kopf auch und so.
480	**Int.:** (4) Also da ist mehr Bewegung bei Dir und körperlich?
481	**A3b:** ⌐Ja, genau⌐

482	**Int.:** Und bei arabesk und türkü, wie (ist das so?)
483	**A3b:** ⌐Eher so traurig⌐
484	**A3a:** ⌐So innerlich⌐
485	**A3b:** Innerlich, innerliche Bewegung bei den (unv.)
486	**A3a:** ⌐@[schnaubend]@⌐
487	**Int.:** (…) Und welche Bilder habt ihr jetzt eher bei dem Stück(.) bei Kolle/?
488	**A3b:** ⌐Kampfsituationen⌐ um
489	ehrlich zu sein, zum Beispiel/
490	**Int.:** ⌐Kampfsituationen⌐
491	**A3a:** ⌐So gar⌐ keine, ganz ehrlich. Also ich finde so was immer nur so, also
492	ich muss sagen, ich finde es schlecht. Wenn die so über da/ also jetzt erst mal habe ich
493	gerade mal vielleicht zwei Wörter verstanden. Dann waren es immer nur Beleidigun-
494	gen, und/ also ich fand, die haben keinen richtigen Textzusammenhang. Die haben so,
495	nur halt/ also die sagen darüber, dass sie etwas Hartes machen, aber man hat noch nie
496	von denen irgendwas gehört, dass die irgendwo mitgemacht haben bei einer Schlägerei
497	oder so. Also ich finde es nicht richtig.
498	**Int.:** Du findest es eher so fake, oder?
499	**A3a:** Nein, ich finde es einfach nur schlecht, also nicht fake.
500	**A3b:** ⌐Ist doch⌐ fake, er tut so, als ob er et-
501	was hat, aber hat es nicht.
502	**A3a:** Ja, ist ja auch so.
503	**A3b:** Zum Beispiel bei Haftbefehl ist es auch so. Er tut so, als ob er so Gangsta ist, aber
504	er kriegt auch oft Schläge, sage ich mal so.
505	**A3a:** @[.]@
506	**Int.:** Er kriegt oft Schläge?
507	**A3b:** Ja, zum Beispiel seinen Rapper, den er gesignt hat, dieser Abdi wurde auch schon
508	oft geklatscht in Y. Ich habe ja dort Cousins, die erzählen mir dies (.). Die erzählen et-
509	was, aber die sind das nicht. „Ich sage mal so, ja, ich bin der Boss in Y und so oder in Z,"
510	aber das sind sie gar nicht. Zum Beispiel der einzige Rapper, der so gezeigt hat, dass er
511	was drauf hat, war Xatar. Dadurch wurde er auch berühmt. Zum Beispiel nach seinem
512	Goldraub, da hat jeder gesagt, okay, er rappt über Frauen und über Geld und so und er
513	hat auch was gemacht. Er ist ein Mann, sage ich mal so, er hat wie ein Mann sein Wort
514	gehalten. Aber die anderen Rapper: „Ja hey [ahmt Prahlen nach]." Und danach gehen
515	die so feiern, Party, Disko, aber nichts Hartes.
516	**A3a:** ⌐Ja, aber, wie er ganz am⌐ Anfang gesagt, halt. Er meinte: „Ja, es
517	ist so wie vom Beat her, also, dass er so außen, körperlich macht." Und zum Beispiel
518	seinen Text hat man überhaupt gar nicht verstanden. Also bei ihm ging es ja auch eher
519	um Beat. Aber wenn man so arabesk gehört hat, dann war man einfach still und hat
520	dem Mann zugehört. Aber hier hat man ja auch nichts verstanden, sondern eher ein-
521	fach nur mit dem Beat mitgemacht, ja.
522	**A3b:** ⌐Ja, zum Beat so.⌐ (.) Ja, einfach mitgewackelt @[.]@.

A3/Immanenter Nachfrageteil

559	**Int.:** (.) Vielleicht jetzt mal ein paar Fragen zu dem Musikunterricht und zwar: Wie fin-
560	det ihr/ oder ihr habt jetzt momentan keinen Musikunterricht, glaube ich, oder?
561	**A3b:** Ja, sondern letztes Jahr.
562	**A3a:** ˪Wir haben jetztᴶ Kunst.
563	**Int.:** Wie fandet ihr euren Musikunterricht, was hat euch gefallen, was hat euch nicht
564	gefallen?
565	**A3b:** Um ehrlich zu sein, mir hat eigentlich gar nichts gefallen.
566	**A3a:** ˪(schmunzelt)ᴶ
567	**A3b:** Alles war so scheiße, um ehrlich zu sein. Irgendwie wir haben so, was haben wir
568	überhaupt gemacht?
569	**A3a:** Ja, wir haben nur halt so Musikstücke, Opern gehört.
570	**A3b:** Ja, Opern, Musikstücke, Noten und so, halt etwas, was niemals mich interessieren
571	würde, niemals.
572	**A3a:** Ja, genau
573	**A3b:** So Mozart oder so würde mich niemals interessieren. Auch wenn sie mir jetzt so
574	sagen würden: „Er ist eine Legende, er hat das und das erreicht." Ist mir egal, er hat es
575	einfach nicht drauf, finde ich.
576	**A3a:** ˪@[.]@ᴶ
577	**Int.:** Okay @[.]@
578	**A3b:** ˪Wasᴶ er gemacht hat, na klar, ist schon krass, seine Sinfonien und so, aber
579	gar nichts für mich. Aber wenn wir zum Beispiel im Unterricht so Ibrahim Tatlıses hät-
580	ten, da würde ich schon (unglaublich?) richtig/ da würde man sagen: „Oh, wir haben
581	wieder Musik." Aber bei Mozart [Würg-Geräusch] wieder Mozart, kein Bock mehr.
582	**A3a:** Ja, also die Lehrerin, die wir hatten, hat ja auch immer ihre eigenen Interessen
583	verfolgt. Also sie mochte halt solche Musik mit Opern und so, dann hat sie immer das
584	gemacht. Sie hat uns gar nicht gefragt und/ haben wir immer Opernstücke gehört und
585	solche Sachen oder Noten gelernt. Es war langweilig.
586	**A3b:** Keiner hat auch mitgemacht, jeder gestört.
587	**A3a:** Ja

A3/Exmanenter Nachfrageteil

604	**Int.:** Und was würdet ihr Euch grundsätzlich für den Musikunterricht wünschen, wenn
605	ihr so ganz allgemein gestalten könntet?
606	**A3b:** Also, wie ich es weiß, ist es so, dass dieser Musikunterricht oder halt die anderen
607	Fächer vorgegeben werden. Zum Beispiel in der neunten Klasse musst du bei Mathe
608	quadratische Funktionen machen, Wurzelziehen machen. Ich finde so halt, dass dieses
609	System von Deutschland oder von Berlin, dieses Schulsystem geändert wird. Und statt
610	so Mozart, dass wir halt so Traditionen oder so nachgehen. Zum Beispiel türkische Lie-
611	der, amerikanische, deutsche halt. Wenn ich zum Beispiel im ersten Halbjahr Ibrahim
612	Tatlıses mache, würde ich auch im zweiten Halbjahr so deutsche Lieder machen, ich
613	kenne jetzt gerade keine guten, aber/
614	**A3a:** @[schnaubend]@
615	**A3b:** Dann würde man das auch schon machen können, ich will ja jetzt nicht so hart
616	sein, oder so.

617	Int.: ⌐Mozart⌐
618	zum Beispiel
619	A3b: Ja, halt nicht Mozart
620	A3a: ⌐@[schnaubend]@⌐
621	A3b: Ich finde Mozart ist nichts Deutsches.
622	A3a: Peter Fox @[lachen]@
623	A3b: ⌐Ja, so Peter Fox und Tim Benzko⌐ oder solche Sachen
624	Int.: ⌐Also⌐ was aktueller ist.
625	A3b: ⌐Ak-
626	tuelle⌐ deutsche
627	Int.: ⌐Okay⌐
628	A3b: Ich finde, so aktuelle Sachen sollten kommen, nicht so Sachen von 1500 oder so,
629	weil das ist nicht mehr so der Fall bei uns.
630	Int.: Und wie wär das, wenn man jetzt zum Beispiel mehr aus der türkischen Musik Sa-
631	chen aus der osmanischen Zeit, 16. Jahrhundert macht, so aus der Kunstmusik-Zeit?
632	A3b: (..) Also ich bin ehrlich, (.) auch wenn es meine Vorfahren sind (.), ich würde sol-
633	che Lieder trotzdem nicht hören, weil das ist einfach nicht so/
634	Int.: ⌐Also (aktuell?)⌐
635	A3b: Das, was aktuell ist, wird auch gehört von den Jugendlichen. Und solche, zum Bei-
636	spiel dieser Türkmarsch, wenn man zum Krieg geht, diese Lieder und so.
637	A3a: ⌐Mehter-Marsch⌐
638	A3b: Mehter-Marsch und so, solche Lieder (.) hört man nicht im Alltag, würde keiner
639	jetzt/ wenn ich zum Beispiel fragen würde, hast Du Mehter-Marsch auf deinem Handy,
640	würde jeder ‚nein‘ sagen.
641	A3a: ⌐@[lachen]@⌐
642	A3b: Wenn ich fragen würde: „Hast Du Ibrahim Tatlıses?“ Jeder ‚ja‘, so halt.
643	Int.: Obwohl ja jetzt irgendwie Lieder von ihm oder von Orhan Gencebay sind ja auch
644	teilweise alt, aus den 60er, 70er Jahren.
645	A3b: ⌐Ja, halt⌐ (.) seine neuen Lieder kommen nicht raus. Aber seine Lieder
646	sind einfach so Legenden, zum Beispiel diese *Bulamadım, Aramam*, und so. Halt solche
647	Lieder sind bei ihm Legende.
648	Int.: Das heißt, aktuell meint auch, was jetzt gerade gehört wird (unv.)?
649	A3b: ⌐Genau, aktuell in dem⌐ Sinne
650	Int.: Okay
651	A3a: Genau, es wird ja nirgendwo auf den/ zum Beispiel in den deutschen Kanälen, nur
652	Mozart ausgestrahlt wird, aber wenn man zum Beispiel einen türkischen Kanal auf-
653	macht, wo Musik rauskommt, da kommt auch immer Ibrahim Tatlıses als (unv.)
654	A3b: ⌐Ibrahim Tatlıses⌐
655	oder zum Beispiel dieser Murat Boz, auch so Sänger, die aktuell auch Lieder machen,
656	Hande Yener, keine Ahnung, Yıldız Tilbe und so, solche Leute kommen auch halt, aber
657	bei deutschen Kanälen so Mozart und so. (.) Ich finde, um ehrlich zu sein, Deutschland
658	hat keine eigene Musik, also, soweit ich es weiß. Ich habe noch nie so deutsche Musik
659	gehört. Bei Türken ist es immer so, sobald man türkische Musik sagt, kommen immer
660	entweder diese Tanzlieder oyun havası oder eher so arabesk, Ibrahim Tatlıses, Orhan
661	Gencebay, dies, das so. Wir haben eine Musikszene, sage ich mal so. Auch, obwohl wir
662	hier in Deutschland leben, hören wir diese Lieder. Aber irgendwie so, bei Deutschen (.)
663	ich habe noch nie so Musikszenen oder so gesehen, okay so Tim Benzko, Peter Fox und
664	so sind schon berühmt geworden, aber (.) hört man so nebenbei, würde ich sagen.
665	Int.: Also besonders so aktuellere Musikszenen, ne, so ja?

| 666 | **A3b:** | ⌐Genau, aktu/⌐ Musikszenen, aktuelle/ |

666	**A3b:**	ᴸGenau, aktu/ᴶ Musikszenen, aktuelle/
667	**Int.:**	(.) Ich meine, klar, man könnte natürlich sagen, so dieser ganze Hype um Johann
668		Sebastian Bach und Mozart und so, das ist auch in gewisser Weise eine Szene, die Leu-
669		te, die da in die Oper gehen und ins/
670	**A3b:**	ᴸAberᴶ wenn man zum Beispiel die Leute, die in die Oper
671		gehen, vergleicht mit den Leuten, die zum Beispiel von Kool Savas zum Auftritt gegan-
672		gen sind. Halt ein Auftritt von ihm ist so wie ein ganzer Monat von Opernauftritten.
673	**A3a:**	ᴸ@[schnau-
674		bend]@ᴶ
675	**A3b:**	Bei ihm sind so 10.000 Leute dort, bei Opernauftritten 20, 30 Leute, in dem Sinne
676		meine ich. Es gibt natürlich Leute, die halt diese Musik befolgen. Zum Beispiel wenn Sie
677		jetzt Klavier hören, ich sage nicht: „Ieeh, er hört Klavier oder so." Ist Ihr eigener Stil.
678		Aber nur weil Sie zum Beispiel Klavier mögen, finde ich nicht, dass wir das jetzt machen
679		müssen im Unterricht. Weil zum Beispiel 30 Leute wollen Ibrahim Tatlıses, nur Sie wol-
680		len Mozart, das finde ich sozusagen geht nicht.

A3/Exmanenter Nachfrageteil

App. 43

699	**Int.:** Wie findet ihr denn generell die Atmosphäre in eurer Klasse?
700	**A3a:** Bei Musikstunden?
701	**Int.:** Generell, einfach eure Klassenatmosphäre
702	**A3b:** Eigentlich jeder halt so, fast jeder hat den gleichen Stil, sage ich mal.
703	**A3a:** (.) Ja
704	**A3b:** So, man kann sich auch schon einigen und so. Man hat natürlich so immer noch/
705	es gibt so immer noch so Unterteilungen. Zum Beispiel ich und meine Freunde aus der
706	Klasse sind eher so Rap-Stil, aber auch so richtig so arabesk, wir sind davon sozusagen
707	die Fans. Er und seine Freunde halt so Dubstep, so Computerspiele, dies, das und so.
708	Jeder hat so/ in der Klasse gibt es zum Beispiel drei, vier Styles und zu diesen drei, vier
709	Styles kommen so zehn, zwanzig Leute halt immer rauf. Zum Beispiel Rap-Style sind
710	zehn Leute aus der Klasse, Dubstep auch zehn, arabesk zwanzig Leute, die arabesk mö-
711	gen, halt so. Es ist so unterteilt, aber alle verstehen sich gut.
712	**A3a:** Ja, genau, also ich hätte auch kein Problem damit, wenn jetzt, also Mozart nicht,
713	aber wenn ein Rap zum Beispiel gemacht wird, auch von Kollegah oder so. Ich hätte
714	kein Problem damit, die Leute hören es dann, also ich würde mich auch gern damit
715	auseinandersetzen. Halt aber, so von selbst hören nicht halt.
716	**A3b:** Bei mir auch, Dubstep, ich würde mich damit auch auseinandersetzen, aber hören
717	auch nicht.

A3/Exmanenter Nachfrageteil

App. 44

753	**Int.:** (..) Was würdet ihr denn sagen, also jetzt bei arabesk, wie ist arabesk entstanden
754	oder auf welche Zeit geht arabesk zurück und wo liegen die Wurzeln?
755	**A3b:** (..) Keine Ahnung, aber auf jeden Fall so in einer Zeit, wo halt Liebe eine große
756	Rolle gespielt hat, bestimmt. Zum Beispiel bei *türkü*, Zeiten, wo man sich nur so mit

757	seiner Musik äußern konnte. Bei Rap war es doch eine Zeit lang so, dass man rappen
758	musste, halt bei seinen Rap-Liedern gezeigt hat, was man wollte. Ja, bei türkü, und wie
759	ich weiß, war es bei unserem Dorf zum Beispiel so, also in unserer Stadt/
	{...} [*An dieser Stelle benennt und beschreibt A3b die Heimatstadt seiner Vorfahren, aufgrund ihres Re-Anonymisierungspotentials wird diese Passage weggelassen.*]
764	Halt, dort war es so. Zum Beispiel ich liebe das Mädchen, dann habe ich so ein Lied
765	über sie geschrieben. Ich habe es dann mit saz so zwischen allen Leuten gesagt so. Da-
766	mals war es so, dass man seine Liebe sozusagen so gebeichtet hat oder so (..). Oder
767	dass man halt Lieder über seine eigene Kultur geschrieben hat, danach so gesagt/ über
768	seine eigene Stadt und so.

A3/Exmanenter Nachfrageteil

App. 45

799	**Int.:** (..) Du hattest jetzt vorhin so viele Begriffe von/ die in Medien häufig auftauchen
800	so zusammen: Ausländer, Kanaken, Türken/
801	**A3b:** Genau, genau
802	**Int.:** Dann gibt es ja irgendwie den Migrationshintergrund, jetzt gibt es neuerdings, was
803	habe ich gehört, Biodeutsche und Neudeutsche, das ist jetzt noch mal die @[.]@neue/
804	**A3b:** ⌐Was ist das?⌐
805	**Int.:** Also Biodeutsche sind quasi die Deutschen ohne Migrationshintergrund und Neu-
806	deutsche die Migranten, um das halt so ein bisschen/
807	**A3b:** Aber wenigstens werden wir jetzt noch als so Deutsche anerkannt, sage ich mal
808	so, halt wenigstens nicht so, Biodeutsche und Scheiß-Ausländer oder so, wenigstens
809	Biodeutsche und Neudeutsche.
810	**Int.:** Aber wie ist denn das, weil ihr/ du meintest ja vorhin auch so ‚bei uns Türken‘, also
811	dass du den Begriff Türken für dich selbst verwendest, aber von außen dich das auch
812	nervt, also was/ ja, was denkt ihr über diese Begriffe? Oder was ist der Unterschied,
813	wenn du jetzt sagst so ‚bei uns‘ und von außen kommt dann ‚Türken‘?
814	**A3b:** Nein, zum Beispiel, weil/ (.) warum ich ‚Türken‘ gesagt habe, ist, ich könnte auch
815	‚bei uns‘ sagen. Aber es ist schon heutzutage so geworden, dass die Medien uns schon
816	so gemacht haben, dass wir nur noch sozusagen so denken: „Wir sind Türken, uns.“
817	‚Uns‘ gibt es nicht mehr bei uns, nur ‚Türken‘ gibt es noch. ‚Türken, Araber‘ so. Früher
818	war es halt so, in den früheren Zeiten, bei den Osmanen zum Beispiel, da gab es nur
819	Osmanen. Da waren die Türken, die Araber, alle waren halt zusammen. Oder bei den
820	Moslems halt, damals hat man ‚Moslem‘ gesagt. Aber heutzutage ist es auch schon bei
821	uns so geworden, dass man sagt: „Hier guck mal, da ist ein Araber, guck mal, da ist ein
822	Bosnier, er ist ein Türke, er ist ein Kurde oder so.“ Aber damals war es halt nicht so. Wir
823	sind, halt wir sind ‚wir‘, ‚Deutschland wir‘ könnte man sagen. Aber wenn man zum Bei-
824	spiel immer so als Türke benannt wird, „ja, die Türken haben das gemacht, die Türken
825	haben dies gemacht“, und so, dann sagt man selber auch: „Wir Türken“.
826	**Int.:** Verstehe
827	**A3b:** Wissen Sie, was ich meine?
828	**Int.:** Mhm [bejahend]
829	**A3b:** Deswegen
830	**Int.:** ⌐Aber⌐ eigentlich sagst du von dir: „Ich bin Deutscher“, oder?
831	**A3b:** ⌐Eigentlich würde ich/⌐ Natürlich bin ich/ ich
832	bin hier geboren, ich lebe hier halt/ auch wenn ich Moslem bin, meine Kult/ also ich sa-

833	ge mal so: Teilweise ist meine Kultur anders und meine Religion. Sonst unterscheidet
834	mich fast gar nichts von einem Deutschen, vielleicht nur das Aussehen oder so, aber (.)
835	halt wir alle sind doch Menschen.

A3/Exmanenter Nachfrageteil

App. 46

950	**Int.:** {...} Und noch eine Frage, in der wievielten Generation seid ihr in Deutschland?
951	**A3a:** (.) Wie jetzt?
952	**Int.:** Also sind eure Großeltern hierher gekommen?
953	**A3a:** Ach so @[.]@
954	**Int.:** ⌐Oder⌐
955	**A3b:** Bei mir mein Opa
956	**A3a:** Auch so
957	**A3b:** ⌐Er war⌐ der Erste, der hier war halt, hat gearbeitet. Dann ist mein Vater ge-
958	kommen, hat gearbeitet (.), Eltern und so auf jeden Fall nicht, also nicht von meinem
959	Opa, der Vater und so, Uropa.
960	**A3a:** ⌐Nein⌐ bei mir eher der, ich glaube, das war so halt mein Opa. Er ist
961	einfach zum/ es war ja auch immer in der Türkei so, dass man nach Deutschland ge-
962	kommen ist zum Arbeiten. Und irgendwann sind die halt hiergeblieben. Ja, da hat man
963	sich halt seine Frau von der Türkei hierhin geholt, und es war dann halt so, hat sich er-
964	geben.
965	**Int.:** (.) Ja, vielen Dank für das Interview
966	**A3b:** Kein Problem
967	**A3a:** Ja
968	**Int.:** Auch für eure Offenheit, dass ihr irgendwie so viel erzählt habt.
969	**A3b:** Klar, müssen wir ja.
970	**Int.:** Wie ging es euch denn mit der Interviewsituation jetzt gerade?
971	**A3b:** Ich sage mal so
972	**Int.:** ⌐Oder überhaupt⌐ mit dem Interview?
973	**A3b:** Ich finde es eigentlich gut, dass sich jemand für solche Sachen interessiert, über
974	unsere Musik und über unseren Unterricht und so. Weil ich habe noch nie zu Ohren be-
975	kommen, dass jemand zu uns gekommen ist und gesagt hat: „Hey, Jungs, was wollt ihr
976	heute im Unterricht machen? Wollt ihr lieber darüber reden? Sagt mal eure eigenen
977	Interessen, damit wir auch etwas machen, was euch Spaß macht!" Uns wurde immer
978	gesagt, ihr müsst das machen, dann haben wir das auch gemacht. Deswegen finde ich
979	eigentlich schön so ein Interview. Deswegen habe ich mich auch so sozusagen mit da-
980	ran beteiligt, damit ich auch etwas machen kann.
981	**Int.:** Ja, cool
982	**A3a:** Ja, es gibt nichts hinzuzufügen. Ja, also, ich bin auch eigentlich aus dem gleichen
983	Grund hier, weil irgendjemand unsere Interessen verfolgt.

A3/Schluss

Gruppendiskussion R1

App. 47

39   **Int.:** (.) Wenn ihr sagt ‚türkisch', also welche Musikrichtung ist dann ‚türkisch'?

40   **R1a:** Arabesk, also, na ja, wenn im Radio jetzt auch schnelle Sachen laufen, dann höre

41   ich die auch ab und zu, so einen türkischen Pop. Aber sonst gefällt mir am meisten ara-

42   besk, die älteren Lieder von Orhan Gencebay und Ferdi Tayfur, so was.

43   **Int.:** Und bei dir?

44   **R1b:** Ja, genau, bei mir ist es auch so, eigentlich türkisch eigentlich alles, außer türki-

45   schen Rap. Das ist/ das geht nicht.

46   **Int.:** Wieso @[.]@ Wieso das?

47   **R1b:** Keine Ahnung, die rappen schon richtig schnell dann (unv.)

48   **Int.:**   ᴸCeza ᴶ zum Beispiel

49   **R1b:** Ja, ja, genau, man versteht bei @[.]@dem fast kein Wort. Und, ja halt Pop und

50   halt arabesk von Ibrahim Tatlıses und so was.

R1/Immanenter Nachfrageteil

App. 48

121   **Int.:** (...) Und was denkt ihr so über bestimmte vielleicht so Jugendszenen, also zum

122   Beispiel Hip-Hop-Szene oder Punk-Szene, Emo-Szene?

123   **R1a:** Heutzutage gibt es ja auch so viele Jugendliche, die rappen auf YouTube, es veröf-

124   fentlichen. Da gibt es auch ab und zu gute und/ (.) es gibt ja auch Channels auf You-

125   Tube, wo die es veröffentlichen, wo die/ zum Beispiel Aggro TV, kennen Sie das?

126   **Int.:** Mhm, mhm [bejahend]

127   **R1a:** Ja, da sind viele (Leute?), die gut rappen.

128   **Int.:** Aber fühlt ihr euch selbst einer bestimmten Szene zugehörig dann, oder?

129   **R1b:** Na jetzt, also Deutschrapper, die rappen ja auch meist, was wahr ist, also.

130   **R1a:** Ja, genau

131   **R1b:** ᴸWas nichtᴶ ans Licht gebracht wird so in den Medien und so was. Und also die

132   decken dann die meisten Sachen auf, und wir identifizieren uns halt damit, weil wir

133   auch in diesem Umkreis, sage ich mal, leben.

134   **R1a:** @[schnaubend]@

135   **R1b:** Und ja

136   **R1a:** KC Rebell @[lachen]@

137   **R1b:**   ᴸJa, die sagenᴶ halt die Wahrheit und das gefällt uns.

138   **R1a:** Es gibt ja auch Rapper, die über ihre Kindheit, also über ihre Biographie rappen,

139   zum Beispiel Fard.

140   **R1b:** Die über was rappen?

141   **R1a:** Also über ihre Kindheit, was in der Kindheit schöner war als jetzt. Und da fühle ich

142   mich auch ein bisschen zugehörig, weil früher war es ja schon anders als heute und die

143   Zeit kommt nicht wieder.

144   **Int.:** Was war früher anders als heute?

145   **R1a:**   ᴸNa, jaᴶ früher war man mehr unterwegs, also mit Freun-

146   den halt was unternommen und jetzt nur am PC und Handy dies, das.

147   **Int.:** Also dass Leute weniger rausgehen um irgendwas zu machen, okay.

148	**R1a:** ⌐Ja, weniger zusammen⌐ unternehmen.

148   **R1a:**   └Ja, weniger zusammen┘ unternehmen.

149   **Int.:** Und was machen die Leute am PC, zocken?

150   **R1a:** Zocken, (unv.) chatten, Facebook, dies, das

151   **R1b:**   └Ja,ja,┘ (...) früher ging man öfters Fußballspielen und so mit seinen Freunden.

152   Jetzt sieht man sie irgendwie online irgendwo, schreibt sich dann so.

153   **Int.:** Und wenn ihr sagt, so gerade im Deutschrap oder den ihr hört, dass bestimmte

154   Sachen aufgedeckt werden, so was/ könnt ihr mal ein Beispiel geben?

155   **R1b:** (.) Zum Beispiel bei/ also so ein Rapper in Berlin, der ist halt Alpa Gun. Und ir-

156   gendwie, ich glaube, der wurde mal abgestochen oder so. Und das Verfahren wurde

157   irgendwie eingestellt, weil/ ich weiß nicht, weil er, ich glaube, Ausländer ist oder so.

158   Und zum Beispiel jetzt bei einem/ (.) für ihn persönlich, also er findet, wäre er jetzt ein

159   Deutscher oder so, dann würde die Polizei, sage ich mal, alles tun, um das herauszufin-

160   den. Das zum Beispiel so (..) aber das war ja früher so, heutzutage/

161   **Int.:** (..) Aber du meintest gerade, damit könnt ihr euch identifizieren.

162   **R1b:** Ja, also/

163   **Int.:** └Also was┘ meinst mit ihr oder (unv.)?

164   **R1b:** Also ich meine/ (...)

165   **R1a:** [schmunzelt]

167   **R1b:** So (.) identifizieren, na, ja

168   **R1a:** (..) Wir fühlen uns so, wie er denkt. Also, wir denken genauso.

169   **R1b:**   └Wir denken genauso,┘ ja, genau.

170   **Int.:** (.) Und sagt noch ein bisschen mehr, in welche Richtung denkt er denn für euch?

171   **R1b:** (.) Na, ja, die Rapper, die erwähnen ja immer, dass das Leben hart ist und so. Also

172   jeder hat schon seine Probleme, und, tja, ich meine, jeder Mensch hat bestimmt Pro-

173   bleme mit irgendwas. Für den einen, zum Beispiel der eine hat keine Eltern, für den ist

174   es deshalb/ für den einen, keine Ahnung, vielleicht irgendwas anderes, vielleicht hat er

175   keine Freunde oder so. Halt dieses, dass das Leben hart ist, das stellen die klar. Und für

176   die zum Beispiel, früher die (.) die haben ja aus/ ich meine, die hatten ja kein Geld

177   meistens (sagen?). Wir haben ja so Rapper, und dass sie dann kriminell wurden und

178   bla, bla, bla, so, das es also hart war.

179   **Int.:** (4) Ähm

180   **R1b:** Uns geht es jetzt nicht so, so dass wir kriminell sein müssen, weil unsere Eltern

181   gehen ja arbeiten und ist schon okay. Aber wir interessieren uns halt dafür, und wir

182   finden es spannend. So richtig identifizieren ist es schon nicht, aber wir finden es halt

183   aufregend und spannend.

184   **R1a:** Die Rapper öffnen sich auch in ihren Liedern mehr als, was weiß ich, öffentlich.

185   Also die sagen das, was sie denken in ihren Tracks. Und wir denken meistens auch so

186   wie sie und fühlen uns so wie sie und, keine Ahnung, als würden sie zu uns gehören,

187   jedenfalls kommt es uns dann vor.

R1/Immanenter Nachfrageteil

App. 49

221   **Int.:** └Was denkt┘ ihr über sie, was haltet ihr von ihnen oder was haltet ihr von den In-

222   terpreten jetzt von *arabesk*?

223   **R1a:** Na, ja, Alpa Gun und so hört man so irgendwie als einen von uns an und (.) die von

224   *arabesk*, die, na ja/

225   **R1b:** Die sagen ja nicht genau, was die/ wie die sind so.

226	**R1a**: Ja
227	**R1b**: Die rappen ja immer so zum Beispiel, ja, ich habe mich in dich verliebt und, keine
228	Ahnung, so was halt. Die sagen ja nichts über sich. Und Alpa Gun und KC Rebell und
229	Bushido und so alle, die sagen ja immer, was sie erlebt haben, also einfach alles über
230	sich. Und da kann man auch halt so/
231	**Int.**: Also da ist mehr Biographie auch von den Texten mit drin.
232	**R1b**: ⌐Ja, genau⌐
233	**R1a**: ⌐Ja,⌐ (.) bei *arabesk* geht es ja
234	immer nur um das Eine, um die Liebe, und im Rap da drücken sie über verschiedene
235	Lebensbereiche sich aus.

R1/Immanenter Nachfrageteil

App. 50

443	**Int.**: (…) Gibt es noch andere Interpreten, jetzt außer Tatlıses und Orhan Gencebay, die
444	ihr hört von diesen Älteren?
445	**R1a**: Ahmet Kaya, Ferdi Tayfur
446	**R1b**: Mir gefällt das einfach so.
447	**R1a**: (…) Müssen Sie meinen Vater fragen, der weiß es ganz/ er hat ganz viele in seinem
448	Auto, nur türkisch eigentlich.
449	**Int.**: Mit/
450	**R1b**: Dings gibt es auch, Müslüm Gürses.
451	**R1a**: Ja
452	**R1b**: Er ist aber gestorben.
453	**Int.**: (.) Und mit welcher Musik seid ihr aufgewachsen? Geht das auch in die Richtung
454	arabesk, oder?
455	**R1b**: Ja, mit diesen Älteren
456	**R1a**: ⌐Ja⌐ (..) Meinen Sie jetzt türkische Musik oder allgemein Musik?
457	**Int.**: Allgemein
458	**R1a**: Also, ich bin aufgewachsen/ also früher/ ich habe erst angefangen, mich für/ Mu-
459	sik zu hören, ab der vierten Klasse ungefähr. Dann habe ich immer/ davor habe ich im-
460	mer ab und zu Hip-Hop gehört, weil das im Auto lief, oder/
461	**Int.**: Vor der vierten Klasse
462	**R1a**: Ja, englischen Hip-Hop, also, da wusste ich halt noch nicht, was die Texte heißen,
463	aber hat sich gut angehört vom Beat her, 50 Cent sozusagen. Und dann habe ich mehr
464	so Hip-Hop gehört und den Pop, was im Radio lief. Und auf türkisch bin ich erst so ab
465	der siebten, achten Klasse gestoßen. Also mein Vater hat es zwar ab und zu gehört,
466	aber es hat mich nicht so interessiert, und den Text habe ich nicht sehr verstanden. Mit
467	dem Alter wächst ja auch die Reife und man versteht die Texte besser.
468	**Int.**: Okay, gab es da/ hattest du da irgendwie/ gab es da bestimmte Menschen oder
469	Auslöser, durch die du darauf gekommen bist, das zu hören, oder lief das über, dass du
470	einfach Musik über YouTube dann gehört hast und dann fandest du das spannend,
471	oder?
472	**R1a**: Ja, also (.) mein Vater hört ja viel arabesk und da hat er immer von Orhan
473	Gencebay eine CD gehabt, haben die gehört. Hab dann gefragt, wie der Interpret heißt,
474	hab es mir auf YouTube angehört, hat mir gefallen.
475	**Int.**: (..) Wie war das bei dir mit arabesk, hast du das auch immer gehört, oder?

476	**R1b**: Nein, nicht immer, eigentlich bin ich so mit Rap und so was aufgewachsen wegen
477	meiner Cousins und Freunde und so. Und ja, so, also meine Eltern und so, also arabesk
478	und so habe ich schon überall immer mit gehört, in der Türkei oder hier, wenn meine
479	Eltern das hören, im Radio, im Auto. Habe ich immer mitgehört, aber mich hat es nicht
480	so interessiert früher. Und es gab irgendwann mal einen Zeitpunkt so, wo es jemanden
481	interessiert hat, wo man so, keine Ahnung, halt Interesse bekommen hat. Dann hat
482	man es auch gehört und dann hat es einem gefallen.
483	**R1a**: Wenn man so selber in der Situation war, wo man Liebeskummer hatte zum Bei-
484	spiel, da versteht man auch das, was die damit ausdrücken wollen.
485	**R1b**: ⌊Ja, genau⌋

App. 51

543	**Int.**: (..) Gibt es denn auch Hip-Hop-Sachen, die auch *isyan* sind?
544	**R1a**: Ja, auf jeden Fall
545	**R1b**: ⌊Ja⌋ bestimmt
546	**Int.**: Ja?
547	**R1a**: Ja, ich könnte Ihnen eins aufmachen, wenn Sie wollen, aber das müssten Sie bis
548	zum Ende hören @[.]@.
549	**Int.**: Ja, ja, klar, wir können das/
550	**R1a**: Haben Sie Internet?
551	**Int.**: Ach so, nee, das nicht, hast du/
552	**R1a**: Ich habe es auf meinem Dings, Handy.
553	**Int.**: Ja, wir können einfach hier das über die Boxen hören.
554	**R1a**: Das ist ein Rap, wo (.) Alpa Gun über eine Liebe beschreibt, halt über die Liebe
555	rappt.
556	**R1b**: Ist es *Karma*?
557	**R1a**: Nein, nein, *Verbotene Liebe*
558	**R1b**: Ach so
559	[*R1a spielt* Verbotene Liebe *von Alpa Gun bis zum Ende vor. Das Gespräch zwischen*
560	*561 und 565 ereignet sich während des Musikstücks.*]
561	**R1a**: ⌊(4) Das macht mich schon traurig @[.]@ eigentlich, wenn ich das so höre⌋
562	**R1a**: ⌊(4) Und ich verbinde Violinen auch mit Trauer. Also wenn man diese Violinen
563	gleich hört, macht es auch die Stimmung ein bisschen trauriger.⌋
564	**R1a**: ⌊(65) Und?⌋
565	**Int.**: ⌊Es ist gut.⌋
566	**R1a**: (139) Ja, das war so ein Beispiel für traurigen Rap.
567	**R1b**: Haben Sie das verstanden, was er gesagt hat?
568	**Int.**: Ich habe diese Aufnahme am Schluss nicht verstanden, hey canım (unv.)/
569	**R1a**: ⌊Also⌋
570	**R1b**: Also, zum/ also
571	**R1a**: Der Vater hat sie gezwungen so zu reden, er war neben ihr. Sie hat doch gesagt,
572	dass sie ihn nicht liebt, dass sie ihn von Anfang an nur verletzen wollte. Und er hat es
573	so verstanden und hatte sich ja erschossen. Und, ja, sie hat dann ja später gesagt, dass
574	sie es nicht so wollte.
575	**R1b**: ⌊Dann hat sie/⌋
576	**R1a**: Dass sie ihn liebt, dass ihr Vater sie gezwungen hat und es war dann leider zu spät.
577	**R1b**: Und es gibt ja noch eins von Alpa Gun.

578	**R1a**: Ja (.) *Karma*, oder?
579	**R1b**: Mhm [bejahend]
580	**Int.**: (.) Hast du das dabei, oder?
581	**R1b**: Ja, das hat er auch.
582	**R1a**: ⌐Ja, ja⌐
583	**Int.**: Ja?
584	**R1a**: Die *Verbotene Liebe* gerade das war eine wahre Geschichte, also ist jetzt nicht so/
585	**R1b**: ⌐Das ist schon⌐
586	alles, was sie rappen, ist schon wahr, also, was sie auch selbst erlebt haben und so.
587	**R1a**: ⌐Ist jetzt nicht ausgedacht so.⌐
588	**R1b**: Nur halt die Namen sind/
589	[*R1a spielt* Karma *von Alpa Gun bis zum Ende vor. Das Gespräch zwischen 591 und 592*
590	*ereignet sich während des Musikstücks.*]
591	**R1b**: ⌐(5) Das ist jetzt von ihm (.) persönlich, sein Leben.⌐
592	**R1a**: ⌐(229) Zu Ende?⌐
593	**Int.**: (4) Was gefällt euch jetzt gerade an diesem Stück oder auch an dem Stück davor?
594	**R1a**: Na ja, das (.) na ja, wie ich vorhin gesagt habe. Hier ist die Melodie immer gleich,
595	also der Beat, aber vielleicht hat er es mit Absicht gemacht, damit man sich eher auf
596	den Text konzentriert. Und das geht ja auch ins Herz, also man/ wenn man die Situati-
597	on selber kennt, dann versteht man es auch. Und man merkt dann, dass er nicht lügt
598	und dass es von Herzen kommt von ihm.
599	**Int.**: (.) Wo seht ihr denn Verbindungen jetzt zu der Geschichte jetzt in dem Text oder
600	auch zu eurem Leben, was sind so Verbindungspunkte (..) oder was ihr verstehen, was
601	ihr teilen könnt?
602	**R1a**: ⌐Na ja,⌐ (..) teilen kann ich nicht viel, aber mir gefällt einfach, dass es von Herzen
603	kommt, dass er sich öffnet gegenüber uns. Es gibt ja nicht viele, die so was erzählen.

R1/Immanenter Nachfrageteil

App. 52

649	**Int.**: Wenn ihr sagt jetzt so Deutschrap, jetzt im Vergleich zu, weiß ich nicht, türkischem
650	Rap oder englischem Rap, ist das jetzt für euch nur die Sprache, die unterschiedlich ist,
651	oder gibt es noch andere Sachen, die sich unterscheiden?
652	**R1b**: Ihr Alltag, zum Beispiel in Amerika da rappt zum Beispiel jemand über eine Schies-
653	serei.
654	**R1a**: Mhm [bejahend]
655	**R1b**: Und wir können uns damit gar nicht identifizieren, weil wir haben ja hier noch nie
656	zum Beispiel in Amerika so eine Schießerei erlebt oder dass irgendwie, keine Ahnung,
657	halt so was/ und im Deutschrap da rappen/ die sind ja hier auch in Berlin zum Beispiel
658	aufgewachsen, und die leben ja auch genau so wie wir.

R1/Immanenter Nachfrageteil

App. 53

880	**Int.**: Und wie war die Situation, als ihr türkische Lieder gesungen habt in der Klasse, wie
881	hat die Klasse darauf reagiert?
882	**R1a**: Also/

340

883 **R1b**: Erst mal hat fast keiner mitgesungen, weil es ist ja/

884 **R1a**: Wir sind ja nicht nur Türken, also es gibt auch Bosnier (.) und/

885 **R1b**:   └Nicht nur/┘ also keiner/ man-
886 che haben sich halt so geschämt (.). Ich meine (..), keine Ahnung, es war voll unge-
887 wohnt erst mal und dann kam/ desto mehr wir das gemacht haben, desto mehr kamen
888 Leute rein, desto mehr Spaß hat es immer gemacht. Und jetzt, wenn wir es jetzt singen,
889 dann singt jeder mit.

890 **R1a**: Ja, wir singen jetzt nur noch seltener.

891 **R1b**:   └Und am Anfang┘ haben sich die meisten geschämt eher. (..) Ich
892 weiß auch nicht warum.

893 **Int.**: (..) Wie war das bei euch? Hat das auch Schamgefühle ausgelöst?

894 **R1b**:   └Also, am Anfang┘ schon so,
895 also, es war ja ungewohnt.

896 **R1a**:   └Ich
897 nicht, ich kannte die Lieder┘

898 **R1b**: Trotzdem man hat/ ich habe schon mitgesungen (.), aber war halt schon unge-
899 wohnt. Und wenn man dann plötzlich alleine singt, dann ist man @(.]@auch selber lei-
900 se, aber wenn jetzt zum Beispiel dein Partner und/ wenn du singst, dann singt der ne-
901 ben dir auch mit. Und dann verbreitet sich das halt.

902 **Int.**: Aber ihr habt das zusammen gesungen in der Klasse, oder?

903 **R1b**:   └Ja, wir haben┘ es zusammen gesungen
904 und dann/

905 **R1a**:   └Ja┘

906 **R1b**: Also am Anfang haben immer nur bestimmte Leute mitgesungen.

907 **R1a**: Mhm [bejahend]

908 **R1b**: Und dann haben/ weil die anderen sich geschämt haben, und dann hat es sich
910 verbreitet. Und jetzt gibt es immer noch bestimmt einige, die nicht mitsingen, weil die
911 sich schämen, aber ansonsten/

912 **Int.**: Könnt ihr euch dieses Schämen irgendwie erklären (.) womit das zusammenhängt?

913 **R1b**:   └Na ja, man/┘

914 **R1a**: Manche singen ja im Unterricht sowieso nicht mit, egal welches Lied, weil die viel-
915 leicht denken, dass sie eine schlechte Stimme haben oder dass jemand über sie lacht.
916 Und wenn es jetzt noch zum Beispiel in einer fremden Sprache ist, und man es viel-
917 leicht falsch ausspricht, kann das gleiche passieren. Oder wenn man/

918 **R1b**: Oder wenn man selber seine eigene Sprache zum Beispiel nicht so gut sprechen
919 kann.

920 **R1a**: Ja

921 **R1b**: Wie es bei manchen ist, dann schämen die sich vor den anderen, damit sie es
922 nicht mitbekommen.

923 **Int.**: (...) Was habt ihr da für Lieder gesungen?

924 **R1b**: Barış Akarsu

925 **R1a**: └Von Barış Akarsu┘ so isyan-Lieder eigentlich @(.]@

926 **Int.**: Ah okay

927 **R1b**:   └Aber┘ traurige (.), türkisch ist ja eigentlich nur so, so Liebe und Trauer und so.

R1/Exmanenter Nachfrageteil

Gruppendiskussion R2

App. 54

36	**Int.:** Wenn ihr/ ihr hattet jetzt alle die Bezeichnung Deutschrap genannt. Bezieht sich
37	das/ was meint das genau? Also, oder was ist der Unterschied auch zu Englischrap? Ist
38	das nur die Sprache oder gibt es noch andere Unterschiede da für euch?
39	**R2a:** Ich würde sagen, die Technik ist auch anders.
40	**R2b:** Sehr anders
41	**R2c:** Ja
42	**R2a:** Man/ also Deutschrap ist schon ein ganz/ also die Texte, die Lieder sind nach einer
43	Struktur geordnet. Zum Beispiel/ also Standard sind drei parts und dazwischen immer
44	die hooks. Im Englischrap höre ich sehr viele andere Sachen, dass man mal zwei parts
45	hintereinander macht, gar keinen hook macht, nur einen hook und danach einen lan-
46	gen part oder so. Das ist/ da sind die anders. Und Französischrap soll ähnlich sein wie
47	Deutschrap, habe ich aber noch nie/ also nur ein Lied kenne ich.
48	**R2b:** Ja, ja
49	**R2c:** Ja
50	**R2a:** Désolé
51	**R2b:** Und der französische part von Kollegah da.
52	**R2c:** Business Paris
53	**R2a:** Ja
54	**R2b:** Genau, das war aber auch nur ein part, da kann man nichts dran/
55	**R2a:** Ja

R2/Eröffnung

App. 55

81	**Int.:** Wie ist denn das bei euch, also, wie hat sich denn so euer Musikgeschmack in eu-
82	rem Leben so entwickelt?
83	**R2a:** Ich bin ganz ehrlich, Rap habe ich angefangen wegen ihm.
84	**R2b:** @(.]@
85	**Int.:** Ach echt?
86	**R2b:** Mmh [bejahend]
87	**R2a:** └Ja, ja,┘ ich kann mich noch daran erinnern mit *Bitte Spitte* von Farid Bang, hast
88	du mir damals gezeigt.
89	**R2c:** Ah, sehr geil (unv.)
90	**R2b:** Ja, genau, wann war das? 2010 (.), glaube ich.
91	**R2a:** └Das war/ (.) Das war nicht/┘ also war schon lange her und
92	dann/
93	**R2b:** └Das ist
94	halt ein/┘ das ist ein Lied, wenn man das hört, man versteht es beim ersten Mal ir-
95	gendwie fast gar nicht. Aber man muss auf diese ganzen lines, also auf die einzelnen
96	lines muss man selber achten, weil da sind so viele spits, in jeder zweiten line ist ein
97	spit oder in jeder line/

R2/Eröffnung

737   [*R2a spielt auf seinem Smartphone eine von Kollegah gerappte Version des Erlkönigs*
738   *vor.*]

739   **R2b**: Er interessiert sich auch sehr für Kunst und/

740   **R2a**: Dichten

741   **R2b**: Klassische Musik auch, er hört auch selber klassische Musik, hat er gesagt. Das
742   inspiriert ihn beim Texteschreiben.

743   **R2a**: (.) Was mir dazu einfällt, ist, früher gab es viele Dichter. (.) Heute finde ich, die
744   Dichter der Neuzeit sind Rapper.

745   **R2b**: Mhm [bejahend], auf jeden Fall

746   **R2a**:   ⌐Sag ich⌐ so, weil es ist ja so, dass man beim Deutschrap
747   sehr darauf achtet, wie die Reime sind.

748   **R2c**: Ja

749   **R2a**: Und auch die Struktur, was für Reime man hat, was für Reimketten man hat, a-b,
750   a-a-b-b. Deswegen Deutsch/ also die Neuzeit-Dichter sind die Rapper, finde ich.

    {...} [*R2b fragt R2a nach einem Rap, der technisch, insbesondere von den Reimen so*
    richtig gut ist, was sie mir dann vorspielen können. Alle drei überlegen und suchen auf
    ihren Smartphones nach Beispielen.]

774   **R2a**: Ich hab noch kurz eins gefunden. Also das geht zwar sieben Minuten lang, ist aber
775   ein kurzes Video.

776   **R2b**:   ⌐Nein⌐

777   **R2c**:   ⌐@(.)@⌐

778   **R2a**: Über die Vorurteile gegenüber Rappern, vor allem von halt Eltern und so, das
779   kann ich kurz mal anmachen und Ihnen mal zeigen.

780   **R2b**:   ⌐Ja, und uns vor allem⌐

781   **Int.**: Ja

782   **R2a**: Kriege ich diese/

783   **Int.**: Ja [*Int. gibt R2a das Klinkerkabel.*]

784   **R2a**: (.) Das ist von so ein paar Jungs, ShizophrenicBlog heißen die. Die machen sehr
785   gute Videos vor Allem über Rap) (.). Können wir kurz reingucken.

786   [*Spielt das Video aus Juliens Blog an*[165]]

787   **Sprecher 1** *(nennt sich auf dem Blog „Julien')*: (.) Es gibt ja wenige Sachen, die mich
788   wirklich aufregen. Vorurteile und Schubladendenken gehören aber definitiv dazu. Ich
789   hasse es, wenn man sich nur oberflächlich mit einer Musikrichtung oder Kultur ausei-
790   nandersetzt, und dann meint, über sie urteilen zu dürfen. Menschen schauen Berichte
791   in den Massenmedien und denken dann, sie wüssten genug. Bei Rap ist das leider nicht
792   anders, im Gegenteil.

793   **Sprecher 2**: Sehr viele ältere Menschen haben ein völlig falsches Bild von Deutschrap.
794   Dies liegt vor allem an den vorherrschenden Klischees, aber auch an der Art, wie RTL
795   oder die Bild über Rapper berichten. Wenn ich mal mitbekomme, wie ältere Menschen
796   über Deutschrap diskutieren, hört man oft Vorurteile, die von den Massenmedien stark
797   propagiert werden: Rapper sind alle frauenfeindlich, haben sinnlose und unkreative
798   Texte, kommen aus dem Ghetto, sind kriminell, haben Migrationshintergrund, sind
799   nicht besonders intelligent, können sich nicht richtig artikulieren, sind keine ernstzu-
800   nehmenden Musiker und machen immer komische Armbewegungen. Wir wollen natür-

---

165 Dieses Video war leider nicht auffindbar. Aus diesem Grund seien an dieser Stelle ein-
    zelne Passagen zitiert.

801	lich nicht denselben Fehler machen und alle Erwachsenen pauschal als rapfeindlich be-
802	zeichnen, denn zum Beispiel dieser ältere Herr und diese ältere Frau haben ihre Kinder
803	zu einem Rapkonzert begleitet. Meiner Meinung nach verdient das Riesenrespekt,
804	wenn man sich so darauf einlässt.

{...} [*Interviews mit den beiden älteren Menschen*]

833	**Sprecher 2**: Das Problem ist zum Beispiel, wenn ich meine Oma frage, was sie denn so
834	für Rapper kennt, höre ich als Erstes Bushido und dann vielleicht noch Sido, weil die
835	eben auch mal in Talkshows präsent sind, und halt für den nicht internen alten Men-
836	schen als die Rapper schlechthin gelten. Eine Generation darunter kennt dann mit et-
837	was Glück schon Leute wie Kollegah, Farid, Casper und Motrip. Aber arbeiten wir nun
838	mal die Punkte ab.

{...} [*Sprecher 2 geht auf die gängigen Klischees in Bezug auf Deutschrap ein: Frauen-
feindlichkeit, Homophobie, Gewaltverherrlichung. Er kritisiert die Annahme, dass alle
Jugendlichen diese Inhalte ernst nehmen und nachahmen würden. Fakt sei aber, dass
kein Jugendlicher so denke.*]

877	**Sprecher 2**: Die Leute oder Medien, die wirklich dieser Meinung sind, sollten sich viel-
878	leicht mal tiefgründiger damit befassen. Dann würden sie schnell merken, dass Kolle-
879	gah zum Beispiel eine Kunstfigur ist und seit drei Jahren in einer festen Beziehung lebt.
880	Auch immer witzig, ihr müsst mal bei den neuen Massenmedienberichten über Kolle
881	aufpassen. Da wird immer, nachdem er als Gangsta-Rapper dargestellt wird, ganz er-
882	staunt betont, dass er Felix Blume heißt und Jura studiert, so als ob das etwas Unmög-
883	liches wäre: „Was, ein Rapper ohne Migrationshintergrund, der studiert und wortge-
884	wandt ist? Das passt doch nicht in mein schwarz-weißes Weltbild." Gangsta- oder
885	Punchline-Rap ist eben eine Kunstform, Betonung liegt auf Kunst, nicht auf Realität. {...}

R2/Immanenter Nachfrageteil

App. 57

973	**Int.**: Jetzt mal eine Frage so zu eurem Musikunterricht, was gefällt euch an eurem Mu-
974	sikunterricht und was nicht?
975	**R2c**: ⌐Wir hören zu⌐ viel Klassik.
976	**R2a**: Genau
977	**R2b**: ⌐Ich finde,⌐ das ist gut. Ich finde, das ist eigentlich richtig, und ich finde, Deutsch-
978	rap passt gar nicht in den Unterricht (unv.).
979	**R2c**: Ja, ja
980	**R2a**: Ja, hast du es auch aufgeschrieben.
981	**R2b**: ⌐Das wird/⌐ nein, es passt gar nicht.
982	**R2a**: Ja, ich weiß, passt gar nicht, aber/
983	**R2c**: Zum Beispiel wir hatten zu viel Beethoven und zu viel Mozart.
984	**R2b**: Ich finde, das ist gut.
985	**R2a**: ⌐Es gibt schon/⌐
986	**R2c**: Es ist zu viel.
987	**R2a**: ⌐Es gibt schon/⌐ also sie hört (.)/ es gibt gute/ also manche Lieder sind wirklich/
988	**R2b**: Ja, Türkischer Marsch zum Beispiel
989	**R2a**: Türkischer Marsch von Mozart ist ein Lied, was ich so im/ das war mal bei *How I*
990	*met your mother* im Hintergrund.

| 991 | **R2b:** ⌐Ja, also im Hintergrund,⌐ wenn (unv.)/ |
| 992 | **R2a:**   ⌐Ja, das⌐ hat mir gefallen. |

R2/Exmanenter Nachfrageteil

App. 58

1060	**Int.:** Vielleicht noch mal zu diesem Punkt, ihr hattet ja vorhin gesagt, Frau R würde das
1061	anders verstehen, die Rap-Texte, also was/
1062	**R2b:** ⌐Auf jeden Fall,⌐ auf jeden Fall
1063	**R2c:** ⌐Ja⌐
1064	**Int.:** Also ihr hattet jetzt eure Sichtweise auf die Texte beschrieben. Wie stellt ihr euch
1065	das vor, wie würde/
1066	**R2b:** Sie würde gleich mit Morddrohungen, also diese ganzen / Wir nehmen diese/
1067	**R2c:** ⌐Ja⌐
1068	**R2a:** ⌐Diese⌐
1069	ganzen Vorurteile gegenüber Rappern
1070	**R2b:** Mhm [bejahend], die würden noch verstärkter auftreten. Zum Beispiel wir neh-
1071	men diese ganzen Ausdrücke, die die sagen, diese Beleidigungen, die nehmen wir fast
1072	gar nicht wahr, aber im Hintergrund. Und die werden halt fast nur diese ganzen Aus-
1073	drücke wahrnehmen, diese ganzen Beleidigungen. Die werden sich nicht sehr auf diese
1074	Technik konzentrieren oder auf den Flow, sondern (.) die werden/
1075	**R2a:** ⌐Ich glaube auch, dass⌐ Frau R jetzt auch/
1076	**R2b:** ⌐Frau R nichts davon
1077	versteht⌐
1078	**R2c:** @(lachen)@
1079	**R2a:** Nein, auch wenn sie die Texte durchliest, dass sie nicht auf die Lyrik achtet, auf die
1080	Reime. Ich glaube, dass interessiert sie gar nicht.
1081	**R2b:** ⌐Auf⌐ die Reimketten und allgemein alles,
1082	sie würde halt so sehen, ja/
1083	**R2c:** Ausdrücke
1084	**R2b:** Eine Beleidigung: okay, zweite Beleidigung: aus, aber diese Beleidigungen gehören
1085	halt dazu, zu diesem Image.
1086	**R2a:** Man kann nichts machen.

R2/Exmanenter Nachfrageteil

App. 59

1189	**Int.:** Und sagt euch der Begriff isyan was?
1190	**R2b:** Ja [langgezogen]
1191	**R2c:** ⌐Ja [langgezogen]⌐
1192	**R2a:** Ja [langgezogen] @(.)@
1193	**Int.:** Benutzt ihr den irgendwie?
1194	**R2c:** ⌐Na, ja⌐
1195	**R2a:** Na ja, also, nicht in dem Sinne
1196	**R2b:** ⌐Früher⌐
1197	**R2c:** ⌐Und wenn man⌐ redet, manchmal.

1198	**R2b:**	└Früher sehr,┘ jetzt nicht mehr
1199	**Int.:** Was bedeutet/	
1200	**R2a:**	└Zum Beispiel┘ wenn man, so eine traurige Situation, du willst was zu essen
1201	kaufen und sag/ hast/	
1202	**R2b:** Mir fehlen 10 Cent und/ genau.	
1203	**R2c:**	└Genau┘ @(lachen)@
1204	**R2a:**	└Ja, dann sagst du┘ isyan, das ist/ ich hab das Geld nicht. Also
1205	es heißt ja Depression.	
1206	**R2b:** Oder wenn mein Iphone kaputt geht.	
1207	**R2c:** @(.)@	
1208	**R2a:** └Ja,┘ isyan, dein Iphone ist kaputt gegangen.	
1209	**R2b:** Man sagt es nicht so, wenn man depressiv ist.	
1210	**R2a:** Man benutzt es jetzt nicht so: „ Ah, ich heule den ganzen Tag" und so ein erbärm-	
1211	liches Weinen.	
1212	**R2b:**	└Das ist halt so ein
1213	Wort, das┘ heutzutage so in der Umgangssprache verwendet wird.	

R2/Exmanenter Nachfrageteil

Gruppendiskussion R3

App. 60

585	*[R3b spielt den Song* Titan *von Farid Bang und Kollegah an.]*
586	**Int.:** (68) Das sind Kollegah und Farid Bang zusammen.
587	**R3b:** ⌐Ja⌐ beide
588	**Int.:** Das Stück, wie heißt es?
589	**R3b:** *Titan*
590	**Int.:** *Titan*
591	**R3c:** (.) Und was wolltest du damit zeigen, dass es nicht gut verpackt ist?
592	**R3b:** Nein, die Sache ist, eigentlich ich feier die nicht so. Aber das neue Album gefällt
593	mir, weil das ist so verpackt mit/ die Texte gefallen mir, weil die sind immer so, also
594	man nennt sie ja punchlines, und die sind halt immer so verpackt. Zum Beispiel er sagt
595	bei dem, bei einer Stelle sagt er ja, ich bin nicht auf Diät, doch jetzt habe ich den Salat.
596	Das hat halt immer so mehrere Bedeutungen. Mal sagt er einmal, jetzt habe ich den
597	Salat, wenn man halt was verkackt hat und jetzt so Dings halt, und wenn man auf Diät
598	ist, dann isst man halt nur Salat.
599	**R3c:** ⌐Zweideutig⌐
600	**R3b:** Das ist halt so diese Zweideutigkeit, das gefällt mir jetzt bei diesen neuen Songs.
601	Aber halt sonst so höre ich die nicht so oft eigentlich.

R3/Immanenter Nachfrageteil

App. 61

998	**Int.:** *[Bezug nehmend auf den Song* Todesstern *von Bushido, den R3b von seinem*
999	*Smartphone vorgespielt hat.]* Und was/ könnt ihr das an diesem Beispiel noch mal ge-
1000	nau sagen, also was unterscheidet das jetzt zum Beispiel von Haftbefehl, also dieser
1001	Text, den er singt?
1002	**R3b:** Dieser hook, oder?
1003	**Int.:** ⌐Ja⌐
1004	**R3b:** Also der, er begründet vieles, er rappt sinnvoller, mehr (.), wie soll ich sagen, das
1005	hat mehr Qualität dieses Lied. Aber Haftbefehls Stil ist irgendwie, die Lieder von ihm
1006	einfach wie ein kleines Kind: Ich mag dich nicht, geh weg, ich hasse dich sozusagen.
1007	**Int.:** Und ist das jetzt hauptsächlich auf der Textebene oder ist das auch so von den Ar-
1008	ten, wie er reimt, von den musikalischen Techniken, was ihr da/
1009	**R3a:** ⌐Also⌐ (.) Haftbefehl, also/
1010	**R3b:** Nein, die Sache ist, ein Haftbefehl kann auch Songs machen, die eher ruhig sind.
1011	Es gibt einen Song von ihm, das ist vielleicht der einzige, glaube ich, der ruhig ist von
1012	ihm, der heißt *Mann im Spiegel.* Der ist richtig ruhig. Er kann es machen, aber er kann
1013	das ja machen. Aber die Sache ist, er macht es nicht, er bringt einfach Songs raus, weil
1014	er weiß, das die Kinder darauf mehr stehen, dass, wenn man irgendjemanden beleidigt
1015	und so, deswegen, das ist so die Sache.
1016	**R3a:** ⌐Die Kleineren, meint er (...) Wir
1017	sind jetzt hier so,⌐ wir können argumentieren, das Lied zum Beispiel analysieren, wie es
1018	ist und so. Und die Kleineren können zum Beispiel das nicht, und denen gefällt das viel-

1019	leicht mehr. Aber Haftbefehl jetzt, seine Reime sind auch nicht so besonders, er reimt
1020	einfach so, was ihm so vor die Augen kommt (unv.).
1021	**R3c**: Realität @[lachen]@
1022	**R3b**: ⌐@[lachen]@⌐
1023	**Int.**: Was?
1024	**R3c**: Haus-Maus-Reime

R3/Immanenter Nachfrageteil

App. 62

1341	**R3b**: Zum Beispiel von Haftbefehl *Ich nehm dir alles weg* (.) @[.]@, keine Ahnung, das
1342	ist einfach so ein Song, der gar nicht geht, einfach so ein normaler/
1343	**R3c**: Straßenbeat und danach: „Ich nehme dir alles weg, auch deine Schlüssel" [Haftbe-
1344	fehl imitierend] und so, das ist ehrlich gesagt/
1345	**R3b**: Das ist einfach/ das ist nicht gut/ also das ist einfach nicht gut verpackt. Das ist
1346	einfach kein gutes Lied.
1347	**Int.**: (.) Was würdet ihr denn sagen, auf welche Art und Weise hört ihr so Rap, also hört
1348	ihr das eher allein, zusammen? Hört ihr das eher, dass ihr euch dabei bewegt oder hört
1349	ihr das eher so ruhig oder ganz unterschiedlich?
1350	**R3c**: Kommt darauf an. Also wenn Freunde neben dir sind, hören die das zusammen,
1351	erleben die dann auch immer den Song also, was gut war und so.
1352	**R3b**: Also, wenn ich allein zu@[.]@hause bin, dann ich sitze halt so auf dem Bett oder
1353	dann liege ich vielleicht mal und dann mit den Kopfhörern, je nachdem, so hört man
1354	am meisten Lieder.
1355	**R3c**: ⌐Zum Beispiel⌐ ich und er, wenn irgendwie so ein Song rausgekommen ist, reden
1356	wir am nächsten Tag darüber so, über die punchlines und so, unterhalten uns auch. Al-
1357	so es ist nicht so, dass wir nur hören, also wir reden auch darüber.
1358	**R3b**: (.) Ich glaube, dieses Analysieren, dieses (.) Gucken, also was gut ist, was schlecht
1359	ist, nicht einfach irgend so ein Lied zu hören, kommt von Julien, oder?
1360	**R3a**: Mhm [bejahend]
1361	**R3b**: Viele Interessen sind durch ihn gekommen, also den YouTuber, vielleicht kennen
1362	Sie ihn?
1363	**Int.**: Julien?
1364	**R3b**: Ja, Juliens Blog
1365	**R3c**: Ist so ein Video-Battle-Tunier, wo Rapper gegen sich/
1366	**R3a**: ⌐Das ist/⌐ (.) nein, er meint nur Julien jetzt, nicht zu
1367	bat/
1368	**R3c**: ⌐Was?⌐
1369	**R3a**: Er meinte jetzt nicht das Turnier
1370	**R3b**: ⌐Die Person jetzt, Julien selber, der hat/⌐
1371	**R3c**: ⌐Ach so⌐
1372	**R3a**: ⌐Das ist halt⌐ so ein YouTuber, der halt viele Rap-
1373	per auch kritisiert hat (.), ja.
1374	**R3b**: ⌐Er hat⌐ angefangen mit diesen Analysen, mit diesen/ was gut ist,
1375	was schlecht ist. Davon kommt auch dieses ‚Haus-Maus-Reime' für Haftbefehl. Da hat
1376	man halt gesehen, was wichtig für einen Rap ist und (.)/ ja, zum Beispiel, wenn man

1377	etwas/ wir machen (unv.) Julien, er hat analysiert. Und wenn man Rap hört, fällt einem
1378	gleich das ein. Dann merkt man, ah, das ist ja nicht so gut letztlich.
1379	**R3a:** ⌞Ja, man sieht⌟ das dann so mit anderen Au-
1380	gen.

R3/Immanenter Nachfrageteil

App. 63

1915	**Int.:** Wie würdet ihr denn/ also wenn man jetzt zum Beispiel Rap im Musikunterricht
1916	durchnimmt, wie würdet ihr euch das konkret vorstellen jetzt mit eurer Lehrerin und
1917	eurer Klasse, wie man das/
1918	**R3b:** Ich könnte mir das gar nicht vorstellen, auch wenn ich das will eigentlich, dass wir
1919	uns vorstellen. Der Unterricht wäre einfach nicht gut so.
1920	**R3c:** ⌞Aber⌟
1921	**R3a:** ⌞Ja, jeder⌟ würde lachen.
1922	**R3b:** Ja, und/
1923	**R3a:** Jeder würde lachen.
1924	**R3b:** Und so, man würde sich so lustig darüber machen.
1925	**R3c:** ⌞Man würde es⌟ nicht ernst nehmen so.
1926	**R3b:** Ja, ja ein bisschen so
1927	**R3a:** ⌞Aber, es⌟ wäre besser, wenn wir zum Beispiel ein Lied nehmen wür-
1928	den, und es von A nach Z richtig analysieren würden. Das wäre sozusagen (.)/ das wäre
1929	gut.
1930	**R3b:** ⌞Aber ein Leh-
1931	rer,⌟ ein Musiklehrer könnte das auch gar nicht unterrichten, ganz ehrlich so (.). Weil
1932	einer, der es selber nicht macht, nicht fühlt, nicht weiß, wie das ist so, kann das auch
1933	nicht unterrichten.
1934	**R3a:** Weil zum Beispiel jetzt Mathe ist so, Mathe kann auch ein älterer Lehrer unter-
1935	richten, weil da ändert sich ja gar nichts. Aber jetzt Musik, man muss es hören, man
1936	muss es richtig fühlen, und ein Lehrer muss das halt können so. Und kein Lehrer hört
1937	Rap, glaube ich.
1938	**Int.:** Und wie wäre das jetzt zum Beispiel, wenn ihr das präsentiert im Musikunterricht
1939	**R3a:** Haben wir jetzt gerade vor, aber halt, ne, also wir präsentieren/
1940	**R3c:** ⌞Na ja⌟
1941	**R3b:** @(.)@Ja
1942	**R3a:** Also wir sollten jetzt einen Interpreten präsentieren, aber wir präsentieren ja jetzt
1943	nur die Person, und nicht die Musik an sich. Deswegen ist es jetzt noch mal auch nicht
1944	wirklich, dass wir jetzt Rap präsentieren, sondern nur jetzt einen Künstler, ja.
1945	**R3c:** Aber, ich glaube wir werden mehr über seinen Stil, über seinen Rapstil auch noch
1946	erzählen, nicht nur über die Person jetzt, wo er geboren ist und so, sondern auch, wie
1947	er rappt. Das wird auch dann natürlich kommen.
1948	**R3a:** Das ist langweilig.
1949	**R3b:** Ja @(lachen)@
1950	**R3c:** Du musst mal dieses Lied aufmachen.
1951	**Int.:** ⌞Und, wenn ihr sagt, jetzt wäre das in eurem⌟ Musikunterricht doch komisch oder
1952	Leute würden lachen, woran würde das liegen?
1953	**R3a:** Weil die die Musik nicht ernst nehmen.
1954	**R3b:** Ja

1955	**R3c**: Ja
1956	**R3a**: Nicht viele sind so wie wir, und gucken richtig, was da drin steckt. Die sind eher so
1957	mehr oberflächlich, so die Ausdrücke und so, deswegen machen sie es.

R3/Exmanenter Nachfrageteil

App. 64

2002	**Int.**: Aber das ist/ also auf der einen Seite wünscht ihr euch das im Musikunterricht,
2003	aber auf der anderen Seite fändet ihr das auch komisch.
2004	**R3b**: ⌐Die Sache ist, wir⌐ hören es ja gern, und wir wollen halt,
2005	dass Musikunterricht halt ein bisschen interessanter wird. Aber wir wissen auch, dass
2006	man das einfach so nicht unterrichten kann.

R3/Exmanenter Nachfrageteil

Gruppendiskussion TP

App. 65

171	**Int.:** Ihr hattet ja viel auch aufgeschrieben so Musik zum Beispiel von Murat Boz oder
172	Rafet el Roman.
173	**TPb:** ⌐Ge-
174	nau⌐
175	**TPa:** Genau
176	**Int.:** (.) Habt ihr für die Musik/ Gibt es da oder benutzt ihr da einen bestimmten Begriff,
177	was so den Stil angeht?
178	**TPb:** Isyan @[lachen]@
179	**TPa:** ⌐@[lachen]@⌐
180	**TPc:** ⌐Bei Murat Boz ist⌐ es eher Pop.
181	**Int.:** ⌐Isyan?⌐
182	**TPb:** Ja, genau (.) also/
183	**TPc:** ⌐Nein, also/⌐ kommt auf die Lieder an (.). Die traurigen Lieder nennt man, ja,
184	so isyan, denke ich mal.
185	**TPb:** ⌐Ja, die haben ja voll verschiedene/⌐
186	(..) genau.
187	**TPa:** ⌐Aber⌐ die machen kein isyan, nicht dass Sie falsch denken @[lachen]@.
188	**TPb:** ⌐Ja (.) klar, also @[lachen]@⌐
189	**TPc:** ⌐Ja,⌐ (.) aber es gibt doch (.) ja
190	**TPb:** Pop
191	**TPc:** Pop, ja
192	**TPb:** Von Murat Boz (.) oder Tarkan, genau, Tarkan ist doch (unv.)
193	**TPa:** ⌐Murat Boz⌐
194	**Int.:** (.) Was bedeutet der Begriff isyan?
195	**TPc:** Eher so traurig
196	**TPb:** ⌐Ja, so⌐
197	**TPa:** Umbringen, nicht mehr leben
198	**TPb:** @[lachen]@
199	**TPc:** ⌐@[lachen]@⌐
200	**TPa:** ⌐Ist so⌐
201	**TPc:** Aber nein, also, das heißt zwar so, aber keine Ahnung
202	**TPb:** ⌐Nein, das ist/⌐ (.) Man ist so/
203	**TPc:** ⌐Also man⌐ sagt so, aber ich glaube nicht, dass
204	wirklich jemand an den Hintergrund dieses Wortes denkt.
205	**TPb:** Ja
206	**TPa:** Das benutzen auch manche als so/ (.) also diese Stimmungsänderung.
207	**TPb:** ⌐Genau⌐
208	**TPc:** Ja
209	**TPb:** Man hat keine Lust, man ist halt so/
210	**TPa:** Zum Beispiel, ich habe keine Lust auf Unterricht, ich sage ‚isyan'. Das benutzt man
211	auch so.
212	**Int.:** Okay
213	**TPb:** ⌐Ja⌐ genau @[lachen]@
214	**TPa:** ⌐Aber obwohl⌐ es nicht so heißt.
215	**TPc:** ⌐Wenn man⌐ keinen Bock hat und so.

216 **Int.:** Okay, also das heißt, es gibt eigentlich einen anderen Hintergrund von isyan, aber/

217 **TPb:** Sehr viele auch, aber/

218 **TPc:** └Genau (.), aber┘ man benutzt das Wort ganz anders.

219 **TPa:**   └Anders┘

220 **TPb:** Genau

221 **Int.:** Okay (.), und was wäre dieser andere Hintergrund?

222 **TPc:** Keine Lust, ähm/

223 **TPa:** Ich will das nicht machen, ich bin müde zum Beispiel, aber ich muss wach bleiben

224 (.), so.

225 **TPc:**   └Genau┘   └genau┘

226 **TPb:**   └Genau, so┘

227 **Int.:** Könnt ihr noch vielleicht, ich glaube/ mir ist das nämlich häufiger/ oder haben Leu-

228 te von isyan gesprochen. Ich habe das noch nicht so ganz verstanden.

229 **TPa:** Es gibt auch ein Lied von isyan.

230 **TPb:** @[.]@Ja, Halil Sezai @[.]@ ganau @[lachen]@

231 **TPc:**   └Genau┘

232 **Int.:**   └Halil Sezai, ah, okay┘

233 **TPb:** Ja, das ist aber auch so was Trauriges, also so isyan, wenn man so/

234 **TPc:**   └Ja┘

235 **TPa:** Zum Beispiel die Älteren würden das Wort nicht benutzen.

236 **TPb:** @[.]@Ja (.) Nur wir so

237 **TPc:**   └Ja┘

238 **TPa:**   └Ja, also┘ (..) Bei den Kindern ist es so wegen (.) Halil Sezai @[lachen]@

239 **TPb:**   └@[lach en]@┘

240 So bei uns so berühmt bei den Jugendlichen so

241 **Int.:** Okay

242 **TPa:** Ja

243 **Int.:** Und auch sowohl bei Mädchen und Jungs?

244 **TPb:** Ja, und bei den Jungs so, nicht so oft

245 **TPc:**   └Mhm [bejahend], ja, aber ich würde eher sagen┘ bei den Mädchen.

246 **TPa:**   └Genau┘

247 **TPb:**   └Ja┘

248 **TPa:** (.) Ich habe es noch nie bei einem Jungen gehört.

249 **TPc:** Ich auch/ doch ich habe es einmal bei meinem Cousin gehört, aber mehr auch

250 nicht.

251 **Int.:** (.) Könnt ihr noch andere Beispiele geben von/ wo ihr sagt: „Okay, ich bin isyan,"

252 oder sagt man: „Ich bin isyan drauf" oder so, oder?

253 **TPc:**   └Zum Beispiel┘

254 **TPb:** Schlecht gelaunt

255 **TPc:** Ja, oder wenn man irgendwie/

256 **TPa:** (.) Früh aufstehen @[.]@

257 **TPc:**   └Man sagt so: „Ja,┘ ich muss zum Fitness, kein Bock, isyan." Also wenn man

258 keine Lust hat und so (.) zum Beispiel.

259 **TPa:** (.) Oder wenn deine Mutter dich irgendwo/ etwas/

260 **TPb:**   └Hinschickt @[lachen]@┘

261 **TPa:** Ja @[.]@, Brot kaufen @[.]@oder so

262 **TPc:**   └Ja┘

263 **TPb:**   └Ja @[.]@┘

264 **TPa:** Na ja, dann/

265	**TPb:** Man kann es voll verschieden benutzen halt so, ja.
266	**Int.:** Und da heißt es nicht unbedingt/
267	**TPa:** ⌐Aber für schlechte Sachen immer,⌐ nicht für was/
268	**TPb:** ⌐Genau⌐
269	**TPc:** Genau
270	**TPa:** Also heißt/ ist was Schlechtes.
271	**TPc:** Eigentlich, aber es wird nicht so benutzt.
272	**Int.:** (..) Also das heißt in dem Moment nicht unbedingt traurig, sondern eher so keine
273	Lust, oder/
274	**TPc:**
275	⌐Genau⌐
276	**TPa:** ⌐Keine Lust⌐ bei uns, aber es gibt auch Menschen, die in echt isyan sind.
277	**TPb:** Zum Beispiel/
278	**TPc:** Traurig sind
279	**TPa:** ⌐Die trauern⌐ und so (..). Und das passiert immer, nachdem man Schluss ge-
280	macht hat @[lachen]@.
281	**TPb:** ⌐Genau⌐
282	⌐@[lachen]@⌐
283	**Int.:** ⌐Nachdem⌐ man selbst Schluss gemacht hat oder/
284	**TPb:** ⌐Also, mit⌐ seinem Freund so
285	**Int.:** Okay
286	**TPa:** (.) Beide sind dann isyan.
287	**Int.:** Okay
288	**TPb:** Muss nicht sein, aber/
289	**TPa:** @[.]@Ja
290	**TPb** (.) Generell @[lachen]@
291	**Int.:** (.) Welche Musik ist denn für euch isyan oder drückt das aus?
292	**TPc:** ⌐Halil Sezai⌐
293	**TPa:** ⌐Isyan⌐ @[lachen]@ das Lied
294	@[lachen]@
295	**TPb:** ⌐Ja @[lachen]@⌐
296	**Int.:** ⌐Halil Sez/⌐
297	**TPc:** ⌐Ja, aber nicht nur⌐ dieses Lied, alle Lieder von ihm sind so ein biss-
298	chen so.
299	**TPb:** ⌐Aber das ist aber
300	auch ein bisschen⌐ lustig @[lachen]@, wie er singt @[lachen]@, genau.
301	**TPc:** ⌐Was⌐ ⌐(..) Ja, man sagt,⌐ er singt seine
302	Lieder besoffen, aber ich weiß nicht, ob das stimmt.
303	**TPb:** ⌐@[lachen]@⌐
304	**Int.:** ⌐@[lachen]@⌐
305	**TPc:** ⌐Doch wirklich,⌐ also so eine Stimme beim Sin-
306	gen
307	**TPa:** ⌐Ich mag seine Lieder.⌐
308	Rede nicht über ihn @[lachen]@!
309	**TPc:** ⌐Ich auch,⌐ (.) ⌐Ich mag seine⌐ Lieder.
310	**TPb:** ⌐@[lachen]@⌐
311	**TPa:** ⌐Okay@[.]@⌐
312	*TP/Immanenter Nachfrageteil*

App. 66

341	**Int.:** Hast du noch ein Beispiel drauf (.) von/?
342	**TPb:** ⌐Von?⌐
343	**Int.:** Für ein isyan-Stück?
344	**TPc:** Mach Ardahan!
345	**TPa:** ⌐Hast du⌐ Halil Sezai?
346	**TPb:** ⌐Ja, ähm⌐ Halil Sezai habe ich nicht, ich habe Ardahan.
347	**TPc:** Das wundert mich.
348	**TPa:** (unv.)
349	**TPb:** Okay (.) ähm (5)
350	*[Pb macht Ömre Bedel von Ardahan auf ihrem Smartphone an. Die Dialoge zwischen*
351	*352-373 ereignen sich während des Songs.]*
352	**Int.:** (8) Das ist Ardahan?
353	**TPb:** Genau
354	**TPb:** ⌐Genau⌐
355	**TPb:** (14) Das ist aber auch ein bisschen so gemischt.
356	**TPc:** Ja
357	**TPa:** (.) Das benutzen die meistens in den Hochzeiten zum Tanzen @[.]@.
358	**TPb:** Ja, aber/
359	**TPa:** (..) Also so, wenn (unv.)/
360	**TPb:** ⌐Ja, so am Anfang⌐ so, wenn es so traurig ist, die kommen so erst mal rein
361	dann. Und dann tanzen die Pärchen erst mal und danach kommt alles so @[.]@schön.
362	**Int.:** Ah okay, und am Anfang ist eher eine traurige Stimmung, oder?
363	**TPb:** Ja, also, erst so
364	**TPc:** ⌐Also, erst so⌐ nur für das Hochzeitspaar
365	**TPb:** ⌐Genau⌐ so was Schönes
366	**TPc:** ⌐Und damit sie⌐ dann tanzen, ein
367	Liebslied.
368	**TPa:** Ist eigentlich nicht traurig, ist eigentlich so was Besonderes.
369	**TPc:** ⌐Genau, ist eigentlich sch/⌐
370	**TPa:** Was danach bleibt, zum Beispiel, was war unser erster Tanz, dieses Lied und so.
371	**TPb:** ⌐Genau,⌐
372	weil die suchen das ja auch selber aus

TP/Immanenter Nachfrageteil

App. 67

1283	*[Int. spielt den Song ‚Bulamadim' von Ibrahim Tatlıses für ca. einanhalb Minuten an.*
1284	*TPb erzählt anschließend, es sei das Lieblingslied ihrer Mutter. TPa meint, sie höre diese*
1285	*Musikrichtung nicht. Auf meine Frage, was sie mit der Musik verbinden, antworten alle*
1286	*drei Mädchen ‚Traurigkeit'. TPb verbindet mit diesem Song auch alltägliche Situationen,*
1287	*in denen sie etwas sucht (Bulamadım bedeutet: ich kann sie/ihn/es nicht finden). Alle*
1288	*lachen.]*
1289	**Int.:** Würdet ihr denn dafür jetzt auch einen bestimmten Begriff sagen oder ist das/
1290	**TPc:** Doch, auch isyan eigentlich
1291	**TPa:** Bisschen, ist nicht is/
1292	**TPc:** ⌐Auch damar, damar⌐

1293	**TPb:**	⌞Ja,⌟ damar
1294	**TPa:**	⌞Ja,⌟ isyan nicht
1295	**Int.:**	⌞Damar⌟
1296	**TPc:** (.) Damar, genau
1297	**TPa:**	⌞Er hat sie ja⌟ nicht gefunden @[.]@.
1298	**TPc:** Genau
1299	**Int.:** Was heißt dann damar?
1300	**TPc:** Also so richtig so innerlich, so innerlich, so richtig
1301	**TPa:**	⌞Kommt vom Inneren @[.]@ (.). Damar⌟ bedeutet diese Ader, also
1302	kommt auch von innen.
1303	**TPc:**	⌞Ader halt, aber⌟
1304	(.) es kommt richtig so (.)/ in mir sind, sage ich mal so.
1305	**TPa:** Vom Blut so
1306	**TPb:** ⌞Mhm [bejahend]⌟
1307	**TPc:** @[.]@
1308	**TPa:** @[.]@
1309	**TPc:** Also man/ bevor man/ also man kann so sagen, es kommt richtig tief aus mir und
1310	das berührt mich richtig halt extrem so zum Beispiel.
1311	**Int.:** (..) Und was ist der Unterschied dann zwischen isyan und damar?
1312	**TPc:** Isyan/
1313	**TPa:** ⌞Fast⌟ das gleiche, aber isyan ist eher so sich umbringen und so.
1314	**TPb:**	⌞Äußerlich, ja okay,⌟ isyan kann man so
1315	zeigen.
1316	**TPc:**	⌞Damar ist aber auch äl-
1317	ter.⌟
1318	**TPb:** Ja
1319	**TPc:** ⌞Isyan⌟ ist noch neu irgendwie. Damar ist schon ein bisschen älter.
1320	**TPa:**	⌞Isyan⌟ gab es auch,
1321	aber früher/
1322	**TPb:** (unv.)
1323	**TPa:** Ja, die haben also isyan gar nicht benutzt.
1324	**TPc:** Genau
1325	**TPb:** So ein neues Wort für damar, so ein bisschen/
1326	**Int.:** (unv.)
1327	**TPa:** ⌞Fast das⌟ gleiche
1328	**TPb:** Moderner @[.]@

TP/Exmanenter Nachfrageteil

Einzelinterview EA

App. 68

1	**Int.**: Vielleicht können wir einfach mal so damit anfangen, dass du grundsätzlich mal
2	beschreiben kannst, wie gerade so dein Musikleben aussieht, also was du an Musik
3	machst, was du gerade gerne hörst, (.) wann du gerne Musik hörst, vielleicht dass du
4	einfach mal frei ein bisschen erzählst.
5	**Ax**: Also jetzt zur Zeit höre ich sehr gerne die türkische Musik in Form von Schlagern,
6	das kennen Sie bestimmt, Kubat vielleicht oder/ ja so in die Richtung. Und, ja eigentlich
7	höre ich jetzt grundsätzlich nur in meiner Freizeit Musik, (.) an Schultagen oder so fast
8	gar nicht und/ (...) also früher hatte ich immer jetzt diesen Hip-Hop sehr gehört, jetzt
9	die/ zum Beispiel, Sie kennen den Bushido da, Eko fresh (unv.), diesen Style hatte ich
10	früher gehört. Nur (.) ich denke, wenn man jetzt erwachsener wird, also reifer wird,
11	kommt jeder Türke sozusagen in diese Form, weil aus unserer Klasse hört jetzt jeder
12	diese Musik.
13	**Int.**: Wie jetzt Hip-Hop und/
14	**Ax**: Nicht Hip-Hop jetzt, die/ also auch Hip-Hop, aber grundsätzlich hören sie jetzt zum
15	Beispiel diesen türkischen Schlager jetzt. Das ist so, also ist wie so eine Verwandlung
16	jetzt.
17	**Int.**: Aha, okay, also jetzt auch in deiner Klasse
18	**Ax**: In meiner Klasse, ja, also es war wirklich so jetzt, dass wir jetzt früher immer so ei-
19	nen anderen Style gehört haben, und jetzt ab der neunten Klasse, zehnten Klasse hat es
20	angefangen, da haben wir jetzt diesen türkischen Schlager gehört jetzt, also Kubat,
21	Ibrahim Tatlıses, jetzt in diese Richtung, ja, und das/
22	**Int.**: Und also sowohl Mädchen und Jungs, oder?
23	**Ax**: Bei den Mädchen weiß ich es nur, dass die vorherige, also meine Partnerin sozusa-
24	gen, hört auch diesen Stil. Und die anderen, davon weiß ich noch nichts, aber also von
25	den Jungs hören alle auch diesen Stil jetzt.
26	**Int.**: Und was glaubst du, wie kommt es, dass es jetzt auf einmal so eine Veränderung
27	dann gegeben hat?
28	**Ax**: Ich glaube, es liegt daran, dass auch/ ich denke jetzt auch ein wenig durch die El-
29	tern, weil die Eltern hören ja auch immer oft diese Musik. Und jetzt zum Beispiel bei
30	uns ist es jetzt gerade so, dass meine Mutter sehr oft diese Musik hört, und ich höre sie
31	auch, und die gefällt mir dann. Langsam weil du die immer wieder hörst, immer wieder
32	hörst und/ ich glaube bei allen ist dann so, dass langsam, wenn sie auch erwachsener
33	würden, erwachsener werden und mehr Zeit jetzt sich mit ihren Eltern nehmen, dass
34	sie dann auch in diesen Stil dann reinkommen langsam.

EA/Eröffnung und Immanenter Nachfrageteil

App. 69

50	[*Int. spielt den Song* Benim Hayatım *von Ibrahim Tatlıses für ca. zwei Minuten an.*]
51	**Int.**: Wenn Du die Musik hörst, woran denkst Du dann spontan?
52	**Ax**: Also jetzt bei seiner Musik immer so ein bisschen Trauer, so Einsamkeit bisschen, so
53	die Verlassenheit, so dass keiner mehr in seiner Umgebung ist, so also in die Richtung.

EA/Immanenter Nachfrageteil

138 **Int.:** Wie ist denn für Dich die Atmosphäre in Deiner Klasse (..) unter den Schülern?

139 **Ax:** (5) Eigentlich sehr fröhlich, also wir sind alle jetzt irgendwie gut miteinander zu-
140 recht gekommen. Jetzt ist ja auch das letzte Jahr zusammen, und wir hatten eigentlich
141 auch gar keine Probleme so in der Klasse. Nur einige Schüler, die/ (..) also die stechen
142 noch hervor, also da sieht man noch ein bisschen, dass sie jetzt irgendwie noch ab-
143 schreckend sind ein bisschen, noch wenig Angst haben ein bisschen, also rauszukom-
144 men. Aber (.) sonst allgemein sind wir jetzt noch alle so fröhlich miteinander, wir helfen
145 uns gegenseitig, so ist die Stimmung bei uns.

146 **Int.:** Und was meinst Du mit dem ‚Rauskommen‘, oder?

147 **Ax:** Einige sind nicht, wie soll ich sagen (…), auf Gruppenarbeit zum Beispiel bezogen,
148 da sind einige noch zu leise, arbeiten nicht mit, wollen ihre Meinung nicht einbringen.
149 Und bei den Musikrichtungen ist es auch so, dort/ zum Beispiel ich kenne jetzt nur von
150 einigen Leuten, was die hören, und die anderen geben es gar nicht Preis, was sie sagen,
151 was sie hören. Und manche, also wie soll ich sagen, die reagieren irgendwie abwer-
152 tend, wenn Du eine Musikrichtung hörst, dann sagen sie, mach gleich aus, ich mag es
153 nicht, so was gibt es auch dann.

154 **Int.:** Und das ist Dir auch passiert in der Klasse, oder dass Du, wenn Du eine Musik ge-
155 spielt hast, und dann kamen ablehnende Reaktionen?

156 **Ax:** Ja, also wenn wir jetzt in Teamarbeit, jetzt in Gruppenarbeit sind, und da haben wir
157 jetzt gesagt, wir hören jetzt eine Musikrichtung, dann gab es schon mal so was.

158 **Int.:** Wie würdest Du denn das finden, wenn jetzt türkische Musik im Musikunterricht
159 zum Thema gemacht wird von dem Lehrer?

160 **Ax:** Ich finde es eigentlich eine sehr gute Idee, weil jetzt in unserem Unterricht war es
161 so, dass wir jetzt immer die ältere Musik gehört haben aus Deutschland, aus Frank-
162 reich. Und ich finde jetzt, dass langsam die Türken jetzt also zu Deutschland gehören.
163 Und ich glaube, dann sollten auch jetzt langsam die Deutschen jetzt auch eher die Mu-
164 sik von der Türkei hören, also hören, wie es etwa ist, was für ein Instrument ist, was für
165 Unterscheide es zwischen diesen beiden Musikstilen gibt. Und ich finde es (unv.) also
166 eine sehr gute Idee.

167 **Int.:** Was sind denn für Dich die Unterschiede?

168 **Ax:** Also einmal die Stimmung ist ganz verschieden, dann die Instrumente. Also ich
169 weiß jetzt bei Kubat und den ander/ also im Deutschen ist es jetzt so, da (hast Du?)
170 sehr oft mit so einem Keyboard gearbeitet wird, habe ich es schon gesehen. Dort arbei-
171 ten die dann mit dem Bass, arbeiten sie, dann mit der Melodie. Und im Türkischen ist
172 es noch so/ ja oft so, da hast Du es dort, ich weiß es jetzt noch von Ibrahim Tatlıses,
173 dass dort noch alles live gespielt wird, und wird bisschen so verarbeitet. Und ist (dann?)
174 auch Unterschied von denen und/ ja sonst eigentlich gibt es auch so v/ weiß ich jetzt
175 noch nichts mehr so.

EA/Immanenter Nachfrageteil

188 **Int.:** (..) Und du hattest gesagt, dass/ also die Musik, die wir hören, also sind viele tür-
189 kisch/ deutsch-türkische Jugendliche bei euch in der Klasse, die jetzt Schlager oder
190 Ibrahim Tatlıses hören oder so, oder/ was ist mit den anderen (..) oder die Ibra/ weil sie
191 die Musik jetzt nicht hören.

192	**Ax**: Also, aus meiner Familie kenne ich es so, dass dort fast/ also meine Eltern, alle jetzt
193	diese Musikrichtung hören. Und in der Klasse sind es auch fast alle so, also von den
194	Mädchen weiß ich es jetzt nicht, aber von den Jungs weiß ich jetzt, dass sie jetzt alle
195	auch diese Musikrichtung hören. Und (..) also fast alle meine Freunde haben es auch
196	schon gehört jetzt, aber es gibt auch einige Leute, die noch nicht da reingekommen
197	sind, also die hören immer noch diesen Hip-Hop, aber ich glaube, die kommen auch
198	bald dann wieder rein so.

EA/Immanenter Nachfrageteil

App. 72

211	**Int.**: Würdest du von dir sagen, du bist/ „Ich bin Deutscher", „Ich bin Türke", „Ich bin
212	Deutschtürke" oder mehrere Sachen oder gar nichts?
213	**Ax**: Ich würde sagen, ich bin Deutscher, aber ich habe diesen türkischen Flair ein biss-
214	chen noch, ja, so würde ich mich bezeichnen.

EA/Immanenter Nachfrageteil

App. 73

294	**Int.**: Wie findest Du denn generell die Schule?
295	**Ax**: Unsere Schule?
296	**Int.**: Mhm [bejahend]
297	**Ax**: Mmh (..), ich finde jetzt (..) unsere Schule ist eigentlich, ja/
298	**Int.**: Also was gefällt Dir oder was gefällt Dir nicht?
299	**Ax**: Ich finde also an unserer Schule gefällt mir sehr oft, dass wir jetzt irgendwie alle auf
300	dem Hof sind, ja irgendwie, es gibt ja Albaner, dann gibt es Türken, dann gibt es die
301	Deutschen, und wir sind irgendwie alle miteinander Freunde, also, fast alle befreundet.
302	Von der zehnten bis zur Oberstufe bis zur siebenten Klasse haben wir jetzt alle immer
303	Freunde und eigentlich gefällt mir an der Schule/ das war auch das eigentlich Einzige.
304	Die Lehrer sind hier sehr komisch, vergeben die Noten/ ist ja auch so, dass sie jetzt sub-
305	jektiv also die Schüler betrachten und darin auch sehr oft die Noten geben, das habe
306	ich auch schon sehr oft gemerkt an meinen Noten.
307	**Int.**: Was?
308	**Ax**: Also jetzt, wir hatten jetzt zum Beispiel in unserem MSA, da hatten wir eine Power-
309	Point-Präsentation. Und da gab es zum Beispiel einen Lehrer, und der meinte zu uns:
310	„Ja, das Thema ist sehr gut, was ihr gemacht habt." Und er hat gesagt denn: „Ja, ich
311	kann Euch schon mal helfen." Und er hat uns eigentlich fast gar nicht geholfen. Da ha-
312	ben wir uns selber alles aufgebaut. Dann haben wir uns mit Leuten getroffen, also um
313	Informationen zu sammeln, und als wir dann die Präsentation gehalten hatten, hat er
314	gesagt: „Ja, die Präsentation wäre sehr gut, da kann man eigentlich nichts ändern da-
315	ran." Dann dachten wir: „Ist eine eins oder eine zwei." Ganz zum Schluss war es dann
316	nur eine drei. Und ich glaube, also ich habe mit zwei weiteren Türken gearbeitet, und
317	ich glaube, hätte ich mit mindestens einem oder zwei Deutschen gearbeitet, hätte ich
318	vielleicht eine eins oder zwei bekommen. Dort wurde auch jetzt subjektiv betrachtet.
319	Da hat er keine Meinung, konnte abgeben, also er konnte nicht sagen, warum er diese
320	Note gegeben hat. Er meinte einfach: „Mir hat das und das gefehlt," obwohl es eigent-
321	lich gar nicht zum Thema gehörte.

322	**Int.:** Hattest Du denn sonst mal noch mal irgendwie Erlebnisse jetzt an der Schule, dass
323	du dich/ also es klingt nach einer/ also dass du dich diskriminiert gefühlt hast jetzt
324	durch die Note?
325	**Ax:** In der siebten Klasse da wurde ich sogar beleidigt. Das kam dazu, da hatte eine Leh-
326	rerin gesagt/ da saßen wir im Unterricht, war im Physikunterricht, hatten eigentlich un-
327	sere Sachen ausgepackt, und ich glaube, da hatte mir irgendwas gefehlt oder ich hab es
328	irgendjemanden ausgeborgt, ein Blatt. Und da hat die Lehrerin mich auch beschimpft
329	als ‚typisch Migranten'. „Das ist ja/ ihr seid immer so, also Ihr seid nicht zuverlässig, al-
330	so ihr verliert immer irgendwas, ihr könnt nichts behalten." Also so ne Sachen gab es
331	auch.
332	**Int.:** Und wie hast Du darauf reagiert?
333	**Ax:** Ich war noch klein, ich habe da eigentlich/ ich glaube, ich habe gelacht, also ich
334	fand das irgendwie, was sie schon gesagt hat, hatte keinen Sinn, also hatte/ was sie von
335	sich gegeben hat. Das ist ja eine Lehrerin und so was darf man ja nicht sagen als Lehre-
336	rin. Und das hat irgendwie meiner Meinung nach gar keinen Sinn gehabt, weil es
337	kommt nicht auf die Nationalität an, wie Du bist, und ich glaube/ aber ich glaube, es ist
338	ihr ausgerutscht so.

EA/Exmanenter Nachfrageteil

Einzelinterview ER

App. 74

80	**Int.:** (5) Du hattest bei einem Musikbeispiel auch von Isyan/
81	**Ry:** Isyan, ja
82	**Int.:** Den Begriff habe ich vorher noch nie gehört, was bedeutet er?
83	**Ry:** Also, isyan ist ein türkisches Wort und das ist so was, also es gibt keine Übersetzung
84	dafür. Das heißt so was wie ‚Traurigsein' so, man ist isyan halt. Ist so ein Status, wo
85	man traurig ist, deprimiert, so was halt (unv.).

ER/Immanenter Nachfrageteil

App. 75

100	**Int.:** (...) Das heißt, also, gibt es bestimmte Stimmungen oder Situationen, in denen Du
101	jetzt eine bestimmte Musikrichtung besonders gerne hörst?
102	**Ry:** Ja, also, wenn ich zum Beispiel isyan bin, dann hört man eher so traurigere Musik,
103	ja, also auch traurigen Rap zum Beispiel höre ich, ja. Und wenn man, wenn ich gut ge-
104	launt bin, dann hört man Hip-Hop oder schnelleren Rap, so, was gute Laune macht.

ER/Immanenter Nachfrageteil